CBAC TGAU

Dylunio a Thechnoleg

Ian Fawcett

Andy Knight

Jacqui Howells

Dan Hughes

Chris Walker

Jennifer Tilley

CBAC TGAU Dylunio a Thechnoleg

Addasiad Cymraeg o *WJEC GCSE Design and Technology* a gyhoeddwyd yn 2019 gan Hodder Education

Ariennir yn Rhannol gan
Lywodraeth Cymru

Part Funded by
Welsh Government

Cyhoeddwyd dan nawdd Cynllun Adnoddau Addysgu a Dysgu CBAC

Er y gwnaed pob ymdrech i sicrhau bod cyfeiriadau gwefannau yn gywir adeg mynd i'r wasg, nid yw Hodder Education yn gyfrifol am gynnwys unrhyw wefan y cyfeirir ati yn y llyfr hwn. Weithiau mae'n bosibl dod o hyd i dudalen we a adleolwyd trwy deipio cyfeiriad tudalen gartref gwefan yn ffenestr LIAU (*URL*) eich porwr.

Polisi Hachette UK yw defnyddio papurau sy'n gynhyrchion naturiol, adnewyddadwy ac ailgylchadwy o goed a dyfwyd mewn coedwigoedd cynaliadwy. Disgwylir i'r prosesau torri coed a gweithgynhyrchu gydymffurfio â rheoliadau amgylcheddol y wlad y mae'r cynnyrch yn tarddu ohoni.

Archebion: Bookpoint Ltd, 130 Park Drive, Milton Park, Abingdon, Oxon OX14 4SE. Ffôn: (44) 01235 827827. Ffacs: (44) 01235 400401. E-bost: education@bookpoint.co.uk Mae'r llinellau ar agor rhwng 9.00 a 17.00 o ddydd Llun i ddydd Sadwrn, gyda gwasanaeth ateb negeseuon 24 awr. Gallwch hefyd archebu trwy wefan Hodder Education: www.hoddereducation.co.uk.

ISBN 978 1 5104 7840 4

© Ian Fawcett, Jacqui Howells, Dan Hughes, Andy Knight, Chris Walker a Jennifer Tilley 2019 (Yr argraffiad Saesneg)

Cyhoeddwyd gyntaf yn 2020 gan

Hodder Education,

An Hachette UK Company,

Carmelite House,

50 Victoria Embankment

London EC4Y 0DZ

© CBAC 2020 (yr argraffiad Cymraeg hwn ar gyfer CBAC)

Llun y clawr © smallblackcat – stock.adobe.com

Darluniau gan DC Graphic Design Limited.

Teiposodwyd yn India

Argraffwyd yn Slofenia

Mae cofnod catalog y teitl hwn ar gael gan y Llyfrgell Brydeinig.

MIX
Paper from
responsible sources
FSC™ C104740

CYNNWYS

CYDNABYDDIAETH

Hoffai'r awduron a'r cyhoeddwyr ddiolch i'r ysgolion a roddodd yr enghreifftiau o waith disgyblion sy'n ymddangos yn y llyfr. Diolch hefyd i Mr Phillip Robinson, Technegydd Academi Thrybergh, Rotherham, am ei gymorth â'r ffotograffau.

Lluniau

Hoffai'r Cyhoeddwyr ddiolch i'r canlynol am roi caniatâd i atgynhyrchu deunydd hawlfraint.

T.1 © Tomasz Zajda/stock.adobe.com; t.2 © Powered by Light/Alan Spencer/Alamy Stock Photo; Ffig.1.1 © Maroš Markovič/stock.adobe.com; Ffig.1.2 © Tsiumpa/stock.adobe.com; Ffig.1.4 © Antonioguillem/stock.adobe.com; Ffig.1.5 Atgynhyrchir KITEMARK a dyfais y Nod Barcud gyda chaniatâd caredig y Sefydliad Safonau Prydeinig. Mae'r rhain yn nodau masnach cofrestredig yn y Deyrnas Unedig ac mewn rhai gwledydd eraill. Ffig.1.6 © Y Gyfundrefn Safonau Rhyngwladol; Ffig.1.7 © Tomhanisch/stock.adobe.com; Ffig.1.8 © Goodluz/stock.adobe.com; Ffig.1.9 Dan Hughes; Ffig.1.10 © Yr Undeb Ewropeaidd; Ffig.1.11 © Simon Belcher/Alamy Stock Photo; Ffig.1.14 © Albertiniz/stock.adobe.com; Ffig.1.15 © Svet110/stock.adobe.com; Ffig.1.16 © Soonthorn/stock.adobe.com; Ffig.1.17 © Olando/stock.adobe.com; Ffig.1.18 © Grigory_bruev/123RF; Ffig.1.19 © Tim W/stock.adobe.com; Ffig.1.22 © Will Thomass/Shutterstock.com; Ffig.1.23 © dpa picture alliance/Alamy Stock Photo; Ffig.1.24 © ERNEST/stock.adobe.com; Ffig.1.25 © Surfers Against Sewage – Andy Hughes; Ffig.1.26 © Powered by Light/Alan Spencer/Alamy Stock Photo; Ffig.1.27 © DBURKE/Alamy Stock Photo; Ffig.1.28 © REDPIXEL/stock.adobe.com; Ffig.1.29 Fairtrade; Ffig.1.30 © Graham Lawrence/age fotostock/Alamy Stock Photo; Ffig.1.31 © Victor VIRGILE/Gamma-Rapho/Getty Images; Ffig.1.32 © Andreas von Einsiedel/Alamy Stock Photo; Fig.1.33 © Steve Mann/123RF; Ffig.1.34 © Santiago Rodriguez Fontoba/123RF; Ffig.1.35, 1.36 © Dyson; Ffig.1.37–39 © Bethan Gray; t.39 © Nikkytok/stock.adobe.com; Ffig.2.2 © Tiago Zegur/Alamy Stock Photo; Ffig.3.3 Chris Walker; Ffig.2.16 Dan Hughes; Ffig.2.17 © Iaremenko/stock.adobe.com; Ffig.2.18a © Kostic Dusan/123RF; Ffig.2.18b © Sveta/stock.adobe.com; Ffig.2.19 © Westend61/Getty Images; Ffig.2.20 © Anton Samsonov/123RF; Ffig.2.21 © olegsam/123RF; Ffig.2.22 © Marek/stock.adobe.com; Ffig.2.23 © Spinetta/stock.adobe.com; Ffig.2.27, 2.28 Chris Walker; Ffig.2.31 © Sergey Lavrentev/stock.adobe.com; Ffig.2.32 © Nikkytok/stock.adobe.com; Ffig.2.33 © Vladimir/stock.adobe.com; Ffig.2.34 © John Hopkins/Alamy Stock Photo; Ffig.2.40, 2.46 Chris Walker; Ffig.2.47 © lapis2380/stock.adobe.com; Ffig.2.50 Chris Walker; Ffig.2.56 © Raymond McLean/123RF; Ffig.2.57 © Marcus Harrison – technology/Alamy Stock Photo; Ffig.2.58 Ethical Trading Initiative; Ffig.2.60 © Flegere/Shutterstock.com; Ffig.2.61, 2.63, 2.64 Chris Walker; Ffig.2.67 Dan Hughes; Ffig.2.72 © Alfred Hofer/123RF; Ffig.2.73 © StockphotoVideo/Shutterstock.com; Ffig.2.76 © Sugrit Jiranarak/Shutterstock.com; Ffig.2.77 Andy Knight; Ffig.2.78 © Kbwills/E+/Getty Images; Ffig.2.79 © Raymond McLean/123RF; Ffig.2.80 © Danielle Nichol/Alamy Stock Photo; Ffig.2.81 © Randall Schwanke/Shutterstock.com; t.94 © vvoe/stock.adobe.com; Ffig.3.1 © Mahirart/stock.adobe.com; Ffig.3.2 © Dianagrytsku/stock.adobe.com; Ffig.3.4 © Keith Morris/Alamy Stock Photo; Ffig.3.8 © v_sot/stock.adobe.com; Ffig.3.10 © Sedan504/stock.adobe.com; Ffig.3.12 © Ola_pisarenko/stock.adobe.com; Ffig.3.13 © Chamillew/stock.adobe.com; Ffig.3.14 © Santypan/stock.adobe.com; Ffig.3.16 © kalpis/stock.adobe.com; Ffig.3.17 © Prakasitlalao/stock.adobe.com; Ffig.3.18 © Richard Heyes/Alamy Stock Photo; Ffig.3.19 © diter – Fotolia; Ffig.3.20 © Anton Oparin/123RF; Ffig.3.21 © Kostsov/Shutterstock.com; Ffig.3.22 © RichLegg/E+/Getty Images; Ffig.3.24 © Seramoje/stock.adobe.com; Ffig.3.25 © Andreja Donko/stock.adobe.com; Ffig.3.26 © Studiomode/Alamy Stock Photo; Ffig.3.27 © Eightstock/stock.adobe.com; Ffig.3.28 © Whiteaster/stock.adobe.com; Ffig.3.30 © Givaga/stock.adobe.com; Ffg.3.31 © Joan Wakelin/Art Directors & TRIP/Alamy Stock Photo; Ffig.3.32 © Mamunur Rashid/Alamy Stock Photo; Ffig.3.33 © China Photos/Getty Images News/Getty Images; Ffig.3.34 © Kevin Britland/Alamy Stock Photo; Ffig.3.35 www.trashtocouture.com; Ffig.3.36 © Anton Oparin/123RF; Ffig.3.37 © Zoonar/Picasa/Zoonar GmbHAlamy Stock Photo; Ffig.3.38 © Svetlana Petrova/Alamy Stock Photo; Ffig.3.39 © Jesiya/stock.adobe.com; Ffig.3.40 © Mahmut Akkaya/Shutterstock.com; Ffig.3.42 © Cherryandbees/

CYDNABYDDIAETH

CYFLWYNIAD I TGAU DYLUNIO A THECHNOLEG

Mae'r llyfr hwn wedi cael ei ysgrifennu i'ch helpu chi i feistroli'r sgiliau, y wybodaeth a'r ddealltwriaeth sydd eu hangen i astudio TGAU Dylunio a Thechnoleg CBAC. Drwy gydol y cwrs byddwch chi'n datblygu eich gallu i adnabod a datrys problemau go iawn drwy gymhwyso gwybodaeth eang am ddefnyddiau, cydrannau, technolegau a sgiliau ymarferol i ddylunio a gwneud prototeipiau dychmygus o safon uchel. Byddwch chi'n dysgu am y dylanwadau ehangach ar ddylunio a thechnoleg, gan gynnwys ffactorau hanesyddol, cymdeithasol/diwylliannol, amgylcheddol ac economaidd, a byddwch chi'n dysgu sut i gyfleu eich syniadau dylunio yn effeithiol a sut i'w beirniadu a'u mireinio nhw i sicrhau bod eich datrysiadau dylunio'n diwallu anghenion, chwenychiadau a gwerthoedd defnyddwyr.

Mae'r llyfr wedi'i strwythuro i adlewyrchu cynnwys y pwnc ym manyleb TGAU Dylunio a Thechnoleg CBAC. Mae wedi'i rannu'n dair adran:

1. Gwybodaeth a dealltwriaeth

Mae'r adran hon yn cynnwys pedair pennod (Penodau 1–4). Mae angen i chi astudio holl gynnwys Pennod 1, sydd wedi'i llunio i ddatblygu eich gwybodaeth a dealltwriaeth graidd am sut mae Dylunio a Thechnoleg yn effeithio ar fywydau pobl. Mae'r bennod hon yn archwilio technolegau newydd, materion amgylcheddol ac effeithiau ar gymdeithas; bydd gwybodaeth a dealltwriaeth am y materion hyn yn eich helpu chi i wneud dewisiadau effeithiol wrth ddewis defnyddiau, cydrannau a systemau.

Dim ond **un** bennod o Benodau 2–4 y bydd angen i chi ei hastudio. Bwriad y penodau hyn yw sicrhau bod gennych chi wybodaeth a dealltwriaeth fanwl am o leiaf un maes Dylunio a Thechnoleg – dylunio peirianyddol, ffasiwn a thecstilau, neu ddylunio cynnyrch.

2. Sgiliau

Mae'r adran hon yn cynnwys pedair pennod (Penodau 5–8), sy'n eich helpu chi i gymhwyso eich dealltwriaeth a'ch sgiliau wrth ddylunio a gwneud prototeipiau fel rhan o'ch asesiad di-arholiad. Bydd eich dealltwriaeth o'r egwyddorion hyn hefyd yn cael ei hasesu yn yr arholiad ysgrifenedig Dylunio a Thechnoleg yn yr 21ain Ganrif. Mae Pennod 5 yn ymwneud â sgiliau craidd mae'n rhaid i chi eu deall a gallu eu cymhwyso. Yna, bydd angen i chi astudio **un** bennod o Benodau 6–8, gan ddibynnu ar y maes Dylunio a Thechnoleg rydych chi wedi dewis ei astudio.

3. Paratoi am yr asesiad

Mae adran olaf y llyfr yn bwrw golwg agosach ar ddwy uned asesu eich cwrs TGAU. Mae'r penodau yn yr adran hon yn cynnwys cyngor defnyddiol am adolygu a pharatoi am yr arholiad ysgrifenedig, ac am gwblhau'r gweithgaredd dylunio a gwneud yn yr asesiad di-arholiad.

Crynodeb o'r cynllun asesu

Mae'r tabl isod yn crynhoi sut cewch chi eich asesu ar gyfer TGAU Dylunio a Thechnoleg CBAC.

Uned	Math o asesiad	Amser	Marciau ar gael	Canran o'r cymhwyster
Uned 1: Dylunio a Thechnoleg yn yr 21ain Ganrif	Arholiad ysgrifenedig	2 awr	100 marc	50%
Uned 2: Tasg dylunio a gwneud	Asesiad di-arholiad	Tua 35 awr	100 marc	50%

Nodweddion yn y llyfr hwn

Drwy gydol pob pennod, fe welwch chi amrywiaeth o bethau i'ch helpu i ddysgu.

Amcanion dysgu

Amcanion dysgu clir ar gyfer pob pennod i esbonio beth mae angen i chi ei wybod a'i ddeall.

Gweithgaredd

Rydyn ni wedi cynnwys gweithgareddau byr i'ch helpu chi i ddeall beth rydych chi wedi ei ddarllen. Efallai y bydd eich athro/athrawes yn gofyn i chi gwblhau'r rhain.

GEIRIAU ALLWEDDOL

Bydd y termau pwysig i gyd wedi'u diffinio yn ymyl y dudalen.

PWYNTIAU ALLWEDDOL

Bydd crynodebau o bwyntiau allweddol yn ymddangos ar ddiwedd pob pennod i'ch helpu chi i gofio'r agweddau pwysicaf ar destun, ac i'ch helpu chi i adolygu.

Angen gwybod

Mae'r cwestiynau byr hyn yn profi eich gwybodaeth a'ch dealltwriaeth o'r pynciau dan sylw.

Cwestiynau ymarfer

Mae'r cwestiynau hyn yn ymddangos ar ddiwedd pob pennod ac maen nhw wedi eu llunio i'ch helpu chi i baratoi ar gyfer yr arholiad ysgrifenedig.

Adran 1

Gwybodaeth a dealltwriaeth

Mae'r adran hon yn cynnwys y penodau canlynol:

Amcanion dysgu

Erbyn diwedd y bennod hon, dylech chi fod wedi datblygu gwybodaeth a dealltwriaeth am y canlynol:

- sut mae technolegau newydd a'r rhai sy'n dod i'r amlwg yn effeithio ar ddiwydiant a menter
- sut mae cynhyrchion newydd yn gallu effeithio ar yr amgylchedd, a sut gallwn ni ddylunio a gweithgynhyrchu cynhyrchion mewn modd cynaliadwy
- sut mae cynhyrchu byd-eang yn effeithio ar ddiwylliannau a phobl
- sut mae deddfwriaeth yn effeithio ar gynhyrchion
- hawliau defnyddwyr a diogelu defnyddwyr wrth iddyn nhw brynu a defnyddio cynhyrchion
- ffactorau moesol a moesegol sy'n gysylltiedig â gweithgynhyrchu, gwerthu a defnyddio cynhyrchion

- manteision ac anfanteision defnyddio dylunio drwy gymorth cyfrifiadur (CAD) a gweithgynhyrchu drwy gymorth cyfrifiadur (CAM)
- sut gellir defnyddio cyfarpar CAM mewn amrywiaeth o gymwysiadau
- sut mae gwerthusiad beirniadol o dechnolegau newydd a'r rhai sy'n dod i'r amlwg yn llywio penderfyniadau dylunio
- sut mae egni yn cael ei gynhyrchu a'i storio, fel y gallwn ni ddewis a defnyddio ffynonellau priodol i wneud cynhyrchion a phweru systemau
- ôl troed ecolegol a chymdeithasol defnyddiau a chydrannau
- gwaith dylunwyr proffesiynol a chwmnïau.

(a) Effaith technolegau newydd a'r rhai sy'n dod i'r amlwg

GEIRIAU ALLWEDDOL

Masgynhyrchu Gwneud llawer o gynhyrchion drwy ddefnydd helaeth o beiriannau, cymhorthion gweithgynhyrchu a pheiriannau CAM.

Llinell gydosod Llinell o weithwyr a chyfarpar mewn ffatri. Mae cynnyrch yn cael ei gydosod yn raddol wrth iddo symud drwy bob cam yn y llinell nes ei fod wedi'i gydosod yn gyflawn.

Cynhyrchu awtomataidd Defnyddio cyfarpar neu beiriannau wedi'u rheoli'n awtomatig (gan gyfrifiadur) i weithgynhyrchu cynhyrchion.

Mae technolegau newydd sy'n newid y ffordd rydyn ni'n byw ein bywydau yn cael eu datblygu'n gyson. Maen nhw'n gallu dylanwadu ar ein diwydiannau, y swyddi rydyn ni'n eu gwneud, ein ffordd o fyw a'r amgylchedd o'n cwmpas ni. Er bod llawer o ddatblygiadau technoleg yn creu manteision, maen nhw hefyd yn gallu cael effaith negyddol arnon ni a'n hamgylchedd.

Fel dylunwyr, mae'n bwysig bod yn ymwybodol o dechnolegau newydd a rhai sy'n dod i'r amlwg a hefyd o'r effeithiau cadarnhaol a negyddol maen nhw'n gallu eu cael ar gymdeithas a'r amgylchedd. Gall y ddealltwriaeth hon ein helpu ni i wneud penderfyniadau effeithiol am ba ddefnyddiau, cydrannau a systemau y byddwn ni'n eu defnyddio wrth ddylunio a gwneud cynhyrchion newydd.

Effaith technolegau newydd a'r rhai sy'n dod i'r amlwg ar ddiwydiant a menter

Drwy gydol hanes, mae datblygiadau mewn technoleg wedi effeithio ar ein gweithgareddau diwydiannau a busnesau. Meddyliwch am y Chwyldro Diwydiannol ar ddiwedd yr 1700au a dechrau'r 1800au: roedd defnyddio ager i ddarparu pŵer yn caniatáu llawer iawn o arloesi o ran peiriannau ac offer gweithgynhyrchu, gan olygu bod peiriannau'n gallu cynhyrchu cynhyrchion yn gyflymach ac yn fwy economaidd na phobl. Arweiniodd hyn at ddyfodiad ffatrïoedd fel mannau i gynhyrchu cynhyrchion oedd yn draddodiadol wedi cael eu cynhyrchu mewn gweithdai bach neu yn y cartref.

Arweiniodd y gallu i gynhyrchu trydan at ddatblygiadau pellach yn y broses weithgynhyrchu, fel bod modd defnyddio peiriannau mwy mewn ffatrïoedd i **fasgynhyrchu** cynhyrchion ar **linellau cydosod**.

Mae datblygiadau mewn technoleg gyfrifiadurol ac electroneg yn golygu bod ffatrïoedd modern yn defnyddio mwy a mwy o **gynhyrchu awtomataidd**. Mae'n bosibl cynhyrchu miloedd o gynhyrchion unfath o ansawdd cyson uchel yn gyflym iawn ac yn rhad iawn. Mae llawer o ddiwydiannau'n defnyddio robotau i wneud rhai o'r tasgau ailadroddus ac undonog roedd pobl yn arfer eu gwneud.

Mae'n debygol y bydd y ffordd rydyn ni'n gweithgynhyrchu cynhyrchion yn newid eto yn y dyfodol wrth i dechnolegau newydd ddod i'r amlwg. Er enghraifft, mae'r **Rhyngrwyd Pethau** (IoT: *Internet of Things*) yn dechnoleg newydd sy'n caniatáu i wrthrychau pob dydd gysylltu drwy'r rhyngrwyd ac anfon a derbyn data. Mae hyn yn debygol o gael effaith enfawr ar weithgynhyrchu cynhyrchion, gan ei fod yn ein galluogi i gasglu a defnyddio data am bob cam yn y broses gynhyrchu – o gyflenwi adnoddau a'r galw amdanynt, i ddefnyddio egni a'r galw am gynhyrchion.

Ffigur 1.1 Mae'r diwydiant ceir yn aml yn defnyddio breichiau robot i wneud tasgau ar linellau cydosod

Gweithgaredd

Crëwch fap cysyniadau neu rhestrwch enghreifftiau o sut mae technoleg wedi newid y ffordd rydyn ni'n gweithio (meddyliwch am sut rydyn ni'n cyfathrebu yn y gweithle a sut rydyn ni'n cynhyrchu cynhyrchion yn amgylchedd yr ysgol). Cymharwch eich enghreifftiau chi ag enghreifftiau dau neu dri o fyfyrwyr eraill.

Tyniad y farchnad a gwthiad technoleg

Fel arfer, mae'r cyfle i ddatblygu cynnyrch newydd yn ymddangos oherwydd bod eisiau neu angen rhywbeth, neu oherwydd datblygiadau technoleg.

Mae **tyniad y farchnad** yn disgrifio datblygiad cynnyrch hollol newydd a gwahanol, neu uwchraddio neu adnewyddu cynnyrch sy'n bodoli, fel ymateb i alw gan y farchnad. Bydd dylunydd yn gwneud ymchwil marchnata i ganfod angen neu broblem mae angen ei datrys. Yna, bydd dylunwyr yn cynhyrchu cynhyrchion newydd neu wedi'u hadnewyddu yn seiliedig ar anghenion a dyheadau'r defnyddwyr. Mae'r ffôn symudol yn enghraifft o gynnyrch a gafodd ei ddatblygu oherwydd tyniad y farchnad – roedd pobl eisiau gallu cysylltu â'i gilydd pan oedden nhw o gwmpas y lle ac i ffwrdd o'r cartref neu'r swyddfa; i wneud hyn, roedd angen ffôn roedden nhw'n gallu ei gario gyda nhw.

Gwthiad technoleg yw'r enw ar hyn sy'n digwydd pan fydd datblygiadau mewn defnyddiau, cydrannau neu ddulliau gweithgynhyrchu yn arwain at ddatblygu cynhyrchion newydd neu well. Mae tabledi a ffonau clyfar yn enghreifftiau da o gynhyrchion a gafodd eu creu oherwydd gwthiad technoleg – roedd datblygiadau mewn electroneg yn golygu bod modd rhoi cydrannau electronig bach, pwerus yn y dyfeisiau hyn i'w galluogi nhw i gyflawni amrywiaeth o swyddogaethau.

Mae datblygu defnyddiau newydd hefyd yn enghraifft o wthiad technoleg sy'n gallu arwain at gynhyrchion newydd. Mae datblygiad diweddar graffin yn debygol o arwain at ddatblygiad llawer iawn o gynhyrchion newydd sy'n defnyddio ei gryfder, ei ysgafnder, ei hyblygrwydd a'i dryloywder, a gallu'r defnydd newydd hwn i ddargludo gwres a thrydan. Mae'n debygol y bydd yn bosibl cymhwyso graffin mewn amrywiaeth o ddiwydiannau, gan gynnwys cludiant, meddygaeth, electroneg ac egni.

Dewis defnyddwyr

Dewisiadau defnyddwyr sy'n arwain datblygiad cynhyrchion newydd – nod dylunwyr a gwneuthurwyr yw sicrhau bod ar bobl angen neu eisiau'r cynhyrchion maen nhw'n eu dylunio a'u gwneud, er mwyn i'r cynhyrchion fod yn llwyddiannus. Mae technolegau

GEIRIAU ALLWEDDOL

Rhyngrwyd Pethau (IoT) Pan mae gwrthrychau pob dydd yn cynnwys dyfais sy'n caniatáu iddyn nhw gael eu cysylltu â'r rhyngrwyd ac anfon a derbyn data.

Tyniad y farchnad Cynhyrchu cynnyrch newydd mewn ymateb i alw gan y farchnad.

Gwthiad technoleg Pan mae datblygiad mewn defnyddiau, cydrannau neu ddulliau gweithgynhyrchu yn arwain at ddatblygu cynnyrch newydd neu well.

Ffigur 1.2 Gwthiad technoleg: datblygiadau ym maes electroneg sydd wedi galluogi cynhyrchu ffonau clyfar a thabledi

newydd yn gallu dylanwadu ar y cynhyrchion mae defnyddiwr eisiau eu prynu, oherwydd yn aml bydd pobl eisiau bod yn berchen ar y technolegau a'r cynhyrchion diweddaraf. Meddyliwch am gwmni ffonau symudol yn rhyddhau model newydd – bydd llawer o bobl eisiau'r model newydd, gyda'i dechnoleg a'i ddyluniad diweddaraf, i gymryd lle'r ffôn sydd ganddynt.

Dadansoddiad cylchred oes cynnyrch

Mae **cylchred oes** cynnyrch yn gysyniad pwysig ym maes marchnata. Mae'n disgrifio'r pedwar cyfnod yn oes cynnyrch, o'i gyflwyno i'r farchnad am y tro cyntaf hyd nes iddo gael ei ddisodli neu ei dynnu'n ôl am nad yw'n gwerthu'n ddigon da. Pedwar prif gyfnod y gylchred yw cyflwyniad, twf, aeddfedrwydd a dirywiad (gweler Ffigur 1.3).

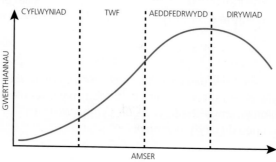

Ffigur 1.3 Cylchred oes cynnyrch

- **Cyflwyniad:** Dyma pryd mae cynhyrchion newydd yn cael eu lansio ac yn cael llawer o gyhoeddusrwydd fel bod defnyddwyr yn gwybod eu bod nhw ar gael. Gallai fod yn gynnyrch newydd neu'n fersiwn newydd o gynnyrch sy'n bodoli eisoes, er enghraifft model newydd o ffôn clyfar â mwy o gof neu fatri sy'n para'n hirach.
- **Twf:** Cyn gynted â bod y cynnyrch ar gael, bydd gwerthiannau'n cynyddu wrth i fwy o bobl glywed am y cynnyrch a'i brynu i gymryd lle cynhyrchion blaenorol neu fodelau hŷn.
- **Aeddfedrwydd:** Mae gwerthiant y cynnyrch yn cyrraedd ei anterth. Bydd cwmnïau eisiau i'r cyfnod hwn bara mor hir â phosibl er mwyn gwerthu cymaint â phosibl.
- **Dirywiad:** Yn y cyfnod hwn, bydd y rhan fwyaf o ddefnyddwyr sydd â diddordeb eisoes wedi prynu'r cynnyrch neu bydd model mwy newydd ar gael, ac felly bydd y gwerthiant yn dechrau gostwng.

Bydd cylchred oes cynnyrch yn dibynnu ar y cynnyrch sy'n cael ei werthu. Bydd gan gynnyrch sy'n boblogaidd am amser byr gylchred oes fyr gyda chyfnod twf serth a dirywiad yr un mor serth. Efallai y bydd rhai cynhyrchion yn dirywio ac yna'n dechrau tyfu eto, er enghraifft dilledyn sy'n mynd i mewn ac allan o ffasiwn.

Gweithgaredd

Edrychwch ar y gwahanol fathau hyn o gylchred oes cynnyrch ac enwch gynnyrch y gallai pob cromlin fod yn berthnasol iddo.

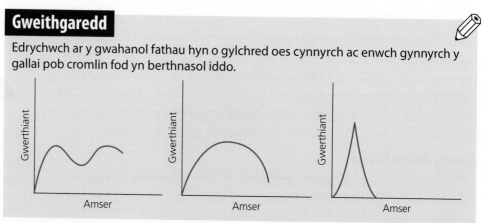

Cynhyrchu byd-eang a'i effeithiau ar ddiwylliant a phobl

Mae technoleg hefyd yn gallu effeithio ar ein ffordd o fyw, ein gwerthoedd a'n credoau. Wrth ddylunio a gweithgynhyrchu cynhyrchion, rhaid ystyried sut byddan nhw'n effeithio ar y gymdeithas, a'u goblygiadau moesol a moesegol. Mae angen i ddylunwyr sicrhau hefyd eu bod yn cadw at y gyfraith sydd ar waith i ddiogelu defnyddwyr rhag y canlyniadau negyddol sy'n gallu bod yn gysylltiedig â phrynu a defnyddio cynhyrchion.

Rydyn ni'n byw mewn cymdeithas fwy a mwy byd-eang – mae datblygiadau mewn cludiant yn golygu bod cynhyrchion nawr yn cael eu cludo i bob rhan o'r byd. Mae cydrannau a darnau ar gyfer rhai cynhyrchion yn gallu cael eu cynhyrchu mewn nifer o wahanol wledydd a'u cludo o wlad i wlad lawer gwaith yn ystod y broses weithgynhyrchu, cyn i'r cynnyrch gael ei gydosod yn llawn a'i werthu'n rhyngwladol. Yn yr un modd, mae datblygiadau technoleg gyfathrebu a'r rhyngrwyd yn golygu ein bod ni'n gallu gweithio gyda phobl bron yn unrhyw le yn y byd, gwerthu iddyn nhw a phrynu ganddyn nhw.

Mae llawer o fanteision i'r economi byd-eang. Fel defnyddwyr, mae gennyn ni fwy o ddewis nag erioed o'r blaen; gallwn ni brynu cynhyrchion o bedwar ban byd. Mae'r dewis hwn yn golygu bod mwy o gystadleuaeth rhwng cwmnïau i farchnata a gwerthu eu cynhyrchion i ni, sy'n cadw prisiau'n isel ac yn ein helpu ni i gael y fargen orau.

Mae mwy o gynhyrchu awtomataidd mewn ffatrïoedd, a robotau'n cymryd lle gweithredwyr dynol i wneud tasgau ailadroddus ac undonog mewn rhai diwydiannau, wedi cynyddu cyflymder cynhyrchu, sy'n helpu i ostwng costau gweithgynhyrchu.

Mae technoleg symudol a'r rhyngrwyd yn golygu y gallwn ni nawr gyfathrebu â phobl ledled y byd unrhyw bryd ac yn unrhyw le drwy ddefnyddio e-bost a'r cyfryngau cymdeithasol. Mae'r datblygiadau hyn yn ein gwneud ni'n fwy cysylltiedig, yn caniatáu i ni wneud mwy o ryngweithio cymdeithasol â'n ffrindiau a'n teuluoedd, ac yn gallu cynyddu ein hymwybyddiaeth o ddiwylliannau a chymdeithasau eraill.

Er bod technolegau newydd a chynhyrchu byd-eang yn gallu creu llawer o fanteision mae yna anfanteision hefyd. Er bod prisiau is yn gallu bod o fantais i ni'n ariannol, mae mewnforio cynhyrchion rhatach o wledydd eraill yn lle prynu cynhyrchion sy'n cael eu gwneud yn lleol yn gallu effeithio ar fywoliaeth pobl yn ein cymdeithas ni, ac arwain at golli swyddi. Efallai ei bod hi'n bosibl gweithgynhyrchu'r cynhyrchion hynny'n rhatach mewn gwlad arall, ond gallai hyn fod oherwydd bod gweithwyr yn y wlad honno'n cael cyflogau isel ac yn gweithio mewn amodau gwael; mae hyn yn gallu bod yn ddrwg i'w bywydau a'u hiechyd ac felly mae angen i ni gwestiynu goblygiadau moesegol a moesol y dewisiadau hyn.

Efallai na fydd gan rai cynhyrchion sy'n dod o wledydd eraill yr un ansawdd neu safonau adeiladu ag sydd yn y wlad hon, felly efallai na fydd y cynnyrch cystal. Yn yr un modd, mae cynhyrchion ffug neu wedi'u copïo hefyd yn digwydd o ganlyniad i fewnforio nwyddau o wledydd lle nad yw'r safonau gweithgynhyrchu, masnachu neu drwyddedu yr un fath.

Efallai fod cynyddu cynhyrchu awtomataidd yn arbed amser i ni, yn lleihau gwaith llaw ac yn golygu nad oes rhaid i ni wneud tasgau diraddiol mwyach, ond mae wedi achosi colledion swyddi mewn rhai diwydiannau gan fod angen llai o bobl i wneud y gwaith hwn.

Er bod technoleg symudol yn ein galluogi ni i ryngweithio'n amlach â phobl eraill, mae'n gallu arwain at lai o ryngweithio wyneb yn wyneb, sy'n gallu gwneud i ni deimlo'n unig. Dydy bod yn gysylltiedig yn gyson ddim yn beth cadarnhaol bob amser; mae llawer o bobl yn teimlo bod hyn wedi pylu'r ffiniau rhwng eu hamser gwaith a hamdden ac yn cael effaith negyddol ar

Ffigur 1.4 Mae technoleg symudol a chyfryngau cymdeithasol yn golygu ein bod ni'n fwy cysylltiedig nag erioed o'r blaen, ond mae hyn yn gallu gwneud i bobl deimlo'n unig

eu cwsg a'u lles meddyliol. Mae rhwydweithiau cymdeithasol yn gallu gadael pobl yn agored i seiberfwlio, ac mae siopa a bancio ar-lein yn gallu creu cyfle i dwyll ar-lein.

Fel dylunwyr, mae angen i ni hefyd gwestiynu goblygiadau diwylliannol cynhyrchu byd-eang. Mae'n wych gallu gwerthu ein cynhyrchion mewn marchnad fyd-eang, ond mae angen i ni fod yn sensitif i syniadau, gwerthoedd, credoau a defodau diwylliannau gwahanol wrth ddylunio cynhyrchion. Gall rhywbeth fod yn dderbyniol mewn un diwylliant neu gymdeithas ond cael ei gamddeall neu ei weld yn anweddus mewn diwylliant arall. Mae lliwiau, patrymau a symbolau, er enghraifft, yn gallu golygu gwahanol bethau i wahanol grwpiau o bobl ac mae angen i ni gofio hyn wrth wneud dewisiadau ar gyfer ein cynhyrchion, i wneud yn siŵr nad ydyn ni'n pechu. Mae cynhyrchu byd-eang yn gallu bygwth diwydiannau, sgiliau a thechnegau traddodiadol rhai diwylliannau; mae angen i ni ystyried yn ofalus sut gallai cynhyrchion newydd effeithio ar y traddodiadau hyn.

PWYNTIAU ALLWEDDOL

- Fel arfer, mae cynhyrchion newydd yn cael eu datblygu oherwydd bod eisiau neu angen rhywbeth (tyniad y farchnad), neu oherwydd datblygiadau mewn technoleg (gwthiad technoleg).
- Mae datblygiadau technolegol wedi newid ein diwydiant a'n mentrau: mae cynhyrchu awtomataidd a roboteg yn golygu y gallwn ni nawr gynhyrchu cynhyrchion yn gyflym ac yn rhad gan ddefnyddio gweithlu llai.
- Mae cynhyrchu cynhyrchion newydd yn defnyddio defnyddiau ac egni. Mae gan ddylunwyr gyfrifoldeb i ystyried sut bydd cynnyrch yn effeithio ar yr amgylchedd ym mhob cyfnod yn ei gylchred oes ac i gynhyrchu cynhyrchion â chynaliadwyedd mewn golwg.
- Yn ein heconomi byd-eang, mae cynhyrchion yn cael eu gwerthu i bobl o gymdeithasau a diwylliannau gwahanol. Rhaid i ni ystyried goblygiadau cadarnhaol a negyddol hyn a meddwl am sut bydd y cynhyrchion rydyn ni'n eu dylunio'n effeithio ar bobl, eu cymunedau a'u diwylliannau.

Deddfwriaeth y mae cynhyrchion yn ddarostyngedig iddi

Yn ôl y gyfraith mae'n rhaid i bob cynnyrch sy'n cael ei werthu i ddefnyddwyr fod yn ddiogel. Gwneuthurwyr neu gynhyrchwyr sy'n bennaf cyfrifol am ddiogelwch cynhyrchion, ond mae gan ddosbarthwyr ac adwerthwyr rai cyfrifoldebau cyfreithiol hefyd. Gall methu â chydymffurfio â gofynion cyfreithiol ar gyfer cynhyrchion arwain at ddirwyon neu hyd yn oed at garchariad. Mae gan unrhyw un sydd wedi dioddef anaf personol o ganlyniad i gynnyrch anniogel yr hawl i erlyn y sawl sy'n gyfrifol. Cyfrifoldeb y cynhyrchydd yw rhybuddio defnyddwyr am unrhyw risgiau posibl sy'n gysylltiedig â defnyddio cynnyrch, a chynnal safonau diogelwch.

Sefydliad Safonau Prydeinig

Mae'r rhan fwyaf o gynhyrchion sydd ar y farchnad heddiw'n cydymffurfio ag ystod o safonau a manylebau diogelwch sy'n cael eu gosod gan y Sefydliad Safonau Prydeinig (BSI: *British Standards Institute*). Caiff cynhyrchion a gwasanaethau eu profi a'u harchwilio'n drwyadl i sicrhau eu bod nhw'n bodloni'r holl ganllawiau cyfredol a safonau diwydiant cydnabyddedig. Mae cynhyrchion sy'n bodloni'r holl safonau mae'r BSI yn eu gosod yn cael Nod Barcut (*Kitemark*™) sy'n cael ei gydnabod yn rhyngwladol. Er mwyn cynnal safonau a chadw'r marc ardystio, caiff cynhyrchion eu monitro mewn profion rheolaidd parhaus. Mae defnyddwyr yn gallu bod yn dawel eu meddyliau bod cynhyrchion gyda'r Nod Barcut o safon uchel, yn ddiogel eu defnyddio ac yn addas i'r pwrpas.

Ffigur 1.5 Nod Barcut y BSI

Cyfundrefn Safonau Rhyngwladol

Y Gyfundrefn Safonau Rhyngwladol (ISO: *International Organization for Standardization*) sy'n gyfrifol am ddatblygu a chyhoeddi safonau rhyngwladol y gellir eu defnyddio'n gyson i sicrhau bod defnyddiau, cynhyrchion, prosesau a gwasanaethau'n gweithio ac yn addas i'r pwrpas. Mae'r ISO yn canolbwyntio ar heriau cyffredin neu wedi'u rhannu ac ar bethau sy'n bwysig i ddefnyddwyr. Mae'r ISO yn datblygu safonau o ganlyniad i ganfod angen yn y farchnad. Mae grŵp o arbenigwyr a rhanddeiliaid rhyngwladol yn trafod beth ddylai'r safon fod ac ar ôl ffurfio consensws maen nhw'n cyhoeddi'r safon. Hyd yn hyn, mae'r ISO wedi cyhoeddi dros 22,000 o Safonau Rhyngwladol, ac mae gan bob un ei rhif arbennig ei hun.

Ffigur 1.6 Logo'r ISO

Hawliau defnyddwyr a diogelu defnyddwyr

Deddf Hawliau Defnyddwyr 2015

Pan fyddwch chi'n prynu cynhyrchion neu wasanaethau, bydd Deddf Hawliau Defnyddwyr 2015 yno i ddiogelu eich hawliau pan aiff pethau o chwith, er enghraifft os ydych chi'n prynu cynnyrch diffygiol neu os nad ydych chi'n cael gwasanaeth cystal â'r disgwyl. Mae'r gyfraith yn eich diogelu chi rhag nwyddau diffygiol, nwyddau **ffug**, gwasanaeth gwael, problemau gydag adeiladwyr (gan gynnwys masnachwyr twyllodrus) a chontractau. Mae'r gyfraith yn datgan bod rhaid i nwyddau fod o ansawdd boddhaol, fel y cawson nhw eu disgrifio neu eu gweld ar adeg eu prynu, ac yn addas i'r pwrpas. Mae'r Ddeddf hefyd yn rhoi sylw i gynhyrchion digidol a phrynu ar-lein.

Os yw rhywbeth rydych chi'n ei brynu'n methu â bodloni'r disgwyliadau ac yn methu â bodloni'r safonau canlynol, gallwch chi hawlio ad-daliad neu ofyn am iddo gael ei atgyweirio neu ei gyfnewid:

- Dylai'r cynnyrch weithio yn ôl y disgwyl a dylech chi allu ei ddefnyddio fel y gwnaeth y gwerthwr esbonio i chi ar adeg ei brynu. Mae'r esboniad hwn yn cynnwys hysbysebion a sgyrsiau ar lafar ac mae'n berthnasol i gynhyrchion gwirioneddol ac i gynhyrchion digidol i'w llwytho i lawr. Er enghraifft, dylai seinydd cludadwy Bluetooth chwarae cerddoriaeth ar gyfarwyddyd neu dylai ffilm sydd wedi'i llwytho i lawr chwarae heb ymyriant. Dylai pob cynnyrch fod yn addas i'r pwrpas.
- Dylai ansawdd y cynnyrch fod yn foddhaol. Ni ddylai fod wedi'i ddifrodi nac yn ddiffygiol mewn unrhyw ffordd pan ydych chi'n ei gael. Dydy'r gyfraith ddim yn eich diogelu chi os ydych chi wedi prynu nwyddau diffygiol gan wybod hynny, fel sydd weithiau'n digwydd ag eitemau sydd mewn sêl. Os ydych chi'n prynu nwyddau ar-lein, mae'n syniad da eu harchwilio nhw'n syth ar ôl eu derbyn.
- Dylai'r cynnyrch fod fel y disgrifiad gafodd ei roi ar adeg ei brynu. Mae hyn yn arbennig o bwysig wrth brynu ar lein. Dylai dillad, er enghraifft, fod yr un lliw a maint â'r rhai y gwnaethoch chi eu harchebu, neu os yw pâr o esgidiau'n cael eu disgrifio fel rhai lledr, ni ddylai'r defnydd fod yn lledr ffug synthetig rhatach.

Mae'r gyfraith hefyd yn diogelu defnyddwyr sy'n derbyn gwasanaeth sy'n methu â bodloni disgwyliadau. Mae'r gyfraith yn mynnu bod y darparwr yn cynnig rhyw fath o **iawndal** hyd yn oed os nad yw hi'n ymarferol bosibl gwella'r gwasanaeth i fodloni'r hyn a brynodd y cwsmer yn wreiddiol, er enghraifft os yw'r arlwyo a'r gwasanaeth mewn bwyty ar gyfer parti yn wahanol i'r hyn a gafodd ei gytuno. Dylai'r gwerthwr gynnig ad-daliad rhannol o leiaf.

Os yw cynnyrch yn datblygu nam neu os yw'n ddiffygiol mewn rhyw ffordd, mae gennych chi hyd at 30 diwrnod ar ôl derbyn y cynnyrch i gael ad-daliad llawn, neu cewch chi ofyn am iddo gael ei atgyweirio neu ei gyfnewid os dyna yw eich dewis. Ar ôl mwy na 30 diwrnod, dylai'r gwerthwr gynnig gwasanaeth atgyweirio os yw hynny'n bosibl ac yn rhesymol. Os yw'r

GEIRIAU ALLWEDDOL

Ffugiad Dynwarediad o rywbeth gwerthfawr, sy'n cael ei werthu gyda'r bwriad o dwyllo rhywun.

Iawndal Taliad, fel rheol mewn arian, sy'n cael ei roi i rywun o ganlyniad i golled.

gwaith atgyweirio'n aflwyddiannus, cewch chi ofyn am eich arian yn ôl neu am ostyngiad yn y pris. Mae'r un rheolau'n berthnasol i gynnwys digidol; yn ogystal â'r uchod, fodd bynnag, mae'n bosibl y bydd gennych chi hawl i iawndal ychwanegol os yw cynnwys digidol diffygiol sydd wedi'i lwytho i lawr wedi achosi difrod i ddyfais.

Mae'r Ddeddf Hawliau Defnyddwyr hefyd yn rhoi sylw i gontractau, fel contractau ffonau symudol. Dylai telerau ac amodau fod wedi'u harddangos yn glir. Yn rhy aml, mae taliadau ychwanegol neu delerau annheg wedi'u cuddio yn y print mân!

Deddf Disgrifiadau Masnach 1968

Mae'r Ddeddf Disgrifiadau Masnach yn dweud ei bod hi'n anghyfreithlon camarwain defnyddwyr drwy roi disgrifiad masnach ffug o nwyddau a gwasanaethau. Gallai disgrifiadau ffug ymwneud â'r defnyddiau sy'n cael eu defnyddio i wneud cynnyrch, maint y cynnyrch, pa mor addas i'r diben ydyw neu nodweddion perfformiad gan gynnwys gwybodaeth am brofi cynhyrchion. Er enghraifft, os yw siwmper yn cael ei gwerthu fel siwmper o wlân newydd pur 100 y cant, ni ddylai gynnwys ffibrau eraill fel acrylig, a dylai camera gwrth-ddŵr allu gwrthsefyll gwasgedd dŵr hyd at ddyfnder penodol.

Mae'n ddyletswydd ar awdurdodau Safonau Masnach lleol i orfodi'r Ddeddf hon, sy'n gallu arwain at gyhuddiadau troseddol am gynrychioliad ffug.

Gweithgaredd

Trafodwch y senarios canlynol:

1 Mae Thomas wedi llwytho gêm i lawr i'w gyfrifiadur. I ddechrau roedd popeth yn iawn ac roedd y gêm yn wych, ond nawr mae'n ymddangos bod firws ar ei gyfrifiadur. Dydy Thomas ddim yn gallu agor unrhyw ffeiliau ar ei gyfrifiadur, a dydy'r gêm ddim yn gweithio chwaith. Beth yw ei hawliau?

2 Mae Jasmine wedi trefnu parti pwll ar gyfer pen-blwydd ei nith 5 oed. Wrth gyrraedd y ganolfan hamdden gyda'r 20 o westeion sydd wedi cael gwahoddiad, maen nhw'n cael gwybod bod y pwll wedi'i gau i'w atgyweirio ac felly y byddan nhw'n trefnu gemau yn y neuadd yn lle hynny. Beth yw ei hawliau?

3 Mae sbectol haul dylunydd newydd Alex, sydd wedi'i phrynu ar lein, yn wych. Roedden nhw hyd yn oed yn dod gyda thystysgrif dilysrwydd. Maen nhw ychydig bach yn fwy tebyg i blastig na'r llun ar y wefan, ond maen nhw'n dal i edrych yn cŵl iawn. Ddeg diwrnod ar ôl eu derbyn nhw, mae un lens yn disgyn allan ac mae un o'r breichiau'n rhydd. Beth yw'r materion dan sylw yma?

Ffactorau moesol a moesegol sy'n perthyn i weithgynhyrchu cynhyrchion a gwerthu a defnyddio cynhyrchion

Mae marchnad rydd fyd-eang yn caniatáu masnachu digyfyngiad. Mae cystadleuaeth iach yn digwydd pan fydd pobl eisiau gwneud elw drwy dyfu eu busnes, a dylai hyn yn ei dro helpu gweithwyr i wella eu bywydau drwy gael incwm o gyflogaeth reolaidd. Fodd bynnag, does dim rhaid i gwmnïau gefnogi'r gweithwyr maen nhw'n eu cyflogi fel hyn. Mae busnesau'n gwneud penderfyniadau drwy'r amser, ond dydyn nhw ddim i gyd yn cael eu hystyried yn foesegol nac yn foesol dderbyniol. Mae rhai pobl yn elwa llawer mwy nag eraill. Mewn llawer o feysydd masnachu byd-eang, dydy pawb ddim yn cael eu trin yn gyfartal ac yn deg. Mae gweithwyr dillad mewn gwledydd llai datblygedig fel Cambodia a Bangladesh yn cael eu gorfodi i weithio oriau hir am dâl isel, yn aml mewn amodau peryglus. Mae plant mor ifanc â chwech oed wedi cael eu darganfod yn gweithio mewn ffatrïoedd er bod cyfreithiau lleol yn gwahardd llafur plant.

Mae rhai cwmnïau gweithgynhyrchu'n masnachu mewn modd mwy moesegol. Mae'r cwmnïau hyn yn canolbwyntio ar sut mae eu nwyddau a'u gwasanaethau o fudd uniongyrchol i ddefnyddwyr, ond maen nhw hefyd yn cefnogi achosion cymdeithasol gyfrifol ac amgylcheddol. Mae eu hysbysebu'n onest ac yn ddibynadwy. Mae masnachwyr moesegol yn rhannu dadansoddiad o gostau cynhyrchion – mae tryloywder yn bwysig iddyn nhw. Mae rhai cwmnïau gweithgynhyrchu eraill yn gwrthod datgelu eu costau; y prif reswm dros hyn yw y gallai datgelu maint elw cynnyrch penodol hefyd ddatgelu cyflogau ac amodau gwaith gwael rhai o'u gweithwyr. Mae hyn yn arbennig o wir am y diwydiant gwneud dillad, lle mae llawer o weithwyr yn wynebu **ecsbloetiaeth**. Mae mudiadau fel Masnach Deg, sy'n cael sylw yn Adran (d) y bennod hon, yn ceisio unioni'r cydbwysedd ym maes masnach.

PWYNTIAU ALLWEDDOL

- Mae cynhyrchion sy'n bodloni'r holl safonau mae'r BSI yn eu gosod yn cael Nod Barcut sy'n cael ei gydnabod yn rhyngwladol.
- Y Sefydliad Safoni Rhyngwladol (ISO) sy'n gyfrifol am ddatblygu a chyhoeddi safonau rhyngwladol.
- Mae Deddf Hawliau Defnyddwyr 2015 yn diogelu defnyddwyr sy'n prynu cynhyrchion, gan gynnwys llwytho deunydd digidol i lawr a phrynu ar-lein. Dylai pob nwydd fod fel y cafodd ei hysbysebu neu ei ddisgrifio, yn addas i'r pwrpas ac o ansawdd boddhaol.
- Dydy pob masnach ddim yn deg a chyfartal. Mae llawer o weithwyr mewn gwledydd llai datblygedig yn cael eu hecsbloetio gan eu cyflogwyr.

Cynaliadwyedd

Mae dylunwyr, gwneuthurwyr a defnyddwyr wedi dod yn fwy ymwybodol o'r ffaith bod technolegau newydd a datblygu a gwaredu cynhyrchion yn gallu cael effaith negyddol ar yr amgylchedd, ac mae llawer nawr yn chwilio am ffyrdd o leihau eu heffaith ar yr amgylchedd.

Mae cynaliadwyedd yn golygu bodloni anghenion heddiw heb beryglu anghenion cenedlaethau'r dyfodol. Wrth ddatblygu cynhyrchion newydd, mae gan ddylunwyr a gwneuthurwyr gyfrifoldeb i gadw golwg ar gynaliadwyedd. Dyma rai enghreifftiau o ffyrdd o wneud hyn:

- Defnyddio defnyddiau wedi'u hailgylchu.
- Defnyddio llai o ddefnyddiau.
- Defnyddio llai o egni wrth weithgynhyrchu cynhyrchion, a chynhyrchu cynhyrchion sy'n defnyddio llai o egni.
- Defnyddio ffynonellau egni adnewyddadwy.
- Meddwl am sut i waredu neu ailgylchu cynhyrchion a'u cydrannau ar ddiwedd eu hoes ddefnyddiol.
- Gwneud cynhyrchion sy'n hawdd eu hatgyweirio neu â chydrannau sy'n hawdd eu hamnewid er mwyn estyn eu cylchred oes.

Mae llawer o enghreifftiau o ffyrdd o ddefnyddio technolegau newydd a rhai sy'n dod i'r amlwg i'n helpu ni i ddefnyddio, cynhyrchu a gwaredu cynhyrchion mewn ffordd fwy cynaliadwy, ac i leihau effaith datblygu cynhyrchion newydd ar yr amgylchedd. Er enghraifft:

- **Technoleg hybrid a cheir trydan:** Mae datblygu ceir hybrid, sy'n defnyddio petrol/diesel a modur trydanol, yn golygu defnyddio llai o danwydd ac mae'r ceir hyn yn allyrru llai o garbon deuocsid. Mae ceir cwbl drydanol yn rhoi manteision tebyg, ac wrth i dechnoleg ddatblygu maen nhw'n debygol o ddod yn fwy poblogaidd.

Ffigur 1.7 Mae technoleg hybrid yn helpu i leihau allyriadau CO_2 sy'n gysylltiedig ag injans ceir petrol a diesel traddodiadol

- **Cynhyrchion mwy effeithlon:** Wrth i ddylunwyr wella a mireinio cynhyrchion a'u cydrannau, gallan nhw ddod yn fwy effeithlon a pherfformio'n well gan ddefnyddio llai o egni. Er enghraifft, mae bylbiau golau LED yn fwy thermol effeithlon na bylbiau traddodiadol ac yn gallu cynhyrchu rhwng 50 a 100 lwmen i bob wat.
- **Datblygiadau egni adnewyddadwy:** Caiff technoleg ei datblygu o hyd i'n helpu i ddefnyddio ffynonellau egni amgen yn well a dibynnu llai ar danwyddau ffosil. Mae technolegau pŵer gwynt, solar, llanw a thrydan dŵr yn dod yn fwy effeithlon, sy'n ein helpu i ddefnyddio cymaint â phosibl ar y ffynonellau egni adnewyddadwy hyn sy'n cael llai o effaith ar yr amgylchedd. Mae mwy o sôn am ffynonellau egni adnewyddadwy ac anadnewyddadwy yn Adran (c) yn y bennod hon.
- **Technoleg ailgylchu:** Ar hyn o bryd, dim ond ychydig o'r polymerau rydyn ni'n eu defnyddio sy'n cael eu hailgylchu. Mae cynhyrchion fel cwpanau ewyn styro (Styrofoam ™) a bagiau plastig yn anodd eu hailgylchu, ac yn aml yn mynd i'r cefnforoedd yn y pen draw. Mae cwmnïau ailgylchu'n canolbwyntio ar ddatblygu technolegau sy'n gallu torri'r polymerau hyn i lawr yn fwy effeithiol a diogel, fel y gallwn ni ailgylchu ac ailddefnyddio mwy o'r polymerau rydyn ni'n eu defnyddio yn y dyfodol.

> **PWYNTIAU ALLWEDDOL**
> - Gwybod y gwnawn ni achosi difrod i'r amgylchedd na allwn ei wella o barhau i fyw fel rydyn ni nawr. Mae newid syml fel prynu cynnyrch cynaliadwy yn ddechrau da.
> - Meddwl cyn taflu rhywbeth i ffwrdd, a oes ffordd arall o'i ddefnyddio? Mae ailddefnyddio cynhyrchion yn golygu defnyddio llai o dir ar gyfer tirlenwi.

> **GAIR ALLWEDDOL**
> **CAD** Dylunio drwy gymorth cyfrifiadur.

Dylunio drwy gymorth cyfrifiadur

Mae dylunio drwy gymorth cyfrifiadur (**CAD**) wedi mynd yn un o'r offer mwyaf gwerthfawr sydd ar gael i ddylunwyr a gwneuthurwyr. Roedd pecynnau CAD yn arfer bod yn offer arbenigol a drud iawn, ond maen nhw'n mynd yn haws eu defnyddio ac yn fwy pwerus ac mae eu cost yn gostwng yn ddramatig. Mae llawer o becynnau ar gael am ddim, yn enwedig i fyfyrwyr, ac mae datblygiadau diweddar wedi cynhyrchu rhaglenni ar ffurf apiau sy'n cynnig canlyniadau rhagorol i bobl heb lawer o sgiliau CAD.

Mae CAD wedi gwella ansawdd gwaith dylunio drwy'r holl broses ddylunio, o gynhyrchu a chyfathrebu syniadau cychwynnol, i gynhyrchu modelau 3D ac yna gwneud lluniadau gweithio.

Ffigur 1.8 Dylunydd CAD

Roedd creu lluniadau CAD â llaw yn cymryd llawer o amser ac roedd angen lefel sgiliau uchel iawn. Yn aml byddai gwallau neu addasiadau'n golygu bod angen ailddechrau'r lluniad. Roedd y lluniadau hyn yn cael eu creu gan ddrafftsmyn, ac roedd yn broffesiwn medrus iawn. Y dyddiau hyn mae CAD yn hygyrch i bawb, o bobl sy'n cynllunio cynllun sylfaenol eu cegin newydd, i beirianwyr sy'n datblygu lluniadau CAD i'w defnyddio i gynhyrchu prototeipiau gweithio.

Mae gwneuthurwyr hefyd yn gallu defnyddio modelau CAD i efelychu perfformiad cynhyrchion posibl mewn amgylchedd penodol. Gellir defnyddio model CAD 3D i efelychu perfformiad aerodynamig car, neu i ddangos sut gallai cynnyrch penodol berfformio o dan rym penodol. Mae hyn yn arbed arian, amser ac adnoddau.

Mae technoleg yn y cwmwl yn datblygu'n gyflym ac mae wedi gwneud gwaith ar y cyd yn llawer haws. Mae dylunwyr nawr yn gallu rhannu projectau yn y cwmwl, gan ganiatáu i ddylunwyr ddatblygu gwahanol gydrannau ar yr un pryd hyd yn oed os ydyn nhw'n gweithio ar ochr arall y blaned. Gan ei bod mor hawdd i ddylunwyr a gwneuthurwyr gyfathrebu, maen nhw'n gallu gweithio'n fwy effeithlon heb deithio cymaint i gyfarfod â'i gilydd.

Er bod meddalwedd CAD ar gael i bawb, os oes angen dyluniad neu gydran sy'n gymhleth bydd angen i'r dylunydd CAD fod yn fedrus ac yn wybodus iawn. Mae dylunio cynhyrchiol (*generative design*) yn ddatblygiad newydd sy'n defnyddio algorithmau mathemategol i ddylunio cydrannau yn seiliedig ar gyfres o baramedrau neu ofynion dylunio. Mae hyn yn aml yn cynhyrchu dyluniadau unigryw ac effeithlon iawn na fyddai'n bosibl eu creu gan ddefnyddio sgiliau CAD traddodiadol.

Manteision CAD:

- Mae'r ansawdd cyflwyno'n tueddu i fod yn uwch na syniadau sydd wedi'u lluniadu â llaw.
- Mae'n hawdd creu, addasu a golygu modelau CAD 2D a 3D.
- Gellir defnyddio gweadau a lliwiau i wneud modelau ffotorealistig.
- Gellir storio'r dyluniad yn ddiogel, ei rannu a gweithio arno ar y cyd.
- Gellir dangos syniadau/cysyniadau/modelau i'r cleientiaid/defnyddwyr a gofyn am eu barn er mwyn datblygu cynhyrchion ymhellach.
- Gellir allforio'r model 3D i beiriannau CAM, sy'n gallu cynhyrchu prototeip gweithio.
- Mae CAD yn gallu cyflymu'r broses ddylunio a gwneud y cyfnod cychwynnol yn fyrrach er mwyn rhoi'r cynnyrch ar y farchnad yn gyflymach.

Anfanteision CAD:

- Mae angen cyfrifiaduron pwerus i fodelu a rendro mewn 3D.
- Mae angen hyfforddiant i ddefnyddio'r feddalwedd i'w photensial llawn.
- Mae angen cryn arbenigedd i ddefnyddio CAD yn effeithlon.
- Gall CAD fod yn arafach na phensil a phapur o ran cynhyrchu syniadau cychwynnol.
- Mae meddalwedd yn cael ei ddiweddaru'n gyson sy'n gallu bod yn ddrud.
- Gall caledwedd fel argraffydd 3D fod yn ddrud ac eithaf araf i gynhyrchu gwrthrychau mawr.

Gweithgynhyrchu drwy gymorth cyfrifiadur

Rydyn ni'n defnyddio peiriannau gweithgynhyrchu drwy gymorth cyfrifiadur (**CAM**) i gynhyrchu cynhyrchion a chydrannau yn uniongyrchol o luniadau CAD. Mae lluniad CAD yn cael ei drawsnewid yn god mae peiriant CAM yn gallu ei ddehongli. Mae'r rhan fwyaf o beiriannau CAM yn gweithredu ar egwyddor pen sy'n symud ar hyd echelinau x, y a z. Mae'r cod yn gyfres o orchmynion rhifiadol sy'n dweud wrth y peiriant i ble i symud a pha mor gyflym, er mwyn torri, argraffu neu beiriannu'r dyluniad CAD. O ganlyniad i'r cod hwn, mae pobl hefyd yn aml yn eu galw nhw'n beiriannau dan reolaeth rifiadol cyfrifiadur (**CNC**).

Mae peiriannau CAM i'w gweld yn aml mewn diwydiant lle mae angen cynhyrchu symiau mawr o gynhyrchion unfath o ansawdd cyson. Mae costau cychwynnol y peiriannau hyn yn gallu bod yn ddrud, ac mae angen llawer o hyfforddiant ar weithwyr i allu eu rhaglennu a'u gweithredu nhw'n effeithiol. Mae ganddyn nhw'r fantais o allu gweithio am gyfnodau hir heb seibiant, ac felly maen nhw'n llawer mwy effeithlon na'r gweithlu dynol sy'n cael ei ddisodli ganddyn nhw. Fodd bynnag, mae angen gwaith gwasanaethu a chynnal a chadw cyson arnyn nhw, sy'n gallu bod yn ddrud ac effeithio ar allbwn llinell gynhyrchu.

Mae peiriannau CAM hefyd i'w gweld yn aml mewn rhai ysgolion; mae torwyr finyl, torwyr laser ac yn fwy diweddar argraffyddion 3D i gyd yn beiriannau CAM defnyddiol sy'n gallu cael eu defnyddio i wella cywirdeb ac ansawdd gorffeniad gwaith project. Mae'r rhain fel arfer yn ffisegol lai na'r rhai masnachol ond maen nhw'n berffaith i dorri a siapio defnyddiau tenau fel finyl hunanadlynol, cerdyn, pren haenog ac acrylig.

GEIRIAU ALLWEDDOL

CAM Gweithgynhyrchu drwy gymorth cyfrifiadur.
CNC Dan reolaeth rifiadol cyfrifiadur.

Ffigur 1.9 Rhigolydd CNC yn peiriannu prototeip o ewyn modelu polywrethan

Manteision CAM:

- Ar y cyfan mae prosesau CAM yn gyflymach na gweithgynhyrchu traddodiadol.
- Mae'r gweithgynhyrchu'n gallu bod yn fanwl gywir iawn.
- Gellir cyflawni prosesau cyson ac ailadroddadwy.
- Mae'n cynhyrchu llai o wastraff na phrosesau gweithgynhyrchu traddodiadol.
- Mae'n caniatáu defnyddio systemau gweithgynhyrchu hyblyg mewn diwydiant.

Anfanteision CAM:

- Mae peiriannau CAM yn gallu bod yn ddrud.
- Mae angen cynnal a chadw a gwasanaethu rhai peiriannau CAM yn rheolaidd.
- Gallan nhw ddisodli sgiliau a gweithluoedd traddodiadol.
- Yn gyffredinol, mae costau'n atal defnyddio CAM i weithgynhyrchu ar raddfa fach.

Gweithgaredd

Darganfyddwch fwy am sut mae dylunio CAD cynhyrchiol a datblygiadau ym maes argraffu 3D yn llywio prosesau dylunio a chynhyrchu byrddau sgrialu drwy ymchwilio i 'Project TOST'.

PWYNTIAU ALLWEDDOL

- Cynhyrchu adiol yw'r broses o adeiladu siâp ffisegol fesul haen.
- Rendro yw'r broses o ychwanegu lliw neu weadau at luniad.
- Mae CAD yn ddull effeithiol i luniadu, golygu a chyflwyno gwaith dylunio yn ddigidol.
- CAM yw'r broses o ddefnyddio peiriannau i gynhyrchu cynhyrchion. Mae peiriannau CAM yn dilyn cyfarwyddiadau sy'n cael eu cynhyrchu o luniadau CAD.

Angen gwybod

1. Rhowch un enghraifft o gynnyrch sy'n cael ei greu oherwydd tyniad y farchnad ac un cynnyrch sy'n cael ei greu oherwydd gwthiad technoleg.
2. Esboniwch sut mae Masnach Deg yn cefnogi cynhyrchwyr a gweithwyr dan anfantais.
3. Trafodwch fanteision ac anfanteision cynhyrchu awtomataidd i ddiwydiant, pobl a chymdeithas.
4. Disgrifiwch ystyr 'masnachu moesegol'.
5. Os yw cwmni'n cynhyrchu 1000 uned o eitem, pam byddai'n dewis defnyddio gweithgynhyrchu CNC lle bo'n bosibl?
6. Esboniwch sut mae'r Ddeddf Hawliau Defnyddwyr yn amddiffyn defnyddwyr sy'n prynu cynhyrchion digidol.
7. Disgrifiwch swyddogaeth y BSI ac esboniwch sut mae cynnyrch yn ennill y Nod Barcut.

(b) Sut mae gwerthusiad beirniadol o dechnolegau newydd a'r rhai sy'n dod i'r amlwg yn llywio penderfyniadau dylunio

Mae technolegau newydd yn dod i'r amlwg o hyd. Mae rhai'n achosi aflonyddwch gan arwain at newidiadau sylweddol i'n ffordd o fyw. Mae eraill yn creu ffasiwn dros dro sy'n diflannu'n fuan.

Mae'r rhyngrwyd wedi achosi newid enfawr i'r ffordd rydyn ni'n siopa, yn cyfathrebu ac yn ein diddanu ein hunain. Mewn rhai ffyrdd, mae'r rhyngrwyd wedi golygu nad oes angen i ni deithio cymaint, ond mewn ffyrdd eraill mae wedi cynyddu ein 'milltiroedd ffordd' am ein bod ni'n disgwyl i nwyddau sydd wedi'u harchebu ar lein gael eu danfon at ein drws.

Mae technolegau sy'n cael eu datblygu ar hyn o bryd fel deallusrwydd artiffisial, rhithrealiti, argraffu 3D, biometreg, ffonau clyfar a cheir trydan yn siŵr o ddod yn fwyfwy cyffredin yn ein bywydau. Yn yr adran hon, rydyn ni'n edrych ar ba mor bwysig yw hi fod dylunwyr y dyfodol yn gwneud penderfyniadau sy'n seiliedig ar ystyried yr amgylchedd.

Cynaliadwyedd a materion amgylcheddol

Mae 'cynaliadwyedd' yn cyfeirio at yr egwyddor o gynhyrchu nwyddau a gwasanaethau sy'n bodloni anghenion y boblogaeth bresennol heb effeithio ar anghenion poblogaethau'r dyfodol. Yn syml, mae'n golygu peidio â defnyddio adnoddau'r Ddaear yn gyflymach nag y gellir eu hadnewyddu, a pheidio â llygru'r Ddaear dim mwy. Fel hyn, bydd yn bosibl dal ati i gynhyrchu nwyddau a gwasanaethau am gyfnod mor hir ag y bydd galw amdanyn nhw.

Mae dylunio cynaliadwy yn arbennig o bwysig i gynhyrchion sy'n cael eu diweddaru'n gyflym. Mae dyfeisiau electronig a dyfeisiau cyfrifiadura fel ffonau symudol, tabledi, gliniaduron, seinyddion Bluetooth a setiau teledu yn cael eu prynu'n rheolaidd gan ddefnyddwyr sydd eisiau'r model diweddaraf â'r dechnoleg fwyaf newydd a'r nodweddion gorau. Yn y diwydiant ffasiwn, mae dyluniadau newydd yn gallu cael eu rhyddhau bob tymor, sy'n golygu dau neu dri diweddariad dylunio bob blwyddyn.

Mae gan ddylunwyr, gwneuthurwyr a defnyddwyr i gyd ran i'w chwarae i hybu strategaeth ddylunio gynaliadwy. Mae dylunio cynaliadwy yn cynnwys:

- **Defnyddiau:** Dewis defnyddiau gweithgynhyrchu sydd ddim yn cael llawer o effaith ar yr amgylchedd, sef defnyddiau diwenwyn wedi'u hailgylchu sydd ddim angen cymaint o egni i'w prosesu.
- **Dulliau gweithgynhyrchu:** Dylunio cynhyrchion sy'n cael eu gweithgynhyrchu gan ddefnyddio dulliau egni isel effeithlon.
- **Defnydd pecynnu:** Defnyddio llai o ddefnydd pecynnu diangen ar gynhyrchion a gwneud yn siŵr bod y defnydd pecynnu i gyd yn ailgylchadwy.
- **Cludiant:** Lleihau'r egni sydd ei angen i gludo'r defnyddiau crai a'r cynnyrch gorffenedig, er enghraifft drwy weithgynhyrchu'n lleol gan ddefnyddio defnyddiau lleol os bosibl.
- **Anghenion egni:** Dylunio cynhyrchion sy'n effeithlon o ran egni.
- **Disgwyliad oes cynnyrch:** Dylunio cynhyrchion i bara, gan osgoi darfodiad cynnar a dylunio cynhyrchion i gael eu gwasanaethu a'u hatgyweirio.
- **Ansawdd adeiladu:** Mae cynhyrchion â gwell ansawdd adeiladu'n debygol o weithio'n fwy effeithiol ac am amser hirach ac yn llai tebygol o dorri i lawr. Maen nhw'n fwy dibynadwy.
- **Diwedd oes cynnyrch:** Ystyried beth sy'n digwydd i'r cynnyrch pan does dim ei angen mwyach. Dylai fod yn hawdd ailgylchu'r cynnyrch.
- **Masnach deg:** Dylunio cynhyrchion sy'n darparu incwm teg i weithwyr ar bob cam yn y gadwyn gyflenwi a chynhyrchu.

Mae llawer o bwysau rhyngwladol ar lywodraethau ym mhob gwlad i ddefnyddio llai o egni, i leihau llygredd ac i ddileu gwaredu sylweddau peryglus i'r amgylchedd, ac i ailgylchu mwy. Mae nifer o **gyfarwyddebau amgylcheddol** (mathau o ddeddfau) sy'n dod gan yr Undeb Ewropeaidd a chyrff fel Cyngor Egni'r Byd, sy'n gosod targedau i gyflawni'r nodau hyn. Mae yna gytundebau rhyngwladol hefyd ar newid hinsawdd, llygredd aer a gwarchod bywyd gwyllt.

Gall gwneuthurwyr wneud cais am ddyfarnu Ecolabel yr UE i'w cynhyrchion. I fod yn gymwys, rhaid i gynhyrchion fodloni cyfres o feini prawf amgylcheddol llym sy'n ystyried cylchred oes gyfan cynnyrch (gweler yn nes ymlaen yn yr adran hon). Mae pob mathau o gynhyrchion wedi cael Ecolabel yr UE, gan gynnwys bwydydd, dillad, nwyddau trydanol, paent, sebon a dodrefn. Bwriad Ecolabel yr UE yw symleiddio dewis i ddefnyddwyr sy'n chwilio am gynhyrchion sydd ddim yn niweidio'r amgylchedd. Mae cynhyrchion sy'n ei arddangos yn dweud wrth y defnyddiwr eu bod nhw wedi cyflawni rhagoriaeth amgylcheddol, ac mae'r gwneuthurwyr yn gobeithio y bydd hyn yn hybu gwerthiant y cynnyrch.

GEIRIAU ALLWEDDOL

Cynaliadwyedd
Cynhyrchu nwyddau a gwasanaethau i fodloni anghenion heddiw heb effeithio ar anghenion poblogaethau'r dyfodol.

Cyfarwyddeb amgylcheddol Math o ddeddf sy'n diogelu'r amgylchedd.

Ffigur 1.10 Ecolabel yr UE

Ffigur 1.11 Label sgôr egni ar beiriant golchi

Cyfrifoldebau cymdeithasol, diwylliannol, economaidd ac amgylcheddol

Yn ogystal â chyfarwyddebau amgylcheddol, mae dylunwyr a gwneuthurwyr yn wynebu mwy a mwy o bwysau gan ddefnyddwyr wrth iddyn nhw ddod yn fwy ymwybodol am brynu cynhyrchion sy'n well i'r amgylchedd.

Mae label sgôr egni ar lawer o offer domestig newydd, sy'n helpu defnyddwyr i ddewis cynhyrchion sy'n effeithlon o ran egni. Mae'r label yn rhoi sgôr i'r cynnyrch ar raddfa o A+++ (mwyaf effeithlon) i G (lleiaf effeithlon).

Mae'r UE yn honni y bydd cyflwyno'r label sgôr egni, ynghyd ag addysgu defnyddwyr, yn lleihau'r egni sy'n cael ei ddefnyddio gan gymaint â'r holl egni mae'r Eidal yn ei ddefnyddio mewn blwyddyn. Byddai hyn yn arbed cannoedd o bunnoedd ar filiau egni defnyddwyr bob blwyddyn.

Mae strategaeth gynaliadwy yn sicrhau, pan fydd cynnyrch yn cyrraedd diwedd ei oes, bod y defnyddiau defnyddiol yn y cynnyrch yn cael eu hadennill a'u hailddefnyddio. Enw'r strategaeth 'gwneud – defnyddio – ailgylchu' hon yw'r **economi cylchol**, ac mae adnoddau'n parhau i gael eu defnyddio am gyfnod mor hir â phosibl fel ein bod ni'n cael cymaint â phosibl o werth ohonynt. Mae'n cymryd lle'r economi llinol traddodiadol 'cymryd – gwneud – gwaredu', sy'n anghynaliadwy. Mae'r economi cylchol yn gysylltiedig â **chynhyrchu o'r crud i'r crud** (yn hytrach nag o'r crud i'r bedd), sy'n golygu bod gwneuthurwr yn ystyried y cyfnodau yn oes cynnyrch, o'i enedigaeth, drwy ei ddefnyddio a'i farwolaeth, ac yna ei ailgylchu a'i aileni yn y pen draw fel cynnyrch newydd.

GEIRIAU ALLWEDDOL

Economi cylchol Cael y gwerth mwyaf o adnoddau, drwy eu defnyddio am gyfnod mor hir â phosibl, ac yna eu hadennill a'u hatgynhyrchu fel cynhyrchion newydd yn hytrach na'u taflu i ffwrdd.

Cynhyrchu o'r crud i'r crud Ystyried cylchred oes gyflawn cynnyrch, gan gynnwys ei aileni i wneud cynnyrch newydd.

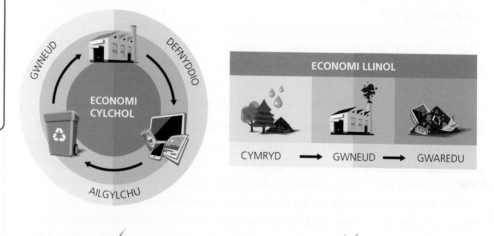

Ffigur 1.12 Economi cylchol yn erbyn economi llinol

Dadansoddiad cylchred oes

Mae dadansoddiad cylchred oes yn cael ei gynnal i asesu effaith amgylcheddol cynnyrch yn ystod ei holl gylchred oes, o'r crud i'r crud. Mae'n edrych ar ddefnyddio defnyddiau, defnyddio egni, ac effaith cludo'r defnyddiau, y darnau a'r cynnyrch ei hun ar wahanol adegau yn ei oes. Mae Tabl 1.1 yn rhestru cyfres o gwestiynau sy'n gallu bod yn ddefnyddiol wrth gynnal dadansoddiad cylchred oes.

Ffigur 1.13 Dadansoddiad cylchred oes

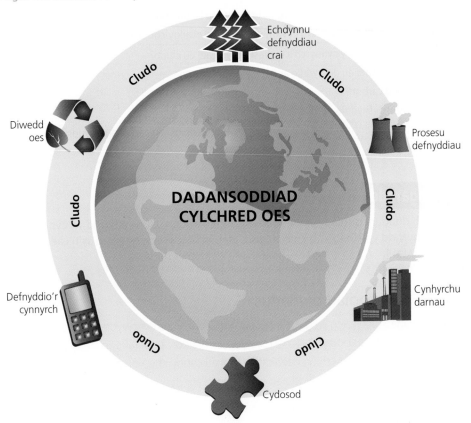

Cyfnod	Cwestiynau i'w gofyn
Cael defnyddiau crai	• Beth yw effaith amgylcheddol echdynnu neu gynaeafu'r defnyddiau crai (e.e. drilio am olew crai)? • Faint o egni sy'n cael ei ddefnyddio wrth echdynnu? • Fyddai hi'n bosibl defnyddio defnyddiau wedi'u hailgylchu yn lle hyn?
Prosesu defnyddiau	• Faint o brosesu sydd ei angen i drawsnewid y defnydd crai yn ddefnydd defnyddiol (e.e. trawsnewid olew crai yn bolymer)? • Faint o egni sydd ei angen? • Ydy'r prosesu'n defnyddio ffynonellau egni adnewyddadwy? • Ydy'r prosesu'n defnyddio cemegion niweidiol, neu'n cynhyrchu llygredd neu gynhyrchion gwastraff?
Gweithgynhyrchu	• Beth yw'r dull(iau) gweithgynhyrchu? Oes dewis arall? • Faint o egni sydd ei angen (e.e. ar gyfer peiriannau, goleuo/gwresogi'r ffatri, ac ati)? • Ydy'r gwneuthurwr yn defnyddio ffynonellau egni adnewyddadwy? • Ydy'r gweithgynhyrchu'n defnyddio cemegion niweidiol, neu'n cynhyrchu llygredd neu gynhyrchion gwastraff (e.e. cannydd sy'n cael ei ddefnyddio wrth lifo tecstilau)?

Cyfnod	Cwestiynau i'w gofyn
Defnyddio	● Faint o egni mae'r cynnyrch yn ei ddefnyddio, os o gwbl?
	● Ydy'r cynnyrch yn defnyddio egni pan nad yw'n cael ei ddefnyddio, e.e. mewn modd segur?
	● O ble mae'r egni'n dod? Ydy'r ffynhonnell yn adnewyddadwy?
	● Ydy'r cynnyrch yn creu llygredd neu gynhyrchion gwastraff (e.e. pibell wacáu car)?
	● Ydy hi'n bosibl ei wneud yn fwy effeithlon o ran egni?
Diwedd oes	● Ydy hi'n hawdd datgymalu'r cynnyrch i'w gydrannau?
	● Oes modd ailgylchu'r darnau?
	● Ydy'r darnau'n cynnwys cemegion peryglus (e.e. batrïau ffonau symudol)?
	● Faint o egni sydd ei angen i brosesu'r cynnyrch er mwyn ei ailgylchu neu ei waredu?
Cludo	● Pa mor bell mae'r darnau, y cynnyrch a'r gwastraff yn cael eu cludo?
	● Pa danwyddau sy'n cael eu defnyddio ar gyfer y gwaith cludo?
	● Beth yw'r ôl troed carbon?
	● Fyddai hi'n bosibl defnyddio defnyddiau o ffynonellau lleol?
	● Fyddai hi'n bosibl gweithgynhyrchu'r cynnyrch yn agos at lle mae'n cael ei ddefnyddio?

Tabl 1.1 Y cyfnodau mewn dadansoddiad o gylchred oes cynnyrch

Gweithgaredd

Gwnewch ddadansoddiad cylchred oes ar degell trydan. Lluniwch grid yn cynnwys y chwe chyfnod yn Nhabl 1.1. Yn eich grid, atebwch rai o'r cwestiynau sy'n cael eu gofyn yn y tabl.

GAIR ALLWEDDOL

Darfodiad bwriadus
Dylunio cynnyrch mewn modd sy'n golygu na fydd yn gweithio, neu y bydd yn mynd yn llai ffasiynol, ar ôl cyfnod penodol.

Ffigur 1.14 Mae gwneuthurwyr ffonau symudol yn aml yn newid cysylltiadau fel bod ategolion hŷn yn mynd yn ddarfodedig

Dylunio a darfodiad bwriadus

Mae datblygiadau technoleg yn gallu arwain at greu cynhyrchion newydd yn gyson. Yn aml, bydd defnyddwyr eisiau bod yn berchen ar y dechnoleg ddiweddaraf, sy'n creu cymdeithas daflu i ffwrdd lle mae cynhyrchion newydd yn cael eu cynhyrchu, yna eu defnyddio am gyfnod byr cyn cael eu taflu i ffwrdd neu eu cyfnewid am gynnyrch newydd, yn aml cyn diwedd eu hoes ddefnyddiol.

Mae rhai cynhyrchion hefyd yn cael eu dylunio neu eu gweithgynhyrchu mewn ffordd sy'n rhoi cyfyngiad artiffisial ar eu hoes ddefnyddiol, gan wneud cylchred oes y cynnyrch yn fyrrach. Enw'r broses o wneud hyn yw **darfodiad bwriadus**. Mae'n golygu y bydd cynnyrch yn methu gweithio'n iawn, neu'n mynd yn llai ffasiynol, ar ôl cyfnod penodol. Mae gwneuthurwyr ffonau symudol, er enghraifft, yn aml yn dylunio ffonau newydd â chysylltiadau gwahanol, sy'n golygu na fydd ategolion hŷn fel gwefrwyr neu glustffonau yn gweithio gyda'r ddyfais newydd.

Mae darfodiad dyluniadau'n cynnig manteision i ddylunydd ac i wneuthurwr, oherwydd mae'n sicrhau galw dibynadwy o'r newydd am gynnyrch poblogaidd, hyd yn oed gan gwsmeriaid sydd eisoes yn berchen ar y cynnyrch, oherwydd bydd angen iddyn nhw gyfnewid eu hen fodel am fersiwn mwy newydd.

Mae'r galw cyson hwn am y dyluniad ffasiynol diweddaraf neu'r dechnoleg ddiweddaraf yn rhoi straen ar ddylunwyr, fodd bynnag, oherwydd mae'n rhaid iddyn nhw gadw ar y blaen i'w cystadleuwyr yn gyson. Bydd angen gwneud buddsoddiad sylweddol i ymchwilio i dechnolegau newydd, ac mae angen 'edrych yn y bêl risial' i raddau i geisio rhagfynegi tueddiadau'r dyfodol a ffasiynau sydd ddim yn bodoli eto.

Rhaid i wneuthurwr sicrhau ei fod yn cynhyrchu'r model newydd yn ddigon cyflym, a bod digon o stoc yn cronni, i ateb y galw pan gaiff ei ryddhau. Ar y llaw arall, mae gorgynhyrchu'n gallu gadael gwneuthurwyr â stoc heb ei werthu ar ôl i'r galw cychwynnol dawelu neu os aiff y model newydd yn ddarfodedig yn rhy gynnar.

Mae galw defnyddwyr am y technolegau diweddaraf a darfodiad bwriadus yn gallu cael effaith sylweddol ar yr amgylchedd – nid yn unig mae gwaredu hen gynhyrchion yn achosi mwy o wastraff, ond mae gweithgynhyrchu cynhyrchion newydd yn defnyddio defnyddiau, adnoddau ac egni gwerthfawr.

Ôl troed carbon

Mae **ôl troed carbon** yn ffordd o fesur faint o nwyon tŷ gwydr sy'n cael eu rhyddhau o ganlyniad i weithgareddau unigolyn. Mae'r ffigur yn cael ei fynegi fel cilogramau neu dunelli metrig o garbon deuocsid (CO_2). Mae carbon deuocsid yn nwy tŷ gwydr, sy'n golygu ei fod yn dal gwres yr haul ar arwyneb y Ddaear, ac felly'n achosi **cynhesu byd-eang**. Y mwyaf o CO_2 mae unigolyn yn ei gynhyrchu, y mwyaf yw ei effaith ar yr amgylchedd.

Mae defnyddio egni o **danwyddau ffosil** yn ychwanegu at ein hôl troed carbon, felly mae gwresogi ein cartrefi â nwy, glo neu olew yn allyrru CO_2 ac yn gwneud ein hôl troed carbon yn fwy. Hyd yn oed os nad yw defnyddio trydan yn rhyddhau CO_2 yn uniongyrchol, mae'r orsaf drydan sy'n cynhyrchu'r trydan yn gwneud hynny! Mae'r gwastraff rydyn ni'n ei gynhyrchu hefyd yn cynhyrchu CO_2 a nwy arall o'r enw methan pan fydd yn mynd i safle tirlenwi. Dyma rai gweithgareddau ag ôl troed carbon o 1kg o CO_2:

- Gyrru 4 milltir mewn car.
- Teithio 7 milltir ar fws neu drên.
- Hedfan 1.4 milltir mewn awyren.
- Gadael eich cyfrifiadur ymlaen am ddiwrnod.
- Gweithgynhyrchu dwy botel blastig.
- Cynhyrchu 100g o gig eidion (mae gwartheg yn cynhyrchu symiau mawr o nwy methan yn eu coluddion).

Ledled y byd, mae ôl troed carbon blynyddol cyfartalog pob unigolyn yn 4 tunnell fetrig. Yn y Deyrnas Unedig, mae ôl troed carbon blynyddol cyfartalog pob unigolyn yn 10 tunnell fetrig.

Mae rhai tanwyddau seiliedig ar garbon yn garbon niwtral. Mae hyn yn golygu nad ydyn nhw'n cyfrannu at faint o CO_2 sydd yn yr atmosffer. Mae pren yn enghraifft o danwydd carbon niwtral. Wrth i'r pren dyfu, roedd y goeden yn amsugno CO_2 o'r atmosffer ac yn cloi'r carbon yn y pren. Pan mae'r pren yn cael ei losgi, mae'r un swm o CO_2 yn cael ei ryddhau, sy'n golygu dim newid cyffredinol yn lefel CO_2 yr atmosffer. Mae pob biodanwydd (gweler Adran (c) y bennod hon) yn agos at fod yn garbon niwtral, ond mae'n bosibl bod tanwyddau ffosil yn cael eu defnyddio wrth eu cynhyrchu, e.e. i bweru'r peiriannau fferm. Dydy egni sy'n dod o ffynonellau adnewyddadwy (gweler Adran (c) y bennod hon) ddim yn creu carbon o gwbl.

Gweithgaredd

Defnyddiwch gyfrifiannell ôl troed carbon ar-lein i gyfrifo eich ôl troed carbon eich hun ar gyfer eich ffordd o fyw. Mae llawer o gyfrifianellau ar-lein ar gael, fel yr un yn http://footprint.wwf.org.uk sy'n cymharu eich ôl troed carbon chi â chyfartaledd blynyddol y Deyrnas Unedig.

- Eich ôl troed carbon yw cyfanswm y CO_2 rydych chi'n ei gynhyrchu. Y mwyaf rydych chi'n ei gynhyrchu, y mwyaf fydd eich effaith ar yr amgylchedd.
- Mae gan ddylunwyr, gwneuthurwyr a defnyddwyr i gyd ran i'w chwarae i hybu strategaeth ddylunio gynaliadwy.
- Rydyn ni'n cynnal dadansoddiad cylchred oes i asesu effaith amgylcheddol cynnyrch yn ystod ei holl gylchred oes.
- Mae darfodiad dyluniadau yn gallu arwain at 'gymdeithas taflu i ffwrdd', gan greu effaith sylweddol ar yr amgylchedd.

Angen gwybod

1 Esboniwch beth yw ystyr 'dylunio cynaliadwy'.
2 Disgrifiwch dair ffordd mae dylunydd yn gallu lleihau effaith amgylcheddol dyluniad.
3 Disgrifiwch, gydag enghraifft, beth yw ystyr 'cyfarwyddeb amgylcheddol'.
4 Esboniwch beth yw ystyr 'economi cylchol'.
5 Disgrifiwch gyfnodau dadansoddiad cylchred oes cynnyrch.
6 Esboniwch sut mae cynnyrch fel ffôn symudol yn gallu mynd yn ddarfodedig yn gyflym iawn.
7 Esboniwch beth yw ystyr 'ôl troed carbon', a disgrifiwch ddwy ffordd bosibl o'i leihau.

(c) Sut mae egni yn cael ei gynhyrchu a'i storio er mwyn dewis a defnyddio ffynonellau priodol i wneud cynhyrchion a phweru systemau

Fel myfyriwr Dylunio a Thechnoleg, mae angen i chi ystyried ffyrdd o ddefnyddio egni i wneud y canlynol:

- gweithgynhyrchu cynhyrchion
- pweru cynhyrchion a systemau.

Mae angen egni bob amser i achosi i rywbeth symud, i wresogi rhywbeth, i greu golau neu sain, neu hyd yn oed i wneud cyfrifiadau mewn sglodyn cyfrifiadurol. Mae angen egni hefyd i brosesu defnydd, h.y. echdynnu, mireinio, mowldio, plygu, torri neu ddrilio. Yn y bôn, mae angen egni i weithgynhyrchu a defnyddio cynhyrchion a systemau, ac rydyn ni wedi trafod sut i asesu hyn o dan ddadansoddi cylchred oes yn Adran (b) y bennod hon.

Mathau o ffynonellau egni adnewyddadwy ac anadnewyddadwy

Byddwch chi wedi dysgu yn eich gwersi Gwyddoniaeth nad yw hi'n bosibl creu na dinistrio egni, dim ond ei newid o un math o egni i fath arall. Felly, mae 'cynhyrchu' egni, fel trydan, yn golygu ein bod ni'n trawsnewid ffynhonnell egni arall yn drydan. O ganlyniad, mae angen ffynonellau egni yn gyson i gyflenwi gofynion diwydiant a defnyddwyr.

Gallwn ni ddosbarthu'r ffynonellau egni sydd ar gael i ni ar y Ddaear yn ffynonellau **anadnewyddadwy** ac **adnewyddadwy**.

- Ffynonellau **anadnewyddadwy** (Tabl 1.2) yw tanwyddau sy'n cael eu hechdynnu o'r Ddaear. Ar ôl eu defnyddio, dydy hi ddim yn bosibl eu hadnewyddu; maen nhw'n ffynonellau cyfyngedig a byddan nhw'n dod i ben yn y pen draw.
- Dydy ffynonellau egni **adnewyddadwy** (Tabl 1.3) ddim yn dod i ben.

Ffynhonnell	Esboniad
Glo (Tanwydd ffosil)	Mae'n cael ei gloddio o'r ddaear. Mae llosgi glo yn rhyddhau egni gwres sy'n cael ei ddefnyddio mewn gorsafoedd trydan i gynhyrchu trydan, sydd yna'n cael ei ddosbarthu o gwmpas y wlad drwy grid cenedlaethol.
Olew (Tanwydd ffosil)	Rydyn ni'n echdynnu olew crai o'r Ddaear drwy ddrilio'n ddwfn i'r ddaear. Yna rydyn ni'n ei buro i gynhyrchu amrywiaeth o danwyddau hylif, fel petrol, diesel a thanwydd awyrennau. Gallwn ni ddefnyddio'r tanwyddau hydrocarbon hyn yn injans cerbydau modur neu injans jet awyrennau i gynhyrchu symudiad. Gallwn ni hefyd eu llosgi nhw mewn systemau gwres canolog ar gyfer adeiladau, neu i gynhyrchu trydan mewn gorsafoedd trydan.
Nwy (Tanwydd ffosil)	Prif gyfansoddyn nwy naturiol yw methan, sy'n hydrocarbon hylosg. Mae'n cael ei ddefnyddio fel tanwydd mewn rhai cerbydau. Rydyn ni'n echdynnu nwy drwy ddrilio, ac yna mae'n mynd drwy bibellau'r grid cenedlaethol i dai a ffatrïoedd lle mae'n cael ei ddefnyddio fel tanwydd i wresogi a choginio. Mae rhai gorsafoedd trydan yn defnyddio tyrbinau wedi'u pweru gan nwy (tebyg i injan jet) i gynhyrchu trydan.
Niwclear	Mae mwyn wraniwm yn cael ei gloddio o'r Ddaear. Mae'n mynd drwy broses o buro a chyfoethogi i gael ei drawsnewid yn danwydd niwclear, sydd yna'n cael ei ddefnyddio mewn adweithydd niwclear i gynhyrchu gwres. Mae'r gwres hwn yn cael ei drawsnewid yn drydan mewn gorsaf bŵer niwclear. Dydy tanwydd niwclear ddim yn cael ei losgi. Mae'r egni gwres yn cael ei ryddhau wrth i'r niwclysau wraniwm mawr, ansefydlog hollti'n ddau niwclews llai. Ymholltiad niwclear yw hyn.

Ffigur 1.15 Mae glo yn danwydd ffosil

Tabl 1.2 Ffynonellau egni anadnewyddadwy

Ffynhonnell	Esboniad
Gwynt	Mae tyrbin gwynt wedi'i ddylunio i echdynnu egni o'r gwynt. Mae'r llafnau sy'n cylchdroi wedi'u cysylltu â generadur sy'n cynhyrchu trydan. Mae both y tyrbin yn gallu troi fel bod y llafnau'n wynebu i mewn i'r gwynt bob amser.
Solar	Bydd paneli ffotofoltaidd (PV: *photovoltaic*) yn cynhyrchu trydan pan fydd golau haul yn eu taro nhw. Yn hemisffer y gogledd, maen nhw fel arfer yn wynebu'r de ac ar ongl fel eu bod nhw'n cael cymaint â phosibl o olau haul drwy gydol y dydd. Maen nhw'n cynhyrchu cerrynt union (CU) foltedd isel. Gallwn ni ddefnyddio hwn i wefru batrïau, neu ei drawsnewid yn gerrynt eiledol (CE) foltedd uchel a'i fwydo i'r prif grid trydan. Gallwn ni ddefnyddio paneli gwresogi dŵr solar i wresogi dŵr yn uniongyrchol i'w ddefnyddio'n ddomestig ac mewn diwydiant.
Geothermol	Mae dŵr oer yn cael ei bwmpio o dan ddaear, lle mae gwres naturiol y Ddaear yn ei wresogi. Mae'r dŵr poeth (neu ager) sy'n dod yn ôl yn gallu gwresogi cartrefi, neu gael ei ddefnyddio mewn gorsafoedd trydan i gynhyrchu trydan.
Trydan dŵr	Mae argae yn cael ei adeiladu i ddal afon naturiol a ffurfio llyn. Mae'r dŵr yn cael ei ryddhau, o dan reolaeth, ac mae gwasgedd y dŵr sy'n dianc yn troi tyrbinau sy'n cynhyrchu trydan. Mae rhai generaduron trydan dŵr bach yn gallu gweithio heb argae, gan ddibynnu ar egni afon sy'n llifo'n gyflym yn lle hynny.
Pren/biomas	Mae planhigion a defnyddiau organig eraill yn gallu bod yn ffynhonnell egni. Pan fydd coeden yn cael ei chynaeafu, bydd y pren sydd ddim o ddiddordeb i'r diwydiant pren yn cael ei sglodi (neu ei wneud yn belenni) a'i ddefnyddio fel tanwydd yn lle llosgi glo. Mae'r pren hwn yn gallu gwresogi tai neu gael ei ddefnyddio i gynhyrchu trydan. Mewn cynlluniau biomas eraill, mae planhigion yn cael eu tyfu i gynhyrchu defnyddiau i'w prosesu i greu biodanwyddau. Mae cansenni siwgr yn cael eu heplesu i gynhyrchu bioethanol, a gallwn ni brosesu ffa soia i wneud biodiesel; mae'r rhain yn ddau danwydd hylif sy'n ddefnyddiol i gludiant. Mae unedau treulio'n prosesu gwastraff bwyd i wneud tanwydd biomas i'w losgi, ac mae hen olew coginio o fwytai yn gallu cael ei drawsnewid yn fiodiesel.
Tonnau/ llanw	Mae mecanwaith yn cael ei ddefnyddio i drawsnewid egni o donnau ar y môr yn drydan. Dydy pŵer tonnau ddim yn cael ei ddefnyddio ar raddfa eang. Mae pŵer llanw'n agwedd fwy addawol ar gyfer anghenion egni'r dyfodol. Mae hwn yn fath o gynllun trydan dŵr sy'n echdynnu egni o'r llanw sy'n codi a gostwng.

Tabl 1.3 Ffynonellau egni adnewyddadwy

Ffigur 1.16 Paneli solar PV a thyrbinau gwynt

Ffigur 1.17 Allyrru llygryddion o bibelli gwacáu ceir

Materion sy'n gysylltiedig â defnyddio tanwyddau ffosil

Gweddillion planhigion ac anifeiliaid oedd yn fyw filiynau o flynyddoedd yn ôl yw tanwyddau ffosil (glo, olew a nwy). Ar hyn o bryd, maen nhw'n darparu tuag 80 y cant o anghenion egni'r byd.

Mae tanwyddau ffosil yn storio egni cemegol ac yn ei ryddhau ar ffurf egni gwres wrth gael eu llosgi. Mae cost amgylcheddol sylweddol i ddefnyddio tanwyddau ffosil am eu bod nhw'n cynhyrchu cynhyrchion gwastraff sy'n cael eu hallyrru i'r atmosffer. Y prif gynnyrch gwastraff yw nwy carbon deuocsid, ond mae llygryddion eraill yn cael eu rhyddhau hefyd fel sylffwr deuocsid (sy'n cynyddu asidedd glaw) a mân ddefnyddiau gronynnol sy'n gallu achosi problemau anadlu i bobl. Mae carbon deuocsid yn **nwy tŷ gwydr**, sy'n golygu ei fod yn dal gwres yr haul ar arwyneb y Ddaear. Mae'r rhan fwyaf o wyddonwyr yn cytuno bod allyriadau carbon deuocsid o losgi tanwyddau ffosil yn cyfrannu'n weithredol at gynhesu byd-eang.

Allwn ni ddim creu mwy o danwyddau ffosil. Mae amcangyfrifon am bryd y byddan nhw'n dod i ben yn amrywio, ond ar hyn o bryd rydyn ni'n defnyddio olew'n llawer cyflymach na glo na nwy.

Mae tanwyddau ffosil yn ddefnyddiol oherwydd mae ganddyn nhw ddwysedd egni uchel iawn, sy'n golygu bod pob cilogram o danwydd yn dal llawer o egni cemegol. Mae hyn yn eu gwneud nhw'n ddelfrydol ar gyfer eu defnyddio mewn cludiant (ceir, llongau, awyrennau, ac ati) am eu bod nhw'n cynnwys llawer o egni heb fod yn drwm iawn. Gallwn ni hefyd ail-lenwi'r tanc tanwydd yn gyflym – dim ond cwpl o funudau mae'n ei gymryd i lenwi car â phetrol. Mae'r ffynonellau tanwydd amgen, fel batrïau mewn ceir trydan, yn drwm, yn methu â mynd â'r car yn bell iawn ac yn cymryd oriau i'w hailwefru. Mae technoleg batrïau'n siŵr o wella, ond ar hyn o bryd mae tanwyddau ffosil yn fwy cyfleus.

Mae llawer iawn o bwysau rhyngwladol ar lywodraethau i leihau llygredd o danwyddau ffosil. Mae'r pwysau hwn yn cael ei drosglwyddo i wneuthurwyr cerbydau i wneud ceir glanach, ac yna i ddefnyddwyr ar ffurf treth tanwydd a threth cerbyd. Yn y pen draw, bydd yn rhy ddrud cynnal cerbydau sy'n cael eu pweru gan danwyddau ffosil, a bydd rhaid i yrwyr droi at gerbydau sy'n cael eu pweru gan ffynonellau egni glanach, adnewyddadwy.

Manteision ac anfanteision ffynonellau egni adnewyddadwy

Dydy ffynonellau egni adnewyddadwy ddim yn allyrru dim byd i'r atmosffer ac, felly, dydyn nhw ddim yn llygru. Yr eithriad yw tanwyddau biomas fel pren, sy'n rhyddhau carbon deuocsid wrth gael eu llosgi. Mae coed newydd yn cael eu plannu, fodd bynnag, ac mae'r rhain yn amsugno carbon deuocsid wrth dyfu, sy'n golygu y gallwn ni alw'r broses yn garbon niwtral. Mae'r tanwydd biomas sydd ar gael yn gallu bod yn beth tymhorol, ac mae angen cludo'r tanwydd i lle mae ei angen.

Mae'r cyfarpar sydd ei angen i echdynnu egni adnewyddadwy'n gallu bod yn ddrud, felly mae'r gwariant cychwynnol yn aml yn uchel. Ar ôl ei osod, fodd bynnag, mae'n cynhyrchu egni am ddim.

Dydy egni gwynt ac egni solar ddim ar gael bob amser, felly allwn ni ddim dibynnu arnyn nhw fel ein hunig ffynhonnell egni. Mae'r allbwn egni hefyd yn eithaf bach, felly yn aml bydd llawer o dyrbinau gwynt wedi'u clystyru â'i gilydd ar fferm wynt. Mae rhai pobl yn dweud bod ffermydd gwynt yn hyll ac yn difetha'r amgylchedd naturiol, yn enwedig gan eu bod nhw'n aml yn cael eu gosod mewn mannau amlwg ar ben bryniau. Mae rhai pobl yn dweud yr un peth am gaeau yn y wlad sy'n llawn paneli solar du.

Mae yna ystyriaethau amgylcheddol ar gyfer pŵer trydan dŵr hefyd, gan ei fod yn aml yn golygu adeiladu argaeau mawr mewn ardaloedd gwledig sy'n boddi cefn gwlad ac yn gallu tarfu ar gynefin bywyd gwyllt.

Mae unedau egni geothermol yn ddrud iawn eu gosod, a dim ond mewn ardaloedd lle mae'r creigiau tanddaearol yn boeth iawn yn agos at yr arwyneb y maen nhw'n broffidiol.

Defnyddio ffynonellau egni adnewyddadwy mewn systemau cynhyrchu gweithgynhyrchu modern

Mae mwy a mwy o wneuthurwyr yn buddsoddi mewn cynlluniau egni adnewyddadwy i bweru eu systemau gweithgynhyrchu. Mae paneli solar a thyrbinau gwynt yn gallu cynhyrchu egni y gall y gwneuthurwr ei ddefnyddio i bweru ei ffatri. Mae llawer o ffatrïoedd hefyd wedi gosod cyfarpar i adennill egni 'gwastraff', fel yr egni gwres sy'n cael ei wastraffu o fowldio polymerau thermoffurfiol, a defnyddio'r egni sy'n cael ei adennill i wresogi eu swyddfeydd. Mae hyn yn lleihau eu biliau egni a hefyd yn dangos agwedd gyfrifol a moesegol at yr amgylchedd, sy'n gallu gwella delwedd y cwmni.

Ffynonellau egni adnewyddadwy ar gyfer cynhyrchion

Trydan yw ffynhonnell egni'r rhan fwyaf o gynhyrchion.

Mae rhai cynhyrchion yn rhoi cyfleoedd i ddefnyddio ffynonellau egni bach, adnewyddadwy. Gall paneli solar PV bach gynhyrchu cerrynt bach yn ystod oriau golau dydd, sy'n gallu ailwefru batri. Mae generaduron gwynt bach hefyd yn gallu ailwefru batri cyn belled â bod yna ddigon o wynt. Mae allbwn pŵer y ddau ddull yn eithaf bach, felly dim ond cynhyrchion cymharol isel o ran pŵer sy'n addas. Weithiau, ffynhonnell egni adnewyddadwy yw'r unig ddewis i gynhyrchion os nad oes pŵer prif gyflenwad ar gael. Mae rhai arwyddion electronig ar ochr ffyrdd gwledig yn cael eu pweru gan banel solar PV bach ar ben yr arwyddbost.

Mae mecanwaith weindio cloc hefyd yn gallu darparu pŵer dros dro i gynhyrchion electronig a mecanyddol. Mae'r defnyddiwr yn weindio sbring, sy'n storio egni potensial. Yna mae'r sbring yn cael ei ryddhau'n araf i gynhyrchu trydan pan mae'r cynnyrch yn cael ei ddefnyddio. Dydy rhai cynhyrchion weindio ddim yn defnyddio sbring; yn lle hynny, mae'r defnyddiwr yn cynhyrchu trydan wrth weindio ac mae cynhwysydd yn storio hwn ac yn ei ryddhau wrth i'r cynnyrch gael ei ddefnyddio. Mae radios, tortshys a gwefrwyr ffôn weindio i gyd yn gweithredu ar egni am ddim, heb fod angen batrïau.

Ffigur 1.18 Mae'r lamp ardd bŵer solar hon yn ailwefru yn ystod y dydd

Ffigur 1.19 Does dim angen batrïau yn y tortsh weindio hwn

Gweithgaredd

Darganfyddwch bump o gynhyrchion sy'n cael eu pweru gan eu ffynhonnell egni adnewyddadwy eu hunain a thynnwch ffotograffau ohonynt. Ceisiwch ddod o hyd i gynhyrchion yn eich cartref a'ch ysgol, ond defnyddiwch luniau oddi ar y rhyngrwyd os oes rhaid.

Cynhyrchu a storio egni mewn amrywiaeth o gyd-destunau

Cerbydau modur

Mae'r rhan fwyaf o geir sydd ar ein ffyrdd ar hyn o bryd yn defnyddio egni cemegol sydd wedi'i storio mewn petrol neu ddiesel (h.y. tanwyddau ffosil) fel eu ffynhonnell egni. Rydyn ni wedi esbonio eisoes bod llosgi tanwyddau ffosil yn ddrwg i'r amgylchedd ond bod eu dwysedd egni uchel, a'r ffaith eu bod nhw mor gyfleus, yn ei gwneud hi'n anodd eu disodli. Mae ceir trydan yn defnyddio batrïau fel ffynhonnell egni; gallwn ni ailwefru'r rhain drwy eu plygio nhw i mewn i ffynhonnell trydan prif gyflenwad. Dydy'r car ddim yn cynhyrchu allyriadau, ond gallai ffynhonnell trydan y prif gyflenwad ddod o orsaf drydan sy'n llosgi tanwydd ffosil. Mae cerbydau trydan yn effeithlon am eu bod nhw'n gallu adennill rhywfaint o'u hegni cinetig wrth i'r gyrrwr frecio, ac yn gallu storio'r egni hwn yn y batri. Mae'r batri'n gallu cymryd oriau i ailwefru'n llawn, fodd bynnag, a dydy'r car ddim yn gallu teithio'n bell iawn. Serch hynny, mae gwerthiant ceir trydan yn cynyddu am eu bod nhw'n rhad eu cynnal ac yn osgoi'r gwaharddiad (neu'r dreth) mae rhai dinasoedd nawr yn eu rhoi ar gerbydau pŵer tanwydd ffosil.

Mae car hybrid ailwefradwy yn defnyddio cyfuniad o fodur trydan i yrru yn y ddinas ac injan betrol i deithio pellteroedd hir. Mae'r injan betrol hefyd yn gallu ailwefru'r batri. Gallwn ni eu llenwi nhw â phetrol yn gyflym neu eu plygio nhw i mewn i wefru dros nos. Felly, mae ceir hybrid ailwefradwy'n cyfuno allyriadau isel â'r gallu i yrru dros bellter hir.

Cynhyrchion sy'n cael eu pweru gan y prif gyflenwad

Os nad oes angen i gynnyrch fod yn gludadwy, mae'n gallu cael ei blygio i mewn i'r prif gyflenwad trydan, sy'n darparu cyflenwad egni 'diderfyn' ac yn osgoi'r angen i ailwefru. Mae'r nifer cynyddol o gynhyrchion prif gyflenwad sy'n cael eu gadael yn y modd segur yn peri pryder, fodd bynnag, gan fod y cynhyrchion hyn yn defnyddio egni am gyfnodau hir yn gyson heb gael eu defnyddio. O ystyried nifer y cynhyrchion mae tŷ nodweddiadol yn eu gadael yn y modd segur, maen nhw'n gallu gwastraffu swm sylweddol o egni.

Cynhyrchion sy'n cael eu pweru gan fatrïau

Mae ffonau symudol, sugnwyr llwch di-wifr, watshys clyfar ac ati yn cael eu pweru gan yr egni sydd wedi'i storio yn eu batri ailwefradwy. Mae'r batri hwn yn cael ei ailwefru gan ddefnyddio gwefrwr sy'n plygio i mewn i'r prif gyflenwad trydan.

Mae llawer o dortshys, rheolyddion pell teledu, teganau ac ati yn defnyddio batrïau anailwefradwy, sy'n cael eu defnyddio unwaith ac yna mae angen rhai newydd. Mae'r batrïau hyn yn storio egni cemegol sy'n cael ei ryddhau ar ffurf egni trydanol wrth i'r cynnyrch gael ei ddefnyddio. Mae eisiau cael gwared ar hen fatrïau yn gyfrifol, gan ddefnyddio cyfleusterau ailgylchu priodol.

Mae rhai cynhyrchion awyr agored yn defnyddio panel solar PV i wefru batri'r cynnyrch yn araf yn ystod oriau golau dydd. Mae'r egni'n cael ei storio yn y batri a'i ryddhau ar ffurf trydan wrth i'r cynnyrch gael ei ddefnyddio. Mae goleuadau gardd solar, rhai larymau lladron a chamerâu diogelwch i gyd yn gallu defnyddio paneli solar fel ffynhonnell egni adnewyddadwy.

Gweithgaredd

Ewch drwy bob ystafell yn eich tŷ a gwnewch restr o'r cynhyrchion sydd wedi'u plygio i mewn (neu wedi'u gwifro'n barhaol) ac yn y modd segur. Mae enghreifftiau'n cynnwys setiau teledu, ffyrnau microdon, larymau lladron, gwefrwyr ffôn ac ati.

PWYNTIAU ALLWEDDOL
- Mae ffynonellau egni naill ai'n anadnewyddadwy neu'n adnewyddadwy.
- Mae defnyddio tanwyddau ffosil yn cael effaith sylweddol ar yr amgylchedd.
- Mae ffynonellau egni adnewyddadwy yn 'lân' ond dydyn nhw ddim ar gael bob amser, ac maen nhw'n gallu bod yn ddrud.

Angen gwybod

1 Disgrifiwch bump o ffynonellau egni adnewyddadwy.

2 Enwch un fantais a dwy anfantais defnyddio tanwyddau ffosil.

3 Disgrifiwch sut mae ffynonellau egni adnewyddadwy'n gallu bod yn ddefnyddiol mewn cynhyrchion.

(ch) Datblygiadau mewn defnyddiau modern a chlyfar

Defnyddiau â phriodweddau ffisegol neu fecanyddol sy'n ymateb i newid yn eu hamgylchedd yw defnyddiau clyfar. Mae'r ymateb hwn, sy'n gallu cynnwys newid lliw, siâp neu wrthiant, yn gallu digwydd o ganlyniad i newid i dymheredd, golau, lleithder, gwasgedd neu fewnbwn trydanol.

Newid dros dro yw hwn ac mae'n gildroadwy. Dylai'r defnydd fynd yn ôl i'w gyflwr blaenorol ar ôl cael gwared ar y ffactor amgylcheddol a achosodd y newid.

Mae defnyddiau cyfansawdd yn cael eu cynhyrchu drwy gyfuno dau neu fwy o ddefnyddiau â'i gilydd i ddefnyddio eu priodweddau unigol a chreu defnydd newydd, gwell. Mae'r rhan fwyaf o ddefnyddiau cyfansawdd wedi'u gwneud o ddau ddefnydd yn unig. Un defnydd yw'r matrics, a'r llall yw'r ffibr neu'r atgyfnerthiad. Fel rheol mae gan y ddau ddefnydd sy'n cael eu cyfuno briodweddau gwahanol iawn, ac maen nhw'n cadw'r priodweddau hyn yn y defnydd cyfansawdd newydd.

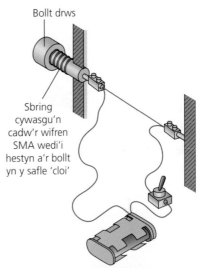

Ffigur 1.20 Mewn rhai systemau, gallwn ni gynhyrchu'r gwres sydd ei angen i wneud i'r SMA fynd yn ôl i'w gyflwr blaenorol drwy anfon cerrynt trydan drwy'r defnydd ar ffurf gwifren denau

Aloion sy'n cofio siâp

Mae'r rhan fwyaf o fetelau'n gallu cael eu siapio i wahanol ffurfiau, ond ychydig iawn sy'n gallu 'cofio' sut i ddychwelyd i'w siâp gwreiddiol ar ôl cael eu gwresogi. Mae nitinol yn aloi titaniwm a nicel ac mae'n un o'r aloion cofio siâp (SMAs: *shape memory alloys*) mwyaf adnabyddus. Mae cynnyrch sydd wedi'i wneud o nitinol yn gallu cael ei siapio a'i anffurfio, ond wrth wresogi'r metel bydd yn mynd yn ôl i'w gyflwr gwreiddiol. Un enghraifft o gynnyrch sy'n cael ei wneud o nitinol yw fframiau sbectolau, yn enwedig rhai i blant.

Mae nitinol i'w gael mewn llawer o gymwysiadau meddygol, fel y dulliau cau meddygol sy'n cael eu defnyddio ar doresgyrn, stentiau ar gyfer llawdriniaeth ar y galon a mewnblaniadau deintyddol fel fframiau dannedd. Yn y cymwysiadau hyn, mae'r SMA yn ymateb i wres naturiol y corff, gan gadw gwifren y fframiau dannedd dan dyniant ac atal y gosodion meddygol rhag mynd yn rhydd.

Polymorff

Polymer thermoffurfiol yw polymorff, ac mae fel rheol yn cael ei gyflenwi ar ffurf ronynnog. Mae'n aml yn cael ei gategoreiddio fel defnydd clyfar am ei fod yn mynd yn feddal ac yn hyblyg wrth gael ei wresogi i dymheredd isel. Wrth gael ei wresogi mewn dŵr at 62°C, mae polymorff yn troi'n feddal, ac mae'r gronigion yn uno â'i gilydd i greu cyfaint o bolymer sy'n hawdd ei fowldio â llaw ac yn ymsolido wrth oeri.

Mae'n ddefnydd modelu amlbwrpas sy'n gallu cael ei beiriannu a'i siapio ag offer llaw pan mae'n solid, ac sy'n mynd yn feddal ac yn hyblyg wrth gael ei wresogi eto mewn dŵr. Mae ysgolion yn ei ddefnyddio'n aml i fodelu nodweddion ergonomig ar gynnyrch.

Ffigur 1.21 Pedwar cam polymorff

Ffigur 1.22 Pigment thermocromig mewn llwyau i blant – mae'r llwyau ar y dde wedi cael eu gwresogi

Ffibrau, ffabrigau a pholymerau clyfar

Pigment ffotocromig

Mae pigment ffotocromig yn newid lliw fel ymateb i arddwysedd golau. Mae i'w gael mewn cymwysiadau fel sbectolau haul, lle mae'r lens yn mynd yn dywyllach neu'n oleuach fel ymateb i'r pelydriad uwchfioled.

Pigment thermocromig

Mae pigmentau thermocromig yn newid lliw fel ymateb i newid mewn gwres. Gellir eu llunio nhw i ymateb i dymheredd penodol neu i amrediad tymheredd, ac rydyn ni'n aml yn eu defnyddio nhw mewn cymwysiadau lle mae angen dangosydd gweledol ar ôl cyrraedd tymheredd penodol, e.e. tymheredd baddon babi neu i ddangos bod bwyd babi wedi oeri digon i'w fwyta.

Mae pigmentau thermocromig yn fwyaf cyffredin mewn cynhyrchion sy'n newid oherwydd cynnydd mewn tymheredd, ond mae llawer o gwmnïau diodydd wedi defnyddio inc thermocromig yn eu labeli i ddangos bod y ddiod wedi cyrraedd tymheredd digon oer.

Microfewngapsiwleiddio

Mae **microfewngapsiwleiddio** yn broses o roi capsiwlau microsgopig mewn ffibrau neu ffabrigau. Mae'r capsiwlau hyn yn gallu cynnwys fitaminau, olewau therapiwtig, lleithyddion, antiseptigion a chemegion gwrthfacteria, ymysg eraill. Mae'r sylweddau hyn yn cael eu rhyddhau drwy gyfrwng ffrithiant, fel rheol wrth ddod i gysylltiad â'r croen. Mae llawer o ffyrdd posibl o ddefnyddio ffabrigau wedi'u microfewngapsiwleiddio, ac mae manteision penodol i bob un. Er enghraifft:

- Tecstilau meddygol: Mewnblannu antiseptigion ar orchuddion i'w rhoi yn uniongyrchol ar glwyfau, gan gynorthwyo'r broses wella; gallai hyn hefyd leihau achosion o haint. Efallai na fydd angen newid gorchuddion mor aml.
- Dillad chwaraeon: Wedi'u microfewngapsiwleiddio â chemegion i wrthyrru aroleuon ac atal heintiau ffwngaidd.
- Dillad i blant neu i bobl â chroen sensitif: Wedi'u mewngapsiwleiddio â lleithyddion ac olewau i leddfu a gwella'r croen.
- Tecstilau cartref: Mae lafant a chamil yn adnabyddus am eu priodweddau lleddfol. Gallwn ni eu mewngapsiwleiddio nhw mewn dillad gwely i helpu pobl i ymlacio.

Bioddynwarededd

Mae **bioddynwarededd** yn digwydd pan fydd yr ysbrydoliaeth ar gyfer ffabrigau newydd yn dod o'r byd naturiol. Mae'r ffabrigau technegol clyfar hyn yn dynwared gwahanol sefyllfaoedd ym myd natur. Mae Fastskin®, sydd wedi'i ddatblygu gan Speedo i wneud dillad nofio sy'n gwella perfformiad, yn enghraifft o fioddynwarededd. Mae'n dynwared croen naturiol siarc, sy'n debyg i bapur tywod, er mwyn lleihau llusgiad yn y dŵr. Roedd mor llwyddiannus fel y cafodd ei wahardd o nofio cystadleuol yn 2009 am roi mantais annheg i nofwyr!

Gweithgaredd

Gwnewch ymchwil pellach i fioddynwarededd.
- Darganfyddwch beth yw'r cysylltiad rhwng Velcro® a bioddynwarededd.
- Beth yw sidan corryn?
- Beth yw'r cysylltiad rhwng glöynnod byw glas a bioddynwarededd?

GEIRIAU ALLWEDDOL

Microfewngapsiwleiddio Pan mae defnynnau microsgopig bach iawn sy'n cynnwys gwahanol sylweddau yn cael eu rhoi ar ffibrau, edafedd a ffabrigau.

Bioddynwarededd Cymryd syniadau a dynwared nodweddion o fyd natur.

Ffigur 1.23 Mae'r wisg nofio un darn Fastskin yn llilinio corff nofiwr yn y dŵr

Angen gwybod

1 Diffiniwch y term 'defnydd cyfansawdd'.

2 Enwch y defnydd sy'n newid lliw fel ymateb i olau a dangoswch ffordd briodol o ddefnyddio'r defnydd hwn.

3 Enwch dair ffordd o ddefnyddio pigment thermocromig.

4 Esboniwch sut mae microfewngapsiwleiddio'n gallu helpu rhywun â chyflwr croen sensitif.

5 Esboniwch sut mae bioddynwarededd wedi bod o fudd i nofwyr.

(d) Ôl troed ecolegol a chymdeithasol defnyddiau a chydrannau

Newid barn cymdeithas am wastraff

Rydyn ni wedi gweld sut mae pwysau gan lywodraethau a defnyddwyr yn gorfodi dylunwyr i gynhyrchu cynhyrchion sy'n cael cyn lleied o effaith â phosibl ar adnoddau ac ecosystemau'r Ddaear. Mae'r teledu a'r rhyngrwyd wedi codi ymwybyddiaeth pobl o'r problemau mae ein cymdeithas daflu i ffwrdd yn eu creu, ac mae defnyddwyr yn mynd yn fwy ymwybodol a phryderus am yr hyn sy'n digwydd i gynhyrchion ar ôl eu gwaredu.

Polymerau yw'r defnydd sydd wedi cael mwyaf o sylw gan ddefnyddwyr, gwneuthurwyr, llywodraethau ac amgylcheddwyr. Mae hyn yn bennaf am eu bod nhw mor boblogaidd mewn defnydd pecynnu a chynhyrchion untro (*single-use*). Mae ymdrech barhaus wedi digwydd i ddefnyddio llai o bolymerau yn y meysydd hyn, drwy ddarparu datrysiadau eraill mwy cynaliadwy ac mewn rhai achosion drwy gyflwyno cosbau ariannol. Cymru oedd un o'r gwledydd cyntaf i ddechrau codi tâl ar ddefnyddwyr am fagiau siopa plastig wrth ddesgiau talu. Ar ôl cyfnod o ddod i arfer, mae'r rhan fwyaf o siopwyr nawr yn dewis defnyddio bag mwy gwydn sy'n gallu cael ei ailddefnyddio.

Ffigur 1.24 **Bag siopa i'w ailddefnyddio**

Gweithgaredd

Cofnodwch yr holl gynhyrchion rydych chi'n eu defnyddio mewn diwrnod sydd â defnydd pecynnu polymer. Ydyn nhw i gyd yn gwbl angenrheidiol ac oes dewisiadau eraill yn bodoli?

Un catalydd sylweddol i newid barn ein cymdeithas am yr holl wastraff rydyn ni'n ei gynhyrchu a'r difrod rydyn ni'n ei wneud i'r amgylchedd oedd rhaglen deledu'r BBC *Blue Planet*, wedi'i lleisio gan y cyflwynydd bywyd gwyllt a'r cadwraethwr David Attenborough. Yn y rhaglen hon, daeth hi'n glir bod cynhyrchion a defnyddiau pecynnu polymer tafladwy yn llenwi'r moroedd ac yn niweidio amgylcheddau morol a rhywogaethau morol. Cafodd hyn lawer o sylw cenedlaethol, a bu'n rhaid i lywodraethau gyflymu eu targedau amgylcheddol ac, yn bwysicach, daeth defnyddwyr yn fwy ymwybodol o'r sefyllfa.

Ffigur 1.25 **Un o lawer o hysbysebion yn annog newid yn ymddygiad defnyddwyr**

GAIR
ALLWEDDOL 🔑

Safle tirlenwi Safle lle mae gwastraff yn cael ei gladdu.

Mae cynhyrchion electronig a mecanyddol yn gallu cynnwys cannoedd o wahanol gydrannau ac amrywiaeth eang o ddefnyddiau crai; mae llawer o'r rhain yn wenwynig. Mae'r defnyddiau peryglus sy'n cael eu defnyddio mewn cydrannau electronig yn cynnwys plwm, cadmiwm, mercwri, asid sylffwrig a sylweddau ymbelydrol. Os ydyn ni'n gwaredu'r cynhyrchion hyn gyda'n gwastraff arferol maen nhw'n mynd yn syth i **safle tirlenwi**, lle maen nhw'n dadelfennu a bydd y defnyddiau peryglus yn gollwng i'r amgylchedd. Mae hyn yn golygu y byddan nhw'n mynd i mewn i'r system ddŵr ac o bosibl yn achosi problemau iechyd difrifol i fodau dynol.

Ffigur 1.26 Byrddau cylched brintiedig gwastraff yn barod i gael eu hailgylchu

Bydd dinesydd cyffredin yn y Deyrnas Unedig yn gwaredu dros 3 tunnell fetrig o gynhyrchion trydanol ac electronig yn ei fywyd. Mae'r gyfarwyddeb Cyfarpar Trydanol ac Electronig Gwastraff (WEEE: *Waste Electrical and Electronic Equipment*) nawr yn mynnu bod pob gwneuthurwr a chynhyrchydd yn cymryd cyfrifoldeb am yr hyn sy'n digwydd i'w cynhyrchion ar ddiwedd eu hoes. Yn ymarferol, mae hyn yn golygu bod rhaid i adwerthwyr cynhyrchion electronig nawr ddarparu gwasanaeth di-dâl i gwsmeriaid ddychwelyd y cynnyrch dieisiau maen nhw'n cael gwared arno. Yna, rhaid i'r adwerthwr waredu'r cynhyrchion mewn cyfleuster trin cymeradwy. Efallai y byddwch chi wedi gweld y bin casglu hen fatrïau yn eich archfarchnad leol – mae'n rhaid i bob adwerthwr batrïau ddarparu'r cyfleuster dychwelyd hwn.

Mae'r Dyn WEEE yn gerflun pryfoclyd yn y Project Eden yng Nghernyw, ac mae wedi'i adeiladu o'r swm nodweddiadol o gynhyrchion electronig bydd unigolyn cyffredin yn eu taflu i ffwrdd yn ystod ei fywyd.

Hefyd, mae'n rhaid i gynghorau lleol gynnig cyfleusterau i ailgylchu cynhyrchion electronig. Bydd rhai cynghorau'n casglu hen ddyfeisiau electronig wrth wagio biniau sbwriel cartrefi. Gallwn ni adennill defnyddiau gwerthfawr o rai cynhyrchion electronig, fel copr ac aur, ac mae entrepreneuriaid ailgylchu wedi sylwi ar hyn yn gyflym ac wedi datblygu ffyrdd o echdynnu'r defnyddiau gwerthfawr.

Er mwyn i ailgylchu fod yn ariannol realistig, mae angen gallu gwahanu'r cynnyrch yn hawdd i'w ddefnyddiau cydrannol. Mae ailddylunio cynhyrchion presennol i sicrhau bod hyn yn bosibl yn siŵr o gynyddu'r costau cynhyrchu, a gwneud y cynhyrchion yn ddrutach eu prynu. Wrth i fwy o wneuthurwyr droi at gynhyrchu cynhyrchion

Ffigur 1.27 Dyn WEEE

sy'n hawdd eu hailgylchu, fodd bynnag, mae'r costau'n debygol o ostwng eto oherwydd cystadleuaeth yn y farchnad rhwng gwneuthurwyr. Yn y cyfamser, mae'n ymddangos bod defnyddwyr sy'n meddwl am yr amgylchedd yn fodlon talu ychydig yn fwy am gynnyrch mwy gwyrdd.

Un cysyniad cymharol newydd sy'n debygol o ddod yn fwy cyffredin yw grwpiau ymgyrchu ar y rhyngrwyd. Mewn modd tebyg i gyllido torfol, mae'r grwpiau hyn yn tynnu sylw at faterion ac yn gofyn am gefnogaeth defnyddwyr mewn ymgyrchoedd ar y cyfryngau cymdeithasol. Yna, gellir defnyddio'r gefnogaeth hon i roi pwysau ar gwmnïau a thynnu sylw diwydiant neu'r llywodraeth at deimladau'r cyhoedd. Er enghraifft, gwnaeth ymgyrch gyhoeddus ar y wefan ymgyrchu 38 Degrees (www.38degrees.org.uk) gyfraniad sylweddol at benderfyniad Senedd y Deyrnas Unedig i ailgyflwyno cynllun blaendal ar gyfer poteli plastig, gan annog defnyddwyr i ddychwelyd poteli i gael eu hailddefnyddio a'u hailgylchu yn hytrach na'u taflu i ffwrdd a diweddu mewn safleoedd tirlenwi.

Ôl troed ecolegol

Ôl troed ecolegol rhywun yw maint yr ardal o'r Ddaear sydd ei angen i gynhyrchu'r adnoddau i gynnal ei ffordd o fyw ac i amsugno'r gwastraff mae'n ei gynhyrchu. Mae'n ffordd o fesur effaith gweithgareddau dynol ar yr amgylchedd. Mae ein hôl troed ecolegol yn cydbwyso pa mor gyflym rydyn ni'n defnyddio adnoddau ac yn cynhyrchu gwastraff yn erbyn pa mor gyflym mae natur yn gallu amsugno ein gwastraff a chynhyrchu adnoddau newydd.

Mae adnoddau'n cynnwys bwyd (planhigion, da byw, pysgod a dŵr yfed), defnyddiau adeiladu (pren, defnyddiau wedi'u cloddio), tanwyddau (tanwyddau ffosil, ffermydd egni adnewyddadwy), defnyddiau traul eraill (dillad, papur ac ati). Allyriadau carbon yw'r rhan fwyaf o'r gwastraff.

Mae Tabl 1.4 yn dangos y prif ffyrdd o ddefnyddio'r tir sy'n gwneud ein hôl troed ecolegol.

Yn y Deyrnas Unedig, ôl troed ecolegol cyfartalog pob unigolyn yw 5.6 hectar. Mae un hectar o gwmpas maint cae rygbi, felly mae'r ffaith bod angen 5.6 hectar ar bob unigolyn yn gwbl anghynaliadwy. Y lefel gynaliadwy fyd-eang yw 1.8 hectar i bob unigolyn.

Yn fyd-eang, ar hyn o bryd mae ôl troed ecolegol dynoliaeth yn gywerth ag 1.7 Daear. Mewn geiriau eraill, mae'n cymryd 18 mis i'r Ddaear atgynhyrchu'r hyn rydyn ni'n ei ddefnyddio mewn 12 mis. Os ydyn ni'n parhau i ddefnyddio adnoddau naturiol y byd yn gyflymach nag mae natur yn gallu eu hadnewyddu nhw, byddwn ni'n creu **diffyg ecolegol**.

Defnyddio	I beth mae'r tir yn cael ei ddefnyddio
Isadeiledd	Y tir sydd ei angen ar gyfer: adeiladau – tai a diwydiannol; cludiant – ffyrdd a rheilffyrdd; cronfeydd dŵr ar gyfer pŵer trydan dŵr; gorsafoedd trydan
Coedwigaeth	Y tir sydd ei angen: i gyflenwi pren ar gyfer cynhyrchion, dodrefn ac adeiladu, tanwydd pren, mwydion coed a phapur; i amsugno CO_2 o danwyddau ffosil
Dŵr	Y mannau pysgota ar gyfer nwyddau bwyd o gefnforoedd ac afonydd; mae dŵr: yn hanfodol i gynnal pob bywyd; yn angenrheidiol mewn diwydiant ac amaethyddiaeth
Tir cnydau	Y tir sydd ei angen i dyfu: y bwyd rydyn ni'n ei fwyta – ffrwythau a llysiau; ffibrau ar gyfer tecstilau fel cotwm a lliain; bwyd anifeiliaid; biodanwyddau
Tir pori	Y tir sydd ei angen i fagu da byw ar gyfer cynhyrchion cig, llaeth, gwlân a lledr
Gwaredu	Y tir sydd ei angen i waredu'r holl wastraff rydyn ni'n ei gynhyrchu
Tanwyddau ffosil	Cynhyrchu, cludo, gwresogi ac oeri

Tabl 1.4 Ôl troed ecolegol

Chwe egwyddor sylfaenol cynaliadwyedd

Mae Tabl 1.5 yn dangos chwe egwyddor sylfaenol cynaliadwyedd. Bwriad y rhain yw helpu defnyddwyr i ofyn cwestiynau am eu ffordd o fyw, sut maen nhw'n dewis a defnyddio cynhyrchion, a sut maen nhw'n effeithio ar yr amgylchedd.

Mae dylunydd yn gallu defnyddio'r chwe egwyddor sylfaenol wrth ddatblygu cynhyrchion, i sicrhau bod nodweddion amgylcheddol rhagorol yn ganolog i ddyluniad y cynnyrch.

Chwe egwyddor sylfaenol cynaliadwyedd	Cwestiynau posibl dylunydd
Ailfeddwl	<ul><li>Ydy'r cynnyrch yn gwneud ei waith yn dda?</li><li>Oes ffordd well o ddatrys y broblem fyddai'n gwneud llai o niwed i'r amgylchedd?</li></ul>
Lleihau	<ul><li>Allwn ni ddefnyddio llai o ddefnyddiau yn y cynnyrch neu yn ei ddefnydd pecynnu?</li><li>Oes yna unrhyw ddarnau diangen?</li><li>Mae gormod o ddefnydd pecynnu ar lawer o gynhyrchion – oes modd defnyddio llai?</li></ul>
Ailgylchu	<ul><li>Ar ddiwedd oes y cynnyrch, ydy hi'n hawdd gwahanu'r defnyddiau ac yna eu hailgylchu nhw er mwyn gwneud cydrannau newydd i gynhyrchion newydd?</li></ul>
Ailddefnyddio	<ul><li>Oes modd defnyddio'r cynnyrch (neu ddarnau ohono) at ryw ddiben arall ar ôl iddo gyrraedd diwedd ei brif oes?</li><li>Oes modd ailddefnyddio'r defnydd pecynnu yn hytrach na'i daflu?</li></ul>
Gwrthod	<ul><li>Oes angen defnyddio'r cynnyrch o gwbl?</li><li>Ydy'r cynnyrch yn un anfoesegol?</li><li>Ble mae'n cael ei wneud, a beth yw'r amodau i'r gweithwyr sy'n ei wneud?</li><li>Ydy'r gweithwyr yn cael tâl teg?</li><li>Ydy'r cynnyrch yn gynnyrch masnach deg?</li><li>Mae defnyddwyr yn gallu rhoi llawer iawn o bwysau ar wneuthurwyr drwy wrthod prynu cynhyrchion anfoesegol.</li></ul>
Atgyweirio	<ul><li>Ydy hi'n bosibl atgyweirio'r cynnyrch os yw'n torri i lawr?</li><li>Oes modd ei ddylunio'n well fel y bydd gwasanaethu rheolaidd yn estyn ei oes?</li></ul>

Tabl 1.5 Chwe egwyddor sylfaenol cynaliadwyedd

Byw mewn byd mwy gwyrdd

Diogelu ein hamgylchedd drwy gynhyrchu llai o nwyon tŷ gwydr a drwy gynhyrchu llai o lygredd a gwastraff yn gyffredinol yw un o'r heriau mwyaf sy'n ein hwynebu ni. Mae'r rhan fwyaf o wyddonwyr yn cytuno bod cynhesu byd-eang (wedi'i achosi gan nwyon tŷ gwydr) yn digwydd, ac i lawer o bobl yn y byd mae hyn eisoes yn creu problemau ar ffurf fflachlifau, sychder, gaeafau cynhesach a phatrymau tywydd anwadal. Mae lleihau allyriadau tŷ gwydr yn broblem fyd-eang, ac mae angen i holl wledydd y byd weithio â'i gilydd.

Mae addysg yn bwysig i godi ymwybyddiaeth o'r broblem. Mae defnyddwyr nawr yn dechrau sylwi bod eu dewisiadau wrth siopa yn gallu cael effaith enfawr ar werthiannau ac yn gallu gorfodi dylunwyr a gwneuthurwyr i wella nodweddion gwyrdd eu dyluniadau. Drwy ddefnyddio llai o egni ein hunain, fel diffodd goleuadau a diffodd y teledu neu'r cyfrifiadur pan nad ydyn ni'n eu defnyddio nhw, neu drwy gerdded neu feicio yn lle defnyddio'r car neu'r bws, gallwn ni i gyd leihau ein hôl troed carbon ein hunain. Drwy sicrhau ein bod ni'n ailgylchu gwastraff ein cartrefi, a drwy wrthod prynu cynhyrchion sydd ddim yn ailgylchadwy, gallwn ni wneud newidiadau mawr gyda'n gilydd.

Mae mentrau dan arweiniad llywodraethau a chyfarwyddebau amgylcheddol yn ffordd bwerus o wneud newidiadau. Mae'r tâl 5c am fagiau plastig yn enghraifft dda o sut mae newid sydd wedi'i bennu gan lywodraeth wedi cael effaith fawr. Cymru oedd y wlad gyntaf yn y Deyrnas Unedig i gyflwyno'r tâl, ac yn y pedair blynedd ar ôl ei gyflwyno, gostyngodd nifer y bagiau plastig untro 71 y cant, yn ôl Llywodraeth Cymru. Mae cynigion i ddefnyddio gwellt papur yn lle rhai plastig, defnyddio cardbord yn lle plastig mewn ffyn gwlân cotwm a chyflwyno cynllun dychwelyd blaendal ar gyfer poteli diodydd i gyd yn bethau allai helpu i leihau problem gwastraff plastig.

Mae dylunwyr cynhyrchion yn edrych ar ffyrdd o wneud cynhyrchion yn fwy effeithlon. Mae goleuo yn un maes lle mae datblygiadau sylweddol wedi digwydd er mwyn defnyddio llai o egni. Mae gan y rhan fwyaf o gartrefi oleuadau LED erbyn hyn, sy'n para'n hirach ac sy'n fwy effeithlon na'r hen fath o fylbiau. Mewn mannau masnachol, mae goleuo'n tueddu i gael ei reoli gan synwyryddion isgoch goddefol a'i redeg ar amseryddd – er enghraifft bydd y goleuadau mewn coridor ysgol yn dod ymlaen yn awtomatig pan fydd eu hangen nhw, fel nad oes angen iddyn nhw fod ymlaen yn ddiangen.

Mae mwy o ddatrysiadau technoleg uwch yn dechrau cymryd lle eu rhagflaenwyr oedd yn llai effeithlon o ran egni. Mae systemau clyfar yn dod yn fwy cyffredin mewn cartrefi, ac mae modd cysylltu cynhyrchion fel Alexa gan Google a Siri gan Apple â system wresogi eich cartref i reoli faint o egni rydych chi'n ei ddefnyddio i wresogi eich cartref. Mae'r systemau gwresogi clyfar hyn yn dysgu eich arferion ffordd o fyw, a gallwch chi hyd yn oed eu rhaglennu i droi'r gwres ymlaen wrth iddyn nhw ganfod drwy eich ffôn eich bod chi bron adref.

Mae cynyddu'r rhyngweithio uniongyrchol â'r systemau hyn drwy eu cysylltu nhw â ffonau clyfar yn ennyn diddordeb ac ymwybyddiaeth pobl o ffyrdd o arbed egni ac arian a byw'n fwy gwyrdd.

Ni fydd codi ymwybyddiaeth o ddefnydd egni'n ddigon i wneud gwahaniaeth mawr ar ei ben ei hun, ond os yw defnyddwyr yn ymwybodol o'r egni maen nhw'n ei ddefnyddio ac os bydd gwneuthurwyr yn ymdrechu i leihau anghenion egni eu cynhyrchion, gallwn ni ddechrau unioni'r cydbwysedd.

Ffigur 1.28 Thermostat clyfar

Polisïau Masnach Deg

Un mater moesegol allweddol i ddylunydd yw'r amodau gwaith i'r bobl sy'n gwneud y cynhyrchion. Caiff llawer o'r defnyddiau crai sy'n cael eu defnyddio mewn cynhyrchion eu cloddio neu eu cynaeafu o bedwar ban byd, ac mae gan ddylunwyr gyfrifoldeb i sicrhau bod y defnyddiau hyn yn dod o ffynonellau moesegol.

Mae **Masnach Deg** yn canolbwyntio ar dalu prisiau teg am nwyddau, amodau gwaith boddhaol i bob gweithiwr a bargen deg i ffermwyr a gweithwyr mewn gwledydd sy'n datblygu. Mae wedi sefydlu cynlluniau partneriaeth rhwng cynhyrchwyr, busnesau a defnyddwyr. Mae'n gosod safonau cymdeithasol, economaidd ac amgylcheddol i'r holl gwmnïau, cynhyrchwyr a gweithwyr sy'n rhan o'r gadwyn gyflenwi. Mae cynhyrchwyr sy'n gweithio o dan y cytundeb Masnach Deg yn cael dweud eu dweud am fwy o agweddau ar y gadwyn fasnach. Rhaid i amodau gwaith fod o safon foddhaol, er mwyn brwydro yn erbyn ecsbloetiaeth ac er mwyn amddiffyn hawliau gweithwyr. Os yw cynhyrchwyr sydd dan anfantais yn cael gwell cyfran o elw masnachu a chyflog tecach am eu gwaith, bydd hyn yn helpu i wella eu bywydau a brwydro yn erbyn tlodi.

Gellir rhoi'r Nod FAIRTRADE ar gynhyrchion sydd wedi'u gwneud yn unol â'r cytundeb Masnach Deg ac sy'n bodloni'r holl safonau. Mae hyn yn helpu siopwyr i benderfynu a yw'r cynnyrch maen nhw'n meddwl am ei brynu yn foesegol neu wedi'i gynhyrchu o ddefnyddiau neu gynhwysion sy'n dod o ffynonellau moesegol.

GAIR ALLWEDDOL

Masnach Deg
Mudiad dros newid sy'n gweithio'n uniongyrchol gyda busnesau, defnyddwyr ac ymgyrchwyr i wneud masnach yn werth chweil i ffermwyr a gweithwyr.

FAIRTRADE
Ffigur 1.29 Y Nod MASNACH DEG

Mae'r amrywiaeth eang o gynhyrchion a chynhwysion Masnach Deg yn cynnwys:

- Bananas
- Grawnfwydydd
- Siocled
- Coco
- Coffi
- Cosmetigau
- Cotwm

- Blodau
- Peli pêl-droed
- Aur
- Perlysiau
- Hufen iâ
- Cnau
- Olew olewydd

- Reis
- Diodydd meddal
- Sbeisys
- Siwgr
- Te
- Gwin

Gweithgaredd

Chwiliwch am y Nod Masnach Deg ar gynhyrchion a thynnwch ffotograffau ohono. Dechreuwch drwy edrych yn eich cegin eich hun. Gallech chi hefyd edrych ar gynhyrchion ar y silffoedd y tro nesaf y byddwch chi mewn archfarchnad, neu edrych ar wefannau siopa ar-lein archfarchnadoedd.

Gweithgaredd

Meddyliwch am un cynnyrch neu declyn sy'n eiddo i chi. Ystyriwch ei ôl troed carbon a sut mae hwnnw'n effeithio'n anuniongyrchol ar eich ôl troed carbon chi. Meddyliwch am y canlynol:

- Ble y cafodd ei wneud?
- Oedd y defnyddiau a'r cydrannau'n tarddu/wedi'u gwneud yn yr un lle?
- O ble cawsoch chi'r cynnyrch?
- Ydy'r cynnyrch wedi teithio'n bell o'r cysyniad cynnar i fod yn eich meddiant chi?
- Oes angen pŵer arno? Meddyliwch yn ofalus am hynny!
- Beth rydych chi'n bwriadu ei wneud ag ef pan dydych chi ddim ei eisiau mwyach?
- Ydy'r cynnyrch wedi ychwanegu llawer at eich ôl troed carbon? Allech chi newid unrhyw beth rydych chi'n ei wneud o ganlyniad i'r dadansoddiad hwn? Os felly, sut neu ym mha ffordd?

Awgrym: Mae jîns denim/dillad yn dda i'w defnyddio yn yr ymarfer hwn.

PWYNTIAU ALLWEDDOL

- Mae cymdeithas yn raddol yn dod yn fwy ymwybodol o effaith ei gwastraff ar yr amgylchedd.
- Mae lleihau allyriadau nwyon tŷ gwydr a gwastraff arall yn broblem enfawr i gymdeithas.
- Mae'n rhaid i adwerthwyr cynhyrchion electronig ddarparu gwasanaeth i ddychwelyd cynhyrchion dieisiau.
- Ôl troed ecolegol rhywun yw maint yr ardal o'r Ddaear sydd ei angen i gynnal ei ffordd o fyw. Mae ôl troed ecolegol pobl y Deyrnas Unedig yn enfawr.
- Mae chwe egwyddor sylfaenol cynaliadwyedd yn ein hannog ni i ofyn cwestiynau am effaith amgylcheddol cynnyrch.
- Mae Masnach Deg yn gweithio'n agos gyda ffermwyr mewn gwledydd sy'n datblygu ac yn eu cefnogi nhw.
- Mae Masnach Deg yn ymgyrchu i sicrhau bod y cyhoedd yn ymwybodol o'r materion annheg sy'n gysylltiedig â masnach ac yn gofyn i ni ystyried dewisiadau masnach deg wrth brynu cynhyrchion newydd.
- Eich ôl troed carbon yw cyfanswm y CO_2 rydych chi'n ei gynhyrchu. Y mwyaf rydych chi'n ei gynhyrchu, y mwyaf fydd eich effaith ar yr amgylchedd.

Angen gwybod

1. Esboniwch y gwahaniaeth rhwng ôl troed ecolegol ac ôl troed carbon.
2. Rhowch ddwy enghraifft yr un o sut i leihau ein holion troed carbon ac ecolegol.
3. Esboniwch pam mae hi'n anfoesegol gwaredu hen gynhyrchion electronig gyda gwastraff cartref arferol.
4. Esboniwch pam mae llawer o gynhyrchion yn eithaf anodd eu hailgylchu.
5. Rhestrwch chwe egwyddor sylfaenol cynaliadwyedd a rhowch enghreifftiau i esbonio sut gellid rhoi pob un ar waith.
6. Esboniwch sut mae Masnach Deg yn gallu bod yn gysylltiedig â chynhyrchu siocled.

Dylunio peirianyddol

Apple

Mae Apple yn un o'r cwmnïau mwyaf llwyddiannus yn y byd. Mae ganddyn nhw drosiant blynyddol yn y biliynau o bunnoedd a grŵp cydlynol o gynhyrchion sydd wedi bod yn arwain datblygiadau ym meysydd TG a thelathrebu. Un peth sy'n gwneud gwahaniaeth rhwng Apple a'u cystadleuwyr yw pa mor bwysig yw arloesi a dylunio iddyn nhw, a'u bod nhw'n benderfynol o greu'r cynhyrchion gorau bob amser.

Roedd Apple yn arloeswyr o ran defnyddio rhyngwynebau defnyddiwr graffigol (GUIs: *graphical user interfaces*). Cafodd y cysyniad hwn o fwrdd gwaith ag eiconau neu luniau bach yn cynrychioli ffeiliau, ffolderi a disgiau ei weld am y tro cyntaf ar y cyfrifiadur Apple Lisa yn 1983, ynghyd â chyrchwr wedi'i reoli â llygoden. Er ein bod ni nawr yn fwy cyfarwydd â thechnoleg sgriniau cyffwrdd, mae'r cyrchwr a'r llygoden wedi sefyll prawf amser ac yn dal i fod yn berthnasol iawn heddiw.

Mae cynhyrchion Apple yn hawdd eu hadnabod, gan eu bod nhw'n defnyddio siapiau, lliwiau a defnyddiau cyson. Dydy hyn ddim wedi bod yn wir bob amser, ac roedd eu cynhyrchion cynnar yn debyg i'r unedau plastig llwyd a'r estheteg ddi-fflach oedd i'w gweld ar y rhan fwyaf o gyfrifiaduron cartref a dyfeisiau electronig. Yng nghanol yr 1990au, penododd Apple ddylunydd diwydiannol o Brydain, Jonathan Ive. Ive oedd yn gyfrifol am steilio'r iPod cyntaf a'r iMac cyntaf. Yn sydyn, roedd estheteg a phrofiad y defnyddiwr yn ganolog i'r cwmni.

Mae dylanwadau esthetig Jonathan Ive yn hawdd eu gweld ac mae llawer wedi cymharu ei arddull ag arddull y dylunydd o'r Almaen, Dieter Rams. Roedd Rams yn bennaeth dylunio Braun ac mae'n enwog am greu'r 'deg egwyddor dylunio da', ac mae dylanwad llawer o'r rhain i'w gweld ar gynhyrchion Apple.

Gweithgaredd

Defnyddiwch y rhyngrwyd i ymchwilio i waith Ive a Rams a ffurfiwch eich casgliadau eich hun am unrhyw debygrwydd sydd i'w weld.

Mae Apple yn enwog am lansiadau ei gynhyrchion, sy'n cael sylw byd-eang ac yn creu cynnwrf yn y cyfryngau. Mae hyn wedi arwain at broblem darfodiad, fodd bynnag, lle mae gan gynhyrchion rychwant oes byr neu maen nhw'n mynd yn hen yn gyflym. Mae Apple wedi cael ei feirniadu am ddiweddariadau meddalwedd sydd ddim yn gweithio ar ddyfeisiau hŷn ac am ddefnyddio eu porth eu hunain i gysylltu â dyfeisiau perifferol. Mae'r rhan fwyaf o gwmnïau electroneg eraill yn defnyddio porth gwefru USB safonol, ond mae Apple wedi defnyddio llu o systemau unigryw i atal defnyddio gwefrwyr safonol ac, yn fwy diweddar, clustffonau safonol hyd yn oed.

James Dyson

I gael manylion am waith James Dyson, gweler yr adran 'Dylunio cynnyrch' isod (tudalen 36).

Shigeru Miyamoto

Shigeru Miyamoto sy'n gyfrifol am greu rhai o'r cymeriadau mwyaf eiconig a hawdd eu hadnabod ym myd dylunio gemau cyfrifiadurol.

Yn wreiddiol, hyfforddodd Miyamoto i fod yn ddylunydd diwydiannol, ond roedd ganddo ddiddordeb brwd erioed mewn celf a darlunio. Yn 1977 cafodd ei gyflogi gan Nintendo fel prentis, ond datblygodd ei rôl yn gyflym i fod yn artist cyntaf y cwmni. Yna, creodd y ddau blymwr Mario a Luigi, yn ogystal â Donkey Kong.

Roedd dyluniadau gemau cynnar Miyamoto yn seiliedig ar gymeriad yn symud ar hyd neu drwy gyfres o blatfformau neu olygfeydd, lle roedd un llwybr llinol i'r diwedd. Roedd eisiau i'r defnyddiwr allu ymgolli mwy yn y profiad, drwy ganiatáu iddo ddewis cyfeiriad a llwybr ei gymeriad. *The Legend of Zelda* oedd un o'r gemau cyntaf i ganiatáu i'r defnyddiwr gael mwy o gyfle i ddewis, ac roedd yn symudiad tuag at yr amgylcheddau chwarae rhydd sydd nawr yn gyffredin mewn llawer o gemau cyfrifiadurol. Mae Miyamoto yn frwd iawn am wneud gemau sy'n apelio at gynulleidfa eang. Mae'n well ganddo ddefnyddio cymeriadau ac amgylcheddau arddull animeiddio yn hytrach na chymeriadau a senarios ffotorealistig.

Mae'r rhyngwyneb â'r defnyddiwr yn ganolog i'w allu i ddylunio amgylchedd y gêm. Roedd dyluniad Miyamoto ar gyfer set law'r Nintendo Entertainment System yn arloesol, gan ganiatáu i'r cymeriadau allu gwneud mwy drwy gyflwyno'r botymau ysgwydd 'chwith' a 'de'. Arweiniodd hyn at y ffon reoli â bawd ar set law'r N64 ac yn fwy diweddar at y dechnoleg setiau llaw modiwlaidd sydd i'w gweld ar y Nintendo Switch.

Mae creadigrwydd Miyamoto a Nintendo a'u hagwedd arloesol at ddylunio gemau yn allweddol i lwyddiant y cwmni. Mae'r rhan fwyaf o gwmnïau'n defnyddio ymchwil marchnata a grwpiau ffocws i gael adborth am eu cynhyrchion. Mae'n well gan Miyamoto chwarae'r gemau ei hun a chael adborth gan gynulleidfa eang, nid gan chwaraewyr profiadol yn unig.

Mae Shigeru Miyamoto yn dechrau ymwneud llai â dylunio gemau yn uniongyrchol, ac yn y blynyddoedd diwethaf mae wedi bod yn rheolwr cyffredinol ac yn uwch swyddog gweithredol yn Nintendo. Yn 2017 daeth yn gyfarwyddwr cynrychiadol ac yn gymrawd creadigol i'r cwmni, gan oruchwylio holl feysydd datblygu'r cwmni a'u hamrywiaeth o gynhyrchion; ei gyfrifoldeb diweddaraf oedd goruchwylio lansiad y rhyngwyneb adeiladu-yn-y-cartref Nintendo LABO.

PWYNTIAU ALLWEDDOL

- Roedd Jonathan Ive yn aelod allweddol o dîm dylunio Apple ac ef sy'n gyfrifol am edrychiad eiconig eu cynhyrchion.
- Mae edrychiad esthetig cynhyrchion Apple, a'r modd greddfol o'u defnyddio nhw, yn allweddol i lwyddiant y cwmni.
- Mae Apple yn aml yn cael eu beirniadu am ddefnyddio socedi clustffonau a phyrth gwefru ansafonol.
- Shigeru Miyamoto sy'n gyfrifol am greu'r cymeriadau Nintendo eiconig Mario, Luigi a Donkey Kong.
- Roedd e'n arloeswr o ran datblygu gemau platfform.
- Chwaraeodd Miyamoto ran allweddol o ran datblygu'r ffon reoli a'r rhyngwynebau defnyddiwr sy'n gyffredin ar gonsolau gemau heddiw.

Angen gwybod

1 Pa fanteision mae technoleg sgrin gyffwrdd, fel sydd ar iPad, wedi'u rhoi i'r defnyddiwr, o'u cymharu â defnyddio llygoden a chyrchwr?

2 Esboniwch pam mae ergonomeg yn ystyriaeth ddylunio bwysig wrth ddatblygu rheolyddion llaw ar gyfer gemau.

Ffasiwn a thecstilau

Laura Ashley

Mae Laura Ashley yn gwmni ffasiwn a dodrefn cartref rhyngwladol a gafodd ei sefydlu gan Laura Ashley, a anwyd ym Merthyr, a'i gŵr Bernard. Dechreuodd Laura Ashley drwy ddylunio napcynnau, matiau bwrdd a llieiniau sychu llestri. Ar ôl cael ei hysbrydoli gan arddangosfa crefftau traddodiadol yn Amgueddfa Victoria ac Albert yn Llundain, penderfynodd Laura wneud ei chwiltiau clytiau ei hun ond roedd hi'n methu dod o hyd i ffabrig printiedig addas. Dyluniodd Bernard, oedd yn beiriannydd, broses brintio i'w galluogi hi i brintio ei dyluniadau ei hun gartref. Dechreuodd hi drwy brintio sgwariau ffabrig geometrig, cyn symud ymlaen at bensgarffiau, ar ôl gweld merched yn yr Eidal yn eu gwisgo nhw. Aeth y ffasiwn o wisgo pensgarffiau'n fwy poblogaidd ar ôl i'r actores a'r eicon steil Audrey Hepburn eu gwisgo yn y ffilm *Roman Holiday*. Gwerthodd pensgarffiau Laura Ashley yn dda, a chafodd y brand ei sefydlu.

Yn 1960, ar ôl twf cyflym a'r angen i ehangu'r busnes, adleolodd y teulu i Ogledd Cymru. Wrth fyw uwchben ei siop gyntaf ym Machynlleth, dechreuodd Laura ddylunio, gwneud a gwerthu dillad gwaith. Yn 1961 symudon nhw i Garno, Sir Drefaldwyn, i agor eu ffatri gyntaf yng Nghymru fyddai'n ganolbwynt i fusnes amlwladol. Roedd Bernard wedi datblygu ei broses brintio gwastad ac yn gallu printio hyd at 5000 llath o ffabrig bob wythnos. Roedd dyluniadau print Laura yn eithaf cynnil gan ei bod hi'n credu'n gryf na ddylai unrhyw ddyluniad neidio allan atoch chi.

Yn ddiweddarach, dechreuodd Laura ddylunio ffrogiau i'w gwisgo'n gymdeithasol yn hytrach nag i'r gwaith. Roedd hyn yn cyd-daro â dirywiad y sgert mini a dyfodiad y macsi tua diwedd yr 1960au ac felly roedd ei silwét hir, wedi'i ysbrydoli gan y cyfnod Fictoraidd, yn boblogaidd iawn. Cafodd y ffrogiau, wedi'u gwisgo gyda'i het ffelt o wlân meddal llipa ag ymyl lydan, eu galw'n 'edrychiad Laura Ashley'. Datblygodd Ashley ei gwaith yn ei ffordd ei hun. Roedd ei harddull ramantaidd mor boblogaidd nes bod ei siop yn Fulham Road yn gwerthu dros 4000 o ffrogiau mewn wythnos.

Ffigur 1.30 Edrychiad cydgordiol modern i ddodrefn cartref gan Gwmni Laura Ashley

Ehangodd y busnes i wneud dodrefn cartref, ac roedd ei phrintiau blodeuog syml a'i phatrymau ailadroddol geometrig gyda'u sgwariau a streipiau cydgordiol yn ganolog i'w hathroniaeth dylunio mewnol. Rhan o ethos y cwmni oedd defnyddio defnyddiau naturiol fel cotwm pur i wneud dillad a dodrefn cartref, papur wedi'i ailgylchu i wneud papur wal, a phren cyfeillgar i'r coedwigoedd glaw i wneud dodrefn pren – enghraifft gynnar o gynaliadwyedd. Yn yr 1980au roedd Laura Ashley yn gwerthu dewis cyfan o ffabrigau, dodrefn a chynhyrchion fforddiadwy fel y gallai eich cartref edrych yn hollol gydgordiol. Cafodd hyn ei weld fel arloesi llwyddiannus, ac mae'n dal i fod yn un o nodweddion allweddol y cwmni heddiw. Mae'r dillad sy'n cael eu cynhyrchu o dan frand Laura Ashley heddiw'n fwy teilwredig ac yn ddrutach, i adlewyrchu delwedd 'ffordd o fyw sirol' sy'n gwbl wahanol i'r steil gwreiddiol.

Stella McCartney

Mae Stella McCartney yn ddylunydd o Brydain ag enw da byd-eang am ddylunio ffasiynol. Mae ei harddull i'w gweld yn naturiol o rywiol, hyderus a modern. Mae ei dillad yn hawdd eu hadnabod, gan fod yn nodedig â naws rhamantiaeth fenywaidd a modernedd trefol.

Gwnaeth McCartney brentisiaeth â'r teiliwr byd-enwog o Savile Row Edward Sexton, sy'n enwog am deilwra ar archeb i bobl gefnog a chyfoethog. Yma, dysgodd dechnegau a chrefft teilwra, sy'n dal i fod yn nodwedd gryf yn ei gwaith. Ar ôl graddio o Central Saint Martins, agorodd hi siop yn Llundain i werthu ffrogiau slip sidan. Gwerthodd y rhain yn dda, gan ddod yn ddyluniad nodweddiadol iddi. Tynnodd ei llwyddiant sylw Mounir Moufarrige, pennaeth tŷ ffasiwn Chloé ym Mharis. Penododd ef hi fel dylunydd, gan obeithio y byddai'n denu cwsmeriaid iau. Roedd hi mor llwyddiannus nes iddo ei phenodi hi'n gyfarwyddwr creadigol ddwy flynedd yn ddiweddarach. Yn 2000 enillodd hi wobr dylunydd y flwyddyn Gwobrau Ffasiwn VH1/Vogue.

Ffigur 1.31 Gwisg wedi'i gwneud o ddefnydd wedi'i ailgylchu, o gasgliad Gwanwyn/Haf 2019 Stella McCartney

Yn 2001, aeth Stella McCartney ar ei liwt ei hun. Mae ei steil nodweddiadol yn cynnwys eitemau teilwredig gyda dillad benywaidd iawn wedi'u hysbrydoli gan lingerie. Mae hi'n defnyddio ffabrigau sy'n llifo mewn lliwiau pastel tawel ag addurniadau les. Mae'n bwysig i'r dylunydd fod menywod yn teimlo'n gyffordus yn ei dillad a'u bod nhw'n hawdd eu gwisgo.

Fel llawer o ddylunwyr eraill, mae hanes ffasiwn yn ddylanwad ac yn sail i'w gwaith ac mae hi'n cael ei hysbrydoli gan ddegawdau'r gorffennol. Mae hi hefyd yn cael ei hysbrydoli gan y byd o'i chwmpas, gan sylwi ar y ffasiynau diweddaraf a'r hyn sy'n digwydd yn y byd.

Mae Stella McCartney yn cyfuno ffasiwn gwerth uchel ag ymwybyddiaeth o faterion gwyrdd. Mae hi'n gwrthwynebu ffwr yn gryf ac yn gwrthod defnyddio lledr na ffwr yn ei chasgliadau. Mae hi'n defnyddio ffabrigau organig os yw hynny'n bosibl. Mae hi hefyd yn gweithio gyda chwmnïau ar ffabrigau amgen ecogyfeillgar. Un o'r ffabrigau hyn, sy'n cael ei ddefnyddio i wneud ei bag Falabella, yw polyester wedi'i ailgylchu – dewis arall yn lle lledr, sy'n gynaliadwy ac yn osgoi creulondeb. Mae McCartney yn ymdrechu i wneud ffasiwn yn gylchol drwy ddefnyddio ffabrigau wedi'u hailgylchu i leihau gwastraff. Roedd hi'n arfer defnyddio gwlân cashmir newydd yn unig, ond mae hi nawr yn defnyddio cashmir wedi'i ail-lunio (*re-engineered*) sy'n dod o wastraff. Mae ganddo nodweddion tebyg i gashmir newydd ond heb yr effaith amgylcheddol; mae hyn yn cyd-fynd yn well â'i hethos dylunio. Mae hi'n ceisio defnyddio sidan gan gyflenwyr sydd ddim yn ecsbloetio pryfed sidan, yn gweithio gyda chyflenwyr gwlân sy'n gallu profi lles eu hanifeiliaid, yn defnyddio egni adnewyddadwy i bweru ei siopau ac yn darparu bagiau siopa wedi'u hailgylchu.

Orla Kiely

Mae Orla Kiely wedi bod yn frwd dros ffasiwn, gwnïo a dylunio erioed. Fel plentyn roedd hi'n tynnu lluniau ac yn sgriblan drwy'r amser, gan weld patrymau a siapiau organig yn y byd o'i chwmpas hi. Hyd yn oed yn ifanc roedd hi wrth ei bodd â threfn ac ailadroddiad ac mae ei gwaith yn dal i ddangos yr un ffurf ddisgybledig, arddulliedig. Mae lliwiau'r gegin yn ei chartref pan oedd hi'n blentyn, cefn gwlad a'r môr i gyd wedi dylanwadu ar y lliwiau mae hi'n eu dewis – cypyrddau ac wynebau gweithio Formica lliw olewydd, teils gwyrdd a gwyn cydgordiol gyda nenfwd oren; gwymon a mwsogl, brown a llwyd; melyn o'r eithin ar y bryniau a blodau gwyllt.

Pwnc ei gradd gyntaf oedd Dylunio Print a Graffeg. Pwnc ei hail radd oedd Dylunio Gweuwaith. Arddangosodd hi gasgliad o hetiau wedi'u gwneud o ffibrau gwlân lliwgar wedi'u pwnsio â nodwydd i mewn i gingham. Prynodd prynwr o Harrods y casgliad cyfan. Ar ôl hyn, datblygodd hi ei syniadau i greu bagiau wedi'u gwneud mewn ffabrigau fel brethyn caerog a brethyn siwtiau gydag addurniadau lledr.

Ffigur 1.32 Fersiwn o ddyluniad Stem eiconig Orla Kiely

Yn 2000, cafodd ei dyluniad print eiconig Stem ei greu. Mae ganddo gryfder graffig syml a swyn, ac mae golwg gwastad y dyluniad yn adlewyrchu ei gwaith cynharach oedd yn defnyddio paent gouache. Y cyfresi lliw cyntaf ar gyfer Stem oedd olewydd a melynwyrdd, oren ac ocr, pinc a choch, a llinell syth syml ar gyfer y coesyn. Mae hi'n credu bod ei phrintiau'n cael eu trawsnewid wrth eu trosglwyddo i ffabrig. Roedd ei harddull drawiadol yn tynnu sylw pobl ar unwaith, efallai am nad oedd llawer o brint a lliwiau cryf yn bresennol ym myd ffasiwn ar y pryd. Ar ôl llwyddiant y bagiau Stem wedi'u printio, roedd arddull nodweddiadol Orla Kiely wedi'i sefydlu – glân, syml, cyson a chryf.

Cafodd y dyluniad poblogaidd hwn ei ddatblygu mewn gwahanol gyfresi lliw, ei brintio ar ffabrig cotwm laminedig a'i ddefnyddio ar gyfer bagiau. Roedd hyn yn ddechrau tuedd arall ar gyfer cynhyrchion cryf a gwydn sy'n hawdd eu glanhau.

Erbyn i Stem gael ei gyflwyno, roedd Kiely wedi croesawu technoleg ac yn gweithio ar gyfrifiaduron i ddatblygu ei syniadau. Sylwodd hi ar unwaith ar fanteision technoleg i'w galluogi hi i drin, golygu, newid lliwiau a newid maint ei dyluniadau, ond roedd hi'n cydnabod nad yw cyfrifiaduron yn gallu dylunio ar eich rhan chi. Mae ei syniadau cychwynnol i gyd yn cael eu braslunio'n gyntaf, cyn cael eu trosglwyddo i gyfrifiadur i'w ddatblygu a'u mireinio. Mae'r dylunydd yn credu'n gryf nad yw hi byth yn rhy hwyr i newid dyluniad ac mae hi'n aml yn ailweithio syniadau hŷn. Mae hi'n dal i edrych am ysbrydoliaeth yn y byd o'i chwmpas hi ond mae ei syniadau'n gallu dod o unrhyw le.

Gweithgaredd

Gwnewch ymchwil pellach i waith Orla Kiely. Dyluniwch brint wedi'i ysbrydoli gan ei gwaith. Gallai hwn fod yn brint wedi'i leoli (unigol) neu'n ffabrig â dyluniad drosto i gyd. Awgrymwch ar ba fath o gynhyrchion y gallai'r print gael ei ddefnyddio. Gallai fod yn ddilledyn, yn ategolyn neu'n ddodrefnyn meddal. Estynnwch eich tasg dylunio drwy fraslunio'r cynnyrch i ddangos eich dyluniad print.

PWYNTIAU ALLWEDDOL

- Roedd dyluniadau cynnar Laura Ashley yn cynnwys patrymau blodeuog cynnil a geometrig ailadroddol gyda sgwariau a streipiau cydgordiol, mewn amrywiaeth eithaf tawel o liwiau.
- Dyluniad mwyaf eiconig Ashley oedd ffrog wedi'i hysbrydoli gan yr oes Fictoraidd â llinell gwddf uchel, wedi'i haddurno â ryfflau, tyciau pìn a les, â llewys pwff a sgert lawn iawn mewn amrywiaeth o batrymau printiedig.
- Mae'n debyg bod Stella McCartney yn fwy adnabyddus nag unrhyw ddylunydd arall am gyfuno ffasiwn gwerth uchel ag ymwybyddiaeth o faterion gwyrdd.
- Mae arddull nodweddiadol McCartney yn rhamantaidd ond modern, ag elfennau o deilwra gyda lingerie, yn defnyddio ffabrigau sy'n llifo a lliwiau tawel.
- Gellir adnabod gwaith Orla Kiely yn ôl ei ffurf ddisgybledig, graffig mewn lliwiau cryf.
- Stem yw print mwyaf adnabyddus Kiely ac mae'n dal i werthu mwy na'i dyluniadau eraill.

Angen gwybod

1 Esboniwch beth oedd yn arloesol am ddodrefn cartref cydgordiol Laura Ashley.

2 Esboniwch sut mae credoau a gwerthoedd personol Stella McCartney yn dylanwadu ar ei gwaith.

3 Disgrifiwch arddull gwaith Orla Kiely ac esboniwch sut mae ei phlentyndod yn dibynnu ar ei gwaith.

Dylunio cynnyrch

Airbus

Cwmni Ewropeaidd yw Airbus sydd wedi'i wneud o lawer o adrannau atodol. Mae'n fwyaf adnabyddus am ei awyrennau, ond mae hefyd yn datblygu hofrenyddion ac mae ganddo adrannau sy'n canolbwyntio ar gyfarpar milwrol a theithio i'r gofod. Mae gan Airbus amrywiaeth eang o awyrennau i deithwyr masnachol sy'n cael eu defnyddio gan y rhan fwyaf o gwmnïau hedfan. Y model enwocaf yw'r A380 – yr awyren gludo teithwyr fwyaf yn y byd – sy'n gallu cludo hyd at 800 o deithwyr.

Ffigur 1.33 Yr Airbus A380

Ffigur 1.34 Yr Airbus Beluga

Ffigur 1.35 Y Dyson Ballbarrow

Ffigur 1.36 Y Dyson DC01 gwreiddiol

Wrth ddatblygu'r awyren hon, roedd ei maint a'i phwysau'n achosi nifer enfawr o broblemau i beirianwyr awyrennau. Cafodd llawer o ddefnyddiau cyfansawdd eu defnyddio i leihau'r pwysau ac edrychodd y peirianwyr ar fioddynwarededd, hyd yn oed, i gael ysbrydoliaeth. Fe wnaethon nhw astudio sut mae adeiledd a siâp adain eryr yn goresgyn problemau tebyg ac arweiniodd hyn at osod blaenau adenydd ar adenydd yr A380. Heb y rhain, byddai lled yr adenydd yn rhy fawr i'r awyren allu defnyddio unrhyw faes awyr.

Mae dylunio cynhyrchiol hefyd yn cael ei ddefnyddio i optimeiddio'r cydrannau a'r darnau i leihau'r pwysau ond cadw cryfder. Mae Airbus yn defnyddio technoleg CAD i greu cydrannau y gellir eu hargraffu'n 3D mewn amrywiaeth o ddefnyddiau, yn enwedig titaniwm oherwydd ei briodweddau cryfder-i-bwysau rhagorol. Er enghraifft, mae'r fersiwn argraffu 3D o golfach gorchudd drws yr injan ar yr A380 65 y cant yn ysgafnach na'r fersiwn bwrw blaenorol. Mae mwy o sôn am ddylunio cynhyrchiol o dan CAD ym Mhennod 1 Adran (a).

Mae cydrannau Airbus yn cael eu cynhyrchu ledled y byd. Mae'r unedau adenydd yn cael eu cynhyrchu ym Mhrydain, rhan ôl y corff yn Ffrainc a rhan flaen y corff yn yr Almaen. Mae cludo nwyddau yn rhan hanfodol o fodel cwmni Airbus. Yn 1984, cynhyrchodd Airbus ei uwch-gludydd ei hunan, o'r enw 'Beluga' oherwydd y trwyn siâp morfil. Helpodd hyn i leihau'r effaith amgylcheddol oherwydd bod cymaint o le i gludo pethau arno.

Mae Airbus yn gyson yn datblygu technoleg i wella effeithlonrwydd tanwydd ei awyrennau ac i leihau eu hallyriadau carbon a'u heffaith negyddol ar yr amgylchedd. Eisoes mae Airbus wedi creu prototeip o awyren drydan, ac maen nhw'n gweithio gyda gwneuthurwyr mawr eraill fel Rolls Royce a Siemens i ddatblygu'r awyren hybrid gyntaf.

James Dyson

Dylunydd diwydiannol o Loegr yw James Dyson, ac mae'n enwog am greu cynhyrchion arloesol sy'n 'well' na datrysiadau ei gystadleuwyr, drwy ddefnyddio technolegau newydd a chymhwyso egwyddorion peirianneg.

Cafodd Dyson ei hyfforddi yn wreiddiol fel dylunydd dodrefn a diwydiannol, ac roedd ei waith cynnar yn cynnwys amrywiad ar y ferfa safonol, y 'Ballbarrow' oedd yn defnyddio pêl chwyddadwy fawr yn lle olwyn i wasgaru llwyth y ferfa, gan ei gwneud hi'n haws ei gwthio ar dir meddal ac yn haws ei rheoli.

Mae Dyson yn adnabyddus am ei ddull o ddylunio cynhyrchion sy'n perfformio'n well na'r datrysiadau presennol. Cyn i'r sugnwr llwch DC01 gael ei ryddhau, roedd llwch wedi'i sugno'n cael ei gasglu mewn bag untro tafladwy oedd wedi'i fowntio ar y sugnwr llwch. Gwelodd Dyson fod y system hon yn perfformio'n wael gan fod y sugno'n mynd yn llai effeithiol wrth i'r bag lenwi. Roedd Dyson wedi gweld iard goed leol lle roedd echdynnwr seiclonig mawr wedi'i osod i gasglu llwch pren ac fe welodd y tebygrwydd yn y ffordd roedd yn perfformio. Dechreuodd fodelu a datblygu system seiclonig fach iawn fyddai'n gallu casglu llwch heb fod angen bag.

Aeth drwy nifer enfawr o iteriadau dylunio, gan gynnwys 5127 o fodelau prototeip. Ni chafodd lawer o ddiddordeb gan y farchnad yn y Deyrnas Unedig a rhoddodd drwydded ei ddyluniad i gwmni o Japan. Defnyddiodd yr arian a gafodd yn sgil hyn i lansio o'r diwedd – 14 blynedd ar ôl dechrau ei ddatblygu – y DC01 yn y Deyrnas Unedig.

Mae Dyson wedi ymdrechu'n barhaus i wella a chynyddu perfformiad ei sugnwyr llwch, ac mae hefyd wedi lansio llawer o gynhyrchion domestig eraill, gan gynnwys peiriannau golchi, gwyntyllau, gwresogyddion, sychwyr gwallt a goleuadau.

Mae gan Dyson gyfleuster unigryw yn Malmesbury, lle mae dylunwyr a pheirianwyr yn gweithio â'i gilydd i ddatblygu a phrofi cynhyrchion newydd. Er mwyn bod yn hyderus bod y cynhyrchion yn ddigon gwydn, maen nhw'n eu profi nhw'n drwyadl cyn eu rhyddhau i'r farchnad.

Mae James Dyson wedi bod yn gefnogwr brwd i addysg dylunio erioed. Mae yna Ysgol Peirianneg Dylunio Dyson yng Ngholeg Imperial Llundain ac mae hefyd wedi sefydlu Gwobr James Dyson, cystadleuaeth ryngwladol sydd wedi'i llunio i ysbrydoli peirianwyr dylunio'r dyfodol. Mae enillwyr y wobr hon wedi cynnwys yr 'EcoHelmet' ar gyfer defnyddwyr cynlluniau rhannu beiciau a 'mOm', crud cynnal chwyddadwy i'w ddefnyddio mewn gwersylloedd ffoaduriaid.

Bethan Gray

Dylunydd dodrefn o Gymru yw Bethan Gray, sy'n gyfrifol am ddylunio llawer o ddarnau dodrefn cyfoes i gwmnïau sy'n cynnwys Habitat, John Lewis a Harrods. Yn ogystal â'r darnau masnachol cydweithredol hyn mae hi hefyd yn rhedeg ei stiwdio ei hun yn Llundain, sy'n cynhyrchu dodrefn gwerth uchel gan ddefnyddio amrywiaeth eang o ddefnyddiau dymunol.

Cafodd Gray ei hyfforddi mewn Dylunio 3D, a sylwodd dylunydd diwydiannol arall, Tom Dixon, arni'n arddangos ei gwaith gradd yn yr arddangosfa 'Dylunwyr Newydd'. Ar y pryd, Dixon oedd pennaeth dylunio Habitat. Arweiniodd hyn at benodi Gray yn gyfarwyddwr dylunio Habitat, lle cafodd hi gyfoeth o brofiad o ddylunio dodrefn ac adwerthu cyn sefydlu cwmni yn ei henw ei hun yn 2008. Mae hi wedi arddangos ei gwaith ledled y byd ac yn rheolaidd ym mhrifddinasoedd dylunio Llundain, Paris a Milan.

Mae Gray yn adnabyddus am ddefnyddio defnyddiau moethus ar gyfer pen uchaf y farchnad yn ei chynhyrchion. Mae hi'n defnyddio defnyddiau fel pres, marmor, pren solet a lledr ac yn eu cyfuno nhw'n ddymunol, gan ddefnyddio amrywiaeth o sgiliau crefft traddodiadol medrus iawn a thechnegau gweithgynhyrchu modern.

Ffigur 1.37 Y bwrdd Nizwa gan Bethan Gray

Ffigur 1.38 Y bwrdd Brogue: roedd Gray yn cynnwys manylion cymhleth sydd i'w gweld yn fwy cyffredin ar esgid *brogue*

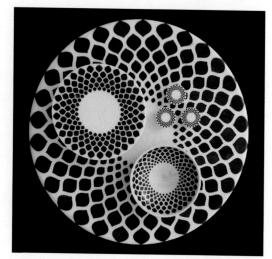

Ffigur 1.39 Petals: darnau o'r Ruby Tree Collection

Gweithgaredd

Ar gyfer dylunydd o'ch dewis, crëwch linell amser o rai o'i (d)darnau mwyaf eiconig. Enwch y defnyddiau a'r prosesau gweithgynhyrchu sy'n cael eu defnyddio.

Gallwn ni weld amrywiaeth eang o ddylanwadau yng ngwaith Gray. Mae llawer o'r rhain yn seiliedig ar y ffurfiau a'r siapiau pensaernïol mae hi wedi'u gweld wrth deithio'r byd, er enghraifft y dylanwadau Islamaidd ar y patrwm argaenwaith pres ar y bwrdd Nizwa o'i Chasgliad Shamsian 2016. Arweiniodd ei gwerthfawrogiad o ffurfiau ac estheteg Islamaidd at ddod yn un o'r partneriaid a sefydlodd y Ruby Tree Collection, cwmni sy'n ceisio dal gafael ar sgiliau crefft a defnyddiau traddodiadol Islamaidd mewn byd lle mae masgynhyrchu'n golygu bod llawer o'r sgiliau hyn yn cael eu colli.

PWYNTIAU ALLWEDDOL

- Mae CAD a CAM yn hanfodol wrth ddylunio, profi a gweithgynhyrchu cynhyrchion Airbus.
- Cafodd bioddynwaradedd ei ddefnyddio i helpu i ddatblygu siâp a ffurf adenydd awyrennau Airbus.
- Cynhyrchodd James Dyson 5127 o fodelau ac iteriadau cyn lansio'r DC01.
- Mae Dyson nawr yn buddsoddi'n drwm mewn datblygu technoleg moduron trydan.
- Mae Bethan Gray wedi gweithio fel dylunydd gwadd i Habitat, John Lewis a Harrods yn ogystal â'i gwaith yn ei henw ei hun.
- Mae Bethan Gray yn aml yn defnyddio defnyddiau fel pres, marmor a phren caled.

Angen gwybod

1 Pam mae Airbus yn defnyddio'r broses argraffu 3D i gynhyrchu rhai cydrannau?

2 Pa briodweddau sydd gan ddefnyddiau cyfansawdd sy'n eu gwneud nhw'n ddefnyddiau addas i'w defnyddio wrth ddatblygu cydrannau awyrennau?

3 Disgrifiwch elfennau allweddol gwaith Bethan Gray.

Cwestiynau ymarfer ar gyfer yr arholiad

1 Mae gwneuthurwr yn bwriadu cynhyrchu rheolydd llaw newydd ar gyfer gemau.

  a Trafodwch y manteision byddai modelu CAD yn eu rhoi i'r gwneuthurwr. [4 marc]

  b Awgrymwch y broses CAM fwyaf priodol i gynhyrchu prototeip ffisegol o'r rheolydd. [2 farc]

2 Gallwn ni ddefnyddio torrwr laser a hefyd rhigolydd CNC i gynhyrchu darnau cynnyrch sy'n slotio at ei gilydd, er enghraifft model o ddinosor. Gwerthuswch pa mor addas yw'r ddwy broses weithgynhyrchu hyn. [6 marc]

3 a Disgrifiwch ddwy broblem amgylcheddol sy'n cael eu creu oherwydd defnyddio tanwyddau ffosil. [2 farc]

  b Rhowch ddau reswm pam mae tanwyddau ffosil yn dal i gael eu defnyddio fel y brif ffynhonnell tanwydd ar gyfer cludiant. [2 farc]

  c Disgrifiwch un ffordd mae biomas yn cael ei ddefnyddio fel ffynhonnell egni. [2 farc]

  ch Defnyddiwch frasluniau a nodiadau i esbonio sut gallwn ni ddefnyddio panel solar PV i bweru lamp ardd. [4 marc]

4 Mae datblygiadau technoleg modern wedi arwain at gynnydd mewn defnyddiau clyfar.

  a Diffiniwch y term 'defnydd clyfar'. [2 farc]

  b Esboniwch sut mae microfewngapsiwleiddio o fudd i'r diwydiant meddygol. Rhowch enghreifftiau i helpu i esbonio eich ateb. [3 marc]

  c Esboniwch sut mae natur yn cefnogi datblygiad ffabrigau newydd. [3 marc]

5 Mae deddfau a rheoliadau'n bodoli i amddiffyn defnyddwyr.

  a Disgrifiwch sut mae'r gyfraith yn diogelu defnyddwyr sy'n prynu cynhyrchion. [2 farc]

  b Pa warantau sydd gan ddefnyddiwr wrth brynu cynnyrch sy'n arddangos y Nod Barcut? [2 farc]

  c Nodwch beth yw ystyr y byrfodd 'ISO' a disgrifiwch ei brif swyddogaeth. [3 marc]

Amcanion dysgu

Erbyn diwedd y bennod hon, dylech chi fod wedi datblygu gwybodaeth a dealltwriaeth am y canlynol:

- systemau electronig, gan gynnwys synwyryddion, dyfeisiau rheoli a chydrannau rhaglenadwy
- defnyddiau modern a chlyfar ac effaith grymoedd ar ddefnyddiau a gwrthrychau
- dyfeisiau mecanyddol a sut maen nhw'n defnyddio mathau gwahanol o fudiant, systemau mecanyddol a chydrannau mecanyddol

- ffynonellau, tarddiadau, priodweddau ffisegol a gweithio defnyddiau, cydrannau a systemau ym maes dylunio peirianyddol
- y ffactorau sy'n dylanwadu ar ddewis cydrannau a defnyddiau ym maes dylunio peirianyddol
- ffurfiau, mathau a meintiau stoc
- prosesau gweithgynhyrchu
- technegau a phrosesau ar gyfer adeiladu prototeip
- triniaethau arwyneb priodol.

(a) Metelau fferrus ac anfferrus

Gallwn ni gategoreiddio metelau mewn tri grŵp:

- Metelau fferrus
- Metelau anfferrus
- Aloion.

I gael mwy o wybodaeth am ddosbarthu metelau, gweler Pennod 4 Adran (dd).

(b) Polymerau thermoffurfiol a thermosodol

Gallwn ni ddosbarthu polymerau yn ddau fath:

- Polymerau thermoffurfiol
- Polymerau thermosodol.

I gael manylion am y gwahanol fathau hyn o bolymerau, gweler Pennod 4 Adran (dd).

(c) Systemau electronig, gan gynnwys synwyryddion, dyfeisiau rheoli a chydrannau rhaglenadwy

Mae electroneg yn rhan o'n bywydau mewn cynifer o ffyrdd nes ei bod hi'n anodd dychmygu mynd drwy ddiwrnod heb ddefnyddio dyfais electronig ar ryw adeg: ffôn clyfar, tabled, cyfrifiadur, teledu neu radio. Mae'r car rydyn ni'n teithio ynddo'n llawn systemau electronig i reoli'r injan, i sicrhau ein diogelwch ac i'n helpu i ffeindio'r ffordd. Mae'r systemau gwresogi ac awyru yn yr adeiladau rydyn ni'n gweithio ac yn byw ynddynt yn cael eu monitro gan electroneg, heb sôn am systemau diogelwch, teledu cylch cyfyng, ac ati.

Systemau rheoli electronig

Gallwn ni rannu system electronig yn ddarnau llai o'r enw **is-systemau**, a gallwn ni ddosbarthu'r rhain yn eu tro yn fewnbynnau, prosesau ac allbynnau. Rydyn ni'n lluniadu **diagram system** (sydd weithiau'n cael ei alw'n ddiagram bloc) i ddangos sut mae'r is-systemau wedi'u rhyng-gysylltu.

> **GAIR ALLWEDDOL**
>
> **Is-system** Y rhannau rhyng-gysylltiedig mewn system.

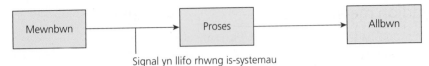

Ffigur 2.1 **System electronig generig**

Mae mewnbynnau'n cynnwys **synwyryddion**, sef 'llygaid a chlustiau' system electronig. Mae'r rhain yn caniatáu i'r system fonitro a mesur amrywiaeth o **feintiau ffisegol** fel lefel y golau, tymheredd, pwysau, ac ati. Mae botwm gwthio yn gydran fewnbynnu gyffredin iawn sy'n synhwyro ei fod wedi cael ei bwyso. Mae synhwyrydd yn cynhyrchu **signal** trydanol. Mae gan rai systemau lawer o synwyryddion sy'n cynhyrchu llawer o signalau mewnbwn.

Ffigur 2.2 **Mae botymau gwthio'n cael eu defnyddio'n aml fel mewnbynnau**

Mae'r signalau o'r synwyryddion mewnbynnu yn cael eu bwydo i mewn i is-system y broses, sy'n ymateb mewn ffordd benodol er mwyn rheoli'r dyfeisiau allbynnu. Bydd union weithrediad is-system y broses yn dibynnu ar anghenion y cynnyrch. Mae is-systemau proses yn gallu bod yn gylchedau electronig cymhleth sy'n cynnwys cydrannau lled-ddargludol fel transistorau a **chylchedau cyfannol** (ICs: *integrated circuits*). Ar gyfer eich cwrs TGAU, yr unig beth mae angen i chi ganolbwyntio arno yw defnyddio **microreolydd** rhaglenadwy fel cydran y broses; mae'r dyfeisiau pwerus a hyblyg hyn yn rhoi cyfle i ddylunydd i wneud i gynnyrch weithio'n llawer gwell.

Mae microreolyddion yn gallu cyflawni amrywiaeth o dasgau sy'n hanfodol i **swyddogaethedd** y cynnyrch:

- Cyfrif – fel cadw cofnod o'r sgôr mewn gêm chwaraeon, a'i ddangos ar fwrdd sgôr electronig.
- Switsio – fel switsio golau stryd ymlaen pan fydd lefel y golau'n gostwng.
- Amseru – fel mewn amserydd coginio neu wrth droi golau diogelwch ymlaen am gyfnod ar ôl canfod symudiad.

Cyfrifiadur rhaglenadwy bach iawn sydd wedi'i integreiddio mewn cylched gyfannol neu wedi'i fowntio ar fwrdd cylched bach yw microreolydd. Mewn systemau diwydiannol, weithiau bydd cyfrifiadur maint llawn yn cael ei ddefnyddio i reoli systemau electronig. Yn y math o gynhyrchion rydych chi'n debygol o'u dylunio ar gyfer TGAU, fodd bynnag, mae microreolydd yn fwy defnyddiol gan ein bod ni'n gallu rhaglennu'r rhain ac yna eu mewnblannu nhw'n barhaol yn y cynnyrch (gweler Pennod 6).

Mae cydrannau allbynnu system electronig yn cynhyrchu allbwn ffisegol fel ymateb i signalau o is-system y broses. Mae allbynnau'n gallu cynhyrchu golau, sain, mudiant, ac ati.

GEIRIAU ALLWEDDOL

Synhwyrydd 'Llygaid a chlustiau' system electronig.

Signal Foltedd sy'n cynrychioli mesur ffisegol.

Cylched gyfannol Microsglodyn.

Swyddogaethedd Pa mor addas yw cynnyrch i'w ddiben.

Gweithgareddau

1. Darganfyddwch bump o gynhyrchion electronig yn eich cartref (er enghraifft, clorian gegin, peiriant coffi, rheolydd pell teledu, offer llywio â lloeren, thermostat ystafell gwres canolog, panel rheoli larwm lladron). Nodwch y synwyryddion mewnbynnu a'r dyfeisiau allbynnu (efallai na fydd rhai o'r rhain yn weladwy – gwnewch yn siŵr eich bod chi'n ystyried synwyryddion a chydrannau allai fod wedi'u cuddio y tu mewn i'r cynnyrch).

2. Edrychwch yn ofalus ar thermostat ystafell electronig ar gyfer gwres canolog i weld a allwch chi ddod o hyd i'r synhwyrydd tymheredd.

3. O ble mae sŵn 'bîp' ffwrn microdon yn dod?

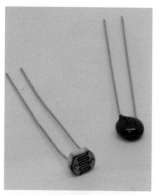

Ffigur 2.3 **LDR a thermistor**

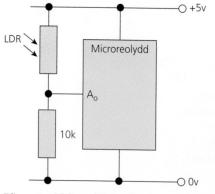

Ffigur 2.4 **LDR wedi'i gysylltu â mewnbwn analog microreolydd**

Synwyryddion mewnbynnu

Yn fras, gallwn ni ddosbarthu synwyryddion yn ddau fath:

- **Synwyryddion digidol** i ganfod ateb ie/na, er enghraifft:
  ○ Ydy'r botwm wedi cael ei bwyso?
  ○ Oes symudiad wedi cael ei ganfod?
  ○ Ydy'r cynnyrch wedi disgyn?
- **Synwyryddion analog** sydd eu hangen i fesur 'pa mor fawr' yw rhywbeth, er enghraifft:
  ○ Pa mor ddisglair yw golau.
  ○ Beth yw'r tymheredd.

Mae angen rhyngwynebu'r gwahanol fathau o synhwyrydd â'r mewnbwn analog neu'r mewnbwn digidol priodol ar y microreolydd.

Synhwyrydd golau

Gwrthydd golau-ddibynnol (LDR: *light-dependent resistor*) yw'r gydran sy'n synhwyro golau mewn system electronig. Mae gan LDR wrthiant uchel yn y tywyllwch, a gwrthiant isel pan fydd yn olau.

Pan fydd LDR wedi'i gysylltu mewn cylched electronig, bydd yn cynhyrchu signal foltedd analog sy'n cynyddu wrth i lefel y golau gynyddu. Pan gaiff LDR ei ddefnyddio i ddarparu signal mewnbwn i ficroreolydd, bydd y microreolydd yn trawsnewid y signal foltedd yn rhif. Enw'r broses hon yw trawsnewidiad analog-i-ddigidol: y mwyaf yw'r rhif, y mwyaf disglair yw'r golau. Yna, gall y microreolydd brosesu'r rhif hwn neu wneud penderfyniadau gan ddibynnu pa mor ddisglair yw'r golau.

Mae Ffigur 2.4 yn **ddiagram cylched** sy'n dangos sut mae LDR yn cael ei **ryngwynebu** â microreolydd. Sylwch fod y microreolydd yn defnyddio mewnbwn analog (A_0). Gyda'i gilydd mae'r LDR a'r gwrthydd 10k (10 cilohm) yn ffurfio **rhannwr potensial**.

Synhwyrydd tymheredd

Cydran sy'n synhwyro tymheredd yw **thermistor**. Mae'n cynhyrchu signal analog sy'n cynyddu wrth i'r tymheredd gynyddu. Os yw hi'n oer, bydd gwrthiant uchel gan thermistor, a gwrthiant isel os yw hi'n boeth. Mae'r diagram cylched yn Ffigur 2.5 yn dangos sut mae thermistor yn cael ei ryngwynebu â microreolydd.

Synhwyrydd switsh

Pan fydd switsh pwyso botwm yn cael ei ddefnyddio fel synhwyrydd, bydd yn cynhyrchu signal digidol fydd ymlaen (uchel) pan fydd y switsh yn cael ei bwyso, ac i ffwrdd (isel) pan fydd y switsh yn cael ei ryddhau. Mae Ffigur 2.6 yn dangos sut i ryngwynebu switsh â mewnbwn digidol microreolydd.

Mae diagram cylched yn dangos y rhyng-gysylltiadau trydanol rhwng cydrannau mewn cylched. Nid yw'n dangos safleoedd ffisegol y cydrannau. Rydyn ni'n defnyddio symbolau cylched safonol i gynrychioli'r cydrannau. Mae diagram cylched yn cynnwys llawer iawn o wybodaeth, gan gynnwys mathau o gydrannau a'u gwerthoedd.

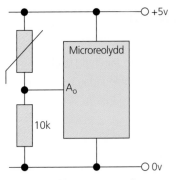

Ffigur 2.5 Thermistor yn darparu signal mewnbwn i ficroreolydd

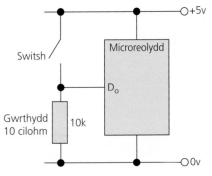

Ffigur 2.6 Dull i ddefnyddio switsh fel synhwyrydd

Dyfeisiau allbynnu

Swnyn

Mae swnyn yn cynhyrchu tôn sydd i'w chlywed pan fydd yn derbyn pŵer. Mae'n bosibl rhaglennu microreolydd i droi swnyn ymlaen ac i ffwrdd yn gyflym i gynhyrchu sain bip-bip-bip, sy'n effeithiol iawn i dynnu sylw. Mae Ffigur 2.7 yn dangos sut i gysylltu swnyn â phin allbwn microreolydd.

Deuod allyrru golau

Mae deuodau allyrru golau (LEDau) yn gallu amrywio'n fawr iawn o ran maint, lliw, disgleirdeb a siâp.

Mae Ffigur 2.8 yn dangos sut i ddefnyddio LED gyda microreolydd. Sylwch fod rhaid defnyddio gwrthydd 330 ohm hefyd i gyfyngu'r cerrynt sy'n llifo, neu bydd yr LED yn llosgi'n llwyr.

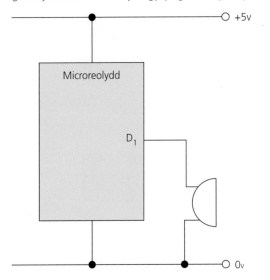

Ffigur 2.7 Microreolydd gydag allbwn swnyn

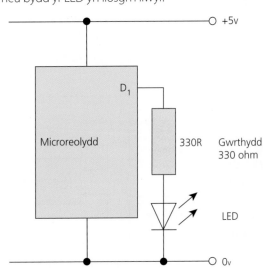

Ffigur 2.8 Defnyddio LED

Systemau rheoli mewn cynhyrchion cyfarwydd

Golau stryd

Mae'r synhwyrydd golau'n anfon signal analog i mewn i'r microreolydd. Pan fydd lefel y golau'n gostwng o dan werth penodol, bydd y microreolydd yn troi'r goleuadau LED ymlaen. Is-system i gyfnerthu'r signal allbwn yw'r **gyrrwr**.

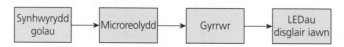

Ffigur 2.9 Diagram system ar gyfer golau stryd

Ffwrn drydan

Mae'r microreolydd yn derbyn signal gan y synhwyrydd tymheredd ac yn ei gymharu â'r rheolydd gosodiad tymheredd. Os yw'r tymheredd yn rhy isel, mae'n troi'r gwresogydd ymlaen. Mae'r synhwyrydd tymheredd yn monitro tymheredd y ffwrn ac yn anfon y wybodaeth yn ôl i'r microreolydd; **adborth** yw enw'r dechneg hon ac mae'n cael ei ddefnyddio'n aml mewn systemau er mwyn eu rheoli'n fanwl.

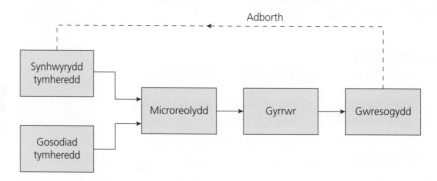

Ffigur 2.10 Diagram system ar gyfer ffwrn

Rheolydd cyflymder

Mae rheolydd cyflymder yn caniatáu i yrrwr car raglennu cyflymder penodol, ac yna bydd y system yn cynnal y cyflymder hwn. Mae'r synhwyrydd yn creu dolen adborth, gan anfon gwybodaeth am y cyflymder o'r allbwn yn ôl i'r mewnbwn, lle mae'n cael ei gymharu â'r gwerth cyflymder sydd wedi'i osod. Yna, mae'r microreolydd yn addasu cyflymder yr injan i gyd-fynd â'r cyflymder sydd wedi'i osod.

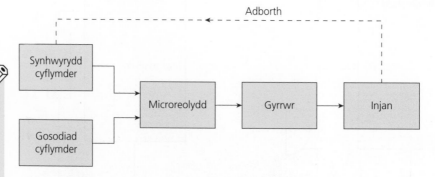

Ffigur 2.11 Diagram system ar gyfer rheolydd cyflymder car

Mewnblannu cydrannau rhaglenadwy mewn cynhyrchion

Mae microreolyddion rhaglenadwy yn gydrannau electronig sy'n gallu ychwanegu ymarferoldeb anhygoel at gynnyrch neu system. Bydd microreolyddion yn cymryd gwybodaeth o synwyryddion a mewnbynnau eraill ac yna'n prosesu'r wybodaeth hon i reoli amrywiaeth o allbynnau. Mae pob microreolydd yn dechrau'n wag, ond yna mae'r dylunydd yn ysgrifennu **rhaglen** sy'n cael ei llwytho i lawr i gof y microreolydd. Maen nhw'n gallu cael eu hailraglennu lawer gwaith, sy'n hanfodol yn ystod datblygiad iterus y rhaglen.

Cyfres o gyfarwyddiadau yw'r rhaglen sy'n dweud wrth y microreolydd sut i wneud tasg sy'n benodol i gynnyrch. Enw'r broses o addasu microreolydd generig i gymhwysiad penodol a'i osod yn barhaol yn y cynnyrch yw **mewnblannu**. Gan fod microreolyddion yn fach, yn amlbwrpas ac yn gymharol hawdd eu defnyddio, maen nhw'n dechnoleg newydd ddeniadol ac yn cael eu defnyddio'n amlach mewn cynhyrchion. Dydy potensial llawn y microreolydd byth yn cael ei ddefnyddio mewn llawer o gynhyrchion sylfaenol. Mewn tegell, er enghraifft, yr unig beth mae angen i'r microreolydd ei wneud yw troi'r elfen wresogi ymlaen nes ei fod yn synhwyro bod y dŵr wedi cyrraedd ei ferwbwynt, yna troi'r gwresogydd i ffwrdd. Serch hynny, mae defnyddio microreolydd i wneud y dasg syml hon yn tueddu i fod yn fwy cost effeithiol na dylunio system electronig arbennig o'r cam cyntaf. Mae dylunwyr nawr yn deall, ar ôl dewis microreolydd ar gyfer dyluniad, y gallan nhw ychwanegu nodweddion mwy cymhleth i gynyddu swyddogaethedd y cynnyrch a'i wneud yn fwy defnyddiol i'r defnyddiwr. Er enghraifft, byddai'n bosibl ychwanegu nodwedd 'cadw'n gynnes' at degell, neu wneud iddo wresogi'r dŵr at wahanol dymereddau mae'r defnyddiwr wedi eu rhaglennu, neu seinio rhybudd pan fydd y dŵr yn barod.

Mae microreolyddion yn gydrannau cymharol ddrud, ac mae angen i'r dylunydd ddysgu iaith rhaglennu.

Rhaglenni siart llif

Mae'r diagram system sydd i'w weld yn Ffigur 2.12 yn ddyluniad ar gyfer lamp ddiogelwch beic. Mae yna un mewnbwn botwm gwthio a thri allbwn LED disglair iawn. Gallai'r microreolydd gael ei raglennu i weithredu'r lamp fel hyn:

- Pwyso'r botwm am y tro cyntaf: Yn troi pob un o'r tri LED ymlaen.
- Pwyso'r botwm am yr ail dro: Pob un o'r tri LED yn fflachio.
- Pwyso'r botwm am y trydydd tro: Yn diffodd pob LED.
- Yna mae'r gylchred yn ailadrodd.

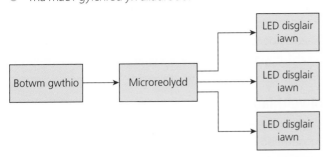

Ffigur 2.12 Diagram system ar gyfer lamp ddiogelwch beic

Mae hyblygrwydd y microreolydd i'w weld yma, oherwydd mater syml fyddai ei ailraglennu i ychwanegu nodweddion uwch at y cynnyrch. Er enghraifft, gallai pwyso'r botwm am y pedwerydd tro wneud i'r LEDau fflachio'n annibynnol mewn patrwm deniadol.

Dylid dechrau drwy ysgrifennu'r rhaglen fel **siart llif**, sy'n ffordd syml o ddadansoddi tasg y microreolydd drwy ddangos y camau allweddol dan sylw. Yn ddiweddarach yn y broses

Mewnblannu Gosod microreolydd yn barhaol mewn cynnyrch.

Siart llif rhaglen Cyfres o gyfarwyddiadau sy'n dweud wrth ficroreolydd beth i'w wneud.

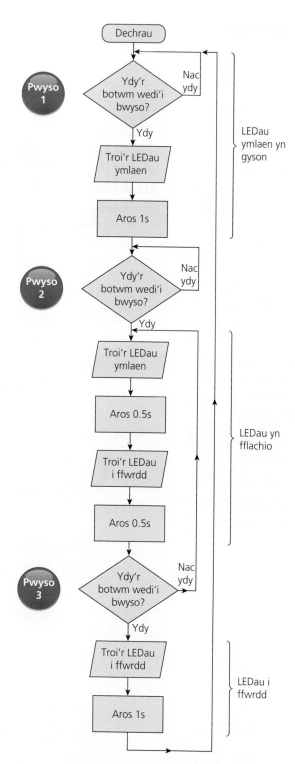

Ffigur 2.14 Rhaglen siart llif ar gyfer y lamp ddiogelwch beic

The flowchart contains the following labelled elements:

- Dechrau
- **Pwyso 1** — Ydy'r botwm wedi'i bwyso? (Nac ydy / Ydy)
- Troi'r LEDau ymlaen
- Aros 1s
- LEDau ymlaen yn gyson
- **Pwyso 2** — Ydy'r botwm wedi'i bwyso? (Nac ydy / Ydy)
- Troi'r LEDau ymlaen
- Aros 0.5s
- Troi'r LEDau i ffwrdd
- Aros 0.5s
- LEDau yn fflachio
- **Pwyso 3** — Ydy'r botwm wedi'i bwyso? (Nac ydy / Ydy)
- Troi'r LEDau i ffwrdd
- Aros 1s
- LEDau i ffwrdd

---

o ddatblygu'r dyluniad, efallai y bydd angen trosi'r siart llif i iaith raglennu benodol, gan ddibynnu ar y microreolydd sy'n cael ei ddefnyddio.

Mae microreolydd yn gallu cyflawni un cam cyfarwyddyd ar y tro, mewn dilyniant. Pan fydd y rhaglen yn rhedeg, bydd pob cyfarwyddyd yn cael ei wneud yn gyflym iawn felly dydy'r defnyddiwr ddim fel rheol yn sylwi ar unrhyw oedi rhwng y cyfarwyddiadau, oni bai bod gorchmynion AROS yn cael eu rhoi yn y siart llif i arafu pethau'n fwriadol. Mae Ffigur 2.13 yn dangos y pum symbol sy'n cael eu defnyddio i luniadu siartiau llif.

Symbol	Enw
	Dechrau/diwedd
	Saethau
	Mewnbwn/ Allbwn
	Proses
	Penderfyniad

Ffigur 2.13 Symbolau siart llif

Astudiwch y siart llif yn Ffigur 2.14 a nodwch y pwyntiau canlynol:

- Mae'r rhaglen yn dechrau yn y blwch 'DECHRAU'.
- Mae'r cyfarwyddiadau'n cael eu gweithredu y naill ar ôl y llall yn gyflym iawn. Felly, rydyn ni'n defnyddio cyfarwyddiadau 'AROS' i reoli'r cyflymder drwy rannau penodol o'r rhaglen.
- Mae angen y ddau gyfarwyddyd 'AROS 1s' i roi amser i'r defnyddiwr i ryddhau'r botwm ar ôl ei bwyso, cyn i'r rhaglen gyrraedd y penderfyniad nesaf 'Ydy'r botwm wedi'i bwyso'.
- Does dim blwch DIWEDD oherwydd, ar ôl pwyso'r botwm am y trydydd tro, mae'r gylchred yn ailadrodd o'r dechrau.

Is-reolweithiau

Wrth i raglen microreolydd gael ei datblygu i ychwanegu at swyddogaethedd cynnyrch, mae'r rhaglen yn gallu mynd yn gymhleth iawn. Gellir defnyddio **is-reolweithiau** i roi rhywfaint o strwythur i raglen gymhleth i'w gwneud hi'n gliriach wrth ei hysgrifennu ac yn haws ei **dadfygio**. Mae is-reolwaith (sydd weithiau'n cael ei alw'n facro, gweithdrefn neu weithrediad) yn gyfres o gyfarwyddiadau rhaglen, wedi'u pecynnu fel uned ar wahân, sy'n cyflawni tasg benodol.

GEIRIAU ALLWEDDOL

Is-reolwaith Rhaglen fach o fewn rhaglen fwy.

Dadfygio Canfod a dileu gwallau mewn rhaglen microreolydd.

Mae'r brif raglen yn gallu GALW yr is-reolwaith unrhyw bryd mae angen cyflawni'r dasg honno. Yna, mae llif y rhaglen yn neidio i'r is-reolwaith. Mae gorchymyn DYCHWELYD ar ddiwedd yr is-reolwaith yn dychwelyd y llif yn ôl i'r brif raglen. Gall fod llawer o is-reolweithiau, gyda phob un wedi'i neilltuo i gyflawni tasg wahanol.

Mae'r siart llif yn Ffigur 2.15 yn dangos rhaglen arall ar gyfer y lamp ddiogelwch beic, gan ddefnyddio dau is-reolwaith o'r enw Fflach 1 a Fflach 2. Mae dolen y brif raglen ar y chwith. Astudiwch y siart llif hwn i weld, ar ôl pwyso'r botwm am y tro cyntaf, fod y rhaglen yn galw Fflach 1 dro ar ôl tro, gan achosi i'r LEDau oleuo mewn dilyniant. Os caiff y botwm ei bwyso am yr ail dro, caiff Fflach 2 ei alw dro ar ôl tro, gan fflachio'r LEDau mewn patrwm gwahanol. Mae pwyso'r botwm am y trydydd tro yn troi'r LEDau i gyd i ffwrdd. Sylwch ar y gorchmynion DYCHWELYD ar ddiwedd pob is-reolwaith.

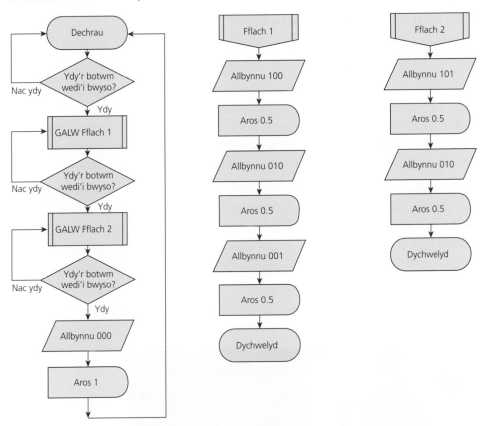

Ffigur 2.15 Rhaglen arall ar gyfer y lamp ddiogelwch beic, yn defnyddio is-reolweithiau

Gweithgaredd

Ystyriwch gynnyrch cymharol syml yn y cartref, er enghraifft tap, sugnwr llwch neu gloch drws. Ysgrifennwch ffyrdd y gallai microreolydd wella swyddogaethedd y cynnyrch fel bod y defnyddiwr yn cael gwell profiad o ryngweithio â'r cynnyrch.

I gael manylion am sut i ddefnyddio microreolyddion yn llwyddiannus, gweler Pennod 6 Adran (a).

PWYNTIAU ALLWEDDOL
- Mae systemau electronig yn cynnwys is-systemau mewnbynnu, proses ac allbynnu.
- Mae microreolydd yn is-system broses bwerus, a gallwn ni ei raglennu a'i fewnblannu mewn cynnyrch i ychwanegu swyddogaethedd.
- Mae synwyryddion a dyfeisiau allbynnu wedi'u rhyngwynebu â microreolydd.
- Mae signalau mewn system yn gallu bod yn analog neu'n ddigidol.
- Mae adborth yn cael ei ddefnyddio mewn system reoli i wella gallu'r system i reoli.
- Mae rhaglen microreolydd yn gyfres o gyfarwyddiadau sy'n dweud wrth y microreolydd sut i weithio mewn cynnyrch.

GEIRIAU ALLWEDDOL

Electro-ymoleuol Defnydd sy'n darparu golau gweladwy pan fydd yn dod i gysylltiad â cherrynt.

Defnyddiau cyfansawdd twnelu cwantwm Defnyddiau sy'n troi o fod yn ynysyddion i fod yn ddargludyddion pan maen nhw dan wasgedd.

Defnydd clyfar Defnydd â phriodweddau sy'n newid mewn ymateb i newid allanol i'r amgylchedd.

(ch) Defnyddiau modern a chlyfar

Ffilm neu wifren electro-ymoleuol

Mae defnyddiau **electro-ymoleuol** yn darparu golau gweladwy pan maen nhw'n cael eu rhoi mewn cerrynt trydan. Maen nhw fel arfer yn goleuo'n las, ond mae lliwiau eraill ar gael hefyd.

Mae gwifren electro-ymoleuol (EL: *electroluminescent*) wedi'i gwneud o graidd o wifren gopr denau sydd wedi'i gorchuddio â phowdr ffosffor sy'n goleuo'n ddisglair wrth i gerrynt trydan eiledol fynd drwyddi. Gallwn ni ddewis y lliw sy'n cael ei allyrru drwy ychwanegu pigment at y ffosffor. Rydyn ni'n defnyddio gwifren EL mewn cymwysiadau lle mae hyblygrwydd y wifren o fudd mawr, fel goleuadau addurnol, arwyddion ac fel elfen addurnol mewn dillad.

Mae technoleg electro-ymoleuol hefyd yn bodoli ar ffurf ffilmiau hyblyg neu baneli tenau. Yma, mae'r ffosffor sy'n allyrru golau wedi'i ddal rhwng pâr o electrodau dargludol ac yn allyrru golau pan fydd cerrynt eiledol yn mynd drwyddo. Mae disgleirdeb y panel neu'r ffilm yn cynyddu yn unol â'r foltedd sy'n cael ei roi. Mae ffilmiau electro-ymoleuol yn cymryd lle dangosyddion LCD traddodiadol mewn rhai cymwysiadau am eu bod nhw'n hyblyg, ddim yn cynhyrchu gwres, ac yn fwy dibynadwy a gwydn.

Rydyn ni'n defnyddio ffilm electro-ymoleuol mewn cymwysiadau fel ffonau symudol, dangosyddion dangosfwrdd ceir, i oleuo watshys ac mewn arwyddion.

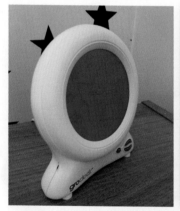

Ffigur 2.16 Mae Groclock yn defnyddio technoleg electro-ymoleuol

Defnydd cyfansawdd twnelu cwantwm

Mae **defnyddiau cyfansawdd twnelu cwantwm** (QTCs: *quantum tunnelling composites*) yn bolymerau hyblyg sy'n cynnwys gronynnau nicel dargludol. Rydyn ni'n eu categoreiddio nhw fel **defnyddiau clyfar** oherwydd maen nhw'n gallu naill ai dargludo trydan neu fod yn ynysydd. Pan fydd grym yn cael ei roi ar y defnydd, bydd y gronynnau dargludol yn dechrau dod i gysylltiad â'i gilydd ac mae'r dargludedd yn cynyddu. Y mwyaf o rym sy'n cael ei roi wrth eu cywasgu, y mwyaf dargludol a'r lleiaf gwrthiannol y byddan nhw. Pan gaiff y grym ei dynnu i ffwrdd, mae'r defnydd yn mynd yn ôl i'w gyflwr gwreiddiol ac yn troi'n ynysydd trydanol.

Mae defnyddiau QTC i'w cael mewn cymwysiadau fel rheolyddion cyflymder newidiol, switshys pilen, ffonau symudol a synwyryddion gwasgedd.

Polymerau dargludol

Yn gyffredinol, rydyn ni'n dewis polymerau ar gyfer cymwysiadau oherwydd eu gwrthiant i ddargludedd trydanol. Mae hyn yn eu gwneud nhw'n ddelfrydol ar gyfer cynhyrchu casinau i gynhyrchion trydanol fel driliau a chyfrifiaduron. Wrth i ddatblygiadau mewn technoleg defnyddiau esblygu, mae **polymerau dargludol** yn cael eu datblygu ac yn mynd yn fwy poblogaidd gan gymryd lle gwydr a metel mewn rhai cynhyrchion pob dydd.

Mae cymwysiadau sy'n defnyddio polymerau dargludol yn cynnwys cydrannau electronig fel LED, sgriniau teledu OLED a ffenestri clyfar.

Mae gan bolymerau dargludol nifer o fanteision dros fetelau. Yn gyffredinol, maen nhw'n rhatach, yn ysgafn ac yn gallu bod yn hyblyg. Mae hyn yn galluogi dylunwyr i'w defnyddio nhw mewn cymwysiadau a fyddai fel arall wedi bod yn anodd eu cynhyrchu.

Ffigur 2.17 Defnyddio polymerau dargludol mewn panel solar hyblyg

Angen gwybod

1 Nodwch dri chymhwysiad sy'n defnyddio ffilm neu wifren electro-ymoleuol.

2 Pan fydd yn dod i gysylltiad â grym cywasgol, ydy gwrthiant QTC yn cynyddu neu'n lleihau?

3 Pam mae polymerau dargludol yn cymryd lle gwydr mewn llawer o gymwysiadau?

(d) Dyfeisiau mecanyddol

Mae symudiad a **mudiant** yn dod â chynhyrchion yn fyw. Mae hyd yn oed cynnyrch sylfaenol iawn, fel siswrn, yn dibynnu ar symudiad i'w weithredu. Mewn rhai achosion efallai y bydd y cynnyrch cyfan yn symud, fel cerbyd. Mewn achosion eraill dim ond rhan o'r cynnyrch fydd yn symud, fel mewn gwyntyll drydan. Gallai'r mudiant fod yn hawdd ei weld, er enghraifft cymysgydd bwyd, neu gallai ddigwydd y tu mewn i'r cynnyrch heb fod yn weladwy o'r tu allan, fel mewn argraffydd cyfrifiadur.

Ffigur 2.18 Cynhyrchion sy'n dibynnu ar symudiad

Gwahanol fathau o fudiant

Mae llawer o **systemau mecanyddol** yn dangos un neu fwy o'r mathau canlynol o fudiant.

Mudiant cylchdro

Mudiant sy'n dilyn llwybr cylch yw hwn. Mae mudiant cylchdro yn gyffredin iawn ac mae olwynion sy'n troi yn enghraifft amlwg. Mae siafft allbynnu mewn modur trydan hefyd yn symud â mudiant cylchdro. Gallwn ni fesur mudiant cylchdro drwy gyfrif nifer y cylchdroeon mewn cyfnod penodol. Mae cylchdroeon y funud (c.y.f.) yn fesur cyffredin ar gyfer buanedd cylchdro.

$$\text{buanedd cylchdro} = \frac{\text{nifer y cylchdroeon}}{\text{amser a gymerwyd}}$$

Cyfrifiad

Mae beiciwr yn cylchdroi'r cranc pedalau 14 gwaith mewn 10 eiliad. Cyfrifwch fuanedd cylchdro'r cranc pedalau mewn c.y.f.

$$\text{buanedd cylchdro} = \frac{\text{nifer y cylchdroeon}}{\text{amser a gymerwyd}}$$

$$\text{buanedd cylchdro} = \frac{14}{10} = 1.4 \text{ cylchdro yr eiliad}$$

Mae 60 eiliad mewn munud, felly:

$$\text{buanedd cylchdro} = 1.4 \times 60 = 84 \text{ c.y.f.}$$

Ffigur 2.19 Mae eitemau ar gludfelt yn symud â mudiant llinol

Mudiant llinol

Mudiant mewn llinell syth yw mudiant llinol. Mae hyn yn digwydd yn gyffredin, er enghraifft, pan fydd cerbyd yn teithio mewn llinell syth neu pan fydd eitemau'n teithio ar gludfelt. Rydyn ni'n mesur buanedd gwrthrychau sy'n teithio mewn llinell syth drwy rannu'r pellter maen nhw'n ei deithio â'r amser maen nhw'n ei gymryd:

$$\text{buanedd} = \frac{\text{pellter}}{\text{amser}}$$

Rydyn ni'n aml yn mesur buanedd mewn unedau metrau yr eiliad (ms⁻¹) neu gilometrau yr awr (km h⁻¹).

Cyfrifiad

Rhaid i gludfelt symud eitemau drwy bellter o 5.7m mewn 18s. Cyfrifwch y buanedd sydd ei angen ar y cludfelt.

$$\text{buanedd} = \frac{\text{pellter}}{\text{amser}}$$

$$\text{buanedd} = \frac{14}{10} = 0.32 \text{ms}^{-1}$$

Ffigur 2.20 Mae pen brwsh dannedd trydan yn defnyddio mudiant osgiliadol

Mudiant osgiliadol

Mae mudiant osgiliadol yn debyg i fudiant cylchdro, ond mae'r cylchdro'n dilyn arc yn ôl ac ymlaen, fel pendil cloc. Mae mudiant osgiliadol yn eithaf cyffredin ond mae angen i chi edrych yn ofalus i'w weld; mae osgiliadau pen brwsh dannedd trydan yn enghraifft dda. Rydyn ni'n mesur cyfradd mudiant osgiliadol mewn osgiliadau yr eiliad neu y munud.

Mudiant cilyddol

Mudiant yn ôl ac ymlaen mewn llinell syth yw hwn, er enghraifft y nodwydd ar beiriant gwnïo. Mae mudiant osgiliadol a mudiant cilyddol yn debyg gan ein bod ni'n mesur y ddau mewn osgiliadau yr eiliad neu y munud.

Gweithgaredd

Darganfyddwch enghreifftiau o gynhyrchion sy'n dangos pob un o'r pedwar math o fudiant. Tynnwch ffotograff o bob un ac anodwch y llun i ddangos pa ddarn o'r cynnyrch yn union sy'n gwneud y mudiant.

I fod yn glir, disgrifiwch y mudiant sy'n digwydd wrth ddefnyddio'r cynnyrch am gylchred gyfan. Er enghraifft, efallai y byddech chi'n disgrifio symudiad drws llithro awtomatig fel 'mudiant llinol', ond mewn cylchred weithredu gyflawn mae'r drws yn agor ac yna'n cau, felly byddai 'mudiant cilyddol' yn ddisgrifiad gwell.

Ffigur 2.21 Mae llafn herclif yn symud â mudiant cilyddol

Systemau mecanyddol

Mae system fecanyddol yn cymryd **grym mewnbwn** (neu fudiant mewnbwn) ac yn ei brosesu i gynhyrchu grym **allbwn** (neu fudiant allbwn) dymunol. Yn y rhan fwyaf o systemau mecanyddol, mae angen ystyried grymoedd a mudiant ar yr un pryd. Mae hyn oherwydd, er mwyn i'r **mecanwaith** wneud unrhyw waith defnyddiol, mae angen grym i wneud i rywbeth symud.

Meddyliwch am siswrn, er enghraifft. Mae'r defnyddiwr yn darparu grym mewnbwn o'i law ar handlenni'r siswrn. Mae hwn yn cael ei drosglwyddo i'r llafnau, sydd yna'n allbynnu'r grym ar y defnydd sy'n cael ei dorri. Ar yr un pryd, mae'r defnyddiwr yn gwasgu'r handlenni at ei gilydd, ac mae'r mudiant mewnbwn hwn yn cael ei drosglwyddo i'r llafnau, sy'n allbynnu'r mudiant ar y defnydd sy'n cael ei dorri. Pâr o liferi yw darn prosesu'r mecanwaith (gweler isod), sy'n gallu cynyddu neu leihau'r grym a'r symudiad sy'n cael eu cynhyrchu.

Yn y mecanwaith cau drws sydd yn Ffigur 2.23, mae'r defnyddiwr yn darparu symudiad mewnbwn i handlen y drws ar ffurf mudiant osgiliadol. Mae mecanwaith y gliced y tu mewn i'r drws yn prosesu'r mudiant hwn ac yn ei allbynnu fel mudiant cilyddol cliced y drws.

Pan fydd mecanwaith syml yn cymryd grymoedd a symudiad mewnbwn ac yn eu prosesu nhw i gynhyrchu allbwn, mae'n rhaid i chi gofio egwyddor syml ond pwysig iawn:

- Mae'r mecanwaith yn gallu cynyddu'r grym, ond lleihau'r pellter symud, *neu*
- Mae'r mecanwaith yn gallu lleihau'r grym, ond cynyddu'r pellter symud.

Mae **cyfaddawd** bob amser rhwng grym a phellter symud – mae un yn gallu cynyddu, ond dim ond os yw'r llall yn lleihau. Mae hyn yn golygu ein bod ni'n gallu defnyddio mecanweithiau i **fwyhau** grymoedd (eu gwneud nhw'n fwy) fel bod un person yn gallu codi gwrthrychau trwm iawn, er enghraifft jac car, ond y cyfaddawd yw fod rhaid i'r unigolyn symud lifer mewnbwn y jac drwy bellter llawer mwy nag y mae'r car yn cael ei godi.

Ffigur 2.22 Mae siswrn yn system fecanyddol syml

Ffigur 2.23 System fecanyddol ar gyfer cliced drws

Gweithgaredd

Dewiswch bedwar cynnyrch mecanyddol syml yn eich cartref a nodwch y mudiant mewnbwn a'r mudiant allbwn sy'n cael eu cynhyrchu wrth eu defnyddio nhw. Dyma rai enghreifftiau y gallech chi edrych arnynt: clo drws sy'n cael ei weithredu ag allwedd, bleindiau (gwahanol fathau) a llenni ffenestri, styffylwr, pwnsh tyllau, agorwr tuniau, malwr garlleg, botwm caead fflipio ar degell, amrywiaeth o offer llaw, amrywiaeth o deganau, ac ati.

PWYNTIAU ALLWEDDOL

- Bydd mudiant yn digwydd pan fydd safle gwrthrych yn symud dros amser.
- Mae pedwar math cyffredin o fudiant.
- Mae grym yn wthiad, yn dyniad neu'n dro. Rydyn ni'n mesur grymoedd mewn unedau o'r enw newtonau (N).
- Mae mecanwaith yn gyfres o ddarnau sy'n gweithio â'i gilydd i reoli grymoedd a mudiant mewn ffordd briodol.
- Mae system fecanyddol yn cymryd grym (neu fudiant) mewnbwn ac yn ei brosesu i gynhyrchu grym (neu fudiant) allbwn. Gallai hyn gynnwys cynyddu neu leihau maint y grym neu'r mudiant, neu ei drosglwyddo i lle bynnag mae angen y grym neu'r mudiant.
- Mae systemau mecanyddol yn trosglwyddo grymoedd a mudiant mewn modd rheoledig, ac maen nhw'n gallu trawsnewid o un math o fudiant i fath arall.
- Mae systemau mecanyddol yn gallu newid maint a chyfeiriad grymoedd a mudiant.
- Mae mecanwaith syml yn cyfaddawdu rhwng grymoedd a phellteroedd symud. Os yw un yn cynyddu, mae'n rhaid i'r llall leihau.

Sut mae cynhyrchion mecanyddol yn gweithio

Yn yr adran hon byddwn ni'n edrych ar ddarnau 'proses' mecanweithiau a'r cydrannau y gallwn ni eu defnyddio i gynyddu neu leihau grymoedd a symudiad.

Liferi

Yr enghraifft symlaf o fecanwaith sy'n rheoli ac yn newid mudiant yw **lifer**, sy'n cynnwys bar anhyblyg sy'n colynnu ar **ffwlcrwm**. Yn aml mae'r grym mewnbwn yn cael ei alw'n **ymdrech** a'r grym allbwn yn cael ei alw'n **llwyth**.

Mae pedal brêc car yn enghraifft o lifer. Mae'r grym mewnbwn (ymdrech) sy'n cael ei roi gan droed y gyrrwr yn creu grym allbwn (llwyth), sy'n cael ei ddefnyddio i frecio'r car. Yn Ffigur 2.24 mae'r grymoedd wedi'u cynrychioli â saethau sy'n dangos i ba gyfeiriad mae'r grymoedd yn gweithredu.

GEIRIAU ALLWEDDOL

Lifer Bar anhyblyg sy'n colynnu ar ffwlcrwm.

Ffwlcrwm Y pwynt colyn ar lifer.

Ymdrech Y grym mewnbwn ar lifer.

Llwyth Y grym allbwn o lifer.

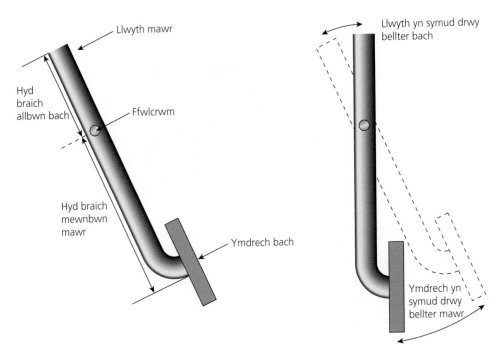

Labels in figure (left diagram):
- Llwyth mawr
- Hyd braich allbwn bach
- Ffwlcrwm
- Hyd braich mewnbwn mawr
- Ymdrech bach

Labels in figure (right diagram):
- Llwyth yn symud drwy bellter bach
- Ymdrech yn symud drwy bellter mawr

Ffigur 2.24 **Mae pedal brêc yn lifer**

Mae'r diagram yn dangos, oherwydd safle'r ffwlcrwm, bod yr ymdrech yn symud drwy bellter mwy na'r llwyth, felly mae'r lifer hon wedi **lleihau'r pellter symud** o'r mewnbwn i'r allbwn. Felly, yn unol â'r egwyddor cyfaddawd gafodd ei disgrifio uchod, mae'n rhaid bod y lifer wedi **cynyddu'r grym** rhwng y mewnbwn a'r allbwn. Mae hyn yn golygu mai effaith y pedal brêc yw mwyhau'r grym mae troed y gyrrwr yn ei roi.

Enw'r pellter rhwng y ffwlcrwm a'r grym yw'r **hyd braich**. Y mwyaf yw'r hyd braich, y mwyaf yw'r pellter mae'n rhaid i'r grym ei symud.

Ar gyfer lifer syml:
    hyd braich mwy = symud pellter mwy = grym llai

Felly, er mwyn i lifer gynyddu grym mewnbwn, rhaid bod yr hyd braich mewnbwn yn fwy na'r hyd braich allbwn.

Mae'r hyd braich mewn cyfrannedd gwrthdro â'r grym. Mewn geiriau eraill, os yw'r fraich allbwn yn hanner hyd y fraich mewnbwn, bydd y grym allbwn ddwywaith maint y grym mewnbwn. Y cyfaddawd yw y bydd yr allbwn yn symud hanner pellter y mewnbwn.

Dydy pob lifer ddim yn cael ei ddefnyddio i fwyhau grymoedd; mewn rhai cymwysiadau, mae'r llwyth yn fwriadol yn llai na'r ymdrech.

Cyfrifiad

Lifer â'r ffwlcrwm yn un pen yw berfa. Mae'r hyd braich mewnbwn (y pellter o'r handlenni i'r ffwlcrwm) yn 950mm. Mae'r hyd braich allbwn (y pellter o'r llwyth i'r ffwlcrwm) yn 380mm. Os yw'r defnyddiwr yn gallu rhoi grym ymdrech o 300N ar yr handlenni yn gyfforddus, cyfrifwch y grym llwyth mae'n gallu ei gludo yn y ferfa.

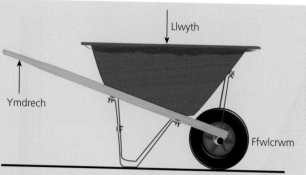

 Llwyth

Ymdrech

Ffwlcrwm

Ffigur 2.25 Mae berfa yn fath o lifer

Yn gyntaf, cyfrifwch gymhareb yr hydoedd braich mewnbwn ac allbwn:

$$\frac{\text{hyd braich mewnbwn}}{\text{hyd braich allbwn}} = \frac{950}{380} = 2.5$$

Mae hyn yn golygu y bydd y lifer yn cynyddu'r grym mewnbwn 2.5 gwaith.

Felly, os yw'r grym mewnbwn (yr ymdrech) yn 300N, bydd y grym allbwn (y llwyth) yn:

grym allbwn = grym mewnbwn × 2.5

grym allbwn = 300 × 2.5 = 750N

Mae rhai liferi'n gweithredu mewn parau, fel gefelen neu siswrn. Mae'r ddau hanner yn gweithredu fel liferi annibynnol; wrth eu defnyddio nhw, mae'r un grym yn cael ei roi i'r ddau lifer ond i ddau gyfeiriad dirgroes.

Gweithgaredd

Dewch o hyd i dair enghraifft o liferi yn eich cartref. Gallai'r rhain fod yn gynhyrchion cyflawn neu'n ddarnau mewn cynhyrchion. Tynnwch ffotograffau o'r cynhyrchion ac anodi'r lluniau i ddangos y ffwlcrwm a'r pwyntiau lle mae'r ymdrech a'r llwyth yn cael eu rhoi. Nodwch a ydy pob lifer yn cynyddu neu'n lleihau'r grym mewnbwn. Gallai'r cynhyrchion gynnwys gefel gegin, clipiwr ewinedd, gefel fach, agorwr tuniau, berfa, styffylwr, ac ati.

Efallai y gwnewch chi sylwi bod y ffwlcrwm mewn rhai liferi (fel gefel fach) ar un pen, ac mewn achosion eraill bod y ffwlcrwm yn y canol (e.e. siswrn).

Cysyllteddau

Cydran sy'n cael ei defnyddio i gyfeirio grymoedd a symudiad i lle mae eu hangen nhw yw **cysylltedd**. Bydd cysylltedd yn aml yn newid cyfeiriad mudiant, a gallwn ni hefyd ei ddefnyddio i drawsnewid rhwng gwahanol fathau o fudiant.

- Rydyn ni'n defnyddio **pwli syml** i newid cyfeiriad mudiant cortyn. Dim ond grym tynnu mae cortyn yn gallu ei roi (nid yw'n gallu gwthio) ac mae pwli'n gallu helpu i gyfeirio'r grym tynnu hwn i lle mae ei angen.
- Mae **cysylltedd cildroi mudiant** yn cildroi cyfeiriad mudiant mewnbwn.
- Mae **cranc cloch** yn newid cyfeiriad mudiant. Mae'n gallu trosglwyddo mudiant o gwmpas cornel.

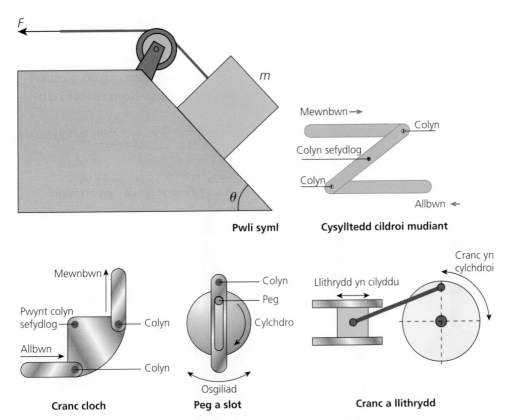

Pwli syml

Cysylltedd cildroi mudiant

Cranc cloch

Peg a slot

Cranc a llithrydd

Ffigur 2.26 Enghreifftiau o gysylltaddau

Ffigur 2.27 Pwlïau yn newid cyfeiriad mudiant y cortynnau tynnu mewn bleind ffenestr

Ffigur 2.28 Mae lifer brêc beic yn granc cloch sy'n newid cyfeiriad y tyniad gan fysedd y beiciwr drwy 90°

- Mae **peg a slot** yn cael eu defnyddio i drawsnewid mudiant cylchdro yn fudiant osgiliadol.
- Mae **cranc a llithrydd** yn trawsnewid mudiant cylchdro yn fudiant cilyddol.

Mae llawer o gynhyrchion cyffredin yn cynnwys y cysylltedd hyn, neu amrywiadau arnyn nhw.

Camau

Mae **cam a dilynwr** yn fecanwaith sy'n trawsnewid mudiant cylchdro yn fudiant cilyddol. Olwyn â siâp arbennig yw cam, ac mae'r dilynwr yn gorffwys ar ymyl y cam. Wrth i'r cam gylchdroi, mae'r dilynwr yn symud i fyny ac i lawr. Rydyn ni'n defnyddio llawer o gamau mewn peiriannau ac injans, ac mewn rhai teganau, i gynhyrchu mudiant penodol.

Mae proffil (siâp) y cam yn pennu mudiant y dilynwr drwy un gylchred gylchdro. Ar gyfer y tri cham sydd i'w gweld yn Ffigur 2.29:

● Mae'r cam malwen yn achosi i'r dilynwr godi'n raddol cyn gostwng yn sydyn. Allwch chi weld pam mai dim ond i'r cyfeiriad clocwedd mae'r math hwn o gam yn gallu cylchdroi?

● Mae'r cam siâp gellygen yn gwneud i'r dilynwr godi a gostwng yn sydyn, cyn cyfnod hir pan dydy'r dilynwr ddim yn symud.

● Mae'r cam echreiddig yn creu mudiant codi a gostwng mwy esmwyth drwy gydol ei gylchdro.

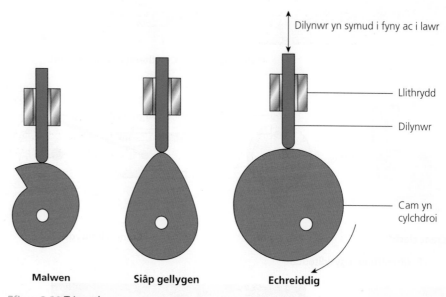

Malwen   **Siâp gellygen**   **Echreiddig**

Ffigur 2.29 Tri math o gam

Gerau

Mae gerau'n prosesu mudiant cylchdro.

Olwyn â dannedd o gwmpas ei hymyl yw **gêr sbardun**. Mae'r dannedd hyn wedi'u dylunio i fasgio (cysylltu) â'r dannedd ar gêr sbardun arall, sydd fel rheol o faint gwahanol – enw'r pâr hwn o gerau yw **trên gêr syml** ac mae'n cynnwys gêr fewnbynnu (y gyrrwr) a gêr allbynnu (y gyredig). Mae **piniwn** yn enw arall ar y gêr fewnbwn os mai hwn yw'r gêr leiaf.

Mae gerau wedi'u mowntio ar **siafftiau** sy'n cludo'r cylchdro i ran wahanol o'r mecanwaith.

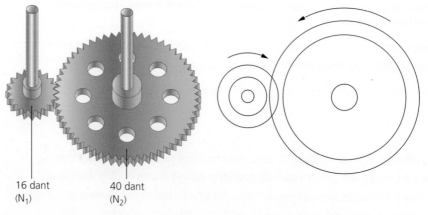

16 dant   40 dant
(N_1)   (N_2)

Ffigur 2.30 Trên gêr syml

Os yw maint y ddwy gêr yn wahanol, byddan nhw'n cylchdroi ar fuaneddau gwahanol. Mae dwy reol syml i'w cofio:

- Bydd y gêr leiaf yn cylchdroi'n gyflymach na'r gêr fwyaf.
- Bydd y ddwy gêr yn cylchdroi i ddau gyfeiriad dirgroes.

PWYNTIAU ALLWEDDOL

- Er mwyn i drên gêr syml leihau'r buanedd cylchdro mewnbwn, mae'n rhaid i'r gêr allbynnu fod yn fwy na'r gêr fewnbynnu.
- Mae nifer y dannedd ar y gêr mewn cyfranedd gwrthdro â'i buanedd cylchdroi. Mewn geiriau eraill, bydd gêr â dwywaith nifer y dannedd yn cylchdroi ar hanner y buanedd.
- Mewn rhai cymwysiadau, rydyn ni'n defnyddio gerau i gynyddu'r buanedd cylchdro, e.e. dril llaw (fel sydd i'w weld yn Ffigur 2.31).

Cyfrifiad

Mewn dril llaw, mae'r defnyddiwr yn cylchdroi gêr fewnbynnu sydd â 48 dant. Mae gan y gêr allbwn (sy'n cylchdroi'r ebill) 12 dant. Cyfrifwch y cynnydd yn y buanedd rhwng y mewnbwn a'r allbwn.

Ffigur 2.31 Mae dril llaw'n defnyddio trên gêr syml

Cyfrifwch gymhareb nifer y dannedd ar y gerau allbynnu a mewnbynnu:

$$\frac{\text{nifer dannedd y gêr allbynnu}}{\text{nifer dannedd y gêr fewnbynnu}} = \frac{12}{48} = 0.25$$

Dyma beth yw cymhareb buaneddau'r gerau hefyd. Y gêr fewnbynnu yw'r gêr fwyaf, felly bydd yn cylchdroi ar 0.25 gwaith buanedd yr allbwn. Mewn geiriau eraill, bydd yr allbwn yn cylchdroi bedair gwaith yn gyflymach na'r mewnbwn.

Gyriannau belt

Mae gerau sbardun yn un dull o drosglwyddo mudiant cylchdro rhwng dwy siafft. Dull arall yw defnyddio gyriant **pwli a belt**, sy'n ymddwyn mewn modd tebyg i drên gêr syml ond gyda'r gwahaniaethau canlynol:

- Gall y siafft fewnbynnu a'r siafft allbynnu fod yn bellach o'i gilydd nag sy'n bosibl gyda gerau sbardun.
- Mae'r siafftiau mewnbynnu ac allbynnu yn cylchdroi i'r un cyfeiriad.

Mae gyriant pwli a belt yn gallu lleihau neu gynyddu buanedd mewn modd tebyg i'r trên gêr syml.

Mae Ffigur 2.32 yn dangos gyriant belt yn cael ei ddefnyddio mewn peiriant golchi domestig i drosglwyddo cylchdro o'r modur (y pwli bach) i'r drwm golchi (y pwli mawr). Mae'r system hon yn achosi lleihad mawr iawn yn y buanedd rhwng y modur a'r drwm.

Ffigur 2.32 Gyriant belt mewn peiriant golchi

Ffigur 2.33 Rac a phiniwn

Ffigur 2.34 Mae cadair esgyn yn defnyddio rac a phiniwn

Rac a phiniwn

Mae **rac a phiniwn** yn system gêr sy'n newid rhwng mudiant cylchdro a llinol. Wrth i'r piniwn gylchdroi, mae'n symud ar hyd y rac.

Yn y gadair esgyn yn Ffigur 2.34, mae'r rac yn llonydd ac yn sownd wrth y grisiau. Mae'r piniwn yn y gadair esgyn yn cael ei yrru gan fodur ac mae'r piniwn yn 'dringo' i fyny'r rac. Mewn systemau eraill, fel drysau llithro awtomatig, mae'r piniwn yn aros mewn un safle ac, wrth iddo gylchdroi, mae'n achosi i'r rac symud i'r ochr, sy'n agor y drws.

Gweithgaredd

Ymchwiliwch i ddetholiad eang o gynhyrchion a systemau mecanyddol syml i weld sut maen nhw'n gweithio. Cyflwynwch eich canfyddiadau am un cynnyrch i'ch grŵp cyfoedion. Defnyddiwch eirfa dechnegol gywir ar gyfer y darnau mecanyddol, ac esboniwch sut mae grymoedd a symudiad yn cael eu trosglwyddo a'u newid.

Gallai hyn gynnwys agor neu ddatgymalu cynhyrchion. Gwnewch yn siŵr bod gennych chi ganiatâd i wneud hyn a bod rhywun sy'n deall y materion diogelwch yn llawn yn eich goruchwylio chi. Byddwch yn ofalus, ond cofiwch fod y peirianwyr a'r dyfeiswyr gorau'n chwilfrydig ac yn awyddus i ddarganfod sut mae pethau'n gweithio!

PWYNTIAU ALLWEDDOL

- Mae liferi a chysyllteddau yn fecanweithiau syml sy'n gallu rheoli grymoedd a mudiant.
- Mae camau, gerau, beltiau a phwlïau i gyd yn prosesu mudiant cylchdro.

Angen gwybod

1 Rhowch enghraifft o bob un o'r pedwar math o fudiant.

2 Enwch y trawsnewidiad mudiant sy'n gysylltiedig â phob un o'r mecanweithiau canlynol:
  a Cranc a llithrydd
  b Rac a phiniwn
  c Peg a slot
  d Cam a dilynwr

3 Mae gan lifer brêc beic modur hyd braich mewnbwn o 100mm. Mae'r hyd braich allbwn yn 25mm. Os yw'r beiciwr yn rhoi grym o 80N, cyfrifwch y grym allbwn sy'n cael ei gynhyrchu.

4 Mae trên gêr syml yn cynnwys gêr fewnbynnu â 15 dant a gêr allbynnu â 75 dant. Mae'r gêr fewnbynnu yn cylchdroi'n glocwedd ar 1000c.y.f. Cyfrifwch fuanedd a chyfeiriad cylchdroi'r gêr allbynnu.

5 Disgrifiwch y mudiant allbwn mae system cam malwen yn ei gynhyrchu.

6 Rhowch ddau reswm pam gallai system gyriant belt gael ei defnyddio yn lle trên gêr syml mewn system fecanyddol.

GEIRIAU ALLWEDDOL

Mwyhadur Is-system i gynyddu maint foltedd analog.

Foltedd Y 'gwasgedd' trydanol sy'n ceisio gwneud i gerrynt trydan lifo.

(dd) Ffynonellau, tarddiadau, priodweddau ffisegol a gweithio cydrannau a systemau

Mwyaduron gweithredol a chynnydd

Mwyaduron foltedd

Mae is-system **mwyhadur** yn derbyn signal **foltedd** mewnbwn analog bach (V_{mewn}) ac yn cynyddu ei faint i gynhyrchu signal analog mwy (V_{allan}). Mae systemau sain yn dibynnu ar fwyaduron i gynyddu'r signalau gwan sy'n cael eu cynhyrchu gan ficroffon at lefel lle gallwn ni eu clywed nhw drwy seinydd.

Enw'r ffactor mwyhau yw'r **cynnydd** mewn foltedd:

$$\text{cynnydd mewn foltedd} = \frac{V_{allan}}{V_{mewn}}$$

Mae'r gylched yn Ffigur 2.35 yn dangos mwyhadur foltedd. Mae'r gydran sydd wedi'i labelu'n IC1 yn **fwyhadur gweithredol (op-amp)**. Mae'r rhain yn aml wedi'u pecynnu mewn pecyn mewnlin deuol (DIL) 8-pin, fel mae Ffigur 2.36 yn ei ddangos.

GEIRIAU ALLWEDDOL

Cynnydd Ffactor mwyhau mwyhadur.

Mwyhadur gweithredol (op-amp) Cydran mewn cylched gyfannol sy'n cael ei defnyddio fel cymharydd foltedd neu fwyhadur.

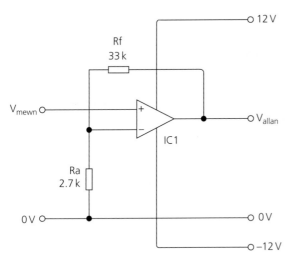

Ffigur 2.35 Mwyhadur foltedd yn defnyddio cylched gyfannol mwyhadur gweithredol

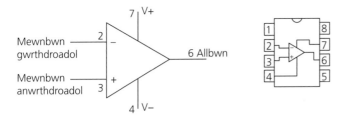

Ffigur 2.36 Diagram pin-allan o gylched gyfannol mwyhadur gweithredol

Cyfrifiad

Mae cynnydd mewn foltedd mwyhadur yn cael ei reoli gan werthoedd y ddau wrthydd:

$$\text{cynnydd mewn foltedd} = 1 + \frac{R_f}{R_a}$$

Mae gan gylched y mwyhadur yn Ffigur 2.35:

$R_f = 33k$

$R_a = 2.7k$

Cynnydd mewn foltedd y mwyhadur hwn fydd:

$$\text{cynnydd mewn foltedd} = 1 + \frac{R_f}{R_a} = 1 + \frac{33}{2.7} = 13.2$$

Os caiff signal 0.2V ei fwydo i'r mwyhadur hwn, bydd y foltedd allbwn yn:

$$\text{cynnydd mewn foltedd} = \frac{V_{allan}}{V_{mewn}}$$

$V_{allan} = V_{mewn} \times \text{cynnydd mewn foltedd} = 0.2 \times 13.2 = 2.64V$

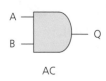
AC

A	B	Q
0	0	0
0	1	0
1	0	0
1	1	1

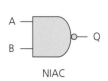
NEU

A	B	Q
0	0	0
0	1	1
1	0	1
1	1	1

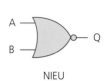
NIAC

A	B	Q
0	0	1
0	1	1
1	0	1
1	1	0

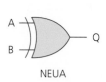
NIEU

A	B	Q
0	0	1
0	1	0
1	0	0
1	1	0

NEUA

A	B	Q
0	0	0
0	1	1
1	0	1
1	1	0

Ffigur 2.38 Adwyon rhesymeg dau fewnbwn a'u gwirlenni

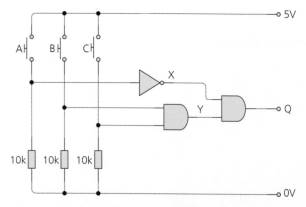
Ffigur 2.39 Cyfuno adwyon rhesymeg

Adwyon rhesymeg

Mae **adwyon rhesymeg** yn gydrannau electronig digidol lle mae cyflwr rhesymeg eu hallbwn yn dibynnu ar gyfuniad y cyflyrau ar eu mewnbynnau. Mae chwe math o adwyon: NID, AC, NEU, NIAC, NIEU a NEUA (*EOR*). Mae gan bob adwy **wirlen** sy'n dangos sut mae'r adwy'n ymddwyn. Mae'n bwysig cofio bod adwyon rhesymeg yn prosesu signalau digidol: rhesymeg 0 (isel) a rhesymeg 1 (uchel).

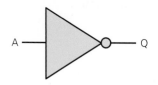

A	Q
0	1
1	0

Ffigur 2.37 Adwy NID a gwirlen

Adwy NID yw'r adwy symlaf. Mae ganddi un mewnbwn. Yr allbwn yw'r gwrthwyneb i gyflwr rhesymeg y mewnbwn bob amser. Mae weithiau'n cael ei alw'n **wrthdröydd** am ei fod yn newid rhesymeg 0 i resymeg 1, ac i'r gwrthwyneb.

Mae Ffigur 2.38 yn dangos yr adwyon rhesymeg dau-fewnbwn a'u gwirlenni.

Mae adwyon rhesymeg yn arbennig o bwerus wrth gael eu defnyddio mewn cyfuniad. Edrychwch ar y gylched resymeg yn Ffigur 2.39, a'i gwirlen. Mae tri switsh gwthio (A, B ac C) yn darparu signalau mewnbwn digidol i'r gylched hon. I ddarganfod sut mae'r gylched yn gweithio, mae'r cysylltiadau rhwng yr adwyon rhesymeg wedi'u labelu'n X ac Y ac mae'r colofnau hyn hefyd yn y wirlen. Mae X yn allbwn i adwy NID, felly mae X=1 pan mae A=0. Mae Y yn allbwn i adwy AC, felly mae Y=1 pan mae B AC C yn 1. Gallwn ni ddiddwytho'r allbwn terfynol Q drwy ystyried bod rhaid i X AC Y fod yn 1 er mwyn i Q=1.

A	B	C	X	Y	Q
0	0	0	1	0	0
0	0	1	1	0	0
0	1	0	1	0	0
0	1	1	1	1	1
1	0	0	0	0	0
1	0	1	0	0	0
1	1	0	0	0	0
1	1	1	0	1	0

GAIR ALLWEDDOL

Adwy resymeg Cydran mewn cylched gyfannol ddigidol; mae cyflwr rhesymeg ei hallbwn yn dibynnu ar gyfuniad y cyflyrau ar ei mewnbynnau.

TGAU Dylunio a Thechnoleg CBAC

Mae'r tri gwrthydd 10k o dan bob switsh yn **wrthyddion tynnu i lawr**. Rydyn ni'n eu defnyddio nhw gyda switshys mewn cylchedau digidol i sicrhau bod signal mewnbwn rhesymeg 0 yn cael ei gynhyrchu pan nad yw'r switsh yn cael ei bwyso.

Cydrannau allbwn

Allbynnu golau

Mae deuodau allyrru golau (LEDau) wedi cymryd lle lampau mewn llawer o gynhyrchion modern. Maen nhw'n fwy effeithlon na lampau o ran egni, dydyn nhw ddim yn mynd mor boeth, mae ganddyn nhw oes hirach, ac maen nhw ar gael mewn dewis eang o feintiau, siapiau a lliwiau. Mae lampau'n dal i fod yn ddefnyddiol ar adegau, ond LEDau yw'r dewis gorau i'r rhan fwyaf o ddyluniadau newydd.

Mae diamedr golau LED maint 'safonol' yn 5mm. Mae'r rhain ar gael ym mhob lliw gweladwy ac mewn rhai lliwiau sydd ddim yn weladwy, fel isgoch ac uwchfioled.

Mae LED disgleirdeb safonol yn addas i'w ddefnyddio fel dangosydd ar banel rheoli (e.e. i ddangos bod rhywbeth wedi'i droi ymlaen). Mae'r mathau disgleirdeb uchel yn well ar gyfer cymwysiadau goleuo neu i dynnu sylw, e.e. fel dangosyddion rhybudd. Mae rhai LEDau sydd â disgleirdeb uchel iawn yn gallu goleuo ystafell gyfan, ac mae angen bod yn ofalus i beidio ag edrych yn uniongyrchol ar y rhain gan eu bod nhw'n gallu niweidio'r llygaid.

Mae angen rhoi gwrthydd mewn cyfres ag LED i gyfyngu'r **cerrynt** sy'n llifo, neu bydd yr LED yn llosgi.

Cyfrifiad

Gallwn ni ddefnyddio **deddf Ohm** i gyfrifo'r gwrthydd cyfres ar gyfer LED:

$$R = \frac{V_S - V_{LED}}{I}$$

Ile V_S yw foltedd y cyflenwad pŵer, V_{LED} yw'r gostyngiad mewn foltedd ar draws y LED, ac I yw'r cerrynt sydd ei angen ar y LED i oleuo. Gallwch chi chwilio am y gwerthoedd V_{LED} ac I ar gyfer y LED rydych chi'n bwriadu ei ddefnyddio.

Ar gyfer cyflenwad pŵer 5V a LED coch lle mae V_{LED} = 2.0V ac I = 10mA:

$$R = \frac{5 - 2}{0.01} = 300 \ \Omega$$

Wrth ddewis gwrthydd ar gyfer LED, mae'n ddoeth amddiffyn y LED drwy gofio dewis gwerth gwrthydd safonol sy'n *fwy* na'r gwerth sydd wedi'i gyfrifo, fel bod y cerrynt gwirioneddol sy'n llifo ychydig yn llai.

Yn yr enghraifft hon, bydden ni'n dewis gwrthydd 330Ω o'r gyfres E12 o wrthyddion sydd ar gael (gweler Adran (f) yn y bennod hon).

Allbynnu sain

Mae swnyn yn wahanol i seinydd. Bydd swnyn yn cynhyrchu tôn pan fydd yn derbyn pŵer, ond dyna'r unig beth mae'n gallu ei wneud; nid yw'n gallu gwneud synau eraill nac atgynhyrchu cerddoriaeth na llais. Yn yr un modd, nid yw cysylltiad pŵer yn unig yn ddigon i wneud i seinydd allyrru tôn; yr unig beth mae'n gallu ei wneud yw atgynhyrchu'r donffurf sain drydanol mae'n ei derbyn. Felly, os yw dylunydd am i seinydd gynhyrchu tôn bydd angen iddo ddylunio cylched i greu tonffurf ar amledd priodol.

Rydyn ni'n defnyddio swnwyr pan mai dim ond un sain mae angen ei gynhyrchu, fel mewn system larwm. Mae rhai swnwyr yn swnllyd dros ben ac rydyn ni fel rheol yn galw'r rhain yn seirenau.

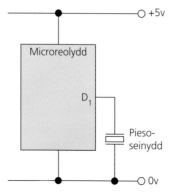

Ffigur 2.41 Cysylltu pieso-seinydd â phin allbwn microreolydd

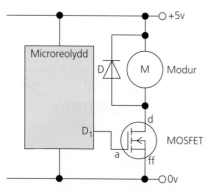

Ffigur 2.42 Defnyddio MOSFET i yrru modur

Ffigur 2.40 Seinydd, swnyn a seiren

Mae pieso-seinydd yn seinydd bach iawn sy'n arbennig o dda am gynhyrchu tonau clywadwy yn yr amrediad 2kHz i 4kHz. Gallwn ni gysylltu hwn yn uniongyrchol â phin allbwn microreolydd heb fod angen gyrrwr **trawsddygiadur**, fel mae Ffigur 2.41 yn ei ddangos. Yna, gallwn ni raglennu'r microreolydd i gynhyrchu tonau neu hyd yn oed alawon o'r pieso-seinydd.

Allbynnu symudiad

Rydyn ni'n defnyddio moduron trydan i gynhyrchu mudiant cylchdro mewn cynhyrchion. Mae angen gyrrwr trawsddygiadur bob amser wrth reoli modur o bin allbwn microreolydd. Dydy'r pin allbwn ei hun ddim yn gallu cyflenwi digon o gerrynt i weithredu'r modur. Mae gyrrwr trawsddygiadur yn cyfnerthu'r cerrynt hwn i alluogi'r modur i weithio'n iawn.

Enw'r gydran yrru yw **MOSFET**. Mae tair lid yn mynd iddo, sef draen (d), adwy (a) a ffynhonnell (ff), ac mae'n hanfodol cysylltu'r rhain yn gywir fel mae'r gylched yn Ffigur 2.42 yn ei ddangos.

Mae'r **deuod** (D) wedi'i gynnwys yn y gylched hon fel dyfais i amddiffyn MOSFET. Mae angen y deuod hwn gan fod moduron trydan yn cynhyrchu **ôl-rym electromotif**, sef math o sŵn trydanol. Byddai'r ôl-rym electromotif diangen hwn yn difrodi'r MOSFET oni bai bod y deuod yn cael gwared ag ef.

Mae sawl MOSFET ar gael â gwahanol gyfraddau cerrynt. Mae Ffigur 2.43 yn dangos dau fath cyffredin.

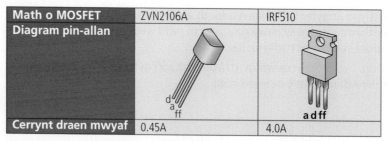

Math o MOSFET	ZVN2106A	IRF510
Diagram pin-allan		
Cerrynt draen mwyaf	0.45A	4.0A

Ffigur 2.43 Gwybodaeth am MOSFETs

Electromagnet sy'n gallu cynhyrchu grym tynnu (neu rym gwthio) pan mae cerrynt yn llifo yw solenoid. Dydyn nhw ddim yn cynhyrchu symudiad parhaus, dim ond **strôc** linol fyr o rai milimetrau. Rydyn ni'n defnyddio solenoidau mewn cloeon drws electronig, ac mewn falfiau sy'n rheoli llif dŵr neu aer.

Mae angen gyrrwr trawsddygiadur MOSFET hefyd wrth reoli solenoid o bin allbwn microreolydd. Byddai'r solenoid yn cymryd lle'r modur yn y gylched yn Ffigur 2.42.

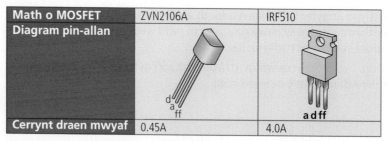

GEIRIAU ALLWEDDOL

Trawsddygiadur Dyfais sy'n trawsnewid signal trydanol yn allbwn ffisegol.

MOSFET Math o dransistor sy'n cael ei ddefnyddio fel gyrrwr trawsddygiadur.

Strôc Y pellter symud llinol mewn system gilyddol.

Sut mae dyfeisiau/systemau mecanyddol yn gweithio

Systemau mudiant cylchdro

Mae systemau mecanyddol cylchdro yn gyffredin iawn. Mae'r rhan fwyaf o beiriannau a moduron trydan yn cynhyrchu allbwn cylchdro, ac fel rheol bydd angen addasu buanedd neu gyfeiriad hwn neu ei drosglwyddo i fan arall.

Cymariaethau rhwng systemau cylchdro a systemau llinol

Yn Adran (d) yn y bennod hon fe wnaethon ni ddarganfod yr 'egwyddor cyfaddawd' mae pob mecanwaith syml yn ufuddhau iddi: **Os yw'r mecanwaith yn cynyddu'r grym, mae'n rhaid i'r pellter symud leihau.**

Mewn systemau llinol mae grym yn wthiad neu'n dyniad. Enw'r grym troi mewn system gylchdro yw **trorym**. Mae'r pellter symud mewn system linol yn troi'n **gyflymder cylchdro** (neu fuanedd cylchdro) mewn system gylchdro. Felly, ar gyfer mecanwaith cylchdro syml rydyn ni'n ysgrifennu'r egwyddor cyfaddawd fel hyn: **Os yw'r mecanwaith yn cynyddu'r trorym, mae'n rhaid i'r cyflymder cylchdro leihau.**

Felly, mae mecanweithiau cylchdro'n gallu naill ai:
- cynyddu'r trorym ond lleihau'r cyflymder cylchdro, neu
- lleihau'r trorym ond cynyddu'r cyflymder cylchdro.

Trên gêr syml

Rydyn ni wedi cyflwyno'r trên gêr syml sy'n cynnwys dwy gêr sbardun yn Adran (d). Mae Ffigur 2.44 yn dangos trên gêr syml sy'n cynnwys gêr yrru ag N_1 o ddannedd a gêr yredig ag N_2 o ddannedd.

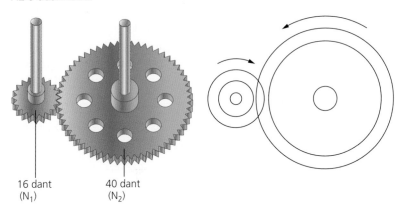

16 dant
(N_1)

40 dant
(N_2)

Ffigur 2.44 Trên gêr syml

Cofiwch fod y ddwy gêr yn cylchdroi i gyfeiriadau dirgroes a bod cyflymder cylchdro'r ddwy gêr mewn cyfrannedd gwrthdro â'i ddiamedr, h.y. mae'r gêr leiaf yn cylchdroi'n gyflymach na'r gêr fwyaf.

Cymhareb cyflymder

Un term allweddol sy'n cael ei ddefnyddio mewn systemau mecanyddol yw **cymhareb cyflymder**, sef y ffactor mae'r system yn ei defnyddio i *leihau* y cyflymder cylchdro:

$$\text{cymhareb cyflymder} = \frac{\text{cyflymder cylchdro'r mewnbwn}}{\text{cyflymder cylchdro'r allbwn}}$$

Ar gyfer trên gêr syml:

$$\text{cymhareb cyflymder} = \frac{\text{nifer y dannedd ar y gêr allbynnu (gyredig)}}{\text{nifer y dannedd ar y gêr fewnybnnu (gyrru)}}$$

GEIRIAU ALLWEDDOL

Trorym Grym troi.

Cyflymder cylchdro Yr un peth â buanedd cylchdro, yn cael ei fesur fel rheol mewn c.y.f.

Cymhareb cyflymder Y ffactor mae system fecanyddol yn ei defnyddio i leihau'r cyflymder cylchdro.

Gan fod y ddau hafaliad uchod yn mynegi'r un peth, maen nhw'n hafal i'w gilydd:

$$\frac{\text{cyflymder cylchdro'r mewnbwn}}{\text{cyflymder cylchdro'r allbwn}} = \frac{\text{nifer y dannedd ar y gêr allbynnu (gyredig)}}{\text{nifer y dannedd ar y gêr fewnbynnu (gyrru)}}$$

Weithiau, rydyn ni'n aildrefnu'r hafaliad hwn ac yn ei ysgrifennu fel hyn:

(CC mewnbwn) × (nifer y dannedd ar y mewnbwn) = (CC allbwn) × (nifer y dannedd ar yr allbwn)

lle mae CC (*RV*) yn golygu cyflymder cylchdro.

Mewn trên gêr syml, mae'r gymhareb cyflymder weithiau'n cael ei galw'n gymhareb gêr: **mae 'cymhareb gêr' yr un peth â 'cymhareb cyflymder'.**

Mewn mecanwaith perffaith (lle does dim ffrithiant), yn ôl yr egwyddor cyfaddawd, y gymhareb cyflymder yw'r ffactor mae'r system yn ei defnyddio i **gynyddu'r trorym.**

Cyfrifiad

Ar gyfer y trên gêr syml yn Ffigur 2.44, cyfrifwch gyflymder cylchdro'r gêr fewnbynnu 16 dant os oes angen i'r gêr allbynnu 40 dant gylchdroi ar 10c.y.f.

(CC mewnbwn) × (nifer y dannedd ar y mewnbwn) = (CC allbwn) × (nifer y dannedd ar yr allbwn)

(CC mewnbwn) × 16 = 10 × 40

$$CC\ mewnbwn = \frac{400}{16}$$

CC mewnbwn = 25c.y.f.

Trên gêr cyfansawdd

Mae trên gêr cyfansawdd yn cynnwys llawer o barau o gerau sy'n gweithio â'i gilydd, fel arfer i greu cymhareb cyflymder gyffredinol fawr iawn. Trên gêr cyfansawdd, yn syml, yw dau neu fwy o drenau gêr syml ar ôl ei gilydd. Y gymhareb cyflymder gyffredinol yw:

cymhareb cyflymder gyffredinol = (cymhareb cyflymder cyfnod 1) × (cymhareb cyflymder cyfnod 2)

Edrychwch ar y trên gêr cyfansawdd yn Ffigur 2.45. Gêr A yw'r piniwn mewnbwn a gêr D yw'r gêr sbardun allbwn terfynol. Mae gerau B ac C yn rhan o un gêr gyfansawdd, sy'n golygu eu bod nhw'n ddwy gêr wedi'u cloi â'i gilydd fel eu bod nhw'n cylchdroi fel un.

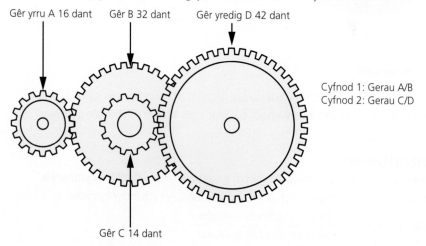

Gêr yrru A 16 dant   Gêr B 32 dant   Gêr yredig D 42 dant

Cyfnod 1: Gerau A/B
Cyfnod 2: Gerau C/D

Gêr C 14 dant

Mae gerau B ac C wedi'u cloi â'i gilydd

Ffigur 2.45 Trên gêr cyfansawdd

Mae'r cyfnod cyntaf yn cynnwys gerau A a B. Y gymhareb cyflymder yw:

$$\text{cymhareb cyflymder y cyfnod cyntaf} = \frac{\text{nifer y dannedd ar y gêr yredig (B)}}{\text{nifer y dannedd ar y gêr yrru (A)}}$$

$$\text{cymhareb cyflymder y cyfnod cyntaf} = \frac{32}{16} = 2$$

Mae allbwn y cyfnod cyntaf yn darparu mewnbwn yr ail gyfnod, sy'n cynnwys gerau C a D:

$$\text{cymhareb cyflymder yr ail gyfnod} = \frac{\text{nifer y dannedd ar y gêr yredig (D)}}{\text{nifer y dannedd ar y gêr yrru (C)}}$$

$$\text{cymhareb cyflymder yr ail gyfnod} = \frac{42}{14} = 3$$

Cymhareb cyflymder gyffredinol y trên gêr cyfansawdd yw:

cymhareb cyflymder gyffredinol = (cymhareb gêr y cyfnod cyntaf) × (cymhareb gêr yr ail gyfnod)

cymhareb cyflymder gyffredinol = 2 × 3 = 6

Cofiwch fod pob gêr yn cylchdroi i'r cyfeiriad dirgroes i'r gêr flaenorol. Felly, yn Ffigur 2.45, os yw gêr A yn cylchdroi'n glocwedd, bydd gêr gyfansawdd B/C yn cylchdroi'n wrthglocwedd, a gêr D yn glocwedd.

Mae llawer o drenau gêr cyfansawdd yn cael eu defnyddio mewn systemau mecanyddol, fel y blwch gêr ar y modur CU yn Ffigur 2.46.

Ffigur 2.46 Mae'r modur/ blwch gêr hwn yn cynnwys trên gêr cyfansawdd

Cyfrifiad

Ar gyfer y trên gêr cyfansawdd yn Ffigur 2.45, mae piniwn â 10 dant yn cymryd lle gêr A.
1   Cyfrifwch gymhareb cyflymder gyffredinol newydd y system hon.

cymhareb cyflymder gyffredinol = (cymhareb gêr y cyfnod cyntaf) × (cymhareb gêr yr ail gyfnod)

$$\text{cymhareb cyflymder gyffredinol} = \frac{32}{10} \times \frac{42}{14}$$

cymhareb cyflymder gyffredinol = 3.2 × 3 = 9.6

2   Cyfrifwch CC (*RV*) yr allbwn os yw'r mewnbwn yn cael ei yrru gan fodur ar 3000c.y.f.

$$\text{cymhareb cyflymder} = \frac{\text{CC mewnbwn}}{\text{CC allbwn}}$$

$$9.6 = \frac{3000}{\text{CC allbwn}}$$

$$\text{CC yr allbwn} = \frac{3000}{9.6} = 312.5\text{c.y.f.}$$

Gyriant pwli a belt

Gall system pwli a belt syml, fel yr un gafodd ei chyflwyno yn Adran (d), drosglwyddo mudiant cylchdro rhwng dwy siafft sydd gryn bellter oddi wrth ei gilydd. Mae'r pwlïau mewnbynnu ac allbynnu yn cylchdroi i'r un cyfeiriad ac mae'r cyflymder cylchdro'n gallu cynyddu neu leihau.

Ffigur 2.47 Defnyddio llawer o feltiau a phwlïau i drosglwyddo mudiant cylchdro mewn injan

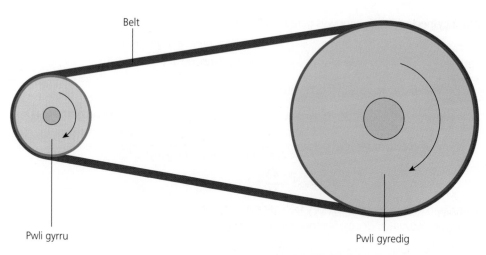

Belt

Pwli gyrru

Pwli gyredig

Ffigur 2.48 Trosglwyddo mudiant cylchdro gan ddefnyddio pwlïau a belt

At ddibenion cyfrifiadau, **mae systemau gyriant pwli a belt yn ymddwyn yn union yr un fath â threnau gêr syml**, heblaw ein bod ni'n defnyddio diamedr pob pwli yn lle nifer y dannedd ar bob gêr. Felly, rydyn ni'n ysgrifennu'r hafaliad allweddol fel hyn:

(CC mewnbwn) × (diamedr pwli mewnbynnu) = (CC allbwn) × (diamedr pwli allbynnu)

Yn dilyn yr un egwyddor â thrên gêr syml, mae cyflymder cylchdro'r ddau bwli mewn gyriant belt mewn cyfrannedd gwrthdro â'i ddiamedr, h.y. mae'r pwli lleiaf yn cylchdroi'n gyflymach na'r pwli mwyaf.

Mae gyriant pwli a belt yn dawel iawn o'i gymharu â gerau, sy'n tueddu i swnian neu rymblan.

Cyfrifiad

Mae'r gyriant pwli a belt yn Ffigur 2.47 yn cael ei ddefnyddio i arafu siafft yrru. Mae diamedr y pwli mewnbynnu yn 60mm ac mae angen cymhareb cyflymder o 3. Cyfrifwch ddiamedr y pwli allbynnu sydd ei angen.

$$\text{cymhareb cyflymder} = \frac{\text{diamedr y pwli allbynnu (gyredig)}}{\text{diamedr y pwli mewnbynnu (gyrrwr)}}$$

$$3 = \frac{\text{diamedr y pwli allbynnu (gyredig)}}{60}$$

diamedr y pwli allbynnu = 3 × 60 = 180mm

System pwli gyfansawdd

Mae system belt a phwli gyfansawdd yn cynnwys dau neu fwy o gyfnodau pwli syml un ar ôl y llall, yn union fel trên gêr cyfansawdd, fel arfer i greu cymhareb cyflymder gyffredinol fawr iawn:

cymhareb cyflymder gyffredinol = (cymhareb cyflymder cyfnod 1) × (cymhareb cyflymder cyfnod 2)

Gweithgaredd

Dan oruchwyliaeth eich athro/athrawes neu dechnegydd, chwiliwch am enghreifftiau o systemau gyriant belt a phwli ar beiriannau yn eich gweithdy Dylunio a Thechnoleg. Mae un fel rheol yn y dril mainc, er enghraifft.

Gyriant cripian

Mae gyriant cripian yn fath unigryw o system gêr. Edau sgriw o'r enw **sgriw gripian** yw'r gyrrwr, ac mae hwn yn masgio ag **olwyn gripian** (sydd fel gêr sbardun). Mae tri pheth pwysig i'w nodi am yriannau cripian:

- Maen nhw'n cyflawni cymhareb gêr uchel iawn, felly maen nhw'n gallu lleihau buanedd cylchdro â ffactor fawr neu gynyddu trorym â'r un maint. Mae gan y rhan fwyaf o sgriwiau cripian un edau o un pen i'r llall (sef 'cychwyniad sengl'). Yn y systemau hyn, mae'r gymhareb cyflymder yn syml: nifer y dannedd ar yr olwyn gripian.
- Maen nhw'n trosglwyddo'r cyfeiriad cylchdroi drwy 90°.
- Maen nhw'n hunan-gloi, sy'n golygu bod y siafft fewnbynnu (y sgriw gripian) yn gallu gyrru'r allbwn, ond bod yr allbwn yn methu gyrru'r mewnbwn. Mae'r nodwedd hon yn gallu bod yn ddefnyddiol mewn rhai cymwysiadau, er enghraifft pan mae'n bwysig nad yw'r allbwn yn llithro os yw'r gyriant mewnbynnu'n cael ei ddiffodd, fel mewn mecanwaith winsh neu lifft.

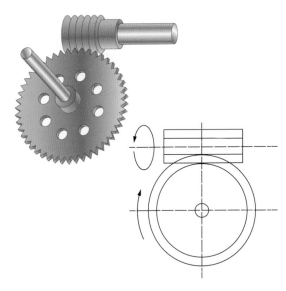

Ffigur 2.49 Gyriant cripian

Mae Ffigur 2.50 yn dangos mecanwaith gyriant cripian mewn chwisg drydan. Sylwch fod y sgriw gripian (sy'n cael ei chylchdroi gan y modur trydan) yn gyrru dwy olwyn gripian sy'n sownd wrth y ddwy chwisg. Allwch chi ganfod pam mae'r olwynion cripian yn cylchdroi i gyfeiriadau dirgroes?

Cyfrifiad

Mae chwisg drydan yn defnyddio sgriw gripian cychwyniad sengl, ac olwynion cripian â 30 dant yr un.

Cyfrifwch fuanedd allbwn y chwisgiau os yw'r modur yn cylchdroi ar 12,000c.y.f.

Yn syml, mae cymhareb cyflymder (CC) y system hon yn hafal i nifer y dannedd ar yr olwyn gripian:

cymhareb cyflymder = 30

$$\text{cymhareb cyflymder} = \frac{\text{CC y mewnbwn}}{\text{CC yr allbwn}}$$

$$30 = \frac{12,000}{\text{CC yr allbwn}}$$

$$\text{CC yr allbwn} = \frac{12,000}{30} = 400\text{c.y.f.}$$

Ffigur 2.50 Gyriant cripian mewn chwisg drydan

Gerau befel

Mae gan gerau befel ddannedd sydd wedi'u torri ar ongl ac rydyn ni'n eu defnyddio nhw pan mae angen trosglwyddo cyfeiriad y siafft yrru drwy 90°. Rydyn ni'n cyfrifo'r gymhareb cyflymder yn yr un ffordd yn union ag ar gyfer trên gêr syml.

Liferi

Cafodd liferi eu cyflwyno yn Adran (d) fel mecanwaith syml sy'n gallu newid grymoedd a mudiant.

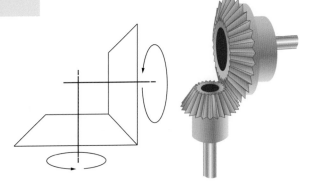

Ffigur 2.51 Gerau befel

Gan ddibynnu ar safle'r ffwlcrwm o'i gymharu â'r ymdrech a'r llwyth, mae lifer yn gallu mwyhau grym *neu* fwyhau pellter symud, ond nid yw'n gallu gwneud y ddau beth ar yr un pryd – rhaid cyfaddawdu, cofiwch. Mae safle'r ffwlcrwm hefyd yn gallu golygu bod yr ymdrech a'r llwyth yn symud i'r un cyfeiriad neu i gyfeiriadau dirgroes. Mae tri amrywiad, neu 'ddosbarth', o lifer:

● Mewn lifer dosbarth cyntaf, mae'r ffwlcrwm rhwng y llwyth a'r ymdrech. Mae enghreifftiau'n cynnwys siswrn neu forthwyl crafanc yn tynnu hoelen.
Mewn lifer ail ddosbarth, mae'r llwyth rhwng yr ymdrech a'r ffwlcrwm. Mae enghreifftiau'n cynnwys agorwr poteli neu efail gnau.

● Mewn lifer trydydd dosbarth, mae'r ymdrech rhwng y llwyth a'r ffwlcrwm. Mae enghreifftiau'n cynnwys gefel fach neu dynnwr styffylau.

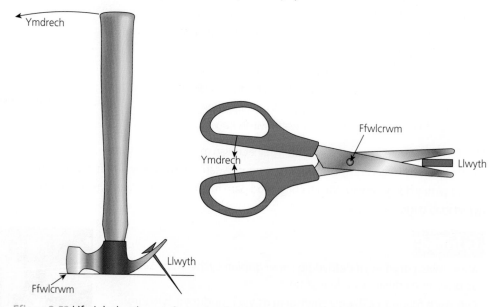

Ffigwr 2.52 Liferi dosbarth cyntaf: morthwyl a siswrn

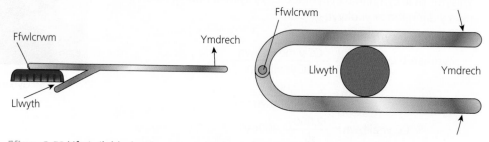

Ffigwr 2.53 Liferi ail ddosbarth: agorwr poteli a gefail gnau

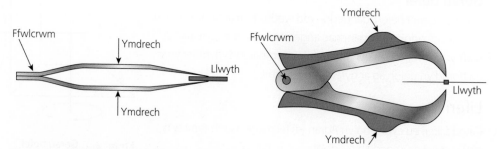

Ffigwr 2.54 Liferi trydydd dosbarth: gefel fach a thynnwr styffylau

TGAU Dylunio a Thechnoleg CBAC

	Effaith ar rym mewnbwn	Mantais fecanyddol	Effaith ar bellter symud y mewnbwn	Effaith ar gyfeiriad symud y mewnbwn
Dosbarth cyntaf	Dibynnu ar hydoedd braich mewnbwn/allbwn	Dibynnu ar hydoedd braich mewnbwn/allbwn	Dibynnu ar hydoedd braich mewnbwn/allbwn	Cildroi'r cyfeiriad
Ail ddosbarth	Mwyhau	Mwy nag 1	Lleihau'r pellter symud	Allbwn yn symud i'r un cyfeiriad
Trydydd dosbarth	Lleihau	Llai nag 1	Cynyddu'r pellter symud	Allbwn yn symud i'r un cyfeiriad

Tabl 2.1 Dosbarthiadau liferi

Mantais fecanyddol

Term allweddol arall sy'n cael ei ddefnyddio mewn systemau mecanyddol yw **mantais fecanyddol**, sef y ffactor mae'r system yn ei defnyddio i gynyddu'r grym:

$$\text{mantais fecanyddol} = \frac{\text{grym allbwn (llwyth)}}{\text{grym mewnbwn (ymdrech)}}$$

Ar gyfer lifer syml, mae'r fantais fecanyddol yn hafal i gymhareb yr hydoedd braich mewnbwn ac allbwn:

$$\text{mantais fecanyddol} = \frac{\text{hyd braich mewnbwn}}{\text{hyd braich allbwn}}$$

Egwyddor momentau

Gallwn ni gyfrifo'r grymoedd sy'n gweithredu ar lifer drwy ddefnyddio egwyddor momentau.

Mewn system fecanyddol:
moment = grym × pellter perpendicwlar i'r ffwlcrwm

Pan mae'r grymoedd ar lifer yn achosi iddo gydbwyso, mae'r moment mae'r ymdrech yn ei greu yn hafal i'r moment mae'r llwyth yn ei greu:
moment ymdrech = moment llwyth

Felly:
(grym ymdrech) × (hyd braich mewnbwn) = (grym llwyth) × (hyd braich allbwn)

Dyfeisiau/systemau mecanyddol eraill

Rac a phiniwn

Mae rac a phiniwn wedi cael eu disgrifio yn Adran (d) y bennod hon fel system sy'n newid rhwng mudiant cylchdro a llinol.

Clicied a phawl

Mae clicied a phawl yn caniatáu cylchdroi i un cyfeiriad yn unig. Bydd y pawl yn atal y glicied rhag troi i'r cyfeiriad dirgroes. Mae'r mecanwaith hwn yn cael ei ddefnyddio'n aml mewn sbaneri clicied, mewn systemau gatiau tro, ac mewn mecanweithiau codi lle mae'n bwysig nad yw'r llwyth yn disgyn ar ôl rhyddhau'r handlen godi.

Mae'n bosibl symud y pawl oddi wrth y glicied i ganiatáu cylchdroi rhydd.

Cranc a llithrydd

Cafodd cranc a llithrydd ei ddisgrifio yn Adran (d) o'r bennod hon fel system sy'n trawsnewid rhwng mudiant cylchdro a mudiant cilyddol. Mae'r system yn cael ei defnyddio'n aml mewn injans a pheiriannau.

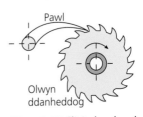

Ffigur 2.55 Clicied a phawl

Camau

Mae camau wedi cael eu disgrifio yn Adran (d) o'r bennod hon fel mecanwaith sy'n trawsnewid mudiant cylchdro yn fudiant cilyddol. Maen nhw'n cael eu defnyddio'n aml mewn injans, peiriannau gwnïo a chynhyrchion eraill. Mae proffil y cam yn cael ei ddylunio fel ei fod yn cynhyrchu'r math gofynnol o fudiant cilyddol.

Gweithgaredd

Darganfyddwch enghreifftiau o'r holl fecanweithiau yn y bennod hon. Y ffordd orau yw tynnu ffotograffau o enghreifftiau wrth i chi eu gweld nhw'n cael eu defnyddio mewn cynhyrchion o'ch cwmpas chi. Os na allwch chi wneud hynny, ymchwiliwch i ddelweddau ar y Rhyngrwyd. Cyflwynwch eich canfyddiadau i'ch grŵp cyfoedion. Defnyddiwch eirfa dechnegol a, lle bo'n bosibl, cyfrifwch gymarebau cyflymder a manteision mecanyddol.

PWYNTIAU ALLWEDDOL

- Mae mwyaduron ac adwyon rhesymeg yn gallu prosesu signalau analog a digidol yn ôl eu trefn.
- Mae angen gwrthydd mewn cyfres â LED i gyfyngu'r cerrynt.
- Rydyn ni'n defnyddio gyrrwr MOSFET wrth ryngwynebu rhai dyfeisiau allbynnu â microreolydd.
- Grym troi mewn systemau mecanyddol cylchdro yw trorym.
- Mae trenau gêr cyfansawdd a systemau pwli cyfansawdd yn rhoi cymhareb cyflymder uchel.
- Mae gyriannau cripian a gerau befel yn trosglwyddo mudiant drwy 90°.
- Mae tri dosbarth o lifer.
- Mae mantais fecanyddol lifer yn dibynnu ar safle'r ffwlcrwm.

Angen gwybod

1 Esboniwch beth yw ystyr 'cynnydd mewn foltedd' mwyhadur.

2 Lluniadwch symbolau cylched a gwirlenni'r adwyon rhesymeg canlynol: NEU, AC, NID, NIAC.

3 Mae LED gwyrdd yn cael ei bweru gan gyflenwad 12V. Mae gan y LED ostyngiad foltedd o 2.2V. Cyfrifwch y gwerth gwrthydd sydd ei angen i gyfyngu'r cerrynt drwy'r LED i 15mA.

4 a Esboniwch pam mae angen gyrrwr trawsddygiadur wrth ryngwynebu modur trydan â microreolydd.

   b Enwch gydran sy'n cael ei defnyddio fel gyrrwr trawsddygiadur.

   c Lluniadwch ei symbol cylched a labelwch y terfynellau.

5 Rhowch dri rheswm pam rydyn ni'n defnyddio gerau sbardun mewn systemau mecanyddol.

6 a Mae gan y cyfnod cyntaf a'r ail gyfnod mewn system gêr cyfansawdd gymarebau cyflymder o 3 a 4, yn eu tro. Cyfrifwch y gymhareb cyflymder gyffredinol.

   b Cyfrifwch gyflymder cylchdro'r siafft allbynnu os yw'r mewnbwn yn cylchdroi ar 150c.y.f.

7 Enwch ddwy o nodweddion allweddol gyriant cripian.

8 Brasluniwch ddiagramau wedi'u labelu i ddangos y gwahaniaethau rhwng y tri dosbarth o lifer.

(e) Y ffordd mae amrywiaeth o ffactorau'n dylanwadu ar ddewis defnyddiau neu gydrannau

Bydd dylunydd yn wynebu llawer o ffactorau wrth ddewis cydrannau a defnyddiau, a dylid ystyried y rhain i gyd cyn gwneud dewis terfynol.

- **Swyddogaeth:** Y peth cyntaf yw nodi beth mae angen i'r gydran ei wneud yn y system, e.e. dewis gwrthydd mewn cylched electronig neu gêr sbardun mewn mecanwaith cylchdro. Ar ôl hyn, gall y dylunydd ddefnyddio cyfrifiadau i ddewis gwerth penodol i'r gydran, e.e. gwrthydd 680 Ω neu gêr sbardun 40 dant. Bydd angen ystyried materion swyddogaethol eraill ar gyfer rhai cydrannau, fel y dewis o ddefnydd ar gyfer gwneud y gêr sbardun neu sut i'w chloi'n sownd wrth siafft yrru. Bydd anghenion y cymhwysiad, a'r angen i fod yn gydnaws â chydrannau eraill yn y system, yn dylanwadu ar y penderfyniadau hyn.
- **Esthetig:** Os yw'r defnydd yn y golwg, mae'n bosibl y bydd ei edrychiad yn bwysig, e.e. defnyddio panel rheoli o alwminiwm wedi'i frwsio yn hytrach na phanel polymer i greu edrychiad drud, safon uchel.

Ffigur 2.56 Panel rheoli o alwminiwm wedi'i frwsio

- **Amgylcheddol:** Bydd rhai dyluniadau'n dod i gysylltiad ag amrywiaeth eang o ffactorau amgylcheddol fel baw, dŵr neu dymheredd eithafol. Gall yr amgylchedd y tu allan fod yn arw iawn a bydd y cynnyrch yn dod i gysylltiad â glaw, iâ, tymheredd eithafol a chyfnodau hir o haul. Bydd angen i'r defnyddiau ac unrhyw gydrannau mewnol allu gweithredu yn yr amodau hyn.
- **Argaeledd:** Weithiau, ni fydd gan gyflenwr stoc o gydran benodol neu bydd y stoc yn brin, sy'n golygu y gallai gwneuthurwr fethu cynhyrchu swp digon mawr o gynhyrchion.
- **Cost:** Mae angen i ddylunydd fod yn ymwybodol drwy'r amser o gostau parhaus dyluniad wrth iddo ddatblygu.
- **Materion cymdeithasol, diwylliannol a moesegol:** Mae hyn yn cael sylw yn yr adran isod.

Bydd rhai ffactorau'n bwysicach nag eraill mewn dyluniad penodol ac, mewn llawer o achosion, bydd angen cyfaddawdu a defnyddio'r gydran neu'r defnydd mwyaf addas gan ystyried y ffactorau uchod.

Cydrannau a'u manteision neu gyfyngiadau swyddogaethol

Mae cydrannau electronig yn ddibynadwy dros ben cyn belled â'u bod nhw'n cael eu defnyddio o fewn eu cyfyngiadau. **Cyfradd** cydran yw'r gwerth mwyaf o fesur penodol mae cydran yn gallu ymdopi ag ef. Os yw'r gwerth yn mynd yn fwy na hwn, caiff y gydran ei difrodi, efallai ar unwaith, neu efallai y bydd y gydran yn parhau i weithio ond â disgwyliad oes llawer byrrach. Weithiau, bydd y gwneuthurwr yn dweud y gellir mynd dros y gyfradd am gyfnod byr.

Mae gan rai cydrannau electronig oes gyfyngedig. Mae batrïau ailwefradwy yn un enghraifft; ar ôl cannoedd o gylchredau gwefru a dadwefru bydd cynhwysedd y batri'n lleihau i'r pwynt lle na fydd efallai'n gallu dal digon o wefr i roi pŵer defnyddiol i'r cynnyrch am gyfnod hir. Efallai y byddwch chi wedi sylwi ar broblemau fel hyn gyda batri eich ffôn, tabled neu liniadur.

Yn gyffredinol, mae gan gydrannau mecanyddol oes fyrrach gan fod unrhyw rannau sy'n symud yn golygu rhywfaint o ffrithiant, sy'n achosi traul. Bydd cydrannau mecanyddol o safon uwch yn defnyddio defnyddiau sy'n treulio'n dda ac yn para'n hirach, a bydd darpariaeth ar gyfer gwasanaethu darnau mecanyddol, fel adnewyddu iraid neu newid darnau unigol sy'n treulio'n gyflym. Os caiff cydrannau mecanyddol eu gweithredu o fewn cyfraddau eu dyluniad, dylai fod ganddynt gylchred oes hir a rhagweladwy.

Miniaturo

Mae'r dulliau sy'n cael eu defnyddio i gynhyrchu prototeip electronig mewn gweithdy ysgol yn wahanol i'r rhai sy'n cael eu defnyddio ar raddfeydd cynhyrchu mwy.

Mae'r **byrddau cylched brintiedig** (PCBs: *printed circuit boards*) sy'n cael eu cynhyrchu'n ddiwydiannol ar gyfer cynhyrchion modern yn wahanol i PCBs sydd wedi'u gwneud yn yr ysgol oherwydd maen nhw fel rheol yn ddwyochrog ac yn cynnwys traciau copr ar ochr uchaf ac ochr isaf y bwrdd. Mae hyn yn golygu bod dyluniadau mwy cymhleth yn bosibl heb y broblem bod traciau'n croesi ei gilydd. Yn wir, mae llawer o PCBs modern yn cynnwys mwy nag un haen, a gallwn ni feddwl am y rhain fel llawer o fyrddau unochrog tenau wedi'u laminiadu â'i gilydd. Mae byrddau amlhaenog fel hyn yn caniatáu i ni adeiladu cylchedau cymhleth iawn mewn lle bach iawn. Rydyn ni'n defnyddio'r rhain mewn cynhyrchion fel ffonau symudol.

Bydd prototeipiau electronig sy'n cael eu gwneud mewn gweithdy ysgol yn tueddu i ddefnyddio cydrannau twll-trwodd sy'n eistedd ar un ochr i'r PCB a bydd eu gwifrau'n mynd drwy'r bwrdd i gael eu sodro ar y cefn. Mae cynhyrchion electronig sy'n cael eu cynhyrchu'n ddiwydiannol yn defnyddio **technoleg mowntio arwyneb** (SMT: *surface mount technology*), lle does dim gwifrau gan y cydrannau ac maen nhw'n cael eu gosod yn uniongyrchol ar y PCB a'u sodro wrth yr arwyneb.

Ffigur 2.57 Bwrdd cylched brintiedig SMT yn dangos cylched gyfannol, gwrthyddion a chynwysyddion

Mae maint rhai o'r gwrthyddion a'r cynwysyddion sy'n cael eu defnyddio gydag SMT yn llai na milimetr ac maen nhw'n cael eu gosod ar y PCB gan beiriant codi-a-dewis. Mae'r cydrannau hyn yn cael eu dal yn eu lle dros dro gan bast sodro gludiog. Mae'r peiriannau hyn yn gweithio ar gyflymder anhygoel, ac yn gallu gosod pump neu fwy o gydrannau bob eiliad. Yna, mae'r PCB yn mynd drwy ffwrn ail-lifo sodr lle mae'r bwrdd yn cael ei godi at dymheredd sy'n ddigon uchel i doddi'r past sodro.

Mae technoleg mowntio arwyneb yn caniatáu i ni wneud fersiynau bach iawn o gylchedau cymhleth iawn, sy'n hanfodol i gynhyrchion cludadwy fel ffonau clyfar a watshys clyfar. Mae defnyddio dulliau cydosod cyflym awtomataidd hefyd yn arbed costau i'r gwneuthurwr.

Gweithgaredd

Archwiliwch fwrdd cylched SMT, gan ddefnyddio chwyddwydr. Enwch y gwrthyddion, y cynwysyddion a'r cylchedau cyfannol unigol, a cheisiwch ddarllen gwerthoedd y cydrannau sydd wedi'u hargraffu arnynt.

Cyfrifoldebau diwylliannol, cymdeithasol, moesegol ac amgylcheddol dylunwyr

Ym Mhennod 1 edrychon ni ar gyfrifoldebau amgylcheddol dylunydd a'r angen i wneud dadansoddiadau cylchred oes cynnyrch. Un pryder yw defnyddio defnyddiau sy'n gallu achosi niwed i bobl neu i'r amgylchedd. Bwriad y gyfarwyddeb Cyfyngu ar Sylweddau Peryglus (RoHS: *Restriction of Hazardous Substances*) yw sicrhau defnyddio llai o rai defnyddiau peryglus, gan gynnwys plwm, mercwri a chadmiwm, wrth gynhyrchu cyfarpar electronig. Mae cydrannau electronig fel sodr, batrïau, paentiau a pholymerau yn gallu cynnwys cemegion peryglus. Y bwriad yw lleihau'r llygredd amgylcheddol sydd wedi'i achosi gan waredu cynhyrchion dieisiau mewn modd anfoesegol, fel taflu hen fatrïau yn ein sbwriel cartref arferol.

Un mater moesegol allweddol i ddylunydd yw amodau gwaith y bobl sy'n gwneud y cynhyrchion. Mae llawer o'r defnyddiau crai sy'n cael eu defnyddio mewn cynhyrchion yn cael eu cloddio neu eu cynaeafu o bedwar ban byd, ac mae gan ddylunwyr gyfrifoldeb i sicrhau eu bod nhw'n dod o ffynonellau moesegol.

Mae'r Fenter Masnachu Moesegol (ETI: *Ethical Trading Initiative*) yn gynghrair sy'n hybu parch i hawliau gweithwyr ledled y byd. Mae'r ETI yn ymdrin â heriau cymhleth cadwynau cyflenwi byd-eang heddiw.

Mae materion amgylcheddol ailgylchu a gwastraff yn cael sylw ym Mhennod 1 Adran (d).

Ffigur 2.58 Logo'r ETI

PWYNTIAU ALLWEDDOL

- Mae gan wahanol gydrannau electronig a mecanyddol nifer o fuddion a chyfyngiadau swyddogaethol.
- Mae miniaturo systemau electronig yn caniatáu i ni gynhyrchu cylchedau cymhleth dros ben yn ddiwydiannol.
- Wrth ddewis cydrannau neu ddefnyddiau ar gyfer dyluniad, mae angen i ddylunydd benderfynu am faterion gan gynnwys swyddogaeth, estheteg, yr amgylchedd, argaeledd a chost, yn ogystal â materion cymdeithasol, diwylliannol a moesegol.
- Mae gan ddylunwyr gyfrifoldeb i ystyried masnachu moesegol wrth ddewis defnyddiau neu wrth ystyried dulliau gweithgynhyrchu.

Angen gwybod

1 Ar gyfer pob un o'r cydrannau canlynol, nodwch 3 ffactor y gallai peiriannydd dylunio eu hystyried wrth ddewis y gydran fwyaf priodol:
   a Microreolydd i'w ddefnyddio mewn sbidomedr beic.
   b Gêr sbardun i'w ddefnyddio mewn peiriant torri gwair robotig.
   c Y defnydd ar gyfer panel rheoli ffwrn ddomestig.

2 Rhowch enghraifft o ystyr cyfradd cydran electronig.

3 Esboniwch pam rydyn ni'n defnyddio technoleg mowntio arwyneb mewn cynhyrchion electronig sy'n cael eu gweithgynhyrchu'n ddiwydiannol.

4 Disgrifiwch y gyfarwyddeb RoHS.

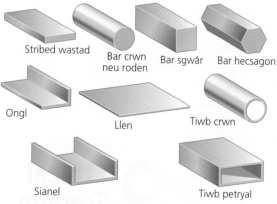

Stribed wastad   Bar crwn neu roden   Bar sgwâr   Bar hecsagon

Ongl   Llen   Tiwb crwn

Sianel   Tiwb petryal

Ffigur 2.59 Ffurfiau safonol metel

Ffigur 2.60 Llenfetel tyllog

Metelau

Mae metelau'n cael eu cyflenwi mewn amrywiaeth o **ffurfiau stoc** ac mae'r ystod eang o ffurfiau sydd ar gael yn amrywio yn ôl y metel dan sylw. Er enghraifft, gallwn ni brynu alwminiwm a dur mewn nifer o ffurfiau, e.e. rhodenni, rhodenni sgwâr a hecsagonol, stribedi, llenni, tiwbiau sgwâr a chrwn, onglau a sianeli. Mae'n arbennig o bwysig ystyried meintiau stoc metelau wrth gynllunio beth rydych chi'n ei wneud, oherwydd maen nhw'n llawer anoddach eu peiriannu i siâp penodol na phren. Yn y rhan fwyaf o achosion, bydd hi'n fwy synhwyrol, yn fwy cost-effeithiol ac yn cymryd llai o amser i addasu eich dyluniad ychydig bach na cheisio peiriannu'r metel i'r maint sydd ei eisiau.

Yn gyffredinol, mae'r ffurfiau stoc hyn yn **allwthiadau** (darn hir o ddefnydd â thrawstoriad safonol), ond maen nhw hefyd yn gallu cael eu rholio a'u siapio allan o ddarnau mwy o fetel o'r enw **biletau**. Mae tiwbiau dur, er enghraifft, yn cael eu rholio ac yna eu weldio i ffurfio trawstoriad gwag. Mae'r ffurfiau stoc ar gael mewn gwahanol ledau a diamedrau, yn ogystal â gwahanol drwch wal. Maen nhw hefyd fel rheol yn cael eu cyflenwi mewn hydoedd byrrach i'w gwneud hi'n haws eu storio a'u cludo.

Fe welwch chi fod llawer o gyflenwyr metelau'n dal i restru dimensiynau'r metelau mewn unedau imperial. Yn aml fe welwch chi lenni metel, neu drwch mur allwthiad neu diwb, wedi'u mynegi fel *Standard Wire Gauge* neu SWG. Mae'r SWG yn uned fesur sefydledig; mae 12swg er enghraifft yn gywerth â 2.642mm ac mae 16swg yn gywerth ag 1.626mm. Y mwyaf yw'r gwerth, y lleiaf yw'r gwerth metrig cyfatebol.

Yn ogystal â llenni gwastad, mae metel hefyd ar gael mewn amrywiaeth eang o batrymau tyllog neu wasgedig.

GEIRIAU ALLWEDDOL

Ffurf stoc Maint neu siâp defnydd sydd ar gael yn gyffredin.

Allwthiad Darn hir o ddefnydd â thrawstoriad safonol.

Bilet Bar metel petryal sy'n gallu cael ei brosesu i ffurf lai drwy ei rolio.

Standard Wire Gauge Uned i fesur trwch wal tiwb metel.

Meintiau cydrannau electronig stoc safonol

Mewn llawer o gydrannau electronig sy'n cael eu defnyddio mewn ysgolion mae yna binnau sydd wedi'u dylunio i ffitio ar grid 2.54mm (0.1 modfedd). Mae'r bylchau safonol hyn rhwng pinnau'n golygu bod dylunwyr yn gallu dylunio byrddau cylched brintiedig yn hyderus, gan wybod y bydd pinnau'r cydrannau'n ffitio drwy'r tyllau sydd wedi'u drilio yn y PCB. Os ydych chi'n defnyddio bwrdd prototeipio (bwrdd bara) i adeiladu cylchedau, byddwch chi'n gyfarwydd iawn â'r bylchau 2.54mm (0.1 modfedd) rhwng tyllau'r grid.

Yn ogystal â dimensiynau ffisegol safonol cydrannau, mae gwrthyddion, cynwysyddion a rhai cydrannau eraill yn cael eu cynhyrchu â rhai gwerthoedd penodol, sef y **gwerthoedd dewisol**.

GEIRIAU ALLWEDDOL

Gwerth dewisol Gwerthoedd gweithgynhyrchu safonol rhai cydrannau.

Dyma'r **gyfres E12** o werthoedd dewisol gwrthyddion:

- 1.0
- 1.2
- 1.5
- 1.8
- 2.2
- 2.7

- 3.3
- 3.9
- 4.7
- 5.6
- 6.8
- 8.2

Mae gwrthyddion ar gael yn y gwerthoedd hyn ac yn eu lluosrifau 10. Er enghraifft, gallwch chi brynu gwrthydd 2.7Ω, a gallwch chi hefyd brynu gwrthyddion 27Ω, 270Ω, 2.7kΩ, 27kΩ, 270kΩ a 2.7mΩ. Mae cyfres E24 hefyd ar gael, sy'n llenwi'r bylchau yn y gyfres E12. Pan fyddwch chi'n cyfrifo gwerth gwrthydd, anaml y byddwch chi'n cael gwerth dewisol, felly yn gyffredinol bydd angen i chi ddewis gwrthydd â'r gwerth dewisol agosaf. Ar gyfer y rhan fwyaf o gymwysiadau, does dim ots a ydych chi'n defnyddio gwrthydd sydd ddim yr union werth rydych chi wedi'i gyfrifo.

Safon mewnlin deuol (DIL) ar gyfer cylchedau cyfannol electronig

Mae gan gylchedau cyfannol, sy'n cael eu defnyddio i brototeipio, ddiagramau pin-allan sy'n cyfateb i'r grid 2.54mm (0.1 modfedd). Mae'r pecyn IC safonol yn cael ei alw'n **fewnlin deuol** (DIL: *dual-in-line*), sy'n cyfeirio at y ddwy res baralel o binnau. Mae Ffigur 2.61 yn dangos cylchedau cyfannol DIL 8-pin ac 18-pin.

Mae rhic ar un pen i'r pecyn DIL, ac mae pin rhif 1 i'r chwith i'r rhic hwn. Mae pin 1 hefyd weithiau'n cael ei ddangos â dot bach ar y cas. Mae'n hanfodol eich bod chi'n canfod yn union pa un yw pin 1 drwy chwilio am y marciau ar y cas – mae rhoi pŵer i IC yn y ffordd anghywir yn debygol iawn o'i dinistrio hi! Yn Ffigur 2.62, sylwch sut mae'r pinnau eraill i gyd wedi'u rhifo'n wrthglocwedd o bin 1.

Nid yw pob pecyn IC yn DIL. Mae llawer o gylchedau cyfannol modern wedi'u dylunio ar gyfer dulliau gweithgynhyrchu robotig SMT (gweler Adran (e) y bennod hon) ac mae meintiau'r pecynnau a'r bylchau rhwng pinnau'n amrywio'n fawr. Mae gan yr IC yn Ffigur 2.57 binnau ar bob un o'r pedair ochr a bwlch o 0.8mm rhwng pob un. Mae rhai cylchedau cyfannol ar gael ar **fyrddau torri allan**, sy'n trawsnewid y pecyn SMT yn becyn DIL. Mae hyn yn fwy cyfleus ar gyfer prototeipio, er ei fod yn cynyddu maint y pecyn.

Ffigur 2.61 Cylchedau cyfannol DIL

Byrddau a pholymerau gwneud

I gael mwy o fanylion am ffurfiau stoc byrddau a pholymerau, gweler Pennod 4 Adran (f).

Costau sy'n gysylltiedig â dylunio cynhyrchion peirianyddol

Costau gosodion a ffitiadau

Gallwn ni ddod o hyd i gostau'r cydrannau sy'n cael eu defnyddio mewn project peirianyddol drwy gyfeirio at gatalog y cyflenwr. Gall hwn fod yn gatalog ar-lein neu'n gatalog print. Mae chwilio am gostau'r holl gydrannau sydd eu hangen a'u cofnodi nhw yn dasg syml, ond mae'n cymryd llawer o amser. Os oes angen i chi archebu darn sy'n unigryw i'ch project chi, nodwch y gost wrth i chi ei archebu. Mae cost i bob cydran rydych chi'n ei defnyddio, felly cofiwch gynnwys pob gwrthydd, gwifren, cysylltydd, nyten a bollt.

Efallai y bydd angen i chi gysylltu ag adran Dylunio a Thechnoleg eich ysgol i gael cost cydrannau cyffredin fel gwrthyddion neu sgriwiau. Mae'r eitemau hyn yn aml yn cael eu swmp brynu, ond efallai na fyddwch chi'n gwybod y pris gafodd ei dalu.

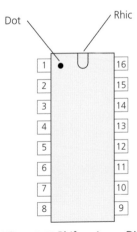

Dot   Rhic

Ffigur 2.62 Rhifau pinnau DIL

10+	100+	1000+
£0.121	£0.080	£0.051

Tabl 2.2 LED 5mm gwyrdd, pris pob uned (heb gynnwys TAW)

Mae llawer o gyflenwyr yn cynnig '**gostyngiadau pris**', sef ffordd o roi disgownt am brynu llawer o eitemau. Mae Tabl 2.2 yn dangos sut rydyn ni'n ysgrifennu'r gostyngiadau hyn.

Mae'r '10+' yn golygu mai deg yw'r nifer lleiaf o LEDau y bydd y cyflenwr yn eu gwerthu, a hynny am gost o 12.1c yr un. Felly, byddai'n rhaid i chi wario o leiaf £1.21 i brynu deg LED. Gallwch chi brynu unrhyw nifer sy'n fwy na deg, ond os ydych chi'n prynu 100 LED neu fwy, mae'r pris yn gostwng i 8.0c yr un, ac mae'r pris yn gostwng eto i 5.1c yr un os ydych chi'n prynu 1000 LED neu fwy.

Dydy llawer o brisiau mewn catalogau ddim yn cynnwys TAW. Felly peidiwch ag anghofio ychwanegu hwn gan ddefnyddio'r gyfradd bresennol (20 y cant), oherwydd bydd eich ysgol wedi gorfod talu hwn wrth brynu'r darnau.

Costau defnyddiau a gorffeniadau

Rydyn ni'n cymryd y camau canlynol i gyfrifo cost y defnyddiau rydych chi'n eu defnyddio mewn project:

1 Canfod cost hyd cyfan (neu len gyfan).
2 Cyfrifo cost pob uned hyd (neu uned arwynebedd).
3 Mesur yr hyd (neu gyfrifo'r arwynebedd) rydych chi wedi'i ddefnyddio.
4 Cyfrifo'r gost.

Cyfrifiad

Mae darn o bren PSE 2.4m o hyd yn costio £8.40. Cyfrifwch gost defnyddio 600mm o'r pren hwn.

1 Cost hyd 2.4m yw £8.40
2 Cost y metr yw $\frac{8.40}{2.4} = £3.50$
3 Yr hyd sy'n cael ei ddefnyddio yw 600mm, sef 0.6m
4 Cost y pren = $3.50 \times 0.6 = £2.10$

Mae llen o bren haenog yn mesur 2440mm × 1220mm. Mae'r llen yn costio £27.40. Mae darn sy'n mesur 200mm × 150mm yn cael ei dorri o'r llen. Cyfrifwch gost y darn hwn.

1 Cost y llen yw £27.40
2 Arwynebedd arwyneb y llen (mewn m²) yw $2.44 \times 1.22 = 2.9768m^2$
   Cost y m² yw $\frac{27.40}{2.9768} = £9.20$
3 Arwynebedd arwyneb y darn sydd wedi'i ddefnyddio (mewn m²) yw $0.2 \times 0.15 = 0.03m^2$
4 Cost y darn = $9.20 \times 0.03 = £0.276 = 28c$ (i'r geiniog agosaf)

Tasg syml yw ychwanegu costau defnyddiau gorffennu fel paent, farnais, lacr, ac ati. Cofiwch hefyd gynnwys y costau sy'n gysylltiedig â pharatoi'r arwyneb, fel sandio pren (ac, efallai, rhoi cot o seliwr arno) neu lanhau arwyneb metel cyn rhoi paent arno.

Mae ystyriaethau gorffennu eraill ar gyfer projectau peirianyddol yn cael eu trafod yn Adran (ng) y bennod hon.

Gweithgaredd

Defnyddiwch ddata Tabl 2.2 uchod i ateb y canlynol:

1 Cyfrifwch gost prynu 25 LED heb gynnwys TAW, a'r gost gan gynnwys TAW ar 20 y cant.
2 Cyfrifwch y nifer lleiaf o LEDau ar y pris 10+ lle byddai hi'n rhatach prynu 100 LED.
3 Dangoswch fod y gostyngiad pris 100+ yn cynnig disgownt o 34 y cant.

TGAU Dylunio a Thechnoleg CBAC

Angen gwybod

1 Esboniwch pam mae gwrthyddion yn cael eu cynhyrchu mewn gwerthoedd dewisol.

2 Brasluniwch becyn DIL 8-pin a dangoswch sut i adnabod pin 1.

3 Esboniwch pam mae cyflenwyr yn cynnig gostyngiadau pris wrth brynu symiau swmp.

(ff) Prosesau eraill y gellir eu defnyddio i weithgynhyrchu cynhyrchion i raddfeydd cynhyrchu gwahanol

Mae gwneuthurwyr yn defnyddio pedwar prif fath o gynhyrchu: 'mae angen un' (neu brototeip), swp, màs a llif parhaus, ac mewn union bryd. Mae costau, amser, y sgìl sydd ei angen, effeithlonrwydd cynhyrchu ac ystyriaethau dylunio i gyd yn newid wrth i nifer y cynhyrchion sy'n cael eu gwneud gynyddu.

Byddai cynnyrch sy'n mynd i gael ei newid bob blwyddyn, fel beic mynydd, yn cael ei wneud gan ddefnyddio swp-gynhyrchu. Mae hyn yn golygu efallai gwneud rhai miloedd o feiciau, yna newid y dyluniad cyn gwneud swp arall o rai miloedd. Pe baech chi'n gwneud nytiau, bolltau a ffasnyddion metel, fodd bynnag, byddai angen i chi wneud symiau mawr iawn ohonynt a byddech chi'n defnyddio cynhyrchu parhaus.

Cynhyrchu unigryw (mae angen un)

Mantais **cynhyrchu unigryw** yw'r gallu i wneud cynhyrchion sy'n dilyn union ofynion y cleient. Mae dyluniad unigryw yn tueddu i fod yn ddrud oherwydd mae angen talu'r dylunydd am ei amser yn datblygu'r prototeip gan na fydd yn gwerthu'r cynnyrch yn y dyfodol i greu incwm tymor hir. Efallai y bydd y dylunydd yn treulio cryn dipyn o amser ar ddatblygiad iterus y cynnyrch nes bod y cleient yn fodlon ar sut mae'n gweithio.

Mae cynhyrchu unigryw fel rheol yn golygu sgiliau gweithgynhyrchu uchel, ac mae'n bosibl y bydd llawer o'r gwaith yn cael ei wneud â llaw. Mewn rhai achosion caiff y gwaith cynhyrchu ei roi ar gontract allanol i arbenigwyr, sy'n ychwanegu at y costau. Efallai y bydd prototeipio cyflym yn ddefnyddiol i gynhyrchu darnau ar archeb, a bydd angen ysgrifennu a datblygu meddalwedd ar gyfer microreolydd.

Mae prototeipiau unigryw yn eithaf cyffredin ym myd dylunio electronig a mecanyddol, er enghraifft system reoli **ar archeb** ar gyfer rhan o broses weithgynhyrchu.

Swp-gynhyrchu

Mantais **swp-gynhyrchu** yw'r gallu i wneud nifer cyfyngedig o gynhyrchion unfath. Mae hyn yn golygu ei bod hi'n bosibl swmp brynu'r defnyddiau, sy'n lleihau cyfanswm y costau cynhyrchu. Bydd angen llai o amser i wneud y cynnyrch oherwydd gellir paratoi peiriannau, offer a chyfarpar i wneud y gwaith. Does dim angen i'r gweithlu fod mor fedrus gan fod llawer yn gallu gweithio fel gweithredwyr peiriannau. Mae effeithlonrwydd cynhyrchu'n cynyddu gan fod pob agwedd ar y gwaith yn digwydd yn gyflymach. Nawr, gellir cynhyrchu cynhyrchion sydd yn union yr un maint ac â'r un goddefiannau. Yr anfantais yw eich bod chi'n colli natur unigryw cynhyrchu 'mae angen un'.

Bydd yr union broses weithgynhyrchu'n dibynnu ar y cynnyrch a'r cyfleusterau gweithgynhyrchu. Bydd y cynhyrchu wedi'i drefnu er mwyn defnyddio'r peiriannau sydd ar gael, a sgiliau'r gweithwyr, mor effeithlon â phosibl. Yn achos cynhyrchu swp bach o gynnyrch mecanyddol syml, gallai hyn olygu:

- Diwrnod 1: Mae'r ffatri gyfan yn cynhyrchu darnau siasi.
- Diwrnod 2: Cydosod y siasïau.
- Diwrnod 3: Ychwanegu'r cydrannau terfynol.
- Diwrnod 4: Profi'r cynhyrchion.
- Diwrnod 5: Pecynnu ac anfon.

Ar gyfer y dull hwn, mae angen i bob aelod o staff fod â'r sgiliau i wneud y prosesau i gyd, oherwydd mae'n rhaid cadw pob gweithiwr yn brysur bob dydd. Gallai hyn fod yn bosibl mewn ffatri fach, ond mewn gweithfeydd gweithgynhyrchu mawr mae'r staff yn tueddu i arbenigo mewn meysydd penodol ac felly byddai'r gweithgynhyrchu wedi'i drefnu'n wahanol.

Does dim cyfyngiad ar faint swp. Efallai y byddai cynnyrch mawr, cymhleth yn cael ei wneud mewn swp o ddeg, a chynnyrch mwy syml yn cael ei gynhyrchu mewn swp o 10,000.

Masgynhyrchu

Masgynhyrchu yw gweithgynhyrchu niferoedd mawr o gynhyrchion. Mae hyn fel rheol yn defnyddio **llinell gynhyrchu**, lle mae darnau unigol yn cael eu cynhyrchu mewn is-gydosodiadau cyn dod at ei gilydd ar gyfer y cydosod terfynol a'r gorffennu. Mae'r rhan fwyaf o fasgynhyrchwyr yn gynhyrchwyr arbenigol sydd wedi buddsoddi symiau mawr mewn peiriannau sy'n gallu cynhyrchu niferoedd mawr o ddarnau, ac mae ailadroddadwyedd a dibynadwyedd yn bwysig iddynt. Cyn gynted ag mae'r cynhyrchu wedi dechrau, yn aml mae'n fwy cost effeithiol gadael i'r peiriannau redeg yn barhaus, gyda'r staff yn gweithio shifftiau i fonitro'r broses. Does dim angen llawer o sgìl i weithredu'r cyfarpar a chydosod y cynnyrch, sy'n golygu nad yw'r gweithlu'n fedrus iawn ac y gellir eu had-drefnu nhw'n gyflym pan fydd y cynnyrch yn newid. Mae defnyddio cydrannau safonedig a llafur di-grefft yn gallu gwrthbwyso cost y cyfarpar arbenigol, ac arwain at nifer mawr o gynhyrchion rhad.

Mae ceir yn enghraifft ardderchog o gynnyrch metel sydd wedi'i fasgynhyrchu. Mae'r math hwn o weithgynhyrchu hefyd yn nodweddiadol ar gyfer cynhyrchion cyffredin fel sgriwiau, cysylltyddion a batrïau.

Cynhyrchu llif parhaus

Mae **cynhyrchu llif parhaus** yn golygu gwneud cynhyrchion yn barhaus, 24 awr y diwrnod, saith diwrnod yr wythnos. Caiff cyfarpar arbenigol iawn a llawer o beiriannau CAM eu defnyddio i weithgynhyrchu'r cynhyrchion. Mae peiriannau CAM fel y peiriant melino CNC a'r turn CNC yn gallu gwneud yr holl waith **turnio** a **melino**, ond yn gallu gwneud hynny'n awtomataidd, yn gyflym, yn fanwl gywir ac yn gyson. Mae angen buddsoddiad cychwynnol mawr ar gyfer cynhyrchu llif parhaus, ac er mwyn iddo fod yn gost effeithiol mae angen cynhyrchu symiau mawr iawn o'r un cynnyrch dros gyfnodau hir. Mae holl broses cynhyrchu llif parhaus yn gallu bod yn gwbl awtomataidd, sy'n golygu bod gweithwyr yn mynd yn llai medrus ac yn ymwneud â gwasanaethu a chynnal a chadw yn hytrach na gwneud pethau. Mae tuniau diodydd alwminiwm yn cael eu cynhyrchu drwy gyfrwng cynhyrchu llif parhaus oherwydd y galw uchel iawn am ddiodydd meddal.

GEIRIAU ALLWEDDOL

Masgynhyrchu Gwneud llawer o gynhyrchion drwy ddefnydd helaeth o beiriannau, cymhorthion gweithgynhyrchu a pheiriannau CAM.

Cynhyrchu llif parhaus Gwneud cynhyrchion 24/7 drwy ddefnydd helaeth o beiriannau CAM.

Turnio Dull o gynhyrchu eitemau metel silindrog.

Melino Dull o dorri metel i gynhyrchu agennau, rhigolau ac arwynebau gwastad.

Gweithgynhyrchu mewn union bryd (JIT)

Mae angen i weithgynhyrchwr sy'n cynhyrchu swp o gynnyrch archebu defnyddiau a chydrannau sy'n benodol i'r cynnyrch hwnnw. Felly, er mwyn i'r cynhyrchu ddechrau ar ddiwrnod 1, mae'r gwneuthurwr yn dibynnu ar dderbyn y defnyddiau yn union cyn i'r cynhyrchu ddechrau. Fydd y gwneuthurwr ddim eisiau cael y defnyddiau'n rhy gynnar oherwydd bydd hyn yn achosi problemau o ran eu storio. Yn lle hynny, mae'r defnyddiau'n cael eu harchebu i gyrraedd mewn union bryd i'r cynhyrchu ddechrau.

Mae gweithgynhyrchu JIT (*just-in-time*) yn ffordd o drefnu cynhyrchu fel bod gwneuthurwyr yn gallu osgoi bod â defnyddiau dros ben neu nwyddau dieisiau, defnyddio llai o le, wynebu llai o gostau a chadw lefelau stoc o dan reolaeth. Mae'n dibynnu ar gyflenwyr dibynadwy sy'n danfon mewn pryd, oherwydd byddai methu cyflenwi yn arafu'r holl broses gynhyrchu. Yn ymarferol, mae'r broses yn gweithio'n syndod o dda gan fod pob rhan o'r gadwyn gyflenwi'n sylwi bod enw da'n dibynnu ar gadw addewidion cynhyrchu.

Mae gwneuthurwyr fel rheol yn awyddus i anfon y cynhyrchion cyn gynted â'u bod nhw'n barod gan fod hyn yn clirio'r ffatri yn barod i'r rhediad cynhyrchu nesaf ddechrau. Mae'r holl broses JIT wedi'i hanelu at gynhyrchu 'llif' effeithlon drwy'r ffatri.

Gweithgaredd

Gwyliwch y clip YouTube canlynol '*How it's made: Lego*': www.youtube.com/watch?v=zrzKih5rqD0

Mae hyn yn enghraifft o gynhyrchu llif parhaus.

Cofnodwch yr holl wybodaeth sy'n cynnwys manylion rhifiadol yn y clip.

PWYNTIAU ALLWEDDOL

- Mae'r dull o weithgynhyrchu cynnyrch yn dibynnu'n uniongyrchol ar y raddfa a'r cyflymder cynhyrchu sy'n ofynnol.
- Mae cynhyrchu unigryw yn digwydd pan mae angen datrysiad ar archeb.
- Ar gyfer swp-gynhyrchu, rydyn ni'n dewis nifer targed cyn dechrau cynhyrchu a does dim cyfyngiad ar faint y swp.
- Mae gwneuthurwr sy'n defnyddio swp-gynhyrchu yn trefnu'r broses gynhyrchu yn y modd mwyaf effeithlon, gan ddibynnu ar y cynnyrch a'r cyfleusterau gweithgynhyrchu.
- Mae masgynhyrchu yn defnyddio peiriannau arbenigol effeithlon iawn i gynhyrchu niferoedd mawr iawn o gynhyrchion ailadroddadwy mewn ffordd ddibynadwy.
- Bwriad yr egwyddor gweithgynhyrchu mewn union bryd (JIT) yw cynhyrchu 'llif' effeithlon o ddefnyddiau a chynhyrchion drwy ffatri.

Angen gwybod

1 Nodwch ddwy o fanteision a dwy o anfanteision cynhyrchu unigryw (mae angen un).

2 Disgrifiwch dair o nodweddion allweddol proses swp-gynhyrchu.

3 Esboniwch beth yw ystyr gweithgynhyrchu JIT a nodwch ei fanteision.

Defnyddio CAD/CAM wrth gynhyrchu

Mae dylunwyr electronig a mecanyddol yn defnyddio technolegau digidol sy'n gallu cysylltu â gwahanol beiriannau CAM i gynorthwyo wrth gynhyrchu systemau. Gall meddalwedd CAD 2D allbynnu gwybodaeth dorri i ddorrwr laser, gan ein galluogi i dorri defnyddiau llen niferus i ddimensiynau manwl gywir a siapiau cymhleth.

Mae peiriannau diwydiannol eraill i dorri llenni o ddefnydd yn cynnwys torrwr plasma, rhigolydd CNC a thorrwr finyl. Mae'r rhain i gyd yn gwneud gwaith tebyg, ond mae pob un yn addas i beiriannu defnyddiau gwahanol a meintiau llen gwahanol.

Rydyn ni'n defnyddio turn CNC i gynhyrchu darnau silindrog, yn uniongyrchol o luniad CAD.

Mae systemau electronig llawer o brototeipiau yn cael eu hadeiladu ar PCB. Mae dylunio patrwm y traciau copr ar y PCB yn gallu bod yn eithaf anodd oherwydd mae angen gosod y cydrannau fel nad yw'r traciau'n croesi ei gilydd. Mae meddalwedd dylunio PCB yn defnyddio gweithrediad **awtolwybro** i gyflawni hyn. Mae pob PCB mewn offer electronig modern fel cyfrifiaduron a ffonau clyfar mor gymhleth, fel y byddai hi'n amhosibl ei ddylunio heb gymorth meddalwedd dylunio PCB.

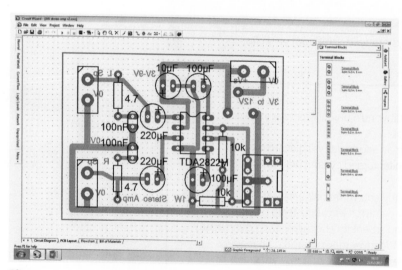

Ffigur 2.63 **Patrwm trac PCB**

Ffigur 2.64 **Ysgythru PCB**

Cyn gynted â bod cynllun y PCB wedi'i gwblhau, mae'r feddalwedd yn argraffu gwaith celf y patrwm trac ar ffilm dryleu, sydd yna'n cael ei ddefnyddio i gynhyrchu'r PCB ei hun. Fel arall, mae'r feddalwedd yn gallu allbynnu i ysgythrydd CNC, sydd yna'n creu patrwm y trac yn uniongyrchol ar len o fwrdd wedi'i orchuddio â chopr drwy dynnu'r copr dieisiau.

Yn ystod cyfnodau dylunio project peirianyddol, weithiau mae angen darn sydd wedi'i ddylunio'n bwrpasol, e.e. cysylltedd mecanyddol neu fraced modur. Gallwn ni ddefnyddio offer peiriannau ac offer llaw i gynhyrchu'r darnau hyn â llaw yn y gweithdy, ond mae dyfodiad prototeipio cyflym yn golygu y gallwn ni ddefnyddio meddalwedd CAD i ddylunio darn defnyddiadwy ac yna ei gynhyrchu mewn rhai munudau neu oriau drwy ddefnyddio argraffydd 3D.

Jigiau a dyfeisiau i reoli gweithgareddau ailadrodd

Os oes angen cyflawni'r un dasg fwy nag unwaith wrth weithgynhyrchu, mae'n bwysig ystyried sut i sicrhau ailadroddadwyedd. Mae **jig** neu **osodyn** yn ddyfais sydd wedi'i gwneud yn benodol ar gyfer tasg weithgynhyrchu benodol. Mae Ffigur 2.65 yn dangos egwyddor jig llifio sy'n arwain y llif fel bod y tiwb bob amser yn cael ei dorri i'r un hyd. Mae'r gosodyn drilio yn Ffigur 2.66 wedi'i glampio ar fwrdd dril mainc. Bydd yn dal y stribedi pren yn yr union le cywir wrth iddyn nhw gael eu drilio. Gallwn ni hefyd ddefnyddio gosodion i ddal defnyddiau yn eu lle wrth i ni eu gludo neu eu weldio nhw at ei gilydd.

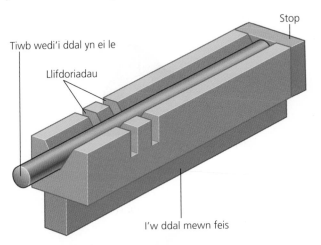

Ffigur 2.65 Jig llifio

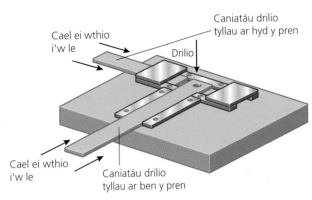

Ffigur 2.66 Gosodyn drilio

Mae **patrymluniau** yn ddefnyddiol i farcio siapiau dro ar ôl tro ar ddefnyddiau cyn eu torri allan.

Wrth blygu defnyddiau i'w siapio nhw, mae'r defnydd yn cael ei blygu o gwmpas **ffurfydd** i sicrhau bod y siâp neu'r ongl blygu yn gywir.

Gwastraff/ychwanegiad

Mesur a Marcio

Mae offer mesur a marcio yn ddarnau sylfaenol iawn o gyfarpar. Bydd angen y pethau canlynol arnoch o leiaf:

- riwl ddur i fesur hyd
- sgwâr profi neu sgwâr peiriannydd i farcio onglau sgwâr
- dull o farcio'r defnydd, e.e. pensil, pen marcio llinell fain neu sgrifell.

Mae offer eraill fel cwmpawd, onglydd, sgwâr meitro, ac ati yn ddefnyddiol i farcio siapiau mwy cymhleth.

Dal a thorri

Y feis fainc yw'r dewis cyntaf i ddal defnyddiau wrth eu torri nhw. Yn aml bydd angen amrywio'r dull dal, fodd bynnag, gan ddibynnu ar y defnydd a'r math o doriad sy'n cael ei wneud. Gallwn ni ddefnyddio bachyn mainc, wedi'i glampio â feis, i gynnal darn o bren wrth iddo gael ei dorri. Mae clampiau G yn gallu dal defnydd yn dynn yn erbyn mainc waith er mwyn i ni allu ei dorri neu ei brosesu.

Ffigur 2.67 Offer mesur a marcio

Mae'r llif i'w dewis yn dibynnu ar y defnydd ac a ydy'r toriad yn syth neu'n grwm.

Offer torri â llaw:

- Llif dyno – llif pren defnydd cyffredinol i wneud toriadau syth.
- Llif fwa fach – llif â llafn tenau i wneud toriadau crwm mewn pren neu bolymer.
- Haclif – i dorri drwy fetel. Mae gan haclif fach lafn byrrach, teneuach ac mae'n cynhyrchu toriadau mwy main.
- Snipiwr tun – i dorri llenfetel tenau. Yn debyg i siswrn.
- Rhiciwr – i dorri llenfetel. Mae'n gallu cael ei ddal â llaw neu ei fowntio ar fainc. Mae gwellaif mainc yn gwneud gwaith tebyg.

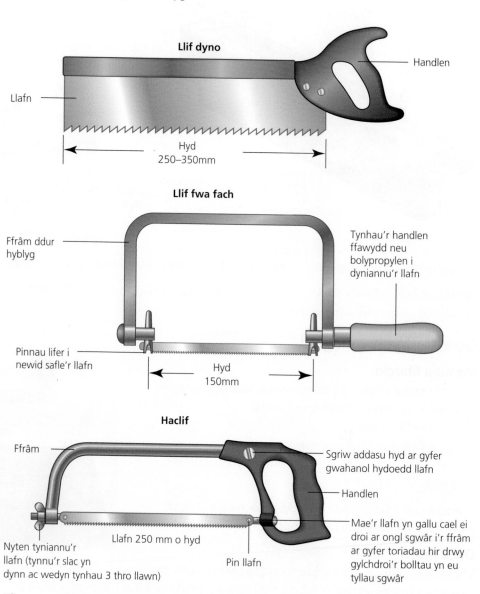

Llif dyno

Handlen

Llafn

Hyd
250–350mm

Llif fwa fach

Ffrâm ddur hyblyg

Tynhau'r handlen ffawydd neu bolypropylen i dyniannu'r llafn

Pinnau lifer i newid safle'r llafn

Hyd
150mm

Haclif

Ffrâm

Sgriw addasu hyd ar gyfer gwahanol hydoedd llafn

Handlen

Mae'r llafn yn gallu cael ei droi ar ongl sgwâr i'r ffrâm ar gyfer toriadau hir drwy gylchdroi'r bolltau yn eu tyllau sgwâr

Nyten tyniannu'r llafn (tynnu'r slac yn dynn ac wedyn tynhau 3 thro llawn)

Llafn 250 mm o hyd

Pin llafn

Ffigur 2.68 Llif dyno, llif fwa fach a haclif

Offer torri â pheiriant:
- Llif sgrôl (neu llif ffret) – wedi'i mowntio ar fainc ac â llafn tenau cilyddol i wneud toriadau crwm mewn pren neu bolymer.
- Cylchlif – peiriant mwy â llafn sy'n symud yn gyson i wneud toriadau syth a chrwm yn y rhan fwyaf o ddefnyddiau.

Siapio
Rydyn ni'n defnyddio ffeiliau i gael gwared â defnydd. Gallwn ni ddefnyddio'r rhain ar bren, metel neu bolymer. Rydyn ni'n enwi ffeiliau yn ôl eu siâp, eu maint a'u toriad (garwedd).
- Gallwn ni ddefnyddio ffeil fflat ar ymylon gwastad ac amgrwm. I ffeilio ymyl geugrwm, rhaid defnyddio ffeil hanner crwn neu ffeil fach fain grwn.
- Mae ffeiliau llai, o'r enw ffeiliau nodwydd, yn ddefnyddiol ar gyfer gwaith manwl. Y ffeiliau mwyaf garw, i gael gwared â defnydd yn gyflym yw ffeiliau garw neu ffeiliau bastard. Mae ffeiliau eildor yn ffeiliau canolig ar gyfer gwaith cyffredinol, ac mae ffeiliau llyfn ar gyfer gorffeniadau terfynol.
- Gallwn ni hefyd ddefnyddio peiriant sandio i siapio pren a pholymer.

Drilio
Mae'r dril di-wifr pŵer batri yn cael ei ddefnyddio'n eang mewn gweithdai. Mae ei grafanc ddi-allwedd yn golygu y gallwn ni newid ebillion yn gyflym. Clampiwch eich gwaith wrth ddefnyddio dril di-wifr, a gwnewch yn siŵr bod y dril *bob amser* ar 'tuag ymlaen', fel bod y grafanc yn troi'n glocwedd. Ddylech chi *byth* newid i'r gosodiad tuag yn ôl wrth ddrilio.

Mae'r dril piler (dril mainc) yn cael ei ddefnyddio i ddrilio'n fwy manwl gywir ac i wneud tyllau mwy. Dylid clampio'r gwaith ar y bwrdd drilio os yn bosibl, a gellir pennu dyfnder y twll drwy addasu stop ar y dril. Fel rheol, bydd angen allwedd crafanc i agor/cau'r grafanc wrth newid ebillion. Mae gard diogelwch o gwmpas y grafanc yn lleihau'r siawns y bydd gwallt y gweithredwr yn mynd yn sownd yn y grafanc sy'n troelli.

I ddrilio tyllau yn syth drwodd, mae angen darn o bren sgrap o dan y defnydd. I wneud tyllau â diamedr mawr, dylid defnyddio dril arwain llai yn gyntaf, cyn gorffen drilio â'r dril maint terfynol.

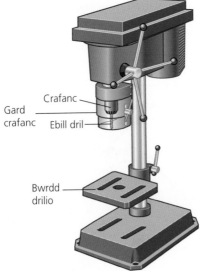

Crafanc
Gard crafanc
Ebill dril
Bwrdd drilio

Ffigur 2.69 Dril piler

Mae amrywiaeth o ebillion ar gael:
- Driliau dirdro yw'r ebillion mwyaf cyffredin ar gyfer drilio cyffredinol.
- Mae ebillion Forstner yn drilio twll â gwaelod gwastad.
- Mae ebillion gwastad yn ddefnyddiol i wneud tyllau mawr mewn pren.
- Mae llifiau twll yn ddefnyddiol i dorri tyllau â diamedr mawr iawn, hyd at tua 75mm.
- Mae torrwr côn yn drilio tyllau sy'n mynd yn lletach wrth i'r torrwr gael ei wthio'n bellach i mewn i'r gwaith.

Jigiau a ffurfwyr
I gael manylion am jigiau a ffurfwyr, gweler Pennod 4 Adran (ff).

Anffurfio/ailffurfio

Plygu polymerau
Mae polymerau thermoffurfiol fel polystyren ardrawiad uchel (HIPS: *high-impact polystyrene*) neu acrylig yn mynd yn feddal wrth gael eu gwresogi. Yna, gallwn ni eu plygu nhw i mewn i siâp o gwmpas ffurfydd a'u dal nhw yn eu lle nes iddyn nhw oeri, pan fyddan nhw'n cadw eu siâp newydd.

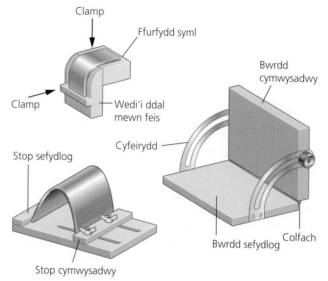

Ffigur 2.70 **Ffurfwyr plygu llinell**

Clamp

Ffurfydd syml

Clamp

Wedi'i ddal mewn feis

Bwrdd cymwysadwy

Cyfeirydd

Stop sefydlog

Colfach

Bwrdd sefydlog

Stop cymwysadwy

Mae **plygu llinell** (neu **wresogi stribed**) yn golygu gwresogi stribed gul o bolymer thermoffurfiol â pheiriant gwresogi stribed. Yna, gallwn ni blygu'r polymer ar yr ongl ofynnol o gwmpas ffurfydd.

Rydyn ni'n defnyddio proses **ffurfio gorchudd** ar gyfer troeon mwy. Mae llen o'r polymer thermoffurfiol yn cael ei gwresogi mewn ffwrn. Pan fydd yn feddal, caiff ei thynnu allan (gan wisgo menig gwrth-wres) a'i thaenu o gwmpas ffurfydd. Rydyn ni'n defnyddio cadach i dynnu'r polymer yn dynn yn erbyn y ffurfydd nes ei fod yn oeri.

Gweithio'n boeth/oer â metelau

Ar gyfer llawer o ddyluniadau, mae angen plygu llenni metel tenau i siâp. Gallwn ni blygu llenni bach mewn feis fainc, gan ddefnyddio morthwyl i wneud plyg siarp. Mae llawer o fathau o offer plygu metel ar gael, ac mae gan lawer o weithdai ysgol beiriant gweithio llenfetel wedi'i fowntio ar fainc sy'n gallu plygu llenfetel yn fanwl gywir at ongl ddymunol. Mae rhai o'r peiriannau hyn hefyd yn gallu torri a phwnsio tyllau, a gwasgu a rholio'r llenni metel i greu troeon llyfn.

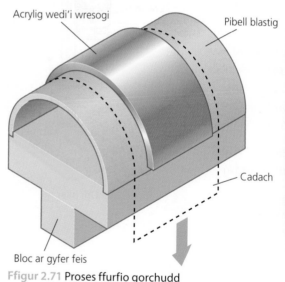

Acrylig wedi'i wresogi

Pibell blastig

Cadach

Bloc ar gyfer feis

Ffigur 2.71 **Proses ffurfio gorchudd**

Ffigur 2.72 **Peiriant plygu metel**

Mae plygu metel yn gallu achosi iddo fynd yn galed a brau. Ar gyfer plygion unigol mewn llenni tenau dydy hyn ddim fel arfer yn broblem, ond wrth blygu barrau mwy trwchus mae risg y gallai'r bar gracio ar y plyg. Gallwn ni ddileu'r risg hwn drwy wresogi'r metel a'i blygu pan mae'n boeth. Mae'r gwres yn **anelio** y metel, sy'n ei wneud yn fwy **hydwyth** (elastig). Ar ôl ei blygu, mae'r metel yn cael ei adael i oeri'n naturiol.

Castio

Mae metelau'n ymdoddi i gyflwr hylifol os ydyn ni'n eu gwresogi nhw i dymheredd uchel. Gallwn ni arllwys metelau tawdd i mewn i fowldiau a gadael iddyn nhw oeri, ac wedyn tynnu'r rhan fetel solet allan. Enw'r broses hon yw castio.

Mae gan bres a dur ymdoddbwynt uchel iawn (1000°C ac uwch), sy'n llawer rhy uchel i'w gyflawni mewn ysgolion. Mae alwminiwm yn toddi ar 660°C, ac mae gan rai ysgolion y cyfarpar i wneud castinau alwminiwm. Mae hwn yn dal i fod yn dymheredd peryglus o uchel, fodd bynnag.

Mae piwter yn fetel defnyddiol i'w gastio mewn ysgolion. Yn draddodiadol, mae piwter yn aloi o dun a phlwm (mewn piwter modern, mae copr ac antimoni yn cael eu defnyddio yn lle'r plwm – gweler y gyfarwyddeb RoHS yn Adran (e) o'r bennod hon). Mae piwter yn ymdoddi ar tua 230°C drwy ei wresogi mewn lletwad gan ddefnyddio chwythlamp, neu mewn tawddlestr trydan. Mae'r mowld ar gyfer castin piwter yn gallu cael ei wneud o MDF, pren haenog, plastr Paris neu hyd yn oed cardbord. Yn yr ysgol, mae'r mowldiau hyn yn aml yn cael eu dylunio ar feddalwedd CAD ac yna eu torri gan ddefnyddio peiriant melino CNC neu dorrwr laser. Mae'r mowld yn cael ei wneud mewn dau hanner sy'n cael eu clampio at ei gilydd.

Ffigur 2.73 Castio piwter

Ar ôl tynnu'r castin, mae'r sbriw (y darn lle cafodd y mowld ei lenwi) yn cael ei dorri i ffwrdd â haclif, ac mae'r castin yn cael ei orffennu â ffeiliau a phapur llyfnu gwlyb a sych i roi arwyneb llyfn, sgleiniog.

Drilio
Mae manylion am ddrilio o dan Gwastraff/ychwanegiad ar dudalen 83.

Ffurfio â gwactod
Mae llenni tenau o HIPS (neu acrylig) yn gallu cael eu ffurfio i siapiau cymhleth drwy **ffurfio â gwactod**. Mae ffurfydd o'r siâp gofynnol yn cael ei wneud o unrhyw ddefnydd sy'n gallu gwrthsefyll gwres y broses ffurfio. Bydd angen meddwl yn ofalus am siâp y ffurfydd i sicrhau y bydd yn dod yn rhydd o'r polymer wedi'i fowldio yn rhwydd er mwyn cael ei ailddefnyddio. Mae ymylon y ffurfydd yn tapro tuag at y top gydag ongl ddrafft, ac mae corneli siarp yn cael eu gwneud yn grwn fel nad ydyn nhw'n mynd drwy'r llen polymer meddal. I wneud ffurfiau dwfn (deep 'draws'), efallai y bydd angen drilio tyllau awyru drwy'r ffurfydd.

Mae Ffigur 2.75 yn dangos y broses. Cyn gynted â bod y llen polymer yn boeth ac yn feddal, mae'r ffurfydd yn cael ei godi ac mae pwmp aer yn cael ei ddefnyddio i dynnu'r aer sydd o dan y llen. Yna, mae gwasgedd yr aer ar ben y llen yn pwyso'r polymer meddal o gwmpas y ffurfydd. Ar ôl iddo oeri, mae'r ffurfydd yn cael ei dynnu a chaiff ffurf y polymer ei dorri allan o'r llen.

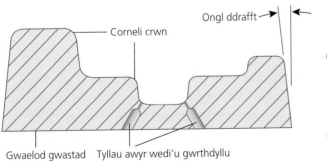
Ffigur 2.74 Ffurfydd ar gyfer ffurfio â gwactod

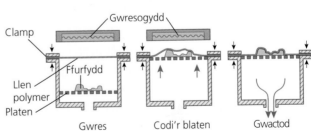
Ffigur 2.75 Y broses ffurfio â gwactod

Torri â laser

Peiriannau gweithgynhyrchu 2D yw torwyr laser ac maen nhw'n torri ac yn ysgythru amrywiaeth o ddefnyddiau llen tenau fel polymer, llenni pren, cerdyn, tecstilau, ac ati. Mae torwyr laser yn gweithio drwy losgi ac anweddu'r defnydd. Maen nhw'n ddefnyddiol ac yn boblogaidd dros ben mewn ysgolion, ond mae angen gwneud llawer o addasiadau er mwyn cael canlyniadau da:

- Mae angen i bŵer y laser a'r cyflymder torri gyd-fynd â thrwch a math y defnydd.
- Mae angen i'r paladr laser fod wedi'i ffocysu ar arwyneb uchaf y defnydd.
- Mae'n rhaid i'r llenddefnydd fod yn gwbl wastad ar draws ei arwyneb cyfan.
- Mae'n rhaid cadw'r system ddrych sy'n cyfeirio'r paladr laser at y defnydd yn lân ac mewn aliniad.

Does dim rhaid clampio'r defnydd pan mae'n cael ei dorri. Mae torrwr laser yn cynhyrchu ymyl orffenedig dda iawn wrth dorri'r rhan fwyaf o bolymerau.

Argraffu 3D

Mae argraffu 3D yn agor cyfleoedd dylunio unigryw ac yn datrys rhai o'r problemau sydd gan fathau eraill o weithgynhyrchu. Mae dyluniad wedi'i argraffu mewn 3D yn dechrau â model CAD 3D. Yna mae'r argraffydd yn adeiladu'r gwrthrych 3D drwy osod llawer o haenau 2D. Polymer yw'r defnydd argraffu fel rheol (acrylonitril bwtadeuen styren (ABS) neu asid polylactig (PLA)), ond mae hefyd yn gallu bod yn fetel, ceramig neu hyd yn oed bwyd.

Mae technoleg argraffu 3D yn gallu cynhyrchu darnau soffistigedig mewn oriau am gost isel iawn. Mae hyn yn ddefnyddiol wrth gynhyrchu darnau o brototeipiau, ond mae hefyd yn ddelfrydol i greu dyluniadau unigryw, ar archeb.

Turn i droi defnyddiau

Rydyn ni'n defnyddio turn i gynhyrchu darnau silindrog. Mae'r defnydd yn cael ei glampio mewn crafanc a'i gylchdroi'n gyflym. Yna, mae offer torri'n cael eu defnyddio ar arwyneb y defnydd sy'n cylchdroi i gynhyrchu'r siâp sydd ei angen. Gallwn ni gynhyrchu cydrannau fel siafftiau gyrru, olwynion, coleri, byliau ac ati ar durn. Ar durn metel, mae'r offer torri wedi'u clampio mewn post erfyn (*tool stock*) ac yn cael eu symud ag olwynion llaw. Ar durn pren, mae'r offer torri'n cael eu dal â llaw fel rheol.

Turn neu beiriant melino i dorri defnyddiau

I gael manylion am sut i ddefnyddio'r turn a pheiriannau melino, gweler Pennod 4 Adran (g).

Cydosod a chydrannau

Dulliau uno defnyddiau dros dro

Nytiau, bolltau a sgriwiau

Defnyddir y cydrannau hyn i ddal dau ddarn at ei gilydd yn fecanyddol.

Mae bollt yn ffasnydd ag edau ynddo sy'n llithro drwy dwll mewn dau ddarn, ac yna mae nyten yn cael ei sgriwio ar y bollt a'i thynhau i wasgu'r darnau at ei gilydd. Yn aml byddwn ni'n rhoi wasier o dan y nyten i wasgaru'r gwasgedd dros arwynebedd mwy, er mwyn atal difrod i'r arwyneb. Mae bolltau'n cael eu labelu yn ôl eu diamedr a'u hyd, e.e. mae gan follt M6×25 ddiamedr 6mm a hyd 25mm. Wrth ddefnyddio nyten a bollt, mae angen drilio **twll cliriad** drwy'r ddau ddarn. Bydden ni'n defnyddio dril 6mm i wneud twll cliriad ar gyfer bollt M6. Fel arfer, yr unig ddarn o'r bollt sydd ag edau yw'r darn lle caiff y nyten ei sgriwio.

Bolltau ag edau yr holl ffordd ar eu hyd yw sgriwiau peiriant. Pwrpas sgriw beiriant yw cael ei rhoi mewn twll ag edau ynddo ymlaen llaw mewn darn metel. I dorri edau sgriw i mewn

TGAU Dylunio a Thechnoleg CBAC

i dwll mewn metel, rydyn ni'n defnyddio celfi tapio, fel y rhai yn Ffigur 2.76. Yn gyntaf, mae **twll tapio** yn cael ei ddrilio yn y metel, â diamedr sy'n llai na'r edau gofynnol. Yna, mae'r tapiau'n cael eu sgriwio'n araf i mewn i'r twll, ac maen nhw'n torri'r edau i mewn i ochrau'r twll. Mae tri thap yn cael eu defnyddio'n aml: tap tapr, yna ail dap a thap plwg ar gyfer tyllau dall sydd ddim yn mynd yr holl ffordd drwy'r darn. Yn ei dro mae pob tap yn torri ychydig bach yn ddyfnach i mewn i'r metel na'r un o'i flaen.

Gall sgriwiau hunandapio dorri eu hedau eu hunain i mewn i lenfetel denau. Mae'r darn metel cyntaf yn cael ei ddrilio â thwll cliriad fel bod yr edau sgriw'n mynd drwodd. Mae'r ail ddarn yn cael ei ddrilio â **thwll arwain** â diamedr addas sydd ychydig bach yn llai, fel bod y sgriw'n torri ei ffordd i mewn i'r twll. Mae sgriwiau hunandapio'n gyfleus am eu bod nhw'n osgoi'r angen i dapio edau i mewn i ddarn, neu i sgriwio nyten ar ben bollt.

Rydyn ni'n defnyddio sgriwiau pren mewn ffordd debyg i sgriwiau hunandapio. Mae twll arwain yn hanfodol er mwyn peidio â hollti'r pren pan fydd y sgriw'n mynd i mewn.

Mae Tabl 2.3 yn dangos amrywiaeth o fathau o folltau a sgriwiau.

Ffigur 2.76 Set o dapiau ar gyfer torri edau sgriw

GEIRIAU ALLWEDDOL

Twll tapio Twll i sgriwio offer tapio i mewn iddo i dorri edau.

Twll arwain Twll i sgriw dorri ei edau ei hun ynddo.

Math o follt	Delwedd	Cymwysiadau
Bolltau pen hecsagonal		Yn cael eu defnyddio mewn peiriannau ac ar gyfer adeiladu. Yn gallu bod ag edau llawn neu rannol. Yn cael eu tynhau â sbaner neu soced.
Sgriwiau peiriant		Yn cael eu defnyddio ar gyfer peiriannau, adeiladu a chynhyrchion ac offer y cartref. Edau llawn. Yn cael eu tynhau â thyrnsgriw pen fflat neu ben croes.
Sgriwiau llenfetel		Wedi'u dylunio i gael eu gyrru'n syth i mewn i lenfetel. Edau garw'n 'gafael' yn y twll yn y llenddur. Yn cael eu galw'n 'hunandapwyr' yn aml.
Sgriwiau soced		Tebyg i sgriwiau peiriant ond â soced hecsagonal fewnol i'w tynhau ag allwedd Allen.

Tabl 2.3 Bolltau a sgriwiau

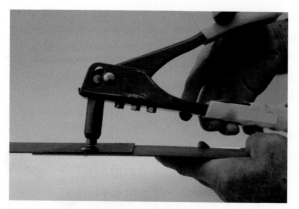
Ffigur 2.77 Defnyddio gwn rhybedion pop

Dulliau i uno defnyddiau'n barhaol
Rhybedion pop

Mae rhybedion pop yn ddull cyflym a hawdd o uno dau lenddefnydd yn fecanyddol. Mae twll cliriad yn cael ei ddrilio drwy'r ddwy len, yna mae gwn rhybedion pop yn cael ei ddefnyddio i roi rhybed i mewn a thynnu'r llenni at ei gilydd.

Adlynion

Mae adlynion yn darparu bond cemegol parhaol rhwng dau arwyneb. Mae'n bwysig dewis yr adlyn cywir ar gyfer y defnyddiau sy'n cael eu defnyddio. Er mwyn i adlynion weithio'n effeithiol, mae'n rhaid i'r arwynebau fod yn lân ac mae'n rhaid clampio'r uniad nes bod yr adlyn yn caledu.

Gallwn ni ddefnyddio adlynion i fondio defnyddiau tebyg neu wahanol, cyn belled â'n bod ni'n defnyddio'r adlyn cywir. Mae rhai polymerau'n anodd eu huno ag adlynion.

Adlyn	Cymhwysiad
PVA	Ar gyfer pren a cherdyn.
Gorilla Glue®	Tebyg i PVA ond yn cynnwys resin, sy'n golygu y gallwn ni ei ddefnyddio ar amrywiaeth o ddefnyddiau. Yn caledu'n gyflymach na PVA.
Toddiant poeth	Yn cael ei ddefnyddio gyda gwn glud. Adlyn pwrpas cyffredinol, ond mae'n flêr ac anaml mae'n rhoi bond cryf.
Adlyn cyswllt	Mae haen denau'n cael ei thaenu ar y ddau arwyneb a'i gadael i sychu. Pan fydd yr arwynebau'n dod i gysylltiad â'i gilydd, maen nhw'n bondio ar unwaith. Defnyddiol ar amrywiaeth o ddefnyddiau.
Tensol	Hydoddydd sy'n cael ei ddefnyddio i 'weldio' arwyneb rhai polymerau, yn enwedig acrylig.
Resin epocsi	Adlyn dwy ran. Ar ôl cymysgu'r ddwy ran, bydd yr adlyn yn caledu ymhen ychydig o funudau. Eithriadol o gryf a bydd yn bondio'r rhan fwyaf o ddefnyddiau.

Tabl 2.4 Mathau o adlynion a ffyrdd o'u defnyddio nhw

Sodro

Sodro meddal yw'r prif ddull sy'n cael ei ddefnyddio i lynu cydrannau yn fecanyddol wrth fwrdd cylched. Sodro gwael neu fethiant uniad sodro sy'n achosi'r mwyafrif helaeth o ddiffygion mewn systemau electronig.

Roedd sodr meddal yn draddodiadol yn aloi o blwm a thun, ond o ganlyniad i'r gyfarwyddeb RoHS (gweler Adran (e) y bennod hon) mae'r rhan fwyaf o sodr nawr yn ddi-blwm, ac yn cynnwys tun, copr ac arian. Mae sodr meddal yn ymdoddi ar tua 200°C.

Mae sodro wrth adeiladu offer electronig bach yn cael ei wneud â llaw gan ddefnyddio haearn sodro. Mae darn bach poeth ar ben yr haearn sodro er mwyn cyfeirio'r gwres i'r union le mae ei angen. Mae'r sodr ar ffurf gwifren denau â chraidd o fflwcs, sef cemegyn glanhau sydd ei angen i sicrhau bod y sodr yn glynu'n effeithiol wrth ddau ddarn yr uniad.

Presyddu a weldio

Mae presyddu'n debyg i sodro ond yn cael ei wneud ar dymheredd llawer uwch, dros 450°C, gan ddefnyddio chwythlamp. Gall uno metelau sydd ag ymdoddbwyntiau gwahanol, fel dur, alwminiwm, copr a phres. Mae aloi metel llenwi sy'n cynnwys pres yn cael ei doddi i mewn i'r uniad a'i adael i oeri, ac yna mae'n ymsolido ac yn bondio'r metelau at ei gilydd. Mae presyddu'n creu uniad cryfach na sodro.

Ffigur 2.78 Presyddu

Mae sodro arian (neu sodro caled) yn debyg i bresyddu. Mae'n cael ei wneud ar dymheredd uchel gan ddefnyddio aloi metel llenwi sy'n cynnwys arian. Mae'r broses yn aml yn cael ei defnyddio i wneud gemwaith sy'n cynnwys metelau gwerthfawr.

Weldio yw'r ffordd gryfaf o uno metelau tebyg â'i gilydd. Mae weldio'n toddi'r metelau eu hunain ac yn eu hasio nhw at ei gilydd, gan eu gwneud nhw'n un darn.

Gosod cylchedau dros dro a pharhaol i gydosod ac amddiffyn cydrannau

Mae angen i gydrannau electronig, byrddau cylched brintiedig a batrïau gael eu dal yn sownd mewn cynnyrch. Mae cydrannau trwm fel batrïau'n gallu achosi llawer o ddifrod i ddarnau eraill os ydyn nhw'n symud o gwmpas y tu mewn i gasin y cynnyrch, ac mae cylchedau byr yn gallu digwydd os yw darnau'n cyffwrdd â'i gilydd. Bydd cynnyrch sydd wedi'i ddylunio'n dda yn rhoi sylw i'r materion hyn yn ystod cyfnodau cynnar y dyluniad.

Mae dulliau a thechnegau ar gyfer mowntio byrddau cylched brintiedig a chydrannau'n cael sylw ym Mhennod 6 Adran (c).

PWYNTIAU ALLWEDDOL

- Mae'n hanfodol marcio defnyddiau yn fanwl gywir cyn eu torri nhw.
- Rydyn ni'n defnyddio amrywiaeth o gelfi llaw a pheiriant i dorri, siapio a drilio defnyddiau gwahanol.
- Gallwn ni ddefnyddio amrywiaeth o ddulliau i anffurfio/ailffurfio polymerau.
- Mae metelau'n fwy hydwyth i'w hanffurfio pan maen nhw'n boeth.
- Gallwn ni gastio metelau i greu siâp.
- Mae torri â laser ac argraffu 3D yn ddwy broses CAM sy'n arwain at gyfleoedd dylunio unigryw.
- Rydyn ni'n defnyddio turn i greu darnau silindrog.
- Gallwn ni uno defnyddiau dros dro drwy ddefnyddio nytiau, bolltau a sgriwiau.
- Gallwn ni wneud uniadau parhaol drwy ddefnyddio rhybedion, adlynion, sodro, presyddu a weldio.

GEIRIAU ALLWEDDOL

Hunan-orffennu Arwyneb lle nad oes angen mwy o driniaeth i'w amddiffyn nac i wella sut mae'n edrych.

Paent preimio Y gorffeniad cyntaf sy'n cael ei ddefnyddio i fondio â'r arwyneb i helpu adlyniad cotiau pellach.

Ocsidio Adwaith cemegol â'r aer sy'n newid arwyneb y defnydd.

(ng) Triniaethau a gorffeniadau arwyneb priodol y gellir eu rhoi at ddibenion swyddogaethol ac esthetig

Gorffeniadau arwyneb sy'n cael eu rhoi ar ddyfeisiau electronig at ddibenion swyddogaethol neu esthetig

Mae rhai defnyddiau'n **hunan-orffennu**, sy'n golygu nad oes angen gorffeniad arwyneb ychwanegol. Mae'r rhan fwyaf o bolymerau'n perthyn i'r categori hwn. Mae gan acrylig a pholysteren ardrawiad uchel (HIPS) arwyneb gorffenedig o ansawdd uchel sy'n gwrthsefyll dŵr.

Mae angen rhoi rhyw fath o orffeniad ar ddur i'w amddiffyn rhag rhydu, sy'n digwydd oherwydd cyfuniad o leithder ac ocsigen. Os nad yw estheteg yn bwysig gallai ffilm denau o olew, wedi'i thaenu dros arwyneb y dur â chadach, fod yn ddigon i'w amddiffyn. Ffordd well o orffen dur yw ei beintio. I beintio dur mae angen ei lanhau, yna rhoi cot o **baent preimio**, ac yna ddwy neu fwy o gotiau o'r lliw dymunol. Gallwn ni roi paent â brwsh neu ei chwistrellu. Gallwn ni roi cot o lacr ar y dur ar ôl ei breimio a'i beintio.

Does dim angen amddiffyn alwminiwm a phres rhag lleithder oherwydd dydyn nhw ddim yn rhydu. Maen nhw'n dal i **ocsidio**, fodd bynnag, sy'n achosi i'r metel golli rhywfaint o'i apêl esthetig. Am y rheswm hwn, mae'r metelau hyn yn aml yn cael eu llathru nes eu bod nhw'n sgleinio cyn rhoi cot o lacr clir arnynt. Mae'r lacr yn amddiffyn rhag ocsidiad ond yn gadael i liw naturiol y metel ddangos drwodd. Gallwn ni greu gorffeniad arbennig o ddeniadol drwy frwsio alwminiwm â brwsh gwifrau main, cyn rhoi cot o lacr arno.

Mae angen rhoi gorffeniad ar bren cyn ei ddefnyddio yn yr awyr agored neu yn rhywle lle bydd yn dod i gysylltiad â lleithder. Gallwn ni roi cadwolyn ar bren, sef triniaeth gemegol i arafu pydredd biolegol. Gallwn ni hefyd roi paent ar bren. Yn gyntaf mae angen sandio'r pren nes ei fod yn llyfn, ac yna rhoi cot o baent preimio. Rydyn ni'n rhoi mwy o gotiau arno nes cael y lliw sydd ei angen. Mae angen sandio'r pren yn ysgafn rhwng cotiau i sicrhau gorffeniad esthetig da.

Ar gyfer dyfeisiau electronig, mae'n bosibl y bydd angen ystyried materion eraill yn ogystal â gorffeniadau defnyddiau cyn y bydd y cynnyrch yn addas i'r pwrpas dan sylw.

Er enghraifft, efallai y bydd angen cynhyrchu cyfarwyddiadau i ddefnyddwyr. Mae'r rhan fwyaf o ddefnyddwyr yn hoffi cynnyrch sy'n gyfeillgar ac yn hawdd ei ddeall a'i ddefnyddio, ond efallai y bydd angen cyfarwyddiadau neu wybodaeth ddiogelwch am y cynnyrch serch hynny. Ffordd dda o ddechrau ysgrifennu cyfarwyddiadau i ddefnyddwyr yw gofyn i nifer o ddefnyddwyr brofi'r cynnyrch heb gyfarwyddiadau a chanfod lle mae angen help neu arweiniad. Mae defnyddio lluniau a diagramau'n tueddu i wneud cyfarwyddiadau'n llawer cliriach.

Os oes gan y cynnyrch reolyddion neu ddangosyddion o unrhyw fath (gan gynnwys switsh ymlaen/i ffwrdd) dylid labelu'r rhain. Ystyriwch ddefnyddio eiconau yn lle geiriau i labelu rheolyddion. Ar fwlyn sy'n troi (e.e. rheolydd lefel sain) bydd angen marciau graddfa, efallai o 0 i 10. Mae Ffigur 2.79 yn dangos enghraifft o banel rheoli wedi'i labelu.

Ffigur 2.79 Labelu syml ar banel rheoli

Mae hunaniaeth cynnyrch yn cael ei chreu drwy enwi'r cynnyrch a'i frandio â logo. Meddyliwch am faint o frandiau gallwch chi eu hadnabod ar unwaith yn ôl eu logos!

Mae Pennod 6 Adran (ch) yn trafod technegau ymarferol i labelu paneli mewn cynhyrchion electronig.

Mae rhai byrddau cylched brintiedig yn cael eu defnyddio mewn amodau eithafol ac mae angen gorffeniad arbennig ar y rhain i'w hamddiffyn rhag tymereddau uchel/isel, lleithder neu ddirgryniad. Mae'r PCB sydd wedi'i gydosod mewn peiriant golchi domestig, er enghraifft, yn aml yn cael ei orchuddio â resin epocsi clir i atal lleithder rhag cyddwyso ar y traciau ac achosi cylchedau byr.

Ffigur 2.80 Araenu olwyn aloi â phowdr

Yn y diwydiant moduron, mae'n gyffredin i PCB mewn modiwl injan drydanol fod wedi'i orchuddio'n llwyr â resin i'w amddiffyn rhag lleithder a baw, a hefyd i atal dirgryniadau rhag difrodi'r uniadau sydd wedi'u sodro. Cyn gynted â bod y resin wedi caledu, bydd y cydrannau wedi'u dal yn sownd yn eu lle ac yn methu dirgrynu. Mae gorchuddio cylched â resin yn golygu na allwn ni fynd at y PCB, felly os yw nam yn datblygu bydd angen modiwl cyfan newydd.

Araenau powdr a pholymer ar fetelau

Mae araenu â phowdr yn ddewis arall yn hytrach na pheintio arwyneb metel. Yn gyntaf, mae'r metel yn cael ei lanhau'n drwyadl, fel rheol drwy ei siotsgwrio (*shot-blasting*). Yna, mae powdr lliw sych, wedi'i wneud o bolymer polywrethan, polyester, epocsi neu acrylig, yn cael ei chwistrellu ar arwyneb y darn metel. Mae gwefrau trydanol dirgroes yn cael eu rhoi ar y metel a'r gwn paent, fel bod y gronynnau powdr yn cael eu hatynnu at y metel ac yn glynu ato mewn haen wastad.

Ffigur 2.81 Sbaner wedi'i drocharaenu

Yna, mae'r darn sydd wedi'i araenu â phowdr yn cael ei bobi mewn ffwrn ar 200°C nes bod y powdr polymer yn **ymdoddi**, yn asio ac yn ffurfio araen wastad, lyfn. Ar ôl iddi oeri, mae'r araen yn wydn dros ben ac yn rhoi gorffeniad esthetig da iawn.

Mae llawer o araenu â phowdr yn cael ei ddefnyddio ar offer domestig fel peiriannau golchi ac oergelloedd, ar fframiau beiciau ac ar olwynion aloi ceir.

> ## GAIR ALLWEDDOL
> **Ymdoddi** Toddi gronynnau powdr a'u huno nhw mewn haen wastad.

GAIR ALLWEDDOL

Baddon llifol Powdr awyrog sy'n llifo fel hylif.

Mae trocharaenu yn broses debyg i araenu â phowdr. Rydyn ni'n defnyddio **baddon llifol** o bowdr polymer lliw. Yn y 'baddon' hwn, mae aer yn cael ei chwythu'n ysgafn drwy'r powdr polymer i wneud iddo edrych ac ymddwyn fel hylif. Mae'r metel yn cael ei wresogi i tua 350°C ac yna mae'r metel poeth yn cael ei drochi yn y baddon powdr llifol. Mae'r polymer yn ymdoddi ac yn asio â'r metel poeth.

Mae'r darn metel yn cael ei dynnu o'r baddon a'i adael i oeri, gan adael araen bolymer wydn a deniadol sydd hefyd yn amddiffyn y metel. Weithiau byddwn ni'n trocharaenu handlenni celfi i roi gorffeniad sydd ddim yn llithrig.

Gweithgaredd

Dewch o hyd i enghreifftiau o gynhyrchion wedi'u haraenu â phowdr ac wedi'u trocharaenu yn eich cartref neu yng ngweithdy'r ysgol, a thynnwch ffotograffau ohonynt.

PWYNTIAU ALLWEDDOL

- Mae rhai defnyddiau'n hunan-orffenedig sy'n golygu nad oes angen trin yr arwyneb ymhellach.
- Mae angen gorffennu rhai defnyddiau i'w hamddiffyn nhw rhag ocsidio neu ddiraddio.
- Mae gorffeniadau ar gyfer metelau'n cynnwys olew, paent neu lacr.
- Gallwn ni drin pren yn gemegol â chadwolyn, ac yna ei beintio.
- Gallwn ni araenu metelau â phowdr, neu eu trocharaenu, mewn amrywiaeth o liwiau.

Angen gwybod

1 a Lluniadwch ddiagram system, yn seiliedig ar ficroreolydd, ar gyfer larwm lladron sy'n seinio seiren am 15 eiliad pan fydd paladr golau'n cael ei dorri. Yna lluniadwch ddiagram cylched llawn a rhaglen siart llif.

b Mewn peiriant diwydiannol i garpio gwastraff gardd, mae angen system yrru i drosglwyddo allbwn cylchdro'r peiriant i'r mecanwaith carpio drwy bellter o 600mm. Mae angen cymhareb cyflymder o 3 o'r mecanwaith. Brasluniwch ddau ddyluniad posibl i system o'r fath.

c Disgrifiwch ddwy ffordd y gall dylunydd wneud cynnyrch sy'n haws ei ailgylchu ar ddiwedd ei oes.

2 Esboniwch y technegau mae gwneuthurwyr yn eu defnyddio i wneud fersiynau bach iawn o gynhyrchion electronig.

3 Enwch dri o bob un o'r mathau canlynol o ddefnyddiau:
   a Metel fferrus
   b Metel anfferrus
   c Polymer thermosodol
   ch Polymer thermoffurfiol.

4 Lluniadwch ddiagram pin-allan ar gyfer pecyn DIL 14-pin, gan labelu rhifau'r pinnau a dangos sut mae adnabod pin 1. Rhestrwch dair ffurf stoc o blastig sydd ar gael yn adran Dylunio a Thechnoleg eich ysgol.

5 Disgrifiwch y gwahaniaethau allweddol rhwng swp-gynhyrchu a masgynhyrchu.

6 Disgrifiwch sut i farcio petryal 100 × 150mm yn fanwl gywir ar ddarn o bren haenog. Disgrifiwch sut gallech chi wedyn dorri'r petryal hwn. Disgrifiwch dair proses i siapio plastigion yn adran Dylunio a Thechnoleg eich ysgol. Esboniwch lle gallai'r adlynion canlynol gael eu defnyddio: PVA, Tensol, resin epocsi.

7 Disgrifiwch sut i roi gorffeniad addas ar ddur i'w ddefnyddio yn yr awyr agored.

1   a   Enwch, a lluniadwch y symbol cylched ar gyfer, y gydran electronig sy'n synhwyro newid
        yn lefel y golau.   [2 farc]
    b   Esboniwch y gwahaniaeth rhwng maint digidol a maint analog.   [2 farc]
    c   Mae diagram system ar gyfer tegell trydan i'w weld isod:

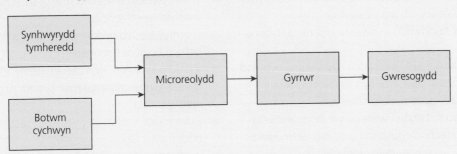

        Esboniwch sut mae adborth yn cael ei ddefnyddio yn y system hon i ddiffodd y gwresogydd pan
        fydd y dŵr yn cyrraedd 100°C.   [4 marc]

2   Mae datblygiadau technoleg modern wedi arwain at gynnydd mewn defnyddiau clyfar.
    a   Diffiniwch y term 'defnydd clyfar'.   [1 marc]
    b   Esboniwch sut mae microfewngapsiwleiddio o fudd i'r diwydiant meddygol. Rhowch enghreifftiau
        i helpu i esbonio eich ateb.   [3 marc]
    c   Esboniwch sut mae natur yn cefnogi datblygiad ffabrigau newydd.   [3 marc]

3   Mae brwsh dannedd trydan yn cael ei ddatblygu, wedi'i reoli gan ficroreolydd. Botwm gwthio yw'r
    is-system fewnbynnu, a modur trydan yw'r allbwn. Pan fydd y defnyddiwr yn pwyso'r botwm, bydd y
    modur yn troi ymlaen ar fuanedd llawn. Mae pwyso'r botwm eto'n arafu'r modur i hanner y buanedd.
    Mae ei bwyso am y trydydd tro yn diffodd y modur, ac mae'r gylchred yna'n ailadrodd.
    Lluniadwch raglen siart llif i gyflawni'r gweithrediad hwn.   [6 marc]

4   a   Mae mudiant cylchdro yn un math o fudiant sydd i'w gael mewn mecanweithiau. Enwch ddau fath
        arall o fudiant, a rhowch enghreifftiau ohonynt.   [4 marc]
    b   Brasliniwch ddiagram wedi'i labelu o fecanwaith cranc a llithrydd a nodwch y trawsnewidiad mudiant
        sy'n digwydd yn y mecanwaith hwn.   [3 marc]
    c   Nodwch ddau wahaniaeth gweithredol rhwng trosglwyddo mudiant cylchdro gan ddefnyddio trên
        gêr syml a mecanwaith gyriant belt.   [2 farc]

5   Mae clo drws cyfunol electronig yn cael ei ddatblygu. Mae tri botwm, A, B ac C, yn cynhyrchu rhesymeg 1
    wrth gael eu pwyso. Mae angen i'r clo, sy'n cael ei weithredu gan solenoid, agor dim ond pan fydd
    botymau A ac C yn cael eu pwyso â'i gilydd.
    a   Lluniadwch ddiagram cylched o adwyon rhesymeg fydd yn rhoi allbwn ISEL dim ond pan fydd botymau
        A ac C yn cael eu pwyso.   [4 marc]
    b   Disgrifiwch pam mae angen gyrrwr MOSFET i ryngwynebu'r gylched resymeg â solenoid.   [2 farc]
    c   Esboniwch y gwahaniaeth gweithredol rhwng solenoid a modur.   [2 farc]

6   Mae myfyrwyr eisiau adeiladu adeiledd gan ddefnyddio hydoedd o farrau
    metel gwastad o'r math sydd i'w weld gyferbyn.
    Mae'r myfyrwyr yn gweld nad yw'r bar yn ddigon anhyblyg.
    a   Brasliniwch dri thrawstoriad metel stoc arall fyddai'n fwy
        anhyblyg.   [3 marc]

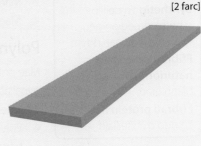

    b   Defnyddiwch frasluniau a nodiadau i ddangos sut mae mantais
        fecanyddol mewn system lifer yn dibynnu ar safle'r ffwlcrwm.   [4 marc]
    c   Cymharwch ddefnyddio system gêr befel a system gyriant
        cripian wrth drosglwyddo cyfeiriad siafft yrru drwy 90°.   [3 marc]

Pennod 3
Gwybodaeth a dealltwriaeth fanwl:
Ffasiwn a thecstilau

Amcanion dysgu

Erbyn diwedd y bennod hon, dylech chi fod wedi datblygu gwybodaeth a dealltwriaeth am y canlynol:

- ffynhonnell a phriodweddau gweithio ffibrau a ffabrigau tecstilau
- y prif ddulliau adeiladu a ddefnyddir i gynhyrchu edafedd a ffabrigau tecstilau a sut mae hyn yn effeithio ar sut maen nhw'n cael eu defnyddio'n derfynol
- sut gellir cyfuno ffabrigau i wella eu swyddogaethedd
- y datblygiadau technolegol o ran tecstilau technegol a chlyfar a sut rydyn ni'n eu defnyddio nhw
- sut a pham rydyn ni'n atgyfnerthu rhai ffabrigau
- y prosesau ar gyfer gorffennu defnyddiau ac ychwanegu triniaethau arwyneb at ddibenion penodol
- rôl dylunwyr mewn perthynas â'r amgylchedd
- ôl troed ecolegol a chymdeithasol y diwydiant ffasiwn a thecstilau

- yr amrywiaeth o ffurfiau stoc sydd ar gael yn rhwydd wrth ddewis ffabrigau
- yr amrywiaeth o gydrannau safonol sydd ar gael i'w defnyddio gyda ffabrigau
- y raddfa a'r dulliau sy'n cael eu defnyddio ar gyfer gweithgynhyrchu a sut mae systemau gweithgynhyrchu wedi'u trefnu
- y diwydiant ffasiwn a'r gwahanol sectorau sy'n bodoli oddi mewn iddo
- yr offer a'r cyfarpar ar gyfer adeiladu cynhyrchion tecstilau
- y prosesau a'r technegau ar gyfer cynhyrchu toiles a phrototeipiau
- y dulliau sy'n sicrhau manwl gywirdeb ac effeithlonrwydd wrth weithgynhyrchu
- triniaethau arwyneb y gellir eu rhoi ar ffabrigau tecstilau at ddibenion swyddogaethol ac esthetig.

(a) Ffibrau naturiol, synthetig, wedi'u blendio a chymysg

Ffibrau yw'r defnyddiau crai ar gyfer tecstilau. Maen nhw'n adeileddau main iawn, tebyg i flewyn, sy'n cael eu nyddu (neu eu troelli) gyda'i gilydd i wneud edafedd. Yna mae'r edafedd hyn yn cael eu gwehyddu neu eu gwau gyda'i gilydd i greu ffabrigau tecstilau. Mae ffynhonnell pob ffibr yn pennu ei briodweddau neu nodweddion perfformiad ac yn effeithio ar sut gallwn ni ei ddefnyddio.

Un o'r penderfyniadau pwysicaf mae dylunydd tecstilau'n ei wneud yw dewis y ffabrig mwyaf addas i'r cynnyrch. Mae llwyddiant cynnyrch newydd yn dibynnu ar hyn! Mae'n bwysig eich bod chi'n deall ffibrau tecstilau a'u priodweddau, yn enwedig wrth ddadansoddi cynnyrch tecstilau neu wrth ddewis ffabrig ar gyfer tasg dylunio a gwneud.

Rydyn ni'n dosbarthu ffibrau, neu **bolymerau**, yn ôl eu ffynhonnell:

- Mae polymerau naturiol yn deillio o blanhigion ac anifeiliaid.
- Mae polymerau gwneud (neu **synthetig**) yn deillio o gemegion sy'n seiliedig ar olew.

Polymerau naturiol

Mae polymerau naturiol yn dod o blanhigion (**cellwlosig**) ac anifeiliaid (**protein**). Maen nhw'n gynaliadwy ac yn fioddiraddadwy am eu bod nhw'n deillio o ffynhonnell naturiol. Dyma'r ffynonellau ffibrau naturiol:

- Polymerau planhigyn: cotwm, lliain (llin), cywarch, jiwt, bambŵ, soia – o goesyn neu hadau'r planhigyn.

- Polymerau pryfyn: sidan – yn cael ei echdynnu o gocŵn y pryfyn sidan Mulberry.
- Polymerau anifail: gwlân – ffibr o flew neu gnu dafad; mae ffibrau gwlân eraill yn cynnwys moher (gafr), cashmir (gafr), angora (cwningen), alpaca, camel (blew), lama.

Ffibr	Priodweddau	Yn cael ei ddefnyddio ar gyfer
Cotwm	Amsugnol, cryf, oer braf i'w wisgo, yn para'n dda, yn crychu'n hawdd, llyfn, hawdd gofalu amdano, fflamadwy, yn gallu pannu	Dillad, edafedd gwnïo a gwau, dodrefn meddal, gorchuddion meddygol, dillad gwely, cynfas, cortynnau teiars ceir
Lliain	Cryf, oer braf i'w wisgo, amsugnol, yn para'n dda, yn crychu'n hawdd iawn, yn edrych yn naturiol, hawdd ei drin, fflamadwy	Dillad haf ysgafn, dodrefn meddal, llieiniau bwrdd
Cywarch	Amsugnol, anstatig, gwrthfacteria, naturiol loyw, cryf	Dillad, carpedi a rygiau, rhaffau, llenwad matresi
Jiwt	Amsugnol iawn, cryfder tynnol uchel, gwrthstatig	Bagiau, sachau, carpedi, geotecstilau, edau a chortyn, clustogwaith, dillad (i raddau llai)
Bambŵ	Meddal, main a gloyw, ddim yn achosi cosi, amsugnol, gwrthstatig, gwrth-grych, bioddiraddadwy, cryfder tynnol uchel, yn gwrthsefyll uwchfioled, gwrthficrobau	Ffrogiau, crysau, trowsusau, sanau, dillad gweithgareddau, cynfasau a chasys gobennydd
Soia	Meddal a llyfn, ysgafn, amsugnol, gloyw, gwrthgrych, gwrthbannu, gwrthsefyll uwchfioled, gwrthfacteria, bioddiraddadwy	Dillad gan gynnwys ffrogiau, cardiganau a siwmperi, dodrefn meddal
Sidan	Amsugnol, cyfforddus i'w wisgo, yn gallu bod yn oer braf neu'n gynnes i'w wisgo, cryf pan mae'n sych, llewyrch naturiol, yn crychu'n hawdd, teimlad da	Dillad moethus a lingerie, gweuwaith, dodrefn meddal
Gwlân	Cynnes, amsugnol, fflamadwyedd isel, elastigedd da, gwrth-grych, cryf, yn pannu'n hawdd	Dillad awyr agored cynnes gan gynnwys cotiau, siacedi a siwtiau, gweuwaith, dodrefn meddal gan gynnwys carpedi a blancedi

Ffigur 3.1 Mae'r hadlestr cotwm (y goden wyrdd yn y llun) yn cynnwys hadau'r planhigyn; mae'r ffibr cotwm y tu mewn i'r hadlestr, yn amddiffyn yr hadau

Tabl 3.1 Priodweddau polymerau naturiol a ffyrdd cyffredin o'u defnyddio nhw

Polymerau gwneud

Ffibrau synthetig

Mae polymerau gwneud neu synthetig yn ffibrau artiffisial sy'n deillio o olew, mwynau glo neu betrocemegion. Monomerau yw'r rhain. Mae'r monomerau'n cael eu cysylltu â'i gilydd mewn proses o'r enw polymeru, ac yna'n cael eu nyddu'n edafedd cyn cael eu gwehyddu neu eu gwau i ffurfio ffabrigau. Un o fanteision ffibrau ac edafedd synthetig yw ein bod ni'n gallu eu llunio nhw at ddibenion penodol.

Mae'r rhan fwyaf o bolymerau synthetig yn anfioddiraddadwy ac yn dod o ffynonellau anghynaliadwy. Mae Tabl 3.2 (tudalen 96) yn amlinellu'r ffibrau synthetig mwyaf cyffredin.

Ffibr	Priodweddau	Yn cael ei ddefnyddio ar gyfer
Polyester	Cryf pan mae'n wlyb ac yn sych, gwrth-fflam ond bydd yn ymdoddi, thermoffurfiol, yn para'n dda, amsugnedd gwael, gwrth-grych	Ffabrig amlbwrpas sy'n cael ei ddefnyddio mewn pob math o gynhyrchion tecstilau
Neilon (polyamid)	Cryf ac yn para'n dda, yn ymdoddi wrth losgi, thermoffurfiol, elastigedd da, amsugnedd gwael, yn gwrthsefyll cemegion a chwys	Dillad, carpedi a rygiau, gwregysau diogelwch a rhaffau, pebyll, sachau teithio
Polypropylen	Thermoffurfiol ag ymdoddbwynt isel, cryf, gwrth-grych, ddim yn amsugnol, yn gwrthsefyll cemegion, yn para'n dda a gwyn	Mae'n cael ei lunio at ddibenion penodol gan gynnwys: cefn carpedi, sachau, webin, cortyn, rhwydi pysgota, rhaffau, rhai cynhyrchion meddygol a hylendid, cysgodlenni, geotecstilau
Acrylig	Cryf ond pan mae'n wlyb, thermoffurfiol, llosgi'n araf yna'n ymdoddi, amsugnedd gwael, ynysydd da	Gweuwaith a rhai ffabrigau wedi'u gwau, cynhyrchion ffwr ffug gan gynnwys teganau, clustogwaith
Elastan, Lycra®	Elastig ac ymestynnol iawn, ysgafn, cryf ac yn para'n dda	Dillad, yn enwedig dillad nofio a dillad chwaraeon lle mae ymestynnedd, cyfforddusrwydd a ffit yn hollbwysig
Ffibrau aramid	Wedi'u llunio i fod yn gryf ac i wrthsefyll gwres, dim ymdoddbwynt, pum gwaith cryfach na neilon, yn gwrthsefyll traul, ddim yn pannu llawer, hawdd gofalu amdanynt	Dillad gwrth-fflam, dillad amddiffynnol, ategolion, arfwisg, geotecstilau, y diwydiant awyrennau, rhaffau a cheblau, cyfarpar chwaraeon risg uchel

Tabl 3.2 Priodweddau polymerau synthetig a ffyrdd cyffredin o'u defnyddio nhw

Ffigur 3.2 Mae Lycra/elastan mewn dillad chwaraeon yn aml er mwyn i'r ffabrig ffitio'n dynn i'r corff. Mae'n ymestyn ac yn adfer yn rhwydd, ac yn gyfforddus i'w wisgo. Mae'r ffabrig wedi'i wau, sy'n helpu gallu'r ffabrig i ymestyn

GEIRIAU ALLWEDDOL

Ffibr atgynyrchiedig Cellwlos planhigyn naturiol wedi'i drin â chemegion i dynnu'r ffibr allan.

Plicion cotwm Sgil gynnyrch o'r planhigyn cotwm ar ôl prosesu'r ffibr cotwm.

Microffibr Ffibr hynod o fain wedi'i lunio'n arbennig.

Ffibrau atgynyrchiedig

Mae **ffibrau atgynyrchiedig** wedi'u gwneud o gellwlos planhigion, wedi'i echdynnu o fwydion coed ewcalyptws, pinwydd neu ffawydd, a **phlicion cotwm**. Caiff hydoddiant cemegol ei ychwanegu yn ystod y broses echdynnu i wneud y ffibr atgynyrchiedig (sy'n rhannol naturiol ac yn rhannol artiffisial).

- Caiff fiscos (reion) ei echdynnu o fwydion coed a'i hydoddi mewn cemegion i wneud y ffibrau. Mae fiscos yn ffibr amlbwrpas sy'n dynwared gwead a theimlad sidan, cotwm a lliain. Mae fiscos yn gyfforddus ar y croen, yn amsugnol, yn gorwedd yn dda, yn wrthstatig, yn crychu'n hawdd ac yn fioddiraddadwy, ond nid yw'n gryf iawn nac yn dda am wrthsefyll traul. Caiff ei ddefnyddio mewn dillad gan fwyaf.

- Mae Lyocell yn enw generig ar gyfer grŵp o ffibrau sy'n deillio o gellwlos planhigion, ac yn cynnwys Tencel™. Mae'r broses o echdynnu'r mwydion coed wedi'i datblygu i fod yn fwy ecogyfeillgar, felly mae Lyocell yn un o'r ffabrigau mwyaf ecogyfeillgar. Mae'n gynaliadwy ac yn gwbl fioddiraddadwy. Mae'n gryf ond yn feddal, yn amsugnol, yn gwrthsefyll crychu ac yn gorwedd yn dda. Caiff ei ddefnyddio mewn llawer o gynhyrchion tecstilau, yn enwedig mewn dillad ond hefyd mewn rhai llieiniau i'r cartref.

- Defnyddir asetad yn aml fel dewis rhad yn lle sidan am ei loywedd a'i allu i orwedd yn dda. Mae'n casglu trydan statig, yn crychu'n hawdd ac yn fioddiraddadwy. Fe'i defnyddir mewn dillad a rhai cynhyrchion dodrefn.

Microffibrau

Mae **microffibrau** yn ffibrau synthetig main dros ben, polyester neu neilon fel rheol, sy'n llawer iawn teneuach na blewyn dynol. Gallwn ni lunio microffibrau ar gyfer nodweddion a swyddogaethau penodol. Mae ffabrigau sydd wedi'u hadeiladu o ficroffibrau yn amlbwrpas, ac mae ganddyn nhw nifer o briodweddau defnyddiol gan gynnwys cymhareb cryfder-i-bwysau ragorol, y gallu i wrthsefyll crychu, meddalwch, nodweddion gorweddiad da ac yn gallu anadlu.

Mae polyester a pholyamid (neilon) yn arbennig o dda i gynhyrchu ffibrau main, felly mae'r datblygiadau diweddar wedi canolbwyntio ar y rhain. Cynhyrchion wedi'u gwneud o ficroffibrau yw dillad chwaraeon, dillad isaf a dillad perfformiad uchel, ond mae mwy a mwy o ficroffibrau yn cael eu defnyddio drwy'r diwydiant dillad i gyd. Rydyn ni hefyd yn defnyddio microffibrau i wneud cadachau a defnyddiau ynysu. Mae'r ffibrau'n atynnu baw a llwch wrth lanhau, sy'n eu gwneud nhw'n fwy effeithlon na chadachau arferol. Wrth brintio ar ffabrigau, dydy maint y ffibr ddim yn aflunio delweddau, sy'n rhoi manylder da. Dyma rai enghreifftiau:

- Tactel®: ffibr polyamid (neilon) technoleg uwch â theimlad main a sidanaidd iawn sy'n para'n dda ac yn hawdd gofalu amdano gan iddo sychu'n gyflym. Mae'n aml yn cael ei flendio â chotwm neu liain. Fe'i defnyddir mewn dillad isaf a dillad gweithgareddau.
- Modal®: ffibr cryf ac amsugnol. Mae'n aml yn cael ei flendio â chotwm a pholyester, ac mae'r ffabrig wedi'i flendio yn addas ar gyfer dillad isaf.
- Tencel (Lyocell): fel a drafodwyd uchod.

Blendio a chymysgu ffibrau

Bydd ffibrau'n aml yn cael eu cymysgu neu eu blendio â'i gilydd i wella priodweddau'r edau neu'r ffabrig. Mae'r broses yn cyfuno priodweddau gorau pob ffibr. Dyma rai rhesymau dros flendio neu gymysgu ffibrau:

- I wella'r ansawdd, er enghraifft i wneud y ffabrig yn gryfach neu'n haws gofalu amdano.
- I wneud iddo edrych yn well, er enghraifft y gwead, y tôn neu'r lliw.
- I wella swyddogaethedd, er enghraifft i wella teimlad y ffabrig sy'n gorwedd yn well.
- I wella cost yr edafedd neu'r ffabrig, er enghraifft drwy flendio edau rad ag edau ddrud i leihau cyfanswm y gost.

Ffibrau cymysg

Rydyn ni'n cymysgu ffibrau drwy ychwanegu edafedd o ffibrau gwahanol at ei gilydd yn ystod y broses o gynhyrchu'r ffabrig. Mae'r edafedd ystof sy'n mynd ar hyd y ffabrig yn un math o edau, ac mae'r edafedd anwe sy'n cael eu cyfuno â'r edafedd ystof ar draws y ffabrig yn fath arall o edau (gweler Ffigur 3.3). Mae edafedd cotwm yn aml yn cael eu cymysgu ag elastan neu Lycra i wneud y ffabrig yn fwy elastig.

Ffibrau wedi'u blendio

Mae blend ffibrau yn cynnwys dau neu fwy o wahanol ffibrau wedi'u nyddu â'i gilydd i wneud un edau. Y blend mwyaf cyffredin yw cotwm polyester. Mae cotwm yn amsugnol, meddal a chryf, ac mae polyester yn para'n dda, yn sychu'n gyflym ac yn elastig. Mae'r priodweddau cyfunol yn creu ffabrig amlbwrpas cyffordus sy'n oer braf i'w wisgo fel cotwm ond sy'n sychu'n gyflym ac yn wrth-grych.

Mae blendiau ffibrau'n dod â gwahanol fathau o ffibrau at ei gilydd i wella swyddogaethedd, cost neu ymddangosiad y ffibrau cymysg/wedi'u blendio.

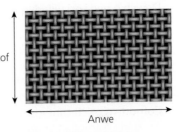

Ystof

Anwe

Ffigur 3.3 Mewn ffabrig ffibrau cymysg, byddai'r edafedd ystof (coch) yn un ffibr, fel cotwm, a'r edafedd anwe (glas) yn ffibr arall, fel polyester. Byddai'r cymysgedd ffibrau'n golygu bod gan y ffabrig briodweddau gorau'r ddau ffibr

Cymysgedd/blend	Buddion ffibr 1	Buddion ffibr 2
1 Polyester / 2 Cotwm	Cryfder, gwydnwch, yn gwrthsefyll crychu, yn gwrthsefyll staen, rhad	Teimlad, amsugnedd, oer braf i'w wisgo, cryfder, gwydnwch, gorweddiad, gwrthstatig
1 Cotwm / 2 Elastan (Lycra)	Teimlad, amsugnedd, oer braf i'w wisgo, cryfder, gwydnwch, gorweddiad, gwrthstatig	Yn gwrthsefyll crychu, ymestynnedd, elastigedd, hyblygrwydd
1 Acrylig / 2 Gwlân	Yn sychu'n gyflym, cryf, gwydn, yn gwrthsefyll cemegion, rhad	Ynysiad, elastigedd da, yn gwrthsefyll crychu, amsugnol, gorweddiad, gwrthstatig

Cymysgedd/blend	Buddion ffibr 1	Buddion ffibr 2
1 Sidan / 2 Fiscos	Cryf, gwead llyfn meddal, amsugnol, gloywedd, yn gallu bod yn gynnes neu'n oer braf i'w wisgo, yn crychu'n hawdd, drud	Amsugnol iawn, yn gorwedd yn dda, meddal, gloyw, gwrthstatig, rhad
1 Cotwm / 2 Gwlân	Teimlad, amsugnedd, oer braf i'w wisgo, cryfder, gwydnwch, gorweddiad, gwrthstatig	Ynysiad, elastigedd da, gwrth-grych, amsugnol, gorweddiad, gwrthstatig
1 Cywarch / 2 Cotwm	Cryfach na chotwm, yn gallu anadlu, yn gwrthsefyll llwydni, gwrthficrobau, yn gwrthsefyll uwchfioled, yn gwrthsefyll traul, gwydn iawn, hawdd gofalu amdano, yn crychu'n hawdd, elastigedd gwael, ddim mor feddal â ffibrau eraill	Teimlad, amsugnedd, oer braf i'w wisgo, cryfder, gwydnwch, gorweddiad, gwrthstatig
1 Cywarch / 2 Sidan	Cryfach na chotwm, yn gallu anadlu, yn gwrthsefyll llwydni, gwrthficrobau, yn gwrthsefyll uwchfioled, yn gwrthsefyll traul, gwydn iawn, hawdd gofalu amdano, yn crychu'n hawdd, elastigedd gwael, ddim mor feddal â ffibrau eraill	Cryf, gwead llyfn meddal, amsugnol, gloywedd, yn gallu bod yn gynnes neu'n oer braf i'w wisgo, yn crychu'n hawdd, drud
1 Elastan (Lycra) / 2 Gwlân	Yn gwrthsefyll crychu, ymestynnedd, elastigedd, hyblygrwydd	Ynysiad, elastigedd da, yn gwrthsefyll crychu, amsugnol, gorweddiad, gwrthstatig
1 Elastan (Lycra) / 2 Neilon	Yn gwrthsefyll crychu, ymestynnedd, elastigedd, hyblygrwydd	Cryf, yn para'n dda, elastigedd da, amsugnedd gwael, yn gwrthsefyll cemegion a chwys

Tabl 3.3 Rhai blendiau a chymysgeddau cyffredin o ffibrau a'r buddion cyfunol

Gweithgaredd

Dewch o hyd i dri dilledyn a thri math gwahanol o gynnyrch sydd wedi'u gwneud o ffabrigau tecstilau.

Ar gyfer pob cynnyrch:

- Archwiliwch y label sy'n dangos cynnwys ffibrau'r ffabrig. Ar gyfer pob cynnyrch, nodwch pam mae priodweddau pob ffibr sydd wedi'i enwi'n ei wneud yn addas i'r cynnyrch hwnnw.
- Nodwch flendiau ffibrau. Disgrifiwch briodweddau pob ffibr ac esboniwch sut mae'n gwella'r ffabrig ac felly pam mae'n ddewis addas i'r cynnyrch.

Cofnodwch eich canfyddiadau i gyd mewn tabl a chadwch y tabl i gyfeirio ato yn y dyfodol at ddibenion eich Asesiad Di-arholiad ac adolygu.

PWYNTIAU ALLWEDDOL

- Mae ffibrau naturiol yn gallu tarddu o blanhigion neu o anifeiliaid.
- Rydyn ni'n cynhyrchu ffibrau synthetig o gemegion sy'n seiliedig ar olew. Mae enghreifftiau o ffibrau synthetig yn cynnwys polyester, polyamid ac elastan.
- Mae ffibrau atgynrchiedig yn gellwlosig ond mae'r broses echdynnu yn defnyddio cemegion.
- Rydyn ni'n cymysgu neu'n blendio ffibrau gwahanol â'i gilydd fel eu bod nhw'n fwy addas i wahanol gynhyrchion ac er mwyn gwella priodweddau'r edau a/neu'r ffabrig.

Angen gwybod

1 Nodwch ddwy enghraifft o bob un o'r canlynol:
  a Ffibrau planhigyn
  b Ffibrau anifail
  c Polymerau synthetig
2 Esboniwch pam mae ffibrau atgynyrchiedig yn cael eu hystyried yn fwy ecogyfeillgar na ffibrau synthetig.

3 Esboniwch beth yw ystyr 'microffibr'.
4 Disgrifiwch yn fanwl beth yw manteision cymysgu cotwm ag elastan.
5 Esboniwch pam mae neilon yn ffibr addas i'w ddefnyddio mewn rhaff ddiwydiannol.

(b) Tecstilau wedi'u gwehyddu a heb eu gwehyddu, a thecstilau technegol

Dulliau adeiladu tecstilau

Rydyn ni'n defnyddio amrywiaeth o wahanol ddulliau i adeiladu ffabrigau, gan ddibynnu sut rydyn ni'n bwriadu eu defnyddio nhw. Y ddau brif ddull o **adeiladu ffabrigau** yw gwehyddu a gwau. Mae gan y ddau o'r rhain is-fathau.

Gwehyddu

Yn wreiddiol, roedd gwehyddu yn cael ei wneud ar wyddiau pren. Y dyddiau hyn caiff ei wneud yn bennaf ar wyddiau awtomatig diwydiannol, er bod dulliau traddodiadol yn dal i gael eu defnyddio mewn melinau gwlân annibynnol llai lle gellir creu darnau mwy traddodiadol neu ddarnau wedi'u dylunio ar archeb.

Mae ffabrigau wedi'u gwehyddu yn cael eu cynhyrchu o edafedd **ystof** ac **anwe**. Fel rheol, yr edau ystof yw'r cryfaf o'r ddwy ac mae'n mynd yn fertigol ar hyd y ffabrig. Hwn yw'r **graen union** ac mae'n baralel ag ymyl y ffabrig. Mae'r edafedd anwe yn cael eu gwehyddu'n llorweddol mewn ffurfweddiad o dan/dros – mae'r edau anwe yn mynd dros un edau ystof ac o dan yr edau ystof nesaf. Mae edafedd anwe yn mynd yn llorweddol ar draws y ffabrig, sef y **graen croes**. Y **selfais** yw ymyl y rholyn ffabrig sydd wedi'i gorffennu yn y ffatri. Mae'r selfais yn atal y ffabrig rhag rhaflo neu ddatod.

Y gwehyddiad mwyaf sylfaenol yw gwehyddiad plaen ag arwyneb llyfn ar y ddwy ochr i'r ffabrig; mae'r gwehyddiadau hyn yn gyffredinol yn cael eu hystyried yn gryf ac yn gadarn. Mae llawer o'r cynhyrchion rydyn ni'n eu gwisgo neu'n eu defnyddio bob dydd o adeiladwaith wedi'i wehyddu, er enghraifft crys ysgol polyester/cotwm, cynfasau a gorchuddion duvet cotwm, bagiau ysgol/chwaraeon polyamid (neilon). Bydd amrywiadau i drefniannau gwehyddu yn creu ffabrigau â gwahanol weadau, patrymau a chryfderau, ond mae egwyddorion gwehyddu yn aros yr un fath. Mae jîns denim, er enghraifft, wedi'u gwneud o gotwm ond â phatrwm **twil**. Mae'r gwehyddiad yn rhoi mwy o gryfder i'r ffabrig.

Mae'r edafedd ystof yn cael eu dirwyn ar yr ŵydd mewn rhesi paralel a'u hedafu drwy fframiau sy'n cynnwys stribedi plastig, pren neu fetel. Y brwydau yw'r fframiau hyn. Mae'r brwydau'n codi'r edafedd ystof i fyny, fel bod gwennol yn gallu cludo'r edau anwe drwodd. Mae'r brwydau yna'n cael eu gostwng, gan ddal yr edau anwe rhwng yr edafedd ystof. Rydyn ni'n defnyddio brwydau gwahanol i godi edafedd ystof bob yn ail bob tro mae'r wennol yn mynd heibio. O ganlyniad, mae'r edafedd ystof ac anwe'n cydgloi, gan greu ffabrig. Rydyn ni'n creu patrymau gwehyddu drwy gydosod sawl brwyd i godi edafedd ystof gwahanol ar adegau gwahanol, er bod y broses hon yn cymryd llawer o amser. Mae gwyddiau cyfrifiadurol yn caniatáu i ni greu patrymau gwehyddu cymhleth yn gyflym ac yn effeithlon.

Ffigur 3.4 Ffabrig traddodiadol wedi'i wehyddu o felin wlân Melin Tregwynt, Sir Benfro

Gwehyddiad plaen

Y gwehyddiad plaen yw'r adeiledd gwehyddu symlaf sy'n cael ei ddefnyddio amlaf, ac mae'n amlbwrpas. Mae'n bosibl cynhyrchu ffabrigau o wahanol bwysau drwy newid y bwlch rhwng yr edafedd ystof ac anwe neu drwy ddefnyddio edafedd garw, main neu weadog neu gyfuniadau o wahanol drwch. Gellir creu stribedi, patrymau siec a gwead drwy ddefnyddio edafedd ffansi neu o wahanol liwiau fel edafedd ystof ac anwe. Mae hefyd yn bosibl newid sefydlogrwydd y ffabrig gan ddibynnu pa mor agos yw'r edafedd at ei gilydd. Mae mwslin yn enghraifft gyffredin o ffabrig ysgafn gwehyddiad plaen ac iddo wehyddiad eithaf llac. Mae calico yn enghraifft gyffredin o ffabrig gwehyddiad plaen canolig i drwm sy'n fwy sefydlog oherwydd bod yr edafedd yn nes at ei gilydd. Mae neilon atal rhwyg (*ripstop*), ffabrig sydd wedi'i wehyddu'n glòs, yn enghraifft o ddefnyddio edafedd o wahanol drwch yn rheolaidd yn yr edafedd ystof ac anwe. Mae'r amrywiad yn nhrwch yr edafedd yn atgyfnerthu'r ffabrig wedi'i wehyddu.

Gall gwehyddiad tyn hefyd gynhyrchu ffabrigau gwyntglos. Er enghraifft, mae angen i farcut wrthsefyll y gwynt er mwyn hedfan. Bydd gwehyddiad tyn iawn yn atal gwynt rhag mynd drwy'r ffabrig neilon, a bydd cryfder yr edafedd neilon yn gwrthsefyll cael eu rhwygo dan wasgedd. Mae'r cyfuniad o wehyddiad tyn a phriodweddau'r ffibr yn ei wneud yn ddelfrydol i farcutiaid.

Gwehyddiad twil

Mae'r gwehyddiad twil yn hawdd ei adnabod oherwydd y llinellau sy'n mynd yn lletraws ar draws y ffabrig. Caiff ei ffurfio drwy roi'r edau anwe dros ac yna o dan yr edafedd ystof. Mae amrywiadau yn y gwehyddiad yn cynnwys ceibr a saethben. Mae adeiledd y gwehyddiad twil yn caniatáu iddo orwedd yn eithaf da. Mae gwehyddiad twil yn cynhyrchu ffabrig trymach na gwehyddiad plaen, sy'n ei wneud yn gryfach ac yn fwy gwydn. Am y rheswm hwn, rydyn ni'n aml yn defnyddio gwehyddiadau twil mewn cynhyrchion sy'n gorfod gwrthsefyll traul trwm, fel jîns denim a bagiau cynfas. Rydyn ni weithiau'n dewis gwehyddiadau twil am resymau esthetig.

Gwehyddiad satin

Mae'n hawdd adnabod y gwehyddiad satin oherwydd ei ymddangosiad llyfn, sgleiniog, gloyw, sy'n cael ei greu gan yr 'edafedd arnofiol' ar arwyneb y ffabrig – mae'r edafedd anwe yn cael eu gwehyddu o dan un edau ystof, ac yna dros o leiaf tair edau ystof. Mae hyn yn rhoi arwynebedd arwyneb mwy, sy'n adlewyrchu golau ac yn rhoi gorffeniad sgleiniog. Mae gwehyddiadau satin yn wehyddiadau gwan ac yn rhwygo'n hawdd oherwydd adeiledd yr edafedd arnofiol.

Ffigur 3.5 Adeiledd gwehyddiad plaen

Ffigur 3.6 Adeiledd gwehyddiad twil

Ffigur 3.7 Adeiledd gwehyddiad satin

CBAC TGAU Dylunio a Thechnoleg

Gwehyddiad peil

Mae gan ffabrigau gwehyddiad peil arwyneb wedi'i godi sy'n cael ei ffurfio gan gudynnau neu ddolenni sy'n sefyll i fyny. Maen nhw'n ffurfio o ganlyniad i wehyddu edau ystof ychwanegol neu edau anwe ychwanegol i mewn i'r ffabrig. Grwnd yw'r enw ar y prif ffabrig, ac mae'r edau ychwanegol yn ffurfio dolen. Gallwn ni adael hwn fel y mae, fel mewn tywel terri, neu ei dorri, fel mewn melfed.

Mae ffabrigau gwehyddiad peil yn tueddu i wisgo'n eithaf da oherwydd y trwch mae'r ddolen ychwanegol o edau'n ei greu. Mae angen bod yn arbennig o ofalus wrth weithio gyda ffabrigau gwehyddiad peil, oherwydd mae ganddyn nhw arwyneb cyfeiriadol. Mae'n bwysig gosod pob darn patrwm i'r un cyfeiriad er mwyn gwneud lliw cyson. Mae graddliwio'n digwydd wrth osod darnau patrwm i gyfeiriadau gwahanol.

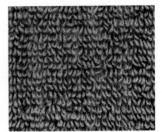

Ffigur 3.8 Arwyneb ffabrig gwehyddiad peil

Gwau

Rydyn ni'n gwneud ffabrigau wedi'u gwau drwy greu cyfres o ddolenni yn yr edafedd sy'n cydgloi â'i gilydd. Prif nodwedd ffabrig wedi'i wau yw ymestynnedd. Rydyn ni hefyd yn ystyried bod ffabrigau wedi'u gwau yn llawer mwy cynnes eu gwisgo oherwydd bod y dolenni yn adeiledd y ffabrig yn dal aer ac yn atal gwres y corff rhag dianc, sy'n golygu bod y ffabrigau hyn ar y cyfan yn gynhesach eu gwisgo na ffabrigau wedi'u gwehyddu. Rydyn ni'n defnyddio ffabrigau wedi'u gwau mewn llawer o gynhyrchion tecstilau, yn enwedig os oes angen i'r cynnyrch ymestyn rhywfaint, er enghraifft dillad anffurfiol ar gyfer hamdden a chwaraeon, dillad isaf, siwmperi, ategolion fel hetiau, menig a sgarffiau. Mae gwau yn caniatáu i ffabrigau ymestyn a dod yn ôl i'w maint, sy'n gwneud dillad yn enwedig yn fwy cyfforddus. Mae gan ffabrigau wedi'u gwau nodweddion gwahanol i ffabrigau wedi'u gwehyddu, sy'n pennu sut gallwn ni eu defnyddio nhw.

Mae dwy ffordd o wau ffabrig – gwau anwe a gwau ystof.

Ffabrig gwau anwe

Mae ffabrig gwau anwe wedi'i wneud o un edau ddi-dor ac wedi'i adeiladu mewn rhesi llorweddol o ddolenni sy'n cydgloi (gweler Ffigur 3.9). Bydd ffabrigau gwau anwe yn aml yn cael eu cynhyrchu â llaw gan ddefnyddio gweill, a gellir creu patrymau gan ddefnyddio un neu ddwy waell. Gallwn ni hefyd gynhyrchu ffabrigau gwau anwe ar raddfa fwy drwy ddefnyddio peiriannau gwau awtomatig. Mae'r peiriannau hyn yn gallu gwau darn gwastad neu diwb o ffabrig – mae tiwbiau'n ddefnyddiol iawn i gynhyrchu sanau. Gall ffabrigau gwau anwe rwygo a datod os bydd darn o'r edau'n cael ei ddifrodi, ei dorri neu ei dynnu. Maen nhw'n ymestyn yn rhwydd ond hefyd yn gallu colli eu siâp. Mae gan ffabrigau gwau anwe ochrau cywir ac anghywir amlwg. Rydyn ni'n defnyddio ffabrigau gwau anwe ar gyfer amrywiaeth eang o weuwaith, ategolion a dodrefn cartref.

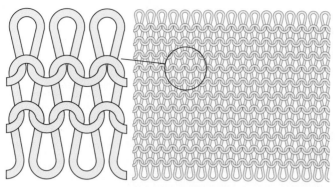

Ffigur 3.9 Mae gan adeiledd gwau anwe gyfres o ddolenni wedi'u gwneud o un edau sy'n cydgloi'n llorweddol

Ffigur 3.10 Mae'r hetiau'n dangos corun gwau anwe a phatrwm rhesog ar gyfer yr ymyl sy'n troi i fyny

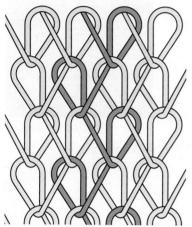

Ffigur 3.11 Mae gan adeiledd gwau ystof gyfres o ddolenni sy'n cydgloi'n fertigol

Laminiadu Y broses o uno defnyddiau â'i gilydd gyda gwres neu adlynion.

Ffibrau cudynnau Ffibrau ar wahân â hydoedd byrrach.

Ffabrig gwau ystof

Mae gan ffabrig gwau ystof adeiledd mwy cymhleth na ffabrig gwau anwe. Mae ffabrigau gwau ystof wedi'u gwneud o lawer o edafedd sy'n cydgloi'n fertigol ar hyd y ffabrig, dydyn nhw ddim yn rhedeg nac yn datod ac maen nhw'n fwy hyblyg na ffabrigau gwau anwe. Felly maen nhw'n addas ar gyfer dillad hamdden, chwaraeon a nofio. Mae ffabrigau gwau ystof yn ymestyn rhywfaint ond yn cadw eu siâp yn dda. Mae'n haws gweithio â nhw a dydyn nhw ddim yn datod wrth gael eu torri, sy'n golygu y gellir eu torri nhw i siâp wrth wneud cynhyrchion. Mae ffabrigau gwau ystof yn edrych yn union yr un fath ar y ddwy ochr. Dim ond ar beiriannau awtomataidd y gellir gwneud ffabrigau gwau ystof.

Bondio

Mae ffabrigau bondiog, neu ffabrigau heb eu gwehyddu, yn cael eu gwneud o ffibrau yn hytrach nag o edafedd. Fe'u cynhyrchir drwy wasgaru 'gwe' o ffibrau synthetig, yna defnyddio gwasgedd a gwres i doddi ffibrau thermoffurfiol a/neu adlynion sy'n bondio'r ffibrau at ei gilydd. Caiff rhai ffabrigau bondiog eu pwytho i ddal y ffibrau at ei gilydd, sy'n gwneud y ffabrig yn gryfach.

Mae ffabrigau bondiog yn gyffredin mewn tecstilau tafladwy fel cadachau gwlyb, bagiau te, mygydau llawfeddygol, gorchuddion clwyfau a chlytiau babanod. Mae rhai ffabrigau bondiog yn colli eu cryfder a'u hadeiledd ar ôl cael eu gwlychu, felly dim ond unwaith y gallwn eu defnyddio fel rheol. Defnyddir rhai ffabrigau bondiog i atgyfnerthu neu gryfhau ffabrigau eraill, ac yn defnyddio rhai eraill mewn geotecstilau (gweler Geotecstilau, isod).

Laminiadu

Proses i uno dau neu fwy o ffabrigau â'i gilydd yw **laminiadu**. Mae'r broses hon yn cyfuno nodweddion perfformiad pob ffabrig i wneud ffabrig gwell. Un dull yw defnyddio adlyn i ddal yr haenau at ei gilydd. Dull arall yw gwresogi naill ai ffilm polymer neu haen o ewyn a'i gwasgu ar y ffabrig mae'n mynd i uno ag ef. Mae neopren a rwber silicon yn aml yn cael eu laminiadu â defnyddiau eraill i wella eu swyddogaethedd.

Ffeltio

Mae ffabrigau ffeltiog yn ffabrigau heb eu gwehyddu sy'n cael eu cynhyrchu drwy roi lleithder, gwres, gwasgedd a ffrithiant ar we o **ffibrau cudynnau** (*staple fibres*), gan achosi iddyn nhw lynu at ei gilydd. Y ffibrau sy'n cael eu defnyddio amlaf yn y broses hon yw gwlân ac acrylig. Mae'r ffabrig yn mynd yn ddwysach ac yn gryfach wrth iddo gael ei weithio mwy – mae hyn hefyd yn achosi rhywfaint o bannu. Mae ffelt yn ffabrig eithaf gwan ac yn ymestyn o'i siâp yn rhwydd, yn enwedig os yw'n wlyb. Fodd bynnag, mae'n hawdd ei dorri ac nid yw'n rhaflo ar hyd yr ymylon. Rydyn ni'n aml yn defnyddio ffelt ar gyfer crefftau a dibenion addurnol fel appliqué, ac yn hanesyddol byddai'n cael ei roi ar arwyneb byrddau pŵl a snwcer. Rydyn ni hefyd yn defnyddio ffelt i glustogi ac ynysu gwahanol gynhyrchion.

Ffigur 3.12 Dydy ffelt ddim yn rhaflo, sy'n ei wneud yn addas i amrywiaeth o grefftau, fel gwneud cŵn tegan

Ffigur 3.13 Mae'n hawdd addasu egwyddorion gwneud ffelt ar gyfer project yn yr ysgol neu'r cartref

Tecstilau technegol

Mae tecstilau technegol wedi'u llunio fel bod ganddyn nhw nodweddion perfformiad penodol sy'n gweddu i ddiben neu swyddogaeth benodol. Mae datblygiadau technolegol diweddar wedi gweld twf cyflym yn y galw am ffabrigau perfformiad sy'n defnyddio technoleg uwch.

Mae Gore-Tex yn enghraifft o ffabrig **laminedig** sy'n cynnwys **pilen hydroffilig** fel un o'r haenau mewnol. Mae adeiledd y ffabrig laminedig gyda'i briodweddau cyfunol yn gadael i leithder (o chwys) ddianc, ond yn gwrthyrru'r gwynt a'r glaw. Mewn dillad gweithgareddau, mae'n rhoi ffordd o reoli tymheredd y corff. Mae PermaTex yn debyg iawn i Gore-Tex. Mae'n bilen sy'n gallu anadlu a gwrthsefyll y tywydd, ac mae'n cael ei ddefnyddio fel leinin a ffabrig allanol ar ddillad perfformiad uchel, esgidiau, dillad diwydiannol a dillad chwaraeon. Mae Sympatex yn enghraifft arall o bilen hydroffilig. Mae'n denau ac yn ddwys iawn, ac felly dydy'r gwisgwr ddim yn teimlo effaith gwyntoedd cryf o gwbl.

Ffigur 3.14 Caiff siwtiau gwlyb eu gwneud o ffabrig laminedig. Mae neopren, defnydd meddal tebyg i rwber, fel rheol yn cael ei laminiadu ar ei ddwy ochr â ffabrig tenau wedi'i wau

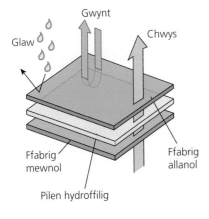

Ffigur 3.15 Mae Gore-Tex yn enghraifft o ffabrig laminedig sy'n cynnwys pilen hydroffilig. Caiff ei ddefnyddio'n aml mewn dillad perfformiad uchel

Ffigur 3.16 Defnyddio geotecstilau i leinio argloddiau ac atal erydiad pridd

Mae sôn am ffabrigau a ffibrau wedi'u **mewngapsiwleiddio** yn nes ymlaen yn y bennod hon yn Adran (ch).

GEIRIAU ALLWEDDOL

Athraidd Y gallu i adael i ddŵr fynd drwodd.

Aramid Ffibrau synthetig cryf sy'n gwrthsefyll gwres.

Defnydd cyfansawdd Defnydd sydd wedi'i wneud o ddarnau ar wahân.

Ffigur 3.17 Matin CFRP

Ffigur 3.18 Mae CFRP wedi cael ei ddefnyddio i roi ffrâm aerodynamig i'r beic trac hwn sy'n ysgafn ac yn anhyblyg

Ffigur 3.19 Fest Kevlar sy'n gwrthsefyll trywanu

Geotecstilau

Mae geotecstilau yn cyfeirio at ffabrigau **athraidd** bondiog neu wedi'u gwehyddu, synthetig neu naturiol. Yn wreiddiol cawson nhw eu gwneud i'w defnyddio gyda phridd ac maen nhw'n gallu hidlo, gwahanu, amddiffyn a draenio. Ond rydyn ni'n eu defnyddio nhw'n aml mewn peirianneg sifil, wrth adeiladu ffyrdd ac adeiladau, mewn amaethyddiaeth ac mewn gwaith cynnal a chadw. Er enghraifft:

- Rheoli erydiad arfordirol a draeniad, ar argloddiau, ffyrdd, rheilffyrdd, meysydd awyr ac adeileddau cynnal.
- Amddiffyn a datblygu cnydau amaethyddol.
- 'Toeon' tecstilau, fel ar y Project Eden yng Nghernyw ac Arena O_2 yn Llundain.
- Leininau mewn camlesi i atal dŵr rhag draenio i ffwrdd.

Nomex

Mae Nomex® yn ffibr synthetig **aramid** gafodd ei ddatblygu gan gwmni cemegol DuPont yn yr 1960au. Mae'n cael ei ddefnyddio yn bennaf lle mae'r gallu i wrthsefyll gwres a fflamau yn hanfodol, fel mewn dillad amddiffynnol diffoddwyr tân a dillad gyrwyr ceir rasio, ond hefyd mewn menig popty ac mewn ynysiad gwrthsefyll tân ar adeiladau. Mae'n ffabrig eithriadol o gryf sy'n gallu gwrthsefyll amodau eithafol dros ben.

Polymer wedi'i atgyfnerthu â ffibr carbon

Mae polymer wedi'i atgyfnerthu â ffibr carbon (CFRP: *carbon fibre reinforced polymer*) yn **ddefnydd cyfansawdd** o edafedd ffibr carbon wedi'u gwehyddu â'i gilydd a'u hamgáu mewn resin polymer. Mae'r resin, sy'n ysgafn ac yn anhyblyg, yn amgáu'r edafedd ffibr carbon sydd â chryfder tynnol uchel i greu defnydd peirianyddol perfformiad uchel. Mae CFRP yn hawdd ei adnabod oherwydd ei ymddangosiad wedi'i wehyddu.

Mae CFRP nawr yn ddefnydd cyffredin sy'n cael ei ddefnyddio i gynhyrchu beiciau rasio a beiciau mynydd. Mae ei gymhareb cryfder-i-bwysau a'i anhyblygrwydd, ynghyd â'r gallu i gynhyrchu siapiau llyfn, yn golygu mai hwn yw'r defnydd gorau ar gyfer y cynhyrchion drud hyn.

Mae CFRP yn gyffredin mewn cydrannau Fformiwla 1 a chyfarpar chwaraeon perfformiad uchel. Mae hefyd yn cael ei ddefnyddio ym maes peirianneg sifil fel defnydd atgyfnerthu wrth adeiladu ffyrdd a phontydd, ac mae llawer o ffyrdd o'i ddefnyddio yn y diwydiant awyrofod.

Kevlar

Enw masnachol ffibr sy'n cael ei gynhyrchu gan DuPont yw Kevlar®. Mae'n ffibr aramid ysgafn, hyblyg ac eithriadol o wydn sy'n rhagorol am wrthsefyll gwres, cyrydiad a difrod gan gemegion. Mae ei gymhareb cryfder tynnol-i-bwysau yn uchel a gall gael ei gynhyrchu i fod yn gryfach na dur ac aloion arbenigol eraill. Caiff ei ddefnyddio'n aml mewn dillad amddiffynnol fel arfwisgoedd heddlu, lle mae'r ffibr wedi ei wehyddu mewn dellten sy'n gallu amddiffyn rhag ymosodiadau â chyllell. Mae Kevlar yn gyffredin mewn festiau atal trywanu, menig a dillad sy'n gwrthsefyll torri, esgidiau cerdded, helmau milwrol, dillad beicio modur a phadin amddiffynnol beicwyr mynydd a sglefr-fyrddwyr, yn ogystal ag edau i bwytho nwyddau chwaraeon.

Nid yw'n ddefnydd cyfansawdd ynddo ei hun, ond caiff ei ddefnyddio yn aml fel cydran ffibr mewn defnyddiau cyfansawdd eraill sy'n seiliedig ar resin oherwydd ei gryfder tynnol uchel a'i wydnwch.

Bioddur

Mae geifr sydd â'u genynnau wedi'u haddasu drwy gael trawsblaniad genyn sidan corryn yn cynhyrchu llaeth sy'n cynnwys sidan corryn. Mae hwn yn cael ei echdynnu o'r llaeth a'i nyddu'n edau sidan corryn. Mae gan yr edau briodweddau mecanyddol trawiadol ac mae ei chryfder tynnol yn debyg i ddur, ond mae'n deneuach na gwallt dynol. Mae sidan corryn yn perthyn i grŵp o ddefnyddiau seiliedig ar broteinau o'r enw **biopolymerau**, a dyna pam mae'n cael yr enw 'bioddur'. Mae'n ymestyn yn rhagorol ac yn gallu ymestyn hyd at 20 gwaith ei hyd arferol heb dorri. Rydyn ni'n ystyried mai hwn yw'r ffibr cwbl naturiol cryfaf, mae'n 15 y cant yn fwy main na sidan ac mae'n gwbl fioddiraddadwy.

Pe bai cynhyrchu bioddur yn dod yn fasnachol ddichonadwy, gallai gymryd lle Kevlar a chael ei ddefnyddio mewn cynhyrchion fel dillad atal bwledi, rhaffau, rhwydi, gwregysau diogelwch a pharasiwtau.

> ### GAIR ALLWEDDOL
>
> **Biopolymer** Polymerau sy'n cael eu cynhyrchu gan organebau byw.

Gweithgaredd

Gan weithio mewn grwpiau bach, casglwch hyd at 20 o luniau o wahanol fathau o gynhyrchion tecstilau. Trafodwch eich cynhyrchion a chyflwynwch eich canfyddiadau i weddill eich dosbarth. Gwnewch eich chwiliad mor eang â phosibl er mwyn cael cymaint â phosibl o wybodaeth o'r gweithgaredd hwn.

1 Nodwch y dull adeiladu ar gyfer ffabrig pob cynnyrch. Rhowch reswm dros eich ateb.

2 Enwch y categori tecstilau mae pob un yn perthyn iddo, e.e. ffasiwn, dillad chwaraeon, geotecstilau, tecstilau technegol ac ati. Disgrifiwch y priodweddau neu'r nodweddion a ddylai fod gan y ffabrig er mwyn i'r cynnyrch fod yn addas i'w ddiben.

Gallech chi gyflwyno eich gwaith fel PowerPoint ar gyfer trafodaeth bellach yn y dosbarth a'i gadw i gyfeirio ato wrth adolygu.

PWYNTIAU ALLWEDDOL

- Y ddau brif ddull o adeiladu ffabrigau yw gwehyddu a gwau. Mae ffabrigau wedi'u gwehyddu yn gryfach ac yn fwy sefydlog, ac mae ffabrigau wedi'u gwau yn ddefnyddiol am eu bod nhw'n gallu ymestyn.
- Mae'r dull adeiladu sy'n cael ei ddefnyddio i wneud ffabrigau tecstilau yn rhoi nodweddion neilltuol i bob math ac mae hyn yn effeithio ar sut gallwn ni ei ddefnyddio.
- Bydd ffabrig cotwm wedi'i wehyddu yn wahanol i ffabrig cotwm wedi'i wau, ond bydd yn debyg mewn rhai ffyrdd hefyd!
- Mae ffabrigau bondiog yn aml yn cael eu defnyddio fel ffabrigau tafladwy neu i atgyfnerthu rhai eraill.
- Mae dillad perfformiad uchel sydd wedi'u gwneud o ffabrigau laminedig, fel Gore-Tex, yn cynnwys pilen hydroffilig sy'n gallu anadlu i adael i leithder ddianc heb adael i wynt na glaw dreiddio drwodd.
- Tecstilau technegol arbenigol sy'n cael eu defnyddio ym maes peirianneg sifil, i adeiladu ffyrdd, ac mewn amaethyddiaeth yw geotecstilau.
- Mae Kevlar a Nomex yn ddau ffibr synthetig aramid sy'n gryf ac yn gallu gwrthsefyll gwres.

Angen gwybod

1 Esboniwch pam bydd pâr ffurfiol o drowsus ysgol yn cael ei wneud o ddefnydd wedi'i wehyddu ond bydd siwmper ysgol wedi'i gwau.

2 Rhestrwch dri maes gwahanol posibl lle gallwn ni ddefnyddio geotecstil a disgrifiwch ei ddiben ym mhob sefyllfa.

3 Esboniwch pam byddai menig popty wedi'u gwneud o Nomex.

4 Amlinellwch sut mae bioddur a dur yn debyg ac yn wahanol i'w gilydd.

(c) Polymerau thermosodol a thermoffurfiol

Mae sôn am gategorïau, ffynonellau a phriodweddau ffisegol polymerau yn Adran (a) o'r bennod hon.

Gallwn ni ddosbarthu polymerau synthetig mewn dau grŵp:
- Polymerau thermoffurfiol
- Polymerau thermosodol.

Mae **polymerau thermoffurfiol** synthetig yn cael eu defnyddio ar raddfa fawr ym mhob rhan o'r diwydiant ffasiwn a thecstilau i siapio, plethu a mowldio ffabrigau. Mae polymerau thermoffurfiol yn cael eu meddalu gan wres yn ystod y broses siapio ac, ar ôl oeri, yn cadw eu siâp newydd. Gall polymerau thermoffurfiol gael eu hail-siapio dro ar ôl tro, ac felly maen nhw hefyd yn ailgylchadwy. Mae ffabrigau fel polyester, neilon, polypropylen ac acrylig yn bolymerau thermoffurfiol sy'n gallu cael eu plethu, eu mowldio a'u siapio'n hawdd. Mae polymerau thermoffurfiol eraill yn cynnwys polythen, polystyren a pholyfinyl clorid (PVC); mae'r rhain i'w cael mewn rhai cynhyrchion tecstilau ond yn llawer llai aml mewn eitemau ffasiwn.

Mae neilon a pholyester yn addas iawn ar gyfer proses plethu a mowldio oherwydd maen nhw'n hyblyg dros dymheredd penodol ond dydyn nhw ddim yn ymdoddi.

Yn nillad Pleats Please y dylunydd Issey Miyake, mae dillad sydd dair gwaith yn fwy na maint y dilledyn gorffenedig yn cael eu gwneud o bolyester thermoffurfiol o ansawdd da. Caiff y dillad eu gwasgu rhwng dalenni o bapur a'u bwydo i beiriant plethu wedi'i wresogi. Y canlyniad yw dilledyn sydd wedi'i blethu'n barhaol ac yn gallu cael ei olchi mewn peiriant, yn sychu'n gyflym a heb fod angen ei smwddio.

Mae ffabrigau thermoffurfiol sydd wedi'u laminiadu ar haen denau o ewyn thermoffurfiol yn cael eu defnyddio i wneud bras di-sêm. Mae siâp y ffabrig yn cael ei fowldio'n barhaol drwy gyfrwng ffurfio â gwactod. Mae gwybodaeth bellach am ffurfio â gwactod ym Mhennod 4 Adran (ff).

Gall **polymerau thermosodol** gael eu mowldio a'u ffurfio gan wres. Ar ôl iddyn nhw oeri a chaledu, mae'n amhosibl eu gwresogi na'u siapio nhw eto. Am y rheswm hwn, maen nhw'n anodd eu hailgylchu. Mae amrywiaeth eang o gydrannau tecstilau, fel clipiau, byclau a botymau plastig, yn cael eu gwneud o bolymer thermosodol oherwydd ei fod yn hydrin iawn ac yn hawdd ei fowldio i wahanol siapiau.

Ffigur 3.20 Mae'r dylunydd Issey Miyake yn enwog am ddefnyddio pletiau parhaol yn ei ddillad. Cafodd ei gasgliad enwocaf, Pleats Please, ei lansio gyntaf yn 1993

Ffigur 3.21 Mae byclau plastig fel y rhai ar harneisiau diogelwch a bagiau yn aml wedi'u gwneud o bolymerau thermosodol

PWYNTIAU ALLWEDDOL
- Mae'n bosibl siapio a mowldio polymerau thermoffurfiol fel polyester a neilon drwy eu gwresogi nhw; gallwn ni ailadrodd y broses hon lawer gwaith.
- Gallwn ni ddefnyddio polymerau thermosodol i wneud rhai cydrannau tecstilau fel botymau ond allwn ni ddim newid eu siâp ar ôl iddyn nhw oeri a chaledu.

Angen gwybod
1 Esboniwch pam dydy hi ddim yn hawdd ailgylchu polymerau thermosodol.

2 Disgrifiwch briodweddau polyester sy'n ei wneud yn addas i bletio a mowldio.

Gweithgaredd

- Plygwch ddarn o bapur A4 sawl gwaith i wneud cyfres o bletiau, fel mae'r diagram isod yn ei ddangos.

- Gosodwch ddarn o ffabrig polyester 100 y cant dros y papur pletiog a gwthiwch y ffabrig yn ysgafn i siâp y pletiau.
- Caewch y pletiau at ei gilydd a'u clymu nhw â llinyn.
- Gwresogwch y ffabrig mewn ffwrn gymedrol am 20–30 munud. Gwiriwch y broses yn rheolaidd.
- Ar ôl iddo oeri, tynnwch y llinyn a'r papur.
- Dylai fod pletiau parhaol yn y ffabrig.

Rhowch gynnig ar y broses hon gan amrywio'r ffabrigau thermoffurfiol, y patrymau yn y papur a thymheredd y ffwrn.

(ch) Defnyddiau modern a chlyfar

Mae datblygiadau mewn technoleg ffibrau a ffabrigau wedi arwain at ddatblygu defnyddiau newydd o'r enw **tecstilau clyfar**. Enwau cyffredin eraill ar y rhain yw tecstilau deallus neu ryngweithiol. Gall tecstilau clyfar, er enghraifft, newid lliw, cynnwys systemau cyfrifiadurol integredig neu ddargludo a storio trydan. Mae'r defnyddiau hyn yn amrywiol ac mae ganddyn nhw lawer o gymwysiadau gwahanol.

Tecstilau rhyngweithiol

Tecstilau rhyngweithiol, neu decstilau integredig, yw ffabrigau tecstilau a dillad sydd â dyfeisiau a chylchedau electronig wedi'u hintegreiddio neu eu hymgorffori ynddyn nhw i ryngweithio a chyfathrebu â ni. Mae **ffibrau** ac edafedd **dargludol** sydd wedi'u datblygu o garbon, dur ac arian yn gallu cael eu gwehyddu i mewn i ffabrigau tecstilau a'u gwneud yn ddillad, neu gallwn ni wnïo edafedd dargludol i mewn i gynnyrch i gysylltu cylched. Mae ffyrdd cyffredin o'u defnyddio nhw heddiw yn cynnwys monitorau cyfradd curiad y galon, monitorau perfformiad ar gyfer athletwyr, systemau olrhain GPS, paneli solar hyblyg a gwresogi, yn ogystal â dyfeisiau cyfathrebu fel ffonau symudol. Mae gan y dechnoleg hon lawer o gymwysiadau ymarferol, ond un enghraifft yw monitor perfformiad/cyfradd curiad y galon wedi'i fewnblannu yng nghrys chwaraewr rygbi neu bêl-droed proffesiynol. Gall hyfforddwyr fonitro agweddau penodol ar berfformiad a lefelau ffitrwydd chwaraewyr a gwneud penderfyniadau doeth ynglŷn â'u heilyddio nhw neu adael iddyn nhw ddal i chwarae.

Mae'r twf cyflym yn y maes tecstilau hwn wedi digwydd oherwydd y technolegau sydd erbyn hyn yn gymaint o ddylanwad yn ein bywydau. Bydd datblygiadau technolegol eraill yn siŵr o gynyddu'r posibiliadau yn y maes hwn fel ymateb i dyniad y farchnad.

Ffibrau a ffabrigau clyfar

Mae sôn am ffibrau a ffabrigau clyfar sy'n ymateb i'r amgylchedd ym Mhennod 1 Adran (ch).

> **GEIRIAU ALLWEDDOL**
>
> **Tecstil clyfar** Tecstil â phriodweddau sy'n newid wrth ymateb i newid allanol yn yr amgylchedd.
>
> **Tecstilau rhyngweithiol** Ffabrigau sy'n cynnwys dyfais neu gylched sy'n ymateb i'r defnyddiwr.
>
> **Ffibrau dargludol** Ffibrau sy'n dargludo trydan.

Ffigur 3.22 Mae'r dechnoleg ddiweddaraf yn caniatáu datblygiad cynhyrchion newydd fel y bag pŵer solar. Mae'n cynnwys celloedd ffotofoltaidd sy'n barod i gyflenwi egni ecogyfeillgar i ffonau symudol neu liniaduron

Rydyn ni'n rhoi llifynnau **ffotocromig** ar ffabrigau tecstilau drwy lifo, printio neu chwistrellu. Mae cymwysiadau mewn ffasiwn a thecstilau'n gallu bod am resymau esthetig a newydd-deb yn unig, neu'n fwy difrifol fel dangosydd ar gyfer gormod o belydrau uwchfioled niweidiol. Mae'r lluoedd arfog yn defnyddio llifynnau ffotocromig mewn rhai lifreion fel cuddliw. Gallech chi ychwanegu llifynnau ffotocromig at edau wnïo a gleiniau i ychwanegu ffactor annisgwyl at eich gwaith.

Mae grisialau hylif **thermocromig** yn newid lliw mewn ymateb i wres ac yn gallu cael eu mewngapsiwleiddio ar ffabrig tecstil. Dim ond ffactor newydd-deb yw rhai cymwysiadau, ond mae eraill yn fwy buddiol. Mewn gorchudd ar glwyf, gallai newid lliw ddangos haint sydd angen sylw ar unwaith. Mewn dillad chwaraeon, gallai newid mawr i'r lliw ddangos pa gyhyrau sy'n gweithio'n ddigon caled neu beidio gan ddibynnu ar y gweithgaredd. Byddai hyn yn helpu athletwyr i gynllunio eu hymarfer corff.

Mae sôn am ficrofewngapsiwleiddio a bioddynwarededd ym Mhennod 1 Adran (ch).

Microffibrau

I gael gwybodaeth am ficroffibrau, gweler Adran (a) y bennod hon.

Defnyddiau gweddnewidiol

Defnyddiau sy'n newid o un wedd i un arall yw **defnyddiau gweddnewidiol** (PCMs: *phase-changing materials*). Mae PCM yn gallu amsugno, storio a rhyddhau gwres dros amrediad tymheredd bach. Yn y system storio gwres hon, mae PCM yn newid o gyflwr hylifol i solid, ac i'r gwrthwyneb. Mae PCM yn amsugno egni yn ystod y broses wresogi (troi'n hylif eto) ac yn rhyddhau egni i'r amgylchedd wrth oeri (troi'n solid eto). Mae'n bosibl microfewngapsiwleiddio PCM mewn tecstilau neu ei ddefnyddio fel araen i wneud ffabrigau tecstilau thermoreoli clyfar. Mewn dillad tywydd oer, mae PCM sydd wedi'i fewngapsiwleiddio mewn ffabrig yn caniatáu storio gwres y corff yn y ffabrig a'i ryddhau yn ôl yr angen. Mae ffabrigau Outlast® yn defnyddio defnyddiau gweddnewidiol; cafodd y rhain eu datblygu'n wreiddiol i'w defnyddio yn y gofod.

Dillad sy'n amddiffyn rhag yr haul

Un o'r ffyrdd gorau o'ch amddiffyn eich hun rhag pelydrau uwchfioled niweidiol yr haul yw gorchuddio'r croen. Fodd bynnag, dydy pob dilledyn ddim yn ein hamddiffyn ni'n effeithiol. Bydd crys llewys hir yn rhoi mwy o amddiffyniad nag un heb lewys ond, gan ddibynnu pa ffabrig sy'n cael ei ddefnyddio, efallai na fydd crys llewys hir yn atal pelydrau'r haul mor effeithiol ag y byddech chi'n ei feddwl. Mae'n dibynnu ar y math o wau neu wehyddu gafodd ei ddefnyddio i adeiladu'r ffabrig. Mae'r rhan fwyaf o ffibrau'n gallu amsugno rhywfaint o belydriad uwchfioled yn naturiol, ond pa mor dynn yw'r gwau neu'r gwehyddu sy'n gwneud y gwahaniaeth. Mae ffabrig sydd wedi'i wehyddu neu ei wau'n glòs yn golygu bod llai o fylchau wedi'u creu rhwng yr edafedd wrth adeiladu'r ffabrig. Mewn gwehyddiad tyn, mae'r bylchau'n llawer llai ac yn atal pelydrau uwchfioled niweidiol rhag mynd drwodd. Mae ffibrau elastan yn gwneud y bylchau'n llai fyth, ac felly bydd ffabrigau sy'n cynnwys y rhain hyd yn oed yn fwy effeithlon ac amddiffynnol. Mae ffibrau synthetig fel polyester a neilon sydd â gloywedd naturiol yn well am adlewyrchu pelydrau uwchfioled yr haul na ffibrau mat fel cotwm, sy'n tueddu i'w hamsugno nhw.

Rhovyl

Mae Rhovyl® yn ffibr synthetig, sy'n cael ei alw'n gloroffibr, wedi'i wneud o fathau o bolyfinyl clorid (PVC: *polyvinyl chloride*), sy'n deillio o'r diwydiant petrocemegol. Mae'r cwmni Rhovyl yn un o brif wneuthurwyr ffibrau sy'n seiliedig ar PVC, a nhw sydd wedi enwi'r ffibr arbennig hwn. Mae Rhovyl yn anfflamadwy, yn wrthgrych, mae ganddo briodweddau thermol ac acwstig da, ac mae'n wrthfacteria, yn dal dŵr ac yn sychu'n gyflym. Pan maen nhw'n cael eu nyddu a'u gwehyddu i wneud ffabrig, mae'r ffibrau hyn yn feddal ac yn gyfforddus i'w gwisgo, a dyna pam maen nhw'n cael eu defnyddio'n bennaf i gynhyrchu dillad. Mae adeiladwaith y ffibr yn galluogi ffabrigau i ddraenio lleithder, fel chwys, i ffwrdd drwy'r ffabrig. Nid yw'n amsugnol ac mae'n sychu'n gyflym felly mae'n hawdd gofalu amdano, a gan nad yw'n cadw arogleuon mae'n cael ei ddefnyddio'n aml ar gyfer sanau! Caiff ei ddefnyddio hefyd mewn dillad anffurfiol a dillad isaf, ac mewn dillad technegol fel dillad chwaraeon perfformiad uchel.

Defnyddiau sy'n gallu anadlu

Mae ffabrigau gwrth-ddŵr a gwyntglos sy'n gallu anadlu yn gweithio drwy ganiatáu i aer lifo i mewn ac allan. Y ffabrig mwyaf adnabyddus o'r fath yw Gore-Tex. Mae'r ffabrig hwn wedi'i wneud o dri neu fwy o ffabrigau wedi'u laminiadu at ei gilydd, ac mae un o'r haenau canol yn bilen sy'n gallu anadlu. Mae'r adeiledd hwn yn gweithio ar yr egwyddor bod aer cynnes a defnynnau bach iawn o leithder (o chwys) yn gallu athreiddio allan drwy'r bilen sy'n gallu anadlu, ond bod gwynt a lleithder o ddefnynnau glaw mwy yn methu mynd i mewn. Mae defnyddio hwn ar ddillad ac esgidiau perfformiad uchel yn galluogi'r unigolyn sy'n eu gwisgo i reoli tymheredd y corff drwy gynnal tymheredd cyson.

Gweithgaredd

Dewiswch weithgaredd chwaraeon ac ymchwiliwch i sut gallai'r datblygiadau newydd ym maes tecstilau clyfar a thechnegol wella profiad a gweithgareddau athletwr. Gallwch chi gynnwys amrywiaeth o ddatblygiadau newydd yn eich ymchwiliad ond rhaid i chi esbonio'r holl fuddion i'r defnyddiwr. Efallai y bydd angen i chi wneud ymchwil pellach gan gynnwys lluniau o'r dyluniad i esbonio eich syniadau.

Fel gweithgaredd estyniad, cyflwynwch luniad o'ch cysyniad i arddangos eich canfyddiadau.

PWYNTIAU ALLWEDDOL

- Mae tecstilau technegol wedi'u llunio â phriodweddau perfformiad penodol i fodloni angen penodol.
- Mae cylchedau neu ddyfeisiau electronig sydd wedi'u hymgorffori neu eu hintegreiddio mewn ffabrigau tecstilau yn rhyngweithio â'r defnyddiwr. Technoleg sy'n gyrru'r maes tecstilau hwn.
- Mae llawer iawn o ffyrdd o ddefnyddio tecstilau clyfar. Mae rhai ar gyfer newydd-deb yn unig, ond mae llawer yn gallu gwella iechyd a lles.

Angen gwybod

1 Disgrifiwch y buddion i rywun sydd â diddordeb mewn gweithgareddau awyr agored o fod â dyfais ffôn symudol wedi'i hintegreiddio yn llawes dilledyn.

2 Esboniwch pam byddai Rhovyl o fudd i rywun sy'n dioddef o arogl chwys.

3 Diffiniwch y term 'defnydd clyfar'.

4 Disgrifiwch sut mae defnyddiau gweddnewidiol, mewn dillad tywydd oer, o fantais i'r defnyddiwr.

(d) Ffynonellau, tarddiadau, priodweddau ffisegol a gweithio ffibrau a ffabrigau

Mae dewis y defnydd cywir ar gyfer y cynhyrchion rydych chi eisiau eu gwneud yn hanfodol er mwyn cael canlyniad llwyddiannus. Mae'r ffordd mae defnydd yn ymddwyn a sut gallwn ni ei ddefnyddio yn dibynnu ar nifer o ffactorau:

- Ffynhonnell y ffibr a'i set unigryw o briodweddau, a'r ffordd mae'r ffibr wedi'i nyddu neu ei gordeddu i wneud yr edau. I gael manylion am y ffynhonnell, dosbarthiad ffibrau a'u priodweddau cynhenid, blendiau a chymysgeddau ffibrau, gweler Adran (a) yn y bennod hon.
- Sut mae'r edafedd wedi cael eu defnyddio i adeiladu'r defnydd, gan gynnwys sut gallwn ni uno defnyddiau at wahanol ddibenion. I gael manylion am ddulliau adeiladu ffabrigau, gweler Adran (b) yn y bennod hon.
- Gorffeniadau arbennig sydd ar gael i wella priodweddau a nodweddion naturiol y defnydd. I gael manylion am uno ffabrigau tecstilau, gweler Adran (ff) yn y bennod hon.

Mae ffibrau yn cael eu gwneud o unedau cemegol o'r enw polymerau, sydd wedi eu ffurfio o unedau unigol llawer llai o'r enw **monomerau**, sy'n cysylltu â'i gilydd i ffurfio cadwynau hir. Mae rhai polymerau yn bodoli'n naturiol, er enghraifft o blanhigion (cotwm) ac anifeiliaid (gwlân). Mae eraill yn cael eu creu o ganlyniad i adwaith cemegol, er enghraifft polyester.

Mae dau brif fath o ffibrau:

- **Ffibrau ffilamentau** hir di-dor, er enghraifft polyester, neilon, acrylig, polypropylen, sidan. Sidan yw'r unig ffibr ffilament di-dôr naturiol.
- Ffibrau cudynnau byr, er enghraifft cotwm, lliain (llin), gwlân.

Mae siâp y ffibr yn effeithio ar ei deimlad (meddalwch) a'i loywedd (sglein). Mae trwch ffibrau hefyd yn amrywio, o lyfn a main iawn, fel microffibr, i wead eithaf garw, fel rhai ffibrau gwlân sydd â chrimp a chennau naturiol.

Nyddu

Nyddu yw'r broses o gordeddu ffibrau â'i gilydd i wneud edau. Mae ffibrau unigol yn eithaf gwan, ond ar ôl eu nyddu nhw'n edafedd maen nhw'n magu priodweddau ychwanegol. Mae ffibrau fel rheol yn cael eu nyddu mewn un o ddwy ffordd:

- Cordeddiad S (gwrthglocwedd), neu
- Cordeddiad Z (clocwedd).

Mae'r broses nyddu yn effeithio ar sut caiff yr edau ei defnyddio yn y pen draw. Mae cordeddu tynnach yn gwasgu mwy o aer allan ac yn gadael y ffibrau'n nes at ei gilydd. Mae hyn yn atal aer rhag cael ei ddal, ac felly mae'n gwneud edau sy'n gryf a main ond ddim yn gynnes. Os yw'r cordeddu'n eithaf llac, mae'r gwrthwyneb yn digwydd – mae'r edau'n gynhesach oherwydd ei bod hi'n gallu dal aer, ond mae'n llawer gwannach. Mae'n bosibl cordeddu nifer o edafedd â'i gilydd i greu effeithiau gwahanol.

Edafedd ffansi

Gallwn ni gyflawni gwahanol effeithiau drwy amrywio'r broses nyddu. Mae gan edafedd gweadog neu edafedd creadigol arwynebau afreolaidd â chwyddau, clymau ac amrywiadau trwch. Mae'r edafedd hyn yn fwy diddorol ond gall fod yn anoddach gweithio â nhw. Gallwn ni eu defnyddio i wau a gwehyddu i greu gwead ac arwyneb diddorol i'r ffabrig. Mae chenille a bouclé yn ddwy edau ffansi gyffredin.

Cordeddiad S

Cordeddiad Z

Ffigur 3.23 Nyddu edafedd: cordeddiad S a chordeddiad Z

Priodweddau ffibrau a ffabrigau naturiol a gwneud

Ffibr	Adeiledd	Disgrifiad
Cotwm	Golwg hydredol ar ffibr cotwm Trawstoriadau Aeddfed Anaeddfed	Ffibrau cudynnau byr, wedi'u cordeddu ychydig bach, gydag arwyneb llyfn sy'n atal aer rhag cael ei ddal. Ceudod mewnol yn caniatáu iddo amsugno lleithder. Mae cotwm yn ynysydd gwael ond mae ganddo amsugnedd da.
Lliain	Trawstoriad ffibr lliain (llin) Trawstoriad bwndel o ffibrau lliain	Ffibrau cudynnau byr, gydag arwyneb llyfn sy'n atal aer rhag cael ei ddal. Mae gan liain ychydig bach o loywedd sgleiniog sy'n ei atal rhag baeddu. Mae ei adeiledd, sy'n cynnwys ceudodau fel cotwm, yn ei wneud yn amsugnol iawn. Mae lliain yn ynysydd gwael ond mae ganddo amsugnedd da.
Sidan	Ffibr sidan Trawstoriad	Sidan yw'r unig ffibr ffilament di-dor hir naturiol. Mae wedi'i wneud o ddau fwndel protein hir sydd wedi'u pacio'n dynn at ei gilydd. Mae sidan yn amsugnol iawn, ac yn gallu amsugno traean o'i bwysau mewn anwedd dŵr, sy'n golygu ei fod yn oer braf i'w wisgo.
Gwlân	Trawstoriad crwn Ffibr gwlân	Mae gan ffibrau gwlân grimp (ton) naturiol ac maen nhw wedi'u gorchuddio â chennau. Mae'r crimp yn eu galluogi i ddal aer ac felly mae gwlân yn ynysydd da, ond os yw'r ffibrau'n gwlychu gall y cennau fachu yn ei gilydd. Mae hyn yn gallu achosi pannu. Mae'r saim naturiol yn y ffibrau'n galluogi gwlân i wrthyrru dŵr.
Polyester		Polyester yw un o'r ffibrau mwyaf amlbwrpas, ac mae amrywiaeth eang o ffyrdd o'i ddefnyddio. Gallwn ni ei lunio at wahanol ddibenion. Mae'n ffibr ffilament gwastad hir sydd ddim yn amsugno dŵr (amsugnedd gwael). Mae'n gallu cael ei grimpio yn y broses weithgynhyrchu, sy'n caniatáu iddo ddal rhywfaint o aer ac yn gwella ei ynysiad.

Tabl 3.4 Adeiledd a disgrifiadau mathau o ffibrau

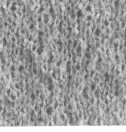

Ffigur 3.24 Edau chenille

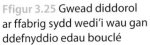

Ffigur 3.25 Gwead diddorol ar ffabrig sydd wedi'i wau gan ddefnyddio edau bouclé

Ffigur 3.26 Pwrs cosmetigau cotwm ag araen PVC. Mae'r priodweddau cyfunol yn gwella swyddogaethedd y ffabrig: mae'r araen PVC yn gwneud y cynnyrch yn wrth-ddŵr; mae'r haen fewnol o gotwm wedi'i wehyddu yn sefydlog ac yn gryf

Ffigur 3.27 Siaced aeaf wedi'i chwiltio i ferched Mae'r haen ganol yn cynnwys cymysgedd o wadin polyester a phlu hwyaden. Mae'r haen allanol yn ysgafn ac yn wrthgawod. Mae priodweddau cyfunol y ffabrigau'n gwneud hon yn siaced aeaf effeithiol, ysgafn a chynnes

Ffabrigau laminedig ac wedi'u haraenu

Mae rhai ffabrigau'n cael eu haraenu â pholymer, sef polywrethan neu bolyfinyl clorid (PVC) fel rheol, ac yna eu rhoi mewn ffwrn i'w sefydlogi. Y ffabrigau mwyaf adnabyddus o'r fath yw cotwm ag araen PVC a lledr ffug. Mae yna amrywiaeth eang o ffyrdd o ddefnyddio tecstilau sydd ag araen, a gallwn ni eu llunio i wrthsefyll amodau heriol dros ben. Maen nhw'n cael eu defnyddio'n aml yn y diwydiant ffasiwn a thecstilau ar gyfer eitemau fel llieiniau bwrdd, ffedogau, dillad dal dŵr, bagiau ac ategolion.

Mae prosesau laminiadu ac araenu ffabrigau yn gwella swyddogaethedd y ffabrigau cyfunol.

I gael gwybodaeth bellach am ffabrigau laminedig, gan gynnwys Gore-Tex a Permatex, gweler Adran (b) y bennod hon.

Cwiltio

Mae llawer o wahanol fathau o **gwiltio**. Mae cwiltio Seisnig yn cynnwys tair haen o ffabrigau – mae haen o wadin polyester wedi'i dal rhwng haen uchaf fwy addurnol neu esthetig ddymunol a haen blaen ratach oddi tanodd. Hanfod cwiltio yw pwytho drwy'r tair haen i'w dal nhw at ei gilydd. Mae nifer o resymau posibl dros gwiltio:

- Ynysu: Mae'r tair haen yn dal aer, sy'n cadw'r defnyddiwr yn gynnes. Mae enghreifftiau'n cynnwys siacedi ac ategolion wedi'u cwiltio ar gyfer tywydd oerach, dillad gwely a chynwysyddion thermol ar gyfer poteli. Mae'r math o ffibr sydd yn y padin mewnol, a'i drwch, yn dibynnu ar nod y cynnyrch terfynol. Gallwn ni gwiltio gwahanol fathau o ffabrigau at ei gilydd i gynyddu eu nodweddion thermol ymhellach.

- Rhesymau addurnol: Manylion i wneud yr arwyneb yn fwy diddorol ar amrywiaeth eang o gynhyrchion, yn enwedig dodrefn meddal. Mae mathau eraill o gwiltio addurnol yn cynnwys trapwnto ac Eidalaidd.

  Mae cwiltio trapwnto yn dechneg addurnol sy'n ychwanegu dimensiwn arall, effaith 3D bron, at ffabrigau. Mae'n cynnwys dwy haen o ffabrig gyda dyluniadau wedi'u pwytho drwy'r haenau. Caiff hollt ei gwneud yn haen isaf y ffabrig y tu mewn i'r rhan sydd wedi'i phwytho, ac mae hon yna'n cael ei phadio allan o'r gwaelod i greu arwyneb pwfflyd, uwch. Mae cwiltio Eidalaidd hefyd yn creu effaith o godi'r arwyneb. Eto, mae angen dwy haen o ffabrig. Mae dwy res baralel o bwythau yn cael eu gwnïo i greu sianel, yna mae cortyn yn cael ei roi yn y sianel i greu patrwm wedi'i godi.

  Mae gwaith creadigol iawn yn bosibl drwy amrywio a chymysgu mathau o ffabrig a dulliau cwiltio.

- Rhesymau swyddogaethol: Ei ddefnyddio i atgyfnerthu darnau o ddillad, er enghraifft ar ddillad gwaith a dillad chwaraeon lle mae angen mwy o amddiffyniad – padin ychwanegol i'r pengliniau, y penelinoedd neu'r ysgwyddau. Mae cwiltio hefyd i'w weld ar ategolion ac mewn gwaith dylunio mewnol.

Cydrannau

Mae **cydrannau** yn chwarae rhan bwysig ym mhrosesau dylunio a chynhyrchu cynhyrchion ffasiwn a thecstilau. Bydd bron pob cynnyrch yn dibynnu ar rai cydrannau i weithredu, i wrthsefyll traul ac i fod yn addas i'r pwrpas. Mae cydrannau ar gael mewn amrywiaeth o steiliau, lliwiau, defnyddiau, siapiau a meintiau. Caiff rhai eu defnyddio am resymau esthetig, ac eraill am resymau swyddogaethol. Bydd angen i chi ystyried y rhain yn ofalus yn eich tasgau dylunio a gwneud.

I gael gwybodaeth bellach am gydrannau tecstilau, gweler Adran (e) yn y bennod hon.

Gweithgaredd

Bydd angen y pethau canlynol arnoch: detholiad o edafedd; chwyddwydr; ffon glud.

- Torrwch ddetholiad o wahanol edafedd i'r un hyd i'w cymharu. Astudiwch yr edafedd. Sut maen nhw'n wahanol i'w gilydd? Ydyn nhw'n teimlo'n wahanol i'w gilydd? Allwch chi wahanu rhai – beth mae hyn yn ei ddweud wrthych chi?
- Allwch chi adnabod unrhyw edafedd ffibrau cudynnau byr neu edafedd ffibrau ffilament? Sut maen nhw'n wahanol i'w gilydd? Defnyddiwch y chwyddwydr a lluniadwch beth rydych chi'n ei weld.

Gludwch eich samplau ar bapur a gwnewch nodiadau am eich canfyddiadau. Cadwch y wybodaeth er mwyn adolygu neu i'ch cynorthwyo chi â'ch asesiad di-arholiad.

PWYNTIAU ALLWEDDOL

- Ffibrau yw'r defnyddiau crai ar gyfer tecstilau; mae gan bob ffibr ei briodweddau arbennig ei hun. Pan fydd ffibr yn cael ei nyddu'n edau ac yna ei droi'n ffabrig, mae ei briodweddau'n pennu sut gallwn ni ddefnyddio'r ffabrig.
- Mae gwahanol ffyrdd o nyddu ffibrau, sy'n effeithio ar ymddangosiad yr edau a'r ffabrig gorffenedig.
- Mae edafedd a ffibrau'n aml yn cael eu blendio neu eu cymysgu i wella eu priodweddau.
- Gallwn ni wella swyddogaethedd ffabrigau drwy uno ffabrigau â'i gilydd drwy laminiadu ac araenu.
- Mae cydrannau'n chwarae rhan bwysig with ganiatáu i gynhyrchion tecstilau weithio'n iawn.

Angen gwybod

1 Beth yw pwrpas cordeddu edafedd mewn gwahanol ffyrdd?

2 Rhowch reswm pam mae adeiledd cotwm yn caniatáu iddo amsugno lleithder.

3 Rhowch un fantais ac un anfantais o ddefnyddio gwlân i wneud cynhyrchion tecstilau.

4 Esboniwch beth yw ystyr 'ffabrig wedi'i araenu'.

5 Esboniwch sut mae ffabrigau wedi'u cwiltio yn ynysyddion effeithiol.

(dd) Y ffordd mae amrywiaeth o ffactorau'n dylanwadu ar ddethol defnyddiau neu gydrannau

Dethol defnyddiau a chydrannau

Wrth ddylunio a gwneud cynhyrchion ffasiwn a thecstilau, mae dethol ffabrigau a chydrannau priodol yn hollbwysig i lwyddiant y cynnyrch. Dyma rai o'r pethau pwysicaf i'w hystyried:

- **Nodweddion esthetig:** Mae llawer o ddefnyddwyr yn gwneud penderfyniad am gynnyrch yn syth yn seiliedig ar ei ymddangosiad. Am y rheswm hwn, mae'n bwysig ystyried lliw a phatrwm yn ofalus. Os nad yw'r ffactorau gweladwy hyn yn iawn i'r defnyddiwr, ni fydd y cynnyrch yn gwerthu. Mae **gwead** a **gloywedd**, os yn briodol, yn ffactorau gweledol sydd yr un mor bwysig. Mae angen i rai ffabrigau orwedd yn dda neu gadw eu siâp yn well. Felly, mae pwysau'r ffabrig yn hollbwysig i'w lwyddiant.

GEIRIAU ALLWEDDOL

Gwead Arwyneb wedi'i godi sy'n ychwanegu at deimlad a gafael defnydd.

Gloywedd Llewyrch ysgafn ar ffabrig.

- **Nodweddion ffisegol:** Mae'r math cywir o wehyddiad mewn ffabrig hefyd yn bwysig ond nid yw hyn yn cael ei farnu ar unwaith. Mae'n effeithio ar deimlad y ffabrig ac felly ar ansawdd y cynnyrch terfynol. I gael mwy o wybodaeth am ffabrigau wedi'u gwehyddu, gweler Adran (b) yn y bennod hon.
- **Economaidd:** Mae cost ffabrig neu gydran yn aml yn dibynnu ar y ffibr sydd ynddo. Mae sidan, er enghraifft, yn ddrutach na satin polyester. Dydy defnyddio ffabrig rhatach ddim o reidrwydd yn golygu cyfaddawdu ar ansawdd; mae dewis arall o ansawdd da yn aml yn gwneud synnwyr economaidd. I gael mwy o wybodaeth am ffactorau economaidd, gweler Adran (e) yn y bennod hon.
- **Perfformiad:** Wrth ddewis y ffabrig mwyaf addas i gynnyrch, mae angen ystyried yn ofalus adeiladwaith y ffabrig, priodweddau'r ffibrau a'r gorffeniadau sy'n cael eu defnyddio. Mae'n rhaid astudio'r ffactorau i gyd er mwyn gwneud penderfyniad doeth ynghylch pa mor addas yw'r ffabrig i'r cynnyrch terfynol.

Mewn diwydiant, bydd dylunydd yn gweithio yn ôl **manyleb ffabrig** ac yn ystyried yn ofalus priodweddau ffisegol a phriodweddau gweithio ffibrau a dull adeiladu'r ffabrigau cyn dethol defnydd priodol i'w ddefnyddio.

> ## GEIRIAU ALLWEDDOL
>
> **Amsugnedd** Gallu ffibr i sugno lleithder.
>
> **Calendro** Proses i ychwanegu llewyrch at ffabrig.

Beth mae angen iddo ei wneud?	Priodweddau sydd eu hangen
Yn teimlo'n feddal yn erbyn y croen	Teimlad da
Yn sugno lleithder i helpu i sychu	Amsugnol
Yn cadw'r defnyddiwr yn gynnes	Yn ynysu
Yn hawdd gofalu amdano	Gwrth-grych
Yn goddef cael ei ddefnyddio'n rheolaidd	Gwydn

Tabl 3.5 Y priodweddau ffabrig sy'n ofynnol gan dywel baddon

Mae Tabl 3.5 yn dangos beth mae angen i dywel baddon ei wneud ac felly pa briodweddau ffabrig sydd eu hangen.

Caiff y rhan fwyaf o dywelion eu gwneud o gotwm, ac mae ei **amsugnedd** yn ei wneud yn ddelfrydol i dywelion baddon.

Fel rheol, gwehyddiad peil sy'n cael ei ddefnyddio i adeiladu ffabrig tywel baddon. Mae'r arwynebedd arwyneb ychwanegol sy'n cael ei greu gan y dolenni yn y gwehyddiad peil yn cynyddu gallu'r tywel i amsugno lleithder. Mae'r dolenni mewn gwehyddiad peil hefyd yn dal aer, sy'n cynyddu gallu'r tywel i gadw'r defnyddiwr yn gynnes. Bydd adeiladwaith y ffabrig a chynnwys y ffibr yr un mor bwysig â'i gilydd o ran helpu'r tywel i wneud ei waith.

Gwella ansawdd esthetig

Addurno arwyneb

Mae nifer o dechnegau **addurno arwyneb** ar gael i wella estheteg cynnyrch, drwy ychwanegu lliw, gwead a phatrwm. Mae'r rhain yn cynnwys llifo, printio, peintio ac ychwanegu addurniadau fel brodwaith ac appliqué. Bydd y rhain yn cael sylw manylach yn Adran (g) y bennod hon.

Calendro

Mae **calendro** yn golygu gwasgu'r ffabrig â rholeri wedi'u gwresogi i roi arwyneb mwy llyfn a gloyw sy'n gwella nodweddion esthetig y ffabrig. Caiff hyn ei wneud yn aml i ffabrigau clustogwaith i roi arwyneb gwastad a llewyrch iddynt, ond nid yw'n rhoi gorffeniad parhaol bob amser. Gall calendro hefyd gynhyrchu effaith arall, sef moiré. Mae hyn yn ychwanegu effaith donnog, ddyfrllyd at y ffabrig ac yn cael ei ddefnyddio ar sidan fel arfer.

Ffigur 3.28 Cynhyrchu effaith moiré ar sidan drwy galendro

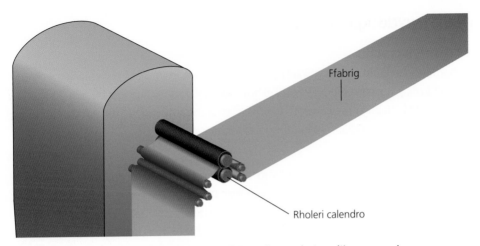

Ffabrig

Rholeri calendro

Ffigur 3.29 Mae calendro yn golygu anfon y ffabrig drwy roleri wedi'u gwresogi

Llathru

Mae llathru (*glazing*) yn broses debyg i galendro ac mae'n rhoi edrychiad llyfn, gloyw i ffabrigau. Yn y broses hon caiff cyfnerthwyr neu resinau hefyd eu rhoi ar y ffabrigau, sy'n gwneud y gorffeniad yn fwy parhaol.

Sgleinio

Mae sgleiniad (*mercerising*) yn orffeniad cemegol sy'n defnyddio soda brwd i wneud i'r ffibrau yn y ffabrig chwyddo. Mae hyn yn creu ffabrig gloywach a chryfach. Dim ond ar gyfer ffibrau cellwlos mae'r broses hon yn gweithio. Mae'n gwneud y ffabrig yn well am gymryd llifyn, gan roi lliw dyfnach a mwy cyson. Mae'n gwella nodweddion esthetig y ffabrig.

Brwsio

Mae brwsio yn golygu gyrru brwshys gwifrau dros arwyneb y ffabrig i godi'r ffibrau i gynhyrchu arwyneb meddal a gwlanog sy'n edrych yn well. Mae brwsio yn gyffredin ar ffabrigau cnu a gwlanen, ond gall y broses wanhau adeiledd y gwehyddiad. Mae'r arwyneb wedi'i godi yn gwella swyddogaethedd y ffabrig hefyd drwy gynyddu ei allu i ddal aer, sy'n gwella ei ynysiad.

Gwrthsefyll staen

Gallwn ni roi gorffeniad sy'n gwrthsefyll staen ar unrhyw ffabrig tecstil, ond mae'n arbennig o ddefnyddiol ar ffabrigau dodrefn a charpedi. Caiff amddiffynwyr ffabrig Teflon™ a Scotchguard™ eu defnyddio ar raddfa eang drwy'r diwydiant tecstilau i gyd, yn enwedig ar ddillad a dodrefn cartref, heb effeithio ar nodweddion naturiol y ffabrig. Mae'r gallu i wrthsefyll staen yn gwella nodweddion esthetig y ffabrig a hefyd yn rhoi oes ddefnyddiol hirach iddo.

Cynyddu oes ffabrig

Gwrthsefyll fflamau

Caiff gorffeniadau gwrth-fflam fel Proban® eu rhoi ar arwyneb ffabrigau ar ffurf araen hylifol sy'n mynd yn wydn ar ôl sychu ac sy'n para'n hir. Mae'r mathau hyn o orffeniadau'n cael eu rhoi ar gynhyrchion mewn mannau risg uchel fel dodrefn meddal mewn gwestai, ac mewn mannau cyhoeddus fel llenni llwyfan mewn theatrau. Maen nhw hefyd yn cael eu defnyddio'n aml mewn dillad cysgu i blant, dillad gwely a dodrefn cartref eraill.

Gwrthwyfynu

Mae'r ffibrau anifail mewn gwlân yn arbennig o agored i ymosodiadau gan wyfynod, sy'n bwydo ar y ceratin sydd yn y ffibr gwlân. Caiff gorffeniad arbennig ei roi ar y ffabrig i gael gwared â'r gwyfyn heb effeithio ar ei ansawdd.

Gwella swyddogaethedd

Gwrthsefyll crychu

Mae gorffeniadau gwrth-grych yn cael eu rhoi ar ffurf araen resin. Mae'r resin hwn yn lleihau amsugnedd ac yn caledu'r ffibrau fel ei fod hi'n haws gofalu am y ffabrig a bod llai o angen ei smwddio. Mae ffabrigau sydd wedi'u trin hefyd yn sychu'n gynt. Bydd swyddogaethedd y ffabrig yn gwella, ond ar draul ei allu i amsugno lleithder.

Gwrthyrru dŵr

Gallwn ni wneud ffabrigau yn ddŵr-wrthyrrol drwy eu chwistrellu â silicon, ond dydyn ni ddim yn ystyried bod hyn yn orffeniad parhaol. Mae rhoi resin fflworocemegol ar y ffabrig yn fwy effeithiol gan wneud y ffabrig yn ddŵr-wrthyrrol a gwyntglos. Gallwn ni roi'r gorffeniad hwn ar lawer o gynhyrchion tecstilau gan gynnwys dillad i bob tywydd, bagiau, pebyll ac esgidiau. Mae Teflon a Scotchguard yn ddwy enghraifft o orffeniadau sy'n gwrthyrru dŵr. Rydyn ni'n rhoi araen o PVC, PVA neu gŵyr ar rai ffabrigau er mwyn gwrthyrru lleithder.

Ffigur 3.30 Gallwn ni ddefnyddio Teflon a Scotchguard i amddiffyn y babell rhag yr elfennau, sef glaw yn yr achos hwn. Mae'r babell hon wedi'i gwneud o ffabrig neilon wedi'i wehyddu. Mae gwehyddu neilon mewn gwehyddiad clòs iawn yn gwneud y ffabrig yn wyntglos

Gwrthsefyll pannu

Mae rhai ffabrigau, fel gwlân, yn gallu pannu os nad ydyn nhw'n cael eu golchi'n ofalus. Mae cennau'r ffibrau gwlân yn cloi â'i gilydd, sy'n gwneud i'r gwlân leihau mewn maint. Gallwn ni wneud gwlân sy'n gwrthsefyll pannu drwy ei drin â chemegyn sy'n cynnwys clorin, sy'n llyfnhau'r cennau ar y ffibr. Mae'r broses hon yn eu hatal rhag cloi â'i gilydd os ydyn nhw'n cael eu golchi'n anghywir. Mae hefyd yn golygu y gallwn ni olchi gwlân mewn peiriant. Mae ffabrigau eraill fel cotwm hefyd yn gallu pannu. Yn yr achos hwn, caiff y ffabrig gwlyb ei gywasgu i'r maint y byddai ar ôl pannu ac yna ei sychu yn y cyflwr wedi'i gywasgu fel na fydd yn gallu pannu eto.

Gwrthstatig

Caiff cynnyrch cemegol ei roi ar y ffabrig i atal gwefr electrostatig, neu drydan statig, rhag cronni. Mae'r cynnyrch fel rheol yn cael ei roi ar ffabrigau synthetig a sidan ac mae'n atal y ffabrigau hyn rhag glynu at y croen. Caiff ei ddefnyddio ar rai carpedi synthetig hefyd.

I gael gwybodaeth am ffabrigau wedi'u haraenu, gweler Adran (d) yn y bennod hon.

I gael gwybodaeth am bilenni sy'n gallu anadlu, gweler Adran (ch) yn y bennod hon.

Gweithgaredd

Ar gyfer pob cynnyrch sydd wedi'i restru yn y tabl, dewiswch orffeniad fyddai'n gwella naill ai'r ffabrig sy'n cael ei ddefnyddio ar gyfer y cynnyrch, ei nodweddion esthetig neu ei swyddogaethedd. Rhowch reswm dros eich atebion a nodwch a ydy pob gorffeniad yn gemegol neu'n fecanyddol.

Cynnyrch	Gorffeniad a rheswm	Math o orffeniad
Sach deithio		
Sgert ysgol		
Pyjamas cotwm		
Siaced neilon		
Ffabrig clustogwaith		
Trowsus lliain		

Cyfrifoldebau dylunwyr

Mae llawer o'r gorffeniadau sydd wedi'u disgrifio yn yr adran hon yn defnyddio egni a dŵr yn ogystal â chemegion a thocsinau. Mae'r rhain yn beryglus i'r amgylchedd a gallen nhw effeithio ar iechyd y gweithwyr tecstilau, yn enwedig mewn gwledydd sy'n datblygu lle mae cyfreithiau ynglŷn â gwaredu gwastraff, amodau gweithio a hawliau gweithwyr yn aml yn cael eu hanwybyddu. Gall gorffeniadau cemegol hefyd effeithio ar gynaliadwyedd ffabrigau ar ddiwedd eu hoes. Mae ffabrigau naturiol fel cotwm yn fioddiraddadwy; os oes gorffeniadau arnyn nhw, fodd bynnag, dydyn nhw ddim yn gallu pydru mor ddiogel. Gall yr olion cemegol lleiaf niweidio ecosystemau sensitif ac effeithio ar fioamrywiaeth.

Mae'r diwydiant tecstilau, sy'n cynnwys dylunwyr a gwneuthurwyr, yn ceisio diwygio a gwella. Mae ymchwil yn parhau i dechnoleg ffabrigau a allai ddileu'r angen i ddefnyddio gorffeniadau cemegol. Mae cemegion gorffennu newydd yn cael eu datblygu sy'n gallu cael eu hailddefnyddio, sydd ddim angen defnyddio dŵr ac sy'n fioddiraddadwy.

Mae dylunwyr a gwneuthurwyr heddiw'n fwy ymwybodol o'r amgylchedd nag erioed o'r blaen. Mae llawer yn gwneud dewisiadau gofalus am y defnyddiau i'w defnyddio a'r prosesau sydd eu hangen i'w cynhyrchu. Stella McCartney yw un o'r dylunwyr hyn, sy'n arwain y ffordd o ran dylunio ffasiwn cynaliadwy heb gyfaddawdu ar steil. I gael gwybodaeth bellach am Stella McCartney, gweler Pennod 1 Adran (dd).

Yr amgylchedd

Mae'r cynhyrchion tecstilau rydyn ni'n eu defnyddio a'r dillad rydyn ni'n eu gwisgo i gyd yn gadael ôl troed ecolegol a chymdeithasol.

Mae'r ôl troed ecolegol yn mesur effaith gweithgareddau dynol ar yr amgylchedd, fel rydyn ni wedi'i drafod ym Mhennod 1 Adran (b). Mae'r mesur hwn yn cynnwys cynhyrchu cnydau ffibr a phrosesu a chynhyrchu ffabrigau a chynhyrchion tecstilau. Gall cynhyrchu crys-t cotwm syml, er enghraifft, gynhyrchu tunelli o CO_2, sydd ei hun yn cael effaith fawr ar yr amgylchedd.

Effaith ecolegol ffibrau cellwlos naturiol

Mae cnydau ffibrau naturiol fel cotwm a lliain yn cael eu ffermio'n ddwys ar ddarnau enfawr o dir er mwyn ateb y galw byd-eang. Yn ogystal â defnyddio llawer o ddŵr, mae ffermwyr yn defnyddio **plaleiddiaid** gwenwynig i ddiogelu'r cnydau rhag plâu a gwrteithiau i hybu twf, dau arfer sy'n niweidio'r **ecosystem**. Mae cemegion yn suddo drwy'r pridd ac i mewn i ffynonellau dŵr, gan ladd bywyd gwyllt a halogi dŵr yfed. Bydd y cemegion hyn hefyd yn tynnu maetholion o'r pridd, sy'n amharu ar ansawdd cnydau ac yn y pen draw'n ei gwneud hi'n amhosibl defnyddio'r tir..

Gallwn ni ffermio cnydau naturiol yn organig gan ddefnyddio gwrteithiau a phlaleiddiaid naturiol. Er bod hyn yn lleihau'r effaith, mae angen swm sylweddol o ddŵr i ffermio fel hyn hefyd. Yr amcangyfrif yw fod angen tua 2700 litr o ddŵr i gynhyrchu digon o gotwm i wneud un crys-t.

Effaith ecolegol ffibrau protein naturiol

Mae ffermio da byw i gynhyrchu gwlân yn achosi llai o effaith ecolegol o gymharu â ffermio cnydau ffibrau. Mae'r tir sy'n cael ei ddefnyddio i fagu da byw yn aml yn anaddas i gnydau, ond gall da byw ddifrodi'r tir drwy orbori. Ar ffermydd gwlân mawr, mae nifer y defaid yn gallu bod dros 300,000. Rydyn ni'n amddiffyn da byw rhag gwiddon a throgod drwy drochi'r anifeiliaid mewn dipiau cemegol sy'n cynnwys **pryfleiddiaid**. Mae'r dipiau hyn yn halogi pridd a ffynonellau dŵr. Mae da byw hefyd yn gallu cynhyrchu symiau mawr o'r nwy tŷ gwydr methan.

Plaleiddiaid Cemegion sy'n cael eu defnyddio i ladd neu atal plâu sy'n dinistrio llystyfiant a chnydau.

Ecosystemau Cydbwysedd naturiol a sensitif planhigion, pridd ac anifeiliaid.

Pryfleiddiaid Cemegion sy'n cael eu defnyddio i ladd neu atal pryfed sy'n dinistrio llystyfiant a chnydau.

GEIRIAU ALLWEDDOL

Plaleiddiaid Cemegion sy'n cael eu defnyddio i ladd neu atal plâu sy'n dinistrio llystyfiant a chnydau.

Ecosystemau Cydbwysedd naturiol a sensitif planhigion, pridd ac anifeiliaid.

Pryfleiddiaid Cemegion sy'n cael eu defnyddio i ladd neu atal pryfed sy'n dinistrio llystyfiant a chnydau.

Ffigur 3.31 Mae gorbori â phreiddiau mawr o ddefaid yn gallu difrodi'r pridd

Mae sidan yn adnodd adnewyddadwy iawn ag ychydig iawn o effaith ecolegol. Fodd bynnag, mae ymgyrchwyr lles anifeiliaid yn feirniadol iawn o'r arfer o gynhyrchu sidan mewn caethiwed. Bridio pryfed sidan mewn caethiwed sydd wedi arwain at ddiflaniad y gwyfyn *Bombyx mori* yn y gwyllt, ac mae gwyfynod mewn caethiwed wedi esblygu i fod yn ddall ac yn methu hedfan. Dim ond am rai dyddiau mae'r gwyfynod hyn yn byw, ac yn yr amser hwn maen nhw'n dodwy hyd at 500 o wyau.

Cludo a phrosesu

Dim ond mewn ychydig iawn o wledydd mae'r cynhyrchu ffibrau yn digwydd yn lleol i'r gwneuthurwyr. Mae cludo ffibrau crai yn achosi llygredd aer ac yn defnyddio swm sylweddol o adnoddau anadnewyddadwy. Dyma ddau ffactor sy'n cyfrannu at ein hôl troed carbon.

Mae prosesu ffibrau synthetig yn defnyddio **adnoddau cyfyngedig** fel olew a glo. Mae echdynnu a phrosesu'r adnoddau hyn yn defnyddio llawer o egni a chemegion. Mae hefyd yn cynhyrchu gwastraff wedi'i halogi. Mae allyriadau nwyon tŷ gwydr (gan gynnwys carbon deuocsid, CO_2) o ffatrïoedd yn achosi llygredd aer yn yr ardaloedd lleol ac yn ychwanegu at ddisbyddu'r haen oson. Hefyd, mae llawer o lygredd dŵr yn yr ardaloedd lleol o gwmpas safleoedd ffatrïoedd. Dydy ffibrau synthetig ddim yn fioddiraddadwy: byddai polyester yn cymryd hyd at 450 mlynedd i ddadelfennu yn yr amgylchedd. Gallwn ni ailgylchu ffibrau synthetig, fodd bynnag, ac mae'r arfer hwn yn mynd o nerth i nerth yn y diwydiant.

Mae angen llawer o egni i olchi, sychu, llifo a phrintio ffabrigau ac mae llawer o ddŵr gwastraff yn cael ei gynhyrchu. Oherwydd goblygiadau cost, mae llawer o ffatrïoedd yn anwybyddu rheolau a rheoliadau wrth waredu'r dŵr gwastraff. Mae llawer ohono yn y pen draw'n halogi ffynonellau lleol ac yn difrodi cynefinoedd.

Mae gwastraff plastig yn cael ei greu bob blwyddyn drwy roi gormod o ddefnydd pecynnu diangen ar gynhyrchion tecstilau. Pan fydd dillad yn cael eu danfon i siop adwerthu, bydd pob eitem wedi'i gorchuddio â bag dilledyn plastig fydd yn cael ei daflu ar unwaith. Pwrpas y bagiau hyn yw amddiffyn dillad rhag lleithder a llwch wrth gael eu cludo. Mae'r un dillad hefyd yn cael eu rhoi mewn blychau cardbord a'u gorchuddio â haen ychwanegol o ddefnydd lapio plastig cyn eu hanfon.

Amodau gwaith mewn gwledydd sy'n datblygu, costau llafur a thlodi

Mae'r ffordd mae gweithwyr dillad yn y diwydiant tecstilau yn cael eu trin wedi cael sylw ers blynyddoedd. Er gwaethaf rhai camau i wella amodau i weithwyr, mae'n dal i fod yn un o'r diwydiannau lle mae ecsbloetio mawr yn digwydd.

Ffigur 3.32 Mae gweithwyr yn gweithio oriau hir am ychydig iawn o arian ac yn aml mewn amodau gwaith gwael

Mae'r galw am **ffasiwn cyflym** wedi cynyddu'n ddramatig yn y blynyddoedd diwethaf. Mae llawer o bobl yn meddwl ei bod yn dderbyniol prynu dilledyn am y pris isaf posibl, ei wisgo unwaith a'i daflu'n gyflym. Mae'r **diwylliant taflu i ffwrdd** hwn yn gyrru prisiau adwerthu i lawr, sy'n golygu torri costau cynhyrchu er mwyn cynnal proffidioldeb. Rydyn ni'n adnabyddus am fod yn gymdeithas daflu i ffwrdd sydd ddim yn ystyried effaith yr arfer hwn ar bobl lai ffodus.

Mewn llawer o wledydd fel Cambodia a Bangladesh, mae gweithwyr dillad yn cael eu hecsbloetio ac yn aml yn gorfod gweithio oriau hir am ychydig iawn o arian mewn amodau gwaith gwael. Mae plant mor ifanc â chwech oed wedi cael eu darganfod yn gweithio mewn ffatrïoedd er bod cyfreithiau lleol yn gwahardd llafur plant. Does gan weithwyr dillad mewn gwledydd sy'n datblygu ddim hawliau undeb, ac mae pobl sy'n ceisio sefyll drostynt eu hunain a'u cydweithwyr yn aml yn wynebu trais. Mae llawer o'r materion hyn yn uniongyrchol gysylltiedig â'r galw gan gymdeithasau'r gorllewin a chymdeithasau cyfoethog eraill am fwy o gynhyrchion am bris llawer rhatach. Dyma ein hôl troed cymdeithasol.

Mewn gwledydd sy'n datblygu, mae pobl sy'n byw ac yn gweithio'n agos at y diwydiant tecstilau hefyd yn dioddef oherwydd halogi'r tir a chyflenwadau dŵr. Gall y gweithwyr a'u teuluoedd hefyd ddioddef cyflyrau croen, problemau â'r ysgyfaint, y clefyd melyn a chanser yn sgil dod i gysylltiad â chemegion gwenwynig sy'n cael eu defnyddio i gynhyrchu a phrosesu tecstilau.

Bydd gwneuthurwyr tecstilau cyfrifol yn ystyried iechyd, diogelwch a lles eu gweithwyr a phobl sy'n byw gerllaw drwy roi mesurau priodol ar waith i'w diogelu nhw.

Ailgylchu a gwastraff

Mae ffibrau naturiol yn **fioddiraddadwy** a bydd y rhan fwyaf ohonyn nhw'n dadelfennu'n naturiol yn yr amgylchedd o fewn chwe mis. Maen nhw'n dal i ryddhau CO_2 wrth ddadelfennu, ac mae ffibrau naturiol sydd wedi'u trin â llifynnau a chemegion yn rhyddhau'r rhain i'r ddaear. Mae ffibrau synthetig sydd wedi'u gwneud o bolymerau yn dadelfennu'n araf iawn, gan gymryd rhwng 450 a 1000 o flynyddoedd i dorri i lawr. Yn ystod yr amser hwn bydd y ffibrau'n rhyddhau nwyon gwenwynig a nwyon tŷ gwydr i'r atmosffer.

Ffigur 3.33 Mae dŵr gwastraff o ffatrïoedd yn llygru ffynonellau dŵr yfed lleol

Ffigur 3.34 Gallwn ni fynd â thecstilau i fanciau dillad neu siopau elusen i'w hailgylchu

GEIRIAU ALLWEDDOL

Ffasiwn cyflym
Tuedd ddiweddar o drosglwyddo casgliadau newydd o'r rhodfa ffasiwn i siopau yn gyflym. Mae ffasiwn cyflym yn aml yn ffasiynol ac yn rhad, ond o safon isel.

Diwylliant taflu i ffwrdd
Mae ffasiwn cyflym wedi gwneud dillad yn llawer mwy fforddiadwy i ddefnyddwyr. Mae'r prisiau anhygoel o isel mewn rhai siopau ar y stryd fawr wedi arwain at ddiwylliant taflu i ffwrdd, sy'n golygu nad yw defnyddwyr yn teimlo bod angen cadw dillad sydd ddim yn ffasiynol mwyach, a'u bod nhw'n hapus i'w gwaredu nhw.

Bioddiraddadwy Gallu defnydd, sylwedd neu wrthrych i ddadelfennu'n naturiol yn yr amgylchedd wrth i ficro-organebau weithredu arno, ac felly'n atal llygredd.

GEIRIAU ALLWEDDOL

Ailgylchadwy Defnydd sy'n addas i'w brosesu gan ddefnyddio dulliau ailgylchu trydyddol.

Bioamrywiaeth Y cydbwysedd rhwng yr holl wahanol greaduriaid byw sy'n cyd-fyw mewn cynefin penodol.

Ffigur 3.35 Crys dyn wedi'i uwchgylchu i wneud top amlddefnydd

Ailgylchu, ailddefnyddio a gwaredu

Mae'n hawdd **ailgylchu** y rhan fwyaf o ffibrau a ffabrigau. Mae'n hanfodol ein bod ni'n gwneud hyn er mwyn gwarchod yr amgylchedd a'n hadnoddau wrth i'r diwydiant tecstilau barhau i dyfu. Mae banciau dillad a siopau elusen yn chwarae rhan bwysig iawn i sicrhau ein bod ni'n ailddefnyddio neu'n ailgylchu tecstilau gwastraff yn effeithiol.

Mae tri math o ailgylchu:

- **Ailgylchu cynradd** yw ailddefnyddio'r defnydd neu'r cynnyrch, yn aml at yr un diben a heb ei newid mewn unrhyw ffordd. Mae rhoi dillad i siopau elusennau neu basio dillad i lawr i frodyr a chwiorydd iau yn enghreifftiau da o'r arfer hwn.
- **Ailgylchu eilaidd** yw ailddefnyddio'r defnydd neu'r cynnyrch, gan ei addasu mewn rhyw ffordd ond heb ei ailbrosesu. Enghraifft dda fyddai torri pâr o jîns i wneud trowsus byr neu efallai sgert newydd. Mae'r math hwn o ailgylchu'n ffordd dda o ddefnyddio hen ddillad neu decstilau'r cartref sy'n methu mynd i fanciau dillad.
- **Ailgylchu trydyddol** yw torri defnyddiau i lawr i'w cyflwr gwreiddiol a gwneud cynhyrchion hollol newydd ohonyn nhw. Un enghraifft o'r broses hon yw defnyddio poteli plastig i wneud cnu polyester. Mae ffibrau polyester yn thermoffurfiol ac felly gallwn ni eu glanhau, eu malu, eu toddi a'u hailffurfio i wneud ffabrigau newydd. Gallwn ni falu ffibrau naturiol, eu cannu nhw a'u nyddu nhw'n edafedd newydd, neu eu defnyddio fel padin ac ar gyfer cymwysiadau ynysu yn y diwydiant adeiladu.

    Mae ailgylchu trydyddol yn dda i'r amgylchedd mewn llawer o ffyrdd. Fodd bynnag, mae'n dal i ddefnyddio cemegion gwenwynig ac egni i lanhau, trefnu a phrosesu ffibrau wedi'u hailgylchu. Mae'n rhaid cofio ystyried hyn wrth ddewis defnyddio defnyddiau wedi'u hailgylchu.

Yn ôl amcangyfrifon, bydd 350,000 tunnell o hen ddillad yn mynd i safleoedd tirlenwi yn y Deyrnas Unedig bob blwyddyn – ac y byddai'r rhan fwyaf ohonyn nhw wedi gallu cael eu defnyddio eto. Dydy ffibrau ddim yn gallu cael eu hailgylchu am byth, fodd bynnag, ac yn anochel bydd angen i rai fynd i safleoedd tirlenwi ar ddiwedd eu hoes ddefnyddiol.

Bioamrywiaeth

Mae'r tir lle mae cnydau ffibrau tecstilau yn tyfu, y dŵr sy'n cael ei ddefnyddio i gynhyrchu cnydau, yr isadeiledd, y llygredd sy'n cael ei achosi gan ddulliau cynhyrchu a gwaredu gwastraff tecstilau i gyd yn effeithio ar ecosystem y byd. Mae hyn yn cael effaith niweidiol ar gynefinoedd llawer o greaduriaid bach neu hyd yn oed yn eu dinistrio, sydd yna'n effeithio ar **fioamrywiaeth**.

Mae bioamrywiaeth yn cyfeirio at gydbwysedd o fewn amrywiaeth mor eang â phosibl o greaduriaid a rhywogaethau gwahanol yn cyd-fyw yn y byd neu mewn cynefin penodol. Mae bioamrywiaeth yn galluogi pob creadur byw i fyw bywyd cyd-ddibynnol, iach. Mae bodau dynol yn dibynnu ar natur i ddarparu llawer o bethau i ni, gan gynnwys bwyd. Er enghraifft, pe na bai gwenyn a phryfed eraill yn peillio planhigion, byddai hyn yn effeithio ar gnydau ffrwythau a bwyd. Mae'r ecosystem yn cynnwys popeth o'n cyflenwad dŵr yfed a bwyd i'r ocsigen sydd ei angen arnom i anadlu.

Ym Mhennod 1 Adran (d) fe wnaethon ni drafod yr ôl troed ecolegol a'i effaith amgylcheddol. Mae bioamrywiaeth y Ddaear yn dirywio oherwydd datgoedwigo, newidiadau i ddefnyddio tir, defnyddio cemegion o brosesau diwydiannol, llygredd, defnyddio tir i waredu ein sbwriel a defnyddio gormod o adnoddau naturiol. Dim ond drwy warchod yr ecosystem a chynnal bioamrywiaeth y gallwn ni sicrhau y bydd y buddion rydyn ni'n eu cael o natur heddiw'n dal i fod ar gael yn y dyfodol.

Gweithgaredd

Mae dadansoddi cylchred oes cynnyrch neu ddefnydd yn cynnwys astudio'r llwybr mae'n ei ddilyn: o'i darddiad (ffynhonnell ffibr), drwy'r gwahanol gamau cynhyrchu, i'w fywyd defnyddiol a'i waredu yn y pen draw.

1 Dewiswch unrhyw gynnyrch tecstilau. Edrychwch ar y cyfnodau sydd wedi bod yn ei oes hyd yma a ble mae'n debygol o fynd yn y dyfodol. Rhestrwch beth sy'n digwydd iddo yn ystod ei oes; gallai hyn gynnwys prosesau sy'n digwydd yn ystod cynhyrchu neu olchi a smwddio. Ystyriwch i ble bydd yn mynd yn y diwedd. Beth fydd ei effaith ar yr amgylchedd yn y dyfodol? Meddyliwch am ei ôl troed carbon a'i ôl troed ecolegol.

2 Ystyriwch bob cam yn y gylchred oes. Sut byddai'n bosibl lleihau ei effaith ar yr amgylchedd?

3 Beth allai ddigwydd iddo yn lle mynd i safle tirlenwi? Ailddyluniwch gynnyrch newydd o'r un presennol ac ychwanegwch nodiadau i esbonio eich syniadau.

PWYNTIAU ALLWEDDOL

- Wrth ddewis ffabrigau tecstilau ar gyfer cynnyrch, dylech chi ystyried ffynhonnell y ffibr, adeiledd y ffabrig a'r gorffeniad i'w roi arno.
- Mae gorffeniadau yn cael eu rhoi er mwyn gwella priodweddau swyddogaethol, esthetig a/neu ffisegol y ffabrig.
- Mae gorffeniadau yn gallu bod yn fecanyddol, cemegol neu fiolegol.
- Gwnewch yn siŵr eich bod chi'n gwybod am y gwahanol orffeniadau a sut maen nhw'n gwella ffabrigau tecstilau.
- Mae rhai gorffeniadau'n gallu effeithio ar allu ffabrig i ddiraddio'n llawn ar ôl ei waredu.
- Mae'r diwydiant tecstilau yn cael effaith niweidiol fawr ar yr amgylchedd. Dylai dylunwyr cynhyrchion geisio dod o hyd i ffynonellau ffibrau neu brosesau gweithgynhyrchu eraill er mwyn lleihau'r effaith.
- Mae'r diwydiant tecstilau'n cael effaith niweidiol fawr ar ecosystemau a bioamrywiaeth sensitif y byd.

Angen gwybod

1 Esboniwch pam mae brwsio'n gwella gallu ffabrig i ynysu.

2 Enwch dri gorffeniad fyddai'n gwella ymddangosiad ffabrig.

3 Enwch dair ffordd y gallai gweithwyr yn y diwydiant tecstilau mewn gwledydd sy'n datblygu gael eu hecsbloetio.

4 Esboniwch sut mae ailgylchu'n gallu helpu'r amgylchedd.

5 Disgrifiwch effaith negyddol y diwydiant tecstilau ar fioamrywiaeth.

(e) Ffurfiau, mathau a meintiau stoc er mwyn cyfrifo a phennu nifer y defnyddiau neu gydrannau sydd eu hangen

Mae ffabrigau tecstilau ar gael mewn amrywiaeth o ledau safonol, ac mae'r rhan fwyaf o'r rhain yn dibynnu ar faint y gwŷdd a gafodd ei ddefnyddio i'w hadeiladu nhw. Mae llawer o fathau gwahanol o gydrannau safonol hefyd ar gael ar gyfer amrywiaeth o wahanol gynhyrchion tecstilau.

Lledau ffabrig safonol

Y ffordd fwyaf cyffredin o brynu ffabrigau yw 'oddi ar y rholyn', mewn marchnad neu siop ffabrigau arbenigol. Mae pedwar lled rholyn safonol:

- 90cm (wynebynnau cudd neu leininau)
- 115cm
- 150cm
- 200cm.

Mae llenni cotwm lled 240cm hefyd ar gael gan rai gwerthwyr ffabrigau arbenigol. Dydy'r rhan fwyaf o siopau ddim yn gwerthu ffabrig sydd â hyd llai na 50cm. Mae'n bwysig gwybod beth yw lled y rholyn ffabrig cyn cyfrifo nifer y metrau i'w prynu ar gyfer project penodol.

Mae ffabrigau cotwm sydd wedi'u torri ymlaen llaw ar gael hefyd ar gyfer cwiltio neu brojectau llai. Mae'r rhain yn cael eu galw'n 'chwarteri tew' (o'r ffordd draddodiadol o fesur ffabrigau mewn llathenni) ac fel rheol yn dod mewn bwndeli o liwiau a phatrymau sy'n cydfynd â'i gilydd. Maint y darnau hyn yw 45 × 55cm. Gallwn ni hefyd brynu ffelt mewn sgwariau o wahanol feintiau ar gyfer projectau crefftau llai.

Enwau cyffredin ar ffabrigau

Dydy ffabrigau mewn siopau ddim fel rheol yn cael eu henwi yn ôl cynnwys ffibr yn unig. Mae llawer o ffabrigau'n cael eu gwneud â blendiau o ffibrau. Mae Tabl 3.6 yn rhestru rhai o'r mathau o ffabrigau sydd ar gael.

Enw'r ffabrig	Enghraifft o'i ddefnyddio
Dril	Clustogwaith, dillad gwaith
Jersi	Crysau-t, ffrogiau, dillad hamdden
Denim	Jîns, crysau, bagiau
Voile	Rhwydi mosgitos, llenni
Brethyn caerog	Siacedi, cotiau
Gaberdîn	Siwtiau, cotiau
Poplin cotwm	Blowsiau, ffrogiau
Ffelt	Appliqué, crefftau
Cotwm main	Ffrogiau
Defnydd cynfasau	Cynfasau gwely, gorchuddion duvet
Damasg	Napcynnau addurnol, llieiniau bwrdd
Mwslin	Llenni tryloyw
Satin	Ffrogiau ar gyfer achlysuron, lingerie
Crêp	Blowsiau
Melfed	Dillad gyda'r nos, siacedi
Melfaréd	Trowsusau, siacedi, sgertiau
Les	Addurnol
Shiffon	Lingerie, dillad gyda'r nos, blowsiau
Organsa	Llenni, haute couture, priodasol

Ffigur 3.36 Mae'r ffabrig tros-haen organsa yn dryloyw ac yn ysgafn

Tabl 3.6 Rhai mathau o ffabrigau stoc

CBAC TGAU Dylunio a Thechnoleg

Yn yr enghraifft sydd i'w gweld yn Ffigur 3.41, mae'r ffabrig wedi'i blygu yn ei hanner ar hyd y graen union ac mae'r ymylon selfais gyda'i gilydd. Bydd y cynllun gosod hwn yn rhoi dau o bob darn patrwm ar ôl torri'r ffabrig. Os yw darn patrwm wedi'i osod ar y plyg, bydd yn cynhyrchu darn mwy sy'n gymesur. Ar adegau, bydd patrwm masnachol yn golygu bod rhaid agor, neu blygu y ffabrig mewn ffyrdd gwahanol. Os felly, mae angen edrych ar gefn y pecyn i weld faint o ffabrig sydd ei angen cyn ei brynu.

I gyfrifo faint o ffabrig sydd ei angen i wneud patrwm sylfaenol:

- Mesurwch led y cynllun gosod (ar hyd y graen croes) a lluoswch y rhif hwn â 2. Dyma isafswm lled y ffabrig sydd ei angen.
  Enghraifft: Lled 65cm wedi'i luosi â 2 = 130cm. Felly, byddai angen i chi brynu ffabrig oddi ar rolyn 150cm.
- Mesurwch hyd y cynllun gosod (ar hyd y graen union ac yn baralel â'r ymyl selfais); mae hyn yn dweud wrthych chi sawl metr o ffabrig mae angen ei brynu.
  Enghraifft: Hyd y cynllun gosod = 225cm. Ar gyfer hyn byddai angen i chi brynu 2.5 metr o ffabrig. (Rhaid talgrynnu'r ffigur hwn i fyny i'r hanner metr agosaf.)

I gyfrifo cyfanswm cost defnyddiau crai i wneud cynnyrch tecstilau:

- Cyfrifwch faint o ddefnydd sydd ei angen yn ôl y cynllun gosod a lluoswch hwn â chost pob metr o ffabrig.
- Adiwch gost y darnau cydrannol unigol, wedi'u cyfrifo naill ai fesul cydran neu yn ôl hyd trim, er enghraifft nifer y botymau sydd eu hangen, cost sip neu sawl metr o rwymyn bias ac ati. Dylech chi hefyd gynnwys cost edau.
- Adiwch y cyfansymiau at ei gilydd i roi cost sylfaenol defnyddiau a chydrannau'r cynnyrch.

Os yw'r gost yn rhy uchel, dylid ystyried defnyddiau a chydrannau eraill rhatach. Fel arall, gallech chi addasu neu symleiddio'r dyluniad fel bod angen llai o ddefnyddiau a chydrannau.

Gweithgaredd

Casglwch luniau o chwech o wahanol gynhyrchion tecstilau. Rhestrwch yr holl gydrannau byddech chi'n debygol o'u gweld ar bob un gan roi diben y darnau cydrannol. Er enghraifft, ar esgid ymarfer i blentyn byddai Velcro yn cael ei ddefnyddio fel ffasnydd, ond gallai fod yna gydrannau eraill hefyd.

PWYNTIAU ALLWEDDOL

- Mae ffabrigau tecstilau ar gael mewn lledau safonol. Mae'n rhaid ystyried lled y ffabrig wrth ei brynu; dylai eich patrymluniau ffitio'n daclus at ei gilydd ar y ffabrig i leihau gwastraff a lleihau'r gost.
- Mae darnau cydrannol ar gael mewn llawer o bwysau, meintiau, costau a mathau o ffibr. Wrth ddewis cydrannau, mae angen gwneud yn siŵr bod y pwysau a'r cryfder yn addas i bwysau'r ffabrig a sut mae'r gydran i fod i weithio.
- Mae angen i chi wybod enwau ffurfiau stoc ffabrigau yn ogystal â pha ffibrau sydd ynddyn nhw. Mae hyn yn bwysig wrth wneud dewisiadau dylunio.

Angen gwybod

1 Nodwch y pedwar prif led ffabrig safonol sy'n gallu cael eu prynu oddi ar y rholyn.

2 Esboniwch pam mae hi'n bwysig defnyddio'r math cywir o edau mewn projectau gwnïo.

3 Rhowch ddau reswm pam mae Velcro yn cael ei ddefnyddio'n aml ar ddillad plant.

4 Rhestrwch yr holl eitemau dylid eu hystyried wrth gyfrifo cost cynnyrch tecstilau.

5 Disgrifiwch sut mae llygadennau'n cael eu defnyddio mewn ffasnydd.

(f) Prosesau eraill y gellir eu defnyddio i weithgynhyrchu cynhyrchion i wahanol raddfeydd cynhyrchu

Mae dulliau gweithgynhyrchu'n amrywio gan ddibynnu ar faint o gynhyrchion sydd eu hangen, cymhlethdod yr eitemau, yr amserlen a'r gyllideb. Mae graddfa cynhyrchu yn effeithio ar ansawdd a chost cynhyrchion tecstilau.

Graddfeydd cynhyrchu

Cynhyrchu unigryw, ar archeb neu yn ôl y gwaith

Mae cynhyrchion **unigryw (mae angen un)**, yn ôl y gwaith neu ar archeb yn aml yn cael eu gwneud gan unigolyn neu dîm bach. Mae'r rhain i gyd yn weithwyr amryddawn a medrus iawn sy'n gallu addasu i amrywiaeth o brosesau a pheiriannau. Mae cynhyrchion sy'n cael eu gwneud fel hyn yn aml yn cael eu comisiynu fel darn unigryw gan gleient unigol. Fel rheol bydd gan y cleient gyfleoedd i fynd i ffitiadau ac i wneud penderfyniadau am y dyluniad yn ystod y broses gynhyrchu. Mae cynhyrchion sy'n cael eu gwneud fel hyn yn cymryd amser hir i'w cynhyrchu, gan fod y rhan fwyaf o'r gwaith yn fanwl ac yn cael ei wneud â llaw. Mae'r math hwn o gynnyrch yn aml yn defnyddio ffabrigau a chydrannau o safon uchel ac felly mae'n ddrud i'w brynu. Mae gŵn dylunydd **haute couture** yn enghraifft o gynnyrch sy'n cael ei wneud fel hyn. Mae Savile Row yn Llundain yn enwog am ei arbenigedd ym maes teilwrio safon uchel i ddynion. Mae siwtiau a chrysau'n cael eu gwneud â llaw ar archeb i weddu i faint a siâp penodol unigolyn. Weithiau, caiff y rhain eu galw'n ddillad ar fesuriadau'r cwsmer.

Swp-gynhyrchu

Rydyn ni'n defnyddio **swp-gynhyrchu** i gynhyrchu nifer penodol o gynhyrchion unfath mewn cyfnod penodol. Caiff y cynhyrchion eu gwneud gan dimau mawr o weithwyr, sy'n gweithio ar wahanol gamau o gwmpas y ffatri. Mae'r math hwn o gynhyrchu yn defnyddio cymysgedd o beiriannau lled-awtomataidd a chydosod â llaw. Mae gweithwyr yn arbenigo mewn un elfen ar y broses adeiladu, e.e. coleri neu bocedi. Mae pob gweithiwr yn gweithio drwy swp o gynhyrchion rhannol, sydd yna'n cael eu pasio ar hyd y llinell gynhyrchu nes eu bod nhw'n gyflawn. Er ei bod hi'n broses effeithlon, gall olygu bod y swyddi'n ddiflas ac yn ailadroddus.

Mae swp-gynhyrchu yn eithaf hyblyg ac yn gallu cael ei newid i ateb galw'r farchnad. Mae'n ddigon hawdd ailadrodd archebion. Fel rheol mae ansawdd cynhyrchion swp-gynhyrchu yn ganolig i isel. Mae dillad tymhorol – dillad i'r haf neu'r gaeaf ac eitemau ar gyfer digwyddiadau tymhorol fel Calan Gaeaf – yn cael eu cynhyrchu â dulliau swp-gynhyrchu.

Ffigur 3.42 Gwneud ffrogiau priodas ar archeb i gleientiaid unigol

Mae casgliadau dylunydd **parod i'w gwisgo** (prêt-à-porter) yn cynnwys nifer bach o gynhyrchion unfath sydd wedi'u gwneud mewn amrywiaeth o feintiau, ac mae'r rhain yn gallu bod wedi'u swp-gynhyrchu. Bydd y casgliadau hyn wedi'u gwneud yn dda iawn gan ddefnyddio ffabrigau a chydrannau o safon uchel. Bydd cynhyrchion, dillad ac ategolion fel hyn yn eithaf cyfyngedig ond ddim yn unigryw; ond gan fod enw dylunydd ar y cynnyrch mae'n bosibl y byddan nhw'n eithaf drud.

Masgynhyrchu

Mae **masgynhyrchu**, sef y raddfa gynhyrchu fwyaf, yn cynhyrchu symiau mawr iawn o gynhyrchion. Dyma'r dull sy'n cael ei ddefnyddio ar gyfer cynhyrchion lle mae galw uchel a chyson amdanyn nhw dros gyfnod hir iawn – yn aml misoedd i flynyddoedd! Enw arall ar hyn yw cynhyrchu llif parhaus. Mae cynhyrchion fel sanau a chrysau-t plaen, lle dydy'r steil ddim yn newid, yn gynhyrchion masgynhyrchu nodweddiadol. Bydd cyn lleied o amrywiadau ag sy'n bosibl. Mae llawer o ffatrïoedd yn rhedeg 24 awr y dydd er mwyn cynyddu'r allbwn i ateb y galw – ac i wneud yr elw mwyaf posibl. Mae gweithwyr yn arbenigo neu'n fedrus mewn un elfen o'r broses adeiladu, fel ar linellau swp-gynhyrchu. Rhaid trefnu cyfarpar, gweithwyr a chyflenwadau o ddefnyddiau a chydrannau yn dda i sicrhau bod y llinell gynhyrchu'n rhedeg yn ddidrafferth. Mae mwy a mwy o CAM yn cael ei ddefnyddio mewn masgynhyrchu, gan fod cysondeb a chyflymder yn bwysig. Caiff ansawdd ei reoli â chyfrifiadur, sy'n golygu nad yw cynhyrchion yn mynd yn ddiffygiol yn aml a bod cynhyrchion yn gyson.

Mae meintiau dillad sy'n cael eu cynhyrchu drwy fasgynhyrchu neu swp-gynhyrchu yn cael eu datblygu o ddadansoddiad ystadegol o fesuriadau dynol (**anthropometreg**), a chaiff dillad eu cynhyrchu mewn nifer cyfyngedig o feintiau.

Mae'r gweithdrefnau torri a gwneud safonedig yn golygu bod gan bob dilledyn yr un siâp, heb ganiatáu am siapiau corff anghyffredin. Dydy cwsmeriaid ddim yn cael cyfrannu at ddylunio na datblygu steil na dyluniad y dillad, ond bydd ganddyn nhw amrywiaeth eang o steiliau i ddewis o'u plith.

Systemau gweithgynhyrchu

O fewn masgynhyrchu a swp-gynhyrchu, mae'n bosibl trefnu'r llinellau cynhyrchu mewn fformatau gwahanol er mwyn cynyddu effeithlonrwydd ac allbwn. Bydd llawer yn dibynnu ar y math o gynnyrch sy'n cael ei gynhyrchu.

Mae **cynhyrchu llinell syth** yn golygu bod y gwaith yn llifo drwy gyfres o weithfannau mewn llinell syth. Mae'r gwaith yn cael ei drosglwyddo o un gweithiwr i'r nesaf naill ai ar hyd cludfelt neu ar system awtomataidd uwchben. Mae'r system hon yn aml yn cael ei defnyddio i gynhyrchu dillad ar raddfa fawr. Bydd pob gweithrediad wedi'i amseru i gynyddu'r allbwn. Mae'r gwaith yn ailadroddus ac yn gallu bod yn eithaf diflas i'r gweithwyr.

Mae'r **system bwndel cynyddol** yn gallu bod ar waith mewn unrhyw system gweithgynhyrchu ar raddfa fawr. Caiff bwndeli o ddillad neu ddarnau o gynnyrch eu symud mewn dilyniant o un gweithiwr i'r nesaf. Mae pob gweithiwr yn cwblhau un gweithrediad ar bob dilledyn mewn bwndel. Mae'r darnau o'r dilledyn yn cael eu clymu'n ôl mewn bwndeli a'u trosglwyddo i'r gweithiwr nesaf.

Ffigur 3.43 Cynhyrchu cotiau gaeaf ac ategolion ar linellau swp-gynhyrchu

Ffigur 3.44 Enghraifft o gynhyrchu llinell syth; mae bwndeli o waith yn y blychau sy'n cael eu trosglwyddo ar hyd y cludfelt canolog

Mae **cynhyrchu cell** yn is-system gweithgynhyrchu ac mae'n gallu gweithredu mewn systemau eraill. Bydd grwpiau o weithwyr yn gweithio gyda'i gilydd i wneud cynhyrchion cyfan neu ddarnau. Mae'r celloedd hyn yn gallu cael eu defnyddio i gynhyrchu'r cynnyrch cyfan, er enghraifft un gell yn gweithio ar un maint a chell arall yn gweithio ar faint arall. Fel arall, gellir defnyddio celloedd i gynhyrchu darn penodol o gynnych cyn iddo fynd yn ôl ar y prif rediad cynhyrchu. Gallai hyn olygu cell sydd, er enghraifft, yn cwblhau coleri ar gyfer amrywiaeth o grysau neu'n cwblhau motiff wedi'i frodio â pheiriant ar gasgliad o ddillad cyn iddyn nhw ailymuno â'r prif rediad cynhyrchu.

Dulliau gweithgynhyrchu main ac mewn union bryd (JIT)

Rydyn ni'n defnyddio'r dulliau cynhyrchu hyn i leihau gwastraff a chynyddu effeithlonrwydd cyffredinol system weithgynhyrchu. Mae hyn yn dibynnu ar system effeithlon i reoli stoc fel bod defnyddiau a darnau cydrannol yn cael eu danfon i'r gwneuthurwr 'mewn union bryd' i'w defnyddio ar unwaith. Mantais y system hon yw nad oes angen llawer o le mewn warws gan nad oes dim stoc yn cael ei gadw, sy'n lleihau gorbenion i'r gwneuthurwr. Anfantais amlwg y system hon yw fod peidio â chael y stoc mewn pryd yn gallu atal y cynhyrchu.

Rôl dylunwyr a'r diwydiant ffasiwn

Rôl dylunwyr

Mae dylunwyr ffasiwn enwog yn creu casgliadau sy'n dangos edrychiad neu steil penodol ac yn eu cyflwyno mewn sioe ffasiwn. Fel rheol, caiff casgliadau eu dangos ddwywaith y flwyddyn – Gwanwyn/Haf a Hydref/Gaeaf. Mae'r dylunwyr hyn yn targedu sectorau gwahanol yn y farchnad i hybu newid. Bydd llawer o'u dyluniadau'n ddarnau datganiad sydd ddim o reidrwydd yn gwbl ymarferol neu wisgadwy. Darnau unigryw drud iawn yw'r rhain fel rheol. Bydd dylunwyr eraill sy'n ymweld â'r sioeau yn cael eu hysbrydoli gan y rhain ond yn cymedroli'r syniadau i'w gwneud nhw'n fasnachol ddichonadwy. Byddan nhw'n symleiddio manylion steil ac yn awgrymu ffabrigau a chydrannau rhatach, gan gadw hanfod y steil i sicrhau bod y dillad sydd wedi'u diwygio yn dal i fod yn **ffasiynol** ac yn cyd-fynd â ffasiynau **cyfoes** newydd. Bydd addasiadau pellach yn cael eu gwneud ar gyfer pen rhataf y farchnad i dargedu pobl lai cyfoethog. Caiff niferoedd mawr o'r cynhyrchion wedi'u symleiddio eu cynhyrchu gan ddefnyddio dulliau masgynhyrchu neu swp-gynhyrchu.

Mae dylunwyr yn cael ysbrydoliaeth o'r byd o'u cwmpas nhw wrth feddwl am liwiau, silwetau a ffabrigau ar gyfer eu dyluniadau. Maen nhw'n ymwybodol o dueddiadau cyffredinol ond yn aml yn troi at ddaroganwyr ffasiwn i gael arweiniad pellach (gweler tudalen 129). Maen nhw'n defnyddio byrddau stori i ffocysu eu syniadau er mwyn datblygu thema casgliad newydd i'w arddangos ar y rhodfa ffasiwn.

Weithiau mae syniadau dylunio yn gallu dod o ffasiwn **steil stryd**. Mae'r tueddiadau hyn fel rheol yn gysylltiedig â grwpiau ieuenctid neu isddiwylliannau ieuenctid ac yn gallu cael eu grwpio yn ôl dosbarth cymdeithasol, tarddiad ethnig, oed, crefydd neu wleidyddiaeth. O fewn ffasiwn, mae diwylliant ieuenctid yn aml wedi dylanwadu'n gryf ar ddylunwyr ac yn y pen draw ar ffasiwn prif ffrwd, er enghraifft dylanwad roc a rôl ar y tedi bois yn yr 1950au, Beatlemania yn yr 1960au, pync roc yn yr 1970au, a ffasiwn gothig yn yr 1980au a'r 1990au. Dydy'r agwedd hon ar ffasiwn ddim wedi bod mor amlwg yn yr unfed ganrif ar hugain ag yn y gorffennol.

Y dyddiau hyn, mewn economi byd-eang, mae dylunwyr ffasiwn wedi'u lleoli ym mhedwar ban y byd ac yn datblygu casgliadau i'w dangos mewn sioeau ffasiwn. Llundain, Efrog Newydd, Paris, Tokyo a Milan yw prif ddinasoedd ffasiwn y byd o hyd, fodd bynnag.

Dylanwadau ar ffasiwn

Mae nifer o ffactorau'n dylanwadu ar ffasiwn:

- **Y cyfryngau:** Teledu, ffilmiau, cylchgronau sy'n rhoi sylw i ffasiynau'r stryd a cherddoriaeth, enwogion. Hefyd tueddiadau dylunwyr ifanc newydd.
- **Dewisiadau ffordd o fyw:** Mwy o amser hamdden a gwell cyfleoedd i deithio. Mae dillad traddodiadol o wledydd eraill yn dylanwadu ar rai steiliau ffasiwn. Mae gwisgo dillad chwaraeon ar gyfer hamdden hefyd wedi cael effaith.
- **Hanes:** Mae llawer o ddylunwyr yn edrych ar hanes ffasiwn dros y canrifoedd i gael ysbrydoliaeth. Mae'n debyg bod Vivienne Westwood yn ailddyfeisio'r staes yn yr 1990au yn un o'r enghreifftiau pwysicaf o sut mae hanes wedi dylanwadu ar ddillad cyfoes modern.
- **Technoleg newydd:** Mae datblygiadau technolegol yn arwain at newid. Dydy hyn erioed wedi bod mor amlwg nac mor bwysig ag y mae heddiw. Cafodd Gore-Tex ei ddatblygu yn wreiddiol i'w ddefnyddio yn y gofod, lle roedd angen i un ffabrig fod yn ysgafn, yn gryf ac yn gynnes. Mae technoleg nano a Bluetooth wedi arwain at lawer o ddillad â dyfeisiau electronig integredig.

Arweinwyr ffasiwn

Mae **arweinwyr ffasiwn** yn bobl sydd â synnwyr cryf o steil a ffasiwn; mae rhai ohonyn nhw hefyd yn gweld ffasiwn fel celfyddyd. Maen nhw'n gwybod am y ffasiynau presennol ac yn hyderus wrth gasglu dillad steilus i'w wardrob. Dydyn nhw ddim yn ofni gwneud datganiad neu greu effaith drwy'r dillad maen nhw'n eu gwisgo, sy'n debygol o dynnu sylw pobl. Mae rhai ohonyn nhw hyd yn oed yn dylunio ac yn gwneud eu dillad eu hunain.

Yn eithaf aml, bydd arweinwyr ffasiwn yn dechrau symudiad ffasiwn newydd sy'n mynd yn boblogaidd. Mae enwogion yn aml yn cael eu gweld fel arweinwyr ffasiwn, yn enwedig os ydyn nhw wedi cael eu cysylltu â gwisgo steil penodol.

Llunwyr delweddau

Llunwyr delweddau yw pobl sy'n arbenigo mewn rhoi 'edrychiad' neu steil penodol at ei gilydd ar gyfer eu cleientiaid. Gallai eu cleientiaid fod yn unigolion, grwpiau o bobl, neu gwmnïau sy'n chwilio am ddelwedd gorfforaethol neu gynhyrchion. Mae gan lunwyr delweddau ddealltwriaeth dda o dueddiadau ffasiwn cyfoes ac mae'n rhaid iddyn nhw ddeall anghenion penodol eu cleient yn iawn i'w galluogi nhw i edrych ar eu gorau bob amser. Eu nod yw creu argraff gadarnhaol ar rywbeth neu rywun. Mae'r rhan fwyaf o lunwyr delweddau yn gweithio ym meysydd cysylltiadau cyhoeddus (*PR*) neu hysbysebu.

Darogan ffasiwn

Mae **daroganwyr ffasiwn** yn rhagweld pa ffasiynau a steiliau sydd fwyaf tebygol yn y dyfodol. Maen nhw'n cynorthwyo dylunwyr a gwneuthurwyr drwy gynnig adroddiadau darluniadol, sy'n eu galluogi nhw i ddylunio casgliadau i gyd-fynd â thueddiadau'r dyfodol. Mae'r rhagfynegiadau'n dod o ymchwil trwyadl a dadansoddiadau gofalus yn seiliedig ar boblogrwydd ffabrigau, lliwiau, manylion a nodweddion. Mae daroganwyr ffasiwn yn aml yn gweithio nifer o flynyddoedd ymlaen llaw cyn i steil fod yn ffasiynol, felly mae'n rhaid iddyn nhw fod yn arbennig o dda am ganfod tueddiadau allweddol sydd ar y ffordd.

Ffigur 3.45 Fe wnaeth Vivienne Westwood ailddyfeisio'r staes yn seiliedig ar steil o'r ddeunawfed ganrif – un o'i syniadau ffasiwn pwysicaf yn yr 1990au

Gweithgaredd

Mewn grwpiau, efelychwch linell gynhyrchu fach ar gyfer cynnyrch syml rydych chi wedi'i ddylunio, er enghraifft cas sbectol syml. Ystyriwch yr holl waith, o'r dyluniad i'r cynnyrch terfynol, a rhowch swydd benodol i bawb yn eich grŵp. Mae pob unigolyn yn gwneud un swydd yn unig, dro ar ôl tro. Gallai hynny olygu gwnïo dim ond un rhan fach iawn. Gwnewch hyd at ddeg o'r cynnyrch.

Ystyriwch:

- Pa mor ailadroddus oedd pob swydd?
- Oedd unrhyw un yn mynd yn gyflymach wrth ailadrodd yr un swydd?
- Sut roedd hyn yn effeithio ar ansawdd y cynhyrchion?
- Oedd unrhyw un yn arafu'r broses gynhyrchu?
- Sut byddech chi'n teimlo yn gwneud yr un gwaith ddydd ar ôl dydd, fis ar ôl mis?
- Sut byddech chi'n teimlo wrth wneud gwaith ailadroddus mewn amgylchedd llai dymunol?

Gwerthuswch eich gweithgaredd.

PWYNTIAU ALLWEDDOL

- Cofiwch fod graddfa cynhyrchu'n dibynnu ar nifer y cynhyrchion sydd eu hangen, y math o gynnyrch, yr amserlen ar gyfer cynhyrchu, a chymhlethdod y cynnyrch.
- Mae mwy a mwy o beiriannau cyfrifiadurol yn cael eu defnyddio wrth weithgynhyrchu er mwyn rheoli cynhyrchiad a gwella ansawdd. Mae hyn yn cyflymu'r broses, ond gallai olygu bod angen llai o weithwyr.
- Gellir trefnu llinellau cydosod o dan wahanol systemau, gan gynnwys is-systemau fel cynhyrchu cell, i'w gwneud nhw mor effeithlon â phosibl.
- Ffasiwn cyfoes yw steiliau sy'n boblogaidd ac yn 'ffasiynol' ar hyn o bryd.
- Mae dylunwyr ffasiwn yn creu darnau ffasiwn gwreiddiol sy'n cael eu symleiddio ar gyfer marchnadoedd ffasiwn prif ffrwd.
- Mae ffasiwn yn cael ei gyfeirio at wahanol grwpiau mewn cymdeithas: haute couture, casgliadau parod i'w gwisgo, masgynhyrchu a steil stryd.

Angen gwybod

1. Esboniwch beth yw ystyr 'gwisg (*outfit*) ar archeb'.
2. Disgrifiwch fanteision gweithredu cell mewn llinell gynhyrchu.
3. Cymharwch y sgiliau sydd eu hangen ar weithiwr sy'n arbenigo mewn cynhyrchu unigryw o gymharu â'r sgiliau sydd eu hangen ar rywun sy'n gwneud gwaith cydosod llinell syth.
4. Sut mae daroganwyr ffasiwn yn dylanwadu ar dueddiadau?
5. Nodwch ddwy o fanteision a dwy o anfanteision dillad wedi'u masgynhyrchu i ddefnyddwyr.

(ff) Technegau a phrosesau arbenigol i siapio, ffabrigo, adeiladu a chydosod prototeip o ansawdd uchel

Mae gwneud modelau a **phrototeipiau** gorffenedig yn rhan bwysig o'r **broses ddylunio iterus**. Mae modelu yn rhoi cyfle i chi i brofi, llawdrin ac addasu eich syniadau dylunio cyn cynhyrchu'r syniad terfynol. Bydd angen i chi ddefnyddio ystod eang o gyfarpar ac offer a bydd angen dealltwriaeth dda o ddefnyddiau a'r dulliau adeiladu sydd eu hangen i wireddu eich syniad ar ffurf 3D.

Defnyddiau, offer a chyfarpar

Mae nifer o offer llaw ar gael i'ch cynorthwyo chi pan fyddwch chi'n cynhyrchu cynnyrch tecstilau. Mae Tabl 3.7 yn rhestru'r rhai mwyaf cyffredin:

Erfyn	Defnyddio
Riwl fetr	Yn ddefnyddiol i farcio a thorri ffabrig; i fesur llinellau syth a llinellau hem.
Tâp mesur	Yn hanfodol i gymryd mesuriadau o'r corff ac i fesur siapiau neu arwynebau crwm.
Cyllell grefft	I dorri stensilau neu batrymluniau llai â llaw.
Mat torri	I'w ddefnyddio gyda'r gyllell grefft neu'r torrwr cylchdro. Mae matiau torri wedi'u marcio'n barod mewn sgwariau sy'n rhoi canllaw i dorri'n fanwl gywir.
Rhwygwr sêm neu ddatodydd	Yn cael ei ddefnyddio'n aml i ddatod pwythau diffygiol; ond hefyd gellir defnyddio'r ymyl grom i agor semau a thyllau botwm.
Pinnau	Dull dros dro o ddal ffabrigau at ei gilydd neu yn eu lle. Ar gael mewn sawl trwch i weddu i wahanol fathau o ffabrig.

Tabl 3.7 Offer llaw sy'n cael eu defnyddio wrth gynhyrchu tecstilau

Peiriannau gwnïo

Mae'r rhan fwyaf o beiriannau gwnïo domestig yn cynnig amrywiaeth eang o nodweddion a phwythau i gwblhau llawer o'r prosesau sydd eu hangen i wneud cynnyrch tecstilau. Hefyd, mae peiriannau gwnïo cyfrifiadurol yn gallu brodio dyluniadau gwreiddiol. Mae gan bob peiriant domestig draed neu atodiadau arbenigol dewisol i wneud prosesau penodol fel cysylltu gwahanol fathau o sipiau neu atodiad arbenigol i wnïo botymau ar ddilledyn neu wneud twll botwm. I gael gorffeniad o ansawdd da, dylid defnyddio'r atodiad cywir. Mae nodwyddau o wahanol drwch a nodwyddau arbenigol ar gael ar gyfer gwahanol ffabrigau sy'n cael eu defnyddio mewn tecstilau. Mae angen nodwydd fain iawn i wnïo shiffon, er enghraifft, ond mae angen nodwydd fwy trwchus a chryf i wnïo denim. Gall nodwydd maint anghywir ddifrodi'r ffabrig, a bydd rhai nodwyddau'n torri os yw'r ffabrig yn rhy drwchus. Mae'n bwysig gwneud yn siŵr bod y math o nodwydd yn addas i'r ffabrig rydych chi'n bwriadu ei ddefnyddio.

Ffigur 3.46 Amrywiaeth o 'draed' arbenigol ar gyfer prosesau penodol wrth adeiladu cynhyrchion tecstilau

Peiriannau gwnïo diwydiannol a pheiriannau trosbwytho

Mae peiriannau gwnïo diwydiannol a pheiriannau trosbwytho yn beiriannau gwaith trwm, sydd wedi'u dylunio'n arbennig i allu cael eu defnyddio'n gyson. Mae gan y peiriannau hyn foduron mawr sy'n rhedeg yn llawer cyflymach na pheiriannau domestig. Maen nhw hefyd yn gallu cymryd sbwliau mawr o edau gryf i leihau torri a cholli amser yn ailedafu'r peiriannau. Mae'r peiriannau hyn yn gallu gwnïo'n rhwydd drwy ddefnyddiau trwm neu wydn fel lledr a denim.

Mewn un broses, mae peiriant trosbwytho yn torri ymyl syth ar y defnydd ac yn troswnïo'r ymyl i wneud y sêm yn daclusach. Mae'r broses yn defnyddio hyd at bedair rîl o edau. Er bod dulliau eraill i dacluso semau, hwn sy'n rhoi'r gorffeniad mwyaf proffesiynol. Mewn diwydiant, peiriannau trosbwytho yw'r dull mwyaf cost-effeithiol o adeiladu sêm. Mae llafn y peiriant yn llym iawn ac mae'n rhaid ei ddefnyddio'n ofalus.

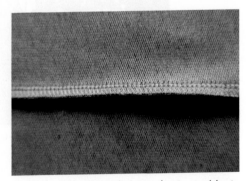

Ffigur 3.47 Gorffeniad sêm taclus ar y peiriant trosbwytho

Torri â laser

Mae torri â laser yn cael ei reoli gan raglen gyfrifiadurol lle mae'r dyluniad yn cael ei luniadu fel delwedd 2D (CAD). Caiff cryfder a chyflymder y laser eu dewis ar sail y defnydd sydd i'w dorri. Cyn gynted ag mae'r ffabrig yn cael ei roi yn y torrwr, mae'r laser yn dilyn y dyluniad digidol i dorri'r dyluniad yn gyflym ac yn fanwl gywir (CAM). Gallwn ni hefyd wneud i dorwyr laser ysgythru arwyneb ffabrig, yn hytrach na thorri'r holl ffordd drwodd. Fel hyn, gallwn ni greu dyluniadau manwl ar ffabrig sydd ddim yn bosibl mewn unrhyw ffordd arall. Yr anfantais yw nad yw pob ffabrig yn gallu cael ei dorri ar y torrwr laser gan y bydd rhai'n ymdoddi ac yn llosgi, a gyda rhai ffabrigau mae'r laser yn gadael ymyl frown hyll losgedig. Gallwn ni hefyd ddefnyddio'r laser i dorri stensilau a gwneud blociau ar gyfer printio bloc. Caiff torwyr laser eu defnyddio mewn diwydiant hefyd er mwyn torri drwy lawer o haenau o ffabrig ar system awtomataidd gan ddilyn cynllun gosod digidol sydd wedi'i storio yng nghof y cyfrifiadur.

Marcio a thorri patrymau

Mae torri patrymau yn golygu gosod patrymluniau papur neu gerdyn ar arwyneb y ffabrig a thorri o'u cwmpas nhw i gynhyrchu darnau o ffabrig o faint a siâp cywir i'r cynnyrch dan sylw.

- Mae patrymau masnachol yn cynnwys patrymluniau sydd wedi'u printio ar ddalenni mawr o bapur patrymog. Mae'r rhain yn aml yn cynnwys llawer o wahanol feintiau ac amrywiadau.
- Fel rheol, mae blociau sylfaenol wedi'u gwneud o gerdyn tenau ac maen nhw'n batrymlun sylfaenol sy'n gallu cael ei addasu i gynhyrchu amrywiaeth o gynhyrchion.

Ffigur 3.48 Patrwm manwl torrwr laser ar ffrog ddylunydd

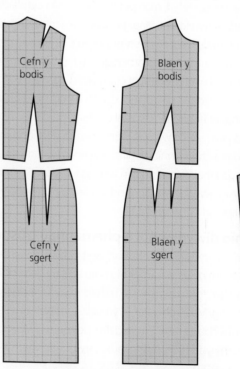

Ffigur 3.49 Mae'n hawdd addasu blociau sylfaenol i greu darnau patrwm i weddu i'ch dyluniad chi

Mae darnau patrwm masnachol a blociau sylfaenol yn dod ag amrywiaeth o farciau pwysig wedi'u printio arnynt, a bydd rhaid dilyn y rhain yn fanwl i sicrhau mai'r maint, siâp ac ansawdd cywir yw'r cynnyrch gorffenedig, fel y gwelwn ni yn Ffigur 3.50. Mae darnau patrwm a blociau sylfaenol wedi'u marcio â saeth i ddangos cyfeiriad llinell y graen, ac felly sut dylid gosod y darnau ar y ffabrig i'w torri. Mae'r graen union yn mynd yn fertigol i lawr gan ddilyn yr edau ystof yn y ffabrig, a'r llinell graen hon sy'n cael ei defnyddio amlaf wrth gynhyrchu dillad gan mai hon sy'n rhoi'r **gorweddiad** gorau.

Gallwn ni osod ffabrigau ar eu hyd a'u plygu nhw drosodd fel bod yr ymylon selfais yn dod at ei gilydd; yna caiff y patrymluniau eu gosod yn unol â chyfarwyddiadau'r patrymau. Weithiau gellir gosod ffabrigau ar blyg croesraen (plygu ar hyd lled y ffabrig) i gael cynllun gosod mwy effeithlon. Gallwn ni hefyd dorri patrwm ar y bias, sy'n mynd yn lletraws ar ongl 45° i'r graen union. Mae ffabrigau sydd wedi'u torri ar y bias yn fwy hyblyg ac yn hawdd eu gwnïo i siapiau crwm. Mae torri ar y bias yn aml yn achosi mwy o wastraff, felly mae angen i ddylunwyr brynu mwy o ffabrig wrth dorri patrymau fel hyn.

Marc patrwm	Ystyr y marc	Pam mae'n bwysig
	Llinellau graen neu graen union	Rhaid i'r patrymlun fod yn baralel â'r ymyl selfais, fel bod y dilledyn yn hongian fel y bwriad neu'n gorwedd yn fflat
	Gosod ar ymyl blyg	Mae angen i ymyl y patrymlun fod ar ymyl blyg y ffabrig, gan fod y darn yn gymesur
	Llinellau addasu i estyn a chwtogi patrymluniau	Gellir addasu'r patrymluniau yma i roi ffit mwy personol
	Llinellau torri mewn gwahanol feintiau	Torri ar hyd y maint sydd ei eisiau
	Llinell bwytho	Dyma lle dylai'r pwythau fod wrth uno darnau – fel arall, wnaiff y cynnyrch ddim ffitio at ei gilydd
	Lwfans sêm	Y pellter rhwng y llinell bwytho ac ymyl y ffabrig, 1.5 cm fel rheol
	Dotiau	Dangos safle cydran neu dechneg siapio
	Rhic	Dangos sut mae darnau'n ffitio at ei gilydd a sut i gydweddu patrwm, fel rhesi
	Safle botwm	Trosglwyddo'r marc i'r ffabrig fel ei fod yn y lle cywir ar y dilledyn
	Safle tyllau botymau	Trosglwyddo'r marc i'r ffabrig fel ei fod yn y lle cywir ar y dilledyn
	Safle dart	Mae angen i'r dotiau ddod at ei gilydd i greu'r dart
	Lleoliad pletiau a thyciau	Mae angen i'r llinellau ddod at ei gilydd i greu'r plet neu'r twc

Ffigur 3.50 Marciau patrwm sy'n gorfod cael eu dilyn yn fanwl gywir

Mae nifer o offer gwahanol y gallwn ni eu defnyddio i drosglwyddo marciau patrwm i ffabrig yn fanwl gywir:

- Sialc teiliwr – darn bach o sialc caled sy'n cael ei ddefnyddio i farcio ffabrig dros dro.
- Marcwyr dros dro – peniau ysgrifennu sy'n cynnwys inc sy'n diflannu drwy bylu'n araf ar ôl dod i gysylltiad ag aer, er mwyn gwneud marciau dros dro ar ffabrig.
- Olwyn ddargopïo a throsglwyddiad carbon – yn y dull hwn o farcio darnau patrwm, caiff papur carbon ei osod ar ben y ffabrig, gyda'r darnau patrwm ar ben hwnnw. Caiff y carbon ei drosglwyddo gan y gwasgedd sy'n digwydd wrth rolio'r olwyn ddargopïo ar hyd arwyneb y darn patrwm.
- Taciau teiliwr – mae'r dull hwn yn defnyddio pwythau i farcio manylion pwysig fel safle dart neu fotwm. Caiff dolenni bach o edau eu gwneud drwy'r ffabrig, cyn eu tynnu nhw'n nes ymlaen.
- Mewn diwydiant, mae rhiciwr poeth yn cael ei ddefnyddio i farcio rhiciau bach gweladwy ar ffabrig i drosglwyddo marciau patrwm pwysig. Mae fel rheol yn cael ei ddefnyddio i farcio drwy lawer o haenau o ffabrig wrth gynhyrchu ar raddfa fawr.

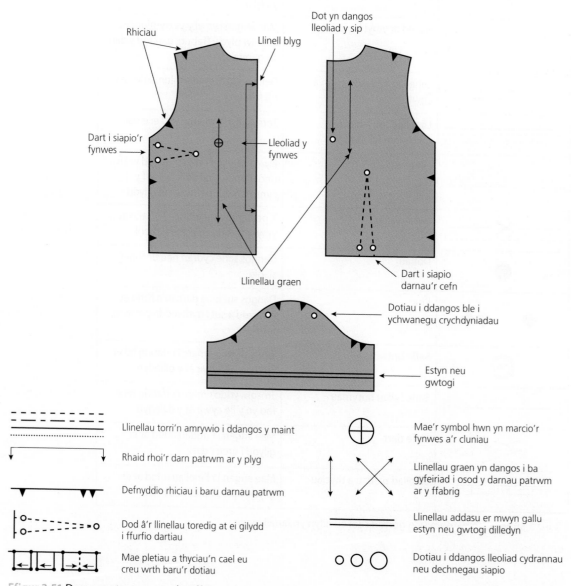

Ffigur 3.51 Darnau patrwm ac enghreifftiau o farciau patrwm

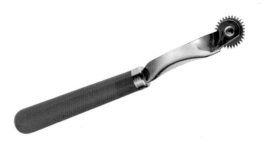

Ffigur 3.52 Olwyn ddargopïo

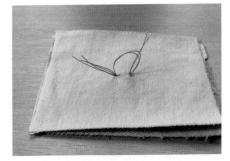

Ffigur 3.53 Taciau teiliwr

Offer torri

Mae nifer o offer/technegau gwahanol y gallwn ni eu defnyddio i dorri ffabrig:

- Gwellaif ffabrig: Dyma'r dull mwyaf cyffredin a hawdd o dorri ffabrig. Mae llawer o fathau eraill o sisyrnau'n cael eu defnyddio wrth adeiladu cynhyrchion tecstilau. Mae angen siswrn brodio bach â llafn pwynt llym i dorri gwaith cymhleth. Mae gwellaif pincio yn cynhyrchu toriad siâp igam-ogam ar hyd **ymyl grai** sêm, sy'n atal rhaflo.
- Torrwr cylchdro: Mae'r offer miniog dros ben hyn yn cael eu rholio ar hyd arwyneb y ffabrig, gan ddilyn y llinellau patrwm. Rhaid amddiffyn yr arwyneb oddi tanodd â mat torri i osgoi difrod.
- Torri â laser: Gall hyn fod yn ffordd gyflym ac effeithlon o dorri darnau patrwm mwy cymhleth os oes torrwr laser ar gael i chi yn yr ysgol. Mae hefyd yn gallu ysgythru patrwm ar arwyneb y ffabrig.
- Cylchlif: Wrth dorri patrymau ar raddfa fawr, mae gweithwyr medrus iawn yn defnyddio cylchlifiau i dorri drwy hyd at 100 haen o ffabrig yn fanwl gywir ac yn gyflym. Maen nhw'n dilyn cynllun gosod digidol i leihau gwastraff ac mae'r torri'n gyflym ac yn effeithlon. Mae'r gweithwyr yn gwisgo menig mael i amddiffyn eu dwylo rhag y llafnau miniog. Caiff cyllyll band a chyllyll syth eu defnyddio at yr un dibenion â chylchlifiau.
- Torwyr dei awtomataidd: Caiff y rhain eu defnyddio i dorri siapiau cyson drwy lawer o haenau o ffabrig. Rydyn ni fel rheol yn eu defnyddio nhw ar ddarnau patrymlun bach a allai fod yn anaddas i'w torri ar beiriannau mwy. Mae gan y torrwr dei ymyl isaf finiog iawn, sy'n torri i lawr drwy'r haenau wrth i'r ymyl gael ei gwasgu i lawr ar y ffabrig.

GAIR ALLWEDDOL

Ymyl grai Ymyl darn o ddefnydd heb orffeniad.

Ffigur 3.54 Gwellaif ffabrig yw'r dull mwyaf cyffredin i dorri patrymau yn y cartref ac yn yr ysgol

Ffigur 3.55 Mae torwyr cylchdro yn gallu torri ffabrigau'n fanwl gywir

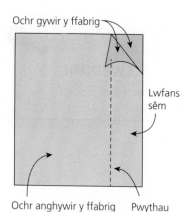

Ochr gywir y ffabrig

Lwfans sêm

Ochr anghywir y ffabrig   Pwythau

Ffigur 3.56 Sêm blaen

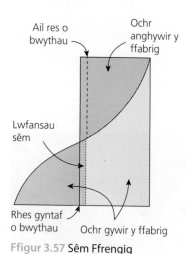

Ail res o bwythau

Ochr anghywir y ffabrig

Lwfansau sêm

Rhes gyntaf o bwythau   Ochr gywir y ffabrig

Ffigur 3.57 Sêm Ffrengig

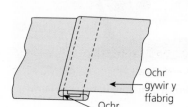

Ochr gywir y ffabrig

Ochr anghywir y ffabrig

Ffigur 3.58 Sêm ffel ddwbl fflat

Adeiladu sêm

Mae'r adran hon yn canolbwyntio ar ffurfio semau, sy'n ddulliau addas o uno gwahanol ffabrigau a chynhyrchion. Mae'n bwysig defnyddio'r math cywir o sêm i sicrhau bod y cynnyrch o ansawdd da ac yn gweithredu yn ôl y disgwyl.

Goddefiannau a lwfansau sêm

Mae'n bwysig defnyddio'r **lwfansau sêm** a'r **goddefiannau** cywir drwy gydol y broses o gynhyrchu'r cynnyrch. Y lwfans sêm safonol mewn tecstilau yw 1.5cm. Os nad yw'r lwfans sêm cywir yn cael ei ddefnyddio'n gyson, ni fydd darnau'r cynnyrch yn ffitio at ei gilydd yn iawn. Bydd hyn yn arwain at gynnyrch o ansawdd gwael sydd yn aml ddim yn ffitio'n iawn.

Mae cymhlethdod rhai cynhyrchion tecstilau'n ei gwneud hi'n eithaf anodd bod yn hollol fanwl gywir. Am y rheswm hwn, y goddefiant sêm sy'n cael ei ganiatáu mewn diwydiant yw tua +/–1cm (ar y mwyaf). Gallai hyn, fodd bynnag, ddal i effeithio ar y maint. Mae lwfansau sêm sy'n cynnwys y goddefiant a ganiateir yn cael eu hychwanegu at ddarnau patrwm i adael digon o ffabrig o gwmpas ymyl y llinell wnïo ar gyfer camgymeriadau. Er mwyn cyflawni cynnyrch o safon uchel, mae angen y math cywir o edau i'r ffabrig, yn ogystal â math addas o bwyth a lliwiau sy'n cyd-fynd yn dda lle bo'n briodol. Mae'n bwysig profi ansawdd eich pwytho ar y ffabrig cywir cyn i chi ddechrau.

Semau plaen

Semau plaen yw'r rhai mwyaf cyffredin gyda sawl dull o gael gorffeniad taclus, er enghraifft gyda pheiriant trosbwytho, gwellaif pincio neu rwymyn bias. Mae'n bosibl pwytho'r lwfans sêm at ei gilydd neu ei wasgu'n fflat ar agor, gan dacluso pob ymyl ar wahân.

Mae semau plaen yn addas i'r rhan fwyaf o fathau o ffabrig.

Sêm ddwbl

Mae sêm ddwbl yr un fath â sêm blaen ond â rhes ychwanegol o bwythau. Ar ôl i un rhes gael ei phwytho, mae angen cadw'r lwfansau sêm gyda'i gilydd a rhedeg rhes arall o bwythau tua 5mm oddi wrth y rhes gyntaf ar y lwfans sêm. Mae hyn yn ddefnyddiol ar gyfer ffabrigau wedi'u gwau lle does dim angen tacluso. Mae'n sêm gryf iawn oherwydd y pwythau ychwanegol.

Sêm Ffrengig

Mae semau Ffrengig yn gaeedig, gan guddio unrhyw ymylon crai. Mae'r math hwn o sêm yn addas ar gyfer defnyddiau tryloyw fel shiffon, lle mae angen i'r semau fod bron yn anweladwy. Caiff ei ddefnyddio'n aml ar ddillad drutach.

Semau ffel dwbl fflat

Mae semau ffel dwbl fflat yn semau caeedig cryf iawn. Mae dwy res o bwythau'n cryfhau'r semau, ac yn aml mae'r pwytho ar y top yn defnyddio edau o liw gwahanol i greu edrychiad mwy trawiadol. Mae semau trosblyg a semau dwbl yn edrych yn debyg iawn i sêm ffel ddwbl fflat. Caiff y math hwn o sêm ei ddefnyddio'n aml ar ddillad chwaraeon a denim.

Sêm drosblyg

Rydyn ni'n creu'r semau hyn drwy roi un haen i orgyffwrdd ar ben un arall cyn pwytho drwy'r haenau. Ar gyfer yr haen uchaf, mae angen plygu'r lwfans sêm i lawr a'i bwyso â haearn. Yna, mae angen gosod yr ymyl blyg hon ar ben yr haen isaf, gan wneud yn siŵr bod yr ymylon crai a'r lwfans sêm yn y mannau cywir. Rhaid pwytho yn agos at yr ymyl blyg. Os yw'r ffabrigau'n debygol o raflo, dylid gorffennu'r ymyl ar wahân cyn eu huno nhw. Mae'r sêm hon yn debyg iawn i sêm ffel fflat ac mae i'w gweld ar gynhyrchion tebyg.

Clipio semau

Wrth wnïo sêm ar hyd tro, yn enwedig ar ffabrigau wedi'u gwehyddu, mae angen clipio'r sêm fel bod y ffabrig yn gallu gorwedd yn wastad. Mae clipio yn golygu defnyddio gwellaif neu offer arbenigol i dorri i mewn i'r lwfans sêm. Caiff y dechneg hon ei defnyddio'n aml o gwmpas llinellau gwddf a thyllau llewys i roi gorffeniad taclus.

Gorffennu semau

Y nod wrth orffennu semau yw eu tacluso nhw ac atal rhaflo. Dyma rai dulliau cyffredin i orffennu semau:

- Trosbwytho – mae'r peiriant trosbwytho yn cael gwared â gormodedd ffabrig ar hyd y sêm ac yn pwytho o gwmpas yr ymyl grai, gan roi gorffeniad taclus a phroffesiynol.
- Igam-ogam – os nad oes peiriant trosbwytho ar gael, gall defnyddio peiriant i wnïo pwythau igam-ogam ar hyd ymyl grai sêm fod yr un mor effeithiol. Mae gwellaif pincio hefyd yn torri gorffeniad igam-ogam ac yn atal rhaflo.
- Gallwn ni rwymo semau gan ddefnyddio rhwymyn bias. Gallwn ni hefyd ddefnyddio'r gorffeniad hwn i dacluso ymyl ffabrig. Fe welwch chi hyn yn aml ar semau cotiau neu siacedi wedi'u teilwra. Caiff ei ddefnyddio hefyd ar bebyll, a chynhyrchion a dillad dal dŵr.

Dulliau siapio

Mae ffabrigau yn tueddu i orwedd yn eithaf gwastad, ac mae'n anodd siapio hyd yn oed ffabrigau wedi'u gwau a rhai heb eu gwehyddu. Caiff y dulliau yn yr adran hon eu defnyddio i roi siâp neu gorff i ffabrigau er mwyn ychwanegu diddordeb a gwneud iddyn nhw ffitio a gweithio'n well.

Pletiau

Rydyn ni'n ffurfio pletiau drwy blygu'r ffabrig yn ôl arno ei hun a'i wnïo yn ei le. Mae pletio'n culhau lled gwreiddiol y defnydd yn eithaf sylweddol, ac yn ychwanegu siâp neu swmp. Mae mathau gwahanol o bletio'n gweddu i ddibenion gwahanol. Mae tyciau'n debyg iawn i bletiau a hefyd yn rhoi siâp a ffurf i'r cynnyrch. Gallwn ni ddefnyddio pletiau fel ffriliau addurnol ar gynhyrchion.

Crychdyniadau

Rydyn ni'n ffurfio crychdyniadau drwy wnïo dwy res baralel o bwythau hir ar hyd ymyl y ffabrig. Yna rydyn ni'n tynnu pennau'r edafedd, neu'r cynffonnau, i greu'r crychdyniadau. Mae'r dechneg hon yn culhau lled gwreiddiol y defnydd ac yn rhoi ffurf lawn i'r dilledyn. Caiff crychdyniadau eu defnyddio mewn amrywiaeth eang o gynhyrchion tecstilau. Er eu bod nhw'n cael eu defnyddio'n bennaf i ychwanegu siâp, maen nhw hefyd yn aml yn cael eu defnyddio fel nodwedd addurnol ar ffurf ffrilen ar ymyl ffabrig.

Dartiau

Rydyn ni'n defnyddio dartiau i siapio ffabrigau i wneud iddyn nhw ffitio'n well. Rydyn ni'n eu gwneud nhw drwy greu plygion yn y ffabrig sy'n tapro at bwynt. Yn aml, caiff y plygion hyn eu gwnïo ym mynwes a chefn bodisiau ac mewn llinellau gwasg, ond gallwn ni eu defnyddio nhw yn unrhyw le i roi siâp.

Ffigur 3.59 Gorffennu sêm â phatrwm igam-ogam

Ffigur 3.60 Gorffennu ymyl â rhwymyn bias

Ffigur 3.61 Mae'r pletiau wedi'u pwytho'n agos at y band gwasg ac yn gorwedd yn wastad, ond yn rhoi siâp i'r sgert

Ffigur 3.62 Ffurfio crychdyniadau drwy wnïo dwy res o bwythau a thynnu pennau'r edafedd

Ffigur 3.63 Mae crychdyniadau'n ffordd hawdd o ychwanegu siâp a swmp at gynnyrch

Semau llinell tywysoges

Gallwn ni ddefnyddio semau llinell tywysoges i greu dilledyn sy'n ffitio'n dynn iawn gan ddilyn amlinell y corff yn agos. Rydyn ni'n gwneud hyn drwy uno dartiau sy'n mynd o ganol y twll llawes drwy ran lawnaf y fynwes, i lawr drwy'r llinell wasg ac ardal y glun at hem y dilledyn. Rydyn ni'n cymryd llinell debyg ar gefn y dilledyn. Mae rhai semau llinell tywysoges yn rhedeg o'r ysgwydd neu o'r sêm ochr. Mae'n caniatáu i ni gael gwared â chymaint â phosibl o ffabrig gormodol i gael ffit tyn. Mae'r math hwn o sêm i'w weld yn aml ar dopiau a dillad nofio.

Gorffeniadau ymyl

Mae nifer o brosesau ar gael i orffen ymyl y ffabrig mewn cynnyrch tecstilau. Mae'r math o orffeniad yn amrywio ac yn dibynnu ar y math o gynnyrch sy'n cael ei wneud, er enghraifft bydd y gorffeniad ar linell gwddf wedi'i siapio yn eithaf gwahanol i orffeniad ar hem.

Mae hemiau'n amrywio gan ddibynnu ar y math o ffabrig sy'n cael ei ddefnyddio a'r cynnyrch sy'n cael ei wneud. Mewn rhai achosion bydd pwythau yn y golwg, ac ar ddillad eraill efallai y bydd angen cuddio pwythau. Mae siâp llinellau gwddf yn amrywio, felly mae'n bosibl y bydd angen wynebynnau â siapiau gwahanol. Gall wynebyn hefyd gael ei ddefnyddio ar dwll llawes neu linell wasg.

Llinell hem ddeublyg sylfaenol wedi'i phwytho â pheiriant

 Wynebyn

Pwytho'r wynebyn yn ei le, yna clipio'r sêm cyn troi'r wynebyn i'r tu mewn

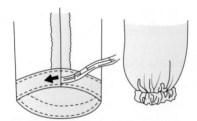

Rhoi'r elastig mewn casin i ffurfio cyffen

Ffigur 3.64 Ffyrdd o orffen ymylon

Ffigur 3.65 Mae'r peipio lliw cyferbyniol ar y clustogwaith yn ychwanegu adeiledd a chynhaliad i'r cynnyrch ac yn helpu i atal traul. Mae hefyd yn addurnol.

Atodion peipio

Gallwn ni roi atodyn peipio mewn semau i ychwanegu adeiledd at siâp a ffurf y cynnyrch. Gall hyn hefyd wella gwydnwch y cynnyrch, neu gael ei ddefnyddio fel nodwedd addurnol yn unig. Mae atodion peipio parod ar gael i'w prynu, neu gallwn ni eu gwneud nhw drwy lapio darn o rwymyn bias o gwmpas cortyn. Mae'r cortyn ar gael mewn gwahanol drwch felly mae'n hawdd adeiladu'r atodyn peipio yn unol â manyleb fanwl. Gallwn ni addasu atodion peipio a'u gorchuddio nhw â stribedi ffabrig sydd wedi eu torri ar y **bias** mewn patrymau a lliwiau i gyd-fynd â gweddill y ffabrigau.

Gweithgaredd

Casglwch nifer o ddillad ffasiwn a chynhyrchion tecstilau. Mae siop elusen yn lle da i ddod o hyd i gynhyrchion rhad i wneud hyn. Edrychwch ar y broses a'r technegau sydd wedi'u defnyddio i siapio a gorffennu pob cynnyrch. Ceisiwch ganfod cynifer o brosesau gwahanol â phosibl.

Gallwch chi ddadadeiladu (tynnu'n ddarnau) y cynhyrchion hyn i'ch helpu chi i ddeall sut cawson nhw eu hadeiladu yn wreiddiol. Tynnwch ffotograffau o'r gorffeniadau cyn i chi eu tynnu nhw'n ddarnau. Gwnewch nodiadau ynghylch pam rydych chi'n meddwl bod pob techneg neu broses wedi cael ei defnyddio. Cadwch eich nodiadau i gyd oherwydd byddan nhw'n ddefnyddiol wrth i chi gwblhau eich asesiad di-arholiad.

Manylion steil

Mae manylion steil yn ychwanegu siâp a ffurf at gynnyrch neu ddilledyn. Mae hyn yn berthnasol i bob math o gynnyrch tecstilau ond mae'n arbennig o bwysig ym maes dylunio ffasiwn. Mae'n hanfodol eich bod chi'n gwybod enwau manylion steil cyfoes a'ch bod chi'n cyfeirio at y rhain wrth ddylunio, yn enwedig wrth gwblhau eich Asesiad Di-arholiad. Wrth i ffasiwn ddatblygu a newid, mae tueddiadau manylion steil yn newid hefyd. Mae llawer o fanylion steil yn gysylltiedig â silwét cyffredinol dyluniad, a llawer o rai eraill ag arddulliau llewys, coleri, hyd a siâp trowsusau, llinellau gwasg, ac ati. Mae Ffigur 3.66 yn dangos rhai o'r manylion mwyaf cyffredin.

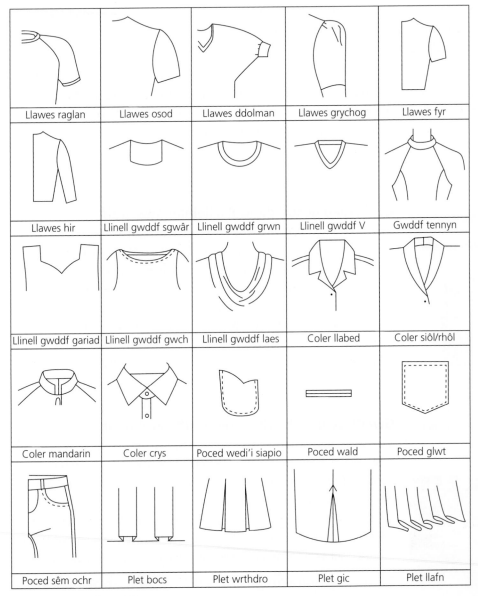

Llawes raglan	Llawes osod	Llawes ddolman	Llawes grychog	Llawes fyr
Llawes hir	Llinell gwddf sgwâr	Llinell gwddf grwn	Llinell gwddf V	Gwddf tennyn
Llinell gwddf gariad	Llinell gwddf gwch	Llinell gwddf laes	Coler llabed	Coler siôl/rhôl
Coler mandarin	Coler crys	Poced wedi'i siapio	Poced wald	Poced glwt
Poced sêm ochr	Plet bocs	Plet wrthdro	Plet gic	Plet llafn

Ffigur 3.66 **Manylion steil**

Dylunio a gweithgynhyrchu drwy gymorth cyfrifiadur

Mae cyfrifiaduron yn cael eu defnyddio drwy'r diwydiant tecstilau i gyd at ddibenion dylunio ac i reoli gweithgynhyrchu. Mae'r adran hon yn amlinellu sut rydyn ni'n eu defnyddio nhw at ddibenion dylunio ac i reoli gweithgynhyrchu tecstilau.

Dylunio drwy gymorth cyfrifiadur

Mae dylunio drwy gymorth cyfrifiadur (CAD: *computer-aided design*) wedi dod yn rhan bwysig iawn o ddylunio a gwneud cynhyrchion tecstilau. Gall dylunwyr ddatblygu eu syniadau'n fwy effeithiol drwy ddefnyddio systemau CAD, ac maen nhw'n gallu edrych ar eu dyluniadau eto, eu haddasu a'u newid nhw i ateb galw. Mae'n haws datblygu patrymau a chyfuniadau lliwiau drwy ddefnyddio'r offer dylunio sylfaenol ar y rhan fwyaf o systemau meddalwedd. Mae CAD hefyd yn cael ei ystyried yn ffordd fwy cynaliadwy a chost-effeithiol o ddatblygu dyluniadau, gan ei fod yn aml yn lleihau'r angen i wneud gormod o gynhyrchion prototeip cyn dechrau'r broses gynhyrchu.

Mae nifer o raglenni ar gael i greu a thrin delweddau wrth ddylunio cynhyrchion tecstilau. Mae enghreifftiau'n cynnwys Adobe Illustrator, CorelDraw a Digital Fashion Pro. Gallwn ni hefyd drosglwyddo brasluniau llaw i sgrin ar gyfer dimensiynau a mireinio pellach. Mae pecynnau meddalwedd nawr ar gael i weld dyluniadau 2D gwreiddiol ar fformat 3D. Mae meddalwedd CAD yn galluogi dylunwyr i ddatblygu dyluniad arwyneb i'w brintio ac yna ei drosglwyddo i systemau printio digidol perthnasol.

Cynlluniau gosod digidol a lleihau gwastraff

Mae meddalwedd CAD hefyd ar gael i helpu torwyr patrymau i greu **cynlluniau gosod** digidol, fel yr un yn Ffigur 3.67. Mae'r cynlluniau hyn yn dangos i'r gwneuthurwr lle i osod pob darn patrwm ar y ffabrig er mwyn dilyn y llinell graen a gwastraffu cyn lleied â phosibl. Mae'r broses o dorri patrymau yn creu ffabrig gwastraff, sef y darnau bach o ffabrig o gwmpas pob darn patrwm; mae'r darnau hyn yn aml yn anaddas i'w defnyddio mewn ffyrdd eraill. Drwy blotio cynlluniau yn ddigidol, mae gwneuthurwyr yn gallu **brithweithio** y darnau patrwm i ddefnyddio cymaint o'r ffabrig â phosibl. Mae faint o ffabrig sydd ei angen yn cael ei gyfrifo yn seiliedig ar y cynlluniau gosod digidol.

Gweithgynhyrchu drwy gymorth cyfrifiadur

Mae cyfrifiaduron yn cael eu defnyddio'n fwyfwy i reoli rhannau o ochr weithgynhyrchu'r diwydiant tecstilau. Mae rhai peiriannau'n lled-awtomataidd ac mae angen rhyw gyfraniad gan fodau dynol o hyd, ac mae peiriannau eraill yn gwbl awtomataidd – gweithgynhyrchu drwy gymorth cyfrifiadur (CAM: *computer-aided manufacturing*) yw hyn. Mae'r systemau hyn yn ddrud, ond maen nhw'n cyflymu'r broses gynhyrchu, yn gwella cynhyrchiant a chysondeb, ac yn lleihau'r risg o gamgymeriad dynol.

Dyma rai enghreifftiau o gymwysiadau CAM: peiriannau brodio â mwy nag un pen; printio digidol ar ffabrigau; torwyr laser; argraffyddion 3D; lledaenwyr ffabrig awtomataidd. Caiff lledaenydd ffabrig awtomataidd ei raglennu i osod nifer penodol o haenau o ffabrig. Ar ôl i'r lledaenydd ffabrig awtomataidd gyrraedd y nifer hwnnw, caiff y darnau patrymlun eu torri yn unol â'r cynllun gosod digidol. Mae'r ffabrig naill ai'n cael ei dorri ar system gwbl awtomataidd neu ei dorri â llaw â chyllell fand neu gyllell syth.

GEIRIAU ALLWEDDOL

Cynllun gosod Sut mae patrymluniau patrwm yn cael eu gosod ar ddarn o ddefnydd er mwyn torri'n fanwl gywir.

Brithweithio Trefnu siapiau a darnau patrwm i gydgloi er mwyn osgoi gwastraff wrth dorri allan o'r defnydd.

Ffigur 3.67 Mae cynllun gosod digidol yn galluogi dylunwyr i gynllunio gosodiadau ffabrig yn fwy effeithlon i ddefnyddio cymaint o'r ffabrig â phosibl

Ffigur 3.68 Mae peiriannau brodio cyfrifiadurol â mwy nag un pen yn cwblhau llawer o ddyluniadau ar unwaith

Gweithgaredd

Gwnewch samplau o bob un o'r technegau adeiladu canlynol:

1 Semau plaen, ond gan arbrofi â gwahanol orffeniadau ar yr ymylon crai

2 Semau Ffrengig

3 Semau ffel dwbl fflat

4 Semau dwbl

5 Semau trosblyg

6 Crychdyniadau

7 Tyciau

8 Ymylon wedi'u rhwymo

Mowntiwch bob sampl ar bapur neu gerdyn tenau ac esboniwch ble gallai pob un gael ei ddefnyddio ar gynnyrch tecstilau. Meddyliwch am gynhyrchion go iawn rydych chi wedi gweld pob un arnyn nhw – ydy'r technegau'n newid siâp y darnau o ffabrig? Sut?

Gweithgaredd

Fel gweithgaredd gwaith cartref, dewiswch ddeg math gwahanol o ddilledyn o'ch wardrob. Gwnewch fraslun cyflym o bob cynnyrch. Labelwch bob braslun â chynifer o fanylion steil ag y gallwch chi eu gweld. Efallai y bydd angen i chi wneud ymchwil pellach i ganfod enwau rhai o'r manylion. Mae crychdyniadau a dartiau yn cael eu hystyried yn fanylion steil, ond dydy gwregysau a hetiau ddim. Rhannwch eich canfyddiadau â'ch cyfoedion. Cadwch eich nodiadau a chofiwch amdanyn nhw wrth i chi gwblhau eich Asesiad Di-arholiad.

PWYNTIAU ALLWEDDOL

- Mae modelu a phrofi syniadau yn agweddau pwysig ar y broses ddylunio iterus. Dylid defnyddio'r un prosesau adeiladu wrth wneud modelau a phrototeipiau ag yn y cynnyrch terfynol.
- Dylid cydosod peiriannau a chyfarpar yn gywir a gwneud yn siŵr eu bod nhw'n addas i'r dasg benodol. Wrth ddefnyddio peiriannau gwnïo, mae angen i'r nodwydd, y math o edau a'r pwyth fod yn gywir i'r dasg a'r ffabrig dan sylw.
- Mae cadw lwfansau sêm cyson yn bwysig wrth wneud cynhyrchion tecstilau. Dylai tu mewn cynnyrch tecstilau fod o'r un safon uchel â'r tu allan. Mae hyn yn rhan o reoli ansawdd.
- Mae gan farciau patrwm ystyron i helpu i osod templedi ar ffabrig.

Angen gwybod

1 Esboniwch ddiben gwahanol fathau o nodwyddau peiriannau gwnïo.

2 Esboniwch ddiben marciau patrwm.

3 Disgrifiwch un ffordd o drosglwyddo marciau patrwm i ffabrig.

4 Enwch dair ffordd o dacluso ymyl grai ar sêm.

5 Lluniadwch y manylion steil canlynol: poced glwt, llinell gwddf calon, llawes ddolman, coler crys.

(g) Triniaethau a gorffeniadau arwyneb priodol y gellir eu rhoi at ddibenion swyddogaethol ac esthetig

Caiff gorffeniadau a thriniaethau arwyneb eu rhoi ar ffabrigau a chynhyrchion tecstilau am amryw o resymau gwahanol. Enw arall ar driniaethau arwyneb yw addurniadau neu dechnegau addurnol, ond byddai technegau printio yn orffeniadau arwyneb. Yn y rhan fwyaf o achosion, rydyn ni'n defnyddio gorffeniadau a thriniaethau am resymau esthetig, hynny yw i wella ymddangosiad y ffabrig neu'r cynnyrch – ei liw, ei wead, lleoliad motiff, er enghraifft. Mae rhai gorffeniadau'n newid pwrpas y ffabrig, er enghraifft mae printio dros y ffabrig i gyd yn gallu newid beth mae'n addas ar ei gyfer.

Llifo

Llifo yw'r dull mwyaf cyffredin o ychwanegu lliw at ffibrau a ffabrigau. Gall gwneuthurwyr ddefnyddio llifynnau naturiol neu synthetig, gan ddibynnu ar y math o ffibr i'w lifo. Mae llifynnau naturiol yn gweithio'n dda ar ffibrau naturiol ac mae'r rhain yn gallu cael eu gwneud o blanhigion, mwynau neu bryfed. Mae llifynnau synthetig yn gweithio ar ffibrau synthetig, ond hefyd gallan nhw roi lliwiau dyfnach neu fwy llachar wrth gael eu defnyddio gyda ffibrau naturiol. Mae angen defnyddio cemegion i alluogi ffibrau synthetig i dderbyn y llifyn.

Gallwn ni lifo ffibrau a ffabrigau ar wahanol gamau yn y broses gynhyrchu:
- Cam ffibr – llifo'r ffibr crai cyn adeiladu'r ffabrig i roi lliw cyson iddo.
- Cam edau – dydy llifo edau ddim yn rhoi lliw cyson mewn ffabrig sydd wedi'i wehyddu neu wedi'i wau, ond gall fod yn ddefnyddiol i greu rhesi mewn ffabrigau sydd wedi'u gwehyddu, e.e. tartan.
- Llifo darn – llifo hyd cyfan o ffabrig. Gall y dull hwn gynhyrchu anghysondebau yn y lliw.
- Llifo dilledyn – llifo dilledyn cyflawn. Gall hyn fod yn fuddiol wrth gynhyrchu crysau-t, lle gallwn ni lifo cynhyrchion unfath ag amrywiaeth o liwiau ar ôl eu gwneud nhw.

Dyma rai dulliau eraill, mwy addurnol o lifo ffabrigau tecstilau:
- Dipio – lle caiff rhan o'r ffabrig ei ddipio yn y llifyn ac yna ei dynnu o'r baddon llifyn yn raddol, gan gynhyrchu effaith lliw raddedig. Gallwn ni ddipio gwahanol rannau o'r ffabrig mewn gwahanol liwiau i greu dyluniadau effeithiol.
- Clymu a llifo – dull traddodiadol o lifo ffabrig. Caiff y ffabrig ei glymu mewn amrywiaeth o ffyrdd i gynhyrchu dyluniadau unigryw ac amrywiol, a gellir gwneud hyn i gynhyrchion gorffenedig fel crysau-t neu ddarnau o ffabrig. Rydyn ni'n galw hwn yn **ddull gwrthbrintio** o liwio ffabrig, oherwydd dydy'r llifyn ddim yn gallu treiddio i'r ffabrig lle mae wedi cael ei glymu, a hyn sy'n creu'r patrwm.
  - Batic – dull gwrthbrintio arall o liwio ffabrig. Rydyn ni'n rhoi cwyr poeth wedi toddi ar ffabrig yn y patrwm dymunol; ar ôl iddo oeri, rydyn ni'n rhoi'r ffabrig mewn baddon llifyn neu'n peintio'r llifyn arno'n uniongyrchol. Gallwn ni ailadrodd y broses lawer gwaith i greu dyluniad mwy manwl. Mae'r cwyr yn cael ei dynnu pan fydd y dyluniad yn gyflawn.
  - Ar hap – llifo neu liwio darnau bach o ddarn o ffabrig neu edau. Dydy'r dyluniad ddim yn rheolaidd ac efallai y bydd gwahanol liwiau ar wahanol rannau.

Ffigur 3.69 Mae'r blodyn batic wedi'i beintio â llaw. Mae'r darn gwyn yn dangos lle mae'r cwyr wedi gwrthsefyll y llifyn

Printio

Mae yna lawer o ffyrdd o brintio ar ffabrigau tecstilau. Mae hyn yn broses o roi llifynnau neu bigment ar ffabrig i greu patrwm. Mae llawer o'r dulliau diwydiannol fel sgrin-brintio a phrintio â rholer yn hawdd eu haddasu i brojectau ysgol.

Printio gwastad

Mae sgrin-brintio gwastad yn digwydd ar linell gynhyrchu cludfelt fel mae Ffigur 3.71 yn ei ddangos. Mae pob sgrin yn rhoi lliw a dyluniad gwahanol ar y ffabrig wrth iddo symud ar hyd y cludfelt. Mae'r cludfelt yn stopio'n rheolaidd, mae'r sgriniau'n dod i lawr ac mae'r dyluniad yn cael ei roi ar y ffabrig. Erbyn diwedd y rhediad printio, mae dyluniad cyflawn ar arwyneb y ffabrig. Yna mae'r ffabrig yn cael ei sefydlogi, ei olchi a'i wasgu.

Ffigur 3.70 Mae printio bloc yn ddull printio traddodiadol i roi patrwm ar ffabrig. Rydyn ni'n rhoi paent neu lifyn ar y bloc patrwm cerfwedd, yn pwyso'r bloc ar y ffabrig i greu'r patrwm ac yn symud y bloc i ffurfio patrwm sy'n ailadrodd

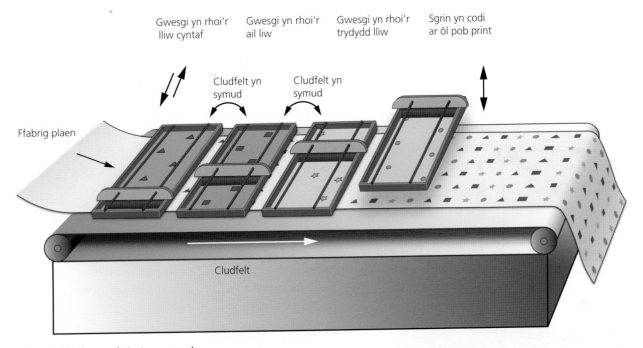

Gwesgi yn rhoi'r lliw cyntaf

Gwesgi yn rhoi'r ail liw

Gwesgi yn rhoi'r trydydd lliw

Sgrin yn codi ar ôl pob print

Cludfelt yn symud

Cludfelt yn symud

Ffabrig plaen

Cludfelt

Ffigur 3.71 Y broses brintio gwastad

Sgrin-brintio cylchdro

Mae sgrin-brintio cylchdro yn defnyddio silindrau yn lle sgriniau. Caiff dyluniad y ffabrig ei greu ar lenni metel, sydd yna'n ffurfio silindr. Mae'r silindrau'n troelli wrth i'r ffabrig basio oddi tanynt, gan brintio patrwm di-dor ar yr arwyneb. Mae pobl silindr yn rhoi un lliw ac un dyluniad. Printio â rholeri yw enw arall ar hyn.

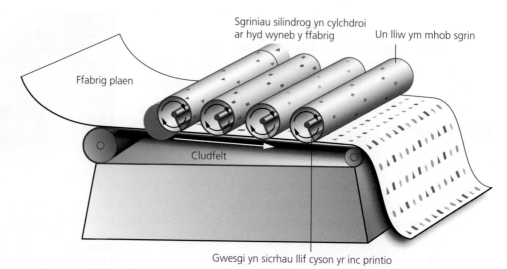

Sgriniau silindrog yn cylchdroi ar hyd wyneb y ffabrig

Un lliw ym mhob sgrin

Ffabrig plaen

Cludfelt

Gwesgi yn sicrhau llif cyson yr inc printio

Ffigur 3.72 Y broses sgrin-brintio cylchdro

Printio â sgrin sidan

Mae printio â sgrin sidan yn defnyddio ffabrig rhwyll mân, o sidan yn wreiddiol, wedi'i estyn dros ffrâm bren. Caiff rhan o'r sgrin ei chuddio â phast di-draidd cyn cael ei gosod â'i hwyneb i lawr ar y ffabrig. Yna caiff inc printio ei roi ar ochr isaf y ffrâm a chaiff yr inc ei lusgo ar draws y sgrin gan wesgi (*squeegee*). Mae'r gwesgi'n gorfodi'r inc drwy'r ffabrig i adael y dyluniad ar y defnydd. Mae'n bosibl ailadrodd y broses i greu dyluniadau cymhleth. Gallwn ni ddefnyddio stensil gyda'r broses hon. Mae egwyddorion sgrin-brintio yr un fath mewn project ysgol ac ar raddfa ddiwydiannol, ond mewn diwydiant byddai mwy nag un sgrin yn cael eu defnyddio.

Stensilio

Mae **stensil** fel rheol wedi'i wneud o ddalen denau o gerdyn neu blastig a phatrwm wedi'i dorri allan ohono. Caiff ei ddefnyddio i gynhyrchu dyluniad ar y ffabrig. Rydyn ni'n rhoi paent neu lifyn ar y ffabrig drwy'r tyllau yn y stensil. Mae'n bosibl defnyddio stensiliau gyda phrintio â sgrin sidan neu fel proses unigol. Gallwn ni eu torri nhw â llaw neu ar y torrwr laser. I wneud dyluniadau cymhleth, bydd angen symud y stensil o gwmpas neu ddefnyddio mwy nag un stensil mewn dyluniad.

Printio ffabrig yn ddigidol

Mae printio ffabrig yn ddigidol yn defnyddio argraffyddion chwistrell mawr a llifynnau arbenigol i drosglwyddo delwedd ddigidol i arwyneb y ffabrig. Mae'r math hwn o brintio yn galluogi dylunwyr i ddefnyddio delweddau cymhleth a manwl. Mae hefyd yn caniatáu i'r dylunydd brintio llawer o ddarnau sampl gwahanol ar yr un pryd i werthuso'r dyluniadau cyn eu cynhyrchu nhw.

Ffigur 3.73 Gallwn ni brofi llawer o ddyluniadau yn gyflym drwy brintio'n ddigidol yn uniongyrchol ar ffabrig

Printio cannu

Mewn printio cannu (*discharge*) caiff cannydd ei roi ar ffabrig, yn y dyluniad gofynnol. Mae'r cannydd yn dinistrio'r lliw, gan adael dyluniad gwyn neu olau. Mae hyn yn gweithio orau ar ffabrigau tywyllach. I gynhyrchu dyluniad lliw, caiff y cannydd ei gymysgu â llifyn sydd ddim yn adweithio ag ef. Bydd yn cynhyrchu dyluniad yn lliw'r llifyn.

Peintio

Gallwn ni roi peintiau ffabrig yn uniongyrchol ar ffabrigau tecstilau i greu'r dyluniad dymunol. Mae peniau ffelt a chreonau pastel ar gyfer ffabrigau'n gweithio mewn modd tebyg iawn. Mae paent sidan arbennig yn rhoi effaith ddyfrllyd gain iawn a gallwn ni ddefnyddio amlinellwr Gutta gyda'r rhain fel rhwystr, i wahanu rhannau o'r dyluniad. Mae paentiau dimensiynol yn gadael wyneb 3D ychydig yn uwch ar ffabrigau. Gallwn ni eu rhoi nhw'n syth ar y ffabrig o botel neu diwb gwasgu, ac maen nhw'n ffordd greadigol o wella dyluniadau eraill neu greu manylion llai.

Trosluniau

Mae printio sychdarthu yn defnyddio gwres a gwasgedd i drosglwyddo llifyn o bapur printio arbennig i'r ffabrig. Mae hwn yn ddull arbennig o effeithiol ar ffabrig, gan fod y broses yn troi'r llifyn yn nwy sy'n rhwymo'n uniongyrchol wrth y ffibrau, gan adael dyluniad eglur sy'n hawdd ei olchi i ffwrdd.

Gallwn ni ddefnyddio argraffydd chwistrellu inc mewn modd tebyg i brintio dyluniad ar bapur troslunio arbenigol. Yna, caiff y dyluniad ei drosglwyddo i ffabrig a'i ddal yn ei le naill ai â gwasg wres neu â haearn. Yn wahanol i brintio sychdarthu, mae'r ddelwedd yn y dull hwn yn gorwedd ar ben y ffabrig a dydy hi ddim yn para mor hir.

Brodwaith

Gallwn ni wneud brodwaith â llaw. Mae angen llawer o amynedd a sgìl i wneud hyn gan fod pob pwyth, ac mae llawer o bwythau, yn cael ei wneud yn y ffabrig yn ofalus. Mae'r rhan fwyaf o frodwaith rydyn ni'n ei weld ar gynhyrchion tecstilau yn fath o frodwaith peiriant. Gall y dyluniadau fod yn eithaf syml neu'n fanwl iawn, ac yn aml caiff gleiniau a secwinau eu defnyddio i wneud y brodwaith yn fwy deniadol. Mae mathau o frodwaith peiriant yn cynnwys:

- Brodwaith peiriant rhydd: Caiff y ffabrig ei ddal mewn ffrâm ac mae'r gwniadwr yn symud y ffabrig o gwmpas yn rhydd i greu dyluniad. Mae angen amynedd ar gyfer y sgìl hwn, ond gall fod yn effeithiol iawn.
- Brodwaith peiriant: Mae'r rhan fwyaf o beiriannau gwnïo yn gallu pwytho rhesi o bwythau addurnol i'w defnyddio i wella unrhyw ddyluniad. Mae peiriannau cyfrifiadurol yn cynnig y potensial am fwy o greadigrwydd, naill ai drwy ddefnyddio dyluniadau sydd wedi'u gosod ymlaen llaw neu, gyda phecyn CAD addas, drwy greu ac yna bwytho dyluniad gwreiddiol (CAM).
- **Appliqué**: Ffordd draddodiadol o roi dyluniad ar ffabrig drwy bwytho gwahanol ddarnau o ffabrig ar ffabrig gwaelod. Mae'n rhaid pwytho pob darn yn dynn i'w ddal yn ei le. Yn draddodiadol, roedd pwyth satin yn cael ei ddefnyddio o gwmpas ymylon pob darn; y dyddiau hyn mae technegau pwytho yn amrywio. Mae posibiliadau diddiwedd i waith dylunio creadigol drwy gymysgu lliwiau, gweadau, mathau o bwythau a niferoedd o ddarnau.
- Gleinwaith: Pwytho gleiniau yn unigol â llaw ar ffabrigau, neu eu defnyddio nhw i wella technegau eraill fel appliqué. Gallwn ni osod a phwytho gleiniau ar hap ar gynnyrch neu eu defnyddio nhw i amlinellu darn neu mewn clwstwr. Mae gleiniau ar gael mewn llawer o wahanol siapiau, meintiau a defnyddiau. Gallwn ni gyflawni effeithiau tebyg drwy ddefnyddio secwinau neu ddiamante.

Ffigur 3.74 Sgarff sidan wedi'i pheintio â llaw. Mae'r amlinell wyn rhwng y blodau'n cael ei chreu drwy ddefnyddio'r amlinellwr Gutta i greu rhwystr rhwng y gwahanol rannau

Ffigur 3.75 Dehongliad modern o ddyluniad appliqué

● **Clytwaith**: Yn draddodiadol, roedd clytwaith yn cael ei ddefnyddio yn y cartref fel modd o ailddefnyddio hen ddillad. Yn hytrach na thaflu'r dillad i ffwrdd, roedden nhw'n cael eu torri'n ddarnau bach i'w gwnïo at ei gilydd a'u gwneud yn gwiltiau ar gyfer dillad gwely – math cynnar o ailgylchu. Mae clytwaith heddiw yn seiliedig ar yr un egwyddorion o wnïo darnau bach o frethyn â gwahanol ddyluniadau, lliwiau neu weadau at ei gilydd naill ai mewn patrymau sy'n ailadrodd yn rheolaidd neu mewn dyluniadau mwy haniaethol. Mae rhai dyluniadau clytwaith yn fanwl iawn ac yn dangos llawer iawn o sgìl; mae'r rhain yn cael eu hystyried yn gelfyddyd greadigol iawn. Mae clytwaith i'w weld mewn pob math o decstilau, o ddillad i ategolion a dodrefn meddal. Mae'n ddull effeithiol o ailgylchu hen ffabrigau.

Ysgythru â laser

I gael gwybodaeth bellach am ysgythru â laser, gweler y wybodaeth am dorwyr laser yn Adran (ff).

Gweithgaredd

Rhowch gynnig ar y dull appliqué syml hwn. Bydd angen y pethau canlynol arnoch: samplau o ffabrigau; Bondaweb; siswrn brodio neu siswrn llym; haearn smwddio.

1 Torrwch ddarn o ffabrig ar gyfer y dyluniad top a defnyddiwch haearn smwddio i lynu darn o Bondaweb wrth ei gefn. Gadewch y papur ar gefn y Bondaweb.

2 Lluniadwch y siâp ar gefn y Bondaweb – ochr y papur – gan wneud yn siŵr bod y dyluniad wedi'i wrthdroi.

3 Torrwch yn ofalus o gwmpas y siâp.

4 Piliwch y papur oddi ar y cefn a rhowch y dyluniad ar yr ail ddarn o ffabrig, gydag ochr y glud i lawr. Defnyddiwch yr haearn smwddio i'w lynu yn ei le, gan wneud yn siŵr eich bod chi'n amddiffyn yr haearn â darn o frethyn.

5 Pwythwch y dyluniad yn ei le gan ddefnyddio unrhyw bwyth addas.

Gallwch chi ychwanegu at y dyluniad drwy ailadrodd y broses ar gyfer rhagor o ddarnau.

Mae pwytho gleiniau neu secwinau â llaw yn ffordd arall o wneud y dyluniad yn fwy deniadol.

PWYNTIAU ALLWEDDOL

● Mae technegau addurnol yn gallu ymddangos ar unrhyw fath o gynnyrch tecstilau. Eu prif ddiben yw gwella'r dyluniad a chynyddu'r apêl esthetig.

● Mae datblygu syniadau addurnol drwy dreialu a phrofi yn rhan o'r broses ddylunio iterus.

● Mae angen defnyddio gwres i sefydlogi effeithiau paent, gan gynnwys creonau pastel a pheniau ffabrig, i osod y dyluniad. Wrth lifo ffabrigau, gofalwch ddefnyddio mordant i osod y lliw yn barhaol. Gellir defnyddio halen ar gyfer y broses hon.

● Gallwn ni ddefnyddio amrywiaeth o brosesau addurnol gyda'i gilydd i greu gwaith dychmygus a chreadigol iawn.

Angen gwybod

1 Esboniwch y gwahaniaeth rhwng llifo darn o frethyn a phrintio arno.

2 Nodwch y rheswm dros ychwanegu mordant, e.e. halen, at hydoddiant llifyn.

3 Esboniwch beth yw ystyr y term 'dull gwrthsefyll' o lifo ffabrig.

4 Disgrifiwch sut mae printio cylchdro yn wahanol i brintio gwastad.

5 Disgrifiwch y broses o greu stensil gan ddefnyddio CAD a CAM. Dylai eich ateb enwi prosesau a/neu beiriannau.

Cwestiynau ymarfer ar gyfer yr arholiad

1 Mae ffynhonnell y ffibr a'i briodweddau yn agweddau pwysig wrth ddewis ffabrigau tecstilau.
- a Enwch y ddwy brif ffynhonnell o ffibrau naturiol. [2 farc]
- b Enwch un ffibr sy'n dod o bob ffynhonnell. [2 farc]
- c Disgrifiwch yn fanwl beth yw manteision blendio ffibrau ar gyfer amrywiaeth o ffabrigau tecstilau. Enwch enghreifftiau i helpu i egluro eich ateb. [4 marc]
- ch Disgrifiwch fanteision defnyddio cotwm neu liain i wneud dillad haf. [3 marc]
- d Esboniwch pam byddai neilon (polyamid) yn ffabrig addas i fag ysgol steil sach deithio. [3 marc]
- dd Rhowch un rheswm dros gynnwys elastan mewn ffabrigau tecstilau i'w defnyddio mewn dillad. [1 marc]

2 Mae ffabrigau tecstilau yn cael eu hadeiladu mewn gwahanol ffyrdd.
- a Disgrifiwch ystyr y term 'gwehyddiad peil'. [1 marc]
- b Esboniwch pam dylai'r patrymluniau ar gyfer tedi i gyd wynebu'r un ffordd wrth eu gosod nhw ar ffwr acrylig. [3 marc]
- c Rhowch ddau reswm pam byddai dylunydd yn defnyddio ffabrig gwehyddiad satin ar gyfer ffrog fin nos. [2 farc]
- ch Mae Nomex® yn ffibr aramid. Trafodwch sut mae'n cael ei ddefnyddio mewn dillad amddiffynnol. [4 marc]

3 Mae tecstilau technegol wedi'u llunio a'u datblygu â phriodweddau penodol i fodloni angen penodol.
- a Enwch ffabrig fyddai'n addas i yrrwr car rasio a disgrifiwch y priodweddau fydd yn golygu y bydd yn amddiffyn y gyrrwr car rasio. [3 marc]
- b Esboniwch pam byddai Rhovyl® yn ffibr addas i'w ddefnyddio mewn dillad chwaraeon. [3 marc]

4 Mae cynhyrchion tecstilau yn cael eu gwneud ar wahanol raddfeydd cynhyrchu.
- a Esboniwch sut mae cell yn gweithredu o fewn cyfleuster gweithgynhyrchu ar raddfa fawr. [3 marc]
- b Disgrifiwch y manteision i'r cwsmer o ddillad ar archeb. [3 marc]

5 Wrth wneud cynnyrch tecstilau, rydyn ni'n dilyn rheolau penodol i sicrhau bod y cynnyrch terfynol yn gallu gweithio yn ôl y bwriad.
- a Esboniwch pam mae'n bwysig dilyn marciau patrwm wrth osod patrymluniau ar ffabrig. [2 farc]
- b Ar y diagram isod, lluniadwch y cyfarwyddyd 'lle i blygu' yn ei le arferol ar y patrymlun ac esboniwch bwysigrwydd y marc hwn. [3 marc]
- c Enwch y marc patrwm sydd wedi'i ddangos fel 'X' yn y diagram ac esboniwch ei bwysigrwydd wrth adeiladu dillad. [3 marc]
- ch Disgrifiwch fanteision torri patrymluniau ar y bias wrth wneud cynhyrchion tecstilau. [2 farc]

Bodis cefn

6 Mae'r diwydiant ffasiwn yn cael effaith fawr ar yr amgylchedd.
- a Esboniwch pam mae 'diwylliant taflu i ffwrdd' yn cael effaith negyddol ar yr amgylchedd. [3 marc]
- b Disgrifiwch sut mae uwchgylchu eich hen ddillad yn dda i'r amgylchedd. [4 marc]

7 Mae gorffeniadau'n cael eu rhoi ar ffabrigau i wella eu priodweddau.
- a Enwch y cemegyn sy'n cael ei ddefnyddio mewn gorffeniad gwrth-fflam. [1 marc]
- b Esboniwch sut mae'r gorffeniad hwn yn gwella priodweddau swyddogaethol y ffabrig. [2 farc]

8 Mae adeiladwaith ffabrigau tecstilau yn effeithio ar sut gallwn ni eu defnyddio nhw yn y pen draw. Esboniwch pam bydden ni'n defnyddio ffabrig wedi'i wau i wneud dillad chwaraeon yn hytrach na ffabrig wedi'i wehyddu. [4 marc]

9 Dadansoddwch effaith y diwydiant tecstilau ar fywydau gweithwyr sy'n gweithio yn y diwydiant mewn gwledydd llai datblygedig. [6 marc]

10 Gwerthuswch ddefnyddio torrwr laser wrth ddylunio a gwneud cynhyrchion tecstilau. [6 marc]

Amcanion dysgu

Erbyn diwedd y bennod hon, dylech chi fod wedi datblygu gwybodaeth a dealltwriaeth am y canlynol:

- priodweddau mathau gwahanol o bapur a bwrdd
- priodweddau pren naturiol a phren cyfansawdd
- priodweddau metelau fferrus ac anfferrus
- priodweddau polymerau thermosodol a thermoffurfiol
- ffynonellau, tarddiadau, priodweddau ffisegol a gweithio defnyddiau, cydrannau a systemau ar gyfer dylunio cynnyrch

- y ffactorau sy'n dylanwadu ar ddewis cydrannau a defnyddiau ar gyfer dylunio cynnyrch
- ffurfiau, mathau a meintiau stoc ar gyfer dylunio cynnyrch
- gwahanol ddulliau cynhyrchu
- technegau y gellir eu defnyddio wrth gynhyrchu prototeip
- technegau gorffennu ar gyfer metelau, polymerau, coed, a phapur a byrddau.

(a) Papurau a byrddau

Priodweddau esthetig a swyddogaethol papurau, cardiau a byrddau cyffredin

Mae dylunwyr yn defnyddio llawer o bapur a bwrdd at amrywiaeth o ddibenion, o fraslunio, lluniadu a chynllunio syniadau i fodelu a phrototeipio datrysiadau dylunio. Mae papurau a byrddau'n dod mewn amrywiaeth eang o ran trwch, maint a math. Maen nhw ar gael mewn dalennau maint safonol o A10, sydd tua maint stamp post, hyd at 4A0, sy'n fwy na chynfas gwely maint brenin. Mae'r meintiau mwyaf cyffredin a ddefnyddir rhwng A6 ac A0.

Maint	A10	A9	A8	A7	A6	A5	A4	A3	A2	A1	A0	2A0	4A0
Hyd (mm)	37	52	74	105	148	210	297	420	594	841	1189	1682	2378
Lled (mm)	26	37	52	74	105	148	210	297	420	594	841	1189	1682

Y meintiau mwyaf cyffredin mae dylunwyr yn eu defnyddio

Ffigur 4.1 Meintiau papur

Mae pob maint dalen yn ddwbl maint yr un o'i blaen, er enghraifft mae A3 yn ddwbl maint A4, fel mae Ffigur 4.2 yn ei ddangos. Yn yr un modd, os ydych chi'n plygu dalen o bapur yn ei hanner mae'n rhoi'r maint nesaf i lawr, er enghraifft mae dalen A1 wedi'i phlygu yn ei hanner yn rhoi maint A2, fel mae Ffigur 4.3 yn ei ddangos.

Rydyn ni'n galw trwch y papur yn bwysau'r papur ac yn mesur hwn mewn **gramau y metr sgwâr**, sy'n aml yn cael ei dalfyrru fel g/m^2 neu gsm. Dyma bwysau, mewn gramau, un ddalen o bapur sy'n mesur 1m × 1m ($1m^2$). Os yw'r pwysau'n fwy na 170gsm, mae'n cael ei ddosbarthu fel bwrdd yn hytrach na phapur.

Mae byrddau fel rheol yn cael eu dosbarthu yn ôl trwch yn ogystal ag yn ôl pwysau. Mae hyn oherwydd, gan ddibynnu ar y math o fwrdd, gallai dalennau gwahanol fod yr un pwysau â'i

> **GAIR ALLWEDDOL**
>
> **Gramau y metr sgwâr (gsm)** Pwysau papur a cherdyn.

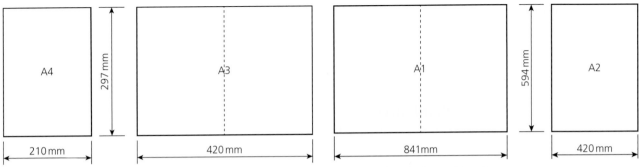

Ffigur 4.2 Dimensiynau A4 ac A3

Ffigur 4.3 Dimensiynau A2 ac A1

gilydd ond o drwch gwahanol. Er enghraifft, gallai dalen o gardbord rhychiog a dalen o fwrdd mowntio fod yr un trwch â'i gilydd er bod eu pwysau'n wahanol. Rydyn ni'n mesur trwch bwrdd mewn **micronau**; mae mil micron mewn milimetr.

Papur

Dyma fanylion am briodweddau esthetig a swyddogaethol mathau cyffredin o bapur.

Papur llungopïo:

GAIR ALLWEDDOL

Micronau Milfed ran o filimetr; yr uned i fesur trwch bwrdd.

- fe'i defnyddir ar raddfa fawr i argraffu a llungopïo ac at ddibenion swyddfa cyffredinol
- yn pwyso tuag 80 gsm
- arwyneb llyfn sy'n ei wneud yn ddelfrydol i'r rhan fwyaf o argraffyddion a llungopiwyr.

Papur cetris:

- ar gael mewn gwahanol bwysau rhwng 80 a 140 gsm
- yn fwy trwchus ac yn ddrutach na phapur gosodiad a phapur llungopïo
- arwyneb ychydig bach yn weadog a mymryn o liw hufen iddo
- mae artistiaid yn ei ddefnyddio i fraslunio, lluniadu a phaentio
- arwyneb delfrydol i bensil, creonau, pasteli, paentiau dyfrlliw, inciau a gouache.

Papur gwrthredeg:

- ar gael mewn trwch tebyg i bapur cetris
- arwyneb llyfn
- wedi'i gannu'n lliw gwyn llachar
- yn ddelfrydol ar gyfer lluniadu a braslunio â pheniau marcio am ei fod yn atal y lliwiau rhag rhedeg i mewn i'r papur a chymysgu â'i gilydd neu bylu ymylon llinellau.

Cerdyn

Mae cerdyn tenau ychydig yn fwy trwchus na phapur; mae ei bwysau tua 180 i 300gsm. Fel papur, mae ar gael mewn amrywiaeth eang o liwiau, meintiau a gorffeniadau, gan gynnwys effeithiau metelig a holograffig. Mae cerdyn tenau'n hawdd ei blygu, ei dorri ac argraffu arno, sy'n ei wneud yn ddelfrydol ar gyfer cardiau cyfarchion, cloriau llyfrau meddal ac ati, yn ogystal â chymwysiadau modelu syml.

Cardbord

Mae cardbord ar gael mewn llawer o feintiau a gorffeniadau, gyda thrwch o tua 300 micron i fyny. Caiff cardbord ei ddefnyddio ar raddfa eang i becynnu llawer o gynhyrchion (er enghraifft blychau grawnfwyd a hancesi papur, pecynnau brechdanau) am ei fod yn gymharol rad ac yn hawdd ei dorri, ei blygu ac argraffu arno. Gellir defnyddio cardbord i fodelu syniadau dylunio, ac i wneud patrymluniau ar gyfer rhannau a darnau o gynhyrchion, cyn gwneud y fersiynau terfynol o fetel neu ddefnyddiau eraill mwy gwydn.

Ffigur 4.4 Mae cerdyn tenau'n ddelfrydol ar gyfer cardiau cyfarchion

Bocsbord plygu

Mae bocsbord plygu tua'r un trwch â chardbord, ond mae'n fwy anhyblyg ac yn ysgafnach. Mae gan focsbord ganol trwchus wedi'i wneud o haenau o fwydion mecanyddol wedi'u dal rhwng dwy haen allanol deneuach o fwydion cemegol. Fel rheol caiff araen ei rhoi ar un ochr i greu gwead mwy llyfn a lliw gwyn. Oherwydd ei ddwysedd isel a'i galedwch, mae bocsbord yn aml yn cael ei ddefnyddio fel defnydd pecynnu, yn enwedig ar gyfer bwydydd wedi'u rhewi, meddyginiaeth a chynhyrchion harddwch.

Cardbord rhychiog

Mae cardbord rhychiog yn fath cryf ond ysgafn o gerdyn sydd wedi'i wneud o ddwy haen o gerdyn a dalen arall, rychiog yn y canol. Mae ar gael mewn trwch o 3mm (3000 micron) i fyny. Mae'r adeiledd rhychiog yn ei wneud yn anhyblyg iawn ac yn anodd ei blygu, yn enwedig wrth blygu ar draws y rhychau. Oherwydd bod y ddalen rychiog yn creu bylchau rhwng y ddwy haen, mae cerdyn rhychiog yn gallu amsugno cnociau a thrawiadau. Mae hyn yn ei wneud yn ddelfrydol i becynnu eitemau bregus neu frau sy'n gorfod cael eu hamddiffyn wrth gael eu cludo. Mae hefyd yn cael ei ddefnyddio'n aml fel defnydd pecynnu ar gyfer bwyd parod, fel blychau pizza, gan fod yr adeiledd rhychiog yn rhoi priodweddau ynysu gwres da iddo o'i gymharu â chardbord cyffredin.

Ffigur 4.5 Defnydd pecynnu cardbord rhychiog

Mae cerdyn rhychiog waliau dwbl hefyd ar gael, sydd ddwywaith mor drwchus â cherdyn rhychiog ac yn rhoi mwy o gryfder a gallu i wrthsefyll difrod.

Bwrdd mowntio

Math o gerdyn anhyblyg ag arwyneb llyfn yw bwrdd mowntio ac mae ei drwch o gwmpas 1.4mm (1400 micron). Mae ar gael mewn gwahanol liwiau ond du a gwyn yw'r mwyaf cyffredin. Caiff bwrdd mowntio ei ddefnyddio'n aml ar gyfer mowntiau fframio lluniau a modelu pensaernïol.

Bwrdd ewyn

Mae bwrdd ewyn yn fwrdd ysgafn sydd wedi'i wneud o ewyn polystyren wedi'i ddal rhwng dau ddarn o bapur neu gerdyn tenau. Mae ganddo arwyneb llyfn ac mae ar gael mewn amrywiaeth o liwiau, meintiau dalen a thrwch. Y mwyaf cyffredin yw 5mm (5000 micron). Mae bwrdd ewyn yn ddefnydd ysgafn iawn ond anhyblyg, ac mae'n ddelfrydol ar gyfer modelu ac arddangosiadau pwynt talu. Mae'n hawdd ei dorri, ac yn hawdd ei blygu gan ddefnyddio'r dechneg gywir.

Bwrdd dwplecs

Mae gan fwrdd dwplecs ddwy haen wedi'i gwneud o fwydion papur gwastraff yn bennaf. Mae'n ysgafn ac yn gryf iawn. Fel rheol mae ganddo orffeniad llyfn, gwyn, sglein canolig, ond mae ar gael mewn amrywiaeth eang o orffeniadau eraill, gan gynnwys effeithiau metelig a holograffig. Mae bwrdd dwplecs hefyd yn addas ar gyfer argraffu cyflym fel argraffu offset. Caiff ei ddefnyddio yn bennaf ar gyfer defnydd pecynnu, yn enwedig cartonau bwyd a diodydd, dillad a nwyddau fferyllol.

Bwrdd gwyn solet

Mae bwrdd gwyn solet yn gardbord o ansawdd da iawn wedi'i wneud o'r mwydion pren gorau wedi'u cannu. Dyma'r cerdyn mwyaf addas ar gyfer argraffu manwl iawn gan iddo roi llun clir, siarp. Caiff bwrdd gwyn solet ei ddefnyddio i wneud eitemau cardbord drud, fel llyfrau clawr caled, a defnyddiau pecynnu ar gyfer persawrau a cholur drud.

Gorffeniadau ar gyfer papurau a byrddau

Mae'n bosibl newid a gwella priodweddau ac estheteg papur a bwrdd drwy ddefnyddio gwahanol driniaethau arwyneb. Gallwn ni ddefnyddio amrywiaeth o wahanol araenau i wella papur o ran didreiddedd, ysgafnder, llyfnder arwyneb, gloywedd a'i allu i amsugno lliw. Mae rhai mathau o araenau'n cael eu hychwanegu wrth wneud y papur; mae mathau eraill yn cael eu hychwanegu ar wahân ar ôl cynhyrchu'r papur.

Gorffeniad	Priodweddau	Defnyddio
Papur araen fwrw	Hwn sy'n rhoi'r arwyneb mwyaf sgleiniog o'r holl araenau papur a bwrdd.	Labeli, cloriau, cartonau a chardiau
Papur ysgafn wedi'i araenu	Papur tenau wedi'i araenu, sy'n gallu bod mor ysgafn â 40 g/m².	Cylchgronau, pamffledi a chatalogau
Papurau gorffeniad sidan mat	Arwyneb llyfn, mat. Hawdd iawn ei ddarllen a da iawn o ran ansawdd lluniau.	Llyfrynnau a phamffledi cynhyrchion
Papur wedi'i galendro neu sgleiniog	Arwyneb sgleiniog – gydag araen neu heb araen.	Argraffu lliw
Papur wedi'i orffennu gan beiriant	Llyfn ar y ddwy ochr. Dim araenau ychwanegol ar ôl gadael y peiriant gwneud papur.	Llyfrynnau a phamffledi
Papur wedi'i araenu gan beiriant	Ychwanegu'r araen pan mae'n dal i fod ar y peiriant papur.	Pob math o argraffu lliw
Papur gorffeniad mat	Arwyneb ychydig bach yn arw fel nad yw'n adlewyrchu golau. Yn gallu bod gydag araen neu heb araen.	Printiau celf a gwaith argraffu arall o safon uchel

Tabl 4.1 Mathau o orffeniad papur

Mae araenau bwrw yn cael eu hychwanegu ar ôl cynhyrchu'r papur. Rydyn ni'n defnyddio clai tsieni, sialc, startsh, latecs a chemegion eraill i araenu un ochr i'r papur, neu'r ddwy. Yna caiff y papur gwlyb ei wasgu neu ei rolio yn erbyn drwm metel poeth llathredig, i greu gorffeniad mor llyfn, adlewyrchol a sgleiniog nes ei fod yn edrych bron fel drych. Mae papur araen fwrw hefyd yn dal inc yn dda ac yn creu delweddau mwy siarp a disglair with argraffu arno.

Mae uwch galendro yn rhoi arwyneb mwy llyfn i bapur. Mae'r papur yn mynd drwy galendr neu uwch galendr, sef cyfres o roleri ag arwynebau caled a meddal bob yn ail. Mae'r gwasgedd ar y papur yn creu papur llyfnach a theneuach ag arwyneb gloyw iawn. Caiff papur uwch galendro ei ddefnyddio'n bennaf ar gyfer cylchgronau sgleiniog ac argraffu lliw ansawdd uchel.

Mae mathau eraill o araenau ar gael a ychwanegir ar wahân ar ôl cynhyrchu'r papur neu'r bwrdd, fel farneisio, ffoil poeth, boglynnu a laminiadu. Gweler nes ymlaen yn y bennod.

Gweithgareddau

1 Gwnewch waith ymchwil i'r broses o wneud papur. Mae llawer o fideos sy'n dangos y broses ar gael ar lein.

2 Cysylltwch bob cynnyrch â'r defnydd mwyaf addas.

Cardbord rhychiog	Arwydd 'Tŷ ar werth'
Bwrdd mowntio	Amlen ar gyfer llythyr
Corriflute	Border ffrâm llun
Bwrdd ewyn	Arwydd i'w hongian dan do
Papur gwrthredeg	Blwch pizza parod

3 Darganfyddwch pa ganran o bapur newydd sy'n cael ei wneud gan ddefnyddio papur wedi'i ailgylchu.

4 Beth yw'r ffyrdd mwyaf cyffredin o ddefnyddio papur wedi'i ailgylchu?

Swyddogaethedd

Mae llawer o gyfleoedd i ddefnyddio pren wrth ddylunio a gwneud prototeipiau. Mae pren yn aml yn cael ei ddefnyddio wrth wneud dodrefn ac i roi adeiledd i ddyluniad. Mae priodweddau pren yn amrywio'n sylweddol. Er enghraifft, mae balsa yn ysgafn, yn feddal ac yn gymharol wan, ond mae'n hawdd iawn ei weithio, sy'n ei wneud yn ddefnydd modelu delfrydol. Mae tîc yn bren caled cryf sy'n cynnwys olew naturiol sy'n ei wneud yn ddewis rhagorol ar gyfer dodrefn i'r ardd. Mae derw yn ddefnydd cryf iawn â graen addurnol iawn sy'n ei wneud yn addas i gynhyrchu dodrefn o safon uchel.

Estheteg

Mae gwahanol fathau o goed ar gael mewn amrywiaeth eang o liwiau. Mae sycamorwydd yn rhoi pren golau iawn, lliw hufen; mae gan fahogani liw coch tywyll; mae eboni yn ddu iawn. Mae coed cnau Ffrengig bwr yn rhoi pren arbennig oherwydd ei farciau nodweddiadol, a chaiff ei ddefnyddio gan wneuthurwyr ceir safon uchel ar gyfer dangosfyrddau. Mae'r fasarnen llygad aderyn yn bren caled sy'n cael ei ddefnyddio gan wneuthurwyr offerynnau cerdd i wneud gitarau bas.

Mae hi'n hawdd newid lliw pren drwy ei staenio neu ei beintio. Gallwn ni ychwanegu gorffeniad farnais at bren i roi edrychiad mat, satin neu sgleiniog.

Mae hi'n gymharol hawdd siapio pren i ffurfiau diddorol ac unigryw drwy lifio, plaenio a sandio. Gallwn ni gynhyrchu ffurfiau crwm creadigol iawn drwy laminiadu ac agerblygu.

Mathau o bren naturiol

Rydyn ni'n categoreiddio pren naturiol mewn dau grŵp: **prennau caled** a **phrennau meddal**. Gweler Tablau 4.2 a 4.3.

Ffigur 4.6 Cadair bren â chefn crwm wedi'i siapio

Pren caled	Priodweddau	Ffyrdd cyffredin o'i ddefnyddio
Jelwtong	• Pren graen clós â lliw golau • Caledwch a gwydnwch canolig • Hawdd ei weithio	Gwneud patrymau, modelu, cerfio
Ffawydd	• Pren caled, cryf, graen clós â lliw brown golau a brychau brown nodweddiadol • Yn tueddu i gamdroi a hollti • Yn gallu bod yn anodd ei weithio	Dodrefn, teganau plant, handlenni celfi gweithdy ac wynebau meinciau
Mahogani	• Pren cryf a gwydn â lliw cochlyd tywyll • Ar gael mewn planciau llydan • Eithaf hawdd ei weithio ond gall fod â graen rhyng-gloëdig	Dodrefn o ansawdd da, paneli ac argaenau
Derw	• Pren caled, gwydn â graen agored • Yn gallu cael ei orffennu at safon uchel	Adeiladau ffrâm bren, dodrefn o safon uchel, lloriau
Balsa	• Pren ysgafn iawn sy'n feddal ac yn hawdd ei weithio • Lliw golau • Gwan a ddim yn wydn iawn	Gwneud modelau, fflotiau a rafftiau

Tabl 4.2 Prennau caled

Pren meddal	Priodweddau	Ffyrdd cyffredin o'i ddefnyddio
Cedrwydd coch	• Da iawn am wrthsefyll hindreulio a phydru • Lliw brown cochlyd golau â graen clós, syth • Hawdd ei weithio	Ffensio, pyst ffensys a chladin
Pinwydd yr Alban	• Pren graen syth, lliw melyn golau • Meddal a hawdd ei weithio • Yn gallu bod yn eithaf ceinciog/cnotiog	Gwaith coed a dodrefn mewnol, fframiau ffenestri
Pinwydd Parana	• Graen agored, syth nodweddiadol iawn • Ychydig iawn o geinciau ac mae'n gryf ac yn wydn	Gwaith coed mewnol a grisiau

Tabl 4.3 Prennau meddal

Gorffeniadau ar gyfer pren naturiol

Fel rheol, mae angen rhoi gorffeniad ar gynhyrchion pren naturiol cyn gallu eu defnyddio nhw. Mae gan orffeniad ddwy brif swyddogaeth: mae'n amddiffyn y pren naturiol ac yn gwneud iddo edrych yn well.

- Mae staen pren yn newid lliw'r pren ond ddim yn ei amddiffyn ryw lawer.
- Mae cadwolyn pren yn gadael i ni ddefnyddio pren naturiol yn yr awyr agored mewn cynhyrchion fel ffensys a siediau. Mae'n amddiffyn rhag y tywydd a hefyd yn gallu cynnwys lliw.
- Mae gorffeniad farnais yn amddiffyn rhag y tywydd wrth gael ei ddefnyddio yn yr awyr agored a gall hefyd gynnwys lliw. Mae farneisiau a ddefnyddir dan do fel rheol yn cael eu defnyddio fel araen amddiffynnol glir sy'n gwella edrychiad naturiol y pren.
- Mae gorffeniadau olew fel olew Danaidd yn cael eu defnyddio dan do. Maen nhw'n rhoi sglein i arwyneb y pren ond ddim yn ei amddiffyn rhyw lawer.
- Mae peintio yn newid lliw pren ac yn ei amddiffyn rhag y tywydd.

I gael mwy o wybodaeth am orffennu pren, gweler Pennod 8 Adran (ch).

Gorffeniadau ar gyfer pren cyfansawdd

Yn debyg i brennau naturiol, mae'r rhan fwyaf o **brennau cyfansawdd** yn cael gorffeniad cyn cael eu defnyddio. Oherwydd eu natur fandyllog, fodd bynnag, mae'n rhaid selio prennau cyfansawdd fel MDF a chaledfwrdd cyn rhoi gorffeniad terfynol. Mae selio yn golygu gorchuddio'r bwrdd â seliwr fel haen denau o lud PVA.

> **GAIR ALLWEDDOL**
>
> **Prennau cyfansawdd**
> Llenni o bren sydd wedi cael eu cynhyrchu a'u gweithgynhyrchu'n fasnachol i wneud byrddau mawr.

Gweithgareddau

Llenwch y tabl drwy wneud y canlynol:
- enwi'r pren sy'n cael ei ddefnyddio i wneud pob cynnyrch
- ei gategoreiddio (pren caled, pren meddal)
- esbonio ei briodweddau.

Cynnyrch	Pren	Categori	Priodweddau
Mainc waith			
Mainc ardd			
Bwrdd cegin			
Bwrdd bwyd drud			
Ffens ardd			

(c) Metelau fferrus ac anfferrus

Mae metelau yn eu ffurfiau ac amrywiaethau niferus yn ddefnyddiau hanfodol yn ein cymdeithas. Maen nhw'n chwarae rhan anhepgor ym mhrosesau cynhyrchu adeiladau, cerbydau a chynhyrchion cartref, o'r Shard yn Llundain i allweddi eich tŷ.

Mae metel yn ddefnydd naturiol a gaiff ei gloddio o'r ddaear ar ffurf mwyn. Yna mae'r metel crai yn cael ei echdynnu o'r mwyn drwy gyfuniad o falu, mwyndoddi neu wresogi, ychwanegu cemegion a defnyddio symiau enfawr o egni trydanol. Gallwn ni ailgylchu'r rhan fwyaf o fetelau, sy'n arbed adnoddau naturiol ac yn cyfyngu ar faint o ddefnyddiau rydyn ni'n eu mewnforio o dramor.

Gallwn ni adnabod metelau yn ôl eu priodweddau a'u nodweddion, e.e. lliw, caledwch, gwydnwch, cryfder tynnol, hydrinedd, elastigedd a dargludedd.

Mae metelau ar gael yn rhwydd mewn amrywiaeth o ffurfiau stoc fel llenni, rhodenni, barrau, tiwbiau ac onglau. Rydyn ni'n eu categoreiddio mewn dau grŵp: metelau fferrus a metelau anfferrus. Gallwch chi weld ffurfiau metel safonol yn Ffigur 2.59 (tudalen 74).

Priodweddau metelau fferrus

Metelau fferrus yw'r rhai sy'n cynnwys haearn. Mae'r rhan fwyaf yn fagnetig, sy'n briodwedd ddefnyddiol wrth drefnu metelau ar gyfer eu hailgylchu. Mae'r carbon sydd ynddyn nhw'n golygu bod y rhan fwyaf yn dueddol o gyrydu, ar ffurf rhwd, wrth ddod i gysylltiad â lleithder ac ocsigen.

Ffordd dda o gofio bod metelau fferrus yn cynnwys haearn yw cofio symbol haearn yn y tabl cyfnodol. **FE** = haearn = **ffe**rrus.

Mae cysylltiad uniongyrchol rhwng priodweddau metelau fferrus, fel caledwch a hydrinedd, a'r carbon sydd ynddyn nhw. Er enghraifft, y mwyaf o garbon sydd mewn dur, y caletaf a'r lleiaf hydrin fydd y dur.

- Dur meddal yw un o'r metelau fferrus mwyaf cyffredin. Mae ganddo gryfder tynnol rhagorol ac, wrth ei lunio'n drawstoriad trawst-I, gallwn ni ei ddefnyddio i gynhyrchu distiau dur rholio (RSJs). Caiff llawer o'r rhain eu defnyddio wrth adeiladu adeiladau.
- Mae dur carbon canolig yn cynnwys mwy o garbon na dur meddal ac felly mae'n galetach. Mae'n cael ei ddefnyddio i wneud offer fel rhawiau, trywelion a chyfarpar garddio.
- Mae dur carbon uchel, fel mae'r enw'n ei awgrymu, yn cynnwys mwy fyth o garbon ac rydyn ni'n ei ddefnyddio mewn offer torri fel llafnau llifiau ac ebillion driliau.
- Mae haearn bwrw yn galed ond yn gallu bod yn frau. Rydyn ni'n ei ddefnyddio ar gyfer castinau cymhleth fel y feisiau gwaith metel mewn gweithdai.

Mae mwy o briodweddau dur yn Nhabl 4.6 (tudalen 160).

Gorffeniadau ar gyfer metelau fferrus

Mae angen rhoi gorffeniad ar y rhan fwyaf o fetelau fferrus i'w hatal nhw rhag rhydu. Mae peintio, galfanu, platio ac araenu â pholymer yn ffyrdd nodweddiadol o amddiffyn metelau fferrus a gwneud iddyn nhw edrych yn well.

Priodweddau metelau anfferrus

Metelau anfferrus yw'r rhai sydd ddim yn cynnwys haearn. Mae absenoldeb haearn yn gwneud metelau anfferrus yn ddymunol am eu bod nhw'n hydrin ac yn gallu gwrthsefyll

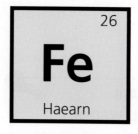

Ffigur 4.7 Haearn yn y tabl cyfnodol

Ffigur 4.8 RSJs i'w defnyddio mewn adeiladau

GEIRIAU ALLWEDDOL

Metel fferrus Metel sy'n cynnwys haearn.

Metel anfferrus Metel sydd ddim yn cynnwys haearn.

26

Fe

Haearn

cyrydiad. Hefyd, dydy'r rhan fwyaf ohonyn nhw ddim yn fagnetig, sy'n golygu ein bod ni'n gallu eu defnyddio nhw mewn dyfeisiau a gwifrau electronig.

Ar ôl dur, alwminiwm yw'r metel sy'n cael ei ddefnyddio fwyaf. Rydyn ni'n cynhyrchu alwminiwm o alwmina, sy'n cael ei echdynnu o fwyn o'r enw bocsit. Yn ogystal â'i wresogi, caiff sawl cemegyn eu defnyddio i helpu'r broses wahanu, gan gynnwys soda brwd a chalch. Yna, mae'r alwmina'n mynd drwy broses electrolysis sy'n cynhyrchu alwminiwm hylifol. Mae'r holl waith prosesu'n defnyddio llawer iawn o egni, a dyna pam rydyn ni'n ailgylchu alwminiwm mor rheolaidd. Mae'n cymryd tua 95 y cant yn llai o egni i ailgylchu alwminiwm nag i gynhyrchu'r defnydd crai o'r mwyn bocsit.

Mae copr yn ddefnydd amlbwrpas oherwydd ei amrywiaeth eang o briodweddau dymunol. Mae'n gyffredin mewn taclau plymio a systemau gwresogi am ei fod yn hawdd ei sodro ac nad yw'n cyrydu wrth ddod i gysylltiad â lleithder.

Mae mwy o briodweddau metelau anfferrus yn Nhabl 4.7 (tudalen 160).

Gorffeniadau ar gyfer metelau anfferrus

Mantais metelau anfferrus yw nad ydyn nhw'n rhydu. Fodd bynnag, maen nhw'n ocsidio. Mae ocsidio'n golygu bod aer a dŵr yn effeithio ar arwyneb y metel. Mae arwyneb alwminiwm yn troi'n wyn, mae arwyneb copr yn troi'n wyrdd, ac mae metelau eraill yn mynd yn bŵl ac yn troi'n ddu yn y pen draw.

I atal ocsidio rhag digwydd, dylid rhoi gorffeniad ar fetelau anfferrus. Mae prosesau fel platio â chrôm ac anodeiddio yn cael eu defnyddio'n aml, yn ogystal â thechnegau gorffen mwy confensiynol fel peintio.

I gael mwy o wybodaeth am orffeniadau, gweler Adran (ng) yn y bennod hon.

Aloion

Mae metelau ar eu ffurf bur yn gallu bod yn ddefnyddiol at lawer o ddibenion, ond yn aml bydd angen addasu eu priodweddau mecanyddol a ffisegol er mwyn cynhyrchu defnydd mwy addas i'w ddefnyddio mewn ffordd benodol. Mae **aloi** yn ddefnydd sydd wedi cael ei gynhyrchu drwy gyfuno dwy neu fwy o elfennau â'i gilydd i gynhyrchu defnydd newydd â phriodweddau coeth. Gallwn ni gategoreiddio aloion fel aloion fferrus neu aloion anfferrus, gan ddibynnu ar y prif fetel pur sydd ynddyn nhw.

Mae dur gwrthstaen yn aloi fferrus sy'n cael ei ddefnyddio'n rheolaidd i gynhyrchu cyfarpar llawfeddygol, eitemau arlwyo a nwyddau addurnol i'r cartref. Mae 13 y cant o'i gynnwys yn gromiwm, sy'n cyfuno â'r ocsigen yn yr atmosffer i gynhyrchu ocsid sy'n ei amddiffyn rhag cyrydu. Mae'n eithriadol o galed ac yn gwrthsefyll cyrydiad, a gallwn ni ei lathru i roi gorffeniad sgleiniog.

Mae pres yn aloi anfferrus sy'n gallu cael ei fwrw i ffurfio siapiau manwl a chaiff ei ddefnyddio ar raddfa fawr i wneud ffitiadau plymwaith fel tapiau dŵr a chysylltyddion pibellau. Aloi o gopr a sinc yw pres. Mae'r sinc yn gwneud y copr yn fwy caled, ond mae'n dal i allu gwrthsefyll cyrydiad.

Mae efydd hefyd yn aloi anfferrus a gaiff ei ddefnyddio yn aml gan gerflunwyr metel i gynhyrchu darnau mawr o waith celf. Mae ei allu i gael ei fwrw i siapiau cymhleth a'i allu i wrthsefyll cyrydiad yn ei wneud yn ddelfrydol ar gyfer projectau awyr agored.

GAIR ALLWEDDOL

Aloi Cymysgedd o ddau neu ragor o wahanol fetelau.

Gweithgareddau

Llenwch y tabl drwy wneud y canlynol:

- enwi'r metel sy'n cael ei ddefnyddio i wneud pob cynnyrch
- ei gategoreiddio (fferrus, anfferrus, aloi)
- esbonio ei briodweddau.

Cynnyrch	Metel	Categori	Priodweddau
Corff car			
Tŷ gwydr			
Modrwy briodas			
Sinc cegin			
Tap dŵr			

(ch) Polymerau thermoffurfiol a thermosodol

Polymerau thermoffurfiol

Mae'r mwyafrif o gynhyrchion plastig a ddefnyddiwn ni bob dydd yn debygol o fod wedi'u gwneud o **bolymerau thermoffurfiol**. Mae'r rhain yn addas iawn ar gyfer dulliau cynhyrchu ar raddfa fawr, felly mae cynhyrchion polymerau thermoffurfiol yn gost-effeithiol iawn.

Mae pob polymer yn 'hunan-orffennu'. Mae hyn yn golygu nad oes angen lliw ychwanegol i wella'r ymddangosiad, ac nad oes angen rhoi gorffeniad ychwanegol i amddiffyn y defnydd.

Polymer thermoffurfiol	Priodweddau	Ffyrdd cyffredin o'i ddefnyddio
Acrylig (PMMA)	<ul><li>Caled</li><li>Nodweddion optegol rhagorol</li><li>Yn gwrthsefyll hindreuliad yn dda</li><li>Yn crafu'n hawdd ac yn gallu bod yn frau</li><li>Ynysydd thermol a thrydanol rhagorol</li><li>Plastigrwydd da wrth gael ei wresogi</li></ul>	Unedau goleuadau ceir, baddonau, arwyddion ac arddangosiadau siopau
Polythen dwysedd uchel (HDPE)	<ul><li>Caled ac anhyblyg</li><li>Gallu gwrthsefyll cemegion yn dda iawn</li><li>Ynysydd thermol a thrydanol rhagorol</li><li>Cryfder tynnol da</li><li>Plastigrwydd da wrth gael ei wresogi</li></ul>	Powlenni golchi llestri, bwcedi, cewyll llaeth, poteli a phibellau
Polythen dwysedd isel (LDPE)	<ul><li>Hyblyg a gwydn</li><li>Gwrth-ddŵr ac addas i bob techneg fowldio</li><li>Ynysydd thermol a thrydanol rhagorol</li><li>Plastigrwydd da wrth gael ei wresogi</li></ul>	Bagiau plastig a sachau sbwriel
Polyfinyl clorid (PVC)	<ul><li>Caled a gwydn</li><li>Gallu gwrthsefyll cemegion a'r tywydd yn dda</li><li>Rhad</li><li>Yn gallu bod yn hyblyg neu'n anhyblyg</li><li>Ynysydd thermol a thrydanol rhagorol</li><li>Plastigrwydd da wrth gael ei wresogi</li><li>Cryfder tynnol da</li></ul>	Pibellau, cafnau glaw, fframiau ffenestri

Polymer thermoffurfiol	Priodweddau	Ffyrdd cyffredin o'i ddefnyddio
Polypropylen (PP)	• Gwydn • Gallu gwrthsefyll gwres a chemegion yn dda • Ysgafn • Gallu gwrthsefyll lludded • Ynysydd thermol a thrydanol rhagorol • Plastigrwydd da wrth gael ei wresogi • Cryfder tynnol da	Teganau, casys DVD a Blu-ray, ffilm pecynnu bwyd, capiau poteli a chyfarpar meddygol
Polycarbonad (PC)	• Gwydn ac yn gallu gwrthsefyll ardrawiad • Gallu gwrthsefyll crafu yn dda • Ynysydd thermol a thrydanol rhagorol • Plastigrwydd da wrth gael ei wresogi	Sbectolau diogelwch, helmau diogelwch
Ewyn polystyren wedi'i allwthio (XPS), ewyn styro	• Ysgafn • Hawdd ei weithio • Ynysydd thermol da	Rhwystr ynysu thermol yn y diwydiant adeiladu; defnydd modelu
Polystyren ehangedig (EPS)	• Ysgafn • Hawdd ei fowldio • Gallu gwrthsefyll ardrawiad yn dda • Ynysydd thermol rhagorol	Pecynnu cynhyrchion; cwpanau a phlatiau tafladwy
Neilon	• Caled, gwydn, yn gallu gwrthsefyll traul • Cyfernod ffrithiant isel • Ynysydd thermol a thrydanol rhagorol	Berynnau, gerau, ffitiadau rheiliau llenni a dillad.
Bwrdd ewyn	• Llyfn • Anhyblyg • Ysgafn iawn • Hawdd ei dorri	Arddangosiadau pwynt talu, arwyddion i'w hongian o'r to mewn archfarchnadoedd, modelu pensaernïol

Tabl 4.4 Priodweddau polymerau thermoffurfiol a ffyrdd o'u defnyddio nhw

Polymerau thermosodol

Ar ô i **bolymer thermosodol** gael ei siapio neu ei ffurfio â gwres am y tro cyntaf, bydd yn amhosibl ei ailwresogi na'i ailffurfio. Mae hyn yn ei wneud yn ynysydd thermol rhagorol ond mae hefyd yn golygu na allwn ni ailgylchu polymerau thermosodol.

Polymerau thermosodol	Priodweddau	Ffyrdd cyffredin o'u defnyddio
Resin epocsi	• Ynysydd thermol a thrydanol rhagorol • Gallu gwrthsefyll cemegion a thraul yn dda • Yn gallu bod yn frau	Adlynion fel Araldite®; mewngapsiwleiddio cydrannau PCB
Melamin fformaldehyd (MF)	• Anhyblyg, caled a chryf • Gallu gwrthsefyll gwres, crafu a staenio yn dda iawn • Ynysydd thermol a thrydanol rhagorol	Laminiadau arwynebau gwaith ceginau, offer bwrdd
Wrea fformaldehyd (UF)	• Anhyblyg a chaled • Ynysydd thermol a thrydanol rhagorol	Ffitiadau trydanol, seddau toiledau, adlyn i'w ddefnyddio mewn MDF

Polymerau thermosodol	Priodweddau	Ffyrdd cyffredin o'u defnyddio
Polymer wedi'i atgyfnerthu â ffibr carbon (CFRP)	• Cryf iawn • Ysgafn • Caled • Gwydn • Cryfder tynnol uchel	Cyfarpar chwaraeon perfformiad uchel fel cyrff ceir rasio F1, beiciau ffordd a mynydd a racedi tennis
Kevlar®	• Hawdd ei fowldio i siâp • Ysgafn • Caled • Gwydn • Cryfder tynnol uchel	Dillad perfformiad uchel fel festiau atal bwledi/ atal trywanu, helmau damwain a dillad diogelwch beic modur

Tabl 4.5 Priodweddau polymerau thermosodol a ffyrdd o'u defnyddio nhw

Gorffennu polymerau

Un o fanteision polymerau yw bod ganddyn nhw eu lliw eu hunain, eu bod nhw'n wydn ac yn wrth-ddŵr ac yn gyffredinol mae ganddyn nhw orffeniad sgleiniog iawn. Weithiau, fodd bynnag, bydd angen newid ymddangosiad neu wead polymer. Mae mwy o wybodaeth am orffennu polymerau yn Adran (ng) yn y bennod hon.

Gweithgareddau

Llenwch y tabl drwy wneud y canlynol:
- enwi'r polymer sy'n cael ei ddefnyddio i wneud pob cynnyrch
- ei gategoreiddio (polymer thermoffurfiol/thermosodol)
- esbonio ei briodweddau.

Cynnyrch	Polymer	Categori	Priodweddau
Pot iogwrt			
Plwg trydan			
Wyneb gweithio cegin			
Bocs bwyd			
Bag plastig			

PWYNTIAU ALLWEDDOL
- Rydyn ni'n gwneud papur o fwydion coed.
- Mae papur sy'n pwyso 170gsm neu fwy yn cael ei ddosbarthu fel bwrdd.
- Gallwn ni chwistrellu araenau ar bapur i wella ei wead a'i berfformiad.
- Mae prennau naturiol ar gael mewn llawer o liwiau gwahanol, o wyn golau iawn i frown tywyll sydd bron yn ddu.
- Mae gan wahanol fathau o bren batrymau graen gwahanol sy'n gallu edrych yn dda.
- Mae gan brennau caled a phrennau meddal briodweddau gweithredol sy'n wahanol i'w gilydd; mae rhai'n galed a gwydn ac eraill yn ysgafn a hyblyg.
- Mae rhoi gorffeniad ar bren yn ei wneud yn fwy gwydn ac yn gallu gwella ei ymddangosiad.
- Mae metelau fferrus yn cynnwys haearn; maen nhw'n gryf ar y cyfan ond yn tueddu i rydu ac mae'n rhaid rhoi gorffeniad amddiffynnol arnyn nhw.
- Dydy metelau anfferrus ddim yn rhydu.
- Mae polymerau thermoffurfiol yn hawdd eu mowldio a'u ffurfio drwy ddefnyddio gwres.
- Dydy gwres ddim yn effeithio ar bolymerau thermosodol.

(d) Defnyddiau modern a chlyfar

Defnyddiau cyfansawdd twnelu cwantwm

I gael manylion am sut mae defnyddiau cyfansawdd twnelu cwantwm yn gweithio mewn cylchedau, gweler Pennod 2 Adran (ch).

Polymorff

I gael manylion am y polymorff thermoffurfiol, gweler Pennod 1 Adran (ch).

Polymerau thermocromig neu lifynnau

I gael manylion am ddefnyddio polymerau thermocromig a llifynnau, gweler Pennod 1 Adran (ch).

Polymerau ffotocromig

I gael manylion am ddefnyddio polymerau ffotocromig a llifynnau, gweler Pennod 1 Adran (ch).

Nitinol

I gael manylion am nitinol a'i gymwysiadau, gweler Pennod 1 Adran (ch) yn yr adran am SMAs.

(dd) Ffynonellau, tarddiadau, priodweddau ffisegol a gweithio defnyddiau, cydrannau a systemau

Metelau

Mae pob metel yn tarddu o graig o'r enw mwyn yng nghramen y Ddaear. Mae mwyn yn adnodd naturiol ond anadnewyddadwy. Rydyn ni'n dosbarthu metelau mewn tri gwahanol gategori: fferrus, anfferrus ac aloion.

Metelau fferrus

Mae pob metel fferrus yn cynnwys haearn ac wrth eu cymysgu nhw â charbon maen nhw'n cynhyrchu dur. Dur yw ein metel mwyaf cyffredin ac mae'n cael ei ddefnyddio fel arfer oherwydd ei gryfder. Mae haearn yn fagnetig, sy'n briodwedd ddefnyddiol wrth drefnu metelau ar gyfer eu hailgylchu. Mae'r carbon sydd mewn metelau fferrus, fodd bynnag, yn golygu eu bod nhw'n dueddol o gyrydu, ar ffurf rhwd, wrth ddod i gysylltiad â lleithder ac ocsigen.

Mae cysylltiad uniongyrchol rhwng eu priodweddau, fel caledwch a hydrinedd, a'r carbon sydd ynddyn nhw. Er enghraifft, y mwyaf o garbon sydd mewn dur, y caletaf a'r lleiaf hydrin fydd y dur.

Metel fferrus	Cyfansoddiad	Priodweddau	Ffyrdd cyffredin o'i ddefnyddio
Haearn bwrw	Haearn a 3.5 y cant carbon	• Arwyneb caled ond craidd meddal brau • Cryfder cywasgol cryf • Ddim yn gwrthsefyll cyrydu yn dda • Ymdoddbwynt 1,200°C • Dargludedd trydanol a thermol da • Rhad	Feisiau, disgiau brêc ceir, blociau silindr, gorchuddion tyllau archwilio
Dur meddal	Haearn a 0.15–0.35 y cant carbon	• Cryfder tynnol da, gwydn, hydrin • Ddim yn gwrthsefyll cyrydiad yn dda • Ymdoddbwynt 1,500°C • Dargludedd trydanol a thermol da • Rhad	Cyrff ceir, nytiau, bolltau a sgriwiau, RSJs a hytrawstiau
Dur carbon canolig	Haearn a 0.35–0.7 y cant carbon	• Cryfder tynnol da • Mwy gwydn a chaled na dur meddal • Ddim yn gwrthsefyll cyrydiad yn dda • Ymdoddbwynt 1,500°C • Dargludedd trydanol a thermol da	Offer garddio a sbringiau
Dur carbon uchel	Haearn a 0.70–1.4 y cant carbon	• Caled ond brau hefyd • Llai gwydn, hydrin a hydwyth na dur carbon canolig • Ddim yn gwrthsefyll cyrydiad yn dda • Ymdoddbwynt 1,500°C • Dargludedd trydanol a thermol da	Tyrnsgriwiau, cynion, tapiau a gwifrau

Tabl 4.6 Metelau fferrus cyffredin

Metelau anfferrus

Mae metelau anfferrus yn wahanol i fetelau fferrus oherwydd dydyn nhw ddim yn cynnwys haearn. Gan nad oes haearn ynddyn nhw, dydy metelau anfferrus ddim yn rhydu. Dydy'r rhan fwyaf ohonyn nhw ddim yn fagnetig chwaith, sy'n golygu eu bod nhw'n addas ar gyfer dyfeisiau a gwifrau electronig.

Metel anfferrus	Cyfansoddiad	Priodweddau	Ffyrdd cyffredin o'i ddefnyddio
Alwminiwm	Metel pur	• Ysgafn, meddal, hydwyth a hydrin • Dargludydd gwres a thrydan da • Gwrthsefyll cyrydiad • Ymdoddbwynt 660°C	Cyrff awyrennau, siasïau ceir drud, tuniau, pedyll coginio, fframiau beiciau
Copr	Metel pur	• Hydwyth a hydrin dros ben • Dargludydd gwres a thrydan rhagorol • Hawdd ei sodro ac yn gwrthsefyll cyrydiad • Ymdoddbwynt 1,084°C	Ffitiadau plymwaith, tanciau dŵr poeth, gwifrau trydanol
Arian	Metel pur	• Metel meddal, gwerthfawr sy'n eithriadol o dda am wrthsefyll cyrydiad • Dargludydd gwres a thrydan rhagorol • Ymdoddbwynt 961°C • Drud	Yn cael ei ddefnyddio'n aml ar gyfer gemwaith

Tabl 4.7 Metelau anfferrus cyffredin

CBAC TGAU Dylunio a Thechnoleg

Trin metelau â gwres

Gallwn ni newid priodweddau metelau fferrus drwy ddefnyddio gwres.

- Mae **anelio** yn golygu gwresogi'r metel nes ei fod yn lliw coch ceirios (defnyddir gwres coch i ddisgrifio hyn hefyd) ac yna gadael iddo oeri'n araf iawn. Mae ei gladdu mewn tywod yn ffordd dda o arafu'r amser oeri, sy'n gwneud y metel mor feddal â phosibl.
- I **galedu** metel fferrus mae angen ei wresogi nes ei fod yn boethgoch ac yna ei oeri mor gyflym â phosibl. Y ffordd arferol o wneud hyn yw drwy ei drochoeri mewn dŵr.
- Mae metelau fferrus wedi'u caledu yn mynd yn frau. Rydyn ni'n lleihau'r breuder drwy **dymheru** y dur, sef gwresogi'r dur at dymheredd penodol a gadael iddo oeri'n naturiol.
- Mae crofennu yn un ffordd o galedu dim ond arwyneb y metel fferrus. Yn gyntaf caiff y metel ei wresogi nes ei fod yn boethgoch ac yna caiff ei roi mewn cyfansoddyn carbon uchel lle mae'n amsugno rhywfaint o'r carbon. Yna gallwn ni galedu'r araen hon, sy'n cynnwys llawer o garbon, drwy ei thrin â gwres.

Gallwn ni hefyd newid priodweddau metelau anfferrus drwy ddefnyddio gwres, er enghraifft drwy anelio a chaledu mewn ffordd debyg i fetelau fferrus. Y prif wahaniaeth yw fod caledu ac anelio metelau anfferrus yn digwydd ar dymheredd llawer is.

Gweithgaredd

Gwyliwch y clip YouTube canlynol *'Heat treatment of ferrous metals'*:
www.youtube.com/watch?v=IsiTbcZmVN4

Gwnewch ddiagram llif i ddangos un o'r prosesau trin â gwres.

Pren naturiol a phren cyfansawdd

Ffynonellau sylfaenol

Coed yw ein prif ffynhonnell ar gyfer pob defnydd sy'n seiliedig ar bren, ac maen nhw'n tyfu mewn coedwigoedd ledled y byd. Roedd coedwigoedd yn arfer gorchuddio Prydain ond erbyn hyn, yn bennaf oherwydd anghenion amaethyddiaeth, rydyn ni'n mewnforio'r rhan fwyaf o'r pren sydd ei angen. Mae prennau meddal yn dod yn bennaf o ardaloedd gogleddol claear Ewrop, Canada a Rwsia. Mae prennau caled yn cael eu tyfu yng nghanol Ewrop, Gorllewin Affrica a Chanol a De America. Mae prennau naturiol fel pîn neu dderw, a phrennau cyfansawdd fel pren haenog neu MDF, i gyd wedi dechrau fel coeden.

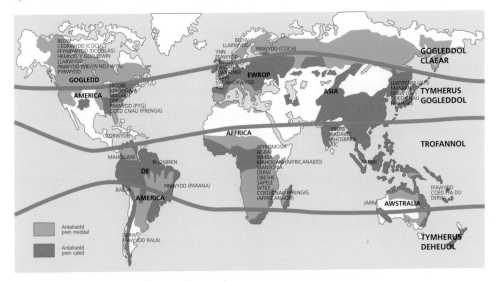

Ffigur 4.9 Dosbarthiad coedwigoedd y byd

Ffigur 4.10 Peiriannau torri coed

Mae'r amser mae'n ei gymryd i goeden dyfu'n ddigon hen i gael ei thorri i lawr (ei **chwympo**) a'i defnyddio'n fasnachol fel pren yn amrywio yn ôl y math o bren. Mae pinwydden yn tyfu'n gymharol gyflym ac yn gallu cael ei defnyddio'n fasnachol ar ôl tua 30 mlynedd, ond mae coed pren caled ecsotig yn gallu cymryd llawer mwy o amser.

Cyn gynted ag mae coeden yn aeddfed, gallwn ni ei chwympo hi. Proses fecanyddol yw hon sy'n defnyddio peiriannau torri coed soffistigedig. Mae tractor yn cludo addasydd arbennig sy'n gallu torri'r goeden, tynnu'r canghennau i ffwrdd a sleisio'r boncyffion yn hydoedd hawdd eu trin. Mae'r gyrrwr yng nghysur ei gaban yn gallu gwneud hyn mewn munudau. Mae'r boncyffion yna'n cael eu cludo i'r felin lifio, lle maen nhw'n cael eu troi'n blanciau defnyddiadwy.

Mathau o bren naturiol

Rydyn ni'n categoreiddio **pren naturiol** mewn dau grŵp: prennau caled a phrennau meddal. Gweler Tablau 4.2 a 4.3 ar dudalennau 152 a 153.

Pren cyfansawdd

Mae prennau cyfansawdd yn llenni o bren sy'n cael eu cynhyrchu'n fasnachol ac yn cynnig manteision dros bren naturiol:

- Maen nhw ar gael mewn llenni llawer mwy na phren solet (2440 × 1220mm).
- Mae ganddyn nhw briodweddau cyson drwy'r bwrdd i gyd.
- Maen nhw'n fwy sefydlog na phrennau naturiol, sy'n golygu eu bod nhw'n llai tebygol o gamdroi, culhau neu ddirdroi.
- Mae'n bosibl defnyddio pren o radd is, sy'n gallu bod o fudd i'r amgylchedd.
- Mae'n bosibl eu hwynebu nhw ag argaen neu laminiad i wella eu hymddangosiad esthetig.
- Oherwydd eu hansawdd cyson, maen nhw'n gweddu'n dda i beiriannu CNC ac i gynhyrchu ar raddfa fawr.

Mae dau gategori o bren cyfansawdd. Rydyn ni'n cynhyrchu **byrddau (prennau) laminedig** drwy ludo haenau neu argaenau mawr at ei gilydd, ac rydyn ni'n cynhyrchu **byrddau (prennau) cywasgedig**, fel mae'r enw'n ei awgrymu, drwy ludo gronynnau, sglodion neu fflawiau at ei gilydd o dan wasgedd.

Pren haenog

Bwrdd laminedig yw pren haenog sydd wedi'i wneud o lawer o argaenau pren wedi'u gludo ar ben ei gilydd. Mae pob haen yn cael ei gosod ar ongl 90° i'r un flaenorol, fel bod cyfeiriad y graen yn newid bob yn ail haen. Mae odrif o haenau bob amser fel bod y graen yn mynd i'r un cyfeiriad ar y ddau arwyneb allanol. Mae'r trefniant haenog hwn yn rhoi cryfder cyson i bren haenog ar draws y darn cyfan. Resin fformaldehyd yw'r adlyn sy'n cael ei ddefnyddio i gynhyrchu pren haenog.

Os yw'r pren haenog yn mynd i fod yn y golwg, mae'n gyffredin defnyddio argaenau allanol o bren drutach, fel bedw neu dderw. Oherwydd natur y defnydd, bydd byrddau argaen yn edrych yn wahanol i'w gilydd. Er ei bod yn amhosibl nodi sut yn union mae'n edrych, mae masnachwyr pren yn defnyddio system o raddio pren haenog i helpu i ddewis un priodol. Bydd pren haenog 'gradd A' o ansawdd da ac yn ddi-nam, ond bydd ceinciau a/neu atgyweiriadau i'w gweld ar bren haenog 'gradd D'.

Un o fanteision pren haenog dros brennau cyfansawdd eraill yw ei anhyblygrwydd, sy'n ei wneud yn anodd ei blygu i siapiau eraill. Fodd bynnag, weithiau fe welwch chi bren haenog wedi'i blygu. Yn yr achosion hyn, bydd yr argaenau sydd wedi'u gludo wedi cael eu cywasgu mewn mowld siapio wrth iddyn nhw sychu.

Mae'n hawdd gweld haenau'r pren haenog bob yn ail yn y bwrdd sgrialu laminedig yn Ffigur 4.11; mae'r graen bob yn ail yn creu bwrdd caled, cryf.

Mae'r rhan fwyaf o bren haenog yn cael ei gynhyrchu i'w ddefnyddio dan do, ond mae'n bosibl gwneud fersiynau sy'n gallu gwrthsefyll y tywydd a'r môr drwy ddewis adlyn a mathau o argaenau pren sy'n fwy addas i'w defnyddio yn yr awyr agored.

Ffyrdd cyffredin o ddefnyddio pren haenog yw lloriau, toeon a dodrefn laminedig.

Bwrdd ffibr dwysedd canolig

Mae bwrdd ffibr dwysedd canolig (MDF) yn fwrdd cywasgedig sydd wedi'i wneud o ffibrau pren mân wedi'u cyfuno ag adlyn synthetig (resin fformaldehyd fel rheol). Caiff y mwydion MDF eu cywasgu rhwng dau blât wedi'u gwresogi, lle mae'r adlyn yn bondio'r ffibrau at ei gilydd. Mae MDF yn defnyddio pren meddal a phren caled gradd isel, ynghyd â gwastraff o brosesau cynhyrchu pren eraill. Mae angen bod yn ofalus i gyfyngu ar y llwch sy'n cael ei gynhyrchu wrth weithio gydag MDF gan y gall achosi problemau resbiradol oherwydd maint y gronynnau mân.

Ffigur 4.11 Bwrdd sgrialu masarn haenog

Mae arwyneb pren MDF yn llyfn, felly mae hi'n hawdd rhoi gorffeniad paent o safon uchel arno. Mae ymylon y bwrdd yn ffibrog, ac felly mae angen eu selio nhw eto cyn peintio. Caiff y mwydion MDF eu cywasgu i drwch sydd bedwar deg gwaith yn llai, a dyna pam mae MDF yn fwy dwys na phrennau cyfansawdd eraill.

Yn ogystal â bwrdd safonol, mae amrywiaeth o fersiynau arbenigol o MDF ar gael hefyd, gan gynnwys bwrdd sy'n gwrthsefyll lleithder, bwrdd gwrth-dân ac MDF hyblyg. Mae gan MDF hyblyg gyfres o rigolau bach, neu lifdoriadau, wedi'u torri yn un o ochrau'r defnydd ac mae hyn yn caniatáu i'r bwrdd blygu o gwmpas radiws. Caiff y math arbennig hwn o MDF ei ddefnyddio'n aml ar gyfer dodrefnu siopau.

Ffigur 4.12 Bwrdd ffibr dwysedd canolig (MDF)

Mae hefyd yn gyffredin rhoi argaen ar wyneb MDF i wella ei estheteg. Mae argaenau neu wynebau cyffredin yn cynnwys wyneb derw, wyneb ynn a wyneb ffawydd. Gall MDF wedi'i wynebu fod yn unochrog neu'n ddwyochrog, a gallwn ni ddefnyddio haearn smwddio neu beiriant bandio ymylon i roi tâp adlynol wedi'i argaenu ar ymylon er mwyn gwella estheteg ymyl MDF fyddai'n noeth fel arall.

Mae MDF yn gyffredin mewn dodrefn fflatpac, mowldinau addurnol ac addurn mewnol siopau.

Bwrdd sglodion

Mae bwrdd sglodion, neu 'fwrdd gronynnau', yn bren cyfansawdd sydd wedi'i wneud o fflawiau neu sglodion mawr o bren sydd wedi'u gludo at ei gilydd o dan wasgedd. Mae bwrdd sglodion yn rhatach ei gynhyrchu nag MDF a phren haenog, ond nid yw mor gryf nac mor wydn. Mae'n gyffredin mewn cymwysiadau lle mae cost yn ffactor pwysicach na chryfder nac estheteg. Gallwn ni ei wynebu â laminiad neu ffilm blastig, oherwydd mae'r arwyneb heb orffeniad yn arw fel arfer. Mae MDF wedi cymryd lle llawer o gymwysiadau cyffredin bwrdd sglodion.

Ffigur 4.13 Defnyddio argaen fel stribed ymyl ar MDF

Ffyrdd cyffredin o ddefnyddio bwrdd sglodion yw arwynebau gweithio cegin, cypyrddau cegin a lloriau.

Caledfwrdd

Mae caledfwrdd yn fwrdd rhad iawn sy'n aml yn cael ei ddefnyddio fel cefn i gynhyrchion fel wardrobau a gwaelod droriau. Caiff ei wneud o fwydion pren sydd wedi'u cywasgu a'u gwresogi i gynhyrchu bwrdd gwydn ag un arwyneb llyfn ac un arwyneb garw.

Ffigur 4.14 Bwrdd sglodion

Gweithgaredd

Gwyliwch y clip YouTube canlynol 'How it's made: Chipboard desks':
www.youtube.com/watch?v=GBrgZihZhjs

Nodwch chwe cham allweddol yn y broses o gynhyrchu bwrdd sglodion.

Ffurfiau pren naturiol sydd ar gael

Mae pren naturiol (caled a meddal) fel rheol yn cael ei gyflenwi mewn planciau, byrddau, stribedi a sgwariau. I gael gwybod mwy am sut caiff pren ei gyflenwi, gweler Adran (f) yn y bennod hon.

Polymerau thermoffurfiol a thermosodol

Mae polymerau thermoffurfiol yn wahanol i bolymerau thermosodol oherwydd gallwn ni eu meddalu nhw drwy eu gwresogi lawer gwaith. Ar ôl eu meddalu mae'n bosibl eu siapio a'u ffurfio gan ddefnyddio amrywiaeth eang o brosesau.

Mae'r rhan fwyaf o bolymerau'n dod o olew crai ac yn cael eu galw'n **bolymerau synthetig**. Mae dyddodion olew crai wedi'u dosbarthu ledled y byd, ond mae'r cronfeydd mwyaf o bell ffordd yn y Dwyrain Canol ac yng Nghanol a De America. Mae olew crai yn adnodd cyfyngedig, anadnewyddadwy ac mae'n dod i ben yn araf deg. Felly, mae'n hanfodol ein bod ni'n ailgylchu ac yn ailddefnyddio polymerau lle bynnag mae hynny'n bosibl. Mae rhai polymerau'n deillio o blanhigion, ac rydyn ni'n galw'r rhain yn bolymerau naturiol (biopolymerau). Mantais polymerau naturiol yw eu bod nhw'n adnewyddadwy.

Polymerau synthetig

Mae olew crai i'w gael yn ddwfn dan gramen y Ddaear mewn 'meysydd olew'. Mae'r meysydd olew yn eithaf aml mewn lleoliadau anghysbell iawn, fel canol y môr, canol diffeithdir neu hyd yn oed tir diffaith wedi rhewi. Mae daearegwyr yn cynnal prawf seismig, sef ffrwydrad rheoledig o dan ddaear, ac yn dadansoddi'r canlyniadau i ragfynegi a oes olew crai yn bresennol. Yna maen nhw'n drilio tyllau turio archwiliadol i mewn i'r ddaear i weld a oes modd defnyddio'r olew'n fasnachol. Os oes, gallan nhw bwmpio'r olew crai i'r arwyneb a'i gludo i burfa olew i'w droi'n wahanol gynhyrchion sy'n seiliedig ar olew. Fel rheol caiff ei gludo drwy bwmpio'r olew crai ar draws ardaloedd enfawr o dir mewn piblinellau ac ar draws cefnforoedd mewn tanceri olew enfawr.

Dydy olew crai yn ei gyflwr naturiol ddim yn ddefnyddiol iawn. Mae'n cynnwys cymysgedd o hydrocarbonau, ac mae pwysau pob hydrocarbon yn wahanol. Nwyon yw'r hydrocarbonau ysgafnaf, fel nwy petroliwm hylifol (LPG), sy'n gallu cael ei ddefnyddio fel tanwydd ceir. Mae'r rhai trymaf yn sylweddau trwchus tebyg i dar, fel bitwmen, sy'n gallu cael eu defnyddio mewn arwynebau ffyrdd.

Distyllu ffracsiynol

Y cam cyntaf wrth drawsnewid olew crai i'r cynhyrchion petrocemegol defnyddiol hyn yw gwneud iddo ymddatod (torri i lawr) mewn proses o'r enw **distyllu ffracsiynol**. Yn ystod y broses hon, caiff yr olew crai ei wresogi nes ei fod yn troi yn nwy. Yna mae'n codi drwy golofn uchel, ac wrth oeri mae'n cyddwyso i ffurfio gwahanol gynhyrchion petrocemegol. Byddwch chi'n gyfarwydd â llawer o'r cynhyrchion hyn, fel nwy, petrol ac olew; ond un cynnyrch petrocemegol penodol sy'n cael ei ddefnyddio i wneud polymerau: nafftha.

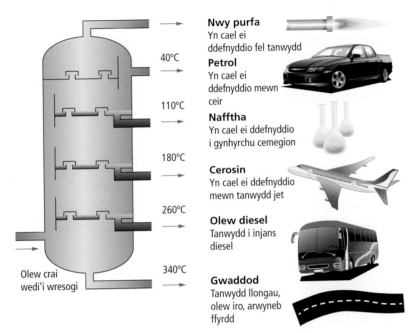

Nwy purfa
Yn cael ei ddefnyddio fel tanwydd

40°C

Petrol
Yn cael ei ddefnyddio mewn ceir

110°C

Nafftha
Yn cael ei ddefnyddio i gynhyrchu cemegion

180°C

Cerosin
Yn cael ei ddefnyddio mewn tanwydd jet

260°C

Olew diesel
Tanwydd i injans diesel

Olew crai wedi'i wresogi

340°C

Gwaddod
Tanwydd llongau, olew iro, arwyneb ffyrdd

Ffigur 4.15 Distyllu ffracsiynol

Cracio

Mae nafftha wedi'i wneud o gymysgedd o hydrocarbonau ac mae angen iddo fynd drwy broses arall, sef '**cracio**', cyn gallwn ni ddechrau ei ddefnyddio i gynhyrchu polymerau. Caiff y nafftha ei wresogi unwaith eto fel y bydd yn ymddatod ymhellach i ffurfio hydrocarbonau unigol, fel ethylen, propylen a bwtylen. Y rhain yw'r blociau adeiladu ar gyfer cynhyrchu'r polymerau rydyn ni'n gyfarwydd â nhw, ac rydyn ni'n eu galw nhw'n 'fonomerau'.

Polymeru

Mae'r broses **polymeru** yn digwydd mewn adweithydd polymeru, ac mae'n cynnwys adwaith cemegol sy'n cysylltu'r monomerau â'i gilydd mewn cadwynau o bolymerau. Mae cysylltu monomerau gwahanol â'i gilydd yn rhoi priodweddau unigryw i bob polymer. Caiff y monomer ethylen ei bolymeru i wneud y polymer rydyn ni'n ei adnabod fel polyethylen (PE), a chaiff y monomer propylen ei bolymeru i wneud y polymer polypropylen (PP).

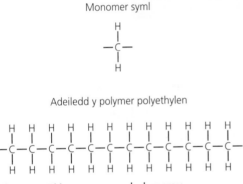

Monomer syml

Adeiledd y polymer polyethylen

Ffigur 4.16 Monomerau a pholymerau

Polymerau naturiol

Mae **polymerau naturiol** (biopolymerau) yn wahanol i bolymerau synthetig gan eu bod nhw'n cael eu cynhyrchu o ddefnyddiau planhigol, fel betys siwgr a startsh corn. Rydyn ni'n gallu tyfu planhigion, ac mae hyn yn golygu bod y bloc adeiladu crai ar gyfer cynhyrchu biopolymerau yn adnewyddadwy ac yn fioddiraddadwy. Yn ddamcaniaethol, felly, dylai fod gennyn ni gyflenwad diddiwedd o bolymerau sydd ddim yn cael effaith amgylcheddol negyddol ar ddiwedd eu hoes. Ar hyn o bryd, fodd bynnag, mae cynhyrchu biopolymerau yn ddrutach ac yn cymryd mwy o amser na chynhyrchu polymerau sy'n seiliedig ar betrocemegion. Hefyd, dydy biopolymerau ddim yn gwrthsefyll ardrawiad cystal â pholymerau sy'n seiliedig ar betrocemegion, a dydyn nhw ddim cystal am wrthsefyll cemegion.

Mae asid polylactig (PLA) yn fiopolymer sy'n cael ei gynhyrchu o startsh corn. Mae'r startsh corn yn mynd drwy broses eplesu gemegol sy'n ei droi yn fiopolymer defnyddiol â phriodweddau tebyg i acrylonitril bwtadeuen styren (ABS). Mae'n bosibl eich bod chi'n defnyddio hwn yn eich argraffydd 3D!

> **GEIRIAU ALLWEDDOL**
>
> **Cracio** Prosesu nafftha i gynhyrchu monomer.
>
> **Polymeru** Blendio gwahanol fonomerau i gynhyrchu polymer penodol.
>
> **Polymerau naturiol** Polymerau sy'n dod o gynhyrchion planhigol.

Polymerau thermoffurfiol

Mae polymerau thermoffurfiol yn wahanol i bolymerau thermosodol oherwydd gallwn ni eu meddalu nhw drwy eu gwresogi lawer gwaith. Ar ôl eu meddalu mae'n bosibl eu siapio a'u ffurfio gan ddefnyddio amrywiaeth eang o brosesau. Byddwn ni'n edrych ar y gwahanol brosesau thermoffurfiol yn Adran (g) yn nes ymlaen yn y bennod hon. I gael manylion am briodweddau amrywiaeth o bolymerau thermoffurfiol a sut rydyn ni'n eu defnyddio nhw, gweler Tabl 4.4 (tudalennau 156–7).

Polymerau thermosodol

I gael manylion am briodweddau amrywiaeth o bolymerau thermosodol a sut rydyn ni'n eu defnyddio nhw, gweler Tabl 4.5 (tudalennau 157–8).

Ychwanegion

Gallwn ni flendio nifer o ychwanegion â pholymerau i wella rhai priodweddau.

- Bydd ychwanegu plastigwyr yn gwneud polymerau'n fwy hyblyg – er enghraifft, ychwanegu esterau ffthalad at bolyfinyl clorid (PVC) wrth wneud ceblau.
- Mae ychwanegu pigmentau yn newid lliw polymerau.
- Mae ychwanegu llenwadau yn gwneud polymerau'n fwy swmpus ac yn rhatach. Mae calsiwm carbonad yn llenwad nodweddiadol mewn llawer o bolymerau.
- Gallwn ni ychwanegu defnyddiau gwrth-fflam at bolymerau i'w hatal rhag llosgi neu i arafu'r gyfradd losgi.

Gweithgaredd

Chwiliwch am '*How to make petrol or gas from crude oil*' ar YouTube a gwyliwch y rhaglen bum munud i weld sut rydyn ni'n cael olew crai o'r ddaear ac yn ei brosesu i wneud cynhyrchion petrocemegol defnyddiol.

Papurau a byrddau

Ffynonellau

Cafodd papur ei ddyfeisio yn wreiddiol yn China tua 100oc. Roedd y papur cyntaf wedi'i wneud o ffibrau rhisgl coeden wedi'u cymysgu mewn dŵr. Roedd y cymysgedd hwn, y 'mwydion', yn cael ei ddraenio, ei ledaenu ar hyd matin â ffrâm bambŵ cyn cael ei wasgu i ffurfio haen denau a'i sychu yn yr haul.

Yn ddiweddarach, fe wnaeth pobl ddarganfod bod 'lignin' (sef y glud naturiol sy'n dal ffibrau'r pren at ei gilydd) yn ymddatod yn haws wrth ddefnyddio planhigion â ffibrau cellwlos hir. Roedd hyn yn golygu bod modd troi'r ffibrau'n fwydion mwy mân, ac roedd hyn yn ei dro'n gwneud papur o ansawdd gwell.

Gwneud papur â llaw

I wneud papur â llaw:

- Cymerwch rai dalennau o hen bapur wedi'i ddefnyddio (papur cetris, papur newydd, ac ati).
- Torrwch neu rhwygwch y papur yn ddarnau bach (tua 2cm²).
- Mwydwch y papur dros nos mewn bwced o ddŵr.
- Llenwch gymysgydd bwyd â dŵr glân.
- Ychwanegwch rai darnau o'r papur wedi'i fwydo ac yna cymysgwch, gan ychwanegu ychydig bach mwy o bapur yn raddol.
- Daliwch i gymysgu nes bod y cymysgedd wedi troi'n fwydion sy'n edrych fel past papur wal, yna ei arllwys i mewn i hambwrdd.
- Defnyddiwch fowld a decl (dwy ffrâm bren â sgrin rwyll fain) i sgwpio ychydig o'r mwydion i fyny.
- Ysgydwch i daenu'r mwydion yn wastad ar draws y sgrin ac yna gadewch hi i adael i'r gormodedd dŵr ddraenio allan.

- Tynnwch y decl o'r mowld, yna symudwch y ddalen wlyb o'r mowld i arwyneb gwastad, amsugnol fel tywelion papur.
- Rhowch dywel papur arall a sbwng ar ei ben.
- Pwyswch yn ysgafn i ddechrau, yna pwyswch yn gryfach yn raddol gan ddefnyddio rholbren neu wrthrych tebyg i wastatáu'r ddalen wlyb a gwasgu cymaint â phosibl o leithder allan ohoni.
- Fel arall, rhowch ddam o fwrdd ar ei ben ac ychwanegu pwysau, neu safwch ar ei ben.
- Tynnwch y rhain i ffwrdd a gadewch iddo sychu'n llwyr mewn amgylchedd cynnes.

Y broses bwlpio fecanyddol

Mae'r dulliau rydyn ni'n eu defnyddio i wneud papur heddiw yn y bôn yr un fath neu'n debyg iawn i'r dull gwreiddiol, heblaw am ddefnyddio dulliau mecanyddol i wahanu ffibrau'r pren. Caiff tanciau pwlpio eu defnyddio i fwydo'r sglodion pren crai mewn dŵr sydd hyd at 100 gwaith pwysau'r sglodion, cyn eu malu nhw'n fân â llafnau rotor dur mawr. Nesaf, caiff y mwydion gorffenedig eu pwmpio i mewn i beiriant papur a'u chwistrellu ar lenni mawr o rwyll denau cyn eu gwasgu drwy gyfres o roleri i ffurfio papur.

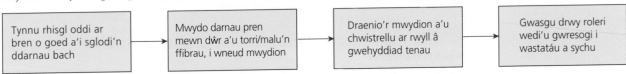

Ffigur 4.17 Y broses bwlpio fecanyddol

Mae papur wedi'i bwlpio'n fecanyddol yn addas ar gyfer cynhyrchion papur sy'n defnyddio papur graddau 'swmp', fel papur newydd a phapur toiled. Dydy'r papur ddim yn gryf iawn oherwydd y difrod sy'n cael ei wneud i'r ffibrau yn y broses falu, ac felly bydd yn rhwygo'n gymharol hawdd ac yn chwalu'n gyflym pan fydd yn wlyb. Mae'r broses fecanyddol hefyd yn golygu bod llawer o lignin yn aros yn y cymysgedd mwydion, sy'n gallu gwneud i'r papur droi'n felyn dros amser neu os yw mewn golau llachar.

Y broses bwlpio gemegol

Mae'r broses bwlpio gemegol yn defnyddio cemegion fel soda brwd a sodiwm sylffad yn hytrach na malu mecanyddol i helpu i dorri'r darnau o bren i lawr ac i gael gwared â'r lignin yn gemegol. Mae hyn yn gwahanu'r ffibrau heb eu difrodi ac yn creu mwydion llawer cryfach. Wedyn, caiff ffibrau eraill fel cotwm a lliain eu hychwanegu at y cymysgedd mwydion i wella neu newid y gwead – 'blendio' yw'r broses hon. Rydyn ni hefyd yn ychwanegu cemegion fel canyddion, llifynnau a llenwadau i roi lliw neu briodwedd benodol i'r papur. Yna caiff y mwydion eu sychu, eu gwasgu a'u ffurfio yn rholiau papur fel o'r blaen. Yn gyffredinol, mae papur sydd wedi'i bwlpio'n gemegol o ansawdd llawer gwell, a gallwn ni ei gannu neu ei liwio i roi gorffeniad llawer mwy llachar. Gallwn ni hefyd ychwanegu araenau arbenigol at y papur ar ôl ei ffurfio'n ddalennau, e.e. gorffeniadau sgleiniog.

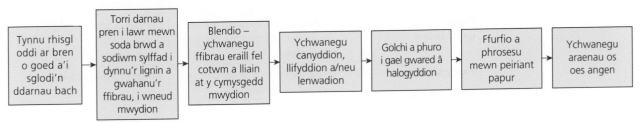

Ffigur 4.18 Y broses bwlpio gemegol

GEIRIAU ALLWEDDOL

Papur wedi'i ailgylchu
Papur sy'n cael ei wneud o fwydion coed gan ddefnyddio rhywfaint o bapur wedi'i ail-bwlpio.

Papur ffibrau gwyryfol
Papur wedi'i wneud yn gyfan gwbl o fwydion coed 'newydd'.

Papur wedi'i ailgylchu

Gan mai pren yw prif gynhwysyn papur, mae angen llawer o goed i'w wneud. Mae'n cymryd tua 12 coeden o faint cyfartalog i wneud 1 dunnell fetrig o bapur papurau newydd a thua 24 coeden i wneud 1 dunnell fetrig o bapur llungopïo. Cafodd **papur wedi'i ailgylchu** ei greu i leihau nifer y coed sydd eu hangen i wneud papur ac felly i leihau effaith amgylcheddol cynhyrchu papur. Mae defnyddio papur wedi'i ailgylchu yn lle **papur ffibrau gwyryfol** yn golygu bod angen llai o goed i wneud yr un faint o bapur.

Allwn ni ddim ailgylchu papur am byth gan fod y ffibrau'n mynd yn fyrrach ac yn wannach bob tro. Ar ôl tua phump neu chwech o weithiau, fel rheol bydd y ffibrau'n rhy fyr a gwan i fod yn ddefnyddiol, ac yn methu ffurfio mwydion digon da. I gynnal ansawdd a chryfder papur wedi'i ailgylchu, mae llawer o wneuthurwyr yn defnyddio cymysgedd o bapur wedi'i ailgylchu a sglodion pren gwyryfol newydd i wneud y mwydion. Mae'r gymhareb fel rheol rhwng 55 ac 80 y cant papur wedi'i ailgylchu a rhwng 20 a 45 y cant sglodion pren gwyryfol, gan ddibynnu ar y math o broses bwlpio sy'n cael ei defnyddio. Mae hyn yn lleihau nifer y coed sydd eu hangen tua 60 i 80 y cant.

Proses bwlpio	Canran y papur wedi'i ailgylchu	Canran y ffibrau gwyryfol
Pwlpio mecanyddol	55	45
Pwlpio cemegol	77	23

Tabl 4.8 Canran y papur wedi'i ailgylchu sy'n cael ei ddefnyddio i wneud papur

Mae gweddill y broses o wneud papur (cannu, blendio ac ati) yr un fath ag sydd wedi'i ddisgrifio uchod o dan Ffynonellau (tudalen 166).

Mesur

I gael manylion am fesur papurau a byrddau cyffredin, gweler Priodweddau esthetig a swyddogaethol papurau, cardiau a byrddau cyffredin yn Adran (a) yn y bennod hon.

Priodweddau ffisegol a gweithio papur a byrddau

Enw cyffredin	Pwysau (gsm)	Priodweddau/ nodweddion gweithio	Defnyddio
Papur gosodiad	50	Gwyn llachar, llyfn, ysgafn (tenau) felly ychydig bach yn dryloyw, rhad	Braslunio a datblygu syniadau dylunio; dargopïo darnau o ddyluniadau
Papur llungopïo	80	Gwyn llachar, llyfn, pwysau canolig, ar gael yn eang	Argraffu a llungopïo
Papur cetris	80–140	Arwyneb gweadog â lliw hufennaidd	Lluniadu â phensil, creonau, pastelau, paentiau dyfrlliw, inciau a gouache
Papur gwrthredeg	80–140	Arwyneb llyfn gwyn llachar, yn atal inc y pen marcio rhag rhedeg	Lluniadu â pheniau marcio
Papur siwgr	100	Ar gael mewn llawer o liwiau, rhad, arwyneb garw	Mowntio a gwaith arddangos

Tabl 4.9 Priodweddau ffisegol a gweithio papur

I gael manylion am y mathau cyffredin o fyrddau, gweler Adran (a) yn y bennod hon.

Enw cyffredin	Trwch (micronau)	Priodweddau/nodweddion gweithio	Defnyddio
Cerdyn	180–300	Ar gael mewn amrywiaeth eang o liwiau, meintiau a gorffeniadau; hawdd ei blygu, ei dorri ac argraffu arno	Cardiau cyfarchion, cloriau meddal i lyfrau, ac ati; modelu syml
Cardbord	300 a mwy	Ar gael mewn amrywiaeth eang o feintiau a gorffeniadau; hawdd ei blygu, ei dorri ac argraffu arno	Pecynnu eitemau adwerthu cyffredinol fel bwyd, teganau, ac ati; modelu dyluniadau
Cardbord rhychiog	3000 a mwy	Ysgafn ond cryf; anodd ei blygu; ynysydd gwres da	Blychau pizza, blychau esgidiau; defnydd pecynnu ar gyfer cynhyrchion mawr, e.e. nwyddau trydanol
Bwrdd mowntio	1400	Llyfn, anhyblyg; gwrthsefyll colli lliw	Borderi a mowntiau i fframiau lluniau

Tabl 4.10 Priodweddau ffisegol a gweithio byrddau

Laminiadu

Enw arall ar argaenau arwyneb sy'n cael eu defnyddio yn y broses o wneud papur yw laminiadau. Caiff yr araenau hyn eu chwistrellu ar y papur, ac maen nhw'n gallu lleihau amsugnedd fel bod y print yn gliriach a bod y papur yn gryfach.

Mae'r math arall o laminiadu yn golygu rhoi ffilm o blastig clir rhwng 1.2 ac 1.8mm o drwch ar un neu ddwy ochr papur neu gerdyn tenau. Rydyn ni fel rheol yn defnyddio hwn ar ddogfennau gorffenedig fel bwydlenni, posteri, arwyddion, bathodynnau adnabod a dogfennau printiedig eraill. Mae laminiadu:

- yn gwella cryfder yr eitem a'i gallu i wrthsefyll plygu, crychu neu rwygo
- yn gwneud yr eitem yn wrth-ddŵr, fel ein bod ni'n gallu ei glanhau hi â chadach llaith heb iddi smwtsio na throi'n soeglyd
- yn gwella ymddangosiad y ddogfen drwy ei gwneud hi'n sgleiniog
- yn estyn oes y ddogfen brintiedig.

PWYNTIAU ALLWEDDOL

- Mae metelau i'w cael mewn creigiau yng nghramen y Ddaear. Mwynau yw'r creigiau hyn.
- Rydyn ni'n rhannu metelau i dri chategori: metelau fferrus, metelau anfferrus ac aloion.
- Mae ychwanegu mwy o garbon at ddur yn newid ei briodweddau. Y mwyaf o garbon sydd, y caletaf yw'r dur.
- Anfantais metelau fferrus yw eu bod nhw'n rhydu, ond y fantais yw eu bod nhw'n fagnetig.
- Dydy metelau anfferrus ddim yn rhydu, ond dydyn nhw ddim yn fagnetig chwaith.
- Gallwn ni galedu arwyneb dur â phroses o'r enw crofennu.
- Mae coed yn tyfu mewn coedwigoedd ledled y byd.
- Rydyn ni'n dosbarthu pren naturiol mewn dau gategori: pren caled a phren meddal
- Mae priodweddau gwahanol gan brennau gwahanol: mae rhai yn galed ac mae rhai yn feddal.
- Pren gwneud yw pren cyfansawdd, ac mae ganddo lawer o fanteision dros bren naturiol: mae ar gael mewn lenni mwy; mae'r arwyneb yn llyfn; yn gyffredinol mae'n fwy gwastad ac yn fwy sefydlog.
- Mae polymerau synthetig yn deillio o olew crai.
- Rhaid prosesu olew crai drwy ddistyllu ffracsiynol, cracio a pholymeru i gynhyrchu'r defnydd polymer terfynol.
- Mae polymerau naturiol yn dod o ffynonellau planhigol fel startsh corn.
- Rydyn ni'n dosbarthu polymerau mewn dau gategori: thermoffurfiol a thermosodol.
- Gallwn ni newid priodweddau polymerau drwy ddefnyddio ychwanegion.
- Rydyn ni'n gwneud papur o fwydion coed.
- Mae papur sy'n pwyso 170gsm neu fwy yn cael ei ddosbarthu fel bwrdd.
- Dim ond tua phump neu chwech o weithiau gallwn ni ailgylchu papur.
- Mae rhwng 10 ac 80 y cant o fwydion gwyryfol mewn papur wedi'i ailgylchu.
- Gallwn ni chwistrellu araenau ar bapur i wella ei wead a'i berfformiad.

(e) Y ffordd mae amrywiaeth o ffactorau'n dylanwadu ar ddewis defnyddiau neu gydrannau

Priodweddau metelau, prennau, papurau a chardiau

Metelau

Metel	Estheteg	Swyddogaethedd
Alwminiwm (Dwralwmin)	Hawdd ei fwrw yn siapiau unigryw; gallwn ni ei lathru i roi gorffeniad tebyg i ddrych neu ei liwio â gorffeniad llachar drwy ei anodeiddio	Cymhareb cryfder i bwysau ragorol; hawdd ei dorri, ei weldio a'i uno mewn gwahanol ffyrdd; da am wrthsefyll cyrydiad
Copr	Hawdd ei siapio drwy ei guro; mae ganddo orffeniad browngoch sy'n gallu cael ei lathru'n loyw; ei nodwedd unigryw yw ei fod yn troi'n wyrdd os caiff ei adael yn yr awyr agored heb ei amddiffyn	Hawdd ei weithio; dargludydd gwres a thrydan da; hydrin, hydwyth a hawdd ei uno drwy sodro
Pres	Hawdd ei fwrw yn siapiau unigryw; lliw melynfrown sy'n gallu cael ei lathru'n loyw	Defnydd mwy caled a mwy gwydn na chopr; dargludydd gwres a thrydan da
Piwter	Hawdd iawn ei fwrw i siâp oherwydd ei ymdoddbwynt isel	Metel meddal a chymharol wan
Dur meddal	Hawdd ei weithio i siâp; yn rhydu os caiff ei adael heb ei amddiffyn; gallu derbyn amrywiaeth eang o orffeniadau/platiau/araenau	Gwydn, cryf a hydrin; cymharol hawdd ei weithio

Tabl 4.11 Priodweddau esthetig a swyddogaethol metelau

Prennau naturiol a chyfansawdd

I gael manylion am briodweddau esthetig a swyddogaethol prennau naturiol a chyfansawdd, gweler Adran (b) yn y bennod hon.

Papurau, cardiau a chardbord cyffredin

I gael manylion am briodweddau esthetig a swyddogaethol papurau, cardiau a chardbord cyffredin, gweler Adran (a) yn y bennod hon.

Argaeledd

Mae'r rhan fwyaf o fetelau cyffredin **ar gael** yn rhwydd mewn amrywiaeth o ffurfiau stoc fel barrau, rhodenni, stribedi, llenni, tiwbiau, onglau a sianeli. Gall metel gael ei werthu yn ôl hyd, lled, trwch a phwysau.

Mae pren ar gael yn rhwydd mewn llawer o ffurfiau stoc fel planciau, byrddau, stribedi, hoelbrennau a mowldinau. Mae rhai prennau, fel derw, yn tyfu'n araf ac eraill, fel bambŵ, yn tyfu'n gyflym iawn felly bydd mwy ar gael mewn amser penodol. Drwy reoli coed yn sensitif, bydd pren ar gael am byth.

GAIR ALLWEDDOL

Argaeledd Pa mor hawdd yw hi i gael gafael ar rywbeth.

Er bod y mwyafrif helaeth o bapurau a byrddau ar gael yn rhwydd, efallai y bydd angen meintiau, lliwiau neu weadau ansafonol ar gyfer rhai cynhyrchion a bydd rhaid gwneud y rhain ar archeb. Mae defnyddiau arbenigol yn cymryd mwy o amser i'w cynhyrchu ac mae symiau llai ohonyn nhw'n cael eu gwneud, sy'n gallu arafu'r broses gynhyrchu a chynyddu costau'n sylweddol. Lle bynnag y bo'n bosibl, felly, bydd y dylunydd yn ceisio defnyddio defnyddiau a meintiau safonol.

Ffactorau cymdeithasol

Mae technegau gweithgynhyrchu modern wedi ein galluogi ni i wneud cynhyrchion metel yn effeithlon ac yn gost-effeithiol ar gyfer y farchnad dorfol. Er enghraifft, mae ceir yn beiriannau cymhleth sy'n defnyddio llawer o fetel, ond maen nhw nawr ar gael, ac yn fforddiadwy, mewn amrywiaeth eang o arddulliau i fodloni anghenion a hoff ddewisiadau'r defnyddiwr.

Mae datblygiadau o ran cynhyrchu prennau cyfansawdd a phrosesau peirannu awtomataidd wedi dylanwadu ar y ffordd rydyn ni'n prynu cynhyrchion fel dodrefn. Yn y gorffennol, byddai dodrefn yn cael eu trosglwyddo o genhedlaeth i genhedlaeth mewn teulu a doedd dim llawer o gyfle i brynu cynhyrchion newydd. Heddiw, mae dodrefn fflatpac ar gael yn rhwydd ac yn fwy fforddiadwy, sy'n caniatáu i bobl newid edrychiad eu cartref yn rheolaidd.

Yn y 50 mlynedd diwethaf, mae'r cynnydd yn ymwybyddiaeth pobl o'r holl **ddatgoedwigo** a thirlenwi sy'n cael eu hachosi gan gynhyrchu a gwaredu papur, ynghyd â datblygiadau technolegol ym maes cyfathrebu, wedi arwain at newid sut rydyn ni'n defnyddio cynhyrchion papur. Ers yr 1970au mae canran y papur sy'n cael ei ailgylchu wedi cynyddu o tua 20 y cant i tua 70 y cant. Mae defnyddio mwy o e-bost a'r rhyngrwyd wedi golygu bod swyddfeydd a busnesau'n defnyddio llawer llai o bapur nag yn y degawdau blaenorol. Mae gwerthiannau cyhoeddiadau print fel papurau newydd, cylchgronau a llyfrau hefyd wedi gostwng llawer iawn ers cyflwyno fersiynau electronig sy'n gallu cael eu llwytho i lawr mewn eiliadau i dabled neu ddyfais.

Ffactorau diwylliannol

Yn ein cymdeithas amrywiol mae hyd yn oed cymunedau bach yn cynnwys pobl o nifer o **ddiwylliannau** a all fod â chredoau, ffyrdd o fyw a thraddodiadau gwahanol. Gall rhywbeth sy'n hollol gyffredin i rywun fod yn anweddus ac yn dramgwyddus i rywun o ddiwylliant gwahanol.

Wrth ddylunio unrhyw fath o gynnyrch graffigol, mae'n rhaid ystyried **ffactorau cymdeithasol**, **diwylliannol** a **moesegol**. Mae delweddau, symbolau a hyd yn oed rhai lliwiau'n gallu sarhau pobl, ac mae hynny wedyn yn gallu arwain at wrthdaro rhwng y gwneuthurwr neu'r brand a sector penodol mewn cymdeithas.

Mae'n bwysig nad yw delweddau graffigol ar gynhyrchion yn sarhaus mewn unrhyw ffordd. Felly, rhaid i ddylunwyr fod yn ymwybodol o gredoau ac anghenion grwpiau lleiafrifol a bod yn ofalus wrth bortreadu unigolion neu grwpiau o bobl ar gynhyrchion.

> **GEIRIAU ALLWEDDOL**
>
> **Datgoedwigo** Cwympo coed ar raddfa fawr heb unrhyw ailblannu.
>
> **Diwylliant** Syniadau, arferion ac ymddygiadau cymdeithasol pobl neu gymdeithas benodol.
>
> **Ffactorau cymdeithasol** Sut gall cefndir cymdeithasol grŵp o bobl ddylanwadu ar ddyluniad cynnyrch.
>
> **Ffactorau diwylliannol** Sut gall cefndir diwylliannol grŵp o bobl ddylanwadu ar ddyluniad cynnyrch.
>
> **Ffactorau moesegol** Sut gall safonau moesol cymdeithas ddylanwadu ar ddyluniad cynnyrch.

Rhaid i ddylunwyr hefyd fod yn ofalus iawn wrth ddewis a defnyddio ffotograffau neu ddelweddau o bobl ar eu cynhyrchion. Gall defnyddio rhywun o hil benodol ar gynnyrch weithiau eu portreadu nhw mewn modd negyddol neu ystrydebol, sy'n gallu bod yn sarhaus iawn. Mae'n bwysig meddwl yn ofalus wrth ddewis delweddau ac ystyried sut gallai delwedd gynrychioli grŵp lleiafrifol.

Ffigur 4.19 Bwrdd bwyd a chadeiriau o Japan

Rhaid i ddylunwyr hefyd ystyried gwahanol agweddau cymdeithasol a sut mae'r rhain yn amrywio o gwmpas y byd. Mae'n bosibl y bydd rhywbeth yn gymdeithasol dderbyniol i bobl y byd gorllewinol ond yn annerbyniol mewn gwledydd eraill. Mae rhai diwylliannau'n ystyried bod rhai anifeiliaid penodol yn sanctaidd. Mae gan ddiwylliannau eraill gredoau ac agweddau gwahanol ynglŷn â gwisgo dillad sy'n dangos y corff a gorchuddio rhai rhannau o'r corff bob amser.

Mae angen i ddylunwyr ymchwilio i draddodiadau'r grŵp diwylliannol mae'r cynnyrch yn cael ei wneud ar ei gyfer i wneud yn siŵr bod y dyluniad yn addas ac wedi'i gynhyrchu'n sensitif i ddiwallu eu hanghenion ac i gyd-fynd â'u credoau am ddylunio da neu wael. Mae llawer o gynhyrchion yr un fath yn y bôn ym mhob diwylliant, ond gallai eu lliwiau neu'r ffordd maen nhw wedi'u haddurno roi ystyron penodol. Mae rhai cynhyrchion yn wahanol iawn – er enghraifft, yn draddodiadol mae teuluoedd o Japan yn eistedd ar y llawr i fwyta, felly mae dodrefn bwyta ar gyfer Japan yn cael eu dylunio'n wahanol i ddodrefn y byd gorllewinol.

Cyfrifoldebau dylunwyr
Ffactorau amgylcheddol

Gallwn ni ystyried bod metelau'n **ecogyfeillgar** am eu bod nhw'n wydn. Mae hyn yn golygu eu bod nhw'n llai tebygol o dorri ac y byddan nhw'n para'n hirach, ac felly bydd llai o angen defnyddio defnyddiau crai. Gallwn ni ailddefnyddio metelau; ar ddiwedd ei oes fel un cynnyrch, gallwn ni ailddefnyddio'r metel fel rhywbeth arall. Does dim cyfyngiad ar sawl gwaith y gallwn ni ailgylchu metelau drwy eu casglu a'u toddi i gael eu defnyddio eto.

Mae metelau'n adnodd cyfyngedig, fodd bynnag, ac ar ôl i ni ddefnyddio'r holl adnodd naturiol hwn fydd dim mwy ar gael. Mae prosesu a gweithgynhyrchu metelau'n defnyddio rhagor o adnoddau naturiol ac yn arwain at lygru'r atmosffer, a bydd hynny'n arwain at ffurfio nwyon tŷ gwydr ac yn cyfrannu at gynhesu byd-eang.

Gall cyrchu mwyn metel gael effaith fawr ar yr amgylchedd, er enghraifft mae cloddio brig yn gallu gadael creithiau ar y dirwedd a thynnu pridd ffrwythlon o'r tir. Mae prosesu metelau'n defnyddio llawer o bŵer ac yn achosi llygredd aer, sy'n arwain at gynnydd mewn nwyon tŷ gwydr ac yn cyfrannu at gynhesu byd-eang. Rhaid i ddylunwyr a gwneuthurwyr geisio lleihau effaith negyddol prosesu metelau.

Rydyn ni'n ystyried mai pren naturiol yw'r defnydd mwyaf ecogyfeillgar am ei fod yn adnewyddadwy, yn ailddefnyddiadwy ac yn ailgylchadwy, ac yn cael llai o effaith negyddol ar yr amgylchedd wrth gael ei brosesu. Mae prennau cyfansawdd yn llai ecogyfeillgar, gan eu bod nhw wedi mynd drwy brosesau ychwanegol sy'n cynnwys defnyddio mwy o egni ac adlynion. Mae rhai prennau cyfansawdd, fel MDF, hefyd yn cynhyrchu gronynnau mân o lwch wrth gael eu peiriannu/sandio. Gall y llwch mân hwn fod yn niweidiol os yw'n cael ei anadlu, ac mae wedi cael ei gysylltu â chanser. Gall defnyddio defnyddiau a gorffeniadau o ansawdd da estyn oes cynhyrchion fel nad oes angen rhai newydd mor aml. Mae hyn yn well i'r amgylchedd na gwneud llawer o gynhyrchion a gorfod eu taflu nhw i ffwrdd ar ôl oes fer.

Mae'r broses o wneud papur yn defnyddio nifer o hydoddyddion gwenwynig a chyfansoddion clorin i dynnu'r lignin o'r mwydion, i gannu ac i liwio'r papur, ac yn yr araenau a ddefnyddir i wella cryfder, amsugnedd, ac ati. Er bod llawer o felinau mwydion/papur yn defnyddio llai o gemegion nawr, gall dewis defnyddio papur heb ei gannu ar gyfer cynnyrch nad yw'n gorfod bod yn wyn wella'r ôl troed carbon a lleihau costau. Mae melinau mwydion/papur yn cynhyrchu carbon deuocsid a llygryddion eraill a all achosi difrod i'r haen oson, glaw asid a chyfrannu at gynhesu byd-eang. Pan fydd ffibrau papur yn rhy fyr neu wan i gael eu hailgylchu, byddan nhw'n ffurfio slwtsh sydd naill ai'n cael ei waredu mewn safle tirlenwi neu ei sychu a'i losgi fel tanwydd.

Amodau gwaith ac ecsbloetiaeth

Mae globaleiddio wedi golygu bod llawer o gynhyrchion yn cael eu cynhyrchu mewn gwledydd sy'n datblygu, lle mae cyfraddau llafur a defnyddiau'n llawer rhatach.

Yn y byd gorllewinol mae yna reolau iechyd a diogelwch llym ynglŷn ag adeiladau, peiriannau a diogelwch gweithwyr, a deddfau sy'n diogelu hawliau a lles pob gweithiwr. Dydy hyn ddim yn wir mewn llawer o wledydd sy'n datblygu, fodd bynnag, ac mae hyn yn gallu arwain at **ecsbloetiaeth**. Ecsbloetiaeth yw gorfodi gweithwyr i weithio:

- mewn amodau anniogel, afiach neu beryglus
- am oriau hir iawn heb ddigon o seibiant
- heb y cyfarpar amddiffynnol cywir
- am gyfraddau tâl isel sydd ddim yn gyflog teg.

Mae gan ddylunwyr gyfrifoldeb i sicrhau nad ydynt yn gysylltiedig â chynnyrch sy'n cael ei gynhyrchu fel hyn ac i 'wrthod' dylunio cynnyrch ar gyfer cwmnïau sy'n ecsbloetio eu gweithwyr.

Mae mudiadau fel Masnach Deg a To The Market yn sicrhau nad yw gweithwyr yn cael eu hecsbloetio fel hyn. Fel defnyddwyr, gallwn ni hefyd gefnogi hawliau gweithwyr drwy wrthod prynu nwyddau gan wneuthurwyr sydd heb gael eu cymeradwyo gan y mudiadau hyn.

Y gallu i ailgylchu a gwastraff

Gall defnyddio defnyddiau ac egni gael effaith fawr ar fywydau pobl, ac mae'n gyfrifoldeb arnon ni i gyd i'w defnyddio nhw'n ofalus ac i osgoi gwastraff. Mae defnyddio defnyddiau'n ofalus a darbodus ac atal neu leihau llygredd yn ystod y broses weithgynhyrchu yn gallu helpu i gynnal amgylchedd diogel sydd ddim yn effeithio'n annheg ar fywydau pobl. Mae gwneud yn siŵr bod cynhyrchion yn addas at eu diben ac yn cael eu gwaredu'n ofalus ar ddiwedd eu hoes hefyd yn bwysig i amddiffyn pobl a'r byd. Mae'r Gyfarwyddeb Diwedd Oes Cerbydau (ELVD) yn gyfarwyddeb Ewropeaidd sy'n ceisio sicrhau bod cerbydau'n cael eu trin yn gywir ar ddiwedd eu hoes ddefnyddiol.

Mae polymerau'n cymryd amser hir i ymddatod (torri i lawr) os ydyn nhw'n cael eu taflu i safle tirlenwi yn hytrach na'u hailgylchu. Mae llawer ohonyn nhw heb gael eu hailgylchu o hyd, ac felly mae llawer o'r plastig sy'n cael ei ddefnyddio yn aros yn y ddaear neu'n llygru'r cefnforoedd, gan greu amgylchedd peryglus i adar a bywyd morol. Gallwn ni gymysgu polymerau ag ychwanegion sy'n eu helpu nhw i ymddatod yn gyflymach, neu eu gwneud nhw o ddefnyddiau bioddiraddadwy fel startsh corn. Mae hyn yn ddatblygiad pwysig ym maes cynhyrchu polymerau, oherwydd yn ogystal â bod yn fioddiraddadwy mae'r defnydd yn dod o ffynhonnell adnewyddadwy. Mae polymerau bioddiraddadwy yn gyffredin mewn eitemau tafladwy fel cyllyll a ffyrc neu blatiau plastig, ac ati. Yn anffodus, mae'r defnydd hwn hefyd wedi cael ei feirniadu am beidio â bod yn berffaith o ran effaith amgylcheddol, oherwydd does dim digon o dir i dyfu'r cnydau sydd eu hangen i wneud y polymer. Dadl arall yw fod y polymerau hyn yn halogi polymerau seiliedig ar olew yn y broses ailgylchu ac yn gwaethygu ansawdd y plastig wedi'i ailgylchu.

Yn aml, caiff polymerau eu llosgi i gael gwared â nhw ar ôl gorffen eu defnyddio neu yn ystod y broses weithgynhyrchu. Mae hyn yn arwain at ryddhau nwyon niweidiol, gan gynnwys carbon deuocsid, i'r atmosffer, sy'n cyfrannu at gynhesu byd-eang.

Drwy ailgylchu cynhyrchion papur, bwrdd a phren, rydyn ni'n defnyddio llai o adnoddau naturiol ac egni, ac yn lleihau allyriadau nwyon tŷ gwydr o'r broses weithgynhyrchu a faint o le sydd ei angen ar gyfer safleoedd tirlenwi.

Y ddau brif ddefnydd sy'n cael eu defnyddio i gynhyrchu papur a cherdyn yw mwydion coed a phapur wedi'i ailgylchu. Mae defnyddio coed i wneud mwydion yn golygu torri llawer o aceri o goedwig. Mae'r rhan fwyaf o goed, fodd bynnag, yn dod o goedwigoedd sydd wedi'u rheoli gan y Cyngor Stiwardiaeth Coedwigoedd (FSC: *Forest Stewardship Council®*) neu gan y gwneuthurwyr papur eu hunain. Mae hyn yn sicrhau ailblannu o leiaf un goeden am bob un sy'n cael ei chwympo ac yn sicrhau cyflenwad pren parhaus.

Gall lignin – cynnyrch gwastraff sy'n cael ei echdynnu yn ystod y broses bwlpio – gael ei losgi yn lle olew tanwydd ac, mewn rhai gweithfeydd cynhyrchu, caiff rhisgl a gwaddodion eraill eu llosgi i gyflenwi pŵer neu ager i gwmnïau neu gyflenwyr egni lleol.

Bioamrywiaeth

Mae'r coedwigoedd yn amgylchedd bioamrywiol iawn. Mae hyn yn golygu, yn ogystal â bod yn fan lle mae coed yn tyfu, fod coedwigoedd yn gynefin i lawer o fathau o blanhigion a bywyd gwyllt. Mae llawer o fathau o anifeiliaid, adar, pryfed, gweiriau a blodau yn byw yn y goedwig ac yn dibynnu arni i fodoli. Mae rhai o'r rhywogaethau hyn nawr mewn perygl ac mae'n rhaid eu gwarchod nhw, a'r amgylchedd coedwig lle maen nhw'n byw, neu byddan nhw'n mynd yn ddiflanedig.

I gynhyrchu papur a phren, mae angen cwympo rhannau mawr o goedwigoedd, sy'n gallu cymryd blynyddoedd i aildyfu ac sy'n arwain at ddatgoedwigo mewn llawer o fannau ledled y byd. Mae hyn wedi golygu bod mwy o goedwigoedd, a'r holl rywogaethau o anifeiliaid sy'n byw ynddyn nhw, mewn perygl. Mae llawer o wneuthurwyr papur wedi lleihau hyn drwy ddefnyddio coed o goedwigoedd sydd wedi'u rheoli, fel rhai sy'n cael eu cynnal gan yr FSC.

Gall datgoedwigo arwain at gynhesu byd-eang ac achosi i rai rhywogaethau anifeiliaid a phlanhigion fynd yn ddiflanedig. Mae dewis pren o ffynonellau moesegol, fel rhai o goedwigoedd sy'n cael eu rheoli gan yr FSC, yn gallu lleihau'r niwed i'r amgylchedd ac i fywyd yn yr ardal.

Gweithgaredd

Astudiwch y lluniau o'r ddwy stôl.

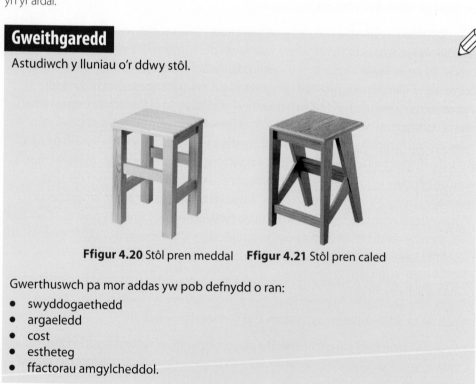

Ffigur 4.20 Stôl pren meddal   **Ffigur 4.21** Stôl pren caled

Gwerthuswch pa mor addas yw pob defnydd o ran:
- swyddogaethedd
- argaeledd
- cost
- estheteg
- ffactorau amgylcheddol.

Amcangyfrif gwir gostau prototeip neu gynnyrch

Cost defnyddiau

Mae **cost** metelau'n amrywio'n sylweddol.

- Mae metelau fferrus cyffredin fel dur meddal yn gymharol rad gan fod symiau mawr iawn yn cael eu cynhyrchu a bod cyflenwad helaeth o'r defnydd crai ar gael.
- Mae metelau anfferrus fel alwminiwm yn ddrutach gan fod angen proses fwy cymhleth i echdynnu'r metel o'i fwyn.
- Mae metelau lled-werthfawr fel copr a phres yn ddrutach gan fod angen mwy o waith prosesu a does dim cymaint ohonyn nhw'n cael eu cynhyrchu.
- Mae metelau gwerthfawr fel aur ac arian yn ddrud iawn am eu bod nhw'n llawer mwy prin a bod angen gwaith prosesu mwy soffistigedig fyth.

Mae cynhyrchu cynhyrchion metel yn gostus iawn. Er mwyn eu cynhyrchu, mae'n rhaid adeiladu ffatrïoedd, prynu peiriannau a hyfforddi a chyflogi gweithlu. Mae cynhyrchion metel yn addas i'w cynhyrchu mewn symiau mawr, fodd bynnag, sy'n lleihau'r gost uned unigol.

Gall pris pren hefyd amrywio'n sylweddol. Mae pren meddal wedi'i lifio'n arw yn gymharol rad gan fod nifer helaeth o goedwigoedd pren meddal ym mhob rhan o'r byd. Maen nhw'n tyfu'n gymharol gyflym ac mae'n bosibl eu prosesu i greu pren defnyddiol yn gyflymach na phren caled. Felly, mae pren meddal yn ddefnyddiol iawn os oes angen symiau mawr o bren, fel yn y diwydiant adeiladu.

Mae prennau caled fel tîc, derw ac ynn yn gallu bod yn eithaf drud am eu bod nhw'n tyfu'n araf mewn rhannau anghysbell o'r byd a bod llai ohonynt. Mae'n cymryd llawer mwy o amser i'w prosesu nhw i wneud pren defnyddiol ac rydyn ni'n eu defnyddio i wneud cynhyrchion drutach fel dodrefn ar archeb. Mae balsa yn annisgwyl o ddrud, ond mae hynny'n adlewyrchu'r holl waith sydd ei angen i'w dorri i'w faint a'i gludo, a'r symiau bach ohono sy'n cael eu prynu fel rheol.

Mae prennau cyfansawdd fel MDF yn rhad gan fod symiau mawr ohonyn nhw'n cael eu cynhyrchu o bren sydd wedi'i ailgylchu neu o ansawdd gwael. Mae hyn yn eu gwneud nhw'n addas i'r diwydiant dodrefn fflatpac. Mae prennau cyfansawdd arbennig, fel pren haenog morol, yn llawer drutach gan fod angen adlynion drud i'w cynhyrchu nhw a bod symiau llai yn cael eu cynhyrchu.

Mae costau papurau a byrddau'n gostwng wrth i chi brynu mwy. Felly, wrth ddylunio cynnyrch a chynllunio cynhyrchu model neu brototeip, mae'n hanfodol bod yn ofalus wrth ystyried a chyfrifo faint o ddefnyddiau sydd eu hangen. Er enghraifft, os oes angen ychydig yn fwy na thri darn o fwrdd ewyn A1, gallai fod yn rhatach prynu saith darn A2 na phedwar darn maint A1.

Rhywbeth arall i'w ystyried yw fod cost pob mm^2 o bob llenddefnydd, gan gynnwys papurau a byrddau, yn lleihau wrth i'r maint gynyddu. Yn y rhan fwyaf o achosion mae'n fwy darbodus prynu llen fawr a'i thorri hi'n llenni llai eich hun na'u prynu nhw wedi'u torri'n barod. Mae llenni mawr yn anoddach eu cludo, fodd bynnag, felly rhaid i chi ystyried costau cludo a danfon hefyd.

Yn aml, bydd prynu defnyddiau o wledydd ar ochr arall y byd yn rhatach na phrynu o'ch gwlad eich hun. Mae gan y dylunydd gyfrifoldeb i feddwl am effeithiau globaleiddio ac economïau lleol wrth benderfynu ble i brynu cynhyrchion.

GAIR ALLWEDDOL

Cost Dewis defnydd ar sail ei gost brynu gychwynnol a gwir gost ei brosesu a'i orffennu.

Gweithgaredd

Gwerthuswch pa mor addas yw alwminiwm i gynhyrchu tun diod feddal. Defnyddiwch y penawdau canlynol i helpu i strwythuro eich ateb:

- Swyddogaethedd
- Argaeledd
- Cost
- Estheteg
- Ffactorau amgylcheddol.

Gwir gost prototeip neu gynnyrch

Bydd pris cychwynnol y pren yn effeithio ar bris terfynol cynnyrch, ond dim ond canran bach o'r gost yw hyn yn aml. Mae sgiliau gwaith coed traddodiadol yn cymryd llawer o amser ac yn cael eu gwneud gan weithwyr medrus sy'n mynnu cyflog uchel. Hefyd, mae angen rhoi gorffeniad ar lawer o gynhyrchion pren, sy'n ychwanegu at y gost. Mae gorffeniadau arbenigol fel llathru Ffrengig yn cymryd llawer o amser ac mae angen crefftwr medrus i'w gwneud nhw.

Mae pris cynhyrchu prototeip neu gynnyrch terfynol yn amrywio gan ddibynnu ar ffactorau fel:
- y niferoedd sydd eu hangen
- maint a chymhlethdod y cynnyrch
- y defnyddiau a'r prosesau sy'n cael eu defnyddio i'w wneud
- yr amser cynhyrchu
- pris unrhyw gydrannau gwneud a faint sydd ar gael.

Gweithgaredd

Mae ar ddylunydd angen saith darn o fwrdd ewyn maint A4 i wneud cynnyrch prototeip.

Mae un ddalen A4 yn costio £0.45. Mae pecyn o 10 dalen A4 yn costio £3.00. Mae dalen A1 yn costio £2.75.

Cyfrifwch y ffordd rataf o brynu digon o ddefnydd i'r prototeip.

PWYNTIAU ALLWEDDOL

- Yn gyffredinol, caiff metelau eu dewis am eu cryfder.
- Mae llawer o wahanol ffyrdd o uno metelau, a gallwn ni hefyd eu bwrw nhw i siapiau cywrain.
- Gallwn ni newid ymddangosiad metelau mewn nifer o ffyrdd: drwy baentio, llathru ac anodeiddio (alwminiwm).
- Mae priodweddau pren yn effeithio'n uniongyrchol ar swyddogaethedd cynnyrch pren.
- Mae pren naturiol ar gael mewn amrywiaeth eang o liwiau a steiliau graen.
- Yn gyffredinol, rydyn ni'n ystyried bod pren naturiol yn ddefnydd ecogyfeillgar, ond mae rhai prennau cyfansawdd yn cynnwys adlynion sy'n eu gwneud nhw'n anodd eu hailgylchu.
- Mae pren yn gynnyrch sydd ar gael yn rhwydd mewn amrywiaeth o doriadau a meintiau rheolaidd.
- Mae cost pren yn amrywio, ond mae'n rhaid ystyried y wir gost.
- Mae'r broses o wneud papur yn defnyddio amrywiaeth o hydoddyddion gwenwynig a chyfansoddion clorin sy'n gallu achosi difrod i'r haen oson, cynhyrchu glaw asid a chyfrannu at gynhesu byd-eang.
- Mae ffibrau papur sy'n rhy fyr neu wan i gael eu hailgylchu yn ffurfio slwtsh sy'n gallu cael ei sychu a'i losgi fel tanwydd.
- Dydy'r gweithwyr sy'n gwneud cynhyrchion Masnach Deg ddim yn cael eu hecsbloetio.
- Mae rhai lliwiau, symbolau ac arwyddion yn gallu tramgwyddo rhai diwylliannau.
- Mae prosesu metelau'n creu nifer o faterion amgylcheddol. Fodd bynnag, gallwn ni ailgylchu'r rhan fwyaf o fetelau.
- Drwy ailgylchu cynhyrchion papur, bwrdd a phren, gallwn ni ddefnyddio llai o adnoddau naturiol ac egni, a lleihau allyriadau nwyon tŷ gwydr o'r broses weithgynhyrchu a faint o le sydd ei angen ar gyfer safleoedd tirlenwi.
- Mae'r Cyngor Stiwardiaeth Coedwigoedd (FSC) yn sicrhau bod o leiaf un goeden yn cael ei phlannu am bob un sy'n cael ei chwympo, i sicrhau bod pren yn gynaliadwy.
- Mae lignin, cynnyrch gwastraff sy'n cael ei echdynnu yn ystod y broses fathru, yn ddefnyddiol fel olew tanwydd.
- Gall llawer o ffactorau ddylanwadu ar gost cynnyrch.
- Mae cost metelau'n amrywio. Mae duroedd meddal yn gymharol rad o'u cymharu â metelau gwerthfawr fel aur ac arian.

(f) Ffurfiau, mathau a meintiau stoc er mwyn cyfrifo a phennu nifer y defnyddiau neu gydrannau angenrheidiol

Caiff defnyddiau eu cyflenwi mewn llawer o siapiau a ffurfiau cyffredin. Mae'n bwysig eich bod chi'n ymwybodol o'r ffurfiau stoc hyn wrth ddylunio a chynllunio eich projectau ac wrth ddewis y defnydd mwyaf priodol i'w ddefnyddio. Bydd defnyddio ffurf stoc briodol yn cadw costau defnyddiau i lawr ac yn osgoi'r angen i wneud unrhyw beiriannu neu brosesu ychwanegol cyn defnyddio'r defnydd. Mae ffurfiau a meintiau stoc safonol yn rhatach na meintiau arbennig neu ar archeb, oherwydd bod niferoedd mawr ohonynt yn cael eu prosesu.

Pren naturiol

Caiff pren naturiol (caled a meddal) ei gyflenwi fel rheol ar ffurf planciau, byrddau, stribedi a sgwariau. Mae'r rhain yn aml yn dod wedi'u braslifio yn syth o'r felin lifio, ond mae'n gyffredin i'r masnachwr pren **blaenio** y pren wedyn i roi arwyneb llyfn iddo. Gall pren fod wedi'i blaenio ar y ddwy ochr (**PBS**: *planed both sides*) neu wedi'i blaenio i gyd (**PAR**: *planed all round*), sydd hefyd yn cael ei alw'n blaenio'n ymyl sgwâr (**PSE**: *planed square edge*). Mae'n werth cofio bod y broses blaenio yn tynnu tua 3mm o bob ochr y planc, felly byddai pren sydd wedi'i hysbysebu fel PAR 100m² mewn gwirionedd yn 94mm². Mae pren wedi'i blaenio'n ddrutach na phren wedi'i fraslifio arw, ond mae'n rhoi defnydd â maint mwy manwl gywir i chi.

Ffigur 4.22 Meintiau nodweddiadol pren wedi'i blaenio

75 × 75 Wedi'i lifio   69 × 69 PAR
75 × 50 Wedi'i lifio
69 × 44 PAR

Ffigur 4.23 Mowldinau pren

Yn ogystal â'r ffurfiau ag ymylon sgwâr, mae pren hefyd ar gael mewn amrywiaeth o siapiau a mowldinau addurnol. Mae'r rhain yn ddefnyddiol mewn llawer o feysydd, ond maen nhw'n gyffredin mewn cymwysiadau fframio ac architrafau. Rydyn ni'n defnyddio mowldiwr gwerthyd a chyfres o dorwyr arbenigol i'w cynhyrchu nhw. Gallwn ni ddefnyddio'r pren gwastraff sy'n cael ei dynnu i ffwrdd i gynhyrchu prennau cyfansawdd.

Y siâp mwyaf cyffredin ar gyfer mowldin pren yw **hoelbren**. Caiff ei gyflenwi mewn amrywiaeth o feintiau, o ddiamedr 2mm i ddiamedr 75mm ac mewn hydoedd hyd at 2400mm.

GEIRIAU ALLWEDDOL

Wedi'i blaenio Darn o bren wedi'i fraslifio sydd wedi'i blaenio ar un neu fwy o'i ochrau.

PBS Wedi'i blaenio ar y ddwy ochr.

PAR Wedi'i blaenio i gyd.

PSE Wedi'i blaenio'n ymyl sgwâr.

Hoelbren Mowldin pren silindrog â thrawstoriad cyson.

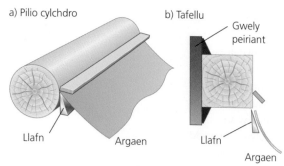

a) Pilio cylchdro

b) Tafellu

Gwely peiriant

Llafn

Argaen

Llafn

Argaen

Ffigur 4.24 Cynhyrchu argaenau pren

Mae'r ffurfiau stoc pren hyn i gyd ar gael mewn pren caled ac mewn pren meddal, gan ddibynnu ar y cymhwysiad dan sylw.

Gall pren hefyd gael ei gyflenwi mewn llenni tenau mawr o'r enw **argaenau**. Mae'r rhain yn gyffredin ar wynebau allanol prennau cyfansawdd fel pren haenog ac MDF. Gallwn ni hefyd haenu argaenau, eu gludo nhw at ei gilydd a'u clampio nhw mewn ffurfydd siapio i ffurfio cynhyrchion crwm.

Mae argaenau o drwch amrywiol ar gael ac maen nhw'n cael eu cynhyrchu drwy a) pilio cylchdro, sy'n cael ei ddefnyddio ar gyfer pren haenog, neu b) tafellu, sy'n fwy addurnol ac yn cael ei ddefnyddio mewn dodrefn. Mae coed pren caled prin yn aml yn cael eu prosesu i wneud argaenau gan fod hyn yn un o'r prosesau **trawsnewid** mwyaf effeithlon, gan ddefnyddio cymaint â phosibl o'r boncyff gwreiddiol.

Prennau cyfansawdd

Mae prennau cyfansawdd ar gael yn rhwydd mewn llenni maint safonol mawr 2440 × 1220mm. Maen nhw hefyd ar gael mewn sawl trwch o 3mm hyd at 38mm. Yn gyffredinol, mae trwch pren haenog ac MDF yn cynyddu fesul 3mm (6mm, 9mm, ac yn y blaen), ond mae byrddau bwrdd sglodion a chaledfwrdd yn dod mewn amrywiaeth mwy cyfyngedig o drwch. Pren haenog hyblyg yw un o'r prennau cyfansawdd teneuaf sydd ar gael, sef 1.2mm, ac arwynebau gwaith cegin MDF yw un o'r mwyaf trwchus, sef 38mm.

Mae'r rhan fwyaf o brennau cyfansawdd yn wastad, yn llyfn ac yn llawer llai tebygol o ddirdroi, camdroi a hollti na phrennau naturiol. Yn wahanol i bren naturiol, does dim angen unrhyw beiriannu na pharatoi ychwanegol ar y rhan fwyaf o brennau cyfansawdd cyn i ni allu gweithio â nhw.

Polymerau

Mae polymerau ar gael mewn amrywiaeth fwy cyfyngedig o ffurfiau stoc na grwpiau eraill o ddefnyddiau. Bydd y rhan fwyaf o bolymerau a welwch chi yn yr ysgol neu'r coleg yn dod ar ffurf llen, er bod allwthiadau ar gael.

Ffigur 4.25 Allwthiadau polymer

Maint arferol llenni acrylig safonol yw 1200 × 500mm neu 1200 × 600mm, a'r trwch mwyaf cyffredin yw 3mm. Mae rhai â thrwch gwahanol ar gael, ond mae llai o liwiau ar gael yn y meintiau llai cyffredin. Mae polystyren ardrawiad uchel (HIPS) hefyd ar gael mewn llenni mawr, ond mae fel rheol yn cael ei brosesu wedyn i feintiau llai i'w defnyddio mewn ffurfwyr gwactod.

Yn debyg i fetelau, mae'n hawdd dod o hyd i bolymerau mewn allwthiadau o wahanol siapiau a phroffiliau, gan gynnwys rhodenni, tiwbiau, sgwariau ac onglau. Rydyn ni'n defnyddio darnau o allwthiadau polymer i adeiladu fframiau ffenestri gwydr dwbl uPVC.

Mae ffurfiau stoc eraill o bolymerau'n cynnwys gronigion neu belenni, sy'n ddefnyddiol mewn prosesau fel mowldio chwistrellu, a phowdrau sy'n ddefnyddiol mewn tanciau hylifo i orchuddio darnau metel bach â pholymer.

Mae polymerau thermosodol hefyd ar gael yn gyffredinol ar ffurf powdr, ond oherwydd y broses weithgynhyrchu gwasgfowldio mae'n annhebygol y gwnewch chi eu gweld nhw yn yr ysgol.

Ffigur 4.26 Gronigion polymer

Mae ffilmiau ac ewynnau'n fathau eraill o bolymerau sydd ar gael yn rhwydd. Mae trwch a'r defnydd sydd yn y rhain yn dibynnu ar y cymhwysiad dan sylw.

Rydyn ni'n categoreiddio ewynnau mewn dau grŵp: cell agored a chell gaeedig. Mewn ewynnau cell agored, mae adeiledd y defnydd yn cynnwys bylchau rhwng y celloedd sy'n llawn aer. Mae ewynnau cell agored fel rheol yn feddal ac yn teimlo fel sbwng, ac mae ganddyn nhw ddwysedd is nag ewynnau cell gaeedig.

Mae ewyn Plastazote® yn enghraifft o ewyn cell agored ac mae'n enw nod masnach, er mai ewyn polyethylen yw'r defnydd ei hun. Mae ar gael mewn amrywiaeth o wahanol drwch a dwysedd. Caiff ei ddefnyddio'n aml mewn defnyddiau pecynnu amddiffynnol, fflotiau nofio a matiau diogelwch mewn campfeydd a meithrinfeydd.

Ffigur 4.27 Llawr ewyn Plastazote

Mewn ewynnau cell gaeedig, does dim bylchau rhwng y celloedd, ac felly does dim lleoedd i'w llenwi gan aer. Mae hyn yn golygu bod ewynnau cell gaeedig yn fwy dwys nag ewynnau cell agored. Maen nhw'n ynysu gwres a sain yn dda ac yn ddŵr-wrthiannol.

Mae ffilm polymer hefyd ar gael mewn amrywiaeth o drwch. Mae PVC yn ddefnydd poblogaidd sy'n cael ei gyflenwi ar ffurf ffilm ac sy'n hawdd ei ffurfio â gwactod i'w ddefnyddio i becynnu bwyd.

Ffigur 4.28 Ffilm PVC

Yn fwy diweddar, un o'r polymerau stoc mwyaf cyffredin mewn ysgolion yw'r ffilament ar gyfer argraffu 3D, sef asid polylactig (PLA) fel arfer. Mae hwn yn tueddu i gael ei gyflenwi ar riliau, a bydd y diamedr yn amrywio yn ôl brand yr argraffydd 3D dan sylw.

Yn ogystal â ffurfiau stoc polymerau anhyblyg, mae dewis o bolymerau hylifol ar gael hefyd. Anaml mae'r rhain yn cael eu defnyddio ar eu ffurf hylifol; maen nhw'n caledu wrth ddod i gysylltiad ag aer neu mewn rhai achosion â chatalydd cemegol. Gallwn ni ddefnyddio silicon hylifol i greu mowldiau i gastio piwter drwy ei arllwys o gwmpas siâp neu ffurfydd; mae ei allu i wrthsefyll gwres yn golygu bod cynhyrchu ar raddfa fach yn bosibl. Mae polymerau hylifol eraill yn cynnwys resin bwrw, sy'n ddefnyddiol wrth gynhyrchu plastig wedi'i atgyfnerthu â gwydr (GRP) neu i gynhyrchu gemwaith addurnol a chydrannau. Yma, caiff y resin ei gyfuno â chaledwr neu gatalydd i'w helpu i galedu mewn cyflwr solid.

Ffigur 4.29 Ffilament PLA

Mae'r ffurfiau stoc polymer hyn i gyd ar gael mewn amrywiaeth eang o liwiau, ac un o brif fanteision polymerau yw ein bod ni'n gallu rhoi lliw iddyn nhw drwy ychwanegu pigment.

Papurau a byrddau

Meintiau papurau a byrddau

Mae papur a bwrdd ar gael mewn dalennau maint safonol o A10, sydd tua maint stamp post, hyd at 4A0, sy'n fwy na chynfas gwely maint brenin. I gael manylion llawn am feintiau papur, gweler Priodweddau esthetig a swyddogaethol papurau, cardiau a byrddau cyffredin yn Adran (a) yn y bennod hon.

Meintiau byrddau laminedig

Bwrdd ewyn

Fel papur a chardbord, mae bwrdd ewyn ar gael mewn meintiau llenni safonol o A4 i A0. Mae llawer o gyflenwyr hefyd yn stocio meintiau imperial safonol hyd at 8 × 4tr (2440 × 1220mm), sy'n faint masnachol safonol i lawer o ddefnyddiau eraill fel MDF, pren haenog a bwrdd plastr.

Mae bwrdd ewyn ar gael mewn trwch o 3mm, 5mm neu 10mm. Y lliwiau safonol sydd ar gael yw gwyn, du neu ddu/llwyd (un ochr ddu, un ochr lwyd).

Corriflute

Mae corriflute ar gael mewn amrywiaeth o feintiau, ond dyma feintiau llenni nodweddiadol:

- 450 × 600mm
- 600 × 900mm
- 900 × 1200mm

Mae hefyd ar gael gan gyflenwyr arbenigol mewn meintiau imperial safonol:

- 8 × 4tr (2440 × 1220mm)
- 8 × 6tr (2440 × 1830mm)

Mae corriflute ar gael mewn trwch o 2mm i 10mm ac mae'n dod mewn dewis o wahanol liwiau.

Ewyn PVC

Mae ewyn PVC ar gael mewn meintiau papur safonol ac mewn meintiau mwy, fel rheol:

- 10 × 4tr (3050 × 1220mm)
- 10 × 5tr (3050 × 1530mm)
- 10 × 7tr (3050 × 2130mm)

Mae ar gael mewn trwch o 1, 2, 3, 4, 5, 6, 8, 10, 13, 15, 19 a 25mm ac mewn amrywiaeth eang o liwiau safonol a lliwiau dylunio arbennig â gorffeniadau mat neu sgleiniog.

Ewyn styro

Mae ewyn styro, neu Styrofoam™, ar gael ar ffurf llenni neu mewn blociau. Mae trwch y llenni sydd ar gael yn amrywio o 5mm hyd at 165mm fesul 5 neu 10mm. Os yw'r trwch dros 165mm, mae'n cael ei ystyried yn floc yn hytrach na llen. Gan ddibynnu ar y cyflenwr, mae maint llenni'n amrywio o 600 × 300mm i dros 3 × 1.5m.

Costau sy'n gysylltiedig â dylunio cynhyrchion

Cynhyrchion pren

Wrth ddylunio cynnyrch o bren, mae'n bwysig ystyried y costau sy'n gysylltiedig â phob elfen ar ei gynhyrchu. Mae hyn yn cynnwys prynu'r pren wedi'i fraslifio i ddechrau a'r costau sy'n gysylltiedig â pheiriannu'r defnydd i'r maint gofynnol cyn gallu dechrau ei siapio a'i ffabrigo. Dydy cyfrifo cost yr elfennau unigol yn unig ddim yn ddigon oherwydd bydd defnydd gwastraff wedi cael ei gynhyrchu drwy gydol y broses gynhyrchu. Gyda rhai defnyddiau fel metelau a pholymerau, gallwn ni ailgylchu neu ailddefnyddio'r defnydd gwastraff hwn, gan leihau cyfanswm cost yr eitem, ond mae'n anoddach gwneud hyn â chynhyrchion pren.

Gan ddibynnu ar y math o gynnyrch, efallai y bydd rhaid i'r gwneuthurwr hefyd ystyried cost gosodion a ffitiadau fel cloeon cam, colfachau neu handlenni.

Byddwn ni'n ystyried goblygiadau cost dau gynnyrch sydd wedi'u cynhyrchu mewn gwahanol ffyrdd. Mae manylion y cynhyrchion i'w gweld yn Nhabl 4.12.

Ffigur 4.30 Uned storio MDF a bwrdd bwyd derw wedi'i wneud ar archeb

	Uned storio MDF	Bwrdd bwyd derw wedi'i wneud ar archeb
Defnyddiau	Wedi'i adeiladu o MDF ac yn cael ei ddanfon i'r gweithdy gan gyflenwr lleol	Wedi'i gynhyrchu o dderw sydd wedi'i ddewis o'r iard goed gan y dylunydd
Ffabrigo	Paneli wedi'u creu gan rigolydd CNC a'u huno drwy ddefnyddio adlyn PVA	Planciau pren caled sydd wedi'u plaenio i gyd a'u cysylltu ag uniad bisged gan ddefnyddio adlyn seiliedig ar resin; wedi'u siapio â llaw i roi proffil
Cydrannau	Llithryddion droriau	Sgriwiau i gysylltu'r coesau
Gorffeniad	Paratoi'r arwyneb â llaw cyn ei chwistrellu â phaent cellwlos	Paratoi'r arwyneb â llaw cyn rhoi llawer o haenau o olew polywrethan arno
Cydosod	Yn cael ei werthu fel cynnyrch un darn heb fod angen i'r cwsmer ei gydosod	Caiff ei gludo mewn darnau a'i gydosod yng nghartref y cwsmer
Cludo	Yn cael ei gludo i'r canolfannau dosbarthu a'r siopau ar ffyrdd, rheilffyrdd a'r môr; mae wedi'i gydosod yn barod a'i becynnu mewn cardbord rhychiog a pholystyren ehangedig	Yn cael ei gludo ar ffyrdd yn uniongyrchol i gartref y cwsmer; yn cael ei gludo mewn darnau a'i gydosod ar ôl cyrraedd

Tabl 4.12 Goblygiadau cost y ddau gynnyrch

Mae'r uned storio MDF yn amlwg yn gynnyrch rhatach na'r bwrdd bwyd ar archeb, yn bennaf oherwydd y costau llawer is sy'n gysylltiedig â defnyddio pren cyfansawdd yn lle pren caled naturiol, ond hefyd oherwydd y raddfa gynhyrchu sy'n bosibl wrth ddefnyddio peiriannau CNC i dorri a siapio'r darnau cydrannol. Mae cynhyrchu awtomataidd, er ei fod yn ddrud ei sefydlu, yn gyflym yn rhoi arbedion sylweddol dros weithwyr llaw. Mae cwmni sy'n swp-gynhyrchu eitem hefyd yn debygol o fod â mwy o bŵer prynu na gwneuthurwr unigol. Mae hyn yn golygu eu bod nhw'n gallu prynu cydrannau a defnyddiau mewn swmp.

Gweithgaredd

Meddyliwch am y projectau a'r cynhyrchion rydych chi wedi eu cynhyrchu dros eich cwrs TGAU. Allwch chi enwi'r ffurfiau stoc gwreiddiol o bren yn y rhain?

Cynhyrchion polymer

Wrth weithio â pholymerau yn yr ysgol, mae'n debygol y byddwch chi'n ffabrigo cynnyrch neu gydran allan o len fwy o'r defnydd gwreiddiol. Wrth gostio eich project neu geisio canfod y dull mwyaf effeithlon o'i gynhyrchu, rhaid i chi gofio ystyried y defnydd gwastraff byddwch chi'n ei greu. Gallwn ni gyfyngu ar y gost hon drwy reoli defnyddiau yn ddoeth, fel **brithweithio** dyluniadau ar len cyn eu torri â laser. Gallai hefyd fod yn bosibl dewis gwahanol amrywiadau o ddefnydd, er enghraifft mae acrylig yn dod mewn ffurfiau bwrw ac allwthio. Mae acrylig bwrw yn torri'n well â laser, ond mae'n fwy drud na'r fersiwn allwthio.

Mae argraffydd 3D yn defnyddio defnyddiau'n effeithlon iawn. Caiff sbŵl o ddefnydd ei fwydo drwy ffroenell wresogi a'i osod i lawr mewn haenau i gynhyrchu'r siâp sydd ei angen. Mae'n defnyddio'r union swm o ddefnydd sydd ei angen, sy'n golygu nad oes dim gwastraff. Mae'r argraffyddion 3D gorau yn defnyddio polymer hylifol.

Wrth ddefnyddio argraffydd 3D i gynhyrchu cydran bolymer, mae'n bwysig ystyried nid yn unig cost y ffilament ar gyfer y darn terfynol, ond hefyd unrhyw ffilament sy'n cael ei ddefnyddio i gynhyrchu'r rafft neu'r defnydd cynnal.

Mae torwyr laser nawr yn gyffredin mewn ysgolion, ac mae gan lawer o'r peiriannau welyau maint mawr sydd dros 500mm². Mae'r gallu hwn i dorri darnau mawr o ddefnydd yn golygu bod rheoli defnyddiau yn beth pwysig i'w ystyried er mwyn lleihau gwastraff a

GAIR ALLWEDDOL

Brithweithio Trefnu siapiau a darnau patrwm i gydgloi er mwyn osgoi gwastraff wrth dorri allan o'r defnydd.

ADRAN 1 GWYBODAETH A DEALLTWRIAETH

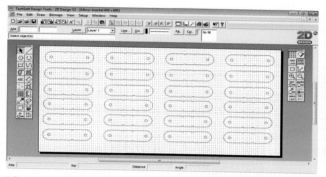

Ffigur 4.31a Trefnu dyluniadau mewn modd gwastraffus

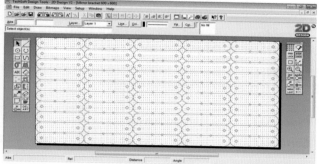

Ffigur 4.31b Dyluniadau wedi'u brithweithio'n effeithlon

chostau diangen. Os oes angen gwneud gwaith torri bach, mae'n arfer da dod o hyd i ddarn maint priodol o ddefnydd, ond mae tasgau unigol yn tueddu i fod yn eithaf gwastraffus. Mae'n llawer mwy effeithlon defnyddio darn mwy o'r defnydd a gosod cynifer â phosibl o ddyluniadau ar y defnydd.

Mae Ffigurau 4.31a a 4.31b yn sgrinluniau o ddwy ffeil ar gyfer gweithgynhyrchu ar dorrwr laser. Mae'r defnydd sydd ar y ddwy enghraifft yr un dimensiwn, ond mae'r llun ar y chwith yn dangos 24 o rwydi wedi'u trefnu ar y darn gwaith a'r llun ar y dde yn dangos 50. Mae hyn yn dangos pwysigrwydd brithweithio a chynllunio gosodiad eich gwaith i ddefnyddio'r defnydd mor effeithlon â phosibl.

Cynhyrchion papur a bwrdd

I gyfrifo costau cynnyrch, yn gyntaf rhaid i'r dylunydd bennu maint y cynnyrch a chanfod y maint dalen lleiaf posibl i'w dorri ohoni. Os yw'r cynnyrch wedi'i wneud o lawer o ddarnau, mae angen cyfrifo'r ffordd fwyaf cost-effeithiol o gael y darnau hyn i gyd o ddalennau maint safonol.

Mae cynhyrchion dau ddimensiwn fel taflenni, posteri a chardiau busnes yn hawdd eu cyfrifo. Mae cynhyrchion fel hyn yn cael eu cynhyrchu ar ddalennau papur a/neu gerdyn maint safonol sydd ar gael i'w prynu mewn gwahanol niferoedd. Er enghraifft, gallwn ni brynu **rîm** o bapur A4 gwyn plaen gan unrhyw gyflenwr deunyddiau ysgrifennu.

I gyfrifo cost cynhyrchion 3D sydd wedi'u gwneud o gerdyn neu bapur, mae'n rhaid agor y cynnyrch i weld ei ddatblygiad (rhwyd) a'i fesur. Yna gall y dylunydd gyfrifo maint y ddalen sydd ei angen i wneud pob eitem. Gan ddibynnu ar y nifer sydd ei angen a'r meintiau dalen sydd ar gael, bydd rhaid i'r dylunydd ddefnyddio brithweithio (gweler tudalen 181) i ffitio cynifer o rwydi â phosibl ar bob dalen er mwyn defnyddio'r lle gystal â phosibl a lleihau gwastraff.

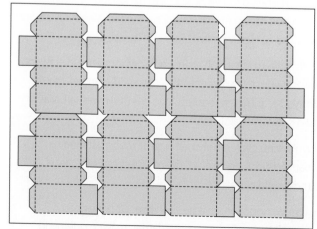

Ffigur 4.32 Brithweithio i ddefnyddio'r lle sydd ar gael mor effeithiol â phosibl

Cyn gynted â bod y dylunydd yn gwybod sawl eitem mae'n gallu eu cael o bob dalen, mae'n syml cyfrifo nifer y dalennau sydd eu hangen a lluosi hyn â chost pob dalen.

Gweithgaredd

- Lluniadwch a thorrwch y siâp isod o gerdyn.

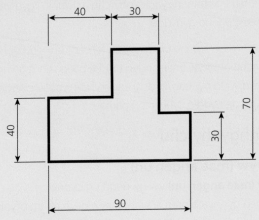

- Gan ddefnyddio'r siâp fel patrymlun, lluniadwch o'i gwmpas ar ddalen o bapur A3.
- Trefnwch y patrymlun fel bod cynifer â phosibl yn ffitio ar y dudalen (brithweithio).
- Mewn grŵp bach, cystadlwch i weld pwy sy'n gallu rhoi'r nifer mwyaf o eitemau ar un ddalen o bapur A3.

PWYNTIAU ALLWEDDOL

- Mae pren yn cael ei gyflenwi mewn meintiau, siapiau a phroffiliau cyffredin o'r enw meintiau stoc.
- Mae prennau cyfansawdd ar gael ar ffurf llenni o feintiau safonol ac o wahanol drwch.
- Mae polymerau ar gael mewn amrywiaeth eang o ffurfiau, fel powdrau, gronigion, pelenni, hylifau, ffilmiau, llenni a siapiau allwthiol.
- Mae meintiau papurau a byrddau cyffredin yn amrywio o A4 i A0.
- Mae corriflute ar gael mewn amrywiaeth eang o wahanol drwch a lliwiau.
- Os yw trwch ewyn styro dros 165mm, caiff ei ystyried yn floc yn hytrach na llen.
- Wrth gyfrifo cost dylunio cynhyrchion, mae'n rhaid cynnwys gosodion, ffitiadau a gorffeniadau yn ogystal â chost y defnydd.
- Wrth gyfrifo cost cynhyrchion pren, peidiwch ag anghofio ystyried plaenio'r defnydd wedi'i fraslifio, costau prosesu, cydrannau a'r gorffeniad arwyneb.

Angen gwybod

1. Darluniwch amrywiaeth y ffurfiau stoc pren naturiol sydd ar gael i'w prynu.
2. Rhestrwch ffurfiau a meintiau stoc gwahanol fathau o bren a phrennau cyfansawdd.
3. Beth yw allwthiad? Pa ddefnyddiau sydd ar gael ar ffurf allwthiadau?
4. Beth yw ystyr y term 'brithweithio'?
5. Sawl dalen sydd mewn rîm o bapur?
6. Beth yw'r lliwiau safonol sydd ar gael ar gyfer bwrdd ewyn?
7. Sut mae ailgylchu neu ailddefnyddio defnyddiau metel gwastraff yn effeithio ar gyfanswm cost eitem sydd wedi'i gwneud o'r defnydd hwn?

(ff) Prosesau eraill y gellir eu defnyddio i weithgynhyrchu cynhyrchion i wahanol raddfeydd cynhyrchu

Mae gwneuthurwyr yn defnyddio pedwar prif fath o gynhyrchu: unigryw/mae angen un (neu brototeip), swp-gynhyrchu, masgynhyrchu a llif parhaus. Mae'r costau, yr amser a'r sgìl sydd eu hangen, ac ystyriaethau effeithlonrwydd cynhyrchu a dylunio i gyd yn newid wrth i nifer y cynhyrchion sy'n cael eu gwneud gynyddu.

Er enghraifft, os ydych chi'n cynhyrchu un cynnyrch fel cerflun wedi'i gerfio â llaw, byddech chi'n defnyddio cynhyrchu unigryw (mae angen un). Pe baech chi'n gwneud dodrefn fflatpac i'w gwerthu ledled y byd, fodd bynnag, byddai angen i chi wneud niferoedd mawr iawn ohonynt a byddech chi'n defnyddio cynhyrchu parhaus.

Systemau gweithgynhyrchu

Cynhyrchu unigryw (mae angen un)

Cynhyrchu unigryw (mae angen un) yw gwneud un cynnyrch. Mae cerdyn pen-blwydd wedi'i wneud â llaw neu gynnyrch pren ar archeb sy'n dilyn union ofynion cleient yn enghreifftiau o gynhyrchion unigryw. Mae cynhyrchion unigryw yn cymryd llawer o waith ac amser i'w cynhyrchu, ac maen nhw'n anodd eu hailadrodd. Dyma'r ffordd ddrutaf o gynhyrchu eitem, ac felly fel rheol mae'n golygu y bydd y cynnyrch terfynol yn ddrutach na phe bai wedi'i fasgynhyrchu neu ei swp-gynhyrchu. Mae rhai cynhyrchion unigryw yn cael eu gwneud yn gyfan gwbl â llaw, ac mae eraill yn defnyddio prosesau awtomataidd. Yn aml, bydd dylunwyr yn creu prototeip unigryw o'u dyluniad i ddangos sut bydd yn edrych neu sut bydd yn gweithio.

Swp-gynhyrchu

Mae **swp-gynhyrchu** yn golygu cynhyrchu nifer cyfyngedig o eitem ar y tro. Gall swp-gynhyrchu gynhyrchu cynhyrchion tebyg ag amrywiadau bach, e.e. newidiadau i destun neu liw. Mae'n bosibl swmp-brynu'r defnyddiau, sy'n lleihau cyfanswm cost cynhyrchu. Bydd paratoi peiriannau, offer a chyfarpar yn barod i ddechrau'r gwaith yn lleihau'r amser i wneud y cynnyrch. Does dim angen i'r gweithwyr fod mor fedrus, gan fod llawer yn gallu gweithio fel gweithredwyr peiriannau. Mae effeithlonrwydd cynhyrchu'n cynyddu gan fod pob agwedd ar y gwaith yn digwydd yn gyflymach. Nawr, bydd yn bosibl cynhyrchu cynhyrchion sydd yn union yr un maint ac â'r un goddefiannau. Yr anfantais yw eich bod chi'n colli natur arbennig cynhyrchu unigryw.

Cynhyrchu ar raddfa fawr

Masgynhyrchu yw'r term am gynhyrchu niferoedd mawr o gynhyrchion. Fel rheol bydd yn defnyddio llinell gynhyrchu, lle bydd darnau unigol yn cael eu gweithgynhyrchu mewn is-gydosodiadau cyn dod at ei gilydd ar gyfer y cydosod a'r gorffennu terfynol. Yn aml caiff peiriannau arbenigol eu defnyddio, ond does dim angen llawer o sgìl i weithredu'r cyfarpar a chydosod y cynnyrch, sy'n golygu bod y gweithlu ar y cyfan yn ddi-grefft ac y gellir eu had-drefnu nhw'n gyflym pan fydd y cynnyrch yn newid. Mae defnyddio cydrannau safonedig a llafur di-grefft yn gallu gwrthbwyso cost y cyfarpar arbenigol, gan gynhyrchu nifer mawr o gynhyrchion rhad.

Pan fydd y galw am gynnyrch yn uchel iawn, fel ein hangen am duniau diodydd alwminiwm, rhaid i'r maint cynhyrchu gynyddu o fasgynhyrchu i gynhyrchu llif parhaus.

Mae **cynhyrchu llif parhaus** yn golygu gwneud cynhyrchion yn ddi-stop, 24 awr y diwrnod, saith diwrnod yr wythnos. Caiff llawer o gyfarpar arbenigol iawn a pheiriannau CAM eu defnyddio i gynhyrchu'r cynhyrchion. Mae angen buddsoddiad cychwynnol mawr, ac er mwyn iddo fod yn gost effeithiol mae angen cynhyrchu niferoedd mawr iawn o'r un cynnyrch am gyfnodau hir. Mae holl broses cynhyrchu llif parhaus yn gallu bod yn gwbl awtomataidd, sy'n golygu bod gweithwyr yn mynd yn llai medrus ac yn ymwneud â gwasanaethu a chynnal a chadw yn hytrach na chreu pethau.

Gall cynhyrchu niferoedd mawr greu nifer o broblemau. Mae gweithwyr yn mynd yn llai medrus ac mae llai o swyddi gan fod y peiriannau'n rheoli'r broses gynhyrchu. Mae cynhyrchion pren yn mynd yn debyg iawn i'w gilydd ac yn colli eu natur unigryw. Mae angen mwy o egni i bweru ffatrïoedd, sy'n creu mwy o lygredd i'n planed.

GEIRIAU ALLWEDDOL

Cynhyrchu llif parhaus
Gwneud cynhyrchion 24/7 drwy ddefnydd helaeth o beiriannau CAM.

Jig Dyfais sydd o gymorth wrth weithgynhyrchu cynhyrchion pren.

Gweithgaredd

Gwyliwch y clip YouTube canlynol *'How it's made: Dining chairs'*: www.youtube.com/watch?v=-18nLL-z9v4
Enwch bob peiriant arbenigol sy'n cael ei ddefnyddio i gynhyrchu'r cadeiriau.

Jigiau a dyfeisiau

Dyfais wedi'i gwneud yn arbennig i gyflawni rhan benodol o'r broses weithgynhyrchu yw **jig**. Mae jigiau'n arbennig o ddefnyddiol os oes rhaid gwneud proses lawer gwaith. Gallwn ni eu defnyddio nhw wrth dorri, drilio, llifio neu ludo. Mae ganddyn nhw nifer o fanteision pwysig iawn:

- Cyflymu'r broses weithgynhyrchu.
- Lleihau'r risg o gamgymeriadau dynol.
- Lleihau cost uned darnau.
- Gwneud y broses yn fwy diogel.
- Gwneud y broses yn fwy manwl gywir.
- Gwneud y broses yn fwy cyson.
- Lleihau gwastraff.

Dylid nodi bod nifer o anfanteision i ddefnyddio jigiau hefyd:

- Mae'n rhaid bod angen niferoedd mawr o ddarnau tebyg er mwyn iddyn nhw fod yn gost-effeithiol.
- Maen nhw'n cynyddu cost gychwynnol y darn.
- Mae angen llawer o sgìl i'w cynhyrchu nhw.

Gweithgynhyrchu drwy gymorth cyfrifiadur (CAM)

Torri finyl

Mae torri finyl yn gyffredin wrth wneud arwyddion a gwaith arddangos. Mae finyl ar gael mewn llawer o feintiau gwahanol, o A4 i A0. Y ffyrdd mwyaf cyffredin o'i ddefnyddio yw i greu logos, dyluniadau a thestun i'w glynu ar ddefnydd pecynnu, arddangosiadau pwynt talu, ac ati lle nad yw'n bosibl eu hargraffu nhw.

Mae llythrennau a delweddau wedi'u torri o finyl yn aml i'w gweld ar ochrau ceir, bysiau a lorïau. Manteision defnyddio graffigwaith finyl yn hytrach na pheintio neu ysgrifennu arwydd ar y cerbyd yw ei bod hi'n gymharol hawdd eu tynnu i ffwrdd drwy ddefnyddio ychydig bach o wres i feddalu'r finyl a'i blicio i ffwrdd.

Cyn-argraffu

Ar ôl i ddyluniad gael ei luniadu ar bapur neu ei gynhyrchu ar raglen meddalwedd, rhaid iddo fynd drwy nifer o gamau cyn-argraffu cyn bod yn barod i'w argraffu. I gael manylion am y camau cyn-argraffu, gweler Prosesau yn ystod argraffu a gorffennu a ddefnyddir gan argraffwyr masnachol ar dudalen 188.

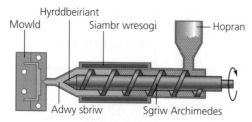

Ffigur 4.33 Mowldio chwistrellu

(Labels: Mowld, Hyrddbeiriant, Siambr wresogi, Hopran, Adwy sbriw, Sgriw Archimedes)

Prosesau ar gyfer cynhyrchion a chydrannau polymer

Mowldio chwistrellu

Caiff mowldio chwistrellu ei ddefnyddio ar raddfa fawr mewn diwydiant i gynhyrchu miloedd o wrthrychau rydyn ni'n eu defnyddio bob dydd. Mae'n debyg bod sedd y gadair rydych chi'n eistedd arni nawr, cas eich ffôn symudol a'r beiro yn eich llaw i gyd wedi'u gwneud drwy fowldio chwistrellu. Fel gyda llawer o brosesau diwydiannol, dim ond os oes angen cynhyrchu sypiau mawr o gynhyrchion mae mowldio chwistrellu yn opsiwn. Mae'r costau sefydlu cychwynnol yn uchel: mae angen i chi fuddsoddi mewn peiriant mowldio chwistrellu ac mae angen cynhyrchu deiau metel soffistigedig. Ar ôl ei gydosod, fodd bynnag, mae'r peiriant mowldio chwistrellu'n cynhyrchu niferoedd mawr iawn o gynhyrchion yn gyflym, yn fanwl gywir ac yn gyson. Mae cynhyrchu niferoedd mawr fel hyn yn golygu bod cost uned y cynnyrch yn llawer is.

Y broses mowldio chwistrellu:

1 Bwydo gronigion polymer i mewn i hopran, sydd yna'n bwydo'r gronigion i mewn i'r siambr wresogi.
2 Sgriw Archimedes yn cludo'r gronigion polymer ar hyd y siambr wresogi, lle maen nhw'n raddol yn troi'n dawdd.
3 Hyrddbeiriant hydrolig yn gorfodi'r polymer tawdd drwy adwy sbriw ac i mewn i'r mowld.
4 Oeri'r mowld yn gyflym â dŵr i galedu'r polymer, yna agor y mowld a thynnu'r cynnyrch mowldio chwistrellu allan.

Ffurfio â gwactod

Rydyn ni'n defnyddio ffurfio â gwactod i gynhyrchu siapiau 3D cymhleth mewn llen o bolymer thermoffurfiol. Polystyren ardrawiad uchel (HIPS) yw'r defnydd mwyaf poblogaidd ar gyfer ffurfio â gwactod yn y gweithdy ysgol. Cyn gwneud cynnyrch wedi'i ffurfio â gwactod, rhaid cynhyrchu mowld.

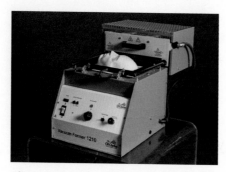

Ffigur 4.34 Peiriant ffurfio â gwactod

Ffigur 4.35 Cynnyrch wedi'i ffurfio â gwactod

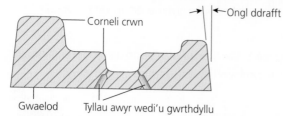

Ffigur 4.36 Trawstoriad drwy fowld ar gyfer ffurfio â gwactod

(Labels: Corneli crwn, Ongl ddrafft, Gwaelod, Tyllau awyr wedi'u gwrthdyllu)

Mae cywirdeb a gorffeniad y mowld ffurfio â gwactod yn bwysig gan fod pob amherffeithrwydd i'w weld ar bob cynnyrch. Mae gan fowld rai nodweddion pwysig:

● Dylai ei ochrau fod ar oledd (tua 5° fel rheol) er mwyn gallu tynnu'r llen HIPS allan.
● Dylai fod ganddo gorneli crwn i atal y llen HIPS rhag teneuo yn y corneli a hollti.
● Dylai fod tyllau awyru wedi'u drilio ynddo er mwyn tynnu'r aer allan o ddarnau wedi'u mewnosod.
● Dylai fod ganddo arwyneb llyfn.

Y broses ffurfio â gwactod:

- Cyn gynted â bod y mowld yn barod, caiff ei roi ar blaten (bwrdd) y peiriant ffurfio â gwactod a'i ostwng i mewn i'r peiriant.
- Yna caiff llen o HIPS ei chlampio dros ben y peiriant a'i gwresogi.
- Ar ôl amser byr, bydd y llen HIPS yn meddalu. Dylid bod yn ofalus i beidio â gorboethi'r llen HIPS, oherwydd na fydd yn ffurfio'n iawn a gallai grychu.
- Yna caiff y mowld ei godi i fyny i mewn i'r llen HIPS boeth a chaiff yr aer ei sugno allan ar unwaith drwy droi'r pwmp gwactod ymlaen.
- Ar ôl ei ffurfio, dylid gadael i'r llen oeri cyn ei thynnu o'r peiriant ffurfio â gwactod a'i thrimio.
- Gyda mowldiau dyfnach, efallai y bydd angen chwythu'r llen HIPS feddal i siâp cromen cyn codi'r mowld. Mae hyn yn cadw trwch y defnydd yn gyson o gwmpas y mowld talach.

Mae diagram o'r broses i'w weld yn Ffigur 2.75 (tudalen 84).

Gwasgfowldio

Mae **gwasgfowldio** yn cynhyrchu canlyniadau 3D tebyg i ffurfio â gwactod, ond rydyn ni'n ei ddefnyddio gyda siapiau symlach mewn llenni polymer thermoffurfiol mwy trwchus, fel acrylig 3mm.

Mae dau ddarn yn y mowld gwasgfowldio: 'iau' a 'phlwg'. Caiff y llen acrylig ei gwresogi mewn ffwrn i'w gwneud yn feddal ac yn hyblyg. Yna caiff ei gosod rhwng yr iau a'r plwg, a chaiff dau ddarn y mowld eu gwasgu at ei gilydd. Efallai y bydd gan y mowld binnau arwain i sicrhau bod y ddau ddarn yn alinio'n gywir â'i gilydd. Ar ôl i'r llen acrylig oeri, gallwn ni ei thynnu allan a'i thrimio.

Mowldio cywasgu

Mae mowldio cywasgu'n cael ei ddefnyddio'n bennaf i fowldio polymerau thermosodol. Yn gyntaf, mae angen cynhyrchu mowld dur gwryw a benyw o ddefnydd cryf a gwydn fel dur gwrthstaen. Mae'r broses yn cynhyrchu cynnyrch o safon uchel ag ychydig iawn o wastraff. Mae'r costau cydosod yn ddrud felly dim ond os oes angen niferoedd mawr o gynhyrchion tebyg y mae hi'n gost-effeithiol.

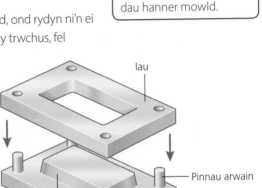

Ffigur 4.37 Mowld gwasgfowldio

Iau

Pinnau arwain

Plwg

Mowldin gorffenedig

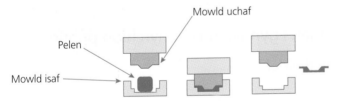

Ffigur 4.38 Y broses mowldio cywasgu

Mowld uchaf

Pelen

Mowld isaf

Y broses mowldio cywasgu:

- Rhoi'r belen o bolymer thermosodol, e.e. wrea fformaldehyd (UF), yng ngheudod y mowld.
- Gwresogi'r mowld.
- Gostwng y mowld uchaf ar y belen.
- O dan wasgedd a gwres, mae'r belen yn cymryd ffurf y mowld.
- Oeri'r mowld.
- Tynnu'r mowld a thrimio'r darnau dieisiau.

Prosesau yn ystod argraffu a gorffennu a ddefnyddir gan argraffwyr masnachol

Ar ôl i ddyluniad cynnyrch print gael ei luniadu ar bapur neu ei gynhyrchu ar raglen meddalwedd, mae'n rhaid iddo fynd drwy nifer o gamau cyn iddo fod yn barod i'w argraffu. Y camau cyn-argraffu yw'r rhain.

Y cam cyntaf yw gwirio'r ffeil neu'r ddelwedd i wneud yn siŵr:
- bod y ffontiau i gyd yn gywir ac wedi'u cynnwys
- bod y fformat a'r cydraniad yn gywir
- bod y lliwiau wedi'u cydosod yn gywir.

Yna mae angen gwirio cynllun y dudalen i wneud yn siŵr bod y dyluniad yn ffitio ar y dudalen a'i fod yn y safle cywir. Caiff marciau iawn-liniad (*registration marks*) eu hargraffu ar ymyl y dudalen, y tu allan i'r dyluniad, a'u defnyddio i unioni'r gwahanol blatiau argraffu yn gywir os oes angen printio â mwy nag un lliw. Mae'r marciau hyn yn amrywio ac yn cynnwys targedau taro'r nod, gwybodaeth am blatiau a marciau tocio. Mae'r marciau tocio'n dangos lle caiff y papur ei drimio ar ddiwedd y broses argraffu. Caiff y marciau iawn-liniad eu trimio i ffwrdd yn ystod y broses hon.

Mae argraffu masnachol yn defnyddio proses argraffu **gwahanu lliwiau**. Mae'r broses hon yn argraffu'r pedwar lliw (cyan, magenta, melyn a du) ar yr un dudalen. Wrth i'r dalennau papur fynd drwy'r wasg argraffu, mae pob plât lliw yn trosglwyddo delwedd mewn un o'r pedwar lliw i'r papur. Mae'r lliwiau'n cael eu rhoi ar y papur fel dotiau bach iawn sy'n cyfuno i gynhyrchu'r dyluniad lliw llawn.

Ar ôl gwneud y gwiriadau i gyd, mae 'proflen' o'r ddogfen yn cael ei chreu. Prototeip o sut bydd yr eitem orffenedig yn edrych ar ôl cael ei argraffu yw'r broflen. Yna caiff hon ei hanfon at y cleient i'w gwirio a rhoi cymeradwyaeth derfynol. Os yw'r cynnyrch printiedig yn llyfr neu'n gylchgrawn a bod angen ei rwymo neu ei blygu, bydd proflen ffisegol sy'n dangos sut caiff ei adeiladu, ei blygu ac ati yn cael ei gwneud.

Ar ôl i'r broflen gael ei chymeradwyo, mae'r eitem yn barod i gael ei chynhyrchu. Os yw'n cael ei hargraffu'n ddigidol, caiff y ffeil ei throsglwyddo'n electronig i'r wasg a'i hargraffu. Os yw'n mynd i gael ei hargraffu ar wasg offset, mae angen cynhyrchu'r platiau argraffu sy'n trosglwyddo'r delweddau inc i'r papur cyn argraffu'r eitem.

Technegau i gynhyrchu cynhyrchion printiedig

Argraffu digidol

I wneud cynhyrchion printiedig ar bapur a cherdyn, argraffu digidol yw'r dull cynhyrchu mwyaf cost-effeithiol gan ei fod yn gwneud amrywiadau'n hawdd, fel mwyhau a lleihau, tocio, cylchdroi ac ati. Mae argraffu digidol yn ddelfrydol i wneud gwaith argraffu personol fel

Ffigur 4.39 Gellid defnyddio argraffydd digidol i gynhyrchu swp o wahoddiadau parti

gwahoddiadau parti neu fathodynnau enw cwmni – mae'r prif ddyluniad yn aros yr un fath ond mae'n hawdd newid yr enw ac argraffu copi arall.

Mae'n hawdd prynu argraffyddion digidol, dydyn nhw ddim yn ddrud ac mae llawer o bobl yn eu defnyddio nhw yn eu cartrefi. Mae **cost argraffu pob dalen** ag argraffydd digidol yn uchel o gymharu â mathau eraill o argraffu masnachol, ond gan nad oes dim costau cydosod ac mai dim ond nifer cyfyngedig o gopïau sydd eu hangen, dyma'r dewis gorau i rediadau argraffu bach.

Sgrin-brintio

Mae sgrin-brintio yn ddull arall sy'n addas i swp-gynhyrchu. Rydyn ni'n defnyddio sgrin-brintio i greu patrymau sy'n ailadrodd neu ddyluniadau fel papur wal neu ffabrigau.

Mae sgrin-brintio yn defnyddio sgrin o rwyll ffabrig mandyllog wedi'i hymestyn dros ffrâm bren. Mae'r sgrin yn union yr un maint â'r patrwm neu'r dyluniad sydd ei angen. Mae'r lliw goleuaf yn cael ei brintio yn gyntaf drwy orchuddio'r darnau o'r sgrin sydd ddim yn y lliw hwnnw ar y dyluniad. Mae hyn yn creu stensil o'r darnau lliw sydd i'w printio. Yna mae angen gosod y ffrâm ar y papur neu'r ffabrig, ychwanegu ychydig o inc a defnyddio gwesgi i ledaenu'r inc yn gyson dros y sgrin gyfan. Mae'r gwesgi'n gwthio'r inc drwy'r rhwyll yn y mannau sydd heb eu masgio gan ei drosglwyddo i'r papur neu'r ffabrig oddi tano. Yna, mae angen symud y sgrin i'r safle nesaf ac ailadrodd y broses.

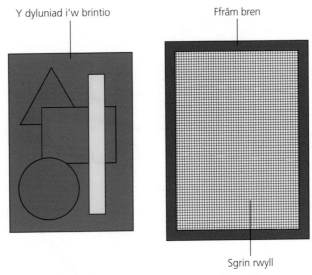

Ffigur 4.40 Gwneud y sgrin yr un maint â'r dyluniad

Ar ôl printio'r lliw goleuaf dros yr holl ran ofynnol, bydd angen golchi'r sgrin a'i masgio ar gyfer y lliw nesaf. Mae'r broses hon yn cael ei hailadrodd nes bod y lliwiau i gyd wedi'u printio.

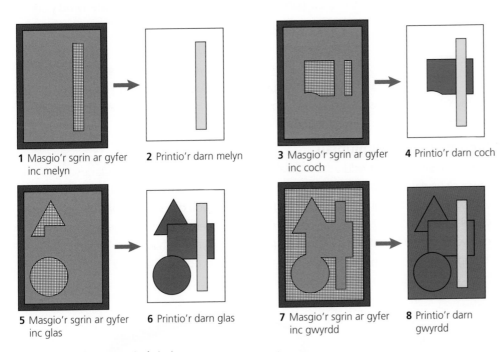

1 Masgio'r sgrin ar gyfer inc melyn

2 Printio'r darn melyn

3 Masgio'r sgrin ar gyfer inc coch

4 Printio'r darn coch

5 Masgio'r sgrin ar gyfer inc glas

6 Printio'r darn glas

7 Masgio'r sgrin ar gyfer inc gwyrdd

8 Printio'r darn gwyrdd

Ffigur 4.41 Y broses sgrin-brintio

Lithograffi offset

Pan mae angen niferoedd mawr o gynhyrchion graffig, dulliau argraffu masnachol yw'r dewis gorau. Lithograffi offset yw un o'r dulliau argraffu masnachol mwyaf cyffredin heddiw. Mae'r broses yn defnyddio inc mewn pedwar lliw: cyan, magenta, melyn a du (neu'r allwedd). Mae'r byrfodd CMYK yn cael ei ddefnyddio'n aml (*cyan, magenta, yellow, key*). Gallwn ni droshaenu'r pedwar lliw hyn i greu rhai eraill, er enghraifft mae argraffu cyan ar ben melyn yn creu gwyrdd.

I'w dorri a'i blygu

Rholeri'r plât argraffu

Rholeri rwber

Rholeri incio

Rholeri lleithio

Inc seiliedig ar olew

Dŵr

Rholeri arwain

Gwe o bapur

Ril

Ffigur 4.42 Argraffu lithograffi offset

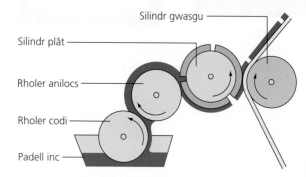

Silindr plât

Rholer anilocs

Rholer codi

Padell inc

Silindr gwasgu

Ffigur 4.43 Fflecsograffeg

Cam cychwynnol y rhediad argraffu yw'r rhan ddrutaf o'r broses hon gan fod angen peiriant gosod delweddau i gynhyrchu ffilmiau ar gyfer pob un o'r pedwar lliw yn y gwaith celf. Yna, caiff y rhain eu defnyddio i gynhyrchu set o blatiau argraffu.

Egwyddor lithograffi offset yw nad yw olew a dŵr yn cymysgu (mae olew'n gwahanu oddi wrth ddŵr). Mae'r ddelwedd ar y plât wedi'i gosod i atynnu'r inc ond gwrthyrru dŵr, ac mae'r rhannau o'r plât sydd ddim yn rhan o'r ddelwedd yn atynnu lleithder ac yn gwrthyrru'r inc. Mae'r plât yn cael ei gadw'n wlyb yn ystod y broses argraffu fel mai dim ond yn y mannau priodol mae'r inc yn glynu.

Fflecsograffeg

Mae fflecsograffeg yn fath arall o broses argraffu masgynhyrchu. Mae fflecsograffeg yn defnyddio inciau sy'n seiliedig ar ddŵr yn hytrach nag olew, sy'n golygu bod mwy o ddewis o inciau. Mae inciau seiliedig ar ddŵr yn sychu'n llawer cyflymach sy'n arwain at broses gyflymach, ac er nad yw'r ansawdd argraffu cystal, mae'r costau'n llawer is. Caiff fflecsograffeg ei defnyddio yn bennaf i argraffu ar ddefnyddiau pecynnu fel blychau cardbord rhychiog, cartonau, papurau losin a bagiau plastig lle dydy ansawdd y print ddim mor bwysig.

Fel lithograffi offset, caiff y pedwar lliw CMYK eu hargraffu un ar y tro. Mae plât argraffu hyblyg yn cael ei fowntio ar y silindr plât, ac mae'r silindr gwasgu'n gwasgu'r defnydd sydd i'w argraffu yn ei erbyn. Caiff inc ei drosglwyddo i'r plât argraffu o badell inc drwy ddau roler (rholer codi a rholer anilocs).

Stensilau a phatrymluniau

Mae hefyd yn bosibl defnyddio stensilau a phatrymluniau i swp-gynhyrchu. Os oes angen llawer o'r un darn, gallwn ni ei luniadu unwaith ar gerdyn a'i dorri allan i greu patrymlun cardbord. Yna, gallwn ni osod y patrymlun hwn ar y defnydd dan sylw a lluniadu o'i gwmpas, yna ei symud a lluniadu o'i gwmpas eto ac eto nes bod gennym y nifer gofynnol. Mae defnyddio patrymlun yn sicrhau bod pob darn yn union yr un fath ac mae'n arbed amser lluniadu pob darn yn unigol. I leihau gwastraff, dylid defnyddio brithweithio.

Angen gwybod

1 Esboniwch sut mae cymhorthion cynhyrchu fel jigiau drilio yn effeithio ar gynhyrchu cynhyrchion metel.

2 Meddyliwch am dwb hufen iâ.

a Enwch ddefnydd thermoffurfiol addas allai gael ei ddefnyddio i wneud y twb hufen iâ.

b Nodwch dri o briodweddau'r defnydd rydych chi wedi ei enwi yn (a) sy'n ei wneud yn addas ar gyfer y twb hufen iâ.

c Rhowch dri rheswm pam mae tybiau hufen iâ yn cael eu ffurfio â gwactod.

d Defnyddiwch nodiadau a brasluniau i ddisgrifio proses ffurfio â gwactod.

(g) Technegau a phrosesau arbenigol i siapio, ffabrigo, adeiladu a chydosod prototeip o ansawdd uchel

Gwastraff/ychwanegiad

Gwastraffu yw'r broses o siapio defnydd drwy dorri darnau dieisiau i ffwrdd i adael y siâp dymunol. Gan ddibynnu ar ei faint a'i siâp, gall y defnydd sy'n cael ei dynnu (y gwastraff) gael ei daflu i ffwrdd, ei ailgylchu neu ei gadw i'w ddefnyddio ar rywbeth arall. Mae siapio drwy wastraffu yn ddull siapio sy'n cael ei ddefnyddio ar bob math o ddefnyddiau.

Torri

Sisyrnau a chyllyll crefft yw'r dewis mwyaf amlwg, a'r gorau, i dorri papur a cherdyn. Wrth ddefnyddio cyllell grefft, dylid defnyddio riwl ddiogelwch a mat torri hefyd i sicrhau toriad glân a lleihau'r siawns o gael anaf.

Mae bwrdd ewyn, ewyn PVC a corriflute yn rhy drwchus i'w torri â siswrn, ac felly mae'n rhaid defnyddio cyllell grefft. Gallwn ni ddefnyddio cyllell grefft i dorri ewyn styro, ond dim ond hyd at drwch o tua 10mm gan mai dyma yw maint llafn cyllell grefft arferol. Gallwn ni dorri ewyn styro mwy trwchus â chyllell ag ymyl ddanheddog (fel cyllell fara), cylchlif, llafn haclif neu dorrwr gwifren boeth. Ar ôl cael gwared ar y rhan fwyaf o'r defnydd, gallwn ni wneud y siapio terfynol drwy sandio a llyfnhau â ffeiliau a phapur sgraffinio.

Torri â dei

Wrth fasgynhyrchu cynhyrchion sy'n defnyddio papur a chardbord, gallwn ni ddefnyddio torrwr dei i grychu, tyllu a thorri'r cerdyn i'w siâp. Rydyn ni hefyd yn defnyddio torri â dei i wneud cynhyrchion o ddefnyddiau eraill, gan gynnwys pren, polymer, metel a ffabrig. Mae'r 'dei' yn set o lafnau metel miniog sydd wedi'u siapio i amlinell y rhwyd a'u glynu at fwrdd cefn.

Mae'r cerdyn neu'r papur sy'n cael ei dorri yn cael ei osod ar arwyneb gwastad ac mae'r dei'n cael ei bwyso ar y defnydd i'w dorri i'r siâp sydd ei angen. Gall rhai deiau dorri un ddalen ar y tro yn unig, ond mae eraill wedi'u dylunio i dorri llawer o ddalennau ar unwaith.

Mae gwneud dei yn broses gostus, felly dim ond i gynhyrchu niferoedd mawr o eitemau mae'n ddefnyddiol.

Torri â laser

Mae'r torrwr laser fel rheol yn cael ei ddefnyddio i dorri polymerau, ond mae hefyd yn gallu torri defnyddiau papur, bwrdd a phren mewn toriadau tenau hyd at 3mm. Mae torrwr laser yn gallu torri siapiau manwl yn llawer haws a chyflymach. Yn dibynnu ar y defnydd sy'n cael ei dorri, rhaid bod yn ofalus i sicrhau bod y gosodiadau a'r cyflymder laser cywir wedi'u dewis.

Wrth i'r laser 'losgi' drwy'r defnydd, gall adael marciau llosgi bach ar ymylon papur a cherdyn. Mae nifer o brennau cyfansawdd wedi eu cynhyrchu'n arbennig i weithio gyda'r laser a gellir eu torri heb losgi neu golli lliw. Mae'r laser yn effeithiol iawn am ysgythru ar arwyneb pren, ac mae'n cynhyrchu delwedd wedi'i llosgi'n fanwl gywir sy'n debyg i ddelwedd wedi'i gwneud â phyrograffeg, sef llosgi delwedd i arwyneb defnydd, fel rheol ag erfyn poeth tebyg i haearn sodro. Wrth ysgythru, mae'r torrwr laser yn gallu gweithio ar ddelwedd CAD neu ddelwedd wedi'i mewnforio. Gellir llwytho lluniadau llinell monocrom i lawr o'r rhyngrwyd ac mae'r rhain yn gweithio'n dda iawn.

Ffigur 4.44 Matiau diodydd pren wedi'u torri â laser

Ffigur 4.45 Delwedd CAD o system seinyddion cludadwy

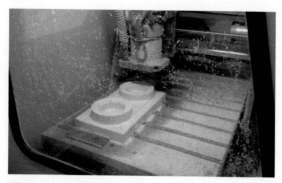

Ffigur 4.46 Peiriannu model ewyn PVC

Ffigur 4.47 Y system seinyddion cludadwy orffenedig

Y rhigolydd 3D

Mae'r rhigolydd 3D yn gallu peiriannu cynhyrchion 3D o ddefnyddiau sy'n seiliedig ar bren ac ar bolymer. Mae'r rhan fwyaf o fathau o bren yn gallu cael eu peiriannu, ond pren caled â graen agos sy'n cynhyrchu'r canlyniadau gorau. Gellir defnyddio llawer o brennau cyfansawdd, ond fyddai bwrdd sglodion ddim yn syniad da oherwydd ei natur agored a brau. Mae polymerau modelu fel ewyn PVC yn gweithio'n dda iawn gyda'r rhigolydd 3D, gan gynhyrchu modelau o safon uchel â gorffeniad arwyneb da iawn.

I ddefnyddio'r rhigolydd 3D, mae angen cynhyrchu lluniad CAD. Gall hyn olygu delwedd 2D sy'n defnyddio meddalwedd CAD 2D cymharol syml, ond mae'r rhigolydd 3D wir yn dangos ei allu wrth ei ddefnyddio gyda meddalwedd CAD 3D soffistigedig.

Mae'r ddelwedd CAD yn Ffigur 4.45 yn dangos system seinyddion cludadwy i'w defnyddio gyda ffôn symudol. Ar ôl lluniadu'r ddelwedd, caiff ei phrosesu gan ddefnyddio meddalwedd pwrpasol y rhigolydd 3D, ac mae efelychiad cyfrifiadurol yn gwirio i weld a ydy hi'n bosibl cynhyrchu'r lluniad.

Yna mae angen clampio darn maint addas o len ewyn PVC ar wely'r rhigolydd 3D a ffitio'r erfyn torri cywir. Wrth i'r erfyn torri droelli, mae'n symud ar hyd yr echelinau x, y a z, wedi'i bweru gan dri modur camu neu serfo-modur sy'n cael eu rheoli gan gyfrifiadur. Mae'r cyfuniad o symudiadau tri chyfeiriad yn golygu ei bod hi'n bosibl cynhyrchu bron unrhyw ddelwedd 3D.

Os yw'r dylunydd/cleient yn hapus â'r model, gellir ailadrodd y broses â defnydd seiliedig ar bren. Mae Ffigur 4.47 yn dangos y dyluniad gorffenedig wedi'i beiriannu o fahogani.

Gallwn ni ailadrodd y broses hon lawer gwaith i gynhyrchu canlyniadau cyson a manwl gywir. Wrth i fwy o gynhyrchion gael eu cynhyrchu, bydd cost uned pob cynnyrch yn gostwng.

Torri â gwifren boeth

Gallwn ni hefyd ddefnyddio torrwr gwifren boeth i dorri drwy len o ewyn PVC. Mae'r torrwr yn cynnwys gwifren denau o ddur gwrthstaen neu nicrom â cherrynt trydanol yn llifo drwyddi. Bydd y wifren yn cynhesu i tua 200°C a phan fydd yn dod i gysylltiad â'r llen ewyn PVC, bydd yn ei hanweddu hi.

Gweithgaredd

Mae'n siŵr bod eich desg waith yn eich cartref yn llawn beiros, pensiliau, riwliau ac eitemau ysgrifennu eraill rydych chi'n eu defnyddio bob dydd.

- Defnyddiwch feddalwedd CAD 2D neu 3D i gynhyrchu teclyn tacluso desg o floc pren â llawer o dyllau, slotiau a chilfachau wedi'u peiriannu ynddo i ddal eitemau ysgrifennu penodol.
- Peiriannwch hwn ar y rhigolydd 3D.
- Gallwch chi hyd yn oed datblygu eich dyluniad i ddal eitemau eraill, fel eich ffôn clyfar, tabled, newid mân, ac ati.

Os nad oes cyfarpar CAD/CAM ar gael i chi, cewch ddefnyddio dulliau traddodiadol.

- Marciwch lle rydych chi am roi'r tyllau a'r cilfachau ar floc pren a defnyddiwch gyfuniad o ddrilio a naddu i gynhyrchu'r tyllau a'r cilfachau.

Pren

Llifio pren

Rydyn ni'n defnyddio **llawlif** i dorri darnau trwchus neu lenni mawr o bren. Mae'n torri'n gymharol gyflym, ond mae'n cynhyrchu ymyl arw ac yn gyffredinol nid yw mor fanwl gywir â llif sydd â 'chefn' fel llif dyno.

Wrth lifio â llawlif, mae'n hanfodol bod eich gwaith wedi'i glampio i lawr yn gadarn. Yn Ffigur 4.48, gallwch chi weld bod y planc pren wedi cael ei glampio ar y fainc waith coed gan ddefnyddio clamp G.

Ffigur 4.48 Llifio â llawlif

Cofiwch

Rhowch ddarn o bren sgrap rhwng y clamp a'r pren i atal tolcio.

Sylwch ar safleoedd y dwylo: mae'r llaw dde (os ydych chi'n llawdde, neu'r chwith os ydych chi'n llawchwith) wedi'i rhoi drwy'r handlen, a'r mynegfys (bys tanio) yn pwyntio tuag allan. Mae hyn yn helpu i reoli'r llif. Mae'r llaw arall yn cael ei rhoi dros ben yr handlen i roi pŵer i'r weithred lifio. Dylid defnyddio hyd cyfan y llif ar ongl lifio o tua 45°.

Ffigur 4.49 Llif dyno â chefn pres

Cofiwch

Mae angen cynnal y pren wrth ddod at ddiwedd y toriad neu bydd yn disgyn i ffwrdd a gallai eich gadael chi â fflewyn mawr.

Y **llif dyno** yw'r llif fwyaf cyffredin yn y gweithdy. Rydyn ni'n defnyddio hon i dorri llinellau syth manwl gywir mewn pren ac mae'n cynhyrchu toriad cymharol lyfn. Mae'r 'cefn' dur neu bres yn cadw'r llafn yn anhyblyg fel ei fod yn gallu torri'n fanwl gywir.

Gellir clampio'r darn gwaith ar y fainc gwaith coed, fel gyda'r llawlif, neu ei ddal mewn feis gwaith coed, neu hyd yn oed ei ddal mewn bachyn mainc ar gyfer toriadau llai.

Ffigur 4.50 Llifio â llif dyno gan ddefnyddio clamp G

Cofiwch

Gallwch chi ddechrau torri â llif drwy lusgo'r llif yn ôl dair gwaith. Mae hyn yn cynhyrchu 'rhic' yn y pren sy'n eich galluogi i wneud yn siŵr eich bod chi ar fin dechrau llifio yn y man cywir. Mae hefyd yn rhoi arweiniad i'r llif ac yn ei hatal hi rhag sgidio dros arwyneb eich pren.

Rydyn ni'n defnyddio'r **llif fwa fach** i dorri troeon mewn pren. Mae'n gallu gwneud toriadau eithaf mân, cymhleth ond nid yw'n hawdd ei rheoli ac mae angen ymarfer i allu ei defnyddio hi'n fanwl gywir. Mae'r llafnau'n denau ac yn torri'n hawdd, ond mae dyluniad y llif yn ei gwneud hi'n hawdd newid y llafnau'n gyflym.

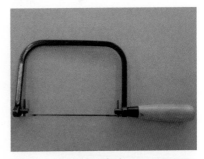

Ffigur 4.51 Llif fwa fach

Cofiwch

Dylai dannedd y llafn mewn llif fwa fach wynebu am yn ôl gan fod hyn yn cadw tyniant arno wrth lifio.

Siapio pren

Un o'r ffyrdd hawsaf o siapio pren yw drwy ddefnyddio **llafn surform** neu **rathell bren**. Mae'r rhain yn debyg i ffeil ond â dannedd llawer mwy garw. Gallwn ni ddefnyddio ffeiliau i siapio pren ond maen nhw'n tagu'n eithaf cyflym.

Ffigur 4.52 Llafn surform

Os ydych chi'n defnyddio ffeil i siapio pren, gwnewch yn siŵr eich bod chi'n cadw brwsh ffeil wrth law. Bydd hwn yn eich helpu chi i gadw'r ffeil yn lân.

Mae **sandiwr disg** yn ffordd effeithiol iawn o siapio neu lyfnhau pren yn gyflym. Mae'n cynnwys olwyn wedi'i gorchuddio â phapur sgraffinio, sy'n troelli i gael gwared â gwastraff pren. Rhaid i chi sicrhau eich bod chi'n dilyn yr holl ragofalon diogelwch perthnasol wrth ddefnyddio'r peiriant hwn. Yn benodol, dylech chi fod yn gwisgo ffedog a sbectol ddiogelwch a sicrhau bod gardiau yn eu lle a bod y system echdynnu llwch ymlaen.

Mae'r **llifanydd linish** (*linisher*) **a sandiwr belt** yn gweithio mewn ffordd debyg i'r sandiwr disg ond yn cynhyrchu arwyneb gwastad. Mae sandiwr belt yn beiriant sandio cludadwy sy'n cynnwys belt parhaus o bapur sgraffinio sy'n cylchdroi ac yn llyfnhau arwyneb y defnydd. Mae llifanydd linish yn gweithio yn yr un ffordd â sandiwr belt ond yn gyffredinol mae wedi'i ddal yn sownd mewn safle llorweddol neu fertigol.

Cofiwch

Gwnewch yn siŵr bod y graen ar eich pren yn wynebu i'r un cyfeiriad â chyfeiriad y llifanydd linish/sandiwr belt.

Mae **plaen** yn gweithio mewn ffordd debyg i gŷn drwy dafellu naddion pren tenau i ffwrdd. Dylid gwneud y plaenio i gyd i'r un cyfeiriad â llif y graen neu bydd yr arwyneb yn rhwygo. Mae'n bosibl plaenio graen pen ond mae'n rhaid clampio darn gwastraff ar y pen, neu dylid ei blaenio o'r pennau i'r canol, gan y bydd hyn yn atal y pennau rhag hollti.

Mae dau brif fath o blaeniau, yn ogystal ag amrywiaeth eang o blaeniau arbennig.

- Mae'r plaen jac yn blaen pwrpas cyffredinol sy'n cael ei ddefnyddio i wastatáu a llyfnhau arwyneb ac ymylon pren.
- Mae'r plaen llyfnhau yn cael ei ddefnyddio ar ddarnau pren bach neu i lanhau arwynebau pren am y tro olaf.

Mae Ffigur 4.54 yn dangos pedwar math gwahanol o blaeniau arbennig a'r math o doriad maen nhw'n ei gynhyrchu.

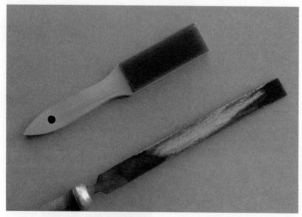

Ffigur 4.53 Ffeil a brwsh ffeil

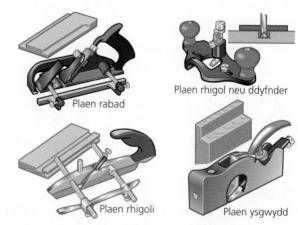

Plaen rabad

Plaen rhigol neu ddyfnder

Plaen rhigoli

Plaen ysgwydd

Ffigur 4.54 Plaeniau arbennig

Mae **naddu** yn ffordd o siapio pren a chynhyrchu amrywiaeth o uniadau pren. Dylai eich gwaith fod wedi'i ddal yn sownd mewn feis neu ei ddal ar y fainc waith â chlamp G, a dylech chi gadw eich dwylo y tu ôl i'r ymyl dorri bob amser. Mae naddu llorweddol yn cynhyrchu arwyneb llorweddol gwastad, ac mae naddu fertigol yn cynhyrchu arwyneb fertigol gwastad. Mae naddu yn golygu gwthio'r cŷn drwy'r pren.

Drilio pren

Mae ebillion dril yn cynhyrchu twll crwn yn eich pren. Mae'r ebillion yn dod mewn meintiau amrywiol, a gallwch chi gael driliau arbenigol sy'n cynhyrchu tyllau eithaf mawr. Mae'n bwysig gallu dewis y math mwyaf addas o ebill dril a gallu ei ddefnyddio'n ddiogel, yn fanwl gywir ac yn effeithlon. Gwisgwch y **PPE** (cyfarpar diogelu personol) cywir, a gwnewch yn siŵr bod eich gwaith yn cael ei ddal yn gadarn.

Mae **dril mainc neu ddril piler** yn hanfodol mewn gweithdy. Gellir newid ei gyflymder i weddu i faint yr ebill a'r math o ddefnydd sy'n cael ei ddrilio. Fel rheol, mae angen cyflymder araf gydag ebillion mawr a defnyddiau caled a chyflymder drilio cyflym gydag ebillion bach a defnyddiau meddal. Yn aml, bydd stop dyfnder wedi'i osod ar ddril mainc/piler er mwyn gallu drilio tyllau at ddyfnder penodol, a bydd llawer o ddyfeisiau diogelwch arno gan gynnwys gard crafanc a botwm stop argyfwng.

Mae **driliau di-wifr** nawr yn boblogaidd iawn ymysg y rhan fwyaf o grefftwyr gan nad oes angen eu cysylltu â ffynhonnell pŵer felly gallwn ni eu defnyddio mewn lleoliadau anghysbell. Yn ogystal â drilio tyllau, mae dril di-wifr yn gweithio fel tyrnsgriw pŵer. Gallwch chi hyd yn oed bennu trorym (grym troi) y dril fel nad yw sgriwiau bach yn cael gormod o bŵer.

Driliau dirdro yw'r math mwyaf poblogaidd o ebill. Maen nhw wedi'u gwneud o ddur carbon uchel sydd wedi'i galedu a'i dymheru.

Mae **ebillion gwrthsoddi** yn agor top twll sydd wedi'i ddrilio ymlaen llaw i dderbyn sgriw wrthsodd sy'n gwneud y sgriw yn lefel ag, neu ychydig yn is nag, arwyneb y defnydd.

Mae **ebillion gwastad** yn drilio tyllau mewn pren. Maen nhw ar gael mewn diamedrau mwy ac, fel mae'r enw'n ei awgrymu, maen nhw'n gadael gwaelod gwastad.

Ffigur 4.55 Defnyddio cŷn i dorri uniad rhigol draws

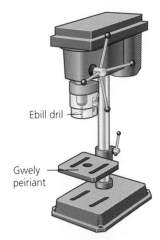

Ebill dril

Gwely peiriant

Ffigur 4.56 Dril mainc

Ffigur 4.57 Dril di-wifr

Ebill canoli

Ebill taradr patrwm Jennings

Ebill Forstner

Ebill ymledu (cymwysadwy)

Ffigur 4.58 Detholiad o ebillion dril

Mae **ebill Forstner** yn cynhyrchu twll mawr, glân â gwaelod gwastad. Mae'r dril yn cynhyrchu llawer o drorym ac felly mae'n hanfodol bod y gwaith yn cael ei glampio i lawr yn gadarn neu bydd y darn gwaith yn chwyrlïo allan o'ch dwylo.

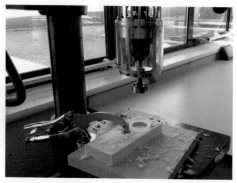

Ffigur 4.59 Defnyddio ebill Forstner

Ffigur 4.60 Defnyddio llif dwll

Mae **llif dwll** hefyd yn cynhyrchu twll mawr, ond dydy'r twll gorffenedig ddim mor lân ac mae'n torri'r holl ffordd drwy'r defnydd. Mae'r dril yn cynhyrchu llawer o drorym ac felly mae'n hanfodol bod y gwaith yn cael ei glampio i lawr yn gadarn.

Cofiwch

Gwnewch yn siŵr bod darn o bren sgrap o dan eich pren fel bod y llif dwll yn gallu drilio'r holl ffordd drwodd, neu daliwch i ddrilio nes bod y dril arwain yn dod allan ac wedyn gwnewch yr un peth o'r tu chwith.

Mae **jig drilio** yn sicrhau bod cyfres o dyllau yn cael eu drilio yn yr un lle yn union bob tro. Mae hyn yn cyflymu'r broses weithgynhyrchu, yn lleihau camgymeriadau dynol, yn gwneud y broses yn fwy diogel ac yn cynyddu cywirdeb a chysondeb y broses.

Jig haearn ongl

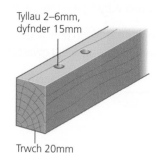

Tyllau 2–6mm, dyfnder 15mm

Trwch 20mm

Ffigur 4.61 Jig drilio

Polymerau

Dal polymer

Gallwn ni ddal llen bolymer mewn ffordd debyg i bren a metel, drwy ei roi mewn feis neu ei glampio â chlamp G, ond mae angen mwy o amddiffyniad i wneud yn siŵr nad yw arwyneb ansawdd uchel y polymer yn cael ei farcio. Mae'n arfer da gadael unrhyw araenau/ffilmiau amddiffynnol ar y polymer mor hir â phosibl.

Llifio polymerau

Mae polymerau fel acrylig (PMMA) yn ddelfrydol i'w torri ar **dorrwr laser**. Os nad oes laser ar gael neu os nad yw'r dyluniad yn caniatáu defnyddio laser, gellir torri'r polymerau â llif neu, os yw'r polymer yn ddigon tenau a meddal, â chyllell. Mae'n bosibl defnyddio'r rhan fwyaf o'r llifiau gwaith metel a gwaith coed, fel y llif fwa fach a'r haclif, i dorri polymerau.

Cofiwch

Wrth ddal eich gwaith mewn feis fetel, gallwch chi amddiffyn y polymer drwy ei lapio mewn tywel papur. Mae hefyd yn syniad da ei gadw mor isel â phosibl yn y feis i'w atal rhag hollti.

Bydd **llif fwa fach** (gweler Ffigur 4.51) yn torri pob math o bolymerau, ond dydy'r erfyn hwn ddim yn un arbennig o fanwl gywir. Mae'n tueddu i grwydro ac nid yw'n torri mewn llinell syth gyson, ond mae'n gallu torri o gwmpas corneli tynn. Cofiwch dorri i ffwrdd oddi wrth y siâp rydych chi'n ei dorri bob amser. Mae'r pinnau lifer yn caniatáu i chi newid safle'r llafn, sy'n broses gymharol gyflym.

Mae'r **llif sgrôl** yn fersiwn mecanyddol o lif fwa fach. Mae'n llif amlbwrpas oherwydd gallwn ni osod llafnau gwahanol arni, gan ei galluogi i dorri pren, metel neu bolymerau. Mae'n gadael i chi ganolbwyntio ar ddilyn siâp y darn rydych chi'n ei dorri.

Yr **haclif** (gweler Ffigur 2.68) yw'r llif fwyaf poblogaidd ar gyfer llifio metel ac mae hefyd yn llifio polymerau yn effeithiol iawn.

Siapio polymerau

Mae'n hawdd siapio polymerau gan ddefnyddio ffeiliau gwaith metel. I gael mwy o wybodaeth am ffeiliau a thechnegau ffeilio, gweler Pennod 2 Adran (g) Gwastraff/ychwanegiad.

Ffurfio polymerau

Mae'n hawdd ffurfio polymerau thermoffurfiol mewn siâp drwy ddefnyddio nifer o wahanol ddulliau.

Plygu llinell (neu **wresogi stribed**) yw un o'r dulliau mwyaf syml o ffurfio llen bolymer; acrylig yw'r defnydd mwyaf cyffredin o bell ffordd sy'n cael ei ffurfio â'r dull hwn yng ngweithdy'r ysgol. Mae'r **gwresogydd stribed** yn cynnwys gwifren boeth sy'n cael ei defnyddio i wresogi'r acrylig i dymheredd oddeutu 160°C. Ar y tymheredd hwn mae'r acrylig yn troi'n hyblyg ac yn gallu cael ei blygu i siâp. Gallwn ni reoleiddio'r gwres er mwyn gallu amrywio trwch yr acrylig ac amrywio'r radiws plygu. Dylid bod yn ofalus i beidio â gorboethi'r acrylig oherwydd bydd yn pothellu, ac mae'n rhaid i chi gofio eich bod chi'n defnyddio defnyddiau a chyfarpar poeth.

Rydyn ni'n aml yn defnyddio **jigiau a ffurfwyr** wrth blygu acrylig i sicrhau ein bod ni'n cael siapiau manwl gywir a chyson.

Gallwn ni ddefnyddio ffwrn i feddalu polymer thermoffurfiol nes ei fod yn feddal ac yn hyblyg. Yna, gallwn ni ei dynnu'n ofalus o'r ffwrn a'i blygu o gwmpas ffurfydd sydd wedi'i baratoi ymlaen llaw. Eto, cofiwch ddefnyddio'r PPE cywir wrth drin defnyddiau poeth.

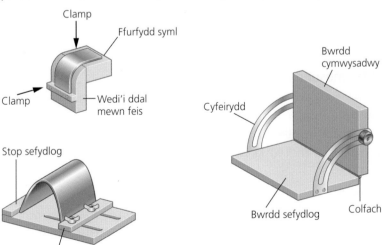

Clamp
Ffurfydd syml
Clamp
Wedi'i ddal mewn feis
Stop sefydlog
Stop cymwysadwy
Cyfeirydd
Bwrdd cymwysadwy
Bwrdd sefydlog
Colfach

Ffigur 4.63 Detholiad o jigiau plygu llinell

Ffigur 4.62 Gwresogydd stribed

Ffigur 4.64 Sandiwr disg

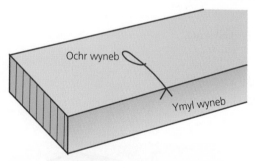

Ffigur 4.65 Marciau ochr wyneb ac ymyl wyneb

Ffigur 4.66 Pensil, riwl ddur a sgwâr profi

Sandio polymerau â disg

Mae sandiwr disg yn beiriant defnyddiol iawn sy'n gallu arbed llawer o amser. Gall lanhau, siapio a chywiro ymylon polymer. Mae'n rhaid ystyried nifer o faterion iechyd a diogelwch wrth ddefnyddio'r sandiwr disg – gall dynnu croen i ffwrdd yr un mor hawdd â pholymer, felly rhaid i chi beidio â rhoi eich bysedd yn agos at y ddisg. Mae'r ddisg yn troelli'n gyflym, felly rhaid cadw unrhyw ddillad a gwallt rhydd o'r ffordd. Mae'r sandiwr disg yn cynhyrchu llawer o lwch, ac mae'n hanfodol rhoi cyfarpar echdynnu llwch arno a bod y defnyddiwr yn gwisgo sbectol/goglau diogelwch.

Drilio polymerau

Mae'n hawdd drilio polymerau gan ddefnyddio ebillion dril a llifiau twll gwaith metel arferol. Gallwn ni eu drilio nhw â dril llaw di-wifr, ond er mwyn bod yn fwy manwl gywir dylech chi ddefnyddio dril piler.

Mesur a marcio

Mae'n rhaid mesur a marcio dyluniad cyn ei dorri. Gallwn ni ddefnyddio pensil neu feiro i farcio ar bapur, cerdyn a bwrdd ewyn. Gallwn ni farcio ewyn styro, corriflute ac ewyn PVC â marciwr parhaol tenau, ond gall hwn adael marc ar y defnydd. Mae pensil tsieinagraff neu farciwr amharhaol hefyd yn opsiynau, ond mae'r llinellau'n gallu smwtsio yn hawdd.

Os ydych chi'n **mesur a marcio** ar ddarn o bren, dylech chi ddechrau drwy blaenio'r arwyneb yn wastad a gwneud yn siŵr bod un ymyl yn sgwâr ac ar 90° i'r arwyneb. Mae'r arwynebau hyn fel rheol yn cael eu galw'n '**ochr wyneb**' ac '**ymyl wyneb**'. Bydd y rhain yn rhoi datwm (cyfeirbwynt) manwl gywir i chi i'w ddefnyddio i fesur eich pren a'i farcio allan. Dylid bod yn ofalus i farcio defnydd yn ysgafn, oherwydd bydd angen cael gwared ag unrhyw farciau cyn rhoi gorffeniad ar yr arwyneb.

Wrth farcio siâp ar ddarn o fwrdd, mae angen ystyried ble i leoli'r dyluniad ar y defnydd sydd ar gael. Does dim llawer o bwynt marcio siâp yng nghanol bwrdd mawr os bydd yn ffitio'n dda mewn cornel.

Lle bynnag mae'n bosibl, ceisiwch ddewis y darn lleiaf o ddefnydd sy'n addas i'r dyluniad dan sylw, ac os ydych chi'n marcio llawer o eitemau ceisiwch frithweithio eich dyluniadau mor effeithlon â phosibl. Mae brithweithio'n golygu mesur a marcio eich siâp er mwyn defnyddio'r defnydd sydd ar gael yn y ffordd orau bosibl. Gallai hyn olygu bod yn rhaid i chi gylchdroi'r dyluniad er mwyn ffitio mwy ar y defnydd sydd ar gael i chi.

Offer mesur a marcio

Pensil meddal yw'r erfyn gorau i farcio ar bren oherwydd mae'n hawdd ei gweld ac ni fydd yn rhicio arwyneb y pren. Mae riwl ddur yn wydn mewn amgylchedd gweithdy ac yn llai tebygol o hollti neu dorri. Bydd sgwâr profi yn cynhyrchu llinell 90° fanwl gywir ac yn gwella manwl gywirdeb eich gwaith.

Cofiwch

Gwnewch yn siŵr bod eich sgwâr profi wedi'i wthio'n dynn yn erbyn ochr eich pren neu ni chewch linell 90° fanwl gywir. Mae angen darllen riwl â'ch llygad yn union dros y mesuriad neu cewch chi ddarlleniad anghywir.

Gellir defnyddio **cyllell farcio** yn lle pensil ar bren. Mantais hon yw ei bod hi'n cynhyrchu llinell dorri denau sy'n lleihau rhwygo ac yn gweithredu fel canllaw wrth lifio neu naddu pren.

Mae **sgwâr meitro** yn edrych yn debyg i sgwâr profi ond mae ar ongl o 45°. Gallwn ni ei ddefnyddio i fesur ongl o 45° a hefyd i wirio ongl o 45°. Mae'r ongl hon yn arbennig o bwysig wrth gynhyrchu uniad meitr mewn pren. (Edrychwch ar y byrddau sgyrtin o gwmpas gwaelod waliau yn eich tŷ, neu ar gorneli ffrâm llun, i weld uniadau meitr.) Mae **befel llithr** yn gwneud yr un gwaith â sgwâr meitro ond gall gael ei osod ar unrhyw ongl. Mae hyn yn arbennig o ddefnyddiol os oes gennych chi gyfres o onglau mwy cymhleth i'w torri, fel torri'r rheiliau i ffitio mewn grisiau pren.

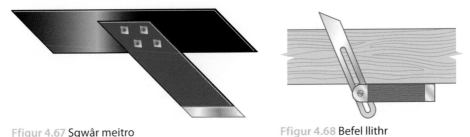

Ffigur 4.67 Sgwâr meitro

Ffigur 4.68 Befel llithr

Rydyn ni'n defnyddio **medrydd marcio** i farcio llinell sy'n baralel ag ymyl. Mae'n arbennig o ddefnyddiol i saer coed sy'n gosod colfach. I ddechrau, gall fod yn anodd ei ddefnyddio ond gydag ymarfer gall arbed amser os oes angen marcio mwy nag un llinell ar yr un pellter yn union. Mae **medrydd morteisio** yn perthyn i'r un teulu o offer â'r medrydd marcio. Mae gan y medrydd morteisio ddau sbardun ac felly bydd yn cynhyrchu dwy linell sy'n baralel ag ymyl. Mae'n ddefnyddiol wrth farcio uniad mortais a thyno. Bydd yn sicrhau bod y twll mortais a'r tyno yn cael eu marcio yr un maint â'i gilydd, sy'n gwneud yr uniad yn fwy manwl gywir.

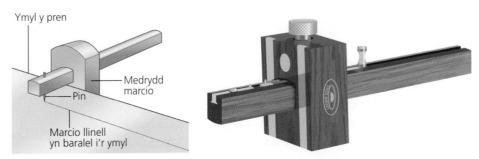

Ymyl y pren

Medrydd marcio

Pin

Marcio llinell yn baralel i'r ymyl

Ffigur 4.69 Medrydd marcio

Ffigur 4.70 Medrydd morteisio

Rydyn ni'n defnyddio **cwmpawdau** i greu cylch neu arc ar bren.

Mae **patrymlun** yn cynnwys siâp proffil darn sydd i'w weithgynhyrchu. Rydyn ni'n aml yn defnyddio patrymlun ar gyfer siapiau afreolaidd lle byddai hi'n anodd marcio'r proffil yn uniongyrchol ar y defnydd. Gallwn ni wneud patrymluniau syml o bapur a'u hargraffu fel lluniad CAD. Maen nhw fel rheol yn cael eu glynu ar y defnydd er mwyn torri'r siâp gan ddilyn y proffil. Yn gyffredinol, dim ond ar gyfer cynhyrchu unigryw y caiff patrymluniau papur eu defnyddio.

GAIR ALLWEDDOL

Patrymlun Siâp 2D sy'n helpu i dorri siâp allan.

Os oes angen swp o siapiau proffil unfath, mae'n well gwneud y patrymlun o ddefnydd gwydn. Mae lluniadu o gwmpas patrymlun cardbord, er enghraifft, yn ein galluogi ni i gynhyrchu nifer o siapiau. Os oes angen llawer o siapiau unfath, gellir gwneud y patrymlun o MDF neu hyd yn oed alwminiwm.

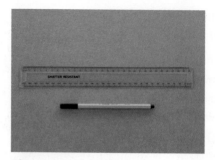

Ffigur 4.71 Marciwr gwirod, riwl blastig

Mae marciwr gwirod yn addas i bolymerau oherwydd mae'n marcio'r arwyneb heb ei grafu. Mae riwl blastig hefyd yn ddefnyddiol – gallai riwl fetel ddifrodi arwyneb sgleiniog y polymer.

Cofiwch

Os yw'r polymer yn dod gydag araen amddiffynnol, gadewch yr araen yn ei lle mor hir â phosibl i atal y polymer rhag cael ei grafu.

Mae llawer o'r offer mesur a marcio i'w defnyddio ar bren a metel hefyd yn addas ar gyfer defnyddiau polymer. Mae polymerau yn ddelfrydol ar gyfer patrymluniau papur am eu bod nhw'n rhoi haen amddiffynnol arall i'r polymer.

Gall torrwr laser ysgythru llinellau ar arwyneb polymer. Mae hyn yn ddefnyddiol iawn wrth blygu acrylig.

Offer mesur

Riwl 300mm yw'r ddyfais fesur fwyaf poblogaidd ond maen nhw hefyd ar gael mewn meintiau 150mm (maint poced), a 600mm a 1000mm i fesur hydoedd hirach. Mae **tâp mesur** dur yn dâp torchog, wedi'i gau mewn casin ac wedi'i lwytho â sbring i'w dynnu'n ôl yn gyflym. Defnyddir tapiau mesur dur i fesur hydoedd hir iawn, sydd ar gael mewn meintiau o 5m i 20m. Wrth ddefnyddio riwl neu dâp mesur dylid cofio sicrhau bod eich llygad yn union dros y mesuriad. Os yw'ch pen ychydig i un ochr fe gewch ddarlleniad anghywir; cyfeiliornad paralacs yw hyn. Camgymeriad cyffredin arall yw anghofio caniatáu ar gyfer corff y riwl wrth fesur rhwng cilbyst fel ffenestr.

Anffurfio/ailffurfio

Uno metel

Mae gwahanol ddulliau parhaol a dros dro o uno metelau, gan ddibynnu ar bwrpas uno'r defnyddiau. Mae manylion llawn am y gwahanol ddulliau i'w cael o dan y teitl Cydosod a chydrannau ym Mhennod 2 Adran (g).

I gael gwybodaeth am beiriannau CAM gan gynnwys laserau, gweler Gweithgynhyrchu drwy gymorth cyfrifiadur (CAM) ym Mhennod 1 Adran (a).

Uno pren

Rydyn ni'n dosbarthu uno defnyddiau mewn dau gategori:
- Uniadau dros dro yw uniadau y gellir eu gwahanu, fel sgriwiau a nytiau a bolltau.
- Uniadau parhaol yw uniadau na ellir eu gwahanu, fel uniadau wedi'u gludo.

Mae pren yn ddefnydd amlbwrpas a gallwn ni ei uno mewn nifer o ffyrdd. Mae yna dri phrif gategori ar gyfer uniadau:
- Uniadau sgerbwd neu flwch
- Uniadau stôl
- Uniadau ffrâm.

Mae gan wahanol uniadau sgerbwd neu flwch eu manteision a'u hanfanteision eu hunain. Mae uniad bôn yn gymharol hawdd ei gynhyrchu, ond nid yw'n arbennig o gryf. Mae angen llawer o sgìl i gynhyrchu uniad crib neu uniad bys, ond mae'n llawer cryfach. Yn esthetig, mae'r uniad meitr yn edrych yn ddeniadol, a dydy uniad hoelion ddim yn edrych cystal. Dull syml o uno pren yw'r goruniad, ac mae'n gryfach ac yn fwy manwl gywir nag uniad bôn. Mae uniad rhigol draws yn cael ei ddefnyddio'n aml i osod silff mewn cwpwrdd llyfrau. Mae uniad cynffonnog yn un o'r uniadau mwyaf anodd, ac mae angen llawer iawn o sgìl i'w dorri â llaw. Fel arfer, caiff uniadau cynffonnog eu defnyddio ar ddodrefn drud wrth adeiladu droriau.

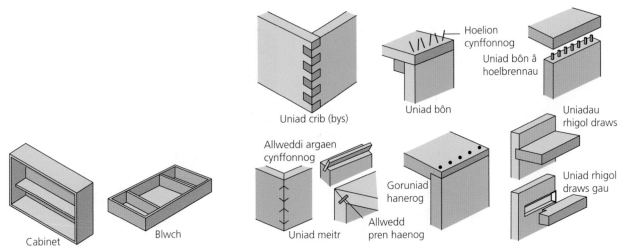

Ffigur 4.72 Adeiladwaith blwch neu sgerbwd

Cabinet

Blwch

Uniad crib (bys)

Hoelion cynffonnog

Uniad bôn â hoelbrennau

Uniad bôn

Uniadau rhigol draws

Allweddi argaen cynffonnog

Goruniad hanerog

Uniad meitr

Allwedd pren haenog

Uniad rhigol draws gau

Ffigur 4.73 Uniadau blwch neu sgerbwd

Dylid defnyddio uniadau stôl os oes angen cysylltu coes â rheilen fel ar stôl, bwrdd neu gadair. Mae uniadau hoelbren yn uniad cymharol syml lle mae darnau pren yn cael eu huno â'i gilydd â hoelbrennau, sef darnau cysylltu silindrog o bren caled sy'n cael eu rhoi mewn twll sydd wedi'i ddrilio ymlaen llaw a'u gludo yn eu lle. Mae'r uniad mortais a thyno yn uniad mwy cymhleth sy'n rhoi mwy o gryfder oherwydd bod arwynebedd arwyneb yr uniad yn cynyddu. Mae'r uniad hwn wedi'i wneud o doriad petryalog o bren sydd wedi'i dorri o'r rheilen (y tyno) a thwll petryalog (y mortais) sydd wedi'i naddu allan o'r goes. Caiff y tyno ei roi yn y twll mortais a'i ludo yn ei le. Mae uniad bagl ychydig yn haws ei gynhyrchu nag uniad mortais a thyno ond nid yw mor gryf, ac mae'r ffaith ei fod yn weladwy yn anfantais arall.

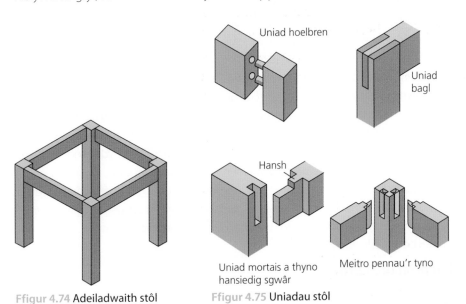

Uniad hoelbren

Uniad bagl

Hansh

Uniad mortais a thyno hansiedig sgwâr

Meitro pennau'r tyno

Ffigur 4.74 Adeiladwaith stôl

Ffigur 4.75 Uniadau stôl

Rydyn ni'n defnyddio adeiladwaith ffrâm i gynhyrchu paneli, fframiau drysau, fframiau ffenestri, fframiau drychau a fframiau lluniau. Mae uniadau mortais a thyno yn cynyddu cryfder drysau a ffenestri. Mae uniad haneru yn ddull symlach o gynhyrchu'r uniad cornel ar ffrâm, a gallwn ni ddefnyddio uniad croes haneru os yw rheiliau croes yn cyfarfod yng nghanol ffrâm (gweler Ffigur 4.77).

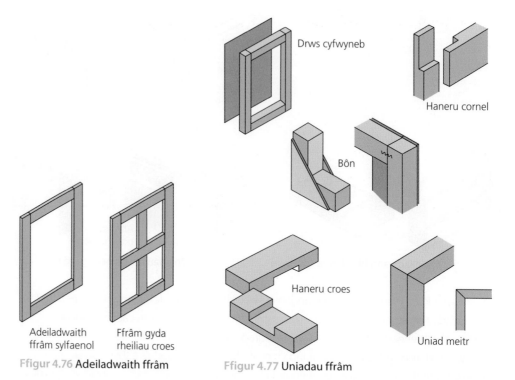

Drws cyfwyneb

Haneru cornel

Bôn

Haneru croes

Uniad meitr

Adeiladwaith
ffrâm sylfaenol

Ffrâm gyda
rheiliau croes

Ffigur 4.76 Adeiladwaith ffrâm

Ffigur 4.77 Uniadau ffrâm

Adlynion

Mae nifer o wahanol fathau o adlynion ar gael i ludo pren at ei gilydd. Dylid gwneud yn siŵr nad oes dim llwch na baw ar unrhyw arwyneb cyn dechrau gludo.

- **PVA (polyfinyl asetad)** yw'r glud gwaith coed mwyaf poblogaidd. Gellir ei ddefnyddio yn syth o'r botel heb ddim gwaith pellach i'w baratoi. Mae ganddo gryn dipyn o amser llithro (yr amser sydd gennych chi i symud y darnau sy'n cael eu gludo at ei gilydd) ac mae'n sychu'n glir, gan roi bond cryf iawn. Mae fersiynau awyr agored (gwrth-ddŵr) a dan do ar gael. Ei brif anfantais yw ei fod yn cymryd 24 awr i gyrraedd ei gryfder llawn.
- Mantais **adlyn cyswllt** yw ei fod yn cynhyrchu uniad bron ar unwaith. Mae'n cael ei daenu'n denau iawn dros ddau arwyneb y pren a'i adael i sychu am ychydig o funudau. Yna caiff y ddau ddarn eu gwthio at ei gilydd i roi uniad cyflym. Ei brif anfanteision yw nad yw mor gryf â PVA, nad yw'n sychu'n glir a bod nifer o faterion iechyd a diogelwch yn gysylltiedig ag ef – mae'n llidus i'r llygaid a'r croen, ac yn fflamadwy iawn.
- Mae **resin epocsi** yn adlyn dwy-ran, cryf a gwrth-ddŵr sy'n gallu gludo defnyddiau sydd ddim yn debyg at ei gilydd. Caiff yr un faint o glud a chaledwr eu cymysgu â'i gilydd cyn eu rhoi ar arwyneb y defnyddiau sydd i'w huno. Fel arfer mae angen clampio'r uniad at ei gilydd nes bod y resin epocsi'n caledu.

Uniadau pren dros dro

Sgriwiau

Mae sgriwiau pren yn effeithiol o ran uno dau ddarn o bren at ei gilydd neu uno defnydd arall ag adeiledd pren. Hefyd mae'n hawdd eu tynnu nhw i ddatgymalu'r darnau. Fel rheol, mae ganddyn nhw un neu ddau o ddannedd sy'n troelli o gwmpas y garan; mae eu troi nhw'n eu dirwyn nhw i mewn i'r pren. Mae cannoedd o wahanol fathau o sgriwiau â nodweddion arbennig ar gyfer swyddogaethau penodol, ond mae Ffigur 4.78 yn dangos un o'r mathau mwyaf cyffredin. Sylwch ar y pen croes (Pozidriv®) sy'n ei gwneud hi'n hawdd ei gyrru i mewn â thyrnsgriw di-wifr.

Ffigur 4.78 Sgriw bren gyffredin

CBAC TGAU Dylunio a Thechnoleg

Mae dyluniad pennau sgriwiau pren yn amrywio, ac mae tyrnsgriwiau ac ebillion tyrnsgriw wedi'u dylunio'n arbennig ar gyfer pob un. Y ddau fath mwyaf cyffredin yw Pozidriv a rhych.

Rhych syth   Phillips   Pozidriv

Ffigur 4.79 **Rhychau tyrnsgriw cyffredin**

Mae sgriwiau Torx yn debyg i sgriwiau Phillips a Pozidriv, ond mae seren chwe phwynt arnyn nhw.

Mae siapiau pennau sgriwiau hefyd yn amrywio gan ddibynnu beth yw eu diben.

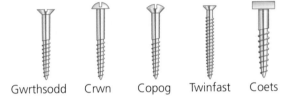

Gwrthsodd   Crwn   Copog   Twinfast   Coets

Ffigur 4.80 **Pennau sgriw cyffredin**

Y **sgriw wrthsodd** yw'r un fwyaf poblogaidd o bell ffordd. Ei mantais yw y gellir ei gosod fel ei bod yn eistedd yn gyfwyneb (lefel) neu'n is nag arwyneb y darnau pren sy'n cael eu huno.

Os nad yw trwch y pren yn caniatáu sgriw wrthsodd, rydyn ni'n defnyddio **sgriw ben crwn**. Mae'r math hwn o sgriw'n eistedd uwchben yr arwyneb.

Yn draddodiadol, byddech chi'n cymryd y camau canlynol i ddefnyddio sgriw bren i uno dau ddarn o bren:

1 Drilio twll arwain drwy'r haen uchaf o bren ac i mewn i'r pren gwaelod. Dylai'r diamedr fod yr un maint â chraidd y sgriw.
2 Drilio twll cliriad sydd ychydig bach yn fwy na garan y sgriw (diamedr allanol).
3 Gwrthsoddi top y twll i wneud cilan i ben y sgriw eistedd ynddi.

Gall y broses hon gymryd llawer o amser, ond mae gan sgriwiau modern nodweddion arbennig sy'n lleihau neu'n osgoi'r angen i fynd drwy'r camau uchod. Mae'r sgriw TurboGold yn Ffigur 4.82 yn enghraifft dda o ddyluniad modern, effeithlon.

Mae sgriwiau pren sydd wedi'u gwneud o ddur fel rheol yn cael eu haraenu â sinc i atal cyrydiad. Os oes angen mwy o allu i wrthsefyll lleithder, fel rheol caiff sgriwiau pres neu ddur gwrthstaen eu defnyddio.

Ffitiadau datgysylltiol

Mae llawer o adwerthwyr yn gwerthu dodrefn heb eu cydosod mewn blychau cardbord, neu 'ddodrefn fflatpac'. Mantais y dodrefn hyn yw eu bod yn cymryd llai o le ac mae'n haws ac yn rhatach eu cludo. Yr anfantais yw fod angen i'r cwsmer gydosod y dodrefn.

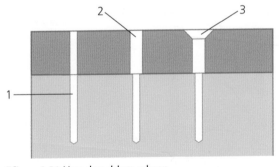

Ffigur 4.81 **Uno dau ddarn o bren**

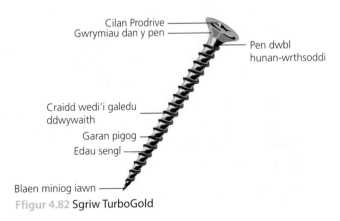

Cilan Prodrive
Gwrymiau dan y pen
Pen dwbl hunan-wrthsoddi
Craidd wedi'i galedu ddwywaith
Garan pigog
Edau sengl
Blaen miniog iawn

Ffigur 4.82 **Sgriw TurboGold**

Ffigur 4.83 Allwedd Allen

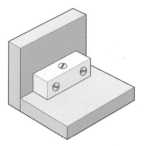

Ffigur 4.84 Bloc cornel

Rhych tyrnsgriw

Rhoden ag edau ynddo

Tu mewn y drôr

Blaen y drôr

Ffigur 4.85 Clo cam

Rheilen · Baril alwminiwm · Sgriw Allen

Pìn lleoli · Coes

Ffigur 4.86 Ffitiad sgan

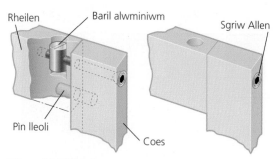

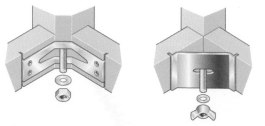

Ffigur 4.87 Plât cornel

Mae gwneuthurwyr wedi datblygu ystod eang o gydrannau arbennig fel y gall cwsmeriaid gydosod ac addasu dodrefn ag ychydig o offer sylfaenol. Fel rheol, dim ond tyrnsgriw ac allwedd Allen sydd eu hangen i uno'r holl ddarnau at ei gilydd.

Erfyn bach siâp hecsagon yw allwedd Allen i'w ddefnyddio gyda phennau soced neu ffitiadau pen hecsagonol. Mae allweddi Allen ar gael mewn amrywiaeth eang o feintiau, ac maen nhw'n ddefnyddiol am fod ganddynt fwy o arwynebedd cyswllt â'r ffitiad na phen tyrnsgriw traddodiadol. Felly maen nhw'n llai tebygol o lithro. Mae siâp yr allwedd Allen hefyd yn galluogi'r defnyddiwr i fynd at ffitiadau sy'n anodd eu cyrraedd.

Mae rhai o'r ffitiadau datgysylltiol mwyaf cyffredin wedi'u hamlinellu isod.

Mae **blociau cornel** yn ffordd syml o uno dau fwrdd sydd ar 90° i'w gilydd. Maen nhw'n aml yn cael eu defnyddio i uno darnau o gabinet. Mae'r bloc yn ffitio yn y gornel, rhwng y ddau ddarn, ac mae tair sgriw yn cael eu gyrru i mewn; un i'r silff a dwy i ochr y cabinet. Er bod blociau cornel yn hawdd eu defnyddio, maen nhw'n llai deniadol na dulliau eraill am ei bod yn hawdd eu gweld nhw. Mae diffyg trwch y defnydd sy'n cael ei uno hefyd yn gallu achosi anawsterau â hyd y sgriwiau.

Mae'r **clo cam** yn ffordd gryfach a mwy deniadol o uno darnau o gabinet at ei gilydd. Caiff peg ei sgriwio i mewn i dwll sydd wedi'i ddrilio ymlaen llaw ar du mewn y cabinet. Bydd pen arall y peg yn cael ei lithro i dwll ym mhen y silff. Yna caiff cam ei ffitio mewn twll mwy sydd wedi'i ddrilio yn wyneb y silff. Wrth i'r cam gael ei droi â thyrnsgriw, mae'n cydio yn y rhic ym mhen y peg ac yn tynnu'r peg ac ochr y cabinet yn erbyn pen y silff.

Mae **ffitiad sgan** yn enw arall ar 'hoelbren groes a bollt' neu 'nyten baril a bollt caeth'. Mae'n ffordd arall o uno dau ddarn at ei gilydd ar 90°. Yn aml, mae'n cael ei ddefnyddio i uno coes bwrdd at reilen, neu ben gwely at ffrâm y gwely. Caiff baril alwminiwm ei gosod mewn twll sydd wedi'i ddrilio ymlaen llaw yn ochr y ffrâm. Yna caiff sgriw Allen ei hanfon drwy dwll yn y goes, i mewn i dwll ym mhen y ffrâm. Mae'n rhaid gofalu bod y twll ag edau ynddo yn y faril alwminiwm wedi'i alinio â'r sgriw Allen. Mae tynhau'r sgriw Allen yn tynnu'r goes i'w lle ar ben y ffrâm.

Mae **plât cornel** yn ffordd gyflym o uno top coes bwrdd at y ffrâm o dan dop y bwrdd. Mae'r diagram yn Ffigur 4.87 yn dangos bwrdd a'i ben i lawr. Mae'r plât yn cael ei sgriwio ar y ddau ddarn o'r ffrâm, ac mae'r goes yn cael ei thynnu'n dynn yn erbyn y darnau o'r ffrâm drwy dynhau'r nyten ar y rhoden ag edau arni sydd ar goes y bwrdd.

Effeithiau parhaol ar gyfer pren

Laminiadu ac agerblygu

Gellir gwneud troeon cymhleth mewn pren drwy ddefnyddio **laminiadu**. Rhaid dewis y pren cywir, sef pren caled â graen agos fel ffawydd. Defnyddir laminiadu i wneud darnau crwm o ddodrefn sy'n anarferol a diddorol.

CBAC TGAU Dylunio a Thechnoleg

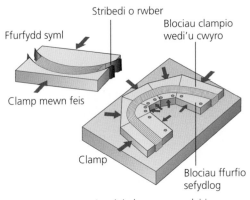

Ffurfydd syml

Stribedi o rwber

Blociau clampio wedi'u cwyro

Clamp mewn feis

Clamp

Blociau ffurfio sefydlog

Laminiadu coesau cadeiriau

Ffigur 4.88 Proses laminiadu

Ffigur 4.89 Cadair wedi'i laminiadu

Yn gyntaf, mae angen cynhyrchu ffurfydd. Mae hyn yn waith ychwanegol sy'n cymryd amser, arian, adnoddau a sgìl. Oherwydd y ffactorau hyn, fel rheol dydy eitemau ddim yn cael eu laminiadu oni bai bod angen sypiau o gynhyrchion. Caiff y ffurfydd ei wneud o ddefnydd gwydn fel pren amlhaenog a'i glampio at ei gilydd gan ddefnyddio clampiau G neu letemau.

Yn gyntaf, mae'r pren yn cael ei lifio'n stribedi tenau o'r enw argaenau. Gan fod yr argaenau mor denau, maen nhw'n plygu'n rhwydd o gwmpas y ffurfydd. Dylai pob argaen fod ychydig bach yn hirach a lletach na'r cynnyrch terfynol i ganiatáu ar gyfer ei orffennu. Mae'r argaenau'n cael eu gludo a'u clampio yn y ffurfydd, a'u gadael i sychu. Ar ôl iddyn nhw sychu, mae'r laminiad yn cael ei dynnu o'r ffurfydd a'i drimio a'i orffennu.

Mae **agerblygu** yn ein galluogi i blygu darn solet o bren. Eto, mae dewis y math o bren yn bwysig; mae angen iddo fod yn bren cryf fel derw, ynn neu ffawydd. Fel wrth laminiadu, mae angen cynhyrchu ffurfydd, sy'n golygu mai dim ond ar gyfer swp-gynhyrchu mae'r dull hwn wir yn addas.

Yn gyntaf, mae'r pren yn cael ei ageru mewn blwch ager. Yn nodweddiadol, bydd hyn yn cymryd rhai oriau i wneud y pren yn ddigon hyblyg i gael ei blygu i mewn i'r ffurfydd. Yna caiff ei glampio yn ei le a'i adael i sychu'n llwyr. Ar ôl iddo sychu, gallwn ni ei dynnu o'r ffurfydd a'i drimio a'i orffennu.

Argaenu

Gallwn ni hefyd ddefnyddio argaenau pren fel ffordd o wella ymddangosiad pren. Mewn diwydiant, byddai dodrefn wedi'u masgynhyrchu i'w cydosod gan y cwsmer yn cael eu gwneud yn gyntaf o bren cyfansawdd fel MDF, cyn gludo argaen o bren go iawn at yr arwyneb. Mae hyn yn gwneud i'r dodrefnyn edrych fel ei fod wedi'i wneud o bren naturiol drud fel derw. O ganlyniad bydd y dodrefn yn llawer rhatach.

Mae'n hawdd argaenu yng ngweithdy'r ysgol drwy gymryd pren cyfansawdd ac argaen o bren go iawn a'u gludo nhw at ei gilydd â naill ai adlyn cyswllt neu PVA.

Dulliau dros dro o uno polymerau

Nytiau, bolltau, sgriwiau set a wasieri

Gallwn ni drin polymerau fel metel gan ddefnyddio nytiau, bolltau, sgriwiau set a wasieri i'w bolltio nhw at ei gilydd. Mae'r rhain yn tueddu i fod â phennau mwy na bolltau confensiynol fel bod y gwasgedd yn cael ei wasgaru dros arwynebedd arwyneb mwy.

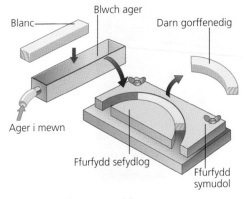

Blanc

Blwch ager

Darn gorffenedig

Ager i mewn

Ffurfydd sefydlog

Ffurfydd symudol

Ffigur 4.90 Proses agerblygu

Tabl 4.91 Bolltau â phennau mawr a wasieri

Ffigur 4.92 Nytiau a bolltau neilon

Mae nytiau a bolltau hefyd yn gallu cael eu gwneud o bolymer. Mae neilon yn ddefnydd cyffredin ar gyfer y nytiau a'r bolltau sy'n dal platiau rhif ar geir. Mae gan y rhain y fantais o fod yn hollol wrth-ddŵr gyda'r gallu i wrthsefyll cyrydiad, a gallan nhw fod yr un lliw â'r plât rhif.

Sgriwiau hunandapio

Gallwn ni hefyd ddefnyddio sgriwiau hunandapio i sgriwio polymerau at ei gilydd. Does dim angen gwneud edau sgriw ar gyfer sgriw hunandapio oherwydd mae ganddi edau sgriw galed sy'n ei galluogi i dorri ei hedau ei hun drwy ddefnyddiau meddal fel polymer.

Ffigur 4.93 Sgriwiau hunandapio

Gosodion trim paneli

Mae'r diwydiant ceir yn defnyddio llawer o osodion (*fixings*) trim paneli. Y gosodion pwrpasol hyn sy'n dal y paneli polymer at ei gilydd mewn car. Maen nhw'n gallu cael eu tynnu i ffwrdd yn gyflym ac yn rhwydd ar gyfer gwaith cynnal a chadw, ac maen nhw'n rhad iawn.

Rhybedion

Gallwn ni rybedu polymerau at ei gilydd drwy ddefnyddio nifer o dechnegau gwahanol. Mae proses draddodiadol rhybedu yn gallu dal llenni polymer at ei gilydd, ond dim ond gyda rhybedion alwminiwm. Byddai rhybedion dur yn rhy galed, byddai angen gormod o forthwylio a bydden nhw'n debygol o gracio'r polymer.

Mae rhybedion pop wedi'u gwneud o alwminiwm, ac maen nhw'n wag yn y canol. Dim ond ychydig bach o rym sydd ei angen i'w rhoi nhw yn eu lle, ac felly maen nhw'n ddelfrydol i ddal llenni polymer at ei gilydd. Mantais arall sydd ganddyn nhw yw'r gallu i ddal llenni at ei gilydd yn 'ddall', h.y. pan dydych chi ddim yn gallu mynd at y cefn. Gweler Cydosod a chydrannau ym Mhennod 2 Adran (g) am ragor o fanylion am y dechneg rhybedu pop.

Ffigur 4.94 Colfach polymer

Colfachau

Gallwn ni ddefnyddio colfachau polymer gyda defnyddiau tebyg, ond gallan nhw hefyd fod yn addas i'w defnyddio gyda metelau a phrennau. Mae'n bosibl y bydd priodweddau'r polymer yn fwy addas i'r cymhwysiad na metel (er enghraifft, yn ysgafnach a ddim yn cyrydu). Un o fanteision defnyddio colfach polymer gydag eitem polymer yw y gallwch chi ddefnyddio adlyn i uno'r ddwy eitem at ei gilydd yn hytrach na gorfod ychwanegu nytiau a bolltau neu daclau tebyg.

Cliciedau

Mae clicied yn ffordd o gau drysau, droriau a chaeadau. Mae nifer o wahanol fathau o gliciedau, gan gynnwys clicied bêl, clicied sbring a chlicied fagnetig.

Ffigur 4.95 Clicied bêl

Ffigur 4.96 Clicied sbring

Ffigur 4.97 Clicied fagnetig

Dulliau parhaol o uno polymerau

Gallwn ni ludo, rhybedu a weldio polymerau at ei gilydd i ffurfio uniad parhaol.

Gallwn ni ddefnyddio amrywiaeth o **adlynion** i'w gludo, ond mae nifer o ludion penodol sydd wedi'u ffurfio'n arbennig i'w defnyddio gyda rhai polymerau, fel Weld-On 4 sydd i'w ddefnyddio gydag acryligion.

Mae **weldio** yn ffordd arall o uno polymerau yn barhaol. Yng ngweithdy'r ysgol, yr unig ddull cyfleus i weldio polymerau yw weldio â hydoddydd. Mae sment tensol (deucloromethan a methyl methacrylad) yn hydoddydd clir sy'n rhoi bond effeithiol iawn wrth ei ddefnyddio gydag acrylig (PMMA). Dylid clirio unrhyw lwch a baw oddi ar arwynebau'r polymer a defnyddio sbatwla i roi'r sment hydoddydd arno. Yna mae'r ddau arwyneb yn cael eu gwasgu a'u dal at ei gilydd. Mae'r hydoddydd yn toddi'r ddau arwyneb ac maen nhw'n asio at ei gilydd, gan greu uniad weldio. Mae nifer o faterion iechyd a diogelwch yn gysylltiedig â hyn, ac mae'n rhaid i chi wisgo'r PPE cywir a gwneud yn siŵr eich bod chi'n dilyn yr holl weithdrefnau iechyd a diogelwch perthnasol.

Mae dulliau masnachol o weldio polymerau thermoffurfiol yn cynnwys defnyddio gwn aer poeth i doddi'r ddau arwyneb neu ddefnyddio clampiau metel poeth i ffurfio sêl ar lenni polymer tenau.

Y turn canol

Mae'n bosibl iawn y byddwch chi wedi defnyddio'r turn canol i beiriannu cydrannau metel, ond mae yr un mor dda i beiriannu polymer. Rydyn ni'n ei ddefnyddio i wneud cydrannau crwn o ddarnau o far polymer. Mae'r crafanc yn gallu dal gwahanol ffurfiau stoc wrth iddo droelli o gwmpas. Yna, mae erfyn torri yn gallu gwneud amrywiaeth o weithredoedd turnio.

Y peiriant melino

Efallai y byddwch chi wedi defnyddio'r peiriant melino eisoes wrth beirannu metel, ond gall gyflawni'r un gweithrediadau ar bolymerau. Gallwn ni ddefnyddio peiriannau melino i dorri rhychau a rhigolau, ymylon peiriant ac arwynebeddau arwyneb mawr llyfn.

Gall feis peiriant sydd wedi'i bolltio i lawr ar fwrdd y peiriant melino ddal darnau gwaith bach. Caiff darnau gwaith mwy eu bolltio yn uniongyrchol ar y bwrdd.

Yn aml, caiff porthiant awtomatig ei ddefnyddio gyda'r math hwn o beiriant. Mae hyn yn sicrhau cynnal y cyflymder torri cywir, gan roi gorffeniad arwyneb manwl gywir.

Mowldio chwistrellu, ffurfio â gwactod a gwasgfowldio

I gael gwybodaeth am fowldio chwistrellu, ffurfio â gwactod a gwasgfowldio, gweler Prosesau ar gyfer cynhyrchion a chydrannau polymer yn Adran (ff) yn y bennod hon.

Plygu papur a cherdyn

Plygu yw'r ffordd fwyaf cyffredin o **anffurfio** papur a cherdyn tenau. Mae'n hawdd plygu papur a cherdyn tenau â llaw. Wrth blygu cerdyn mwy trwchus, mae rhicio'r defnydd yn gyntaf â llafn cyllell bŵl neu wrthrych arall â min pŵl yn helpu i sicrhau plyg glân, siarp.

Gallwn ni blygu bwrdd ewyn drwy dorri'r ewyn mewn un o ddwy ffordd:
- Mae torri colfach yn golygu torri rhan o'r ffordd drwy'r bwrdd ewyn fel bod haen isaf y cerdyn yn gweithredu fel colfach a'r cerdyn yn gallu cael ei blygu am yn ôl.
- Mae torri V yn golygu gwneud toriad siâp 'V' yn y bwrdd ewyn a thynnu'r defnydd allan. Yna gellir plygu'r bwrdd ewyn tuag i mewn â phlyg glân, taclus.

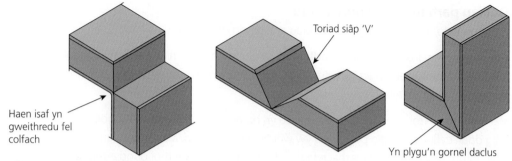

Haen isaf yn gweithredu fel colfach

Toriad siâp 'V'

Yn plygu'n gornel daclus

Ffigur 4.98 Torri colfach   Ffigur 4.99 Torri V

Mae'n amhosibl plygu ewyn PVC heb dorri drwyddo yn rhannol, mewn modd tebyg i fwrdd ewyn. Yn yr un modd, dydy hi ddim yn hawdd plygu corriflute ond gall fod yn bosibl drwy dorri darn o'r defnydd o'r haen uchaf rhwng y rhychau er mwyn cael plygu'r defnydd tuag yn ôl neu tuag ymlaen. Does dim modd plygu ewyn styro.

Gweithgaredd

- Cymerwch ddarn o fwrdd ewyn.
- Gan ddefnyddio cyllell grefft a riwl ddiogelwch, ymarferwch dorri toriad siâp V (heb fynd yr holl ffordd drwodd) i mewn i'r ewyn fel ei fod yn plygu i roi ongl sgwâr berffaith.
- Defnyddiwch lud PVA a phinnau i'w ddal yn ei le nes bod y glud yn sychu.
- Ar ôl perffeithio hyn, ceisiwch wneud model syml o dŷ gan ddefnyddio'r un dull.

Uno papur a bwrdd

Adlynion

Mae nifer o fathau o adlynion ar gael ar gyfer papurau a byrddau. Mae gludion gwahanol yn addas i gynhyrchion a dibenion gwahanol. Mae manylion am briodweddau amrywiaeth o adlynion yn Nhabl 4.13.

Adlyn	Cyfrwng	Priodweddau
Ffyn glud	Papur a cherdyn tenau	<ul><li>Hawdd ei ddefnyddio, rhad a dim llanast</li><li>Dim ond ar gyfer papur a cherdyn tenau iawn mae'n ddigon cryf</li><li>Yn gallu dod yn rhydd dros amser</li><li>Mae darnau'n gallu torri i ffwrdd a gwneud yr arwyneb yn anwastad</li><li>Yn caledu'n gyflym</li></ul>
Gludion chwistrellu	Papur a cherdyn tenau	<ul><li>Yn creu haen ysgafn, gyson</li><li>Yn gallu bod yn barhaol neu dros dro</li><li>Yn caledu'n gyflym</li><li>Yn gallu bod yn flêr</li></ul>
Glud PVA	Cerdyn mwy trwchus, cardbord rhychiog, bwrdd ewyn, ewyn styro	<ul><li>Yn sychu'n glir</li><li>Dim ond haen denau sydd ei hangen</li><li>Rhad</li><li>Gellir ei wanhau â dŵr</li></ul>

Adlyn	Cyfrwng	Priodweddau
Gynnau glud poeth	Cerdyn trwchus, corriflute	● Yn caledu'n gyflym ● Yn gallu llosgi'r defnydd a'r defnyddiwr ● Fersiynau toddiant oer ar gael ● Ffyn glud lliw ar gael
Glud cyanoacrylad (superglue)	Corriflute, ewyn PVC	● Yn caledu'n gyflym ● Bond cryf iawn ● Oes silff fer (tuag 1 flwyddyn)
Sment polystyren	Corriflute, ewyn PVC	● Yn sychu'n gyflym ● Gorffeniad clir
Adlyn cyswllt	Corriflute, ewyn PVC	● Rhaid ei roi ar y ddau arwyneb ● Mae angen iddo galedu'n rhannol cyn uno ● Yn bondio ar unwaith ● Does dim angen clampio
Resin epocsi	Corriflute, ewyn PVC	● Mae angen ei gymysgu â chaledwr ● Bond cryf iawn ● Yn rhyddhau mygdarthau cryf

Tabl 4.13 Priodweddau adlynion

Styffylau

Stribedi tenau o fetel siâp U i'w defnyddio mewn styffylwr yw styffylau. Caiff y styffylwr ei gau o gwmpas dalennau'r defnydd a chaiff y styffylau eu gorfodi drwy'r papur ac yna eu plygu i ddal y darnau at ei gilydd. Mae styffylau o wahanol feintiau a chryfderau ar gael, o rai ysgafn sy'n addas i uno rhai dalennau o bapur i rai cryf sy'n gallu mynd drwy gerdyn trwchus yn ogystal â phren ac MDF.

Rhybedion plastig

Gallwn ni ddefnyddio rhybedion plastig (rhybedion clic) i ddal byrddau mwy trwchus at ei gilydd, gan gynnwys corriflute a bwrdd ewyn. Mae llawer o wahanol fathau a dyluniadau o rybedion plastig, ond mae gan y rhan fwyaf ohonyn nhw lawes sy'n cael ei gwthio drwy dwll yn y defnyddiau sydd i'w huno. Yna caiff darn mewnol ei osod yn y llawes. Mae hwn yn gorchuddio un pen ac yn gwthio ar agor yn y pen arall, gan gloi'r dalennau at ei gilydd.

Ffigur 4.100 Rhybedion clic

Boglynnu a phantio

Mae boglynnu a phantio yn creu delwedd dri dimensiwn rydyn ni'n gallu ei gweld a'i theimlo ar bapur a cherdyn. Bydd boglynnu yn creu darn wedi'i godi ar y papur neu'r cerdyn sy'n sefyll allan ychydig bach. Bydd pantio yn cael yr effaith groes i hyn ac yn creu darn suddedig neu is. Gall y ddwy dechneg greu effeithiau gweledol trawiadol.

Mae'r broses boglynnu a phantio yn defnyddio dau ffurfydd metel (gwryw a benyw) sy'n ffitio i'w gilydd yn berffaith yn siâp y dyluniad gofynnol. Caiff y cerdyn ei osod rhwng y ddau ffurfydd ac mae gwres a gwasgedd yn cael eu rhoi arno (gweler Ffigur 4.102). Mae hyn yn gwasgu ac yn anffurfio ffibrau'r defnydd i siâp y ffurfwyr.

Ffigur 4.101 Cerdyn busnes yn dangos boglynnu a phantio

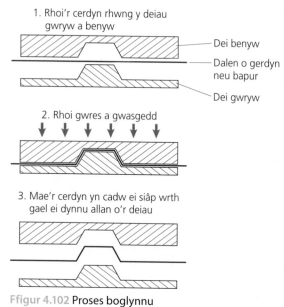

1. Rhoi'r cerdyn rhwng y deiau gwryw a benyw

Dei benyw

Dalen o gerdyn neu bapur

Dei gwryw

2. Rhoi gwres a gwasgedd

3. Mae'r cerdyn yn cadw ei siâp wrth gael ei dynnu allan o'r deiau

Ffigur 4.102 Proses boglynnu

Dulliau rhwymo

Gallwn ni argraffu dogfennau a chynhyrchion graffigol sy'n cynnwys tua deg tudalen neu lai mewn fformat mwy a'u styffylu nhw at ei gilydd i lawr y canol i greu llyfryn.

Os oes gan ddogfen fwy o dudalennau na hyn, mae gwahanol ddulliau rhwymo'n cael eu defnyddio'n fasnachol ar gyfer llyfrau, cylchgronau a chyhoeddiadau mawr eraill. Mae'r rhan fwyaf o gyhoeddiadau'n cael eu gwnïo at ei gilydd. Bydd yr union dechneg yn dibynnu ar nifer y tudalennau sydd eu hangen:

- **Pwytho cyfrwy** yw'r dull mwyaf cyffredin a'r rhataf. Mae'n gweithio mewn ffordd debyg i styffylu, gan fod gwifren denau'n mynd drwy'r meingefn allanol ac yna'n cael ei phlygu'n fflat ar y plyg canol mewnol i ddal y tudalennau i gyd.
- Mae **pwytho dolen** yn gweithio mewn ffordd debyg i bwytho cyfrwy, ond mae'r wifren yn cael ei hedafu drwodd i greu dolenni ar hyd y meingefn allanol, sydd yna'n gallu cael ei ddal mewn ffeil fodrwy. Mae'r dull hwn yn caniatáu ychwanegu mwy o dudalennau yn ddiweddarach.

- Mae **pwytho ochr neu bwytho taro** yn defnyddio gwifren sy'n cael ei gorfodi drwy flaen pob tudalen ac yna ei phlygu'n fflat. Yn aml caiff darn ei ychwanegu ar hyd ymyl y ddogfen i orchuddio'r gwifrau.
- Mae **rhwymo gwniedig** yn debyg i bwytho cyfrwy, ond mae'n defnyddio edau yn lle gwifren. Mae'r ddogfen yn cael ei phwytho yr holl ffordd i lawr y meingefn ag un edau ddi-dor.

Os oes gan ddogfen nifer mawr o dudalennau, fel nofel neu lyfr clawr caled, caiff ei rhwymo fesul cam. Mae'r tudalennau'n cael eu rhannu'n adrannau bach, neu raniadau rhwymo (*signatures*) ac mae pob rhaniad rhwymo yn cael ei roi at ei gilydd gan ddefnyddio un o'r dulliau uchod. Yna caiff un o'r dulliau isod ei ddefnyddio i uno'r rhaniadau at ei gilydd:

- **Rhwymo perffaith** yw gludo'r rhaniadau rhwymo gyda'i gilydd mewn clawr am-lap.
- Mae **rhwymo tâp** yn debyg i rwymo perffaith ond mae'n lapio tâp adlynol o gwmpas y rhaniadau rhwymo i'w dal nhw i gyd yn eu lle.
- Mae **rhwymo cas** yn golygu gludo'r rhaniadau rhwymo at bapurau terfyn, sydd yna'n cael eu gludo at feingefn clawr y llyfr. Mae hyn yn fwyaf cyffredin mewn llyfrau clawr caled.

Mae rhwymo modrwy neu rwymo crib yn golygu pwnsio tyllau ar hyd ymylon y tudalennau a rhoi modrwy droellog neu rwymwr crib plastig i mewn i ddal y tudalennau at ei gilydd yn llac. Mantais y math hwn o rwymo yw y gellir plygu'r tudalennau'r holl ffordd yn ôl heb ddifrodi'r meingefn. Mae hwn yn ddull cyffredin mewn atlasau ffordd.

Mae meingefn plastig yn ddarn o blastig siâp U sy'n gallu cael ei dynnu ar wahân i ddal y tudalennau sy'n cael eu rhoi yn y canol yn dynn. Maen nhw'n hawdd eu gosod ond yn gallu llacio dros amser.

Mae rhwymo stydiau (neu rwymo sgriwiau neu rwymo pyst) yn ddull cryf iawn o uno tudalennau. Caiff tyllau eu drilio drwy'r tudalennau i gyd cyn gwthio styden drwodd a ffitio cap pen. Gyda'r dull hwn, mae angen ymyl ddigon llydan ar ymyl chwith y dudalen ar gyfer y stydiau, felly fydd y rhan hon o'r dudalen ddim i'w gweld ar ôl rhwymo.

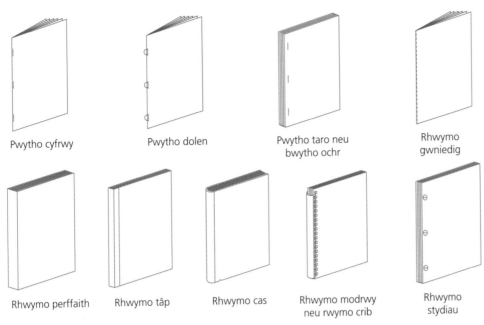

| Pwytho cyfrwy | Pwytho dolen | Pwytho taro neu bwytho ochr | Rhwymo gwniedig |

| Rhwymo perffaith | Rhwymo tâp | Rhwymo cas | Rhwymo modrwy neu rwymo crib | Rhwymo stydiau |

Ffigur 4.103 Gwahanol ddulliau rhwymo

Gweithgareddau

1 Casglwch nifer o hen gylchgronau neu lyfrau. Edrychwch yn ofalus ar y meingefn a cheisiwch adnabod y math o ddull rhwymo sydd wedi'i ddefnyddio ar gyfer pob un.

2 Ewch i nôl paent glas (i gynrychioli cyan), coch (i gynrychioli magenta) a melyn.

Cymysgwch symiau bach o bob un i geisio gwneud yr holl sbectrwm lliw, h.y. coch, oren, melyn, gwyrdd, glas, fioled.

Nawr ceisiwch wneud lliwiau eraill, fel brown a llwyd, gan ddefnyddio'r un tri lliw cychwynnol.

PWYNTIAU ALLWEDDOL
- Mae llawer o lifiau sy'n gallu torri pren ac mae'n bwysig gallu paru'r llif cywir â'r broses.
- Mae cynion a phlaeniau yn helpu i siapio a llyfnhau pren.
- Mae sandwyr disg, sandwyr belt a llifanwyr linish yn llyfnhau arwynebau pren yn fecanyddol.
- Mae jigiau a phatrymluniau'n cyflymu'r broses wneud ac yn helpu i gyflawni cysondeb.
- Mae mesur a marcio yn fanwl gywir yn hanfodol er mwyn cyflawni cynnyrch o ansawdd da.
- Gallwn ni newid siâp metelau drwy wastraffu. Mae hyn yn golygu tynnu metel i ffwrdd gan ddefnyddio amrywiaeth o offer a chyfarpar, fel llifiau, ffeiliau a driliau.
- Gallwn ni hefyd newid siâp metelau drwy ychwanegu. Mae hyn yn golygu uno metelau â'i gilydd mewn prosesau fel bolltio, sgriwio, rhybedu, sodro a weldio.
- Mae gweithgynhyrchu drwy gymorth cyfrifiadur (CAM) yn defnyddio peiriannau CNC i siapio metel drwy durnio, melino a thorri. Mae CAM yn gyflym, yn fanwl gywir ac yn gyson, ond mae'n ddrud ei gydosod.
- Gallwn ni blygu pren drwy agerblygu a laminiadu.
- Gallwn ni uno polymerau dros dro drwy ddefnyddio nytiau, bolltau, wasieri, sgriwiau, rhybedion, colfachau a chliciedi.
- Gallwn ni ludo, rhybedu a weldio polymerau at ei gilydd i ffurfio uniad parhaol.
- Gallwn ni blygu papur a cherdyn, neu eu huno nhw ag adlynion, styffylau, rhybedion neu rwymiadau.

Angen gwybod

1 Pam mae hi'n bwysig mesur trwch defnydd polymer cyn defnyddio torrwr laser arno?

2 Enwch a disgrifiwch y gwahanol fathau o lifiau a ddefnyddir i dorri pren.

3 Rhestrwch fanteision ac anfanteision defnyddio dril di-wifr.

4 Esboniwch sut mae cymhorthion cynhyrchu fel jigiau drilio'n effeithio ar weithgynhyrchu cynnyrch metel.

5 Esboniwch y termau datwm, ymyl wyneb, ochr wyneb.

6 Enwch ddau ddull parhaol a dau amharhaol o uno metel.

7 Esboniwch sut i laminiadu pren.

(ng) Triniaethau a gorffeniadau arwyneb priodol y gellir eu rhoi at ddibenion swyddogaethol ac esthetig

Triniaethau arwyneb a phrosesau gorffen ar gyfer metelau

Trocharaenu

Mae hwn yn ychwanegu haen denau o bolymer polyethylen dros arwyneb y metel. Caiff y darn sydd i'w araenu ei lanhau ac yna ei wresogi i 200°C cyn cael ei drochi mewn baddon llifol (chwythu aer drwyddo) o bowdr polyethylen am rai eiliadau. Mae'r gwres yn gwneud i'r powdr lynu at y metel, ac maen nhw'n asio â'i gilydd i roi arwyneb llyfn, sgleiniog, lliwgar sy'n gwarchod y metel. Mae handlenni offer yn aml yn cael eu trocharaenu i roi gwell gafael.

Araenu â phowdr

Proses **orffennu** fasnachol yw araenu â phowdr. Mae'r eitem i'w haraenu yn cael gwefr electrostatig, a chaiff y paent ei roi arni ar ffurf powdr. Caiff y powdr ei atynnu at y gwrthrych wedi'i wefru, lle mae'n ffurfio haen wastad. Yna mae'r gwrthrych yn mynd drwy ffwrn, lle mae'r paent yn caledu. Mae hyn yn rhoi gorffeniad mwy gwydn na dulliau peintio eraill a gellir ei ddefnyddio ar nifer o fetelau.

Galfanu

Mae **galfanu** yn ffordd ragorol o amddiffyn darnau dur rhag rhydu. Caiff y dur ei drochi mewn baddon o sinc tawdd, sy'n rhoi lliw llwyd llachar i'r arwyneb. Mae llawer o gynhyrchion awyr agored, fel gatiau a ffensys dur, wedi'u galfanu. Mae'r sinc yn fwy adweithiol na'r dur mae'n ei araenu, ac felly mae'n cyrydu'n gyflymach sy'n golygu bod y dur yn cael ei amddiffyn rhag cyrydu am gyfnod a bod yr araen sinc yn diraddio gyntaf. Y realiti yw fod hyn yn amddiffyn y metel gwaelodol dros dro. Yma gellir cyfeirio at y sinc fel anod aberthol sy'n cyrydu'n gyflymach na'r dur ac felly'n gwarchod y metel oddi tano.

Anodeiddio

Proses electrolysis yw hwn lle caiff darnau alwminiwm eu trochi mewn baddon cemegol a cherrynt trydanol ei yrru drwy'r cynnyrch sy'n cael ei anodeiddio. Mae arwyneb yr alwminiwm yn ocsidio, i ffurfio arwyneb caled sy'n gallu gwrthsefyll traul a chrafiadau. Gellir ychwanegu llifynnau lliw yn ystod y broses i roi gorffeniad metelig sgleiniog deniadol i'r arwynebau.

Enamlo

Dyma ffordd o orffennu metel sy'n fwyaf cysylltiedig â gemwaith addurnol. Gellir hefyd ei ddefnyddio fel gorffeniad ar rai offer cegin, baddonau a nwyddau i'r cartref. Mae enamlo'n golygu rhoi araen o bowdr gwydr ar fetel ac yna ei danio mewn odyn neu ffwrn boeth. Ar ôl eu gwresogi i tuag 850°C, mae'r gronynnau gwydr yn

Ffigur 4.104 Offer â handlenni wedi'u trocharaenu

Ffigur 4.105 Tanc galfanu

ymdoddi ac yn asio â'i gilydd ac ar ôl oeri maen nhw'n rhoi gorffeniad arwyneb gwydn. Yn debyg i'r rhan fwyaf o ddefnyddiau caled, gall y gorffeniad enamel fod yn eithaf brau ac weithiau bydd yn sglodi neu'n cracio os yw'r metel oddi tano'n rhy hyblyg.

Gorffennu dur du ag olew

Mae 'duo' yn enw mwy cyffredin ar hyn ac mae'n cyfeirio at y broses o orchuddio metel fferrus â sylwedd o'r enw ocsid du. Mae'r ocsid du yn gwrthsefyll cyrydiad, ac felly mae'n gwarchod y gydran fetel rhag rhydu. Gallwn ni ddefnyddio proses boeth neu oer i'w ychwanegu, ond mae'r broses boeth yn defnyddio rhai cemegion niweidiol ac felly mae'r broses oer yn mynd yn fwy cyffredin. Yn y broses oer mae'r gydran fetel, sef dur carbon isel fel rheol, yn cael ei throchi mewn cyfres o faddonau o hydoddiant sy'n amrywio o ddefnydd glanhau alcalïaidd, drwy'r swbstrad ocsid du ac yn olaf baddon o seliwr.

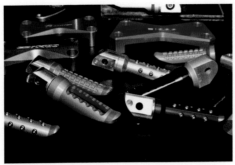
Ffigur 4.106 Amrywiaeth o gydrannau beic wedi'u hanodeiddio

Un o fanteision y broses dduo yw fod yr araen arwyneb yn denau dros ben ac felly prin bod y gorffeniad arwyneb yn effeithio o gwbl ar gyfanswm maint y gydran. Mae hyn yn ei gwneud hi'n ddelfrydol mewn cymwysiadau lle mae angen i ddimensiynau'r darn terfynol fod yn fanwl gywir, fel darnau o beiriannau, dalwyr offer a gwaith metel pensaernïol.

Peintio

Gallwn ni beintio metelau naill ai â brwsh neu drwy eu chwistrellu nhw, fel rheol drwy roi **paent preimio**, tanbaent a chot uchaf. Mae angen paratoi metelau'n ofalus. Mae angen cael gwared ag unrhyw saim a baw ac mae angen llyfnhau arwynebau garw â llifanydd, ffeil a chlwt emeri. Cyn peintio, mae angen llenwi tolciau a thyllau â llenwad priodol. Mae hyn yn arbennig o bwysig wrth chwistrellu, gan fod yr haenau paent tenau'n tueddu i amlygu namau. Paratoi i chwistrellu neu beintio yw 90 y cant o'r gwaith. Yna gellir ychwanegu'r paent preimio, sy'n rhoi arwyneb llyfn i'r cotiau dilynol lynu ato. Weithiau gall paent preimio fod yn lliw coch os oes sinc wedi'i ychwanegu ato. Mae'r sinc yn ychwanegu rhywfaint o amddiffyniad rhag cyrydu i'r metel (ar gyfer dur fel rheol).

Ffigur 4.107 Mwg wedi'i enamlo

Gweithgaredd

Enwch bump o gynhyrchion yn y gweithdy sydd wedi cael eu trocharaenu.

Triniaethau arwyneb ar gyfer pren naturiol a chyfansawdd

Yn gyffredinol, rydyn ni'n rhoi gorffeniadau arwyneb ar ddefnydd naill ai i'w warchod neu i wella ei ymddangosiad esthetig. Yn yr awyr agored, mae llawer o frennau'n gallu cael eu difrodi gan yr elfennau neu gan ymosodiadau gan bryfed. Yn yr achosion hyn, gall roi gorffeniad helpu i gynyddu gwydnwch y pren. Mae hefyd yn ddefnydd sy'n gallu cael ei ddewis am ei ymddangosiad esthetig. Gyda lliw a graen deniadol pren, mae rhai gorffeniadau arwyneb tryloyw yn gallu gwella'r patrwm graen naturiol, ac eraill yn gallu newid ei liw neu ei ymddangosiad gan ddibynnu sut mae'n cael ei ddefnyddio.

Ffigur 4.108 Peintio â llaw

Mae'n anghyffredin defnyddio cynnyrch pren heb roi rhyw fath o orffeniad arwyneb neu driniaeth iddo, ond mae cedrwydd yn un pren sydd i'w weld yn aml heb ei orffennu mewn cymwysiadau awyr agored fel cladin adeiladau. Mae cedrwydd yn cynnwys olewau naturiol sy'n helpu i'w warchod rhag difrod gan yr elfennau ac mae'n gwrthsefyll ymosodiadau gan bryfed yn naturiol.

Ffigur 4.109 Adeilad modern wedi'i orchuddio â chedrwydd

Ffigur 4.110 Paratoi arwyneb pren â phapur sgraffinio

Paratoi'r arwyneb

Cyn rhoi gorffeniad ar arwyneb pren, mae angen sicrhau bod yr arwyneb yn llyfn ac yn wastad. Gall gorffeniad dynnu sylw at unrhyw amherffeithrwydd yn yr arwyneb, fel crafiadau a tholciau. Os defnyddir gorffeniad clir fel farnais neu olew, mae'n bwysig hefyd cael gwared â phob marc pensil a beiro oddi ar yr arwyneb.

I sicrhau arwyneb llyfn a gwastad ar bren naturiol ac ar ymylon pren cyfansawdd, plaen llyfnhau llym ar osodiad mân yw'r mwyaf effeithlon. Ar arwyneb crwm, neu wyneb pren cyfansawdd, papur sgraffinio neu bapur gwydr yw'r gorau. Bydd angen dechrau â phapur gwydr grit bras (60 neu 80 grit) a gweithio'ch ffordd at bapur gwydr mân (400 grit). Os oes patrwm graen naturiol ar yr arwyneb, mae'n bwysig sandio i gyfeiriad y graen. I helpu i wneud arwyneb yn wastad, gellir lapio'r papur gwydr o gwmpas bloc corcyn neu bren.

I sandio graen pen ar ddarn o bren naturiol, mae sandiwr disg yn effeithiol iawn. Yna mae angen cael gwared â'r crafiadau mae'r sandiwr wedi'u gadael drwy ddefnyddio papur gwydr mân wedi'i lapio o gwmpas bloc. Bydd angen glanhau llwch oddi ar yr arwyneb yn drwyadl cyn dechrau rhoi'r gorffeniad arno.

Gorffeniadau ar gyfer pren

Wrth ddewis gorffeniad ar gyfer pren, rhaid meddwl am yr effaith rydych chi am ei chyflawni, yr amgylchedd lle caiff ei ddefnyddio, a pha fath o bren sy'n cael y gorffeniad. Os ydych chi'n defnyddio pren naturiol, neu bren haenog â haen allanol ddeniadol, efallai yr hoffech ddefnyddio gorffeniad sy'n gadael i chi weld patrwm graen naturiol y pren. Efallai yr hoffech orffeniad cwbl glir, neu un sy'n newid lliw'r pren ond yn dal i ddangos patrwm y graen. Wrth ddefnyddio'r gorffeniadau hyn, a gorffeniadau lliw, rhaid penderfynu hefyd a oes eisiau gorffeniad mat, sidan neu sgleiniog.

Staen

Mae staen yn cael ei ddefnyddio i wella neu newid lliw'r pren naturiol. Mae llawer o'r rhain yn amrywiadau ar liwiau brown, coch a du prennau caled, felly mae'n bosibl staenio pren meddal i ddynwared pren caled. Weithiau byddwn ni'n defnyddio lliwiau llachar, e.e. i wneud teganau i blant. Mae'n bwysig defnyddio'r staen yn llyfn, â chlwt neu frwsh, ac mae'n werth ei brofi yn gyntaf ar ddefnyddiau sgrap. Dydy'r staen ei hun ddim yn gwarchod y pren ryw lawer; ei brif bwrpas yw newid y lliw. Mae angen rhoi gorffeniad clir ychwanegol fel farnais neu gŵyr drosto i'w warchod. Fel arall, gallwch chi brynu farneisiau sydd â staeniau lliw ynddyn nhw. Mae'n fwy anodd rhoi'r rhain yn llyfn, gan fod pob haen o farnais yn dwysáu'r newid lliw felly mae angen rhoi cotiau gwastad iawn.

Ffigur 4.111 Mae gan gadwolion modern briodweddau gwrthyrru dŵr rhagorol

Cadwolion

Caiff y rhain eu rhoi ar bren i'w helpu i wrthyrru dŵr a lleithder ac weithiau i wrthsefyll ymosod gan bryfed. Yn draddodiadol roedd cynnyrch brown o'r enw creosot yn cael ei ddefnyddio ar siediau a ffensys. Yn ddiweddar, mae gwneuthurwyr wedi datblygu amrywiaeth ddeniadol o liwiau cadwolion, sy'n hawdd eu defnyddio â brwsh ac sy'n gwrthyrru dŵr yn effeithiol iawn.

Yn fasnachol, gellir ychwanegu cadwolion at bren mewn proses o'r enw 'tanileiddio' (trin â Tanalith). Rhoddir y pren mewn siambr wedi'i selio a chaiff y cadwolyn ei bwmpio i mewn dan wasgedd, sy'n gorfodi hylif y cadwolyn i dreiddio i gelloedd allanol y pren. Mae modd addasu lefel y treiddio, ac felly lefel yr amddiffyniad, drwy addasu'r gwasgedd a'r amser. Cewch weld yn Ffigur 4.112 sut mae'r cadwolyn wedi treiddio drwy haen allanol y decin pren.

Ffigur 4.112 Decin pren wedi'i drin â Tanalith

Dydy cadwolion sy'n cael eu rhoi ar gynhyrchion pren cyn eu gwerthu ddim yn para am byth ac maen nhw'n cael eu diraddio'n gyflym gan yr elfennau. Felly, yn aml rhaid rhoi mwy o gadwolion ar y cynnyrch drwy ei oes, ac mae nifer o baentiau cadwolyn ar gael at y diben hwn. Fel arfer caiff y rhain eu brwsio ar y cynnyrch neu gellir eu chwistrellu ar wrthrychau mawr fel ffensys.

Ffigur 4.113 Rhoi mwy o olew ar ddodrefn gardd tîc

Farnais

Gall farnais roi edrychiad tebyg i lathrydd, ond mae'n gwarchod yr arwyneb yn well. Mae hyn yn arbennig o wir am farneisiau polywrethan ac acrylig modern. Fel llathrydd, mae angen gosod y farnais mewn haenau tenau, a gadael i bob haen sychu'n drwyadl cyn sandio. Gallwn ni roi cwyr ar y got olaf i roi gorffeniad o ansawdd gwell fyth.

Olewau

Mae ychwanegu olewau'n ategu'r olewau naturiol sydd mewn prennau yn barod. Defnyddir cadach i'w rhoi ar y pren, a gellir eu gosod mewn haenau. Mae'r olew'n suddo i mewn i'r pren, gan wella ei allu i wrthyrru lleithder, heb greu haen ar ben y pren fyddai'n fflawio i ffwrdd mewn amser. Mae olew tîc yn rhagorol ar gyfer pren caled olewog fel tîc ac mae'n cael ei ddefnyddio'n aml ar gychod. Mae olew Danaidd wedi'i wneud o olew had llin yn bennaf; mae'n rhagorol ar gyfer pren goleuach ei liw ac yn addas i'w ddefnyddio dan do ac yn yr awyr agored. Mae wynebau gweithio ffawydd yn aml yn cael eu trin ag olew Danaidd. Bydd angen cot newydd o olew ar y cynhyrchion pren o dro i dro.

Llathryddion

Mae llathryddion yn gwarchod y pren ac yn pwysleisio ei batrwm a'i liw naturiol. Gall llathrydd sielac greu gorffeniad dwfn o ansawdd da; dyma lathru Ffrengig sy'n cael ei ddefnyddio ar ddodrefn o safon uchel. Fel llawer o orffeniadau pren, y ffordd fwyaf effeithiol o greu gorffeniad gwydn yw cynyddu'r gorchudd yn araf mewn haenau tenau.

Paentiau

Mae peintio yn rhoi gorffeniad lliw solet i arwyneb y pren; allwch chi ddim gweld graen y pren drwyddo os yw'r arwyneb yn wastad. Mae angen i chi ychwanegu'r paent mewn haenau, gan ddechrau â phaent preimio i selio'r pren, yna haen o danbaent, cyn o leiaf un got o baent haen uchaf. Mae gorffeniadau mat, sidan neu **sglein** yn bosibl, i adlewyrchu golau i wahanol raddau. Mae angen rhwbio'r arwyneb paent â phapur gwydr mân rhwng pob cot o baent i sicrhau gorffeniad llyfn. Os oes ceinciau yn y pren, mae angen eu trin â chuddiwr ceinciau cyn rhoi'r paent preimio er mwyn atal unrhyw nodd rhag diferu drwy'r gorffeniad paent.

Wrth ddewis paent ar gyfer pren, mae paentiau seiliedig ar olew fel arfer yn gryfach ac yn fwy gwydn, ond yn cymryd mwy o amser i sychu. Mae paent acrylig yn tueddu i sychu'n gyflymach ac mae'n aml yn ddiwenwyn, sy'n ei wneud yn addas i deganau plant.

Ffigur 4.114 Paentiau acrylig ar degan pren haenog i blant

Gellir hefyd defnyddio tun chwistrellu aerosol neu, ar arwynebau mwy, rholer i beintio. Mae paent emwlsiwn, sydd wedi'i ddylunio ar gyfer waliau tai, yn aml yn fwy addas i beintio â brwsh ar arwynebeddau mawr.

Yn fasnachol, gellir chwistrellu gorffeniadau ar bren gyda chyfarpar chwistrellu arbenigol sy'n rhedeg oddi ar gywasgydd. Yn gyffredinol, bydd dulliau masnachol yn rhoi gorffeniad gwell na brwsh neu roler. Gall y paent fod yn seiliedig ar hydoddydd neu ar ddŵr. Mae'r cyfarpar diogelu personol (**PPE**) priodol i'w wisgo yn dibynnu ar y math o baent a ddefnyddir; mae cyfarpar echdynnu aer ac anadlu yn bwysig dros ben mewn amgylchedd chwistrellu paent. Mae datblygiadau technoleg wedi golygu bod modd araenu pren â phowdr hefyd erbyn hyn

Ffigur 4.115 Mop llathru

Ffigur 4.116 Logo decal finyl

Ffigur 4.117 Mae'r cit adeiladu poblogaidd hwn yn dangos y gwahanol orffeniadau esthetig sydd ar gael i bolymerau, gan gynnwys arwynebau gweadog a manylion wedi'u sgrin-brintio

(gweler tudalen 91); mae'n gyffredin gweld dodrefn MDF a drysau ceginau wedi'u gorffennu fel hyn.

Pwyntiau i'w hystyried wrth roi gorffeniad ar bren:

- Wrth sandio pren, mae'n bwysig mynd gyda'r graen bob amser.
- Rydyn ni'n mesur pa mor arw yw papur gwydr mewn grit. Yr isaf yw'r rhif, y mwyaf garw yw'r papur.
- Mae staeniau a phaentiau'n gallu newid lliw ac ymddangosiad defnydd.
- Yn gyffredinol, rydyn ni'n defnyddio olewau i roi gorffeniad amddiffynnol.
- Mae farneisiau a phaentiau'n gallu rhoi gorffeniad mat, satin neu sglein.

Gweithgaredd

Nodwch a rhestrwch y mesurau iechyd a diogelwch dylid eu cymryd ar bob cam wrth chwistrellu darn o bren mewn amgylchedd ysgol.

Triniaethau arwyneb ar gyfer polymerau thermosodol a thermoffurfiol

Mae gan y rhan fwyaf o bolymerau eu lliw eu hunain; mae hyn yn golygu eu bod nhw'n cael eu gwneud mewn amrywiaeth o liwiau a'ch bod chi'n dewis y lliw mwyaf priodol i ddarnau wrth i chi wneud project. Mae'r rhan fwyaf o bolymerau hefyd yn eithaf da am wrthsefyll traul a dadfeiliad, felly does dim angen gorffeniad i'w gwarchod nhw fel rheol.

Llathru

Mae arwynebau polymerau yn aml yn llyfn ac yn llathredig iawn. Os ydych chi'n torri llen bolymer, naill ai ag offer llaw neu â thorrwr laser, fel rheol bydd angen i chi lyfnhau'r ymyl â ffeil a/neu bapur sgraffinio cyn ei llathru ar beiriant bwffio.

Mae llathru â fflam yn ffordd arall o orffennu ymylon polymerau. Yn y broses hon, mae ymyl y polymer yn dod i gysylltiad â fflam noeth, sy'n toddi'r arwyneb allanol. Mae hyn yn gallu rhoi gorffeniad o ansawdd da.

Printio

Gallwn ni ddefnyddio amrywiaeth o dechnegau printio i ychwanegu addurniadau, gwead a manylion at gynhyrchion polymer. Gallwn ni ddefnyddio printio pad neu **sgrin-brintio** i drosglwyddo llun neu ddyluniad penodol. Mae'n bosibl printio ar arwynebau gwastad neu grwm; mae'r ddau o'r rhain i'w gweld yn y manylion ar deganau plant.

Decalau finyl

Mewn cymwysiadau lle dydy sgrin-brintio ddim yn broses ddichonadwy, yn aml caiff decalau **finyl** eu rhoi ar gynhyrchion polymer. Mae'r rhain yn gallu bod yn lluniau wedi'u sgrin-brintio, eu torri allan a'u gosod ar y cynnyrch mewn ffordd debyg i sticer, neu'n destun neu siapiau unigol sydd wedi'u torri allan gan ddefnyddio torrwr cyllell CNC.

Gorffeniadau gweadog

Mae gorffeniadau gweadog i'w gweld yn aml ar gynhyrchion polymer, ond yn y rhan fwyaf o achosion dydy'r rhain ddim wir yn orffeniad. Mae'n fwy tebygol y byddan nhw wedi cael eu creu drwy ychwanegu patrwm finyl neu, yn fwy cyffredin, o ganlyniad i'r broses fowldio sy'n cael ei defnyddio i wneud y cynhyrchion. Wrth i bolymerau thermoffurfiol gael eu mowldio, maen nhw'n derbyn unrhyw fanylion sydd ar y tu mewn i'r mowld. Gallwn ni ddefnyddio hyn i roi gorffeniad arwyneb mat, fel ar gas ffôn, neu i foglynnu logo, ac ati.

Papur a byrddau

I gael manylion am wahanol fathau o orffeniadau i bapurau a byrddau, gweler Adran (a) yn y bennod hon.

Gweithgaredd

Defnyddiwch y rhyngrwyd i ymchwilio i sut mae decalau finyl yn cael eu rhoi ar gerbydau ac archwiliwch sut mae lapio paneli ceir cyfan mewn finyl yn cynyddu'r posibiliadau o ran rhoi gorffeniadau ar bolymerau.

PWYNTIAU ALLWEDDOL

- Mae araenu â phowdr yn rhoi gorffeniad arwyneb gwastad, gwydn.
- Paratoi'r metel yw'r ffactor pwysig er mwyn rhoi gorffeniad arwyneb arno'n llwyddiannus.
- Wrth sandio pren, cofiwch fynd gyda'r graen bob amser.
- Bydd gweithio drwy gamau papur sgraffinio ac wedyn llathru yn rhoi gorffeniad o ansawdd da i chi.
- Mae staeniau a phaentiau'n gallu newid lliw ac ymddangosiad pren.
- Mae farnais a phaent yn gallu rhoi gorffeniad mat, satin neu sglein.
- Mae'n hawdd creu dyluniadau finyl ar beiriant torri cyllell CNC.

Angen gwybod

1 Beth yw dibenion trocharaenu?

2 Sut mae galfanu'n gwarchod rhag rhydu?

3 Pam mae hi'n bwysig cael gwared ag unrhyw amherffeithrwydd yn arwyneb pren cyn rhoi gorffeniad arno?

4 Pam does dim angen i chi roi gorffeniad amddiffynnol ar y rhan fwyaf o bolymerau fel rheol?

Cwestiynau ymarfer ar gyfer yr arholiad

1 Mae'r pecyn isod wedi'i wneud o gerdyn tenau.

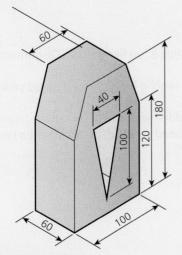

a Lluniadwch rwyd datblygu'r pecyn. [5 marc]

b Mae'r rhwyd datblygu'n mynd i gael ei gwneud o un ddalen o gerdyn maint safonol. Nodwch faint y cerdyn sydd ei angen i wneud y rhwyd mewn un darn. [1 marc]

2 Mae prototeip o'r pecyn yn cael ei wneud cyn masgynhyrchu'r pecyn.
Cwblhewch y tabl i ddangos dull addas o gwblhau pob proses i
adeiladu'r prototeip a'r pecyn masgynnyrch.   [4 marc]

Proses	Dull prototeip (unigryw)	Dull masgynhyrchu
Printio'r graffigwaith ar y rhwyd datblygu		
Torri'r rhwyd allan		

3 a Rhowch enw pren caled byddech chi'n ei ddefnyddio i wneud mainc ardd.   [1 marc]
  b Esboniwch pam rydych chi wedi dewis y pren caled hwn.   [2 farc]
4 Defnyddiwch nodiadau a brasluniau i esbonio sut mae pren haenog yn cael ei gryfder. [3 marc]
5 Defnyddiwch nodiadau a brasluniau i esbonio cylchred oes tun diod alwminiwm.   [6 marc]
6 Enwch ddau ddull parhaol a dau ddull amharhaol o uno dur meddal.   [4 marc]
7 a Rhowch enw polymer thermosodol sy'n cael ei ddefnyddio i wneud plwg trydan domestig. [1 marc]
  b Esboniwch pam rydych chi wedi dewis y polymer thermosodol hwn.   [2 farc]
8 Defnyddiwch nodiadau a brasluniau i ddisgrifio proses ffurfio â gwactod.   [6 marc]
9 Mae blychau pizza yn cael eu gwneud o gerdyn rhychiog.
  a Nodwch ddwy o briodweddau cerdyn rhychiog sy'n ei wneud yn addas i ddal pizza. [2 farc]
  b Mae bwyty pizza yn defnyddio bwydlenni wedi'u gwneud o gerdyn tenau. Maint y bwydlenni
     yw A4 ac maen nhw'n cael eu plygu i'w siâp fel sydd i'w weld isod.

     Nodwch ddimensiynau'r fwydlen pan fydd hi ar agor.   [2 farc]
  c Wrth gael ei defnyddio, mae'r fwydlen yn mynd yn llipa ac yn flêr yn fuan. Disgrifiwch un dull
     o wneud i'r fwydlen bara'n hirach.   [2 farc]
10 Disgrifiwch ddwy o nodweddion bwrdd ffibr dwysedd canolig (MDF) sy'n ei wneud yn addas ar
   gyfer dodrefn sydd i'w cydosod gan ddefnyddwyr.   [4 marc]
11 Esboniwch pam mae dur gwrthstaen yn aml yn cael ei ddefnyddio i wneud sinciau cegin. [4 marc]
12 Trafodwch briodweddau asid polylactig (PLA) sy'n ei wneud yn addas i'w ddefnyddio i wneud
   cwpanau plastig.   [4 marc]

Adran 2

Sgiliau

Mae'r adran hon yn cynnwys y penodau canlynol:

Amcanion dysgu

Erbyn diwedd y bennod hon, dylech chi fod wedi datblygu gwybodaeth a dealltwriaeth am y canlynol:

- sut mae cyd-destunau'n llywio canlyniadau wrth ddylunio cynhyrchion
- casglu data cynradd ac eilaidd
- sut i ysgrifennu briff dylunio
- ffactorau sy'n dylanwadu ar brosesau dylunio a gwneud

- sut i brofi, dadansoddi a gwerthuso eich gwaith
- sut i gyfathrebu am syniadau dylunio
- sut i ddatblygu prototeip
- sut i wneud penderfyniadau gwybodus, gan ymateb i adborth a datblygu eich syniadau ymhellach.

Ffigur 5.1 Cadair gyfforddus

(a) Mae holl arfer dylunio a thechnoleg yn digwydd mewn cyd-destunau sy'n llywio canlyniadau

Cyd-destun dyluniad yw'r lleoliadau neu'r amgylchoedd lle caiff y cynnyrch terfynol ei ddefnyddio. Er mwyn i ddatrysiad dylunio fod yn llwyddiannus, rhaid iddo weithio yn y cyd-destun y cafodd ei ddylunio ar ei gyfer. Mae cyd-destun dyluniad yn cynnwys llawer o bethau, fel:

- Yr amgylchoedd neu'r amgylchedd lle caiff y dyluniad ei ddefnyddio.
- Anghenion, chwenychiadau a gwerthoedd y **defnyddwyr** a **rhanddeiliaid** eraill.
- Diben y cynnyrch terfynol.

Gallai ystyriaethau cymdeithasol, diwylliannol, moesol ac amgylcheddol hefyd gael dylanwad ac effaith ar y cyd-destun. Bydd cynnyrch sydd wedi'i ddylunio'n briodol yn ei gyd-destun yn cyflawni ei ddiben yn union, gan roi'r hyn sydd ei angen i'w ddefnyddwyr a'i randdeiliaid â chyn lleied â phosibl o ryngweithio neu anhwylustod.

Os yw'r dylunio'n digwydd heb ystyried y cyd-destun, bydd hyn yn siŵr o arwain at gynnyrch terfynol sydd ddim yn bodloni anghenion y defnyddwyr na'r rhanddeiliaid yn llawn, a gallai hyd yn oed arwain at gynnyrch sy'n hollol anaddas. Er enghraifft, pe bai rhywun yn dweud wrth ddylunydd cadeiriau am ddylunio cadair gyfforddus i'w defnyddio mewn ystafell gymunedol, mae'n bosibl y byddai'n dylunio cadair debyg i'r un yn Ffigur 5.1. I ddechrau, mae'n ymddangos bod y dyluniad yn addas ac yn bodloni'r angen. Fodd bynnag, os cyd-destun y briff yw cartref hen bobl, mae'r dyluniad hwn yn hollol anaddas gan fod y gadair yn llawer rhy isel ac ar ormod o ogwydd i rywun oedrannus eistedd yn gyfforddus ynddi na chodi ohoni. Felly, mae'n hanfodol bwysig ein bod ni'n ystyried cyd-destun problem ddylunio wrth ddylunio.

Un dull defnyddiol o ystyried cyd-destun dyluniad yw creu map cysyniadau neu ddadansoddiad tasgau i ddangos yr holl ffactorau posibl a allai neu a ddylai ddylanwadu ar y dyluniad, fel 'pwy', 'pam', 'ble', 'pryd', 'beth' a 'sut':

- **Pwy** yw'r defnyddwyr cynradd, y defnyddwyr eilaidd a'r rhanddeiliaid eraill? Er enghraifft, eu hoed, eu rhywedd, eu symudedd corfforol.
- **Pam** mae angen y cynnyrch hwn? Beth yw'r broblem? Beth yw'r cyfyngiadau ar y dyluniad? Er enghraifft, ydy'r broblem hon yn benodol i un unigolyn neu grŵp penodol o ddefnyddwyr? Oes ei angen am reswm penodol neu ar gyfer digwyddiad penodol?

- **Ble** caiff y cynnyrch ei ddefnyddio? Ym mha fath o amgylchedd caiff ei ddefnyddio? Er enghraifft, dan do neu yn yr awyr agored? Ydy'r cynnyrch yn debygol o ddod i gysylltiad â thywydd garw neu leithder? Fydd rhaid iddo weithredu mewn amodau arbennig o boeth neu oer?

- **Pryd** caiff y cynnyrch ei ddefnyddio? Ydy'r cynnyrch yn mynd i gael ei ddefnyddio ar amseroedd penodol yn y dydd/nos? Ar adegau penodol o'r flwyddyn? Er enghraifft, a gaiff ei ddefnyddio yn y dydd pan fydd hi'n olau neu yn y nos pan fydd hi'n dywyll? Ai dim ond ar adegau penodol o'r flwyddyn ac yna ei storio am gyfnodau hir rhwng yr adegau hyn?

- **Beth** mae'n rhaid i'r cynnyrch ei wneud? Beth yw ei brif swyddogaeth? Oes unrhyw swyddogaethau eilaidd? Er enghraifft, ai dim ond un prif bwrpas sydd ganddo neu oes rhaid iddo fodloni nifer o ofynion gwahanol?

- **Sut** mae'r cynnyrch i fod i weithio? Sut caiff ei storio, ei gludo, ei gynnal a'i gadw? Sut bydd y ffactorau eraill uchod yn effeithio ar y dyluniad? Er enghraifft, oes rhaid iddo weithio heb wneud dim sŵn? Oes rhaid ei gludo dros bellteroedd hir fel bod rhaid iddo fod yn gludadwy, ac ati?

Mae llawer o'r ystyriaethau hyn yn gorgyffwrdd ac yn dylanwadu ar ei gilydd.

Mae llawer o ffyrdd gwahanol o greu neu luniadu map cysyniadau a dylech chi ddefnyddio dull sy'n eich helpu chi i ystyried holl gyd-destun y broblem ddylunio.

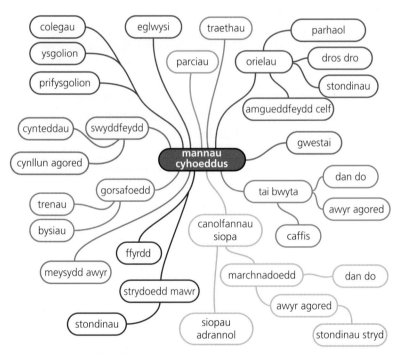

Ffigur 5.2 Enghraifft o fap cysyniadau

Gweithgaredd

Chi yw prif ddefnyddiwr y gadair rydych chi'n eistedd arni: cafodd hi ei dylunio ar gyfer disgyblion ysgol rhwng 11 ac 16 blwydd oed.
- Pwy yw'r rhanddeiliaid eraill?
- Pa bobl eraill sydd â budd yn y gadair neu fydd yn dod i gysylltiad â'r gadair?

Ffigur 5.3 Cadair ysgol bolymer

(b) Adnabod a deall anghenion defnyddwyr

Anghenion, chwenychiadau a gwerthoedd y defnyddiwr terfynol

Rhaid i'r grŵp defnyddwyr a'u hanghenion fod yn un o'r prif ystyriaethau i unrhyw ddyluniad. Er bod y rhan fwyaf o gynhyrchion yn cael eu dylunio ar gyfer pobl, ar rai achlysuron nid bodau dynol fydd yn eu defnyddio nhw. Mae cynhyrchion ar archeb cwsmer yn cael eu dylunio a'u gwneud yn benodol ar gyfer un unigolyn ac felly mae'r rhain yn gallu bod yn ddrud. Mae'r mwyafrif helaeth o gynhyrchion, fodd bynnag, yn cael eu dylunio ar gyfer grŵp penodol o ddefnyddwyr. Y prif unigolyn neu grŵp o bobl fydd yn defnyddio'r cynnyrch yw'r prif ddefnyddwyr. Er enghraifft, mae'r cadeiriau mewn ystafell ddosbarth mewn ysgol uwchradd wedi'u dylunio ar gyfer plant rhwng 11 ac 16 blwydd oed fel y prif ddefnyddwyr.

Mae gan gynhyrchion ddefnyddwyr eraill, eilaidd, sydd hefyd â budd yn y cynnyrch neu'n dod i gysylltiad ag ef mewn rhyw ffordd neu'i gilydd. Rhanddeiliaid yw'r rhain. Er enghraifft, efallai y bydd athrawon hefyd yn eistedd ar gadair ysgol wrth eistedd wrth ymyl disgybl, neu rieni neu blant iau yn ystod nosweithiau rhieni neu ddigwyddiadau'r ysgol. Bydd gofalwyr neu staff glanhau'n dod i gysylltiad â'r gadair ac, er na fyddant o reidrwydd yn eistedd arni, mae'n rhaid iddyn nhw lanhau'r cadeiriau, eu pentyrru nhw neu eu cludo nhw o gwmpas yr ysgol. Mae gan reolwyr a llywodraethwyr yr ysgol fudd yn y gadair hefyd, oherwydd byddan nhw am iddi fod mor rhad â phosibl, a phara mor hir â phosibl.

Defnyddiwr	Angen
Disgybl (prif ddefnyddiwr)	Bod yn gyfforddus i eistedd arni a gweithio'n effeithiol (am gyfnodau hir)
Athro/Athrawes	Bod yn gyfforddus i eistedd arni (am gyfnodau byr)
Rhiant	Bod yn gyfforddus i eistedd arni (am gyfnodau byr)
Staff glanhau	Bod yn hawdd ei glanhau â chadach; bod yn hawdd ei symud o gwmpas; bod yn hawdd ei chodi
Gofalwr	Bod yn hawdd ei phentyrru; bod yn hawdd ei chludo a'i storio
Rheolwyr	Bod yn rhad; para'n hir
Staff cynnal a chadw	Bod yn hawdd ei thrwsio neu ei gwaredu

Tabl 5.1 Rhanddeiliaid cadair ysgol a'u hanghenion

Dydy hi ddim bob amser yn bosibl bodloni anghenion y defnyddiwr a'r rhanddeiliaid i gyd, ond bydd cynnyrch sydd wedi'i ddylunio'n dda yn bodloni anghenion y prif ddefnyddiwr a chynifer â phosibl o anghenion y rhanddeiliaid.

Data cynradd ac eilaidd

Mae ystyried cyd-destun dyluniad, ymchwilio i'r gwahanol ffactorau fydd yn dylanwadu ar y dyluniad neu fyddai'n gallu gwneud hynny, ac asesu defnyddwyr a rhanddeiliaid yn golygu bod angen casglu llawer o fathau gwahanol o ddata. Efallai y gallwch chi gasglu data drwy gynnal profion ffisegol ar rywbeth, neu drwy ddefnyddio eich holiaduron, arolygon, cyfweliadau neu astudiaethau chi eich hun o'r sefyllfa. **Data cynradd** yw data sydd wedi'u casglu gennych chi eich hun fel hyn.

Data cynradd yw unrhyw ddata sydd wedi'u casglu gan y dylunydd ei hun yn unswydd er mwyn datrys y broblem. Mae data cynradd hefyd yn cael eu galw'n ddata 'crai' neu 'o lygad y ffynnon'. Mae casglu data cynradd fel rheol yn waith caled ac mae'n gallu bod yn broses ddrud sy'n cymryd llawer o amser.

GAIR ALLWEDDOL

Data cynradd Data rydych chi wedi'u casglu eich hunain – data 'o lygad y ffynnon'.

Pe baech chi'n dylunio cynnyrch ar archeb i un cleient arbennig, byddech chi'n cynnal cyfweliad â'r cleient i ofyn cwestiynau a rhoi cynnig ar bethau i weld beth mae'r cleient yn ei feddwl. Pe bai llawer o randdeiliaid, fodd bynnag, byddai angen ailadrodd y broses hon â phob un ohonynt. Os yw'r cynnyrch rydych chi'n ei ddylunio'n mynd i gael ei farchnata a'i anelu at grŵp eang o ddefnyddwyr, mae'n bosibl y bydd angen i chi gynnal cannoedd o holiaduron, cyfweliadau a phrofion ar draws y sbectrwm o wahanol ddefnyddwyr er mwyn casglu data cynradd digon manwl gywir.

Mae methu â gwneud ymchwil digon da yn gallu arwain at ddata cynradd anghywir ac yna at gynnyrch sydd ddim yn bodloni holl anghenion y defnyddwyr neu'r rhanddeiliaid.

Data eilaidd yw data 'ail law' sydd eisoes wedi cael eu casglu gan rywun arall at yr un diben neu at ddiben tebyg. Fel rheol, mae'n llawer haws casglu data eilaidd na data cynradd, ond am ei fod wedi'i wneud o'r blaen gallai fod wedi dyddio. Gallwn ni gasglu data eilaidd o amrywiaeth o ffynonellau, fel gwefannau, llyfrau, adroddiadau profion, cyfnodolion, ac ati.

Mae defnyddio data eilaidd yn gallu arbed llawer o amser gan ei fod yn llawer cyflymach na chynnal profion, cyfweliadau a holiaduron, ac ati, ac felly'n llawer rhatach. Dydy'r data sy'n cael eu casglu ddim mor fanwl gywir â data cynradd, fodd bynnag – dydyn nhw ddim yn benodol ar gyfer union anghenion y dylunydd neu'r defnyddwyr. Mae hyn oherwydd bydd y rhesymau dros eu casglu nhw yn ôl pob tebyg ychydig yn wahanol i'r hyn sydd ei angen arnoch chi. Efallai y bydd yr ymchwil wedi'i gynnal ar grŵp o ddefnyddwyr sydd ychydig yn wahanol neu wedi'i wneud gryn amser yn ôl, pan fyddai agweddau neu farnau pobl efallai'n wahanol oherwydd newidiadau i dueddiadau, credoau, yr hinsawdd economaidd, ac ati. Mae'n bosibl hefyd y byddai'r dulliau a ddefnyddiwyd i gasglu'r data a'r rhesymau dros wneud hynny'n wahanol iawn i'r hyn sy'n ofynnol.

GAIR ALLWEDDOL

Data eilaidd Data sydd wedi'u casglu gan bobl eraill – data 'ail-law'.

Casglu data cynradd ac eilaidd

Mae arolygon a holiaduron yn ffordd effeithiol o gasglu gwybodaeth gan bobl, cyn belled â bod y cwestiynau wedi'u llunio a'u geirio'n dda. Gallwch chi greu holiadur ysgrifenedig â llaw ar bapur neu ar gyfrifiadur. Gallwch chi ddefnyddio cwestiynau penagored neu amlddewis gan ddibynnu pa fath o wybodaeth sydd ei hangen. Dydy llawer o bobl ddim yn hoff o lenwi llawer o atebion ysgrifenedig, felly dylai'r arolwg fod mor hawdd ei lenwi â phosibl. Mae cyfyngu'r atebion i ddewis o dri neu bedwar opsiwn hefyd yn golygu na chewch chi atebion amherthnasol.

Mae dod o hyd i bobl yn y grwpiau defnyddwyr rydych chi'n anelu atynt i lenwi arolygon yn hollbwysig, ond gall fod yn anodd ar adegau. Rhaid i chi sicrhau bod y bobl sy'n llenwi eich arolwg neu holiadur yn perthyn i'r un grŵp defnyddwyr â'r defnyddwyr rydych chi'n eu targedu, neu byddwch chi'n casglu gwybodaeth anghywir a allai arwain at gynnyrch terfynol diffygiol. Er enghraifft, pe baech chi'n dylunio cynnyrch i gynorthwyo unigolyn oedrannus i gwblhau tasg benodol, does dim pwynt creu arolwg a'i roi i'r disgyblion yn eich dosbarth oherwydd bydd eu hanghenion nhw'n hollol wahanol.

Mae llawer o raglenni arolwg ar-lein ar gael am ddim, felly gallwch chi anfon e-bost at bobl rydych chi'n gwybod eu bod nhw yn y grŵp defnyddwyr rydych chi'n anelu ato, yn ogystal â chynnal ymchwil cynradd a chasglu atebion gan bobl heb eu cyfarfod o reidrwydd.

Mae llawer o ddisgyblion yn defnyddio'r rhyngrwyd i gasglu lluniau a gwybodaeth am gynhyrchion presennol sy'n debyg i'r rhai maen nhw'n eu dylunio. Ymchwil eilaidd yw hyn, gan ei fod yn seiliedig ar adolygiadau pobl eraill a/neu honiadau'r gwneuthurwyr eu hunain. Mae rhywfaint o werth i hyn, ond mae'n llawer gwell os gallwch chi ddod o hyd i gynnyrch 'bywyd go iawn' i'w drin, ei ddefnyddio a'i brofi eich hun.

Gweithgaredd

Dychmygwch eich bod chi'n dylunio ffôn newydd. Wrth edrych ar y wybodaeth isod, nodwch pa rai sy'n ddata cynradd a pha rai sy'n ddata eilaidd:

- Adolygiad o ffôn sy'n bodoli oddi ar fforwm ar y rhyngrwyd.
- Manylion technegol ffôn sy'n bodoli oddi ar wefan y gwneuthurwr.
- Mesur y ffôn â riwl i ganfod ei ddimensiynau.
- Gofyn cwestiynau i bobl am eu ffonau.
- Canlyniadau arolwg cwsmeriaid yng nghylchgrawn *What Phone?*
- Cael gwybod pa ffôn werthodd orau y llynedd drwy ofyn i berchennog siop.

PWYNTIAU ALLWEDDOL

- Mae dylunio heb ystyried y cyd-destun yn arwain at gynnyrch terfynol sydd ddim yn bodloni anghenion y defnyddiwr yn llawn.
- Mae ymchwil sydd ddim yn ddigon da yn gallu arwain at ddata cynradd anghywir ac felly at gynnyrch sydd ddim yn bodloni holl anghenion y defnyddwyr neu'r rhanddeiliaid.

Angen gwybod

1 Esboniwch beth yw ystyr y term 'rhanddeiliad'.
2 Nodwch ddwy ffordd o gasglu data cynradd.
3 Esboniwch un o anfanteision defnyddio data eilaidd.

(c) Ysgrifennu briff dylunio a manylebau

Briffiau dylunio

Mae briff dylunio'n rhoi disgrifiad cryno o'r dasg y bydd y dylunydd yn ei chyflawni er mwyn datrys y broblem ddylunio neu gyflawni'r hyn sydd ei eisiau ar y **cleient**.

Dydy'r briff dylunio ddim yn ddisgrifiad hirwyntog sy'n rhoi llawer o fanylion. Dylai fod yn fyr ac amlinellu'n glir pa ganlyniadau sy'n ofynnol o'r dyluniad. Weithiau bydd y briff dylunio'n cael ei bennu gan y cleient neu mewn trafodaeth rhwng y cleient a'r dylunydd.

Mae ysgrifennu briff dylunio clir a manwl yn helpu i sicrhau bod y gwaith dylunio sy'n ei ddilyn, a'r cynnyrch terfynol, yn bodloni *union* ofynion cleient yn hytrach na'r hyn mae'r dylunydd yn *meddwl* sydd eisiau arno. Am y rheswm hwn, mae'n hanfodol bod y briff dylunio yn ei gwneud yn glir beth yn union sy'n ofynnol a bod y dylunydd yn edrych yn ôl yn gyson ar y briff yn ystod y broses ddylunio i wneud yn siŵr ei fod yn gweithio tuag at hyn heb grwydro oddi ar y trywydd.

Cyn ysgrifennu briff dylunio mae'n bwysig archwilio'n llawn beth yw maint yr her neu'r broblem, yn ogystal â'r cyd-destun. Drwy wneud hyn, gallwch chi gael darlun clir a chyflawn o'r broblem gyfan ac, o hyn, crynodeb pendant o'r angen. Mae'n bosibl bod rhywbeth arall yn achosi'r broblem sy'n wynebu'r cleient, ac felly gallai angen y cleient fod yn wahanol i'r hyn mae'n ei feddwl mewn gwirionedd.

Dydy beth hoffai cleient ei gael, a beth sydd ei angen mewn gwirionedd, ddim bob amser yr un fath. Er enghraifft, efallai y byddai cleient yn hoffi potel yfed sy'n gallu cael ei chysylltu wrth feic er mwyn iddo allu yfed wrth iddo beicio. Y briff i'r dylunydd fyddai:

'Dyluniwch botel yfed sy'n gallu cael ei chysylltu wrth feic y cleient'.

Drwy archwilio cyd-destun y broblem a gwerthuso anghenion y cleient yn llawn, fodd bynnag, y broblem wirioneddol yw fod arno angen ffordd o yfed heb stopio ar deithiau hir ar ei feic. Felly, dylid defnyddio'r briff hwn:

'Dyluniwch gynnyrch i alluogi'r cleient i yfed wrth reidio ei feic heb stopio'.

Mae potel sy'n cael ei chysylltu wrth y beic yn un datrysiad, ond efallai nad dyma'r datrysiad gorau; gallai greu problemau eraill i'r cleient neu i randdeiliaid eraill. Gallai'r botel gwympo neu gael ei gollwng, a gallai dal y botel ac yfed ohoni wrth feicio fod yn beryglus.

Mae'n bosibl mai'r datrysiad gorau fyddai potel i'w gwisgo ar gorff y cleient sydd â gwelltyn neu diwb i ddanfon yr hylif yn uniongyrchol i'w geg heb fod angen iddo dynnu ei ddwylo oddi ar y cyrn/llyw.

Mae briff sy'n canolbwyntio mwy ar y cynnyrch nag ar y broblem yn gallu arwain at **obsesiwn dylunio** ac atal rhywun rhag ystyried neu archwilio dulliau eraill o ddatrys y broblem.

Manylebau

Ar ôl penderfynu ar y briff a'i ysgrifennu, mae'n rhaid llunio'r fanyleb. Mae'r fanyleb yn rhoi cyfres o ofynion mae'n rhaid i'r cynnyrch eu bodloni neu o gyfyngiadau mae'n rhaid iddo gadw atynt. Gall y fanyleb gynnwys **meini prawf** penodol sydd eu hangen ar gyfer y defnyddiwr neu unrhyw un o'r rhanddeiliaid. Dylai'r meini prawf sydd yn y fanyleb roi paramedrau clir i'r dylunydd i weithio oddi mewn iddynt. Bydd hyn yn rhoi arweiniad a chefnogaeth i'r dylunydd, gan sicrhau bod y broses ddylunio a'r llwybr dylunio yn addas i'r briff. Lle bynnag y bo'n bosibl, dylai'r meini prawf fod yn fesuradwy, fel bod modd cynnal archwiliadau rheolaidd i brofi ydy syniadau a datblygiadau'n bodloni'r meini prawf sydd wedi'u gosod. Dyma rai enghreifftiau o feini prawf da:

- Rhaid i'r cynnyrch allu cynnal o leiaf 500 gram.
- Rhaid i'r cynnyrch ffitio mewn uned cwpwrdd cegin safonol 600 × 900mm.

Dylai ymchwil i'r broblem hefyd ddylanwadu ar beth sydd yn y fanyleb.

Mae manyleb cynnyrch fel rheol yn rhoi sylw i feysydd fel:

- Y swyddogaethau cynradd ac eilaidd mae'n rhaid i'r cynnyrch eu cyflawni (beth mae'n gorfod ei wneud)
- Unrhyw ofynion penodol sydd gan y defnyddiwr/rhanddeiliaid
- Defnyddiau a chydrannau mae'n rhaid eu defnyddio neu eu hosgoi
- Uchafswm neu isafswm dimensiynau, pwysau a chyfyngiadau maint
- Cyfyngiadau ariannol (faint dylai gostio i'w gynhyrchu)
- Ffactorau esthetig (sut mae'n rhaid i'r cynnyrch edrych neu deimlo)
- Gofynion anthropometrig ac ergonomig
- Safonau neu gyfyngiadau amgylcheddol mae'n rhaid eu bodloni
- Nodweddion a chyfyngiadau diogelwch
- Safonau gweithgynhyrchu perthnasol
- Gofynion cyfreithiol
- Am ba mor hir dylid disgwyl iddo bara.

Mae manylebau agored yn nodi meini prawf mae'n rhaid i'r cynnyrch eu bodloni, ond heb bennu sut mae'n rhaid eu cyflawni nhw. Mae hyn yn rhoi mwy o ryddid i'r dylunydd i archwilio gwahanol ffyrdd o gyflawni'r canlyniadau ac i feddwl am ddulliau gwahanol.

Mae manylebau caeedig yn fwy manwl ac yn ogystal â nodi beth mae'n rhaid ei gyflawni maen nhw'n dweud sut mae'n rhaid bodloni meini prawf penodol. Gallai hyn olygu pennu pa offer, defnyddiau neu brosesau mae'n rhaid eu defnyddio i gynhyrchu'r cynnyrch.

Mae amryw o wefannau a phecynnau meddalwedd ar gael i gynorthwyo ymgeiswyr TGAU wrth ysgrifennu manyleb drwy roi ysgogiadau neu gwestiynau am y cynnyrch maen nhw'n bwriadu ei ddylunio. Mae'r rhain yn cynnwys ACCESS FM a SCAMPER.

Gweithgaredd

Mae gofyn i chi ddylunio lloches dros nos gludadwy i grŵp o chwech o heicwyr. Ysgrifennwch fanyleb ar gyfer y lloches gan roi o leiaf deg o wahanol feini prawf mae'n rhaid i'r cynnyrch eu bodloni er mwyn bod yn llwyddiannus.

(ch) Ymchwilio i heriau amgylcheddol, cymdeithasol ac economaidd

Mae dylunwyr yng nghymdeithas heddiw yn wynebu llawer o heriau wrth ddylunio cynhyrchion. Rhaid iddyn nhw sicrhau bod y cynnyrch yn cyflawni ei bwrpas a hefyd ystyried effaith y cynnyrch ar yr amgylchedd a'r gymdeithas. Mae gan y dylunydd gyfrifoldeb i sicrhau bod y defnyddiau a'r prosesau neu ddulliau gwaredu mae'n eu dewis wrth ddylunio mor ecogyfeillgar â phosibl, ac nad ydyn nhw'n tramgwyddo rhai diwylliannau nac yn cael effaith negyddol ar gymdeithas. Er mwyn cyflawni hyn, mae'n rhaid i'r dylunydd ymchwilio'n drwyadl a chydbwyso effeithiau negyddol gweithgynhyrchu a chynhyrchu'r cynnyrch yn erbyn effaith gadarnhaol y cynnyrch newydd ar y gymdeithas.

Ystyriaethau amgylcheddol

Tan yn eithaf diweddar, prif ddiddordeb gwneuthurwyr oedd cynhyrchu cynhyrchion mor rhad a chyflym â phosibl, heb bryderu rhyw lawer am effaith amgylcheddol y cynnyrch. Roedd hysbysebion ar y teledu, pwysau cymdeithasol i gael y cynhyrchion diweddaraf, a dylanwadau ffasiwn a thueddiadau yn annog pobl i brynu mwy a mwy o gynhyrchion a thaflu pethau i ffwrdd yn hytrach na'u trwsio nhw. **Cymdeithas daflu i ffwrdd** yw'r enw ar hyn. Mae'r gymdeithas daflu i ffwrdd yn dilyn **economi llinol** lle caiff cynhyrchion eu gwneud mor rhad â phosibl. Mae **economi cylchol** yn cynnig dull gwahanol. I ddysgu mwy am y gymdeithas daflu i ffwrdd a'r economi cylchol, gweler Pennod 1 Adran (b).

Dylunio cynhyrchion ecogyfeillgar

Mae gan gwmnïau gymhellion i fod mor ecogyfeillgar â phosibl, ac mae llawer yn buddsoddi symiau mawr o arian mewn datblygu dulliau cynhyrchu a chyrchu defnyddiau fydd o fudd i'r amgylchedd yn hytrach na lleihau'r difrod yn unig. Mae mwy a mwy o wneuthurwyr yn ceisio dod o hyd i ffyrdd o ddefnyddio polymerau sydd wedi'u hadennill o'r cefnforoedd i wneud cynhyrchion, ac mae defnyddwyr yn awyddus i gefnogi hyn drwy brynu'r cynhyrchion hyn.

Mae dylunwyr hefyd wedi cael eu gorfodi i ailfeddwl y ffordd maen nhw'n dylunio ac i ganolbwyntio ar ddylunio cynhyrchion sy'n achosi cyn lleied â phosibl o ddifrod i'r amgylchedd. Gall hyn fod drwy ddefnyddio defnyddiau cynaliadwy, newid y ffordd maen nhw'n cael eu gwneud, a sicrhau bod modd ailgylchu'r cynnyrch neu y bydd yn bioddiraddio'n ddiogel ar ddiwedd ei gylchred oes. Eco-ddylunio yw'r broses o ddylunio cynhyrchion cynaliadwy sydd ddim yn niweidiol i'r amgylchedd, drwy ystyried effeithiau hirdymor y dechnoleg, y prosesau a'r defnyddiau maen nhw'n eu defnyddio i greu cynhyrchion.

GEIRIAU ALLWEDDOL

Cymdeithas daflu i ffwrdd Cymdeithas sy'n defnyddio ac yn gwastraffu gormod o adnoddau.

Economi llinol Defnyddio defnyddiau crai i wneud cynnyrch a thaflu'r gwastraff i ffwrdd.

Economi cylchol Cael y gwerth mwyaf o adnoddau, drwy eu defnyddio am gyfnod mor hir â phosibl, ac yna eu hadennill a'u hatgynhyrchu fel cynhyrchion newydd yn hytrach na'u taflu i ffwrdd.

Wrth ddylunio cynhyrchion gan gadw hyn mewn cof, bydd y dylunydd yn gwneud y canlynol:

- dewis defnyddiau cynaliadwy, ailgylchadwy a diwenwyn
- dewis defnyddiau sydd ddim angen cymaint o egni i'w prosesu â defnyddiau eraill
- dylunio cynhyrchion sydd mor effeithlon â phosibl o ran tanwydd a defnyddiau
- dylunio cynhyrchion i bara mor hir â phosibl fel bod angen llai o ddarnau newydd
- dylunio cynhyrchion sy'n gweithio at eu llawn botensial
- dylunio cynhyrchion sy'n gallu cael eu hailgylchu'n llawn ar ddiwedd eu hoes ddefnyddiol
- dylunio cynhyrchion sy'n defnyddio cymaint â phosibl o ddefnyddiau, adnoddau a llafur lleol er mwyn lleihau llygredd o gludiant (globaleiddio) ac i greu budd i'r economi lleol.
- ystyried anghenion a chwenychiadau'r holl randdeiliaid
- dylunio cynhyrchion y bydd defnyddwyr eisiau eu prynu, gan wybod eu bod nhw mor ecogyfeillgar â phosibl
- dylunio cynhyrchion fydd yn broffidiol i'r gwneuthurwr.

Mae'r Chwe Egwyddor Sylfaenol cynaliadwyedd yn gyfres syml o reolau sy'n rhoi sylw i'r uchod i gyd; fe wnaethoch chi ddarllen amdanyn nhw ym Mhennod 1 Adran (d).

Mae **dylunio o'r crud i'r crud** yn agwedd newydd at ddylunio cynhyrchion sy'n trin y defnyddiau i gyd fel maetholion biolegol o fewn metabolaeth iach. Rhaid defnyddio'r maetholion mewn ffordd mor effeithlon â phosibl, gan leihau gwastraff gymaint â phosibl neu ei osgoi'n gyfan gwbl, a gwneud hynny mewn ffordd sydd ddim yn niweidio'r fetabolaeth maen nhw'n rhan ohoni. Mae hyn yn sicrhau bod y Ddaear a'i hadnoddau'n cael eu cynnal heb eu niweidio ar gyfer cenedlaethau'r dyfodol.

Heriau cymdeithasol

Effeithiau cadarnhaol a negyddol cynhyrchion

Mae'n rhaid i ddylunwyr ystyried sut gallai'r cynnyrch gael ei ddefnyddio ac effeithiau'r cynnyrch ar gymdeithas. Er bod cynhyrchion yn cael eu dylunio i wella bywydau pobl a chael effaith gadarnhaol, maen nhw hefyd yn gallu cael effeithiau eraill na fydd y dylunydd wedi'u rhagweld, sy'n golygu eu bod nhw yn y pen draw'n cael mwy o effaith negyddol ar y gymdeithas yn gyffredinol.

Mae consol gemau cyfrifiadurol yn enghraifft dda o hyn. Cafodd y consol gemau cyfrifiadurol cyntaf ei ddyfeisio yn yr 1970au, ac roedd yn cael ei ystyried yn gynnyrch cadarnhaol a allai ddiddanu unigolion a hefyd annog rhyngweithio rhwng teulu a ffrindiau drwy chwarae'r gemau gyda'i gilydd. Wrth i amser fynd heibio, fodd bynnag, mae'r consolau a'r gemau wedi mynd yn fwy a mwy soffistigedig. Mae pobl wedi mynd yn fwy a mwy ymroddedig, a gallan nhw dreulio oriau'n eistedd yn chwarae gemau fideo. Mae hyn yn cael effaith negyddol ar eu ffitrwydd, eu golwg a'u lefelau egni. Mae astudiaethau wedi dangos bod chwarae gormod o gemau'n gallu cael effaith negyddol ar iechyd corfforol a lles meddyliol pobl, a'i fod hefyd yn lleihau eu rhyngweithio cymdeithasol.

Ymwybyddiaeth ddiwylliannol

Mae'n rhaid i ddylunwyr archwilio ac ystyried sut gallai cynnyrch effeithio ar wahanol grwpiau diwylliannol. **Ymwybyddiaeth ddiwylliannol** yw hyn ac mae'n cael effaith fawr ar lwyddiant cynnyrch. Rydyn ni'n byw mewn cymdeithas amrywiol sy'n cynnwys llawer o ddiwylliannau gwahanol. Gallai'r gwahanol ddiwylliannau hyn weld cynhyrchion mewn ffordd hollol wahanol gan ddibynnu ar eu credoau, eu syniadau a'u profiadau. Felly, rhaid i ddylunydd ystyried na ddylai cynnyrch sydd wedi'i ddylunio ar gyfer sector penodol yn y farchnad (e.e. marchnad y DU) fod yn dramgwyddus nac yn anweddus i neb.

GEIRIAU ALLWEDDOL

Dylunio o'r crud i'r crud Dull o ddylunio cynhyrchion sy'n modelu diwydiant dynol ar brosesau natur, gan weld defnyddiau fel maetholion sy'n cylchredeg mewn metabolaeth iach a diogel.

Ymwybyddiaeth ddiwylliannol Deall y gwahaniaethau rhwng agweddau a gwerthoedd pobl o wledydd neu gefndiroedd eraill.

Mae hyd yn oed lliw cynnyrch yn gallu cyfleu ystyron hollol wahanol gan ddibynnu ar ddiwylliant a chefndir unigolyn. Er enghraifft, yn niwylliant y Gorllewin, mae'r lliw coch yn symbol o angerdd a chyffro, ac yn niwylliannau'r Dwyrain ac Asia mae'n symbol o hapusrwydd a lwc dda. Yn rhai o ddiwylliannau'r Dwyrain Canol, fodd bynnag, mae coch yn symbol o ddrygioni.

Mae datblygiadau technolegol ynghyd â globaleiddio yn golygu bod diwylliannau'n newid yn gyson ac felly gall rhai gweithgareddau diwylliannol, gan gynnwys sgiliau a chrefftau, gael eu colli'n raddol dros amser. Fodd bynnag, mae llawer o bobl, gan gynnwys dylunwyr, yn dymuno cadw eu hunaniaeth ddiwylliannol eu hunain a hunaniaeth pobl eraill drwy ddylunio cynhyrchion newydd sy'n parhau neu'n ailgyflwyno prosesau, sgiliau a defnyddiau traddodiadol.

Heriau economaidd

Mae'n rhaid i ddylunwyr ystyried sut mae prosesau cynhyrchu, cludo, defnyddio a gwaredu cynnyrch yn gallu effeithio ar anghenion economaidd pobl.

Gallai cynhyrchu cynnyrch newydd olygu creu swyddi neu barhau i gyflogi gweithlu presennol mewn ffatri neu mewn ardal benodol. Mae cyflogi'r bobl mewn tref neu ddinas yn golygu, am eu bod nhw'n ennill arian, y byddan nhw'n gwario'r arian hwnnw mewn siopau a busnesau lleol, sy'n hybu incwm y rheini ac yn gwella economi'r ardal yn gyffredinol. Fodd bynnag, os caiff cynnyrch ei gynhyrchu gan beiriannau CAM modern yn hytrach na phobl, gallai arwain at golli swyddi mewn ffatri neu weithlu penodol; bydd y bobl hynny'n ddi-waith oherwydd y cynnyrch a bydd effaithi negyddol ar holl economi'r ardal.

Mae llawer o wneuthurwyr yn dewis gwneud eu cynhyrchion dramor oherwydd bod costau llafur yn llawer is nag yn y byd Gorllewinol. Mae rhai o'r gweithwyr yn y gwledydd hyn, fodd bynnag, yn cael eu talu'n wael, yn gweithio mewn amodau peryglus neu afiach, ac yn gweithio oriau hir heb seibiant na gwyliau. Mewn rhai gwledydd, mae llafur plant yn gyffredin.

Mae gan ddylunwyr gyfrifoldeb i ddylunio cynhyrchion sy'n gallu cael eu gwneud mor rhad â phosibl ond hefyd i sicrhau nad yw pobl yn cael eu hecsbloetio wrth gynhyrchu'r cynnyrch. Dylai dylunwyr wneud yn siŵr bod y cleientiaid maen nhw'n dylunio ar eu cyfer yn cadw at y canllawiau ar gyfer trin gweithwyr yn deg. Gallan nhw wneud hyn drwy sicrhau bod y cwmni'n dilyn canllawiau a bennir gan sefydliadau fel Masnach Deg (gweler Pennod 1 Adran (d)), Sefydliad Atal a Rheoli Troseddu Ewrop (HEUNI), yr Awdurdod Meistri Gangiau a Cham-drin Llafur a/neu Cynghrair y Gweithwyr yn Erbyn Gormes ym Mhobman (AWARE).

Materion anthropometrig ac ergonomig

Astudio meintiau pobl mewn perthynas â chynhyrchion yw anthropometreg. Mae'n defnyddio ystadegau a mesuriadau o wahanol rannau o'r corff dynol sydd wedi'u cymryd o bobl o wahanol oedrannau, rhyweddau a hiliau. Mae dylunwyr yn defnyddio data anthropometrig i benderfynu ar feintiau, siapiau a ffurfiau cynhyrchion neu gydrannau fel eu bod nhw'n addas i'r pwrpas ac yn bodloni anghenion y defnyddiwr dan sylw.

Fel rheol, bydd data anthropometrig yn rhoi meintiau cyfartalog y 5 y cant lleiaf (y 5ed canradd), y cymedr (y 50fed canradd) a'r 5 y cant mwyaf (y 95ain canradd) o'r bobl sydd wedi cael eu mesur.

Mewn rhai achosion, caiff cynhyrchion eu dylunio i ffitio'r unigolyn cyfartalog, ac mewn eraill efallai y cânt eu dylunio i ffitio'r mwyaf neu'r lleiaf. Er enghraifft, mae angen i gadair sy'n cael ei defnyddio mewn ysgol gynradd fod yn addas i faint cyfartalog disgyblion rhwng 4 a 7 mlwydd oed. Byddai'r dylunydd yn defnyddio data anthropometrig i benderfynu ar yr uchder, y lled a'r dyfnder mwyaf addas i'r gadair.

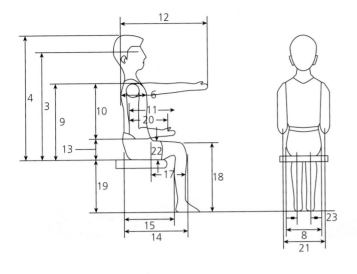

Dimensiwn	5%	50%	95%
3	374	472	512
4	415	510	583
6	161	178	195
8	269	290	318
9	299	394	422
10	274	292	412
12	460	485	501
14	347	372	406
15	272	290	330
18	302	332	355
19	258	288	296
21	312	334	356

Ffigur 5.4 Data anthropometrig ar gyfer plentyn yn eistedd

Byddai'r dylunydd yn defnyddio dimensiwn 19 i benderfynu ar uchder y gadair, dimensiwn 8 i benderfynu ar y lled, a dimensiwn 15 i benderfynu ar y dyfnder. Byddai'n defnyddio dimensiwn 9 i benderfynu ar uchder y gefnell (gweler Ffigur 5.4).

Ergonomeg

Y berthynas rhwng pobl a'r cynhyrchion maen nhw'n eu defnyddio yw ergonomeg. Mae'n berthnasol i ddylunio unrhyw beth sy'n ymwneud â phobl, ac mae'n defnyddio gwahanol ddata i wneud cynhyrchion:

- yn fwy cyfforddus i'w defnyddio
- yn haws eu defnyddio
- yn fwy diogel i'w defnyddio.

Mae hyn yn gwneud y profiad cyffredinol o ddefnyddio cynnyrch mor foddhaol â phosibl.

I gyflawni hyn, mae ergonomeg yn defnyddio gwahanol ddata a gwybodaeth, gan gynnwys:

- siâp a maint y corff dynol (data anthropometrig)
- galluoedd a chyfyngiadau pobl (data biomecanyddol), e.e. cryfder cyhyrau, liferi, grymoedd
- synhwyrau dynol, e.e. golwg, clyw, cyffyrddiad ac arogl
- sgiliau a chyflymder pobl, e.e. amseroedd ymateb
- ffiseg amgylcheddol, e.e. sŵn, golau, gwres, oerfel
- ffactorau seicolegol, e.e. ymddygiad, cyfathrebu, dysgu ac agweddau.

Gallwn ni ddefnyddio data ergonomig i wneud cynhyrchion ac i ganfod faint o rym mae angen i unigolyn ei roi ar rywbeth. Er enghraifft, wrth afael mewn handlen a'i throi, y mwyaf cyfforddus yw siâp yr handlen, yr hawsaf yw hi i'w defnyddio. Y fwyaf yw'r handlen, y lleiaf o ymdrech neu rym sydd ei angen i'w throi hi.

Rydyn ni'n defnyddio ergonomeg ac anthropometreg gyda'i gilydd wrth ddylunio cynhyrchion i wneud yn siŵr bod y canlyniad yn 'ffitio' y defnyddiwr dan sylw a'i fod hefyd mor gyfforddus a diogel a hawdd ei ddefnyddio â phosibl. Mae hyn yn golygu y bydd rhyngweithiad y defnyddiwr â'r cynnyrch yn brofiad cadarnhaol ac y bydd yn parhau i ddefnyddio'r cynnyrch.

Mae cynhyrchion sy'n anodd, yn anghyfforddus neu'n anhylaw eu defnyddio yn rhoi profiad negyddol i'r defnyddiwr ac mae'r rhain yn aml yn cael eu taflu i ffwrdd neu byth yn cael eu defnyddio.

Fel enghraifft o hyn, mae Ffigur 5.5 yn dangos dau fath o agorwr tuniau. Mae'r ddau'n cyflawni eu prif ddiben, sef agor tuniau. Mae'r un ar y chwith, fodd bynnag, yn fwy cyfforddus i afael ynddo, yn fwy diogel ac yn haws ei ddefnyddio, ac felly'n agor y tun yn llawer cyflymach. Byddai'r agorwr tuniau ar y dde yn cael ei daflu i ffwrdd yn fuan neu ei adael yng nghefn y drôr.

Ffigur 5.5 Dau agorwr tuniau

PWYNTIAU ALLWEDDOL
- Rhaid i ddylunwyr yng nghymdeithas heddiw ystyried effaith cynnyrch ar yr amgylchedd a'r gymdeithas.
- Mae defnyddio data anthropometrig yn sicrhau bod cynnyrch yn ffitio'r defnyddiwr dan sylw cystal â phosibl.

Angen gwybod

1 Esboniwch beth yw ystyr y term 'eco-ddylunio'.
2 Pam mae'n bwysig bod dylunwyr yn 'ddiwylliannol ymwybodol' wrth ddylunio cynhyrchion?
3 Rhowch ddau reswm pam mae rhai gwneuthurwyr yn dewis gwneud eu cynhyrchion dramor mewn gwledydd sy'n datblygu.

4 Ar wahân i faint pen unigolyn, nodwch ddau ddarn arall o ddata anthropometrig fyddai'n cael eu hystyried wrth ddylunio helmed i feiciwr modur.

(d) Archwilio a datblygu syniadau a phrofi gwaith, ei ddadansoddi'n feirniadol a'i werthuso

Profi a gwerthuso syniadau

Mae dylunio arloesol yn ymwneud ag archwilio ffyrdd newydd o wneud pethau neu geisio ymdrin â phroblemau o wahanol onglau neu safbwyntiau. Mae hyn yn aml yn un o agweddau mwyaf anodd y broses ddylunio am ein bod ni wedi arfer cymaint â gweld, defnyddio a byw â chynhyrchion sy'n bodoli nes ein bod ni'n ail-greu'r rhain yn awtomatig wrth geisio dylunio cynhyrchion newydd.

Arfer cyffredin arall yw meddwl am ffordd newydd o ddatrys problem neu feddwl am syniad neu ddyluniad newydd ar gyfer rhywbeth, ond yna cadw at y syniad gwreiddiol hwn yn hytrach na cheisio ei ddatblygu a'i fireinio. **Obsesiwn dylunio** yw hyn.

I osgoi obsesiwn dylunio ac i gael safbwyntiau gwahanol ar broblem er mwyn archwilio syniadau newydd, gall dylunwyr gael help o wahanol ffynonellau gwybodaeth:

- **Grwpiau ffocws:** Mae grŵp ffocws wedi'i wneud o bobl sy'n rhoi eu safbwyntiau a'u profiadau eu hunain o broblem neu'n trafod eu canfyddiadau a'u hagweddau tuag at gynnyrch neu syniad sy'n bodoli.
- **Datrysiadau sy'n bodoli:** Edrych ar ddatrysiadau sy'n bodoli i broblem neu ar gynhyrchion sydd wedi'u dylunio i ddatrys problemau tebyg, ac ystyried pa agweddau sy'n gweithio'n dda neu mae angen eu gwella.
- **Bioddynwarededd:** Edrych ar wahanol agweddau ar y byd naturiol, fel adeileddau a nodweddion sy'n bodoli'n naturiol, yna ystyried ffyrdd o gynnwys y dulliau, y siapiau neu'r ffurfiau hyn yn y dyluniad. I ddysgu mwy am sut mae bioddynwarededd yn gweithio ym maes dylunio, gweler Pennod 1 Adran (ch).

Ar ôl i ddylunwyr archwilio gwahanol syniadau, gallan nhw ddechrau meddwl am ddatrysiadau posibl sydd wedi'u hysbrydoli gan y gwahanol drywyddion archwilio. Wrth i un syniad ddechrau dod yn fyw drwy gyfrwng brasluniau, modelau neu feddwl, bydd syniadau newydd yn gallu datblygu ac ymddangos fel **iteriadau** gwell o'r syniad gwreiddiol.

Enw'r broses greadigol hon – o ddewis syniadau, elfennau, defnyddiau a thechnegau cynhyrchu o syniadau cychwynnol a'u defnyddio nhw mewn ffyrdd newydd i archwilio a chynhyrchu dyluniadau neu syniadau newydd a gwell sy'n gweithio mewn ffyrdd gwahanol – yw **datblygiad**. Mae datblygiad yn rhan bwysig o'r broses ddylunio greadigol, oherwydd dyma pryd mae dylunwyr yn rhoi cynnig ar bethau newydd ac yn gwneud penderfyniadau creadigol yn seiliedig ar yr hyn sy'n gweithio a'r hyn sydd ddim.

Mae **modelu** yn rhan annatod o'r broses ddatblygu. Mae modelu'n rhoi cyfle i ddylunwyr roi cynnig ar syniadau neu ddarn o ddyluniad a'u profi nhw drwy wneud modelau wrth raddfa. Mae modelu a phrofi'n caniatáu i ddylunwyr weld ydy dyluniad yn gweithio ai peidio a gwneud penderfyniadau neu ddatblygiadau pellach yng ngoleuni hyn. Gall hefyd ddangos na fydd dyluniad penodol yn gweithio ac felly arwain y dylunydd i gefnu ar y syniad hwn a ffafrio un arall. Mae modelau a syniadau sydd ddim yn gweithio yn rhan lawn mor ddilys a phwysig o'r broses ddylunio â llwyddiant, ac ni ddylid eu gweld fel methiant. Yn aml gallwn ni ddysgu mwy o fodel sy'n methu neu sy'n aflwyddiannus, a dim ond drwy gymryd y risgiau hyn a rhoi cynnig ar bethau newydd mae dylunwyr yn gallu meddwl am syniadau arloesol. Gall gymryd llawer o dreialon a methiannau wrth geisio gwneud rhywbeth cyn dod o hyd i'r ateb, ond mae pob cam ar y ffordd yn rhan hanfodol o'r broses ddatblygu.

Dadansoddi beirniadol a gwerthuso

Mae dadansoddi beirniadol a gwerthuso yn ffordd arall o asesu pa mor addas yw syniad dylunio. Mae hyn yn mynd law yn llaw â datblygu syniadau ond mae hefyd yn gallu digwydd ar unrhyw adeg yn ystod y broses ddylunio. Gyda phob syniad newydd neu bob datblygiad o syniad sy'n bodoli, bydd dadansoddiad beirniadol yn asesu pa mor addas yw'r dyluniad yn erbyn meini prawf penodol. Yn ystod y broses ddylunio y meini prawf hyn fydd y fanyleb (gweler Adran (c) yn y bennod hon); bydd y dylunydd yn cyfeirio at hyn yn gyson i wirio bod y dyluniad yn bodloni'r gofynion.

Gall y dadansoddiad beirniadol gael ei wneud gan unigolyn ond mae'n well os bydd grŵp o bobl yn ei wneud, fel rhanddeiliaid neu ddefnyddwyr posibl y cynnyrch, er mwyn cael amrywiaeth o safbwyntiau. Fel rheol, cyn gynted ag y bydd y syniadau dylunio wedi'u cwtogi a'u datblygu i roi dau neu dri datrysiad posibl, caiff y rhain eu lluniadu'n daclus a/neu eu

> ### GEIRIAU ALLWEDDOL
>
> **Dylunio iterus** Cylchred ailadroddol o wneud dyluniadau neu brototeipiau yn gyflym, casglu adborth a mireinio'r dyluniad.
>
> **Datblygiad** Y broses greadigol o ddewis syniadau, elfennau, defnyddiau a thechnegau gweithgynhyrchu o syniadau cychwynnol a'u defnyddio nhw mewn ffyrdd newydd i archwilio a chynhyrchu dyluniadau neu syniadau newydd a gwell.
>
> **Modelu** Rhoi cynnig ar syniadau neu rannau o ddyluniadau a'u profi nhw drwy wneud modelau wrth raddfa i afael ynddyn nhw neu ryngweithio â nhw.

modelu i roi darlun clir o sut bydd y cynnyrch terfynol yn edrych a sut bydd yn gweithio. Yna caiff y rhain eu cyflwyno i'r grŵp defnyddwyr i'w harchwilio ac i roi cynnig arnynt.

Bydd y rhestr o feini prawf yn dibynnu ar y cynnyrch ond bydd yn cynnwys pethau fel:

- Sut mae'r cynnyrch yn gweithio:
  - Ydy'r cynnyrch yn gwneud beth bynnag mae i fod i'w wneud?
  - Pa mor dda mae'n gwneud hyn?
  - Ydy'r cynnyrch yn hawdd ei ddefnyddio?
  - Ydy'r cynnyrch yn gyfforddus i'w ddefnyddio?
- Estheteg y cynnyrch:
  - Ydy'r cynnyrch yn edrych yn ddeniadol?
  - Ydy'r cynnyrch yn teimlo'n braf?
- Anthropometreg ac ergonomeg:
  - Ydy ei uchder, hyd, diamedr, ac ati yn gywir?
  - Ydy'r cynnyrch yn gweddu i'r holl ddefnyddwyr?
  - Oes modd ei addasu i weddu i wahanol ddefnyddwyr?
  - Ydy'r cynnyrch yn ffitio yn lle mae i fod?
- Cost:
  - Ydy'r defnyddiau'n ddrud eu prynu?
  - Ydy'r costau cynhyrchu'n dderbyniol?
  - Ydy pris terfynol y cynnyrch yn dderbyniol?
- Defnyddiau:
  - Ydy'r defnyddiau o safon uchel?
  - Ydy'r defnyddiau'n addas i'r cynnyrch?
  - Ydy'r defnyddiau'n hawdd cael gafael arnyn nhw a/neu ar gael yn rhwydd?
- Dulliau adeiladu:
  - Ydy'r cynnyrch wedi'i wneud yn dda?
  - Ydy'r sgiliau/prosesau sydd eu hangen i'w wneud ar gael yn rhwydd?
  - Ydy'r cynnyrch yn gyflym i'w gynhyrchu?
- Iechyd a diogelwch:
  - Ydy'r cynnyrch yn ddiogel ei ddefnyddio?
  - Ydy'r cynnyrch yn bodloni Safonau Iechyd a Diogelwch perthnasol?
- Ystyriaethau amgylcheddol:
  - Ydy'r defnyddiau'n dod o ffynhonnell gynaliadwy?
  - Ydy hi'n hawdd datgydosod y cynnyrch?
  - Oes modd ailgylchu'r defnyddiau?
  - Ydy'r prosesau sy'n cael eu defnyddio'n niweidiol i'r amgylchedd?

Mireinio ac addasu

Ar ôl y dadansoddiad beirniadol, gall y dylunydd ailwerthuso addasrwydd y prototeip a gwneud newidiadau neu addasiadau pellach i'r dyluniad er mwyn rhoi sylw i unrhyw feysydd lle nad yw efallai'n bodloni'r meini prawf neu'n perfformio'n dda. Ar ôl gwneud y gwelliannau, gellir dadansoddi'r dyluniad sydd wedi'i addasu a'i ddiwygio unwaith eto. Os oes angen gwelliannau pellach o hyd, caiff y dyluniad ei addasu eto gan ailadrodd yr un broses. Dylai pob 'iteriad' newydd o'r dyluniad fod yn fersiwn ychydig bach yn well na'r un blaenorol hyd at yr iteriad terfynol – dylai hwn fodloni'r holl feini prawf gymaint â phosibl a rhoi'r datrysiad gorau posibl. Enw'r cylch hwn o fireinio, dadansoddi ac ailddylunio yw 'dylunio iterus'.

GAIR ALLWEDDOL

Taflu syniadau Meddwl am gynifer o syniadau gwahanol â phosibl a'u hysgrifennu nhw neu eu braslunio nhw mor gyflym â phosibl.

PWYNT ALLWEDDOL

- Mae dadansoddiad beirniadol yn asesu pa mor addas yw'r dyluniad yn erbyn meini prawf penodol.

(dd) Defnyddio gwahanol strategaethau dylunio

Byddwch chi wedi arfer â chreu amrywiaeth o syniadau dylunio yn eich gwaith Asesiad Di-arholiad yng Nghyfnod Allweddol 4 ond hefyd yn llawer cynharach yn eich gwersi technoleg. Mae'r gallu i greu dyluniadau diddorol ac arloesol yn dibynnu'n drwm ar allu'r dylunydd i feddwl am syniadau sy'n anarferol, yn rhyfedd ac weithiau'n hollol wallgof. Weithiau mae hyn yn anodd am ein bod ni'n teimlo ofn neu embaras am y posibilrwydd o gynllunio cynhyrchion hurt neu wirion neu bethau fyddai ddim yn gweithio. Mae'n haws, felly, bod yn ddiogel a meddwl am rywbeth sydd yr un fath, neu'n debyg iawn, i rywbeth sy'n bodoli eisoes. Mae meddwl fel hyn, fodd bynnag, yn rhwystro dylunio da ac yn arwain at ddyluniadau digyffro a diflas sy'n dilyn 'y norm'.

Holl bwynt meddwl creadigol yw edrych ar broblem neu friff dylunio mewn ffordd newydd a gwahanol, er mwyn gweithio arnynt o safbwynt gwahanol. Mae meddwl creadigol yn aml yn cael ei alw'n 'feddwl y tu allan i'r bocs' ac mae'n caniatáu i'r dylunydd greu dyluniadau gwreiddiol sy'n wahanol i ddatrysiadau eraill sy'n bodoli. Mae'r gallu i ddyfeisio ffyrdd newydd o ddatrys problemau a bodloni anghenion defnyddwyr yn un o sgiliau allweddol dylunydd da ac yn rhywbeth sydd ddim yn dod yn hawdd i lawer o bobl.

Fel dylunwyr ddylen ni ddim ofni creu dyluniadau rhyfedd, twp a gwallgof, ond dylen ni ddefnyddio'r syniadau hyn fel rhan ddilys a gwerthfawr o'r broses feddwl wrth ddylunio.

Mae llawer o ddyfeisiadau a dyluniadau enwog neu lwyddiannus wedi deillio o syniadau gwallgof gan rywun. Yn aml, bydd elfennau ar y dyluniad sy'n werth eu harchwilio ymhellach a'u datblygu, hyd yn oed os nad yw'r syniad gwreiddiol yn un arbennig o dda. Gall hyn arwain at fersiwn diwygiedig a gwell o'r dyluniad neu at syniad hollol newydd a gwahanol.

Mae meddwl am lawer o syniadau dylunio yn anodd. Efallai y bydd yr ysbrydoliaeth yno, ond yn aml dydy hyn ddim yn ddigon. Isod mae rhai strategaethau syml gallwn ni eu defnyddio i'n helpu i feddwl am amrywiaeth o syniadau.

Strategaethau dylunio

Taflu syniadau

Mae **taflu syniadau** yn golygu meddwl am gynifer o syniadau gwahanol â phosibl a'u hysgrifennu neu eu braslunio mor gyflym â phosibl. Mae'r brasluniau'n amrwd, a ddylai alluogi'r dylunydd i neidio at y syniad nesaf ac yna'r nesaf pan mae'n dal yn ffres yn ei feddwl. Gallwch chi godi llawer o syniadau drwy fod yn ddigymell ac ysgrifennu'r peth cyntaf sy'n dod i'ch pen.

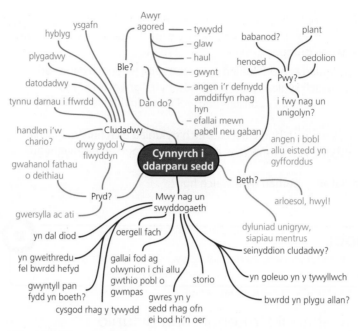

Ffigur 5.6 Map cysyniadau

The concept map contains the following labels radiating from the central node "Cynnyrch i ddarparu sedd":

- ysgafn
- hyblyg
- plygadwy
- datodadwy
- tynnu darnau i ffwrdd
- handlen i'w chario?
- gwahanol fathau o deithiau
- gwersylla ac ati
- yn dal diod
- yn gweithredu fel bwrdd hefyd
- gwyntyll pan fydd yn boeth?
- cysgod rhag y tywydd
- Awyr agored
- Ble?
- Dan do?
- Cludadwy
- drwy gydol y flwyddyn
- Pryd?
- oergell fach
- gallai fod ag olwynion i chi allu gwthio pobl o gwmpas
- Mwy nag un swyddogaeth
- gwres yn y sedd rhag ofn ei bod hi'n oer
- storio
- tywydd
- glaw
- haul
- gwynt
- angen i'r defnydd amddiffyn rhag hyn
- efallai mewn pabell neu gaban
- babanod?
- henoed
- plant
- oedolion
- Pwy?
- i fwy nag un unigolyn?
- angen i bobl allu eistedd yn gyfforddus
- Beth?
- arloesol, hwyl!
- dyluniad unigryw, siapiau mentrus
- seinyddion cludadwy?
- yn goleuo yn y tywyllwch
- bwrdd yn plygu allan?

Ffigur 5.7 Y tegell di-wifr cyntaf, wedi'i ddyfeisio gan Seymour Powell

Mae taflu syniadau'n aml yn digwydd mewn grwpiau. Mae mapiau cysyniadau a diagramau chwistrell yn aml yn cael eu defnyddio fel ffordd o daflu syniadau.

Wrth daflu syniadau, dydy taclusrwydd y brasluniau neu'r ysgrifen ddim yn bwysig – mae'n fater o roi gwybodaeth a syniadau ar y papur cyn gynted â phosibl. Y rhesymu y tu ôl i hyn yw fod un syniad mewn proses o daflu syniadau yn aml yn arwain at un arall, sydd efallai'n ddatblygiad o'r un o'i flaen. Ar y cam hwn, gorau po fwyaf o syniadau gallwch chi eu cynhyrchu.

Meddyliwch am y datrysiad i broblem ddylunio fel targed, a'r syniadau fel tafliadau at y targed. Y bwl neu'r canol yw'r ddelfryd (y datrysiad dylunio perffaith). Y mwyaf o dafliadau rydych chi'n eu cael at y targed, y mwyaf tebygol rydych chi o ddod yn agosach at y canol neu daro'r bwl. Yn yr un ffordd, y mwyaf o syniadau sydd gennych chi, y mwyaf tebygol yw hi y bydd un yn syniad da iawn sy'n mynd yn agos at ganol y targed.

Dim ond dechrau'r broses ddylunio yw hyn, nid y diwedd! Ar ôl i ni feddwl am syniad sy'n arloesol ac yn gyffrous, gallwn ni ddilyn y syniad hwn drwy ei fireinio, ei ddatblygu ac arbrofi ag ef i wella'r syniad a'i symud yn agosach fyth at ganol y targed.

Cydweithredu

Mae llawer o ddylunwyr yn **cydweithredu** (mewn parau neu mewn grwpiau). Fel rheol, bydd busnes dylunio yn cyflogi nifer o ddylunwyr sy'n gweithio gyda'i gilydd ar brojectau dylunio penodol. Er enghraifft, fe wnaeth Seymour Powell (Richard Seymour a Dick Powell) ddyfeisio tegell di-wifr cyntaf y byd i Tefal, a'r ffôn symudol poced. Mae cwmnïau cydweithredu tebyg eraill yn cynnwys Bostock and Pollitt a Brahm & Swamp.

Drwy drafod, rhannu a gweithio â'i gilydd, gall dylunwyr gael safbwynt gwahanol ar broblem a bydd syniadau un unigolyn yn aml yn bwydo syniadau'r llall. Gall y broses hon olygu bod dylunwyr yn bownsio syniadau yn ôl ac ymlaen ac yn mireinio elfennau neu'n mynd ar hyd trywyddion ymchwilio hollol newydd i archwilio gwahanol gysyniadau a meddwl am ddyluniadau na fydden nhw wedi meddwl amdanynt ar eu pennau eu hunain.

GAIR ALLWEDDOL

Dylunio drwy gydweithredu Nifer o ddylunwyr yn gweithio gyda'i gilydd ar brojectau dylunio penodol.

Ar ôl i ddylunydd greu rhai syniadau neu gysyniadau cychwynnol, bydd yn aml yn creu grŵp ffocws sy'n cynnwys y cleient, y defnyddiwr a'r prif randdeiliaid ac yn cyflwyno'r syniadau hyn iddynt er mwyn cael adborth am y dyluniadau. Mae hyn yn rhoi darlun clir o ba syniadau sy'n haeddu mwy o sylw a pha rai dylen nhw eu hanghofio. Yn ddelfrydol, dylid cynnwys y grŵp ffocws drwy gydol y broses ddylunio i sicrhau bod y weledigaeth glir hon yn parhau. Enw'r broses hon o gynnwys y defnyddiwr drwy gydol y broses i sicrhau bod y cynnyrch yn bodloni ei anghenion yw dylunio sy'n canolbwyntio ar y defnyddiwr.

Dylunio sy'n canolbwyntio ar y defnyddiwr

Dylunio sy'n canolbwyntio ar y defnyddiwr yw ystyried a gwirio anghenion, chwenychiadau a gofynion y defnyddiwr ar bob cam yn y broses ddylunio a datblygu. Mae hyn yn gwneud y defnyddiwr yn 'ganolbwynt' y broses ddylunio gyda golwg ar greu dyluniad sy'n agosach at ofynion y defnyddiwr y tro cyntaf, fel bod angen llai o fireinio ac addasu arno yn nes ymlaen yn y broses ddylunio.

Mae pedwar prif gam i'r broses ddylunio sy'n canolbwyntio ar y defnyddiwr:

- **Nodi'r cyd-destun defnyddio:** Nodi defnyddwyr y cynnyrch, i beth byddan nhw'n ei ddefnyddio, ac o dan ba amodau caiff ei ddefnyddio.
- **Nodi'r gofynion:** Nodi unrhyw amcanion sydd gan y defnyddiwr y mae'n rhaid eu bodloni er mwyn i'r cynnyrch fod yn llwyddiannus.
- **Creu datrysiadau dylunio:** Gellir gwneud y rhan hon o'r broses gam wrth gam, gan adeiladu o gysyniad bras i ddyluniad cyflawn.
- **Gwerthuso dyluniadau:** Gwerthuso drwy brofi gallu defnyddwyr go iawn i ddefnyddio'r cynnyrch.

Meddylfryd systemau

Meddylfryd systemau yw meddwl am fwy na'r cynnyrch rydych chi'n ei ddylunio yn unig, drwy ei ystyried fel rhan o system neu brofiad mwy. Yn aml pan fyddwn ni'n prynu cynnyrch, dim ond rhan o'r profiad yw ei ddefnyddio. Mae agor y pecyn, cynnal a chadw'r cynnyrch, defnyddio'r cynnyrch a gwaredu neu gyfnewid y cynnyrch i gyd yn rhan o'r profiad o fod yn berchen ar y cynnyrch hwnnw. Wrth ddefnyddio meddylfryd systemau, mae'r dylunydd yn ystyried y profiad cyfan a sut i roi'r gwasanaeth gorau i'r defnyddiwr.

Er enghraifft, yn hytrach na dim ond dylunio ffôn symudol sydd yn hawdd ei ddefnyddio, yn edrych yn dda ac yn gweithio'n dda, bydd y dylunydd yn ystyried sut mae'r ffôn yn cael ei archebu, ei ddanfon a'i becynnu. Bydd yn ystyried pa mor hawdd yw llwytho apiau i lawr, cysoni â dyfeisiau eraill, cysylltu â'r rhyngrwyd ac ati, a pha mor hawdd yw hi i'r defnyddiwr gael cymorth technegol, trefnu gwaith atgyweirio, uwchraddio, cyfnewid ac ailgylchu'r ffôn symudol. Os yw'r holl brofiad o fod yn berchen ar y cynnyrch yn dda o'r dechrau i'r diwedd, mae'r defnyddiwr yn fwy tebygol o brynu ei gynnyrch nesaf gan y dylunydd.

(e) Datblygu, cyfathrebu, cofnodi a chyfiawnhau syniadau dylunio

Mae llwyddo i gyfleu eich meddyliau a'ch syniadau yn rhan hollbwysig o'r broses ddylunio. Mae creu syniad a'i ddatblygu hyd at ei gynhyrchu yn cynnwys llawer o dimau o bobl, felly mae'r gallu i gyfleu eich meddyliau'n glir yn bwysig. Mewn diwydiant, yn aml bydd angen i ddylunwyr gynnig eu cysyniadau cynnar i fuddsoddwyr a rhanddeiliaid, archwilio adborth cwsmeriaid a'r farchnad, a phrofi fersiynau cynnar o'u dyluniad. Mae angen gwahanol arddulliau cyfathrebu ar bob cam yn y broses ddylunio, a bydd lle i bob un wrth weithio drwy'ch Asesiad Di-arholiad.

GEIRIAU ALLWEDDOL

Dylunio sy'n canolbwyntio ar y defnyddiwr Ystyried a gwirio anghenion, chwenychiadau a gofynion y defnyddiwr ar bob cam yn y broses ddylunio.

Meddylfryd systemau Ystyried problem ddylunio fel profiad cyfan i'r defnyddiwr.

Gweithgaredd

Ystyriwch ddyluniad watsh glyfar. Defnyddiwch feddylfryd systemau ac ysgrifennwch restr o'r holl brofiadau posibl sy'n gysylltiedig â bod yn berchen ar y watsh.

Lluniadu 2D a 3D ffurfiol ac anffurfiol

Bydd y rhan fwyaf o ddylunwyr yn dechrau creu cysyniadau ar gyfer syniad drwy wneud brasluniau llawrydd. Ar y camau cynnar bydd y brasluniau hyn yn anffurfiol, ac mewn rhai achosion yn anghyflawn. Wrth i'r dylunydd fraslunio siapiau a manylion sylfaenol yn gyflym, efallai y bydd yn ychwanegu anodiadau byr neu'n defnyddio saethau i awgrymu symudiadau. Bydd yn cwblhau'r brasluniau llawrydd hyn heb ddefnyddio patrymluniau na chymhorthion lluniadu, a gallai fod llawer o linellau ar y dudalen i helpu'r dylunydd i fireinio siâp neu broffil y lluniad. Weithiau caiff y brasluniau cynnar hyn eu galw'n frasluniau bawd am eu bod nhw'n tueddu i fod yn frasluniau bach heb lawer o fanylder, ond maen nhw'n ffordd effeithiol o gyfleu syniadau cychwynnol dylunydd.

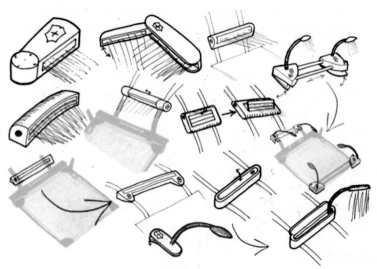

Ffigur 5.8 Defnyddio brasluniau bawd i gyflwyno fersiynau cynnar o ddyluniadau

Does dim rheolau ar gyfer lluniadau anffurfiol, a gallan nhw fod mewn arddull 2D neu 3D. Mae lluniadau 2D yn 'fflat' ac fel rheol yn dangos un olwg heb ddim manylion dyfnder. Gall dylunydd eu defnyddio nhw wrth ddatblygu proffil siâp neu roi manylion am flaen cynnyrch, fel trefn botymau, logos, ac ati.

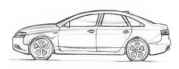

Ffigur 5.9 Braslun 2D cynnar o gerbyd

Mae lluniadau 3D yn rhoi mwy o fanylder a gallwn ni eu cyflwyno nhw fel lluniadau arosgo, isometrig neu mewn persbectif.

Lluniadau arosgo

Ffurf syml iawn ar luniadu 3D yw lluniadau arosgo. Yn syml, maen nhw'n troi lluniad 2D sy'n bodoli yn lluniad 3D drwy ychwanegu neu estyn trwch ar ddwy o ochrau'r lluniad gwreiddiol. Gan ddefnyddio sgwaryn 45°, mae llinellau o'r un hyd yn cael eu tynnu o ben uchaf ac ochr y lluniad gwreiddiol ac yna eu cysylltu. Mae'n ffordd effeithiol o ddangos ychydig bach mwy o fanylder, ond nid yw'n edrych mor fanwl gywir â thechnegau lluniadu 3D eraill.

Lluniadu isometrig

Mae **lluniadu isometrig** yn fwy defnyddiol na lluniadu arosgo oherwydd gallwch chi ddechrau cyflwyno manylder mewn ychydig mwy o gyfrannedd. Mae hefyd yn caniatáu i chi estyn manylion o bob wyneb, fel bod y lluniad yn gallu rhoi mwy o wybodaeth. Mae lluniadu isometrig yn defnyddio ongl o 30° ar gyfer y llinellau estynedig. Eto gellir defnyddio patrymlun neu gymorth lluniadu i wneud hyn, ac mae papur isometrig yn aml yn gallu bod o gymorth i wneud y dyluniadau. Mae'n hawdd ychwanegu dimensiynau at luniad isometrig.

Yn ogystal ag anodiadau, efallai y byddai'n ddefnyddiol i ddylunwyr sy'n gweithio â ffabrigau a thecstilau atodi casgliadau patrymau neu ddarnau bach o ffabrig penodol at eu syniadau dylunio cychwynnol.

Diagramau taenedig

Rydyn ni'n defnyddio diagram taenedig i helpu i gyfleu sut mae darnau cydrannol cynnyrch yn dod at ei gilydd yn ystod y broses gydosod. Os ydych chi erioed wedi adeiladu model Lego® neu wedi cydosod dodrefn pecyn fflat, byddwch chi'n gyfarwydd ag egwyddor y rhain yn barod. Maen nhw i'w gweld yn aml mewn taflenni cyfarwyddiadau, lle maen nhw'n esbonio'r drefn gydosod, ond maen nhw hefyd yn ddefnyddiol i nodi darnau a rhifau darnau mewn cynhyrchion mawr cymhleth fel injans a pheiriannau golchi.

Mae'n anodd cwblhau diagramau taenedig â llaw oherwydd mae angen i chi fod â syniad clir cyn dechrau sut bydd y lluniad yn edrych. Mae llawer o bobl yn ei chael hi'n haws defnyddio blwch golau neu bapur dargopïo. Gan ddechrau â lluniad isometrig neu 3D cyflawn o'ch syniad, dargopïwch bob darn a symudwch y papur ychydig bach cyn braslunio'r gydran nesaf.

Mae'n symlach creu diagramau taenedig gyda chymorth rhaglen CAD, oherwydd mae'n bosibl copïo, gludo a grwpio cydrannau a'u symud nhw i'w lle yn hawdd. Os ydych chi wedi lluniadu eich cydrannau i gyd yn fanwl gywir ac wrth raddfa, bydd rhai rhaglenni CAD yn gallu taenu'r model i chi a hyd yn oed animeiddio'r broses.

Ffigur 5.15 Mae casgliadau patrymau ffabrig yn helpu i gyflwyno syniadau tecstilau

Ffigur 5.16 Cyfarwyddiadau Lego

Darluniadau ffasiwn neu luniadau ffasiwn

I gael manylion am ddatblygu syniadau ffasiwn, gweler Dylunio a gweithgynhyrchu drwy gymorth cyfrifiadur ym Mhennod 3 Adran (ff).

Modelau

Mae modelau'n ffordd ragorol o ddatblygu syniad o fraslun cychwynnol. Gallwn ni eu defnyddio nhw i fodelu cynnyrch cyflawn naill ai yn ei faint llawn neu wrth raddfa benodol, ac maen nhw hefyd yn ddefnyddiol i brofi elfen fach ar ddyluniad fel colfach neu gydran unigol.

Modelu cardbord

Mae cardbord yn ddefnydd rhagorol ar gyfer gwneud modelau cychwynnol oherwydd mae'n rhad, mae ar gael yn rhwydd ac mae'n hawdd ei dorri, ei ricio a'i uno ag offer gweithdy sylfaenol. Mantais ychwanegol cardbord yw ei fod yn dod mewn trwch sy'n hawdd ei ddefnyddio i gynrychioli acrylig ac y gallwn ni hefyd ei dorri â laser, sy'n gal-luogi dylunwyr i gynhyrchu modelau tri dimensiwn manwl gywir.

Modelu ag ewyn

Mae bwrdd ewyn yn ddefnydd papur a bwrdd sy'n fwy anhyblyg na chardbord ac sy'n rhoi'r fantais o fod ag arwyneb o bapur du neu wyn. Mae hefyd yn hawdd ei ricio a'i uno a chaiff ei ddefnyddio'n aml mewn modelau pensaernïol.

Os yw dylunydd yn ceisio datblygu model â natur fwy organig, yn fwy na thebyg bydd yn gweithio ag ewyn polywrethan. Mae hwn yn ysgafn ac yn hawdd ei dorri, ei siapio a'i uno.

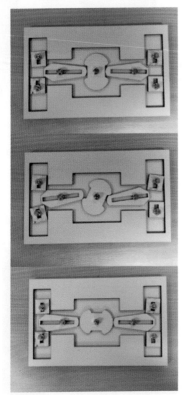

Ffigur 5.17 Defnyddio cerdyn i fodelu mecanwaith

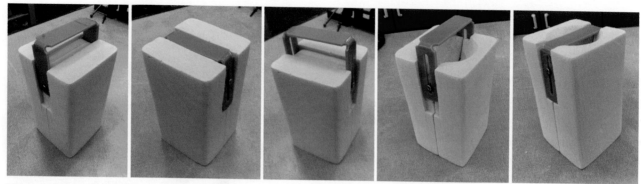

Ffigur 5.18 Modelu cysyniad radio ag ewyn glas

Mae hyn yn caniatáu i ddylunwyr wneud cynrychioliadau tri dimensiwn maen nhw'n gallu eu dal a rhyngweithio â nhw, sy'n eu galluogi i archwilio ergonomeg i ryw raddau.

Mae ewyn polywrethan ar gael mewn llawer o wahanol ddwyseddau. Mae'r mathau mwyaf dwys yn gallu cael eu peiriannu gan rigolydd CNC ac yna eu gorffen a'u chwistrellu i gynrychioli prototeip gorffenedig. Gall y prototeipiau neu'r modelau bloc hyn fod yn ddefnyddiol dros ben am eu bod nhw'n gallu rhoi syniad realistig i drydydd partïon a rhanddeiliaid sut gallai'r prototeip terfynol edrych.

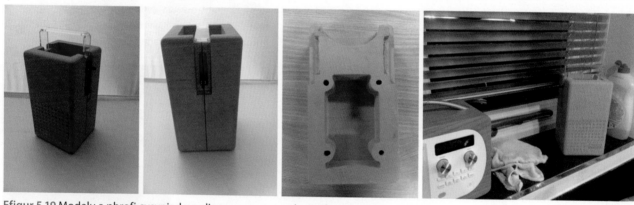

Ffigur 5.19 Modelu a phrofi cysyniad y radio mewn ewyn polywrethan dwys

Ffigur 5.20 Toile tecstilau

Toiles

Wrth weithio â thecstilau, efallai y bydd dylunydd yn cynhyrchu toile, sef fersiwn maint llawn o'r darn terfynol ond wedi'i wneud o ddefnydd rhatach. Mae toile yn rhoi cyfle i'r dylunydd i ffitio'r dilledyn neu'r dyluniad ar fodel er mwyn gwneud unrhyw addasiadau pellach. Mae modd ei ddefnyddio hefyd i ddewis lleoliadau sipiau a ffasnyddion. I gael gwybod mwy am gynhyrchu toile, gweler Pennod 7 Adran (b).

Cylchedau electronig

Wrth fodelu system neu gylched electronig, mae bwrdd bara yn ddull priodol o ddatblygu a phrofi a ydy'r dyluniad yn mynd i weithio. Mae'r rhain yn ddefnyddiol oherwydd bod modd gosod a thynnu cydrannau'n gyflym, a gallwn ni uno llawer o fyrddau bara at ei gilydd os oes angen. Pan fydd y gylched yn gweithio'n gywir, gallwn ni luniadu diagram cynllunio ffurfiol.

Cyflwyniadau

Yn ystod y broses ddylunio, ar adegau bydd angen cyflwyno syniadau dylunio i drydydd parti neu randdeiliad. Mae cyflwyniadau digidol, lle gallwn ni gysylltu cyfres o sleidiau â'i gilydd a'u cyflwyno nhw, yn gyffredin. Mantais cyflwyniadau digidol yw ein bod ni'n gallu eu hanfon nhw drwy e-bost neu eu rhannu nhw'n electronig a chynnwys animeiddiadau neu fideos i wella'r cyflwyniad.

Gall dylunwyr hefyd ddefnyddio byrddau cyflwyno ffisegol i gyfleu ac arddangos eu syniadau i gleientiaid. Mae'r byrddau hyn fel rheol ar fformat mawr, fel A2 neu A1, ac yn gallu cynnwys brasluniau cychwynnol, diagramau taenedig a lluniau o'u cynnyrch wedi'u rendro mewn 3D.

Ffigur 5.21 Defnyddio bwrdd bara i brofi cylched

Nodiadau ysgrifenedig

Mae nodiadau ysgrifenedig yn ddefnyddiol wrth i ddylunydd ffurfioli ei feddyliau neu roi crynodeb manwl o'r penderfyniadau dylunio mae wedi'u gwneud. Maen nhw'n arbennig o bwysig pan fydd trydydd parti'n edrych ar y gwaith, oherwydd ni fydd y trydydd parti yn gallu deall pob agwedd ar y broses greadigol hyd at yr adeg honno. Yn eich Asesiad Di-arholiad, efallai y bydd yn ddefnyddiol i chi wneud nodiadau manwl drwy gydol eich ffolio i ategu eich anodiadau dylunio anffurfiol.

Ffigur 5.22 Myfyriwr dylunio yn defnyddio byrddau cyflwyno mewn cystadleuaeth

Ffigur 5.23 Tudalen ffolio gyda nodiadau ysgrifenedig i ategu'r brasluniau bawd

Diagramau llif

Cynrychioliad graffigol o broses neu o gyfres o gamau o fewn system yw **diagram llif**. Mae diagramau (neu siartiau) llif fel rheol yn rhoi cyfarwyddiadau ysgrifenedig neu ddatganiadau wedi'u cysylltu â saethau i ddangos trefn y dilyniant. Mae defnyddio siapiau cyffredin i ddynodi gweithredoedd gwahanol, fel sydd i'w weld yn Ffigur 5.24, yn eu gwneud nhw'n haws eu deall. Mae penderfyniadau mewn siart llif yn aml yn cael eu defnyddio fel gwiriadau rheoli ansawdd, fel gwirio a ydy dimensiwn yn gywir neu weld a ydy signal mewnbwn o switsh wedi cael ei bwyso.

Gallwn ni eu defnyddio nhw wrth gynllunio rhaglenni electronig syml neu i ddangos dilyniant gweithgareddau wrth gynhyrchu cydran neu gynnyrch.

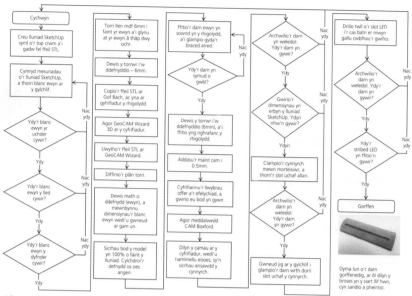

Ffigur 5.24 Diagram llif

Dyma lun o'r darn gorffenedig, ar ôl dilyn y broses yn y siart llif hwn, cyn sandio a pheintio.

Lluniadau gweithio

Mae lluniadau gweithio yn ddogfennau technegol sy'n rhoi manylion am ddyluniad neu gynnyrch penodol. Gallan nhw gynnwys gwybodaeth fel dimensiynau, graddfa a defnyddiau perthnasol a manylion am ddarnau a chydrannau. Weithiau maen nhw'n cael eu galw'n lluniadau peirianyddol ac mae'n bosibl eu cyflwyno mewn llawer o ffyrdd, ond yn gyffredinol maen nhw'n cynnwys casgliad o olygon 2D ar gynnyrch gyda'r dimensiynau perthnasol wedi'u rhoi mewn milimetrau. Mae **lluniadau orthograffig** yn enw cyffredin ar y rhain. Maen nhw'n rhoi blaenolwg, ochrolwg a golwg o'r awyr neu uwcholwg. Mae'r tri golwg hyn yn rhoi digon o wybodaeth i drydydd parti i roi cynnig ar gynhyrchu'r cynnyrch yn llwyddiannus. Maen nhw hefyd yn gallu cynnwys arwynebeddau trychiadol lle gellir darlunio manylion am nodweddion mewnol, ac mae rhai hefyd yn cynnwys rhestr o'r darnau.

Dylai fformat a chynllun y lluniad fod yn seiliedig ar y ddogfen a gyhoeddir gan y Sefydliad Safonau Prydeinig. Mae defnyddio dull safonedig yn golygu y dylai hi fod yn bosibl dehongli'r lluniadau mewn modd dibynadwy.

Mae'n hawdd cynhyrchu lluniadau gweithio manwl o fodelau CAD 3D drwy glicio botwm.

Ffigur 5.25a Model trybedd CAD 3D wedi'i rendro

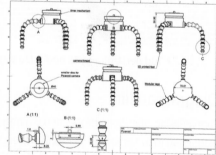

Ffigur 5.25b Y lluniad gweithio wedi'i gynhyrchu o'r model CAD 3D o'r trybedd

Wrth weithio â thecstilau, mae lluniad gweithio'n cael ei alw'n 'fflat'. Mae hwn yn lluniad wedi'i ddimensiynu'n llawn sy'n cynnwys manylion technegol.

Pan fydd dyluniad terfynol wedi'i ddatblygu, rhaid penderfynu ar agweddau technegol y dyluniad a'u disgrifio nhw. Dylai'r manylion technegol hyn roi digon o wybodaeth i wneud prototeip sy'n gweithio'n llawn.

Bydd y manylion technegol yn dibynnu ar y cynnyrch sy'n cael ei ddylunio a'i wneud, ond dylen nhw gynnwys manylion fel:

- Dimensiynau'r cynnyrch
- Manylion darnau a chydrannau unigol fel defnyddiau, graddau a pherfformiad, lliw ac ati.
- Manylion cydosod, lluniadau cydrannau
- Gorffeniadau
- Manylion unrhyw gamau gweithgynhyrchu
- Gwybodaeth am ddiogelwch
- Y potensial i ailgylchu, ailddefnyddio a gwaredu'r cynnyrch
- Asesiad risg.

Dylai'r manylion technegol nodi unrhyw newidiadau ers y cysyniadau dylunio terfynol a rhoi'r holl wybodaeth sydd ei hangen i gynhyrchu'r prototeip o'r dyluniad.

Amserlenni

Mae amserlenni'n chwarae rhan bwysig yn y broses ddylunio, yn enwedig mewn diwydiant ac wrth wneud gwaith erbyn dyddiadau cau penodol. Mae'n synhwyrol cynllunio'r amser sydd ar gael i gwblhau project cyn ei ddechrau. Un ffordd gyffredin o wneud hyn yw drwy ddefnyddio siart Gantt neu linell amser. Mewn siart Gantt, mae'r amser sydd ar gael yn cael ei osod ar un echelin tabl, a'r camau neu'r tasgau i'w cwblhau ar echelin arall. Mae hyn yn rhoi cynllun bras o gyfnod estynedig ac yn helpu'r dylunydd i aros ar y trywydd iawn i gwblhau'r gwaith. Gallai tasg gymryd mwy o amser na'r disgwyl, felly mae'n bosibl y bydd dylunydd yn gweld bod angen golygu ac addasu'r siart wrth i'r project symud yn ei flaen.

Briff dylunio a siart Gantt – Ar y sleid hon rydw i'n mynd i grynhoi'r briff dylunio a dadansoddi cyfeiriad y project, a chreu siart Gantt i egluro trefn ac amserlen y project.

Beth – Rydw i'n mynd i wneud a dylunio stand ar gyfer bwrdd syrffio wedi'i saernïo'n wych â llaw fydd yn adlewyrchu steil syrffio sy'n naturiol, go iawn a gosgeiddig.
Pam – Problem byrddau syrffio heddiw yw eu bod yn frau iawn. Ers yr 1960au mae byrddau wedi cael eu gwneud o wydr ffibr ac ewyn, ond felly maen nhw'n gallu cracio a tholcio'n hawdd, sy'n gadael dŵr i mewn, ac yna mae'r broblem yn gwaethygu. Felly, pwrpas gwneud stand bwrdd syrffio yw helpu'r defnyddiwr i amddiffyn ei fwrdd rhag ergydion pob dydd.
Pwy – Rydw i'n mynd i ddylunio a gwneud y stand bwrdd syrffio hwn i ffrind da i'n teulu ni sy'n syrffiwr brwd ac yn byw ar arfordir gogledd Cernyw.
Ble – Mae'r cleient yn bwriadu cadw ei fwrdd syrffio yn ei ystafell fyw, ond gall hyn newid a gall gael ei symud i'r garej yn dibynnu faint o le sydd. Mae ei ystafell fyw wedi ei haddurno â lliwiau coch tywyll a phren tywyll, ac mae teimlad traddodiadol Affricanaidd i'r ystafell.
Pryd – Fel mae'r siart Gantt yn ei awgrymu (os ydw i'n cadw at yr amseriadau) byddaf wedi cwblhau'r project cyfan mewn 25 wythnos, ond dydy hyn ddim yn realistig oherwydd mae problemau'n siŵr o godi ar hyd i ffordd, ac efallai y bydd cyfathrebu â'r cleient yn araf oherwydd allwn ni ddim cyfarfod wyneb yn wyneb.

Cam	1	2	3	4	5	6	7	8	9	10	11	12	13	14	15	16	17	18	19	20	21	22	23	24	25
Problem a chyd-destunau	■																								
Dadansoddi'r dasg	■																								
Dadansoddi'r cynnyrch		■																							
Ymchwilio i'r amgylchedd			■																						
Ymchwil i dechnegau/ defnyddiau posibl			■																						
Ymchwil ergonomig ac anthropometrig			■																						
Manyleb				■																					
Syniadau a datblygu					■																				
Gwerthuso syniadau						■																			
Modelu							■																		
Lluniadau peirianyddol									■																
Rhestr defnyddiau										■															
Cynllun gweithgynhyrchu											■														
Project gweithgynhyrchu												■	■	■	■	■	■	■	■						
Dyddiadur cynhyrchu												■	■	■	■	■	■	■	■						
Profi gyda'r cleient																				■	■				
Adborth arall gan y defnyddiwr																						■			
Gwerthuso																							■	■	
Gwelliannau																									■

Ffigur 5.26 Siart Gantt

Gallwn ni ddefnyddio amserlenni eraill i gynllunio pryd gallai fod angen adnodd penodol, fel peiriant, neu pryd byddai angen derbyn defnydd neu gydran. Mae amserlenni gweithgynhyrchu'n hollbwysig wrth weithio ar broject mwy neu wrth rannu adnodd fel gweithdy neu stiwdio.

Recordiadau sain a gweledol

Ffigur 5.27 Llun llonydd o fideo o blentyn yn profi cynnyrch cysyniad

Er nad ydyn nhw i'w gweld yn aml mewn ffolios Asesiad Di-arholiad ymgeiswyr, mae recordiadau sain a gweledol yn gallu bod yn adnodd ymchwil defnyddiol iawn a hefyd yn ffordd o werthuso cynnyrch mewn amser real.

Gallwn ni ddefnyddio recordiadau ar lawer o gamau yn ystod y broses ddylunio. Maen nhw'n adnodd gwerthfawr wrth wneud ymarfer grŵp ffocws, lle mae grŵp o bobl o farchnad darged yn dod at ei gilydd i drafod problem neu i sôn am faterion yn ymwneud â rhyngweithio â chynnyrch. Mae arsylwi ar y math hwn o ymarfer yn ddefnyddiol, ond mae gallu ei brofi eto ar ffurf recordiad er mwyn ffocysu ar agwedd benodol ar yr ymchwiliad yn gwneud pethau'n llawer haws. Gallwn ni hefyd ddefnyddio fideos i gofnodi darpar ddefnyddwyr yn rhyngweithio â model o gynnyrch, sy'n gallu helpu'r dylunydd i ganfod problemau cyffredin neu arferion defnyddiwr penodol. Yn amlach mewn lleoliad ysgol, gallwn ni ddefnyddio recordiadau i gofnodi adborth gwerthuso am fodel neu ddyluniad. Gall y rhan fwyaf o ffonau symudol gynhyrchu fideos o safon uchel sy'n hawdd eu cynnwys mewn cyflwyniad digidol.

Modelu mathemategol

Mae wedi mynd yn haws i ddylunwyr ddefnyddio modelu mathemategol wrth i raglenni CAD 3D fynd yn rhatach ac yn haws cael gafael arnynt. Yn hytrach na phrofi model yn ffisegol, a allai fod yn ddrud iawn ac a fyddai yn y rhan fwyaf o achosion yn golygu profi'r model nes ei ddinistrio, gallwn ni ddefnyddio rhithfodelu a modelu mathemategol.

Mae'n bosibl efelychu a phrofi amrywiaeth o ffactorau, fel sut byddai gwrthrych yn ymateb i rym penodol yn gweithredu arno, er enghraifft sut mae pont yn ymateb i lwyth penodol, neu archwilio sut mae defnydd neu gydran yn dargludo gwres. Fel rheol, caiff canlyniadau'r egwyddorion mathemategol sy'n berthnasol i'r model hwn eu harddangos yn weledol fel amrywiaeth o liwiau. Gallwn ni hefyd ddefnyddio modelu mathemategol i brofi perfformiad aerodynamig cynnyrch.

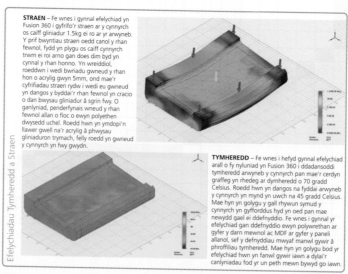

Ffigur 5.28 Defnyddio offer dadansoddi mathemategol i brofi cysyniad stand gliniadur

Mae modelu mathemategol yn galluogi dylunwyr i ragfynegi a mireinio perfformiad cynnyrch cyn gorfod cynhyrchu'r prototeip terfynol, sy'n arbed amser, arian ac adnoddau.

Offer cyfrifiadurol

Mae'n arferol i syniadau dylunio ddechrau fel brasluniau bawd bach wedi'u lluniadu â llaw, cyn datblygu i fod yn ddatrysiad mwy datblygedig. Does gan CAD ddim llawer o werth yn y cyfnod cynnar hwn, er bod datblygiadau caledwedd cyfrifiadurol nawr yn caniatáu i ddylunwyr greu lluniadau digidol ag ysgrifbinnau a phadiau graffeg, sy'n golygu bod syniadau cychwynnol yn gallu ymddangos ar y cyfrifiadur yn gyflym. Mae systemau CAD yn dod yn bwysicach wrth i syniadau gael eu datblygu a'u mireinio. Gallwn ni addasu a golygu lluniadau digidol yn gyflym, ac mae hi'n hawdd dad-wneud newidiadau os oes angen.

Wrth i syniadau dylunio fynd yn fwy ffurfiol, gall fod yn briodol creu model CAD 3D o syniad. Mewn meddalwedd 3D, gallwn ni ychwanegu lliw neu wead a chylchdroi'r model i weld rhannau gwahanol ohono. Gall fod angen llawer iawn o sgìl i ddefnyddio holl gyfleusterau a nodweddion pecyn CAD yn llawn. Fodd bynnag, mae llawer o raglenni sylfaenol ar gael sy'n caniatáu modelu 3D derbyniol. Un dull o greu model 3D yw mewnforio lluniad CAD 2D i ddarn o feddalwedd CAD 3D ac yna ychwanegu dyfnder a dewisiadau defnydd. Mae'r nodwedd hon yn arbennig o ddefnyddiol os ydych chi wedi defnyddio lluniad CAD 2D i dorri modelau â laser yn gynharach yn y broses ddylunio.

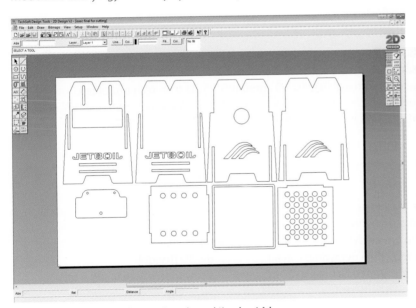

Ffigur 5.29a Lluniad dylunio 2D yn barod i'w dorri â laser

Ffigur 5.29b Model CAD 3D wedi'i gynhyrchu o'r lluniad dylunio 2D

Mae'r broses o rendro (neu ychwanegu lliw) yn un o nodweddion mwyaf pwerus CAD, a gall rhai o'r rhaglenni CAD mwyaf pwerus gyfleu dyluniad sydd bron yn ffotorealistig.

Mae cydrannau fel nytiau, bolltau a cholfachau'n gallu bod yn gymhleth i'w lluniadu mewn rhaglen CAD, ond yn aml mae modd llwytho'r rhain i lawr o warws cydrannau ar-lein a'u mewnforio i luniad, addasu eu maint a'u symud i'w lle.

Rendro CAD

Fusion 360 – Fe wnes i ddefnyddio Fusion 360 ar gyfer y cam hwn yn hytrach na Google Sketchup oherwydd mae'n hawdd cael mwy o fanylder a rendro'r model i greu dyluniad mwy realistig a naturiol. Mae hyn hefyd yn ei gwneud hi'n haws i mi greu lluniadau peirianyddol. Gan ddefnyddio'r dyluniad CAD roeddwn i'n gallu arbrofi â gwahanol fesuriadau a nodweddion fel uchder y silff acrylig, y bwlch rhwng y rhannwr a maint y drôr.

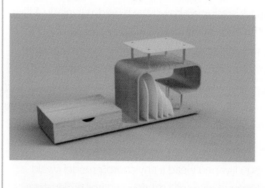

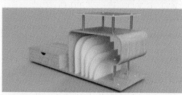

Ffigur 5.30 Rendro CAD

Gweithgaredd

Ceisiwch ddefnyddio rhaglen CAD 3D i greu model 3D o un o'ch projectau diweddar. Os nad oes gennych chi system CAD yn yr ysgol, mae digon o fersiynau di-dâl ar gael i ddisgyblion, fel 'Tinkercad', 'SketchUp' neu 'Fusion 360' gan Autodesk.

Angen gwybod

1 Pam mae brasluniau bawd yn ddefnyddiol yn gynnar yn y broses o gynhyrchu syniad dylunio?

2 Pryd byddech chi'n defnyddio lluniad isometrig yn hytrach na braslun 2D?

3 Nodwch dri chymhwysiad lle byddai diagram taenedig yn ddefnyddiol.

4 Beth yw manteision model CAD dros fodel 3D ffisegol?

5 Pryd bydden ni'n defnyddio toile?

(f) Dylunio a datblygu prototeipiau

Er mwyn datblygu syniad, yn aml bydd dylunydd yn cynhyrchu **prototeip**. Mae prototeipio yn golygu gwneud fersiwn unigryw (mae angen un) o'r cynnyrch cyfan neu o ddarn penodol o'r dyluniad. Mae'n bosibl y bydd wedi'i wneud â defnyddiau neu ddulliau cynhyrchu sydd ychydig bach yn wahanol, neu'n fersiwn syml o'r cynnyrch. Drwy wneud prototeip, gall y dylunydd brofi'r dyluniad neu ddarnau o'r dyluniad, dod o hyd i safbwyntiau'r defnyddwyr a'r rhanddeiliaid a dod o hyd i unrhyw broblemau â'r dyluniad. O hyn, gall weld pa mor llwyddiannus yw'r dyluniad a gwneud newidiadau neu ddatblygiadau pellach.

Gall prototeipiau dynnu sylw at ddiffygion pwysig mewn cynnyrch fel bod modd rhoi sylw iddyn nhw cyn dechrau cynhyrchu'r cynnyrch ar y raddfa lawn. Mae eu defnyddio nhw ar gamau cynharach yn y broses ddylunio'n atal y dylunydd rhag gwastraffu amser yn archwilio trywydd neu lwybr dylunio fydd ddim yn gweithio. Mae hefyd yn osgoi rhoi llawer o amser ac arian i weithgynhyrchu a chynhyrchu cynnyrch sydd yna'n aneffeithiol wedi'r cyfan.

Mae prototeipio yn aml yn digwydd ar ôl y cyfnod syniadau dylunio, ar ôl dewis dyluniad terfynol (neu ddetholiad o'r dyluniadau posibl gorau). Fodd bynnag, mae'n gallu digwydd mewn unrhyw gyfnod yn y broses ddylunio. Bydd y math o brototeip yn dibynnu ar ba gyfnod yn y broses y caiff ei ddefnyddio a'i ddiben.

Prototeipiau syml

Mae **prototeipiau syml** fel rheol yn cael eu cynhyrchu'n eithaf cynnar yn y broses ddylunio. Maen nhw'n gallu bod yn fodelau sylfaenol o'r cynnyrch i ddangos yn syml sut bydd yn edrych, neu'n fodelau wrth raddfa o ddarn penodol o'r cynnyrch (fel mecanwaith neu nodwedd) i ddangos a phrofi sut mae'n gweithio. Gall y model prototeip fod wedi'i wneud o ddefnyddiau symlach a gwahanol i'r cynnyrch go iawn, fel papur neu gerdyn yn lle llenfetel, neu blastisin neu glai modelu yn lle polymer.

Mae modelau syml yn rhad ac yn gyflym i'w gwneud felly maen nhw'n caniatáu i'r dylunydd roi cynnig ar lawer o syniadau a gwneud llawer o brototeipiau os oes angen, a'u taflu nhw os nad ydyn nhw'n llwyddiannus. Maen nhw'n caniatáu i ddylunwyr brofi elfennau hollbwysig ar eu dyluniad yn gynnar, ac yn rhoi canlyniadau cyflym, fel bod y dylunydd yn gallu gwneud newidiadau'n gynnar yn y broses ddylunio.

Oherwydd bod y prototeipiau hyn yn syml ac yn aml o ansawdd gwael, dydyn nhw'n aml ddim yn addas i'r defnyddwyr terfynol gan nad ydyn nhw'n edrych, yn teimlo neu'n gweithio fel y cynnyrch gorffenedig.

Prototeipiau manwl gywir

Mae **prototeipiau manwl gywir** fel rheol yn cael eu gwneud yn ddiweddarach, pan fydd dyluniad wedi'i ddatblygu yn sylweddol neu ar ôl penderfynu ar y dyluniad terfynol. Mae'r rhain yn edrych, yn teimlo ac yn gweithio mor debyg i'r cynnyrch gorffenedig â phosibl a, chyn belled â phosibl, yn cael eu gwneud gan ddefnyddio'r un defnyddiau a phrosesau â'r cynnyrch gorffenedig.

Mae prototeipiau manwl gywir yn cymryd llawer mwy o amser i'w cynhyrchu ac yn ddrutach na phrototeipiau syml, ond maen nhw'n rhoi syniad llawer mwy realistig o sut beth fydd y cynnyrch gorffenedig. Mae hyn yn caniatáu i'r defnyddwyr a'r rhanddeiliaid roi adborth mwy manwl gywir am y cynnyrch a pha mor dda mae'n bodloni eu hanghenion.

Gall newidiadau sylweddol i brototeip manwl gywir gymryd amser hir ac arafu'r broses, felly mae hi'n bwysig aros i gynhyrchu prototeipiau manwl gywir nes bod y dylunydd yn hyderus bod y dyluniad terfynol yn agos at y cynnyrch gorffenedig ac mai dim ond mân newidiadau neu addasiadau fydd yn digwydd.

Cofiwch y canlynol wrth wneud prototeipiau i ddatblygu eich syniadau:
- Bydd gwneud rhywbeth yn hytrach na dim ond ei luniadu yn eich helpu chi i weld eich syniad mewn ffordd wahanol ac ystyried sut gallwch chi ei wella eto.
- Peidiwch â threulio amser hir yn adeiladu prototeip oherwydd bydd hyn yn arafu'r broses feddwl a byddwch chi'n llai tebygol o newid rhywbeth os ydych chi wedi treulio oriau yn ei wneud.

GEIRIAU ALLWEDDOL

Prototeip syml Prototeip cyflym sy'n rhoi syniad sylfaenol o sut mae cynnyrch yn edrych neu'n gweithio.

Prototeip manwl gywir Prototeip manwl a chywir iawn, sy'n debyg i'r cynnyrch terfynol.

Ffigur 5.31 Prototeip syml

- Peidiwch ag anghofio beth mae'r prototeip i fod i'w brofi ac, os oes modd, ceisiwch adael i'r defnyddiwr brofi'r cynnyrch.
- Peidiwch ag ofni methu! Os nad yw'r prototeip yn gwneud beth sydd eisiau, dysgwch o hyn a defnyddiwch y wybodaeth i newid neu ddatblygu'ch dyluniad.

Estheteg

Estheteg yw'r ffordd mae rhywun yn canfod rhywbeth (fel cynnyrch), ar sail sut mae'n edrych, yn teimlo, yn swnio, yn arogli neu'n blasu. Mae teimladau a barnau pobl am y ffactorau hyn yn amrywio, felly mae'n bosibl y bydd rhywbeth yn edrych yn dda i un unigolyn ond nid i rywun arall. Mae personoliaethau pobl a'u ffrindiau, pethau sy'n gyfarwydd iddyn nhw, a beth sy'n ffasiynol hefyd yn dylanwadu ar eu barn.

Wrth ddylunio cynnyrch, mae dylunwyr yn ceisio ystyried sut bydd pobl yn canfod y cynnyrch ac yn ceisio ei wneud yn esthetig ddymunol i gynifer o bobl â phosibl.

GAIR ALLWEDDOL

Estheteg Y ffordd mae rhywun yn meddwl am gynnyrch, ar sail sut mae'n edrych, yn teimlo, yn swnio, yn arogli neu'n blasu.

Estheteg weledol

Mae argraffiadau cyntaf o gynnyrch yn ddylanwad mawr ar y penderfyniad i'w brynu neu beidio. I'r rhan fwyaf o bobl, yr hyn rydyn ni'n ei weld yw'r prif ffactor ddylanwadol o ran penderfynu a ydyn ni'n hoff ohono ai peidio. Mae pethau sy'n brydferth neu'n ddeniadol yn dal ein sylw. Wrth ddylunio cynnyrch o ran ei estheteg weledol, bydd dylunwyr yn ystyried:

- siâp
- ffurf
- lliw
- patrwm
- cyfrannedd
- cymesuredd.

Estheteg defnydd

O weld rhywbeth sy'n weledol ddeniadol, ein greddf nesaf yw ei gyffwrdd a gafael ynddo. Mae estheteg defnydd yn ymwneud â sut mae cynnyrch yn teimlo. Mae dylunwyr yn deall bod hyn yn ddylanwad mawr o ran a wnaiff pobl brynu cynnyrch ac felly yn ystyried:

- gwead
- cyfforddusrwydd
- pwysau
- tymheredd
- dirgryniad
- siâp.

Estheteg sain

Mae'r sain mae rhywbeth yn ei wneud hefyd yn gallu dylanwadu ar ein hawydd i'w brynu. Gall ein hymennydd gysylltu seiniau gwahanol â theimladau gwahanol, sydd yna'n dylanwadu ar ein canfyddiad. Mae rhai seiniau'n annifyr i wrando arnynt, ond mae rhai eraill yn gallu ein helpu ni i ymlacio, rhoi cymhelliad i ni neu ysgogi gwahanol emosiynau. Ystyriwch y mathau o seiniau mae eich cloc larwm neu ffôn symudol yn eu gwneud a sut maen nhw'n gwneud i chi deimlo, neu sut caiff seiniau mewn ffilm eu defnyddio i greu teimladau yn y gwyliwr. Bydd dylunwyr yn ystyried estheteg sain fel:

- alaw
- traw
- curiad

- ailadrodd
- patrwm
- sŵn.

Blas ac arogl

Mae blas ac arogl yn debyg i sain gan ein bod ni'n gallu cysylltu rhai blasau ac arogleuon â gwahanol deimladau, sydd yna'n dylanwadu ar ein canfyddiad o rywbeth. Er nad yw blas ac arogl yn berthnasol i lawer o'r cynhyrchion rydyn ni'n eu defnyddio, maen nhw'n bwysig iawn wrth ddylunio cynhyrchion bwyd a chynhyrchion eraill i'r cartref. Bydd dylunwyr yn ystyried estheteg blas ac arogl fel:

- cryfder
- melyster
- surni
- gwead (blas yn unig).

Mae estheteg yn gwneud mwy nag effeithio ar ein hargraffiadau cyntaf o gynnyrch – mae hefyd yn dylanwadu ar ein hagwedd tuag at y cynnyrch. Mae bod yn berchen ar rywbeth sy'n edrych, yn teimlo neu'n arogli'n dda yn creu teimlad cadarnhaol sydd yn ei dro'n gwneud cynnyrch yn fwy gwerthfawr i ni fel ein bod ni'n gofalu amdano ac yn fwy tebygol o brynu mwy o gynhyrchion o'r un brand.

Meddyliwch faint o bobl sy'n aros yn ffyddlon i frand penodol o ddillad, ceir, offer trydanol ac ati, a meddyliwch pam maen nhw'n gwneud hyn!

Marchnadwyedd

Mae cynhyrchion unigryw yn cael eu dylunio a'u gwneud ar gyfer cleient penodol sy'n fodlon talu ffi uwch am eitem ar archeb sy'n bodloni ei anghenion i'r dim. Mae'r rhan fwyaf o gynhyrchion, fodd bynnag, yn cael eu dylunio i gael eu gwerthu i gynulleidfa lawer ehangach, gyda'r nod o werthu niferoedd mawr a chynhyrchu elw i'r gwneuthurwr. **Marchnadwyedd** cynnyrch yw ei allu i apelio at brynwyr a gwerthu digon am bris fydd yn rhoi elw gwerth chweil. Mae llawer o gynhyrchion newydd yn methu gwerthu niferoedd mawr oherwydd:

- Does dim digon o alw am y cynnyrch.
- Dydy'r cynnyrch ddim yn apelio at nifer digon mawr o brynwyr.
- Dydy pobl ddim yn fodlon talu'r pris gofyn.

Mae'n eithriadol o bwysig bod dylunwyr a gwneuthurwyr yn canfod a oes digon o alw a marchnad i'w cynnyrch cyn iddyn nhw fuddsoddi symiau mawr o arian yn masgynhyrchu niferoedd mawr ohono. Er mwyn darganfod a ydy cynnyrch prototeip yn 'farchnadwy', bydd yn cael ei werthuso mewn nifer o ffyrdd i bennu a ydy'r cynnyrch yn barod i gael ei gynhyrchu neu a oes angen mwy o waith datblygu, fel profion defnyddwyr, sioeau masnach ac arolygon. Gallwch chi ddarllen mwy am brofi yn Adran (b) yn y bennod hon.

Ar ôl y gwerthusiad marchnadwyedd, os nad yw'r cynnyrch yn cael ei ystyried yn ddigon marchnadwy ar ei ffurf bresennol, gall y gwneuthurwr ddewis:

- anghofio'r cynnyrch
- gwneud mwy o waith datblygu i wella neu fireinio'r cynnyrch i fodloni anghenion defnyddwyr
- edrych ar ffyrdd eraill rhatach o gynhyrchu'r cynnyrch.

> **GAIR ALLWEDDOL**
>
> **Marchnadwyedd** Gallu cynnyrch prototeip i apelio at brynwyr a gwerthu digon am bris addas.

Nodweddion arloesol

Mae llawer o gynhyrchion newydd yn cael eu dylunio a'u datblygu i ateb galw sy'n bodoli gan ddefnyddwyr neu oherwydd 'gwthiad technoleg', lle mae datblygiadau newydd o ran technoleg neu ddefnyddiau yn creu cyfle i gynhyrchion newydd ac arloesol sy'n apelio at gynulleidfa darged fawr.

Mae enghreifftiau diweddar o hyn yn cynnwys cynhyrchion fel:

● Technoleg Bluetooth – technoleg ddi-wifr ar gyfer seinyddion, clustffonau, intercomau a chysylltedd â ffonau, ac ati.
● Defnyddiau clyfar – gwydr sy'n ei lanhau ei hun, paentiau ac araenau sy'n eu gwella eu hunain, ac ati.
● Ffabrigau clyfar – ffabrigau sy'n gallu synhwyro cyfradd curiad y galon, gwres, lleithder a golau, neu sy'n cynhesu, ac ati.
● Technoleg adnabod lleferydd yn awtomatig (ASR) – diogelwch ffonau, rheoli teledu, gwresogi ac offer cartref â llais, cynorthwywyr llais digidol (e.e. Amazon Echo, Google Assistant).

Gweithgaredd

Ymarferwch wneud prototeipiau syml gan ddefnyddio papur, cerdyn, bwrdd ewyn, ewyn styro, ac ati. Rhowch gyfyngiad amser caeth i chi eich hun o tua 10–15 munud i wneud prototeip syml ar gyfer pad rheoli consol gemau.

PWYNT ALLWEDDOL
● Mae prototeipiau'n gallu tynnu sylw at ddiffygion pwysig mewn cynnyrch fel bod modd rhoi sylw i'r rhain cyn dechrau cynhyrchu'r cynnyrch ar y raddfa lawn.

(ff) Gwneud penderfyniadau gwybodus a rhesymegol, ymateb i adborth ac awgrymu addasiadau

Mae angen i ddylunwyr wneud penderfyniadau ar wahanol adegau drwy gydol y broses ddylunio. Bydd nifer y penderfyniadau'n dibynnu ar gymhlethdod y broblem maen nhw'n ceisio ei datrys neu'r math o gynnyrch maen nhw'n ei ddylunio, yn ogystal â gofynion y defnyddwyr a llawer o ffactorau eraill.

Mae prototeipio a gofyn am adborth gan ddefnyddwyr yn ddwy ffordd o brofi agweddau ar ddyluniad a chael gwybodaeth werthfawr, sy'n gallu helpu'r dylunydd i wneud penderfyniadau pwysig am agweddau allweddol ar y dyluniad. Dylai'r briff dylunio a'r fanyleb fod yn sail i'r holl benderfyniadau bydd angen i'r dylunydd eu gwneud, a dylai'r dylunydd gyfeirio'n ôl at y dogfennau hyn yn gyson wrth wneud unrhyw fath o benderfyniad.

Ar ôl cynhyrchu prototeip manwl gywir, un ffordd syml i'r dylunydd 'brofi' ei nodweddion, ei briodoleddau, ei ymddangosiad a'i weithrediadau yw eu gwirio nhw yn erbyn y meini prawf sydd yn y briff a'r fanyleb. Ar y ffurf fwyaf syml, gall hyn olygu rhoi ateb syml 'ie' neu 'na' i bob pwynt yn y fanyleb. Bydd hyn yn tynnu sylw yn gyflym at unrhyw bwyntiau sydd ddim wedi'u bodloni, a gall y dylunydd edrych ar ffyrdd o unioni hyn.

Does dim ots pa mor dda mae cynnyrch neu brototeip wedi'i ddylunio, mae'n debygol y bydd yn methu bodloni'r holl feini prawf mewn manyleb fanwl neu'n bodloni rhai o'r meini prawf yn rhannol yn unig. Os felly, dylai'r dylunydd ystyried pa mor dda mae'r cynnyrch yn bodloni'r meini prawf ac edrych ar ffyrdd o'i wella.

Bydd hunanwerthuso a chyfeirio at y fanyleb yn helpu i roi gwybodaeth ddilys am ba mor dda mae cynnyrch wedi bodloni'r briff ac yn rhoi sail i'r dylunydd i wneud penderfyniadau a gwelliannau eraill. Daw'r adborth mwyaf effeithiol a defnyddiol am brototeip, fodd bynnag, gan y defnyddiwr dan sylw. Mae sawl ffordd o gael adborth am eich dyluniad.

Profion defnyddwyr

Mae **profion defnyddwyr** yn golygu gwylio defnyddiwr yn rhyngweithio â'ch cynnyrch ac yn ei ddefnyddio at ei ddiben priodol i weld pa mor dda mae'n gweithio, pa mor hawdd yw ei ddefnyddio ac ydy'r defnyddiwr wir yn ei hoffi. Efallai gall defnyddiwr gael y cynnyrch i ryngweithio ag ef am gyfnod penodol ac yna'n cael ei holi a oedd yn bodloni ei angen.

Grwpiau ffocws

Gellir defnyddio **grwpiau ffocws** drwy gydol y broses ddylunio i wirio a ydy dyluniad cynnyrch ar y trywydd cywir. Ar ôl gwneud prototeip terfynol, gellir ei gyflwyno i'r grŵp. Yn ddelfrydol dylai'r grŵp gynrychioli'r rhanddeiliaid; bydd anghenion y rhain i gyd yn wahanol. Gellir cofnodi eu hymatebion, eu pryderon a'u sylwadau cychwynnol. Mae grŵp ffocws yn caniatáu i bobl ofyn cwestiynau a dweud sut hoffen nhw i'r cynnyrch gael ei wella. Mae hyn yn gallu rhoi manteision mawr o'i gymharu â phrofi ar un defnyddiwr oherwydd gellir cael amrywiaeth eang o ymatebion; fodd bynnag, yn aml gall y safbwyntiau fod yn wahanol ac yn anghyson oherwydd gwahanol anghenion y defnyddwyr, ac yna bydd gan y dylunydd y dasg anodd o benderfynu anghenion pa ddefnyddiwr yw'r pwysicaf.

Profi A/B

Mae **profi A/B** yn fath o brawf defnyddiwr sy'n aml yn cael ei ddefnyddio i ddewis rhwng dau wahanol syniad dylunio. Mae'r ddau brototeip yn cael eu rhoi i'r un nifer o ddefnyddwyr, gan ofyn iddyn nhw ddefnyddio'r cynnyrch i wneud tasgau penodol. Mae'r dylunydd yn edrych ar ganlyniadau'r profion ar y ddau gynnyrch i weld pa ddyluniad sydd wedi cwblhau'r tasgau gyflymaf neu fwyaf effeithlon, ac yna'n defnyddio'r data hyn i wneud penderfyniadau eraill am gyfeiriad y dylunio. Mae'r math hwn o brofi'n cael ei ddefnyddio'n aml mewn diwydiant i gymharu fersiwn newydd o gynnyrch â'r fersiwn presennol i weld a ydy'r fersiwn newydd yn gweithio'n well mewn gwirionedd.

Arolygon a holiaduron

Mae arolygon a holiaduron yn ffordd hawdd o gasglu llawer o wybodaeth gan ddefnyddwyr. Gall y cwestiynau cywir ddatgelu gwybodaeth ddefnyddiol dros ben am ba mor dda mae cynnyrch yn bodloni anghenion y defnyddwyr, ac mae hyn yn caniatáu i'r dylunydd wneud penderfyniadau gwybodus am addasiadau i'r dyfodol. Fodd bynnag, mae'n rhaid i'r dylunydd sicrhau bod y cwestiynau yn yr arolwg yn rhoi gwybodaeth fanwl gywir am y cynnyrch heb fod yn rhy gyfyngedig.

Er enghraifft, cymharwch y ddau gwestiwn isod. Pa un yw'r mwyaf defnyddiol i'r dylunydd?

> **Cwestiwn A:** Oedd y rheolyddion yn hawdd eu defnyddio? OEDDEN/NAC OEDDEN
>
> **Cwestiwn B:** Pa nodweddion rheoli oedd anoddaf i chi eu defnyddio?
>
> a Y botwm gwthio Ymlaen/I Ffwrdd
>
> b Y rheolydd llithr ar gyfer lefel y sain
>
> c Y bwlyn addasu

Mae nifer o wefannau'n caniatáu i ddylunwyr greu arolygon ar-lein i'w defnyddio i gasglu a threfnu gwybodaeth gan ddefnyddwyr ledled y byd.

Mae'r gwahanol fathau o adborth gan ddefnyddwyr yn darparu data ansoddol (barn defnyddwyr) a data meintiol (beth ddigwyddodd mewn gwirionedd).

GEIRIAU ALLWEDDOL

Data meintiol Data mesuradwy penodol wedi'u rhoi ar ffurf rhifau.

Data ansoddol Arsylwadau a barnau am gynnyrch.

- Mae **data meintiol** yn golygu data sy'n rhoi cyfrifon a gwerthoedd penodol mewn termau rhifiadol, fel mesuriadau taldra, pwysau, cyfaint, hyd, maint, lleithder, buanedd, oed ac ati. Gallwn ni gasglu'r data hyn o bethau fel arolygon, arbrofion neu arsylwadau a'u cyflwyno nhw ar ffurf siartiau, graffiau, tablau ac ati.
- **Data ansoddol** yw data fel ymddangosiad, blas, teimlad, gwead, rhywedd, cenedligrwydd ac ati, sydd ddim yn gallu cael eu mesur yn benodol. Gallwn ni gasglu data ansoddol o arsylwadau, grwpiau ffocws, cyfweliadau a deunydd archif. Dydy'r data ddim yn rhifiadol ac maen nhw'n cael eu cyflwyno fel geiriau llafar neu ysgrifenedig yn hytrach na rhifau.

Ar ôl casglu unrhyw ddata, dylai'r dylunydd eu defnyddio nhw i wneud y canlynol:

- gwerthuso perfformiad ac addasrwydd y cynnyrch
- penderfyniadau ynghylch beth mae angen ei wella
- yr addasiadau a'r newidiadau sydd eu hangen i'r dyluniad
- profi eto a gwerthuso i weld pa mor effeithiol yw'r newidiadau.

Gweithgaredd

Ewch i un o'r llawer o wefannau arolwg ar-lein, fel SurveyMonkey.

Ysgrifennwch arolwg i ofyn i bobl am eu barn am agwedd ar fywyd yn yr ysgol, fel prydau bwyd y ffreutur, y cyfleusterau chwaraeon neu'r wisg ysgol. Defnyddiwch gymysgedd o fathau gwahanol o gwestiynau a gofynnwch i gynifer o bobl â phosibl gwblhau'r arolwg ar-lein.

Pennod 6
Sgiliau manwl: Dylunio peirianyddol

Amcanion dysgu

Erbyn diwedd y bennod hon, dylech chi fod wedi datblygu gwybodaeth a dealltwriaeth am y canlynol:

- dethol a gweithio gyda defnyddiau a chydrannau priodol, gan gynnwys defnyddio microreolyddion
- defnyddio technegau arbenigol i gydosod prototeip, fel cynhyrchu bwrdd cylched brintiedig
- defnyddio gorffeniadau priodol yn eich cynnyrch.

(a) Dethol a gweithio gyda defnyddiau a chydrannau priodol

Dethol a gweithio gyda defnyddiau priodol

Gweler Pennod 2 Adrannau (a) i (d) ac Adrannau (e) a (f).

Llwyddo gyda microreolyddion

Mae sawl math gwahanol o ficroreolydd ar gael, ac mae pob un yn cynnig manteision ar gyfer cymwysiadau gwahanol.

Bydd y microreolydd i'w ddewis ar gyfer cymhwysiad penodol yn dibynnu ar y canlynol:

- gofynion technegol y cymhwysiad, fel nifer y mewnbynnau/allbynnau sydd eu hangen
- yr iaith raglennu
- yr amrywiaeth o ategolion pwrpasol sydd ar gael, fel synwyryddion neu ddyfeisiau allbynnu, sy'n gwneud y rhyngwynebu'n llawer haws.

Mae rhai microreolyddion yn cael eu creu ar gyfer dylunwyr sydd heb lawer o wybodaeth ymlaen llaw. Mae eraill wedi'u hanelu at gymwysiadau mewn projectau tecstilau neu rai gwisgadwy. Mae rhai wedi'u bwriadu i gael eu cysylltu dros dro â cheblau clip crocodeil, eraill ag edau dargludol, ac mae rhai microreolyddion yn mynnu eich bod chi'n dylunio eich **bwrdd cylched brintiedig (PCB)** eich hun ac yn eu sodro nhw yn eu lle. Fel gyda phob project, dechreuwch yn syml gan wneud y system a'r rhaglen yn fwy cymhleth yn raddol wrth i chi ddatblygu eich dyluniad mewn modd iterus.

Mae microreolyddion PICAXE yn boblogaidd ar gyfer projectau ysgol. Mae amrywiaeth eang o ddyfeisiau PICAXE ar gael, gan ddibynnu ar anghenion eich project, ynghyd â llawer o synwyryddion a dangosyddion pwrpasol. Os nad ydych chi eisiau i electroneg fod yn ffocws i'ch project ond yr hoffech chi ddefnyddio PICAXE i wneud iddo weithio'n well, mae modd prynu amrywiaeth o 'fyrddau project' wedi'u hadeiladu ymlaen llaw, sy'n cynnwys gwahanol synwyryddion a gyrwyr ar gyfer dyfeisiau allbynnu. Mae'r byrddau hyn yn symleiddio'r electroneg i raddau, ond bydd angen i chi ddatblygu a phrofi rhaglen sy'n benodol i'ch dyluniad chi.

Ffigur 6.1 Microreolyddion

Mae holl fanylion defnyddio dyfeisiau PICAXE yn mynd y tu hwnt i gwmpas y llyfr hwn, ond mae cyfoeth o wybodaeth a chymorth, a chymuned ar-lein weithgar, yn www.picaxe.com

Gweithgaredd

Arbrofwch gyda microreolydd. Os nad ydych chi erioed wedi defnyddio un o'r blaen, dewiswch un sy'n gallu cael ei gysylltu â chlipiau crocodeil. Dechreuwch drwy raglennu'r microreolydd i fflachio un LED. Yna fflachiwch ambell i LED mewn patrwm sy'n ailadrodd. Rhaglennwch y microreolydd i chwarae alaw neu effaith sain syml. Yna ceisiwch ganfod pryd bydd botwm mewnbynnu wedi cael ei bwyso. Yna defnyddiwch orchmynion analog i synhwyro lefel y golau o fewnbwn synhwyrydd golau ac ymateb drwy droi goleuadau LED ymlaen neu wneud synau wrth i lefel y golau dywyllu yn raddol.

Angen gwybod

1 Nodwch dri ffactor y gallai peiriannydd dylunio eu hystyried wrth ddewis microreolydd addas ar gyfer cymhwysiad.

(b) Defnyddio dulliau marcio priodol a manwl gywir

Offer a dulliau mesur a marcio

Gweler Pennod 2 Adran (g).

Lleihau gwastraff a dulliau torri effeithiol

Gweler Pennod 2 Adran (g).

Angen gwybod

1 Defnyddiwch frasluniau a nodiadau i esbonio sut i farcio sgwâr 200mm yn fanwl gywir â chylch 50mm yn ei ganol ar len bolymer.

2 Esboniwch sut gallai'r siâp sydd wedi'i ddisgrifio yng Nghwestiwn 1 gael ei dorri allan o HIPS 2mm:
   a gan ddefnyddio offer llaw
   b gan ddefnyddio CAM.

(c) Defnyddio technegau a phrosesau arbenigol i siapio, ffabrigo, adeiladu a chydosod prototeip o ansawdd uchel

Dethol a defnyddio technegau arbenigol

Gweler Pennod 2 Adran (g).

Is-gydosodiadau

PCBs (byrddau cylched brintiedig)

Efallai y bydd angen i chi gynhyrchu eich PCB pwrpasol eich hun. Bydd y dulliau o wneud hyn yn dibynnu ar y cyfleusterau sydd ar gael yn eich ysgol chi.

Ar ôl cynhyrchu'r PCB, mae angen cydosod y cydrannau electronig arno. Mae'n arfer da sodro socedi mewnlin deuol (DIL) i mewn ar gyfer pob cylched gyfannol (IC). Ar ôl gorffen cydosod y PCB, mae'r cylchedau cyfannol yn cael eu plygio i mewn i'w socedi. Dyma fanteision defnyddio socedi cylched gyfannol:

- Mae'n osgoi sodro'r pinnau cylched gyfannol, sy'n gallu gorboethi a difrodi'r gylched gyfannol.
- Mae'n hawdd tynnu cylchedau cyfannol allan i'w profi nhw os ydyn nhw wedi methu, neu os ydyn nhw wedi cael eu rhoi i mewn yn y ffordd anghywir ar ddamwain.
- Mae rhai cylchedau cyfannol yn sensitif i drydan statig, felly gallwn ni eu gadael nhw yn eu pecyn amddiffynnol tan y funud olaf cyn mae angen eu rhoi nhw i mewn.

Anfanteision defnyddio socedi DIL yw eu bod nhw'n cynyddu costau ychydig bach ac yn cymryd ychydig bach mwy o le ar y PCB.

Sodro

Mae uniadau sodro gwael yn gallu digwydd am nifer o resymau, gan gynnwys:
- Yr uniad heb fod yn ddigon poeth i'r sodr lifo o gwmpas yr uniad i gyd.
- Baw neu ocsidiad ar y metelau, neu haearn sodro budr/brwnt.
- Yr uniad yn symud cyn i'r sodr ymsolido.
- Methu bwydo gwifren sodro ffres i mewn – ceisio trosglwyddo sodr poeth o'r haearn i'r uniad.

Mae'n rhaid cynnal archwiliad gweledol gofalus ar ôl gwneud pob uniad. Dylid cywiro uniadau drwg neu byddan nhw'n debygol o achosi problemau'n ddiweddarach wrth brofi.

Prototeip o ansawdd da

Gweler Pennod 2 Adrannau (g) a (ng).

Mewn project electronig, gallwn ni gael canlyniad llawer gwell drwy gynllunio a defnyddio dulliau proffesiynol o sicrhau'r cydrannau, fel y PCB, y batri a'r darnau sydd wedi'u mowntio ar banel.

Bydd disgyblion sy'n anghofio cynllunio ar gyfer hyn yn gorfod defnyddio glud toddiant poeth neu badiau gludiog i ddal y PCB a'r batri. Nid dyma sut i gael marciau am ansawdd!

Gellir mowntio PCB gan ddefnyddio naill ai pileri mowntio PCB plastig hunanadlynol, neu wahanyddion ag edau ynddynt a sgriwiau. Wrth ddefnyddio'r ddau ddull, dylid gadael lle i'r tyllau mowntio wrth ddylunio'r PCB. Y ffordd orau o fowntio batrïau maint AA yw mewn blwch batri, ac yn aml mae tyllau mowntio ar y rhain er mwyn gallu eu glynu nhw y tu mewn i'r cas â sgriwiau. Peidiwch ag anghofio darparu ffordd o fynd at y batrïau i'w newid nhw. Mae'n bosibl prynu dalwyr ar gyfer batrïau math 9V, neu wneud braced pwrpasol, efallai drwy argraffu 3D.

Mae amrywiaeth o ddulliau o lynu cydrannau sydd wedi'u mowntio mewn panel, a dylech chi ystyried yn ofalus sut i fowntio pob cydran cyn drilio tyllau a chyn sodro'r gwifrau. Y ffordd orau o fowntio LEDau yw mewn clipiau arbennig neu weflau; mae'n bosibl y bydd angen torri tyllau crwn neu betryalog ar gyfer switshys; efallai y bydd angen ystyried wasieri gwrthsefyll ysgwyd neu ddyfeisiau sicrhau eraill. Yn aml bydd clust ar botensiomedrau a switshys cylchdro (ag angen ail dwll) i atal yr holl gydran rhag troi'n anfwriadol wrth i rywun droi'r bwlyn.

Gwastraff, ychwanegu, anffurfio ac ailffurfio

Gweler Pennod 2 Adran (g).

Angen gwybod

1 Defnyddiwch nodiadau a brasluniau i ddisgrifio pob un o'r prosesau canlynol:

   a Cynhyrchu prototeip PCB

b Cyflawni uniad sodro da ar PCB

c Mowntio PCB yn ddiogel mewn casin.

(ch) Defnyddio triniaethau a gorffeniadau arwyneb priodol

Gorffeniadau arwyneb, Gorffeniadau metel, Gorffennu polymerau

Gweler Pennod 2 Adran (ng).

Gorffennu i amddiffyn a gwella

Ffigur 6.2 Blwch gwrthsefyll tywydd gyda dyfeisiau cysylltu ceblau

Amddiffyn rhag dŵr

Mae dŵr yn gallu achosi difrod difrifol os yw'n llifo i mewn i gynhyrchion electronig a mecanyddol, ond mae'n anodd iawn gwneud cynnyrch hollol wrth-ddŵr. Drwy ddylunio'n ofalus, fodd bynnag, gall fod yn bosibl gwneud cynnyrch sy'n 'gwrthsefyll tasgiadau' (*splashproof*); gallai hyn fod yn ddigon da i gynnyrch i'w ddefnyddio mewn cegin, er enghraifft.

Gallai fod yn demtasiwn ceisio selio casin project yn llwyr fel nad yw dŵr yn gallu mynd i mewn, ond dydy hyn ddim yn dderbyniol i broject sy'n gorfod cael ei agor er mwyn cael ei asesu. Byddai defnyddio sêl rwber lle mae'r darnau o'r casin yn uno yn ddatrysiad gwell. Mae'r stribed rwber hunanadlynol sy'n cael ei defnyddio i selio rhag drafftiau o gwmpas drysau yn sêl addas ar gyfer project ysgol.

Ar gyfer cynhyrchion i'w defnyddio yn yr awyr agored, gallai fod angen prynu 'cas project' gwrth-ddŵr a rhoi'r system wedi'i pheiriannu y tu mewn i hwn. Cofiwch, fodd bynnag, fod drilio twll yn y cas ar gyfer ceblau, switshys ac ati, yn gallu difetha'r gorffeniad gwrth-ddŵr. Dylai ceblau fynd allan drwy ddyfais gysylltu cebl, sy'n cynnal sêl y cas.

Labelu paneli

Mae llawer o ddulliau i'w hystyried wrth benderfynu sut i ychwanegu labeli neu graffigau cynnyrch at banel.

- Mae dalennau o lythrennau trosglwyddo ar gael, sy'n gallu cael eu gosod yn uniongyrchol ar y panel. Mae angen gorffeniad lacr clir ar y rhain i'w hamddiffyn rhag cael eu crafu i ffwrdd.
- Gallwn ni ddefnyddio torrwr finyl CNC i dorri labeli pwrpasol allan, ac yna eu glynu nhw ar banel sy'n bodoli.
- Drwy ddefnyddio torrwr laser, gallwn ni dorri panel cyfan allan, gan gynnwys tyllau a labeli wedi'u hysgythru, ar un tro. Mae dewis defnydd panel yn ofalus ar gyfer torri â laser yn gallu gwneud paneli rhagorol sy'n edrych yn broffesiynol.
- Mae laminiadau ysgythru yn llenni polymer sydd ar gael mewn amrywiaeth eang o orffeniadau, gan gynnwys effeithiau alwminiwm a graen pren. Os ydyn nhw wedi'u hysgythru â pheiriant CNC (neu dorrwr laser), mae lliw cyferbyniol yn dangos drwodd, a gallwn ni gynhyrchu dyluniadau paneli creadigol.

> ## Angen gwybod
>
> 1 Disgrifiwch ddwy ffordd o wneud casin polymer ar gyfer cynnyrch electronig yn addas i'w ddefnyddio yn yr awyr agored, lle bydd yn dod i gysylltiad â glaw.
>
> 2 Disgrifiwch ddau ddull gallai dylunydd peirianneg eu defnyddio i labelu panel rheoli.

Amcanion dysgu

Erbyn diwedd y bennod hon, dylech chi fod wedi datblygu gwybodaeth a dealltwriaeth am y canlynol:

- pwysigrwydd dewis y ffabrigau a'r cydrannau mwyaf addas
- sut i osod patrymluniau'n gywir gan ddefnyddio cynllun gosod darbodus

- pwysigrwydd dilyn marciau patrwm
- defnyddio'r prosesau adeiladu mwyaf priodol
- y prosesau gallwn ni eu defnyddio i sicrhau cryfder adeileddol ffabrigau
- dulliau o gyflawni gorffeniad o ansawdd uchel.

(a) Dethol a gweithio gyda defnyddiau a chydrannau priodol

Wrth ddylunio a gwneud cynnyrch tecstilau, mae'n bwysig dewis y defnyddiau a'r cydrannau cywir. Bydd ffynhonnell y ffibrau a'u priodweddau cynhenid, y dull adeiladu sy'n cael ei ddefnyddio i gynhyrchu'r ffabrig a'r gorffeniadau diwydiannol sy'n cael eu defnyddio i gyd yn effeithio ar y dewis. Er enghraifft, os ydych chi'n mynd i wneud gwisg haf i blentyn ifanc fel rhan o'ch Asesiad Di-arholiad, dylech chi ystyried gofynion y defnyddiwr yn ogystal â'r defnyddiau. Gan mai gwisg haf yw hi, bydd angen iddi fod yn ysgafn ei gwisgo ac yn gyffordd us i'r plentyn. Gallai plentyn ifanc faeddu wrth gropian a chwarae, neu gallai ollwng diodydd. Mae angen i'r ffabrig fod yn amsugnol i sugno gollyngiadau ac mae'n rhaid iddo fod yn hawdd ei olchi. Gan fod cotwm yn amsugnol, mae'n oer braf i'w wisgo. Mae jersi yn adeiladwaith wedi'i wau felly bydd yn gyffordd us i'w wisgo gan y bydd yn ymestyn gyda symudiad. Mae hyn yn golygu y gallai jersi cotwm fod yn ffabrig delfrydol.

Mae gan y rhan fwyaf o ffabrigau orweddiad naturiol sy'n dibynnu ar yr edau sy'n cael ei ddefnyddio a'r math o wehyddiad. Mae ffabrigau hefyd yn gallu bod yn eithaf llifol. Er bod hyn yn gallu bod yn fuddiol i ddylunwyr mewn llawer o ffyrdd, weithiau bydd angen cynhyrchion â mwy o adeiledd er mwyn iddyn nhw edrych a/neu weithio'n well. Rydyn ni'n defnyddio nifer o ddulliau i atgyfnerthu a chryfhau defnyddiau, fel laminiadu, bondio a chwiltio, ac mae'r rhain yn cael eu trafod ym Mhennod 3 Adran (b). Mae haenu yn ddull arall o atgyfnerthu ffabrigau. Rydyn ni'n defnyddio haenu at nifer o ddibenion, gan gynnwys cynhaliad adeileddol, ynysiad a chyfforddusrwydd, neu i ychwanegu swmp.

Wynebyn cudd

Mae **wynebyn cudd** yn ffabrig bondiog heb ei wehyddu y gellir ei wnïo neu ei smwddio ar y ffabrig allanol neu'r leinin. Mae ar gael mewn gwahanol liwiau a phwysau i roi cynhaliad ysgafn ac i galedu neu atgyfnerthu ffabrigau i wella'r siâp ac ychwanegu adeiledd. Caiff ei ddefnyddio amlaf o gwmpas llinellau gwddf, tyllau llewys, bandiau gwasg, bandiau botymau, coleri a chyffiau a hefyd mewn technegau addurnol fel appliqué i **sefydlogi** y ffabrig.

Leinin

Mae dillad yn aml yn cael eu leinio i'w gwneud nhw'n fwy cyfforddus ac i guddio semau a dulliau adeiladu eraill. Mae'r **leinin** fel rheol yn ffabrig ysgafn fel satin polyester neu neilon. Gall y leinin hefyd fod yn nodwedd ddylunio – caiff leininau llachar neu batrymog eu

Ffigur 7.1 Mae wynebyn cudd yn gallu cael ei smwddio ymlaen (asiadwy) neu ei wnïo yn ei le

defnyddio yn aml y tu mewn i siacedi siwtiau plaen. Gan fod leinin yn ychwanegu haen arall, mae hefyd yn ychwanegu at gynhesrwydd y dilledyn. Mae leinin dan ffabrigau tryloyw yn rhoi didreiddedd ac yn ychwanegu ychydig o swmp at y dilledyn. Er enghraifft, mae leinin i'w gael dan ffrogiau neu sgertiau shiffon fel nad oes modd gweld drwy'r dilledyn.

Cydrannau

Mae cynhyrchion tecstilau hefyd yn dibynnu ar ddarnau cydrannol llai, fel sipiau a botymau, i weithio'n iawn. Caiff rhai cydrannau eu cynnwys am resymau esthetig yn unig heb effeithio ar sut mae'r cynnyrch yn gweithio.

Rhaid ystyried cydrannau'n ofalus hefyd. Er enghraifft, gallai plentyn ifanc gael trafferth â ffasnyddion. Gallai cydrannau bach fod yn berygl tagu os ydyn nhw'n dod yn rhydd. Mae Velcro® yn ffasnydd addas i blant heb fod yn berygl tagu. Dydy hwn ddim bob amser yn ddewis addas, fodd bynnag. Gallai ffasnyddion popio neu snap, sy'n cau dillad yn dynn heb ddim ymylon miniog, fod yn fwy addas.

Cyfnerthu

Mae **cyfnerthu** yn ddull arall o atgyfnerthu ffabrigau ac ychwanegu cryfder adeileddol. Mae cyfnerthu'n dechneg sy'n dyddio'n ôl i staesiau'r unfed ganrif ar bymtheg, ac mae'r hen enw 'walbonio' yn cyfeirio at yr esgyrn morfilod (*whalebones*) oedd yn arfer cael eu gwnïo i mewn i ddillad. Mae staesiau'n eitem ffasiwn boblogaidd heddiw, ar ôl i'r dylunydd Vivienne Westwood eu hailddyfeisio nhw a'u gwneud nhw'n ffasiynol eto – ac nid o reidrwydd fel dillad isaf. Mae staesiau meddygol, sy'n seiliedig ar yr un egwyddor â'r staes wreiddiol, yn cael eu defnyddio i drin poen cefn neu i ddiogelu pobl ag anafiadau i'r asgwrn cefn neu anafiadau mewnol drwy gyfyngu ar eu symudiadau.

Mae staesiau modern yn defnyddio stribedi cyfnerthu plastig neu fetel, sy'n cael eu gwnïo i mewn i semau wedi'u hatgyfnerthu i gynnal y ffabrig ac atal crychu a phlygu.

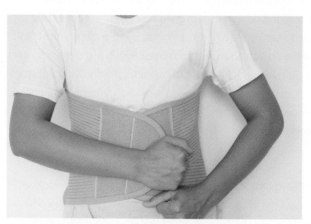

Ffigur 7.2 Cynhaliad torso modern, wedi'i ysbrydoli gan staesiau meddygol gwreiddiol

Ffigur 7.3 Cyfnerthu semau'r staes i ychwanegu adeiledd

(b) Defnyddio dulliau marcio priodol a manwl gywir

Caiff marciau patrwm eu defnyddio ar batrymluniau i helpu wrth dorri ffabrigau tecstilau i wneud cynnyrch. Cyfarwyddiadau yw marciau patrwm, sy'n sicrhau bod ffabrigau'n cael eu torri'n fanwl gywir. Mae'n bwysig dilyn y canllawiau hyn yn agos, oherwydd gallai methu gwneud hynny arwain at gynnyrch sydd ddim cystal – does dim ffordd o gywiro camgymeriadau torri allan yn nes ymlaen.

Ym Mhennod 3 Adran (ff) fe wnaethon ni esbonio sut i ddefnyddio marciau patrwm wrth osod patrymluniau ar ffabrigau. Roedd Pennod 3 Adran (e) yn cynnwys canllawiau am sut i drefnu cynllun gosod, gan gynnwys canllawiau am sut i gyflawni hyn yn ddarbodus.

Weithiau mae angen trosglwyddo marciau patrwm i'r ffabrig, er enghraifft safle dart. Y dull cywir o wneud hyn yw defnyddio tac teiliwr – pwyth llac dros dro i farcio pwyntiau'r dart. Os nad yw'r marciau'n cael eu trosglwyddo'n fanwl gywir, gallai'r dart fod yn y lle anghywir, gan wneud dilledyn sydd ddim yn ffitio'n iawn. Mae marciau eraill fel lleoliadau pocedi neu dyllau botymau yr un mor bwysig.

Mae gwybodaeth bellach am y broses dorri allan ym Mhennod 3 Adran (ff).

Wrth adeiladu dillad, gallwn ni wneud **toile** drwy ddefnyddio blociau patrwm neu drwy ddilyn patrwm masnachol syml. Er bod toiles fel rheol yn cyfeirio at ddillad, mae'r un egwyddorion yn berthnasol i unrhyw gynnyrch tecstilau sy'n cael ei ddatblygu.

Ffigur 7.4 Gweithio ar toile

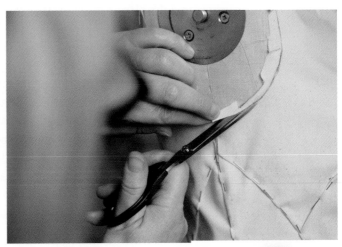

Ffigur 7.5 Dylunydd yn newid siâp y to[...] ddatblygu a gwella'r dyluniad – i gyd y[...] iterus

Ar ôl i'r toile gael ei gydosod a'i ffitio ar fodel gwniyddes, gallwch chi luniadu'n uniongyrchol ar y toile i ddangos y newidiadau rydych chi'n bwriadu eu gwneud i'r maint, y siâp neu'r adeiledd. Gallwch chi ddefnyddio ffabrigau a thechnegau ychwanegol i ddatblygu dyluniad y cynnyrch. Gallai'r technegau hyn gynnwys torri darnau i ffwrdd, newid siâp llewys neu ychwanegu llewys, neu greu siâp drwy ychwanegu pletiau neu grychau. Gellir ystyried a phrofi mathau o sêm, a gorffeniadau ymyl addas fel llinellau hem a llinellau gwddf.

Ar ôl y cam dylunio hwn, gallwch chi **ddadadeiladu** y toile a defnyddio'r darnau i ddrafftio darnau patrwm newydd ar gyfer y cynnyrch terfynol. Mae modelu syniadau ar ffurf 3D yn rhan hanfodol o'r broses iterus oherwydd mae'n ffordd o brofi syniadau er mwyn eu mireinio a'u datblygu.

Ffigur 7.6 Mae dylunydd wedi lluniadu'r newidiadau mae'n bwriadu eu gwneud ar y toile. Bydd y toile yn cael ei ddadadeiladu i wneud patrymluniau patrwm newydd

(c) Defnyddio technegau a phrosesau arbenigol i siapio, ffabrigo, adeiladu a chydosod prototeip o ansawdd uchel

Byddwch chi'n defnyddio peiriant gwnïo domestig ar gyfer rhan fwyaf y gwaith ar unrhyw gynnyrch tecstilau mewn amgylchedd ysgol neu goleg; bydd rhai o'r rhain yn gyfrifiadurol ac yn cynnwys nodweddion mwy arbenigol fel brodwaith. Mae atodiadau troed arbenigol ar gael ar gyfer pob peiriant gwnïo i gwblhau rhai prosesau. Er mwyn cael gorffeniad o ansawdd da, mae'n bwysig cydosod y peiriant yn gywir i weddu i broses benodol. Er mwyn mewnosod sip anweledig, er enghraifft, dylech chi ddefnyddio'r atodiad arbenigol. Mae'n eithriadol o anodd cael gorffeniad da heb yr atodiad hwn. Os nad oes un ar eich peiriant chi, dylech chi ystyried ffasnydd sip gwahanol neu ddull cau arall.

Mae cyfarpar arbenigol arall yn cynnwys peiriannau trosbwytho i orffen semau'n daclus, a thorwyr laser i wneud gwaith torri ac ysgythru ar ffabrigau. Gallwn ni ddefnyddio torwyr laser ac argraffyddion 3D i ddatblygu darnau cydrannol bach unigryw. Mae argraffyddion sychdarthu'n rhoi ansawdd print rhagorol ar ffabrigau, ond mae dulliau printio eraill yn gweithio'n dda hefyd. Mae nifer o offer llaw ar gael i'ch cynorthwyo chi i adeiladu cynhyrchion tecstilau, ac un o'r pwysicaf yw siswrn miniog o ansawdd da i dorri ffabrigau.

Y ffordd fwyaf effeithiol o ddewis proses adeiladu yw modelu a phrofi eich syniadau, yn ddelfrydol gyda'r defnyddiau rydych chi'n eu hystyried neu rywbeth tebyg. Bydd y broses adeiladu'n dibynnu ar y defnyddiau dan ystyriaeth ac ar ddiben y cynnyrch. Gall proses adeiladu amhriodol effeithio ar swyddogaethedd ac ymddangosiad rhai cynhyrchion. Bydd angen sêm Ffrengig ar ffabrig tryloyw fel shiffon oherwydd gallai'r sêm fod yn weladwy o'r tu allan, felly ni fydd sêm wedi'i throsbwytho yn addas. Mae sêm Ffrengig yn cuddio'r holl ymylon crai ac yn rhoi gorffeniad llawer taclusach. Mae rhai o'r dulliau sy'n cael eu defnyddio i adeiladu semau'n llawer cryfach nag eraill. Mae balŵn aer poeth sy'n llawn o aer poeth yn cael ei roi dan wasgedd eithafol wrth iddo deithio'n uchel ac yn gyflym, felly rydyn ni'n defnyddio semau dwbl i ychwanegu cryfder ac i wrthsefyll y grymoedd ar y balŵn. Yn yr un modd, mae angen i ddillad gwaith trwm fod yn gryf a gwydn; mae ffabrig gwehyddiad twil yn gyffredin ond â semau dwbl neu semau trosblyg i roi cryfder.

Mae yr un mor bwysig profi proses adeiladu pob darn arall o'r cynnyrch, er enghraifft: gwahanol fathau o orffeniadau hem; ychwanegu wynebyn at linellau gwddf; gwahanol orffeniadau i lewys a chyffiau.

Archwiliadau rheoli ansawdd

Ym mhob maes gweithgynhyrchu, caiff archwiliadau rheoli ansawdd eu cynnal ar bwyntiau rheoli critigol i sicrhau cysondeb yn y cynnyrch gorffenedig. Mae'n bwysig eich bod chi'n cynnal archwiliadau rheoli ansawdd tebyg ar gyfer y cynhyrchion rydych chi'n eu gwneud. Mae'r archwiliadau'n cael eu defnyddio mewn diwydiant, ond maen nhw'n ganllaw defnyddiol i chi ar gyfer unrhyw dasg ymarferol.

- **Defnyddiau:** Chwilio am namau yn adeiledd y ffabrig neu ar ei arwyneb. Mae'r rhain yn gallu cynnwys rhwygau, dyluniadau wedi'u printio'n anghywir, tyllau neu staeniau. Mae angen gwirio bod patrymau'n cyd-fynd, yn enwedig ar ffabrigau rhesog a siec.
- **Cydrannau:** Chwilio am namau yn y cydrannau, fel maint/siâp anghywir, botymau wedi cracio neu sipiau wedi'u difrodi. Dylai'r cydrannau weithio'n berffaith.
- **Semau:** Mae angen archwilio semau i wneud yn siŵr eu bod nhw o fewn y goddefiant (mae goddefiant yn cael ei esbonio ym Mhennod 3 Adran (ff)), bod llinellau sydd wedi'u

gwnïo yn syth ac nad oes tyllau ar hyd y sêm. Mae angen archwilio tyniant y pwytho i wneud yn siŵr nad yw'r ffabrig yn rhychu (crychu) a bod y pwythau'n gorwedd yn wastad.

- **Lleoliad ac adeiladwaith:** Cyn gynted â bod y defnyddiau a'r cydrannau wedi'u huno, mae angen chwilio am namau fel logos neu bocedi yn y lle anghywir neu lewys wedi'u gosod yn anghywir.

Wrth weithio yn yr ystafell ddosbarth tecstilau, mae'n bwysig dilyn canllawiau iechyd a diogelwch y bydd eich athro/athrawes wedi'u hesbonio i chi. Gwnewch yn siŵr bod peiriannau wedi'u cydosod yn gywir a'ch bod chi wedi cael eich dysgu sut i'w defnyddio nhw'n iawn. Ar gyfer rhai peiriannau fel y torrwr laser, gallai fod angen goruchwyliaeth gan oedolyn. Wrth wneud prosesau addurnol fel defnyddio llifynnau cemegol, gwisgwch ddillad priodol i'ch diogelu eich hun.

(ch) Defnyddio triniaethau a gorffeniadau arwyneb priodol

Bydd gorffeniad wedi'i roi ar y rhan fwyaf o ffabrigau sydd ar gael yn fasnachol, gan ddibynnu ar ddiben y ffabrig. Mae trafodaeth am y gorffeniadau hyn o dan y pennawd Gwella ansawdd esthetig ym Mhennod 3 Adran (dd).

Mae angen atgyfnerthu rhai technegau addurnol sydd wedi'u pwytho, fel appliqué, er mwyn cael canlyniad ansawdd uchel. Bydd defnydd sydd heb ei wehyddu fel **Bondaweb** neu wynebyn cudd i'w smwddio ymlaen yn addas i'r diben hwn. Ar ôl sefydlogi'r ffabrig bydd yn gorwedd yn wastad wrth gael ei bwytho ac yn rhoi gorffeniad da.

Mae angen ystyried gorffeniadau ar gyfer technegau addurnol eraill fel clymu a llifo yn ystod y broses. Dylid sefydlu ffabrig wedi'i lifo â **mordant**, er enghraifft halen, i sicrhau bod y llifynnau'n barhaol ac na fyddan nhw'n golchi allan. I ddefnyddio technegau eraill fel peintio, mae angen paentiau ffabrig arbenigol sy'n gorfod cael eu sefydlu â haearn poeth i osod y lliw'n barhaol. Mae angen i chi wirio'r broses orffen briodol ar gyfer y technegau rydych chi'n eu hystyried.

Drwy gydol y broses o adeiladu cynnyrch tecstilau, dylech chi ystyried ansawdd pob proses wrth i chi weithio drwy'r broses gynhyrchu. Er enghraifft, dylid pwytho semau ar unrhyw gynnyrch â'r math o edau, tyniant pwythau a nodwydd sy'n addas i'r ffabrig dan sylw. Mae smwddio semau a phrosesau adeiladu yn rheolaidd hefyd yn helpu i roi gorffeniad da. Gofalwch fod yr haearn wedi'i osod ar y gosodiad gwres cywir, oherwydd bydd rhai ffabrigau'n ymdoddi os yw'r tymheredd yn rhy boeth. Mae'n syniad da profi sampl o'r ffabrig yn gyntaf. Ar gyfer cynhyrchion ffasiwn a thecstilau dylai'r gorffeniad a'r ymddangosiad mewnol fod o safon uchel, cystal â'r gorffeniad allanol. Mae archwiliad gweledol terfynol yn bwysig – trimio'r holl edafedd rhydd ar ôl pwytho, a smwddio am y tro olaf i wella ymddangosiad y cynnyrch gorffenedig.

GEIRIAU ALLWEDDOL

Bondaweb Ffabrig heb ei wehyddu gydag adlyn ar y ddwy ochr er mwyn uno dau ffabrig â'i gilydd. Mae angen gwres i roi'r broses ar waith.

Mordant Cemegyn sy'n cael ei hydoddi mewn hydoddiant llifyn i osod y lliw ar y ffabrig. Mae halen yn gwneud yr un peth.

Gweithgaredd

Dewch o hyd i gynnyrch tecstilau fel trowsus byr neu grys-t a'i ddadadeiladu'n ofalus. Nodwch nifer y gwahanol ddarnau patrwm sydd wedi'u defnyddio a'r prosesau adeiladu. Ystyriwch faint o gydrannau gwahanol sydd wedi cael eu defnyddio a cheisiwch ganfod eu pwrpas penodol.

Tasg estynedig: Gosodwch y darnau patrwm ar wahân a dargopïo o'u cwmpas nhw i greu patrymluniau newydd. Gwnewch y cynnyrch eto mewn defnyddiau newydd. Ailadroddwch y broses gan ddefnyddio cynhyrchion mwy cymhleth.

PWYNTIAU ALLWEDDOL

- Mae'n rhaid bod yn ofalus wrth ddewis ffabrigau a chydrannau priodol sy'n caniatáu i'r cynnyrch fod yn addas i'r diben.
- Mae'n rhaid gosod patrymluniau'n fanwl gywir, gan ddilyn marciau patrwm.
- Mae yna nifer o ddulliau i atgyfnerthu ffabrigau tecstilau i wella eu hadeiledd a rhoi mwy o siâp iddynt.
- Gallwn ni gryfhau ffabrigau'n uniongyrchol drwy ddefnyddio wynebyn cudd.
- Mae cydrannau fel cyfnerthwyr yn ychwanegu adeiledd a siâp at gynhyrchion.
- Rydyn ni'n defnyddio leininau ar ddillad i guddio prosesau adeiladu, eu gwneud nhw'n haws eu gwisgo ac ychwanegu haen o gynhesrwydd.
- Mae'n rhaid ystyried y dulliau adeiladu mwyaf addas.
- Mae angen archwilio ansawdd adeiladwaith drwy gydol y broses gynhyrchu.

Pennod 8
Sgiliau manwl: Dylunio cynnyrch

Amcanion dysgu

Erbyn diwedd y bennod hon, dylech chi fod wedi datblygu gwybodaeth a dealltwriaeth am y canlynol:

- sut i ddewis defnyddiau a chydrannau priodol er mwyn creu prototeip
- mesur a marcio eich cynnyrch yn briodol i gyflawni'r canlyniad gofynnol
- defnyddio technegau arbenigol i ddatblygu eich prototeip
- defnyddio gorffeniadau priodol yn eich cynnyrch.

(a) Dethol a gweithio gyda defnyddiau a chydrannau priodol

Rydyn ni wedi rhoi sylw i amrywiaeth eang o brosesau gweithgynhyrchu ac wedi dysgu am ddefnyddio offer a pheiriannau'n iawn, ond pa benderfyniadau sydd i'w hystyried wrth ddewis y dull mwyaf priodol i gynhyrchu prototeip?

Oherwydd eu caledwch, mae'n tueddu i fod yn fwy anodd gweithio â metelau na phrennau a pholymerau. Mae hyn yn arbennig o wir am siapio a thorri metel â llaw. Mantais defnyddio metel i gynhyrchu cynhyrchion yw ein bod ni'n gallu cyflawni goddefiannau mwy manwl gywir a defnyddio amrywiaeth eang o brosesau cynhyrchu, yn enwedig o ran gweithgynhyrchu masnachol.

Polymerau thermoffurfiol fel acrylig a pholystyren ardrawiad uchel yw'r mathau mwyaf cyffredin mewn ysgolion a cholegau. Gallwn ni ddefnyddio offer llaw tebyg i offer gwaith coed i dorri a siapiau'r rhain, ac maen nhw ychydig bach yn haws na metelau i'w gorffennu at safon uchel. Mae'n annhebygol y byddai polymer thermosodol yn addas i brototeip sydd wedi'i gynhyrchu yn yr ysgol, er y gallai rhai cydrannau parod fel handlenni neu draed fod yn briodol.

Wrth weithio â phrennau meddal, prennau caled neu brennau cyfansawdd, mae'n bwysig ystyried sut mae'r cynnyrch i fod i gael ei ddefnyddio yn y pen draw; bydd hyn yn helpu i ddewis y math o ddefnydd, cryfder a math yr uniadau neu'r gosodion i'w defnyddio a'r broses weithgynhyrchu.

(b) Defnyddio dulliau mesur a marcio priodol a manwl gywir

Ar ôl i chi ddewis eich defnydd, y cam nesaf tuag at gynhyrchu eich prototeip fel rheol yw marcio. Dyma pryd mae'r defnydd sydd wedi'i baratoi'n cymryd siâp y gydran rydych chi'n ei chynhyrchu. Mae hon yn broses bwysig iawn oherwydd bydd unrhyw anghywirdebau ar y cam hwn yn eich gadael chi â chynnyrch o'r maint neu'r siâp anghywir. Dylid osgoi hyn oherwydd bydd yn wastraff amser a defnyddiau, sy'n achosi cost ariannol ac amgylcheddol.

Offer mesur a marcio

Mae offer marcio allan yn cynnwys:

- Pensil yw'r erfyn marcio mwyaf amlwg a hawdd ei ddefnyddio. Gallwn ni ei ddefnyddio ar bren a rhai metelau fel alwminiwm. Mae pensiliau meddal yn gweithio'n well.

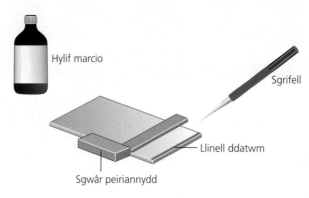

Hylif marcio

Sgrifell

Llinell ddatwm

Sgwâr peiriannydd

Ffigur 8.1 Nifer o offer marcio yn y gweithdy

Ffigur 8.2 Sgwâr profi

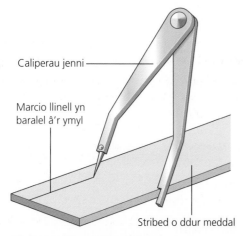

Caliperau jenni

Marcio llinell yn baralel â'r ymyl

Stribed o ddur meddal

Ffigur 8.3 Pâr o galiperau jenni

- Mae sgrifell yn gwneud yr un gwaith â phensil ond mae'n cael ei defnyddio ar fetelau. Mae'r pwynt caled yn rhicio llinell denau yn y metel. Weithiau mae'n ddefnyddiol rhoi hylif marcio ar fetel sgleiniog llachar cyn defnyddio sgrifell.
- Mae sgwariau profi a sgwariau peiriannydd yn gwneud yr un gwaith. Gallwn ni ddefnyddio'r ddau i farcio llinell ar 90° i ymyl a hefyd i wirio bod ongl ar 90°. Rydyn ni'n defnyddio sgwariau profi ar bren a sgwariau peiriannydd ar fetel. Gallwn ni ddefnyddio'r naill neu'r llall ar bolymerau.
- Rydyn ni'n defnyddio medrydd marcio gyda phren i farcio llinell sy'n baralel i ymyl. Mae'n arbennig o ddefnyddiol i saer coed sy'n gosod colfach. I ddechrau, gall fod yn anodd ei ddefnyddio ond gydag ymarfer gall arbed amser os oes angen marcio mwy nag un llinell ar yr un pellter yn union.
- Caliperau jenni yw'r teclyn cyfatebol i'r medrydd marcio wrth weithio â metel. Mae'r rhain yn marcio llinell sy'n baralel i ymyl ond, unwaith eto, maen nhw'n gallu bod yn anodd eu defnyddio.
- Mae'r pwnsh canoli'n erfyn defnyddiol iawn yn y gweithdy. Mae ei daro â morthwyl yn cynhyrchu pantiad bach mewn metel. Mae'n hanfodol cynhyrchu'r pantiad hwn cyn ceisio drilio twll mewn cydran fetel. Mae'n gwneud safle'r twll yn gywirach ac yn helpu i atal y dril rhag sgidio o'i le.

Ffigur 8.4 Pwnsh canoli

Lleihau gwastraff

Mae defnyddio'r offer hyn yn gywir yn rhoi mwy o fanwl gywirdeb yn ystod y cyfnod cynhyrchu ond mae hi hefyd yn bwysig marcio eich defnydd yn y ffordd fwyaf effeithlon i gynorthwyo'r broses gynhyrchu a lleihau gwastraff. Bydd Pennod 4 Adran (g) yn eich atgoffa chi o'r dulliau gallwn ni eu defnyddio i helpu i leihau gwastraff wrth farcio defnydd.

Dulliau mesur a marcio

Rydyn ni wedi edrych ar dechnegau mesur a marcio ym Mhennod 4, felly dylech chi fod yn gyfarwydd â phwysigrwydd defnyddio wynebau datwm a chyfeirbwyntiau (os nad ydych chi, gweler tudalen 198) i helpu i sicrhau cywirdeb a chysondeb wrth fesur a marcio. Fodd bynnag, efallai y dewch chi ar draws proses neu gymhwysiad lle mae angen mwy o fanwl gywirdeb wrth fesur a marcio defnydd, neu efallai y gwelwch chi fod siâp y defnydd yn gwneud mesur a marcio yn anodd. Yn y ddau achos, gallai fod angen defnyddio offer arbenigol.

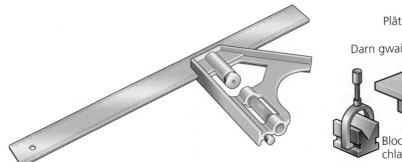

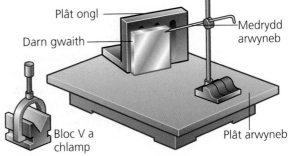

Plât ongl

Medrydd arwyneb

Darn gwaith

Bloc V a chlamp

Plât arwyneb

Ffigur 8.5 Sgwâr cyfunol

Ffigur 8.6 Plât arwyneb gyda medrydd arwyneb a bloc V

- Mae sgwâr cyfunol yn gallu cyflawni nifer o brosesau mesur a marcio. Gallwn ni ei ddefnyddio fel riwl, mae'n gallu mesur dyfnderoedd, a gallwn ni ei ddefnyddio fel sgwâr. Gallwn ni hefyd, drwy ychwanegu atodiad canfod canol, ei ddefnyddio i ganfod canol barrau.
- Mae platiau arwyneb, medryddion arwyneb a blociau V yn cynyddu manwl gywirdeb eich mesur a marcio. Mae'r plât arwyneb yn arwyneb llyfn, gwastad a manwl gywir i weithio oddi arno. Mae'r medrydd arwyneb yn dal y sgrifell ar uchder penodol, mae'r plât ongl yn sicrhau bod y darn gwaith yn cael ei ddal ar 90° i'r plât arwyneb, ac mae blociau V yn dal bar crwn yn llonydd.

Mae'r offer hyn yn arbenigol iawn ac yn cael eu defnyddio â metelau yn bennaf. Mae'n fwy cyffredin defnyddio patrymluniau a phatrymau i helpu i farcio siapiau mwy heriol mewn pren a pholymerau, yn enwedig os oes angen y gallu i ailadrodd neu gynhyrchu'r cynnyrch ar raddfa fawr.

Gweler Pennod 4 i gael manylion pellach am ffyrdd o ddefnyddio jigiau, patrymluniau a phatrymau i wella cywirdeb eich prosesau cynhyrchu prototeipiau.

Goddefiannau

Wrth i chi fesur neu dorri darn o ddefnydd, mae'n debygol y bydd rhywfaint o gyfeiliornad o ran naill ai'r marcio neu'r torri, neu'r ddau mewn rhai achosion. Mewn llawer o gymwysiadau, mae maint yn hollbwysig ac mae'n rhaid i ddimensiynau defnyddiau fod yn fanwl gywir. Ar gyfer cymwysiadau eraill, mae maint bras neu faint enwol yn dderbyniol. Y goddefiant yw enw'r amrediad sy'n dderbyniol.

Rydyn ni'n mynegi goddefiant fel amrywiad derbyniol o ddimensiwn. Mae hyn yn gallu golygu faint yn fwy gall y darn gorffenedig fod, neu faint yn llai. Caiff ei gyflwyno fel rhif sy'n dilyn y dimensiwn.

Er enghraifft, byddai goddefiant wedi'i fynegi fel 25mm 0/–1 yn golygu nad yw'r dimensiwn gorffenedig yn cael bod yn fwy na 25mm, ond bod unrhyw beth rhwng 24 a 25mm yn dderbyniol. Byddai'r un dimensiwn wedi'i gyflwyno fel 25mm +/–1 yn golygu bod unrhyw amrywiad rhwng 24 a 26mm yn dderbyniol.

Mae goddefiannau'n tueddu i fod yn bwysicach mewn sefyllfaoedd lle mae cydrannau wedi'u dylunio i ffitio â'i gilydd yn fanwl gywir. Y lleiaf yw'r goddefiant, y mwyaf manwl yw'r cynnyrch – ond mae'r manylder hwn yn arwain at gynnydd yn y costau cynhyrchu.

(c) Defnyddio technegau a phrosesau arbenigol i siapio, ffabrigo, adeiladu a chydosod prototeip o ansawdd uchel

Prennau

Os oes angen canlyniad pren traddodiadol, gallwch chi ddewis defnyddio technegau torri, siapio ac uno traddodiadol. Does dim byd yn dweud bod rhaid i'r canlyniad fod yn draddodiadol, ond mae llawer o uniadau pren fel uniadau hoelbren a meitrau yn ffyrdd rhagorol o greu cynhyrchion pren cryf.

Os oes angen siapiau mwy organig, mae laminiadu ac agerblygu yn ddwy dechneg allai roi dull dibynadwy i chi o greu troeon a phlygion mewn pren. Mae mowldiau laminiadu dau-ddarn traddodiadol yn gallu cyfyngu ar faint y gwrthrych sydd i'w wneud, ond mae systemau bag gwactod a mowldiau ewyn polywrethan yn caniatáu mwy o greadigrwydd. Wrth ddefnyddio'r rhain mewn cynhyrchion masnachol, mae torri'r mowld gan ddefnyddio system gwifren boeth CNC yn rhoi manwl gywirdeb. Mewn gweithdy ysgol rydych chi'n fwy tebygol o ddefnyddio cylchlif a sandiwr, neu mewn rhai achosion rhigolydd CNC, i siapio'r mowld.

Mae prennau cyfansawdd fel MDF a phren haenog yn ddefnyddiau delfrydol i'w peiriannu'n fanwl gywir gan ddefnyddio rhigolydd CNC. Mae'n hawdd clampio'r arwyneb llyfn gwastad mawr i lawr gan ddefnyddio gwely gwactod, sy'n cyflymu'r broses gynhyrchu drwy ddileu'r angen am glampiau mecanyddol. Mae'r prennau cyfansawdd hyn hefyd yn hawdd eu huno a'u cydosod drwy ddefnyddio ffitiadau datgysylltiol, fel mewn dodrefn fflatpac.

Os nad oes rhigolydd CNC ar gael i chi, gallech chi ddefnyddio rhigolydd llaw i greu siapiau manwl gywir mewn pren. Os ydych chi'n ceisio creu sianel neu broffil ar hyd darn o ddefnydd, gallai defnyddio bwrdd rhigoli fod o help. Fel arall gallech chi gynhyrchu patrymlun i'r rhigolydd ei ddilyn. I wneud radiws neu siâp cyffredin, gall fod yn bosibl defnyddio patrymlun rhigolydd wedi'i wneud ymlaen llaw fel y rhai mae gosodwyr ceginau'n eu defnyddio.

Metelau

Mewn gweithdy ysgol, mae'n debygol y byddwch chi'n siapio ac yn torri metel gan ddefnyddio amrywiaeth o offer llaw fel ffeiliau a haclifiau. Mae'n anodd bod yn fanwl gywir â'r mathau hyn o offer. Gallwch chi wella ansawdd a manwl gywirdeb eich gwaith os oes cylchlifiau, turniau canol a pheiriannau melino sy'n benodol i fetelau ar gael i chi. Wrth i'r cywirdeb cynhyrchu sy'n bosibl gynyddu, mae'r angen i fesur cydrannau'n fanwl gywir hefyd yn cynyddu. Mae riwl ddur neu dâp mesur yn ddefnyddiol ar gyfer y rhan fwyaf o gymwysiadau, ond gall fod angen micromedr neu galiper fernier.

Ffigur 8.7 Micromedr digidol

Ffigur 8.8 Caliper fernier digidol

- Mae micromedrau'n offer manwl gywir i fesur pellterau bach, o 0 i 50mm. Mae rhai mwy ar gael hefyd, ond yr un 0 i 50mm yw'r mwyaf cyffredin. Mae'n cael ei fanwl gywirdeb drwy ddefnyddio edau sgriw fân iawn â danheddiad o 0.5mm. Gafaelwch mewn riwl 300mm a rhowch ewin bawd bob ochr i filimetr; nawr ceisiwch ddychmygu rhannu'r bwlch hwnnw yn 100 – dyna pa mor fanwl gywir yw micromedr digidol.
- Mae caliper fernier digidol yn erfyn mesur arall sy'n fanwl gywir iawn, ac yn gallu mesur mor fanwl â chanfed ran o filimetr. Mae'n gallu mesur dimensiynau allanol, dimensiynau mewnol a dyfnderoedd. Mae caliperau fernier digidol fel rheol yn mesur o 0 i 150mm.

Ffigur 8.9 Castio piwter gan ddefnyddio mowldiau MDF

Mae'n bosibl defnyddio llenfetel mewn gweithdai ysgol drwy ddefnyddio snipiwr tun a llifiau i dorri siapiau a datblygiadau allan, ond bydd defnyddio gilotinau a chyfarpar plygu llenfetel yn gwella'r manwl gywirdeb a'r ansawdd. Mae gan rai ysgolion beiriannau torri plasma, sy'n gallu torri'n gyflym drwy fetel. Gall y rhain gael eu dal â llaw ac mewn rhai achosion eu gweithredu gan gyfrifiadur mewn ffordd debyg i dorrwr laser neu rhigolydd CNC.

Mae prosesau ailffurfio yn ffordd effeithiol iawn o siapio metelau. Mae cyfarpar bwrw tywod ar gael i rai ysgolion a cholegau, ond mae bwrw piwter yn broses ailffurfio gyffredin ar gyfer aloion ag ymdoddbwyntiau isel. Gallwn ni greu mowldiau manwl gywir o MDF neu bren haenog gan ddefnyddio torrwr laser, sydd yna'n

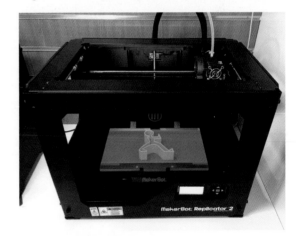

Ffigur 8.10 Printio 3D mewn PLA

gallu caniatáu swp-gynhyrchu cynhyrchion bwrw manwl gywir ar raddfa fach.

Polymerau

Y ffordd fwyaf manwl gywir o siapio a thorri polymer mewn amgylchedd ysgol neu goleg yw defnyddio torrwr laser. Mae'n bosibl torri ac ysgythru dyluniadau cymhleth mewn amrywiaeth o bolymerau thermoffurfiol.

Mae defnyddio peiriannau CNC wrth gynhyrchu yn ffordd ddibynadwy o gael canlyniadau manwl gywir o safon uchel. Mae argraffu 3D nawr yn ddull cyffredin o gynhyrchu darnau cymhleth o safon uchel. Mae'r rhan fwyaf o argraffyddion 3D yn defnyddio ffilament PLA, ond mae rhai hefyd yn gallu defnyddio ABS i gynhyrchu print sy'n para'n well (gan fod ABS yn fwy gwydn na PLA).

Gallwn ni fowldio a ffurfio polymerau thermoffurfiol drwy ychwanegu gwres. Mewn gweithdy ysgol neu goleg, mae ffurfio â gwactod a gwasgfowldio plwg ac iau yn ddwy ffordd gyffredin o greu cynhyrchion polymer manwl gywir. Fel pob proses fowldio, y mowld gwreiddiol sy'n pennu pa mor dda yw'r canlyniad; bydd unrhyw nam neu ddiffyg ar arwyneb y mowld yn cael ei drosglwyddo i bob un mowldin. Defnyddio gwres wrth siapio polymerau yw'r brif ystyriaeth iechyd a diogelwch. Dylid gwisgo menig gwrth-wres bob amser wrth ddefnyddio ffwrn i wresogi'r polymer cyn ei fowldio.

Gallwn ni uno polymerau â'i gilydd ag amrywiaeth o adlynion, ond mae'n bwysig wrth ddefnyddio adlynion cemegol fel sment hydoddydd hylifol bod arwynebedd yr arwyneb gludo mor fawr â phosibl. Mae hi hefyd yn bwysig ystyried ydy'r uniad yn mynd i fod yn weladwy, oherwydd bydd adlynion hydoddydd yn aml yn marcio'r arwyneb neu'n gadael gwaddod gwyn.

Cydosod

Bydd cydosod eich prototeip yn creu ei heriau ei hun ac mae hi'n bwysig ystyried ym mha drefn i gydosod y cydrannau. Os ydych chi'n mynd i roi gorffeniad arwyneb, efallai y byddai'n haws ei roi fesul cam cyn dechrau cydosod. Er enghraifft, efallai y byddai'n haws rhoi cot o farnais ar silffoedd neu ddrysau cyn eu cysylltu nhw â phrif gorff y prototeip, fel ei bod hi'n hawdd eu rhwbio nhw cyn rhoi ail got. Yn yr un modd, os ydych chi'n defnyddio gorffeniad paent ac mae gwahanol gydrannau'n mynd i fod â'u lliwiau eu hunain, bydd hi'n llawer haws cyflawni gorffeniad o ansawdd da drwy eu peintio ar wahân ac wedyn eu cydosod.

Rydyn ni wedi cyfeirio'n aml at arferion iechyd a diogelwch drwy'r penodau i gyd, ond wrth gynhyrchu eich darn prototeip mae'n bwysig eich bod chi'n dilyn y cyngor hwn. Cofiwch fod rhaid dilyn gweithdrefn iechyd a diogelwch ar gyfer pob peiriant rydych chi'n ei ddefnyddio, o rywbeth mor syml â gwisgo'r cyfarpar diogelu personol cywir wrth sandio darn o bren i ddilyn arweiniad mwy caeth wrth ddefnyddio adlynion hydoddydd. Cofiwch ddilyn arweiniad eich athro/athrawes a chyfeirio at y dalenni data COSHH (Rheoliadau Rheoli Sylweddau Peryglus i Iechyd) wrth ddefnyddio adlynion a gorffeniadau.

(ch) Defnyddio triniaethau a gorffeniadau arwyneb priodol

Metelau

Mae cyrydu ac ocsidio'n ddwy ffactor bwysig i'w hystyried wrth feddwl am orffeniad arwyneb priodol i fetel. Mae cyrydu ac ocsidio'n digwydd pan fydd defnydd yn adweithio ag ocsigen, felly bydd defnyddio gorffeniad arwyneb sy'n rhoi araen anathraidd ar y metel yn atal yr ocsidio hwn rhag digwydd.

Mae rhoi gorffeniad ar y rhan fwyaf o fetelau hefyd yn dylanwadu ar ymddangosiad esthetig y cynnyrch. Gallwn ni beintio'r rhan fwyaf o fetelau fferrus, neu eu gorchuddio â pholymer mewn amrywiaeth eang o liwiau. Gallwn ni hefyd beintio metelau fel alwminiwm, ond yn aml mae cynhyrchion alwminiwm yn cael eu hanodeiddio i warchod yr arwyneb rhag cyrydu. Ar gyfer rhai cymwysiadau sy'n defnyddio metel, gallai fod yn fuddiol trocharaenu'r cynnyrch mewn polymer neu ei wresogi a'i ddipio mewn hydoddiant olew er mwyn 'glasu' y metel.

Prennau

Peth prin yw rhoi gorffeniad ar bren i'w warchod yn unig. Mae'r rhan fwyaf o orffeniadau arwyneb yn gwella neu'n newid ymddangosiad esthetig y cynnyrch. Gallai hyn olygu newid lliw pren drwy ei beintio neu ei staenio, neu roi farnais sglein clir neu olew i helpu i bwysleisio graen naturiol y pren. Mae pren hefyd yn aml yn cael ei drin â chadwolion i helpu i wrthsefyll diraddio ac ymosodiadau gan bryfed yn ogystal â'i wneud yn fwy gwydn.

Polymerau

Does dim angen gorffeniad arwyneb ar y rhan fwyaf o bolymerau, ac rydyn ni'n dweud eu bod nhw'n 'hunan-orffennu'. Gallwn ni liwio polymerau drwy ychwanegu pigment. Fel rheol, caiff y pigment ei ychwanegu at y polymer cyn ei fowldio, ac mae'n cyfuno â'r polymer i greu defnydd â lliw o'i graidd yr holl ffordd at ei arwyneb allanol. Mae hyn yn golygu nad yw'r lliw'n gallu dod i ffwrdd ac y bydd crafiadau bach yn anodd eu gweld. Rydych chi fel rheol yn dewis defnydd polymer yn y lliw terfynol sydd ei angen arnoch chi felly does dim angen gorffeniad arwyneb ychwanegol. Mae'n bwysig, fodd bynnag, gwneud yn siŵr bod unrhyw ymyl sydd wedi'i llifio yn cael ei ffeilio, ei sandio a'i llathru i gael gwared ag unrhyw farciau llif neu grafiadau.

Gallwn ni beintio polymerau hefyd. Bydden nhw'n mynd drwy'r broses baratoi gyfarwydd o gael eu rhwbio â phapurau sgraffinio i roi arwyneb llyfn heb faw a hefyd o gael paent preimio penodol i bolymerau eu rhoi arnynt. Mae angen bod yn ofalus wrth roi gorffeniad chwistrell ar bolymer, oherwydd mae'r cemegion mewn rhai paentiau'n gallu adweithio ag arwyneb y polymer.

Gweler Pennod 4 Adrannau (a) i (ch) am fwy o fanylion am ddefnyddio a dewis gorffeniadau arwyneb priodol i wahanol ddefnyddiau.

PWYNTIAU ALLWEDDOL

- Cofiwch ystyried sut caiff cynnyrch pren ei ddefnyddio yn y pen draw wrth ddewis y defnydd, yr offer a'r gorffeniadau priodol.
- Mae'n anodd bod yn fanwl gywir wrth ddefnyddio offer llaw i weithio â metelau.
- Polymerau thermoffurfiol yw'r rhan fwyaf o'r polymerau rydych chi'n eu defnyddio yn yr ysgol.
- Dydy'r rhan fwyaf o orffeniadau ddim yn barhaol a byddan nhw'n diraddio drwy dreulio a hindreulio. Mae angen ychwanegu mwy o'r rhan fwyaf ohonynt yn rheolaidd i'w cadw nhw'n wydn.
- Mae polymerau yr un lliw o'u craidd drwodd i'w harwyneb.
- Mae'r rhan fwyaf o bolymerau'n hunan-orffennu a dim ond yr ymylon mae angen eu llathru.

Cwestiynau ymarfer ar gyfer arholiad

1 Gan ddefnyddio dilledyn penodol fel enghraifft, disgrifiwch sut gallwn ni gymhwyso egwyddor meddylfryd systemau i ddylunio dillad. **[4 marc]**

2 Disgrifiwch dri darn gwahanol o ddata anthropometrig byddai angen i ddylunydd eu hystyried wrth ddylunio ffrâm ddringo i blant, ac esboniwch sut byddai'r rhain yn cael eu cymhwyso at y dyluniad. **[6 marc]**

3 Beth fyddai'r arddull lluniadu mwyaf priodol i'w ddefnyddio i roi dimensiynau allweddol i wneuthurwr? **[1 marc]**

4 Pam mae diagramau taenedig yn ddefnyddiol i ddefnyddiwr? **[2 farc]**

5 Nodwch bum mantais mae model ffisegol yn eu rhoi dros rendro â CAD. **[5 marc]**

6 Beth fyddai rôl modelu mathemategol wrth ddylunio braced silff? **[2 farc]**

Adran 3

Paratoi i gael eich asesu

Mae'r adran hon yn cynnwys y penodau canlynol:

Amcanion dysgu

Erbyn diwedd y bennod hon, dylech chi fod wedi datblygu gwybodaeth a dealltwriaeth am y canlynol:

- pryd byddwch chi'n sefyll yr arholiad ysgrifenedig
- y gwahanol fathau o gwestiynau sy'n cael eu gofyn yn y papurau arholiad
- awgrymiadau ar sut i baratoi ar gyfer yr arholiad a sut i ateb cwestiynau arholiad.

Mae Uned 1: Dylunio a Thechnoleg yn yr 21ain Ganrif yn cyfrif am 50 y cant o gyfanswm marciau TGAU Dylunio a Thechnoleg CBAC.

Yr arholiad ysgrifenedig

Pryd byddaf i'n sefyll y papur ysgrifenedig?

Bydd yr arholiad ysgrifenedig yn digwydd yn ystod cyfnod arholiadau'r haf ym mlwyddyn olaf eich cwrs TGAU. I'r rhan fwyaf o ddisgyblion, bydd hyn yn golygu mis Mai neu fis Mehefin ym Mlwyddyn 11, ond bydd eich ysgol yn gallu dweud wrthych chi pryd bydd eich arholiad yn digwydd.

Faint o amser fydd gen i?

Bydd gennych chi **2 awr** i gwblhau'r arholiad.

Beth fydd fformat y papur ysgrifenedig?

Bydd y papur arholiad yn cynnwys cyfuniad o gwestiynau atebion byr, cwestiynau strwythuredig a chwestiynau atebion estynedig.

Sut caf i fy asesu?

Bydd yr arholiad yn asesu eich gwybodaeth a'ch dealltwriaeth o egwyddorion Dylunio a Thechnoleg, yn ogystal â'ch gallu i ddadansoddi a gwerthuso penderfyniadau dylunio a materion ehangach mewn Dylunio a Thechnoleg.

Mae pedwar amcan asesu (AA) yn y TGAU, ond dim ond AA3 ac AA4 sy'n cael eu hasesu yn yr arholiad ysgrifenedig.

Amcan asesu	Pwysoli Uned 1
AA3 Dadansoddi a gwerthuso: • penderfyniadau a chanlyniadau dylunio mewn perthynas â chynhyrchion • materion ehangach mewn Dylunio a Thechnoleg	10%
AA4 Dangos a defnyddio gwybodaeth a dealltwriaeth o egwyddorion Dylunio a Thechnoleg	40%
Cyfanswm	**50%**

Tabl 9.1 Amcanion asesu (AA) yr arholiad TGAU Dylunio a Thechnoleg

Cyngor cyffredinol ar ateb cwestiynau arholiad

- Darllenwch y cyfarwyddiadau ar flaen y papur arholiad yn ofalus. Gwnewch yn siŵr eich bod chi'n deall beth i'w wneud.
- Darllenwch bob cwestiwn yn ofalus (ddwywaith) cyn ei ateb.
- Gwnewch yn siŵr eich bod chi'n deall beth yw ystyr y geiriau gorchymyn yn y cwestiwn. Mae Tabl 9.2 yn dangos rhai geiriau gorchymyn cyffredin gallech chi eu gweld ar y papur arholiad.
- Edrychwch faint o farciau sydd ar gael am gwestiwn. Gallai hyn eich helpu i wybod faint o bwyntiau i'w cynnwys yn eich ateb.
- Ar gyfer cwestiynau ysgrifennu estynedig, gall fod yn ddefnyddiol cynllunio'ch ateb cyn dechrau ysgrifennu.
- Gwnewch yn siŵr eich bod chi'n gadael amser i edrych drwy eich atebion ar ddiwedd yr arholiad.

Gair gorchymyn	Esboniad
Nodwch/enwch/rhowch	Rhowch ffeithiau neu enghreifftiau cryno
Cwblhewch	Llenwch y wybodaeth sydd ar goll
Disgrifiwch	Rhowch nodweddion neu ddisgrifiad byr
Esboniwch	Rhowch fanylion a rhesymau pam a sut mae rhywbeth fel y mae
Cyfrifwch	Darganfyddwch werth
Trafodwch	Archwiliwch fater yn fanwl drwy roi sylw i amrywiaeth o syniadau allweddol a rhesymau o blaid ac yn erbyn y mater
Dadansoddwch	Trefnwch wybodaeth neu ddeunydd pwnc yn gydrannau/nodweddion a rhowch sylw manwl i bob un drwy archwilio'r mater dan sylw yn ofalus
Cyfiawnhewch	Cyflwynwch achos rhesymegol gan ddefnyddio tystiolaeth ategol i esbonio pam dylai rhywbeth ddigwydd mewn ffordd benodol
Gwerthuswch	Lluniwch farn yn seiliedig ar gydbwyso pwyntiau o blaid ac yn erbyn
Aseswch	Lluniwch farn wybodus yn seiliedig ar gydbwyso dadleuon o blaid ac yn erbyn

Tabl 9.2 Rhai geiriau gorchymyn cyffredin a all godi ar y papur arholiad

Mathau o gwestiynau arholiad

Dylunio peirianyddol

Cwestiynau ateb byr

Cwestiwn enghreifftiol

1 a Dewiswch gydrannau electronig i gyflawni pob un o'r swyddogaethau canlynol:
   i   Synhwyro tymheredd
   ii Cyfuno signalau o nifer o synwyryddion, storio gwybodaeth a rheoli allbynnau
   iii Trawsnewid signal trydanol yn fudiant cylchdro.

[3 × 1 marc]

Ateb yr ymgeisydd	
i Thermistor	[1 marc]
ii Microreolydd (PICAXE)	[1 marc]
iii Modur	[1 marc]

Mae cwestiynau ateb byr yn gofyn am ymadrodd byr, brawddeg neu osodiad byr, neu ateb un gair syml.

Cwestiwn enghreifftiol

1 b Esboniwch pam mae'n ddefnyddiol i ddylunydd peirianyddol fod cylchedau cyfannol (ICs) yn cael eu cynhyrchu mewn pecynnau mewnlin deuol (DIL) safonol.

[3 marc]

Ateb yr ymgeisydd

b Mae pecyn DIL safonol yn golygu ein bod ni'n gwybod beth fydd maint/siâp yr IC. [1 marc]
Mae hyn yn golygu y bydd y pinnau'n ffitio i mewn i fwrdd bara sydd â bylchau safonol rhwng y tyllau. [1 marc]
Mae hefyd yn golygu bod swyddogaeth pob pin (y diagram pin-allan) wedi'i diffinio'n glir. [1 marc]

Atebion posibl eraill:
- Mae'r maint DIL yn haws gweithio ag ef na rhai o'r pecynnau cylched gyfannol llai.
- Bydd y safon DIL yn cyd-fynd â'r pecynnau ar feddalwedd dylunio PCB.

Cwestiwn enghreifftiol

2 Mae gerau befel a gyriadau cripian yn ddwy system fecanyddol sy'n trosglwyddo mudiant cylchdro drwy 90°.

Defnyddiwch frasluniau a nodiadau i ddisgrifio'r ddwy system ac i dynnu sylw at y gwahaniaethau allweddol rhwng y ddwy. [4 marc]

Mae'r math hwn o gwestiwn yn gofyn i chi luniadu diagramau i gyfleu eich syniadau. Mae'n rhaid i chi labelu eich diagramau ac ysgrifennu nodiadau byr i esbonio beth mae'r diagram yn ei ddangos. Fyddwch chi ddim yn cael marciau am ansawdd eich brasluniau, ond am y wybodaeth maen nhw'n ei rhoi.

Mae angen i chi gynhyrchu dau fraslun, y naill ar gyfer system gêr befel a'r llall ar gyfer gyriad cripian. Mae natur y systemau hyn yn golygu mai brasluniau 3D yw'r gorau yn ôl pob tebyg, ond gallai braslun syml 2D weithio os ydych chi'n labelu'r darnau'n gywir.

Gwybodaeth allweddol dylai'r brasluniau ei rhoi:
- Siafftiau mewnbynnu/allbynnu ar 90°
- Arwyneb dannedd onglog ar y gerau befel
- Gallai'r gerau befel fod yr un maint neu'n feintiau gwahanol
- Labelu'r sgriw gripian a'r olwyn gripian
- Sgriw gripian yn paru'n gywir ag ymyl yr olwyn gripian. [2 × 1 marc]

Gallech chi esbonio'r gwahaniaethau allweddol drwy ddefnyddio nodiadau a/neu drwy anodi'r brasluniau. Mae'r gwahaniaethau allweddol yn cynnwys:
- Mae gan y gyriad cripian gymhareb cyflymder uchel bob amser (mae bob amser yn lleihau cyflymder cylchdro'r mewnbwn).
- Dydy'r gyriad cripian ddim yn gallu cael ei ddefnyddio 'yn wrthdro', h.y. dydy'r siafft allbynnu ddim yn gallu cylchdroi'r mewnbwn.
- Mae gerau befel ar gael ar gyfer onglau heblaw 90°. [2 × 1 marc]

Cwestiynau cyfrifo

3 Mae siafft modur trydanol yn cylchdroi ar 875c.y.f (*rpm*). Mae gêr sbardun â 12 dant wedi'i osod arni.

Mae angen defnyddio ail gêr sbardun i leihau'r cyflymder cylchdro i 250c.y.f.

Cyfrifwch nifer y dannedd sydd eu hangen ar yr ail gêr sbardun. [3 marc]

Ateb yr ymgeisydd

- Cyfrifo'r gymhareb cyflymder:

$$\text{Cymhareb cyflymder} = \frac{\text{Cyflymder cylchdro'r mewnbwn}}{\text{Cyflymder cylchdro'r allbwn}}$$

$$\text{Cymhareb cyflymder} = \frac{875}{250} = 3.5$$ [1 marc]

- Ysgrifennu'r hafaliad cymhareb gerau:

$$\text{Cymhareb cyflymder} = \frac{\text{nifer y dannedd ar y gêr allbynnu}}{\text{nifer y dannedd ar y gêr fewnbynnu}}$$

$$3.5 = \frac{\text{nifer y dannedd ar y gêr allbynnu}}{12}$$ [1 marc]

- Aildrefnu'r hafaliad i ganfod yr ateb:

Nifer y dannedd ar y gêr allbynnu = $12 \times 3.5 = 42$ [1 marc]

> Mae'n bwysig dangos pob cyfrifiad, oherwydd mae'n bosibl rhoi marciau am ddull addas hyd yn oed os yw'r ateb terfynol yn anghywir. Mae dulliau cyfrifo eraill yn dderbyniol os yw hynny'n briodol.

4 Mae LED glas yn cael ei bweru gan fatri 9V. Mae angen cerrynt o 20mA ar yr LED ac mae ganddo ostyngiad foltedd o 3.2V. Cyfrifwch werth y gwrthydd cyfres sydd ei angen.

Defnyddiwch yr hafaliad V = IR. [3 marc]

Ateb yr ymgeisydd

- Cyfrifo'r foltedd ar draws y gwrthydd:

$V = 9 - 3.2 = 5.8V$ [1 marc]

- Amnewid i mewn i hafaliad deddf Ohm:

$V = IR$

$5.8 = 0.02 \times R$ [1 marc]

- Aildrefnu a chyfrifo'r ateb:

$$R = \frac{V}{I} = \frac{5.8}{0.02} = 290\Omega$$ [1 marc]

> Mae'n bwysig dangos pob cyfrifiad, oherwydd mae'n bosibl rhoi marciau am ddull addas hyd yn oed os yw'r ateb terfynol yn anghywir. Mae dulliau cyfrifo eraill yn dderbyniol os yw hynny'n briodol.

Cwestiynau sy'n gofyn am atebion estynedig

5 Dadansoddwch yr effaith mae ein hôl troed ecolegol yn ei chael ar yr amgylchedd. [6 marc]

Mae'r cwestiwn hwn yn gofyn am ddarn estynedig o ysgrifennu parhaus, felly fydd pwyntiau bwled ddim yn dderbyniol. Mae'n bosibl y bydd y math hwn o gwestiwn hefyd yn asesu ansawdd cyfathrebu.

Mae angen i chi ystyried y cwestiwn yn ofalus a cheisio canfod y prif faterion. Mae'n syniad da cynnwys enghreifftiau penodol i helpu i egluro eich ateb. Rhowch ddisgrifiad cryno o effaith ein hôl troed ecolegol ar yr amgylchedd ar hyn o bryd (beth sy'n digwydd eisoes) a beth yw'r goblygiadau posibl i'r dyfodol os yw'r arfer hwn yn parhau i dyfu.

Mewn cwestiwn sy'n dechrau â'r gair allweddol 'dadansoddwch', bydd disgwyl i chi wneud cysylltiadau rhwng gwahanol rannau o'ch ateb a dangos tystiolaeth o resymu ar gyfer unrhyw bwyntiau rydych chi'n eu cyflwyno.

Mae'r pwyntiau canlynol yn enghreifftiau o bethau gallech chi gyfeirio atynt:
- Ffordd o fesur effaith gweithgareddau dynol ar yr amgylchedd yw'r ôl troed ecolegol.
- Mae tir yn cael ei glirio drwy'r amser i wneud lle i ffyrdd, adeiladau, isadeiledd, ac ati.
- Mae angen tir arnon ni i dyfu cnydau bwyd i ni ein hunain, ac fel tir pori i dda byw.
- Mae angen tir i gynhyrchu biodanwyddau fel pren, siwgr (ar gyfer ethanol), ac ati.
- Mae angen tir coedwig i gyflenwi coed i wneud cynhyrchion pren.
- Mae angen tir i waredu'r sbwriel rydyn ni'n ei gynhyrchu.
- Mae'r ecosystem naturiol yn aml yn cael ei dinistrio i wneud lle i ddiben newydd i'r tir i fodloni ein hanghenion; ar ôl ei glirio, mae'n bosibl na chaiff byth ei adfer.
- Mae rhai anifeiliaid a chreaduriaid llai eraill yn dioddef os yw clirio eangdiroedd yn dinistrio eu cynefinoedd naturiol – gallai rhai fynd yn ddiflanedig os na allan nhw addasu.
- Dydy natur ddim yn gallu dal i fyny â'n gofynion ni ar y tir; rydyn ni mewn perygl o greu diffyg ecolegol – defnyddio llawer mwy nag sy'n gallu cael ei adfer yn naturiol.
- Mae ein hôl troed ecolegol presennol yn fwy nag un Ddaear, sy'n anghynaliadwy.

Ffasiwn a thecstilau

Cwestiynau ateb byr

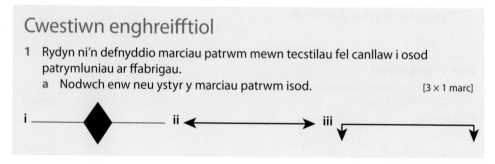

Cwestiwn enghreifftiol

1 Rydyn ni'n defnyddio marciau patrwm mewn tecstilau fel canllaw i osod patrymluniau ar ffabrigau.
   a Nodwch enw neu ystyr y marciau patrwm isod. [3 × 1 marc]

i ◆ ii ↔ iii ↓↓

Mae cwestiynau ateb byr yn gofyn am frawddeg neu osodiad byr, neu ateb un gair syml.
Yn y cwestiwn hwn, cyfarwyddiadau yw'r marciau ac maen nhw'n cael eu hysgrifennu fel osodiadau byr.

Ateb yr ymgeisydd
i   *Marc (neu ric) cydbwysedd.* [1 marc]
ii *Gosod ar hyd y graen union.* [1 marc]
iii *Gosod ar hyd ymyl blyg ar y ffabrig.* [1 marc]

Cwestiwn enghreifftiol

1 b Esboniwch bwysigrwydd dilyn marciau patrwm yn fanwl gywir wrth osod patrymluniau ar ffabrig wrth wneud cynhyrchion tecstilau. **[3 marc]**

Ateb yr ymgeisydd

b Mae marciau patrwm yn gyfarwyddiadau penodol i dorri allan yn gywir ac i baru pethau penodol ar gynnyrch. **[1 marc]**

Bydd methu gwneud hyn yn golygu fydd darnau patrwm ddim yn ffitio at ei gilydd neu ddim yn hongian yn gywir fel mae'r dylunydd yn ei fwriadu. **[1 marc]**

Bydd hyn yn arwain at gynnyrch gwael, lle dydy'r cydbwysedd ddim yn iawn ac mae rhai pethau yn y mannau anghywir. **[1 marc]**

Yn y math hwn o gwestiwn, mae'r gair allweddol 'esboniwch' yn gofyn i chi ymhelaethu ar ffaith syml. Yn yr enghraifft hon, mae angen i chi ddangos eich bod chi'n deall pwrpas marciau patrwm (ffaith: pwrpas marciau patrwm neu beth maen nhw'n caniatáu i chi ei wneud); yna rhoi dau reswm neu un rheswm manwl iawn pam mae'n rhaid eu dilyn nhw. Yn yr enghraifft hon, byddai nodi beth allai ddigwydd os nad yw rhywun yn dilyn marciau patrwm hefyd yn ateb derbyniol.

Cwestiwn enghreifftiol

2 Disgrifiwch y manteision o wneud dilledyn ar archeb ar gyfer cleient. **[4 marc]**

Mae'r math hwn o gwestiwn yn gofyn am rai brawddegau neu baragraff byr. Mae angen i chi ddangos dealltwriaeth o ddillad 'ar archeb' i gael 1 marc a hyd at dair ffordd mae'r math hwn o ddillad o fudd i'r cleient. Caiff un marc ei roi am bob enghraifft o fantais i'r cleient rydych chi'n ei chynnwys yn eich ateb, hyd at gyfanswm o 3 marc.

---

2 Un cynnyrch wedi'i wneud yn benodol ar gyfer un cleient yw cynnyrch 'ar archeb'. **[1 marc]**

Mae rhan gyntaf yr ateb yn dangos dealltwriaeth o'r term.

Gallai'r atebion sôn am y manteision canlynol:

- Bydd y cynnyrch wedi'i ffitio'n berffaith i weddu i'r cleient unigol. [1 marc]
- Gallai fod yr unig gynnyrch o'i fath – gwreiddiol/unigryw. [1 marc]
- Mae'r cleient yn cyfrannu at y dyluniad. [1 marc]
- Fel rheol bydd y cynnyrch wedi'i wneud â llaw yn cynnwys gwaith manwl iawn. [1 marc]
- Yn aml bydd ansawdd y cynnyrch yn well na chynhyrchion wedi'u masgynhyrchu. [1 marc]
- Yn aml bydd y cynnyrch wedi'i wneud â ffabrigau a chydrannau drutach/ o safon uwch. [1 marc]

Cwestiynau cyfrifo

Cwestiwn enghreifftiol

3 Mae disgybl eisiau defnyddio'r torrwr laser i dorri nifer o siapiau crwn o ddarn o ffabrig cotwm sy'n mesur 90cm o led a 45cm o hyd.

Mae diamedr y siapiau crwn i gyd yn 12cm.

Does dim bwlch rhwng y siapiau crwn pan maen nhw'n cael eu torri o'r ffabrig.

Cyfrifwch sawl siâp crwn cyfan mae'n bosibl eu torri o'r darn o ffabrig cotwm.

Dangoswch eich holl waith cyfrifo. **[3 marc]**

Ateb yr ymgeisydd

- Cyfrifo sawl cylch 12cm llawn sy'n ffitio ochr wrth ochr heb fylchau ar draws y darn o ffabrig 90cm o led:
  90 wedi'i rannu â 12 = 7 cylch ar draws y ffabrig. [1 marc]
- Ailadrodd y broses i gyfrifo sawl cylch llawn sy'n ffitio i lawr hyd y ffabrig:
  45 wedi'i rannu â 12 = 3 chylch ar hyd y ffabrig. [1 marc]
- Ateb: Cyfanswm o 21 (7 wedi'i luosi â 3). [1 marc]

Cwestiynau sy'n gofyn am atebion estynedig

Cwestiwn enghreifftiol

4 Dadansoddwch yr effaith mae ein hôl troed ecolegol yn ei chael ar yr amgylchedd. [6 marc]

Mae'r cwestiwn hwn yn gofyn am ddarn estynedig o ysgrifennu parhaus, felly fydd pwyntiau bwled ddim yn dderbyniol. Mae'n bosibl y bydd y math hwn o gwestiwn hefyd yn asesu ansawdd cyfathrebu.

Mae angen i chi ystyried y cwestiwn yn ofalus a cheisio canfod y prif faterion. Mae'n syniad da cynnwys enghreifftiau penodol i helpu i egluro eich ateb. Rhowch ddisgrifiad cryno o effaith ein hôl troed ecolegol ar yr amgylchedd ar hyn o bryd (beth sy'n digwydd eisoes) a beth yw'r goblygiadau posibl i'r dyfodol os yw'r arfer hwn yn parhau i dyfu.

Mewn cwestiwn sy'n dechrau â'r gair allweddol 'dadansoddwch', bydd disgwyl i chi wneud cysylltiadau rhwng gwahanol rannau o'ch ateb a dangos tystiolaeth o resymu ar gyfer unrhyw bwyntiau rydych chi'n eu cyflwyno.

Mae'r pwyntiau canlynol yn enghreifftiau o bethau gallech chi gyfeirio atynt:
- Mae tir yn cael ei glirio drwy'r amser i wneud lle i ffyrdd, adeiladau, isadeiledd, ac ati.
- Mae angen tir arnon ni i dyfu cnydau bwyd i ni ein hunain, ac fel tir pori i dda byw.
- Mae angen tir i dyfu ffibrau i wneud tecstilau.
- Mae angen tir coedwig i gyflenwi coed i wneud cynhyrchion pren.
- Mae angen tir i waredu'r sbwriel rydyn ni'n ei gynhyrchu.
- Mae'r ecosystem naturiol yn aml yn cael ei dinistrio i wneud lle i ddiben newydd i'r tir i fodloni ein hanghenion; ar ôl ei glirio, mae'n bosibl na chaiff byth ei adfer.
- Mae rhai anifeiliaid a chreaduriaid llai eraill yn dioddef os yw clirio eangdiroedd yn dinistrio eu cynefinoedd naturiol – gallai rhai fynd yn ddiflanedig os na allan nhw addasu.
- Dydy natur ddim yn gallu dal i fyny â'n gofynion ni o'r tir; rydyn ni mewn perygl o greu diffyg ecolegol – defnyddio llawer mwy nag sy'n gallu cael ei adfer yn naturiol.
- Mae ein hôl troed ecolegol presennol yn fwy nag un Ddaear, sy'n anghynaliadwy.

Dylunio cynnyrch

Cwestiynau ateb byr

Cwestiwn enghreifftiol

1   Astudiwch y bwrdd coffi sydd i'w weld isod.
    Enwch bren cyfansawdd addas ar gyfer y bwrdd.   [1 × 1 marc]

Mae cwestiynau ateb byr yn gofyn am frawddeg neu osodiad byr, neu ateb un gair syml. Mae nifer o atebion derbyniol posibl i'r cwestiwn hwn:

Dyma atebion derbyniol i'r cwestiwn hwn:

- Haenog   [1 marc]
- Pren haenog   [1 marc]
- (Pren) amlhaenog   [1 marc]

Cwestiwn enghreifftiol

2   Astudiwch y tuniau diodydd sydd i'w gweld isod.
    Enwch ddefnydd addas ar gyfer y tuniau diodydd.   [1 × 1 marc]

Ateb yr ymgeisydd	
2 Alwminiwm	[1 marc]

> Mae cwestiynau ateb byr yn gofyn am frawddeg neu osodiad byr, neu ateb un gair syml. Dim ond un ateb cywir sydd i'r cwestiwn hwn.

Cwestiwn enghreifftiol

3 Esboniwch pam rydych chi wedi dewis y defnydd rydych chi wedi'i roi yn eich
   ateb i Gwestiwn 2.

[4 marc]

Yn y math hwn o gwestiwn, mae'r gair allweddol 'esboniwch' yn gofyn i chi ymhelaethu
ar ffaith syml. Yn yr enghraifft hon, mae angen i chi ddangos eich bod chi'n deall pa
briodweddau sydd gan alwminiwm sy'n ei wneud yn addas ar gyfer y tun diod.

Cynnwys posibl yr ateb

3 Dydy alwminiwm ddim yn rhydu, felly mae'n gallu dal hylifau heb ddirywio.   [1 marc]
   Mae alwminiwm yn ysgafn ac felly mae'n hawdd ei gario ac yn costio llai i'w
   gludo.   [1 marc]
   Mae alwminiwm yn ddefnydd addas ar gyfer cynhyrchu ar raddfa fawr felly
   mae'n gallu ateb y galw uchel am duniau diodydd.   [1 marc]
   Mae alwminiwm yn gryf ac yn wydn ac yn gallu ymdopi â chael ei daro o gwmpas
   wrth gael ei gludo.   [1 marc]

Cwestiwn enghreifftiol

4 Cwblhewch y tabl drwy roi tic yn y gell gywir i ddangos a ydy'r defnydd yn
   bolymer thermoffurfiol neu thermosodol. Ar gyfer pob defnydd, ticiwch (✓)
   un blwch yn unig.

[4 × 1 marc]

Defnydd	Polymer thermoffurfiol	Polymer thermosodol
Acrylig (PMMA)		
Polythen dwysedd isel (LDPE)		
Acrylonitril bwtadeuen styren (ABS)		
Wrea fformaldehyd (UF)		

Ateb yr ymgeisydd

Defnydd	Polymer thermoffurfiol	Polymer thermosodol
Acrylig (PMMA)	✓	
Polythen dwysedd isel (LDPE)	✓	
Acrylonitril bwtadeuen styren (ABS)	✓	
Wrea fformaldehyd (UF)		✓

Yr unig beth mae
angen ei wneud i ateb y
cwestiwn hwn yw rhoi tic
yn y blwch cywir ar gyfer
pob defnydd. Cofiwch
roi un tic yn unig ar gyfer
pob polymer. Os ydych
chi'n ticio'r ddau, chewch
chi ddim marciau.

Cwestiynau sy'n gofyn am atebion estynedig

5   Gwerthuswch y manteision o ddefnyddio prennau cyfansawdd o'u cymharu â phrennau naturiol wrth gynhyrchu dodrefn.   [6 marc]

Ateb yr ymgeisydd

5   Mae prennau cyfansawdd ar gael mewn llenni mawr (2440 × 1220mm), ac felly does dim rhaid i chi uno darnau o bren naturiol â'i gilydd i wneud darnau mawr o ddodrefn.

Mae gan brennau cyfansawdd arwyneb llyfn, sy'n golygu bod llai o angen plaenio a sandio'r arwyneb.

Mae prennau cyfansawdd fel pren haenog yn gryf iawn. Mae'r cryfder yn dod o'r ffaith eu bod wedi'u gwneud o sawl haen (argaen) o bren ac eu bod wedi'u gludo i'w gilydd fel bod eu graenau'n mynd i gyfeiriadau gwahanol bob yn ail.

Mae prennau cyfansawdd yn addas ar gyfer cynhyrchu ar raddfa fawr, sy'n golygu bod y dodrefn yn cael eu cynhyrchu'n gyflym, yn fanwl gywir ac yn gyson.

Mae prennau cyfansawdd yn llai drud na'r rhan fwyaf o brennau naturiol.

Gallwn ni orchuddio prennau cyfansawdd ag argaen o bren go iawn i wneud iddyn nhw edrych fel math llawer drutach o bren.

Mae prennau cyfansawdd yn llai tueddol o ddangos diffygion fel dirdroi, camdroi a chwpanu.

> Yn y math hwn o gwestiwn, mae'r gair allweddol 'gwerthuswch' yn gofyn i chi gymharu a chyferbynnu'r manteision o ddefnyddio prennau cyfansawdd o'u cymharu â phrennau naturiol. Yn yr enghraifft hon, mae angen i chi ddangos eich bod chi'n deall pa briodweddau sydd gan brennau cyfansawdd sy'n eu gwneud nhw'n addas i gynhyrchu dodrefn.

6   Trafodwch yr effaith amgylcheddol o weithgynhyrchu tuniau diod o fetel.   [6 marc]

Mae'r cwestiwn hwn yn gofyn am ddarn estynedig o ysgrifennu parhaus, felly fydd pwyntiau bwled ddim yn dderbyniol. Mae'n bosibl y bydd y math hwn o gwestiwn hefyd yn asesu ansawdd cyfathrebu. Mae angen i chi ystyried y cwestiwn yn ofalus a cheisio canfod y prif faterion. Yn yr achos hwn, dylech chi edrych ar yr effeithiau cadarnhaol a negyddol o gynhyrchu tuniau diodydd o fetel.

Gallai atebion sôn am y pwyntiau canlynol:

● Mae alwminiwm yn dod o fwyn metel o'r enw bocsit. Mae bocsit yn adnodd anadnewyddadwy a bydd yn dod i ben yn y pen draw.

● Mae mwyngloddio am alwminiwm yn gadael creithiau ar y dirwedd, sy'n hyll ac yn gallu golygu bod anifeiliaid ac adar yn colli eu cynefinoedd.

● Mae'r broses o fwyndoddi alwminiwm yn defnyddio llawer iawn o egni. Egni trydanol yw hwn, fodd bynnag, sy'n gallu deillio o bŵer trydan dŵr adnewyddadwy.

● Mae mwyndoddi'n cynhyrchu nwyon gwenwynig sy'n llygru'r atmosffer ac yn gallu arwain at gynhesu byd-eang.

● Mae cynhyrchu tuniau diodydd yn defnyddio symiau mawr o egni sy'n dod o losgi tanwyddau ffosil anadnewyddadwy.

● Gallwn ni ailgylchu hen duniau diodydd, sy'n golygu nad oes angen cynhyrchu cymaint o ddefnydd newydd.

Cwestiwn enghreifftiol

7   Mae'r pot iogwrt isod wedi'i ffurfio â gwactod.

   Defnyddiwch nodiadau a brasluniau i esbonio proses ffurfio â gwactod.   [6 marc]

Yn y math hwn o gwestiwn, mae angen i chi ddangos eich dealltwriaeth o'r broses ffurfio â gwactod. Dylech chi ddefnyddio nodiadau a brasluniau clir i egluro eich ateb. Cofiwch labelu'r offer a'r cyfarpar mewn brasluniau yn glir.

Dylai eich ateb gynnwys y manylion canlynol:

● Rhoi'r ffurfydd ar y blaten.
● Gostwng y blaten i'r peiriant ffurfio â gwactod.
● Clampio'r llen bolymer yn ei lle.
● Gwresogi'r llen bolymer nes ei bod hi'n feddal.
● Codi'r blaten.
● Troi'r gwactod ymlaen.
● Tynnu'r gwres i ffwrdd.
● Diffodd y gwactod a gadael i oeri.
● Tynnu'r ffurfydd a thrimio.

Amcanion dysgu

Erbyn diwedd y bennod hon, dylech chi fod wedi datblygu gwybodaeth a dealltwriaeth am y canlynol:

- y broses ddylunio iterus
- strwythur yr Asesiad Di-arholiad a'r her gyd-destunol
- fformat ac arddull yr Asesiad Di-arholiad a ffyrdd o fynd ati
- meini prawf asesu'r Asesiad Di-arholiad
- y dystiolaeth a'r wybodaeth sydd eu hangen yn eich portffolio gwaith.

Tasg dylunio a gwneud yw'r Asesiad Di-arholiad ac mae'n werth 50 y cant o'ch marciau am eich cymhwyster TGAU mewn Dylunio a Thechnoleg. Mae'n gyfle i chi ddangos y sgiliau, y wybodaeth a'r ddealltwriaeth rydych chi wedi'u hennill wrth astudio ar gyfer y cymhwyster hwn. Fel rhan o'ch asesiad, bydd disgwyl i chi gynhyrchu portffolio o dystiolaeth sy'n dangos eich taith ddylunio o'r her gyd-destunol i'r cynnyrch prototeip gorffenedig.

Y broses ddylunio iterus

Mae'r **broses ddylunio iterus** yn seiliedig ar gylch o fodelu a phrototeipio. Mae angen profi, dadansoddi a mireinio syniadau fel rhan o broses barhaus i wneud cynnyrch prototeip sy'n bodloni angen mewn bywyd go iawn.

Meddwl – profi – myfyrio

Mae treialu syniadau'n arwain at wobr – syniad gwell, wedi'i fireinio, a'r potensial am ddull newydd o ddatrys problem neu gynnyrch gwell hyd yn oed! Mae pob iteriad (fersiwn diweddaraf) o gynnyrch yn ei symud yn nes at fodloni anghenion a chwenychiadau'r farchnad gleientiaid neu'r rhanddeiliaid. Mae'r broses ddylunio gylchol hon yn adlewyrchu'r hyn sy'n digwydd mewn diwydiant; bydd pob cynnyrch a dilledyn wedi mynd drwy'r broses hon.

Heriau cyd-destunol

Bydd y bwrdd arholi'n gosod tair her gyd-destunol wahanol bob blwyddyn. Bydd y rhain ar gael ar 1 Mehefin yn y flwyddyn cyn eich blwyddyn olaf o astudio. Mae'r heriau cyd-destunol yn eang iawn a'u nod yw bod yn fan cychwyn i chi ystyried eich project. Gallwch chi ystyried a dehongli'r posibiliadau dylunio gwahanol a niferus a allai godi wrth archwilio unrhyw her. Ceisiwch osgoi unrhyw syniadau rhagdybiedig a chadw eich meddwl yn agored i bosibiliadau eraill wrth i'ch syniadau ddatblygu. Does dim cyfyngiadau ar y defnyddiau gallwch eu defnyddio, ond rydyn ni'n awgrymu canolbwyntio ar faes sydd o ddiddordeb arbennig i chi ac sy'n gryfder i chi. Mae'n debyg y byddai hwn yn ymwneud ag un o'r llwybrau astudio arnodedig o fewn Dylunio a Thechnoleg: Dylunio peirianyddol, Ffasiwn a thecstilau, neu Dylunio cynnyrch. Bydd angen i chi ddefnyddio gwybodaeth, dealltwriaeth a sgiliau arbenigol i wireddu eich syniadau.

> **GAIR ALLWEDDOL**
>
> **Proses ddylunio iterus**
> Datblygu syniad hyd at ei wireddu drwy brofi, modelu a mireinio'r syniad dro ar ôl tro.

Dyma enghraifft o her gyd-destunol:

Dehongli lliw

Gallwn ni ddefnyddio lliw i gyfathrebu ac i addysgu, ac at ddibenion diwylliannol ac esthetig. Ond mae hefyd yn gallu cynrychioli emosiwn – ofn, cyffro, dicter, llawenydd. Archwiliwch y ffyrdd mae lliw yn gallu dylanwadu ar ddewis, a defnyddiwch y wybodaeth hon i ddylunio a chynhyrchu cynnyrch y mae ei liw'n ganolog i'w swyddogaeth neu ei bwrpas.

Mae llawer o ffyrdd o ddehongli'r her hon, er enghraifft:

- Gallwn ni ddefnyddio lliw i wella'r cartref – goleuo, dodrefn, dodrefn meddal, dyfeisiau rheoli, ac ati.
- Mae lliw yn addysgol/yn rhoi gwybodaeth – lliwiau sylfaenol/llachar ar deganau plant, mecanweithiau a dyfeisiau rhybuddio, cynhyrchion i'w harddangos, brandio, ac yn y blaen.

Y pwynt pwysig yw archwilio ac ystyried cynifer o syniadau â phosibl. Ystyriwch rai opsiynau ychydig yn fanylach, ac yna dilynwch lwybr sydd wedi'i ddiffinio'n gliriach.

Canllaw cyffredinol

Bydd gennych chi tua 35 awr dan arweiniad i gwblhau'r dasg hon. Wrth i chi ddilyn y broses ddylunio iterus bydd disgwyl i chi reoli eich amser yn effeithiol wrth i chi ddatblygu, profi a mireinio eich syniadau. Mae'n sicr yn daith bersonol! Cewch chi baratoi nodiadau, braslunio syniadau a chynnal profion y tu allan i oriau gwersi arferol, a chewch chi gyfeirio at y gwaith hwn yn ôl yr angen. Fodd bynnag, rhaid i'r gwaith sydd wedi'i gyflwyno yn eich portffolio a'r broses o gynhyrchu'r cynnyrch ddigwydd mewn amgylchedd ysgol neu goleg o dan oruchwyliaeth athro/athrawes. Mae angen i'ch athro/athrawes fod yn siŵr mai eich gwaith *chi* sydd wedi'i gyflwyno i'w asesu.

Fformat yr Asesiad Di-arholiad

Does dim fformat penodol ar gyfer cyflwyno eich portffolio o waith. Cynnwys a ffocws y gwaith sydd bwysicaf. Mae'n well gan rai ysgolion ddull anffurfiol, fel llyfr braslunio (A3 neu A4) i gofnodi'r ymchwil i gyd ochr yn ochr â datblygu syniadau, fel dogfen weithio sy'n olrhain esblygiad eich dyluniad. Rydyn ni'n rhagweld y bydd nodi syniadau dylunio, sy'n cynnwys ymchwil ac ymchwiliadau (**maen prawf asesu (a)**) a chynhyrchu a datblygu syniadau (**maen prawf asesu (c)**), yn digwydd ar yr un pryd â'i gilydd ac y bydd un agwedd yn dylanwadu ar y llall. Dylai ail ran y portffolio fod yn adran fwy ffurfiol sy'n amlinellu'r holl fanylion technegol sydd eu hangen er mwyn i drydydd parti allu cynhyrchu eich cynnyrch. Mae angen gwerthusiad terfynol hefyd yn adran ffurfiol y portffolio. Dylai hwn ddangos tystiolaeth o brofi'r cynnyrch terfynol gyda defnyddwyr, a nodi cyfleoedd pellach i ddatblygu a gwella'r cynnyrch.

Gallai'r portffolio gwaith fod ar fformat digidol neu electronig, neu gymysgedd o'r ddau. Yn amlwg mae angen cynnwys y cynnyrch gorffenedig ac unrhyw ddarnau prawf i gwblhau'r portffolio o dystiolaeth rydych chi'n ei gyflwyno i'w asesu. Bydd y cynnwys yn cael ei drafod yn fanylach yn nes ymlaen yn y bennod hon.

Asesu

Bydd eich portffolio o waith yn cael marc allan o 100, ac yn cael ei asesu yn ôl y pum maen prawf asesu sydd wedi'u hamlinellu isod. Mae'r llinynnau hyn i gyd yn gysylltiedig â'r broses ddylunio iterus. Dylid nodi bod maen prawf asesu (d) yn cael sylw drwy gydol y portffolio gwaith yn y sylwadau gwerthuso a'r penderfyniadau a ddylai fod i'w gweld ym mhrosesau dylunio, datblygu a phrofi eich syniadau ac wrth i chi gynhyrchu eich cynnyrch prototeip terfynol.

Meini prawf asesu	Marciau
(a) Adnabod posibiliadau dylunio	10
(b) Datblygu briff dylunio a manyleb	10
(c) Cynhyrchu a datblygu syniadau dylunio	30
(ch) Gwneud prototeip	30
(d) Gwerthuso addasrwydd prototeip i'r pwrpas	20
Cyfanswm	**100**

Maen prawf asesu (a): Adnabod posibiliadau dylunio

Byddwch chi'n cael y cyfle i ystyried y tair her gyd-destunol mae'r bwrdd arholi wedi'u gosod. Cewch chi ddewis un yn unig neu cewch chi ystyried pob un, o leiaf i ddechrau, ond y prif bwrpas yw archwilio'r cyd-destunau a chanfod nifer o **gyfleoedd dylunio** posibl. Gallech chi gyflwyno eich meddyliau fel map cysyniadau neu gawod meddyliau, ond rhaid i chi sicrhau bod **cleient neu ddarpar ddefnyddiwr** yn ganolog i'ch meddwl.

Mae nifer o bethau i'w hystyried, a ffocws y cyfan fydd yr her gyd-destunol rydych chi wedi'i dewis. Er enghraifft:

- Ystyried a ydy digwyddiad neu achlysur, lle, lleoliad neu broses benodol yn cyflwyno cyfle yn seiliedig ar yr her gyd-destunol dan sylw. Archwilio'r materion a cheisio canfod angen go iawn.
- Proffil eich darpar gleient – dewisiadau ffordd o fyw, oed, rhywedd, ethnigrwydd, anghenion a chwenychiadau. Allwch chi enwi cynnyrch neu angen sy'n benodol i rywun neu i grŵp o bobl? Os gallwch chi, pa fath o gynnyrch? Beth yw'r problemau? Pa wybodaeth bellach sydd ei hangen? Defnyddiau, prosesau, swyddogaeth, estheteg, gofynion technegol, ac ati.
- Gallech chi ddechrau o gynnyrch sy'n bodoli eisoes ond yr hoffech chi ei ddatblygu ymhellach a'i wella. Gallai fod yn fraslun o syniad sydd gennych chi eisoes ac sy'n addas i un o'r heriau cyd-destunol. Mewn modd tebyg i'r uchod, archwiliwch y materion sy'n gysylltiedig â'ch meddyliau cychwynnol.

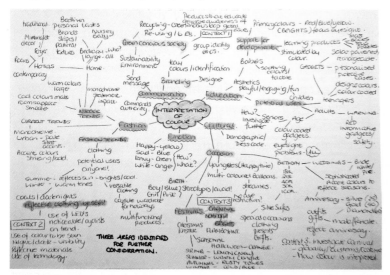

Ffigur 10.1 Archwilio'r materion allai godi o her gyd-destunol; mae'r enghraifft hon yn nodi nifer o gyfleoedd dylunio

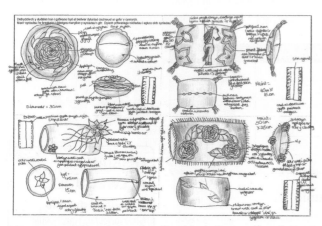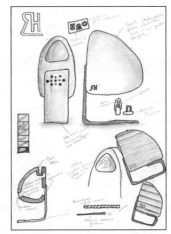

Ffigur 10.2 Gall braslunio syniadau ddechrau ar unrhyw bwynt a dylai barhau wrth i chi wneud ymchwil pellach

Mae llawer o fannau cychwyn yn bosibl er mwyn dadansoddi ac ystyried yr heriau cyd-destunol. Y mwyaf o ymdrech rydych chi'n ei gwneud yn y cyfnod hwn, y mwyaf tebygol fyddwch chi o lwyddo i ganfod llawer o fannau cychwyn. Sut bynnag rydych chi'n dewis dechrau, y rhan bwysig yw cofnodi eich meddyliau i gyd.

Ar ôl i chi ganfod cyfleoedd dylunio posibl, mae angen i chi wneud peth gwaith ymchwil ac ymchwiliadau. Mae angen i hyn fod yn benodol, yn berthnasol ac yn gysylltiedig â'r cyd-destun. Gallwch chi ddefnyddio amrywiaeth o strategaethau, ond dylech chi ddewis y rhai fydd fwyaf defnyddiol. Bydd **ymchwil cynradd** yn rhoi gwybodaeth fwy penodol i chi am eich tasg ac anghenion eich cleient, ac mae **ymchwil eilaidd** yn ddefnyddiol i gael gwybodaeth fwy cyffredinol, er enghraifft am dueddiadau presennol neu ddefnyddiau a phrosesau.

Mae llawer o strategaethau ymchwil ac ymchwilio ar gael i chi gasglu'r wybodaeth allai fod ei hangen. Rydyn ni'n cynnig y canlynol fel canllaw cyffredinol:

- **Dadansoddi cynnyrch:** Dadansoddiad o gynnyrch cystadleuydd. Ystyriwch, er enghraifft: y ffurf, y steil a'r swyddogaeth; y defnyddiau a'r prosesau adeiladu; materion ansawdd; nodweddion perfformiad; ffactorau amgylcheddol/cynaliadwyedd; cryfderau a gwendidau cyffredinol. Gwnewch yn siŵr eich bod chi'n canfod, yn dadansoddi ac yn cofnodi beth sy'n werthfawr i'ch dyluniad chi. Ystyriwch sut gellid defnyddio'r wybodaeth yn effeithiol.

- **Cynnal cyfweliad, arolwg neu holiadur â'ch darpar gleientiaid neu ddefnyddwyr:** Dylai hyn ddylanwadu'n uniongyrchol ar eich penderfyniadau a sbarduno eich meddylfryd dylunio. Gwnewch yn siŵr bod pob cwestiwn yn berthnasol gan osgoi unrhyw beth diangen, a chofiwch gynnwys dadansoddiad o'ch canlyniadau.

- **Astudio gwaith gweithwyr proffesiynol o'r gorffennol neu'r presennol:** Dylid dadansoddi beth sy'n eu gwneud nhw a'u cynhyrchion yn llwyddiannus. Neu gallech chi gael ysbrydoliaeth o'u gwaith nhw ar gyfer eich dyluniadau chi. Eto, gwnewch yn siŵr bod pwrpas i'r gweithgaredd hwn.

- **Dadansoddi tueddiadau presennol:** Gallwch chi wneud hyn mewn siopau lleol neu ar lein. Nodwch ffactorau allweddol a chofnodwch sut mae nodi'r rhain yn helpu i ddatblygu eich meddylfryd dylunio. Gallech chi hefyd ddatgydosod cynnyrch sy'n bodoli i weld sut mae'n ffitio at ei gilydd. Gallai hyn arwain at well dealltwriaeth o'r defnyddiau, y cydrannau a'r prosesau gallech chi eu defnyddio. Cofiwch ddadansoddi eich canfyddiadau.

- **Cynhyrchu bwrdd naws neu fwrdd cysyniadau:** Casglwch luniau, defnyddiau, lliwiau a thestun sy'n gallu helpu i ffocysu eich syniadau a rhoi dealltwriaeth weledol o'r dasg sydd o'ch blaen chi. Eto, canolbwyntiwch ar anghenion a safbwyntiau'r cleient, gan osgoi gwybodaeth ddiangen.

Rhowch fanylion canlyniadau eich dadansoddiad o gynnyrch cystadleuydd.

Rwy'n hoff iawn o'r glustog hon am ei fod wedi ei greu gan sawl ddarn o ddefnydd gwahanol wedi ei wynio at ei gilydd ac yna wedi rhoi blodau drostyn nhw gan ddefnyddio peiriant cyfrifiadurol. Mae'r glustog yn lliwgar iawn ac yn dangos llawer o ddulliau creadigol. Mae gan y glustog sip ar y cefn fel ei ddull cau. Mae'r glustog hyn yn 100% cotwm ac yn medru cael ei olchi ar 30°C. Mae'r glustog ar werth yn John Lewis am £25. I wneud y glustog yn well byddaf yn rhoi fwy o liw iddo a fwy o addurn i greu mynegiad cryf am nad oes mynegiad cryf ganddo ar hyn o bryd.

Mae'r glustog hon siâp sgwâr gyda phlu paun wedi embroidio ar y blaen. Mae'r glustog hon yn addas i ystafell wely am ei fod yn cynnwys lliwiau ymlaciedyg. Mae'r glustog wedi ei greu o ddefnydd 100% plyester ac ar werth yn next am £15. I wella'r glustog hon byddaf yn gwneud y bluen mewn lliw mwy llachar fel ei bod yn sefyll allan ar y glustog. Byddaf hefyd yn rhoi addurn ar yr ymyl i wneud iddo edrych yn drawiadol am ei fod yn edrych yn eithaf diflas ar hyn o bryd.

Cynnyrch tebyg: Syniad 2

Ffigur 10.3 Mae dadansoddi cynnyrch yn ffordd ddefnyddiol o nodi'r cryfderau a'r gwendidau yng nghynhyrchion cystadleuwyr. Gallech chi ddadansoddi un cynnyrch yn fanwl neu ddadansoddi amrywiaeth o gynhyrchion tebyg a'u cymharu nhw

Mae fy narpar ddefnyddiwr yn fenyw yn y grŵp oedran 18–28. Mae fy nghleient yn fenyw 23 oed. Mae hi'n byw gyda'i ffrindiau yn y tŷ maen nhw'n ei rannu mewn rhan ffasiynol o'r ddinas. Mae hi wedi gorffen yn y brifysgol yn ddiweddar, ac mae hi newydd ddechrau ei swydd gyntaf. Mae hi'n ennill ei harian ei hun ac yn ei ddefnyddio i dalu ei ffordd yn y tŷ ac i dalu am ei harfer siopa. Mae hi'n hoffi mynd i redeg gyda'i ffrindiau i gadw'n heini ac yn iach. Allai hi ddim byw heb ei iPhone a'i iPad. Mae hi'n gyrru car Mini, ond yn aml bydd hi'n cerdded i gadw ei hôl troed carbon yn isel ac i ddangos peth ystyriaeth am yr amgylchedd. Mae hi'n dod yn fwyfwy ymwybodol o gynaliadwyedd a materion amgylcheddol, ac yn symud tuag at brynu bwyd organig. Mae hi'n ymlacio ar benwythnosau gyda'i ffrindiau – efallai y bydd hi'n mynd i glwb nos neu barti weithiau – mae hyn yn helpu i leihau straen ei bywyd gwaith. Mae hi'n dilyn ffasiwn ac mae ganddi'r steiliau diweddaraf yn ei wardrob. Mae ei dillad yn ffasiynol ond yn ymarferol. Ei hoff fannau i siopa yw H&M, River Island a Topshop. Mae hi hefyd yn prynu ar-lein. Mae hi'n mwynhau'r rhan fwyaf o genres cerddoriaeth, ond mae'n gwrando ar fandiau indi a cherddoriaeth y siartiau yn bennaf.

Mae'n rhaid i gynhyrchion adlewrchu ei ffordd o fyw er mwyn apelio ati – yn ymwybodol o ffasiwn, ond yn ymarferol er mwyn adlewrchu ei bywyd gwaith a'i harferion cymdeithasu. Byddai hi'n hoff iawn o gynhyrchion ecogyfeillgar cynaliadwy gan ei bod hi'n dod yn fwy ymwybodol o faterion 'gwyrdd'.

Ffigur 10.4 Dylai cleientiaid neu ddarpar ddefnyddwyr fod yn ganolog i'ch meddylfryd dylunio drwy gydol y project. Mae proffil ffordd o fyw ysgrifenedig sy'n disgrifio'n glir eu hanghenion, eu chwenychiadau a'u gwerthoedd yn ffordd ddefnyddiol o amlinellu eu gofynion

Drwy gydol yr ymchwil a'r ymchwiliadau, dylech chi fod yn lleihau'r nifer o syniadau sydd gennych i ddewis mwy diffiniedig o heriau dylunio posibl. Bydd angen i chi allu datblygu mwy nag un **briff dylunio** yn ystod y broses hon gan symud yn nes at bennu eich briff terfynol.

Tuag at ddiwedd y llinyn asesu hwn, dylai fod gennych chi syniad clir beth rydych chi'n bwriadu ei wneud a'r sail resymegol y tu ôl i'r penderfyniad hwnnw. Cyn penderfynu'n derfynol, gallai fod yn ddefnyddiol i chi ymgynghori â darpar ddefnyddwyr i gael adborth am eich meddyliau a'ch syniadau.

Dylai dylunio a modelu syniadau fod yn digwydd ochr yn ochr â'ch ymchwil cychwynnol. Gallai modelu a phrofi syniadau eich annog chi i wneud ymchwil pellach yn nes ymlaen yn y broses wrth i chi ganfod problemau dylunio posibl. Mae hyn i gyd yn rhan o'r broses ddylunio iterus a dylai fod tystiolaeth o hyn i'w gweld yn eich portffolio o waith.

Mae'r gweithgareddau sy'n cael eu gwneud yn yr adran hon yn ffurfio rhan o adran fwy anffurfiol eich portffolio.

Maen prawf asesu (b): Datblygu briff a manyleb dylunio

Pan fyddwch chi'n teimlo eich bod chi wedi gwneud digon o ymchwil manwl, bydd angen i chi grynhoi eich meddyliau ac esbonio unrhyw benderfyniadau cyn ysgrifennu fersiwn terfynol o'ch briff dylunio a'ch manyleb ddylunio. Mae angen i chi ddangos bod gennych chi ddealltwriaeth glir o'r dasg sydd o'ch blaen a'ch bod chi wedi ystyried anghenion, chwenychiadau a diddordebau eich darpar ddefnyddwyr.

Y briff dylunio

Mae'r briff dylunio terfynol yn ddatganiad sy'n amlinellu'n glir beth rydych chi'n bwriadu ei wneud ac yn cynnwys y sail resymegol dros eich penderfyniad. Dylai fod yn seiliedig ar archwilio syniadau sydd wedi codi o'r her gyd-destunol a dylai ddangos eich bod chi wedi ystyried amrywiaeth o broblemau neu gyfleoedd cyn cyrraedd y pwynt hwn. Peidiwch â chyfyngu gormod ar eich opsiynau eto drwy fod yn rhy benodol am nodweddion dylunio fel lliw a defnyddiau penodol neu drwy fod yn rhy ddisgrifiadol ynglŷn â'r cynnyrch prototeip terfynol. Cofiwch mai datganiad o *fwriad* yw'r briff dylunio – dydych chi ddim wedi ei ddylunio eto!

Y fanyleb ddylunio

Ar ôl ymchwil eang a manwl, dylai fod gennych chi ryw ddealltwriaeth o'r manylion a'r nodweddion mae angen eu cynnwys yn nyluniad eich cynnyrch prototeip er mwyn gwireddu eich dyluniad a'i wneud yn llwyddiant. Rhestr o'r nodweddion sydd bwysicaf yn eich barn chi yw'r **fanyleb ddylunio**. Dylai'r fanyleb gynnwys **meini prawf gwrthrychol** a **meini prawf mesuradwy**, a nodi anghenion a chwenychiadau darpar ddefnyddwyr yn glir. Ceisiwch gynnwys termau technegol allweddol, fel 'swyddogaeth', 'estheteg', 'dimensiynau', ac ati.

Bydd disgwyl i chi gyfeirio at eich manyleb ddylunio drwy gydol y broses ddylunio iterus. Dylech ei defnyddio i lywio ac i roi cyfeiriad i ddatblygiad eich cynnyrch prototeip. Dylid cymharu pob iteriad â'r meini prawf sydd yn y fanyleb; bydd hyn yn eich galluogi chi i aros ar y trywydd cywir drwy gydol y cyfnod dylunio. Dylech chi gyfeirio at y fanyleb drwy gynnwys sylwadau gwerthuso yn eich llyfr braslunio/portffolio anffurfiol wrth i'ch dyluniadau ddatblygu.

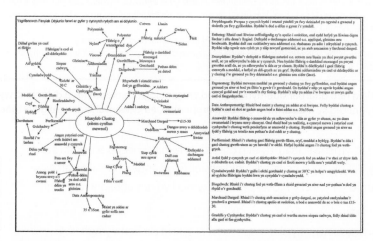

Ffigur 10.5 Dylai eich manyleb ddylunio gynnwys amlinelliad bras o nodweddion sy'n hanfodol ac yn ddymunol i'ch cynnyrch. Dylai hefyd gynnwys meini prawf mesuradwy i brofi'r cynnyrch yn eu herbyn

Mae'r gweithgareddau sy'n cael eu gwneud yn yr adran hon yn ffurfio rhan o adran ffurfiol eich portffolio.

Maen prawf asesu (c): Cynhyrchu a datblygu syniadau dylunio

Dydy'r broses ddylunio iterus ddim yn broses linol. Gellir ystyried syniadau cychwynnol o gam cyntaf y dasg ddylunio, gan gynnwys pan gewch chi'r heriau cyd-destunol am y tro cyntaf. Gallai eich meddyliau cychwynnol fod ar ffurf model cardbord neu fraslun. Dylai ymchwil, dylunio a rhywfaint o waith modelu ddigwydd yr un pryd â'i gilydd – gyda phob proses yn llywio ac yn rhoi cyfeiriad i'w gilydd. Does dim ots os yw eich llyfr braslunio/ffolio yn cynnwys tystiolaeth o'r rhain ochr yn ochr yn y cyfnodau cynnar; y pwynt pwysig yw fod popeth wedi'i gynnwys a'ch bod chi'n defnyddio'r broses iterus.

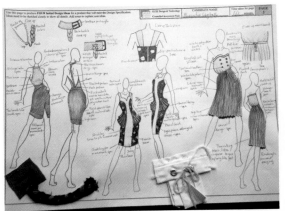
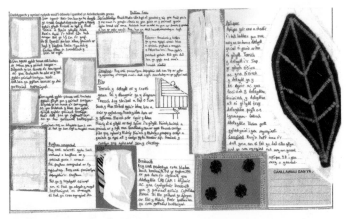

Ffigur 10.6 Gallwch chi gyflwyno syniadau cychwynnol mewn unrhyw fformat neu gyfrwng. Mae'r enghreifftiau sydd i'w gweld hefyd yn dangos bod rhywfaint o brofi ymarferol yn digwydd ar yr un pryd

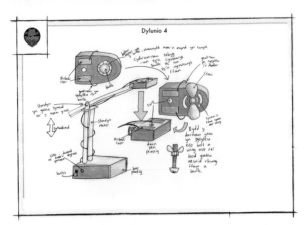

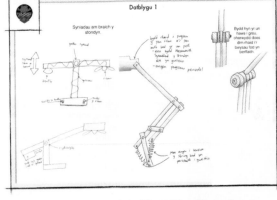

Ffigur 10.7 Mae'r gwaith sydd wedi'i gyflwyno'n anffurfiol yn dangos tystiolaeth bod y broses ddylunio iterus yn cael ei dilyn drwy fodelu a phrofi syniadau a nodi sylwadau gwerthuso

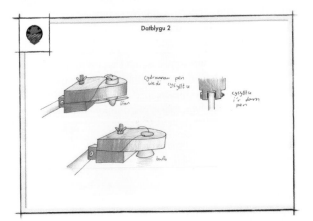

Mae angen i chi ddangos eich bod chi wedi ystyried amrywiaeth o strategaethau, technegau a dulliau dylunio ac wedi cymhwyso proses ddylunio iterus wrth ddatblygu eich syniadau er mwyn cyrraedd y band asesu uchaf. Cyn belled â bod eich penderfyniadau dylunio'n seiliedig yn uniongyrchol ar yr ymchwil rydych chi'n ei wneud, byddwch chi'n bodloni rhan fach o faen prawf asesu (c). Fodd bynnag, mae angen i chi ystyried amrywiaeth ehangach o strategaethau dylunio. Mae Tabl 10.1 yn amlinellu rhai o'r posibiliadau hyn, ond cofiwch nad yw'n gwneud mwy na chynnig arweiniad yn unig.

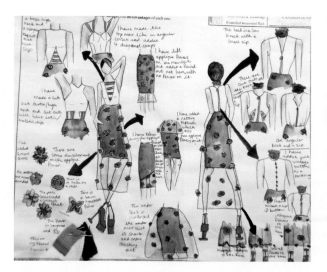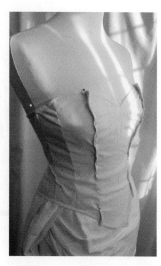

Ffigur 10.8 Mae datblygiad steil, ffurf a defnyddiau wedi cael ystyriaeth yma, ond mae toile mewn calico yn ategu'r datblygiad yn fwy byth

Brasluniau llawrydd	Gallwch chi gyflwyno'r rhain mewn unrhyw gyfrwng ac maen nhw'n ddull cyflym o gofnodi syniadau cychwynnol a chanfod posibiliadau. Wrth i syniadau wneud cynnydd o ganlyniad i brofion, gallwch chi fireinio brasluniau i ddangos mwy o fanylion – lluniau agos, diagramau taenedig, prosesau adeiladu, ac ati.
Modelu CAD	Yn gallu cael ei ddefnyddio mewn llawer o ffyrdd: i ddatblygu'r cynnyrch yn ei gyfanrwydd; i ddatblygu darnau neu adrannau, er enghraifft cylchedau neu ddarnau cydrannol; i ddatblygu print, patrwm neu addurniad; ar gyfer lluniadau cyflwyniad terfynol. Mae hyn yn cynnwys dylunio ar gyfer y torrwr laser neu beiriannau CNC.
Brasfodelau	Profi syniadau'n ymarferol – profi darnau cydrannol drwy fodelu'r syniadau'n ffisegol. Gallai hyn olygu: prosesau adeiladu, e.e. uniadau, mathau o sêm, toiles; ffurfio â gwactod; modelu â blociau ewyn; dimensiynau; technegau printio; profi gorffeniadau; sut mae defnyddiau'n perfformio/ymateb wrth gael eu defnyddio.
Modelu â cherdyn a phapur	Mae defnyddio papur neu gerdyn yn ffordd ddarbodus o brofi syniadau cysyniad. Os yw model blociau ewyn wedi'i ddatblygu ar gyfer cynnyrch prototeip, defnyddiwch bapur i brofi'r rhyngwyneb defnyddiwr er enghraifft! Gallwn ni fodelu â cherdyn wrth raddfa i brofi siâp, ffurf a chyfrannedd cynnyrch cyn ei gynhyrchu. Gallwn ni ddefnyddio papur i ddatblygu toile a phatrymluniau ar gyfer cynhyrchion tecstilau.
Modelu empathi	I ddod i ddeall defnyddwyr penodol iawn, mae angen i chi eich rhoi eich hun yn eu sefyllfa nhw, naill ai mewn bywyd go iawn neu mewn lleoliad ffug er mwyn cael gwell dealltwriaeth o'r materion allai eu hwynebu.
Modelu ar sail profiad a threialon gwisgwr/ defnyddiwr	Cynnwys darpar ddefnyddwyr yn y broses ddylunio. Pan fydd cynnyrch yn agos at gael ei wireddu, mae angen ei brofi mewn sefyllfa bywyd go iawn – defnyddio neu wisgo'r cynnyrch. Un o'r ffyrdd gorau i brofi eich cynnyrch yw drwy'r profiad o'i ddefnyddio mewn gwirionedd.
Prototeipio cyflym	Os yw'r dechnoleg ar gael, dylid ei defnyddio i ddatblygu a phrofi cydrannau neu gynhyrchion cyfan drwy gyfrwng argraffu 3D.
Rhithfodelu	Modelu syniadau gan ddefnyddio CAD 3D, golygon o wahanol onglau. Profi syniadau cyn cynhyrchu.

Tabl 10.1 Strategaethau, technegau a dulliau dylunio

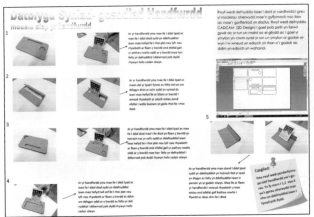

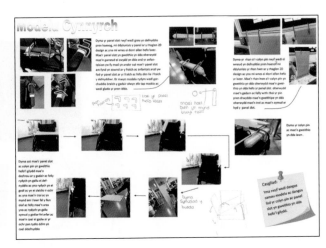

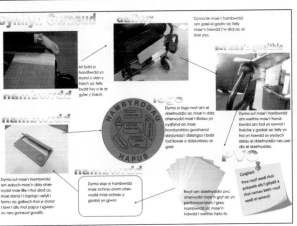

Ffigur 10.9 Mae iteriadau, dulliau profi a modelu syniadau'n dibynnu ar y defnyddiau a'r cynhyrchion sy'n cael eu datblygu. Yn yr enghraifft hon, mae'r iteriadau ar gyfer hambwrdd yr iPad yn cael eu profi drwy ddefnyddio cardbord wedi'i gefnogi gan ddefnyddio CAD a'r torwyr laser. Yr un mor bwysig, mae'n cael ei brofi *in situ*, hynny yw ar y gadair olwyn, gan ystyried anghenion defnyddiwr posibl.

Mae angen i chi ddewis eich strategaethau'n ddoeth a gwneud yn siŵr eich bod chi'n gweithio o fewn yr hyn sydd ar gael yn eich ysgol neu goleg. Y pwynt pwysig yw bod modelu'n digwydd a bod syniadau'n datblygu o ganlyniad i gael eu profi. Wrth ddatblygu eich syniadau, y nod yw ystyried defnyddiau a chydrannau, prosesau a thechnegau adeiladu, dimensiynau, gofynion swyddogaethol a chyfyngiadau gweithgynhyrchu fel rhan o ddull cyfannol. Dylech chi hefyd ystyried ffactorau cymdeithasol, moesol ac economaidd fel rhan o'r gwaith ymchwil a dylai penderfyniadau dylunio gael eu llywio gan y rhain lle bo'n briodol. Gellir gludo tystiolaeth ffotograffig o bob darn prawf yn y llyfr braslunio a'i dadansoddi, ond lle bo'n bosibl dylid cyflwyno pob darn prawf i'w asesu.

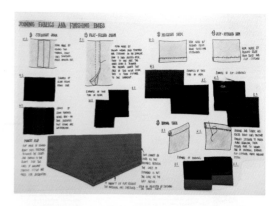

Ffigur 10.10 Mae'r iteriadau ar gyfer tecstilau wedi'u gwehyddu, heb eu gwehyddu ac wedi'u gwau yma'n cynnwys cwiltio ffabrigau, dyluniadau brodwaith peiriant, printio sychdarthu a dulliau adeiladu sêm. Mae profi ymarferol yn digwydd ochr yn ochr â'r syniadau wedi'u braslunio

Mae'r gweithgareddau sy'n cael eu gwneud yn yr adran hon yn ffurfio rhan o adran fwy anffurfiol eich portffolio.

Ar gyfer rhan olaf y llinyn asesu hwn mae angen lluniad cyflwyno terfynol, ynghyd â'r manylion technegol sydd eu hangen er mwyn i drydydd parti allu gwireddu eich syniad. Dylid cynnwys yr holl fanylion hollbwysig am fesuriadau a dimensiynau, offer a chyfarpar a gosodiadau peiriannau penodol yn yr adran hon. Mae'r fformat ar gyfer cyflwyno'r wybodaeth hon yn dibynnu ar y math o gynnyrch.

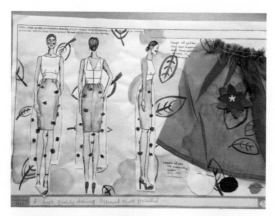

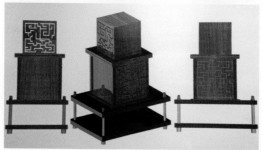

Ffigur 10.11 Mae lluniadau cyflwyniad yn gallu bod mewn unrhyw fformat neu arddull. Dylech chi hefyd ystyried dangos gwahanol safbwyntiau, gwahanol onglau a lle bo'n briodol diagramau taenedig i ddangos manylion penodol

TGAU Dylunio a Thechnoleg CBAC

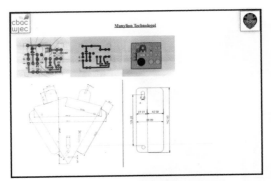

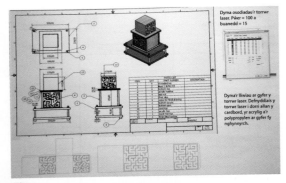

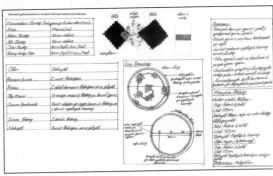

Ffigur 10.12 Mae angen i'r manylion technegol fod yn ddigon manwl i drydydd parti gynhyrchu eich cynnyrch; mae angen rhoi'r dimensiynau pwysig i gyd yn ogystal â chyfeirio at brosesau, cyfarpar a gosodiadau peiriannau. Bydd arddull y cyflwyniad hwn yn amrywio gan ddibynnu ar y cynnyrch.

Mae rhan olaf yr adran hon yn ffurfio rhan o adran fwy ffurfiol eich portffolio.

Maen prawf asesu (ch): Gwneud prototeip

Drwy fodelu a phrofi eich syniadau bydd gennych chi ddealltwriaeth weddol o'r cyfnodau gofynnol er mwyn cynhyrchu eich cynnyrch. Bydd disgwyl i chi gyflwyno'r cyfnodau hyn mewn dilyniant rhesymegol o gamau – mewn geiriau eraill, fel cynllun ar gyfer gwneud. Dylai hwn fod yn ddigon manwl i drydydd parti allu ei ddilyn i gynhyrchu yr un cynnyrch. Dylai'r cynllun ddangos manylion am brosesau a chyfnodau penodol, gan gynnwys sôn am offer a chyfarpar, amserlen addas a realistig, cydnabyddiaeth o gyfyngiadau posibl a modd o werthuso a phrofi'r cynnyrch drwy gydol y broses gynhyrchu.

Mae'r dilyniant ar gyfer gwneud yn ffurfio rhan o adran ffurfiol eich portffolio.

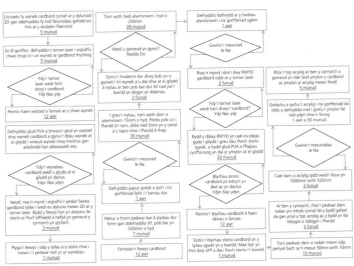

Ffigur 10.13 Gallwch chi gyflwyno'r dilyniant ar gyfer gwneud fel diagram llif yn dangos manylion a chamau prosesau, ystyriaethau ansawdd, y cyfarpar sydd ei angen, amserlen addas a chyfyngiadau posibl

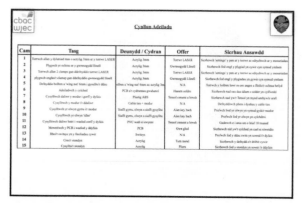

Ffigur 10.14 Mae hefyd yn bosibl cyflwyno'r dilyniant ar gyfer gwneud ar fformat tabl, ond mae'n rhaid iddo ddangos yr un ystyriaethau â diagram llif

Ffigur 10.15 Dyfais i gadw sgôr gêm benodol yw'r ddyfais orffenedig hon. Mae'r casin o safon uchel ac wedi'i orffennu'n daclus ond mae hefyd yn cynnwys cylched gwbl weithredol

Ffigur 10.16 Mae'r cynnyrch goleuo ecogyfeillgar hwn wedi'i wneud o 60 y cant cardbord wedi'i ailgylchu. Mae'n gynnyrch o safon uchel sy'n gwbl weithredol ac wedi'i wneud yn fanwl gywir

Ffigur 10.17 Mae'r ffrog haf hon yn gynnyrch o safon uchel sy'n gwbl weithredol ac yn barod i'w gwisgo. Sylwch fod gorffeniad mewnol semau yr un mor bwysig mewn cynhyrchion tecstilau gan fod hyn yn gallu effeithio ar yr ymddangosiad allanol

Er mwyn cyrraedd y band uchaf ar gyfer y llinyn asesu hwn, bydd disgwyl i chi gynhyrchu prototeip cwbl weithredol o ansawdd uchel sy'n bodloni holl ofynion y fanyleb ac sy'n addas i'r pwrpas. Gallai'r prototeip gweithredol fod yn fodel cysyniadol wedi'i ddatblygu'n llawn sy'n debyg i gynnyrch gorffenedig ond heb gynnwys holl nodweddion mewnol y cynnyrch go iawn. Os felly, dylai'r model cysyniadol edrych a theimlo fel y peth go iawn. Gallai eich prototeip fod yn gynnyrch cwbl orffenedig allai gael ei ddefnyddio ar unwaith – dyfais sy'n gweithio â system reoli, cyfres o gynhyrchion graffigol, eitem storio neu oleuo, neu ddilledyn neu ategolyn sy'n hollol barod i'w wisgo. Beth bynnag yw'r cynnyrch, dylid defnyddio defnyddiau a chydrannau priodol. Dylai prosesau a thechnegau fod o safon uchel, gan ddefnyddio peiriannau ac offer yn dda, a rhoi sylw i fanwl gywirdeb ac ansawdd y gorffeniad.

Maen prawf asesu (d): Gwerthuso addasrwydd prototeip i'r pwrpas

Drwy gydol y broses ddylunio iterus a'r broses o gynhyrchu'r cynnyrch prototeip gorffenedig, rhaid i chi ddangos tystiolaeth o **gwerthuso** a **dadansoddi** eich penderfyniadau a'ch canlyniadau dylunio fel proses barhaus.

Mae rhan o'r llinyn asesu olaf hwn yn cael ei hasesu yn adrannau cynharach y portffolio, ond y prif ffocws ar y cam hwn yw gwerthusiad beirniadol gwrthrychol o'r prototeip terfynol. Mae disgwyl i chi gyfeirio at y briff dylunio a meini prawf y fanyleb yn ogystal ag anghenion,

TGAU Dylunio a Thechnoleg CBAC

chwenychiadau a safbwyntiau darpar ddefnyddwyr, ac amlinellu cryfderau a gwendidau eich cynnyrch prototeip. Argymhellir yn gryf eich bod chi'n profi eich cynnyrch, mewn sefyllfa go iawn os yn bosibl, neu eich bod chi'n cynnal treial llawn i ddefnyddiwr neu wisgwr. Gallwch chi gynnwys tystiolaeth ffotograffig i ategu unrhyw sylwadau, ynghyd â syniadau wedi'u braslunio a nodiadau ar gyfer gwelliannau ac addasiadau pellach.

Nid dyma ddiwedd eich taith ddylunio ond mae'n gyfle i chi drafod gwelliannau pellach gallwch chi eu gwneud i'ch cynnyrch pe bai gofyn i chi ei wneud eto. Pa mor dda mae eich prototeip terfynol yn perfformio ac yn bodloni gofynion y defnyddiwr? Os nad yw, beth gallech chi ei wella, ei newid neu ei ddatblygu?

Dylid cynnwys y gwerthusiad terfynol hwn yn adran ffurfiol eich portffolio.

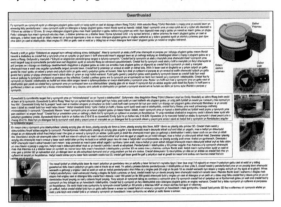

Ffigur 10.18 Mae profi eich cynnyrch prototeip mewn sefyllfa go iawn yn rhoi gwell dealltwriaeth i chi o lwyddiant eich cynnyrch. Dylai hyn hefyd gynnwys safbwyntiau'r darpar gleient neu ddefnyddwyr

Ffigur 10.19 Yn seiliedig ar brofi a chasglu safbwyntiau darpar ddefnyddwyr, dylech chi gyflwyno syniadau am addasiadau a gwelliannau. Gallai'r gwelliannau fod am resymau swyddogaethol neu esthetig neu'n welliannau i'r broses gynhyrchu

Crynodeb o'r dystiolaeth sydd ei hangen ar gyfer yr asesiad

- Llyfr braslunio/ffolio anffurfiol sy'n dangos y broses ddylunio iterus yn llawn.
- Portffolio ffurfiol sy'n cynnwys yr holl fanylion technegol ar gyfer gweithgynhyrchu.
- Cynnyrch prototeip gorffenedig.
- Modelau, prototeipiau, profion ac unrhyw iteriadau i ategu'r uchod.

PWYNTIAU ALLWEDDOL
- Bydd yr heriau cyd-destunol yn cael eu cyhoeddi ar 1 Mehefin.
- Mae 'oriau dan arweiniad' yn golygu'r amser sy'n cael ei bennu a'i ganiatáu gan eich athro/athrawes i gwblhau'r Asesiad Di-arholiad yn yr ystafell ddosbarth.
- Mae angen i ymchwil fod yn benodol, yn berthnasol ac yn gysylltiedig â'r cyd-destun.
- Rhaid i chi ddangos tystiolaeth o werthuso a dadansoddi eich penderfyniadau a'ch canlyniadau dylunio fel proses barhaus.
- Mae'r cleient a darpar ddefnyddwyr yn bwysig a dylid eu hystyried drwy gydol y broses iterus.
- Mae modelu'n ofyniad hanfodol ac mae angen tystiolaeth ohono drwy gydol y ffolio gwaith.
- Mae angen cynnwys yr holl fanylion technegol i gynhyrchu'r cynnyrch yn y fanyleb gynhyrchu.
- Dylai'r dilyniant ar gyfer gwneud fod yn ddigon manwl i ganiatáu i drydydd parti ei ddilyn i wneud yr un cynnyrch.
- Dylai eich cynnyrch fod wedi'i orffennu at safon uchel ac yn addas i'r pwrpas.
- Dylai'r gwerthusiad terfynol fod yn werthusiad clir, wedi'i ysgrifennu'n dda, o'r cynnyrch prototeip.
- Mae'n syniad da profi eich prototeip mewn sefyllfa go iawn i gael gwell dealltwriaeth o sut mae'n perfformio mewn gwirionedd.

GEIRFA

Adborth Sicrhau rheolaeth fanwl drwy fwydo gwybodaeth o allbwn yn ôl i mewn i fewnbwn system reoli.

Adeiladu ffabrigau Sut mae ffabrig wedi cael ei wneud, er enghraifft ei wau neu ei wehyddu.

Adnewyddadwy Ffynonellau egni fydd ddim yn dod i ben.

Adnoddau cyfyngedig Ffynonellau anadnewyddadwy nad yw'n bosibl creu rhai newydd mewn pryd i fodau dynol barhau i'w defnyddio nhw.

Adwy resymeg Cydran mewn cylched gyfannol ddigidol; mae cyflwr rhesymeg ei hallbwn yn dibynnu ar gyfuniad y cyflyrau ar ei mewnbynnau.

Agerblygu Dull o blygu pren drwy ageru, plygu ac oeri.

Ailgylchadwy Defnydd sy'n addas i'w brosesu gan ddefnyddio dulliau ailgylchu trydyddol.

Aloi Cymysgedd o ddau neu ragor o wahanol fetelau.

Allwthiad Darn hir o ddefnydd â thrawstoriad safonol.

Amsugnedd Gallu ffibr i sugno lleithder.

Anadnewyddadwy Ffynonellau egni sydd ddim yn cael eu hadnewyddu.

Anelio Proses sy'n defnyddio gwres i feddalu metel er mwyn ei wneud yn fwy elastig.

Anffurfio Y broses o newid siâp defnydd drwy ddefnyddio grym, gwres neu leithder.

Anthropometreg Astudio meintiau dynol mewn perthynas â chynhyrchion.

Anwe Edafedd sy'n mynd ar draws y ffabrig.

Appliqué Pwytho darnau o ffabrig o wahanol siapiau mewn dyluniad penodol ar ffabrig gwaelod gwahanol.

Aramid Ffibrau synthetig cryf sy'n gwrthsefyll gwres.

Argaeledd Pa mor hawdd yw hi i gael gafael ar rywbeth.

Argaen Darn tenau iawn o bren naturiol.

Arweinwyr ffasiwn Pobl sy'n ffurfio eu hunaniaeth unigryw eu hunain drwy ffasiwn, ac sy'n gallu dechrau tuedd newydd.

Athraidd Y gallu i adael i ddŵr fynd drwodd.

Baddon llifol Powdr awyrog sy'n llifo fel hylif.

Bias Y llinell letraws ar 45° i'r graen union.

Bilet Bar metel petryal sy'n gallu cael ei brosesu i ffurf lai drwy ei rolio.

Bioamrywiaeth Y cydbwysedd rhwng yr holl wahanol greaduriaid byw sy'n cyd-fyw mewn cynefin penodol.

Bioddiraddadwy Gallu defnydd, sylwedd neu wrthrych i ddadelfennu'n naturiol yn yr amgylchedd wrth i ficro-organebau weithredu arno, ac felly'n atal llygredd.

Bioddynwarededd Cymryd syniadau a dynwared nodweddion o fyd natur.

Biopolymer Polymerau sy'n cael eu cynhyrchu gan organebau byw.

Bondaweb Ffabrig heb ei wehyddu gydag adlyn ar y ddwy ochr er mwyn uno dau ffabrig â'i gilydd. Mae angen gwres i roi'r broses ar waith.

Briff dylunio Datganiad o fwriad, yn amlinellu beth sy'n mynd i gael ei ddylunio a'i wneud.

Brithweithio Trefnu siapiau a darnau patrwm i gydgloi er mwyn osgoi gwastraff wrth dorri allan o'r defnydd.

Bwrdd cylched brintiedig (PCB) Y cynhaliad a'r cysylltiadau ar gyfer y cydrannau electronig mewn cynnyrch.

Bwrdd torri allan Bwrdd cylched brintiedig bach sy'n trawsnewid pecyn cylched gyfannol bach iawn yn DIL ar gyfer prototeipio.

CAD Dylunio drwy gymorth cyfrifiadur.

Caledu Proses trin â gwres sy'n caledu dur.

Calendro Proses i ychwanegu llewyrch at ffabrig.

CAM Gweithgynhyrchu drwy gymorth cyfrifiadur.

Cerrynt Mesur o'r trydan sy'n llifo mewn gwirionedd.

Cleient Yr unigolyn mae'r dylunydd yn gweithio iddo (nid hwn yw'r defnyddiwr o reidrwydd).

Cleient neu ddarpar ddefnyddiwr Yr unigolyn neu'r bobl sy'n debygol o fod ag angen neu eisiau eich cynnyrch, neu o'i ddefnyddio.

Clytwaith Pwytho darnau o ffabrig at ei gilydd i greu patrwm neu ddarn mawr o ffabrig.

CNC Dan reolaeth rifiadol cyfrifiadur.

Cost Dewis defnydd ar sail ei gost brynu gychwynnol a gwir gost ei brosesu a'i orffennu.

Cracio Prosesu nafftha i gynhyrchu monomer.

Cwiltio Y broses o osod tri defnydd mewn haenau a phwytho drwyddynt i wella eu nodweddion.

Cyd-destun Y lleoliadau neu'r amgylchoedd lle caiff y cynnyrch terfynol ei ddefnyddio.

Cydrannau Eitemau llai sy'n helpu cynhyrchion i weithio yn ôl eu bwriad neu'n ychwanegu nodweddion sydd ddim yn swyddogaethol, fel ymylon les, botymau, rhubanau, toglau.

Cyfarwyddeb amgylcheddol math o ddeddf sy'n diogelu'r amgylchedd.

Cyfleoedd dylunio Meysydd i'w harchwilio lle mae angen wedi'i ganfod mewn bywyd go iawn.

Cyflymder cylchdro Yr un peth â buanedd cylchdro, yn cael ei fesur fel rheol mewn c.y.f.

Cyfnerthu Stribedi metel neu blastig sy'n ychwanegu adeiledd at gynhyrchion.

Cyfoes Steiliau sy'n boblogaidd ar hyn o bryd.

Cyfradd Y gwerth mwyaf o fesur penodol mae cydran yn gallu ymdopi ag ef.

Cylched gyfannol (IC) Microsglodyn.

Cylchred oes Y cyfnodau mae cynnyrch yn mynd drwyddyn nhw o'r syniad cychwynnol hyd at ei waredu.

Cymdeithas daflu i ffwrdd Cymdeithas sy'n defnyddio ac yn gwastraffu gormod o adnoddau.

Cymhareb cyflymder Y ffactor mae system fecanyddol yn ei defnyddio i leihau'r cyflymder cylchdro.

Cynaliadwyedd Cynhyrchu nwyddau a gwasanaethau i fodloni anghenion heddiw heb effeithio ar anghenion poblogaethau'r dyfodol.

Cynhesu byd-eang Cynnydd yn nhymheredd atmosffer y Ddaear wedi'i achosi gan lygredd a nwyon.

Cynhyrchu awtomataidd Defnyddio cyfarpar neu beiriannau wedi'u rheoli'n awtomatig (gan gyfrifiadur) i weithgynhyrchu cynhyrchion.

Cynhyrchu cell Llinellau is-gydosod bach yn gweithio ar ddarnau o gynnyrch neu ar gynnyrch cyflawn mewn un maint.

Cynhyrchu llif parhaus Gwneud cynhyrchion 24/7 drwy ddefnydd helaeth o beiriannau CAM.

Cynhyrchu llinell syth Gwaith yn llifo drwy gyfres o orsafoedd gwaith mewn llinell syth.

Cynhyrchu o'r crud i'r crud Ystyried cylchred oes gyflawn cynnyrch, gan gynnwys ei aileni i wneud cynnyrch newydd.

Cynhyrchu unigryw (mae angen un) Gwneud un cynnyrch gan ddefnyddio offer a chyfarpar sylfaenol.

Cynllun gosod Sut mae patrymluniau patrwm yn cael eu gosod ar ddarn o ddefnydd er mwyn torri'n fanwl gywir.

Cynnydd Ffactor mwyhau mwyhadur.

Cysylltedd Cydran sy'n cyfeirio grymoedd a symudiad i'r lle mae eu hangen.

Dadadeiladu Tynnu rhywbeth yn ddarnau.

Dadansoddi Dadadeiladu gwybodaeth i ganfod cysylltiadau a chadwynau rhesymu rhesymegol.

Dadfygio Canfod a dileu gwallau mewn rhaglen microreolydd.

Darfodiad bwriadus Dylunio cynnyrch mewn modd sy'n golygu na fydd yn gweithio, neu y bydd yn mynd yn llai ffasiynol, ar ôl cyfnod penodol.

Daroganwyr ffasiwn Pobl sy'n rhagweld tueddiadau'r dyfodol.

Data ansoddol Arsylwadau a barnau am gynnyrch.

Data cynradd Data rydych chi wedi'u casglu eich hunain – data 'o lygad y ffynnon'.

Data eilaidd Data sydd wedi'u casglu gan bobl eraill – data 'ail law'.

Data meintiol Data mesuradwy penodol wedi'u rhoi ar ffurf rhifau.

Datblygiad Y broses greadigol o ddewis syniadau, elfennau, defnyddiau a thechnegau gweithgynhyrchu o syniadau cychwynnol a'u defnyddio nhw mewn ffyrdd newydd i archwilio a chynhyrchu dyluniadau neu syniadau newydd a gwell.

Datgoedwigo Cwympo coed ar raddfa fawr heb unrhyw ailblannu.

Deddf Ohm Hafaliad sy'n cysylltu foltedd, cerrynt a gwrthiant mewn cylched.

Defnydd clyfar Defnydd â phriodweddau sy'n newid mewn ymateb i newid allanol i'r amgylchedd.

Defnydd cyfansawdd Defnydd sydd wedi'i wneud o ddarnau ar wahân.

Defnyddiau cyfansawdd twnelu cwantwm (QTCs) Defnyddiau sy'n troi o fod yn ynysyddion i fod yn ddargludyddion pan maen nhw dan wasgedd.

Defnyddiau gweddnewidiol (PCMs) Defnynnau wedi'u mewngapsiwleiddio ar ffibrau a defnyddiau sy'n newid rhwng ffurf hylif a solid o fewn amrediad tymheredd.

Defnyddiwr Yr unigolyn neu'r grŵp o bobl mae cynnyrch wedi'i ddylunio ar eu cyfer.

Diagramau cynllunio Cynrychioliad gweledol o gylched neu system.

Diagram llif Cynrychioliad graffigol o broses.

Diffyg ecolegol Ffordd o ddangos ein bod ni'n defnyddio mwy o adnoddau naturiol nag mae natur yn gallu eu hadnewyddu.

Distyllu ffracsiynol Prosesu olew crai i gynhyrchu nafftha.

Diwylliant taflu i ffwrdd Mae ffasiwn cyflym wedi gwneud dillad yn llawer mwy fforddiadwy i ddefnyddwyr. Mae prisiau anhygoel o isel mewn rhai siopau ar y stryd fawr wedi arwain at ddiwylliant taflu i ffwrdd, sy'n golygu nad yw defnyddwyr yn teimlo bod angen cadw dillad sydd ddim yn ffasiynol mwyach, a'u bod nhw'n hapus i'w gwaredu nhw.

Diwylliant Syniadau, arferion ac ymddygiadau cymdeithasol pobl neu gymdeithas benodol.

Dull gwrthbrintio Ffordd o atal llifyn neu baent rhag treiddio i ddarn o'r ffabrig. Mae hyn yn creu'r patrymau.

Dylunio drwy gydweithredu Nifer o ddylunwyr yn gweithio gyda'i gilydd ar brojectau dylunio penodol.

Dylunio iterus Cylchred ailadroddol o wneud dyluniadau neu brototeipiau yn gyflym, casglu adborth a mireinio'r dyluniad.

Dylunio o'r crud i'r crud Dull o ddylunio cynhyrchion sy'n modelu diwydiant dynol ar brosesau natur, gan weld defnyddiau fel maetholion sy'n cylchredeg mewn metabolaeth iach a diogel.

Dylunio sy'n canolbwyntio ar y defnyddiwr Ystyried a gwirio anghenion, chwenychiadau a gofynion y defnyddiwr ar bob cam yn y broses ddylunio.

Ecogyfeillgar Dewis metel (neu ddefnydd arall) oherwydd ei effaith ar yr amgylchedd.

Economi cylchol Cael y gwerth mwyaf o adnoddau, drwy eu defnyddio am gyfnod mor hir â phosibl, ac yna eu hadennill a'u hatgynhyrchu fel cynhyrchion newydd yn hytrach na'u taflu i ffwrdd.

Economi llinol Defnyddio defnyddiau crai i wneud cynnyrch a thaflu'r gwastraff i ffwrdd.

Ecosystemau Cydbwysedd naturiol a sensitif planhigion, pridd ac anifeiliaid.

Ecsbloetiaeth Trin rhywun yn annheg er mwyn elwa o'i waith.

Electro-ymoleuol Defnydd sy'n darparu golau gweladwy pan fydd yn dod i gysylltiad â cherrynt.

Estheteg Y ffordd mae rhywun yn meddwl am gynnyrch, ar sail sut mae'n edrych, yn teimlo, yn swnio, yn arogli neu'n blasu.

Finyl Polymer hunanadlynol sydd ar gael mewn amrywiaeth o liwiau ac sy'n addas i'w dorri â chyllell CNC.

Foltedd Y 'gwasgedd' trydanol sy'n ceisio gwneud i gerrynt trydan lifo.

FSC Cyngor Stiwardiaeth Coedwigoedd.

Ffactorau cymdeithasol Sut mae cefndir cymdeithasol grŵp o bobl yn gallu dylanwadu ar ddyluniad cynnyrch.

Ffactorau diwylliannol Sut mae cefndir diwylliannol grŵp o bobl yn gallu dylanwadu ar ddyluniad cynnyrch.

Ffactorau moesegol Sut mae safonau moesol cymdeithas yn gallu dylanwadu ar ddyluniad cynnyrch.

Ffasiwn cyflym Tuedd ddiweddar o drosglwyddo casgliadau newydd o'r rhodfa ffasiwn i siopau yn gyflym. Mae ffasiwn cyflym yn aml yn ffasiynol, yn rhad, ond o safon isel.

Ffasiynol Rhywbeth sy'n cyd-fynd â'r ffasiwn diweddaraf.

Ffasnyddion Ffordd o uno ffabrigau â'i gilydd, er enghraifft popwyr neu sipiau.

Ffibr Adeiledd main, tebyg i flewyn.

Ffibr atgynyrchiedig Cellwlos planhigyn naturiol wedi'i drin â chemegion i dynnu'r ffibr allan.

Ffibrau cellwlosig naturiol Yn dod o blanhigion.

Ffibrau cudynnau (*staple fibres*) Ffibrau naturiol ar wahân â hydoedd byrrach.

Ffibrau dargludol Ffibrau sy'n dargludo trydan.

Ffibrau protein naturiol Yn dod o anifeiliaid.

Ffibrau ffilament Edau fain a thenau iawn.

Ffotocromig Yn newid lliw mewn ymateb i newid mewn golau.

Ffugiad Dynwarediad o rywbeth gwerthfawr, sy'n cael ei werthu gyda'r bwriad o dwyllo rhywun.

Ffurf stoc Maint neu siâp defnydd sydd ar gael yn gyffredin.

Ffurfio â gwactod Dull o siapio polymer thermoffurfiol drwy ei wresogi a'i sugno o gwmpas mowld.

Ffwlcrwm Y pwynt colyn ar lifer.

Galfanu Y broses o orchuddio metel â sinc.

Gêr sbardun Olwyn gêr â dannedd o gwmpas ei hymyl.

Gloywedd Llewyrch ysgafn ar ffabrig.

Goddefiant Lwfans o fewn y lwfans sêm, i sicrhau cysondeb wrth gydosod cynnyrch.

Gorffeniad Araen sy'n cael ei rhoi ar ddefnydd er mwyn ei warchod neu wneud iddo edrych yn well.

Gorweddiad Sut mae ffabrig yn hongian neu'n llifo wrth i chi afael ynddo.

Gostyngiad pris Disgownt sydd ar gynnig gan gyflenwr cydrannau am brynu mewn swmp.

Graen croes Yn baralel â'r edafedd anwe, yn rhedeg yn llorweddol ar draws y ffabrig o selfais i selfais.

Graen union Yn dynodi cryfder y ffabrig yn baralel â'r edafedd ystof.

Gramau y metr sgwâr (gsm) Pwysau papur a cherdyn.

Grŵp ffocws Grŵp o bobl sy'n cael eu defnyddio i wirio a ydy dyluniad cynnyrch ar y trywydd cywir.

Grym Gwthiad, tyniad neu dro.

Gwahanu lliwiau Printio gwahanol gyfuniadau o liwiau ar wahân (cyan, magenta, melyn a du) i greu lliwiau eraill.

Gwasgfowldio Dull o siapio polymer thermoffurfiol drwy ei wresogi a'i wasgu rhwng dau hanner mowld.

Gwastraffu Y broses o siapio defnydd drwy dorri darnau dieisiau i ffwrdd.

Gwead Arwyneb wedi'i godi sy'n ychwanegu at deimlad a gafael defnydd.

Gwehyddiad twil Hawdd ei adnabod oherwydd y patrwm llinell letraws nodweddiadol sy'n cael ei greu wrth i'r edau anwe fynd dros ddau edau ystof ac o dan un, gyda 'cham', neu atred, rhwng rhesi i greu'r patrwm lletraws.

Gwerth dewisol Gwerthoedd gweithgynhyrchu safonol rhai cydrannau.

Gwerthuso Cloriannu a llunio barn yn seiliedig ar wybodaeth a phroblemau.

Gwresogydd stribed Peiriant sy'n plygu polymer thermoffurfiol drwy ei wresogi.

Gwthiad technoleg Pan mae datblygiad mewn defnyddiau, cydrannau neu ddulliau gweithgynhyrchu yn arwain at ddatblygu cynnyrch newydd neu well.

Gyrrwr Is-system i gyfnerthu signal.

Haute couture Dillad dylunwyr unigryw oedd yn arfer cael eu gwneud gan *couturiers* yn Ffrainc yn unig.

Hoelbren Mowldin pren silindrog â thrawstoriad cyson.

Hunan-orffennu Arwyneb lle nad oes angen mwy o driniaeth i'w amddiffyn nac i wella sut mae'n edrych.

Hyd braich lifer Y pellter rhwng y grym a'r ffwlcrwm.

Hydwythedd Gallu defnydd i gael ei ymestyn.

Iawndal Taliad, fel rheol mewn arian, sy'n cael ei roi i rywun o ganlyniad i golled.

Is-reolwaith Rhaglen fach o fewn rhaglen fwy.

Is-system Y rhannau rhyng-gysylltiedig mewn system.

Jig Naill ai dyfais 3D sydd o gymorth i broses gynhyrchu neu ddyfais sydd o gymorth wrth weithgynhyrchu cynhyrchion pren.

Laminiadu Naill ai dull o blygu pren drwy ei dafellu'n argaenau tenau a'u gludo nhw'n ôl gyda'i gilydd neu'r broses o uno defnyddiau â'i gilydd gyda gwres neu adlynion.

Leinin Haen o ffabrig yn yr un siâp â'r haen allanol, sy'n ychwanegu cynhaliad ac yn cuddio'r prosesau adeiladu.

Lifer Bar anhyblyg sy'n colynnu ar ffwlcrwm.

Lwfans sêm Y pellter rhwng ymyl grai'r ffabrig a'r llinell bwytho.

Llinell gydosod Llinell o weithwyr a chyfarpar mewn ffatri.

Lluniad isometrig Cynrychioliad 3D o ddyluniad gan ddefnyddio onglau 30° ar gyfer pob estyniad dyfnder.

Llunwyr delweddau Pobl sy'n creu hunaniaeth ffasiynol i bobl eraill.

Llwyth Y grym allbwn o lifer.

Mantais fecanyddol Y ffactor mae system fecanyddol yn ei defnyddio i gynyddu'r grym.

Manyleb ddylunio Rhestr o nodweddion sydd eu hangen ar y cynnyrch er mwyn bod yn llwyddiannus.

Marchnadwyedd Gallu cynnyrch prototeip i apelio at brynwyr a gwerthu digon am bris addas.

Masgynhyrchu Gwneud llawer o gynhyrchion drwy ddefnydd helaeth o beiriannau, cymhorthion gweithgynhyrchu a pheiriannau CAM.

Masnach Deg Mudiad dros newid sy'n gweithio'n uniongyrchol gyda busnesau, defnyddwyr ac ymgyrchwyr i wneud masnach yn werth chweil i ffermwyr a gweithwyr.

Mecanwaith Cyfres o ddarnau sy'n gweithio â'i gilydd i reoli grymoedd a mudiant.

Meddylfryd systemau Ystyried problem ddylunio fel profiad cyfan i'r defnyddiwr.

Meini prawf Targedau penodol mae'n rhaid i gynnyrch eu cyrraedd er mwyn bod yn llwyddiannus.

Meini prawf gwrthrychol Pwyntiau realistig a chyraeddadwy yn amlinellu pwrpas y cynnyrch.

Meini prawf mesuradwy Pwyntiau penodol sy'n gallu cael eu mesur, fel pwysau neu faint.

Melino Dull o dorri metel i gynhyrchu agennau, rhigolau ac arwynebau gwastad.

Mesur a marcio Y broses o roi lluniad ar ddefnydd.

Metel anfferrus Metel sydd ddim yn cynnwys haearn.

Metel fferrus Metel sy'n cynnwys haearn.

Mewnblannu Gosod microreolydd yn barhaol mewn cynnyrch.

Mewnlin deuol (DIL) Pecyn cylched gyfannol sy'n cynnwys dwy res baralel o binnau.

Microfewngapsiwleiddio Pan fydd defnynnau microsgopig bach iawn sy'n cynnwys gwahanol sylweddau yn cael eu rhoi ar ffibrau, edafedd a ffabrigau.

Microffibr Ffibr hynod o fain wedi'i lunio'n arbennig.

Micronau Milfed ran o filimetr; yr uned i fesur trwch bwrdd.

Modelu Rhoi cynnig ar syniadau neu rannau o ddyluniadau a'u profi nhw drwy wneud modelau wrth raddfa i afael ynddyn nhw neu ryngweithio â nhw.

Monomer Moleciwl sy'n gallu bondio ag eraill i ffurfio polymer.

Mordant Cemegyn sy'n cael ei hydoddi mewn hydoddiant llifyn i osod y lliw ar y ffabrig. Mae halen yn gwneud yr un peth.

MOSFET Math o dransistor sy'n cael ei ddefnyddio fel gyrrwr trawsddygiadur.

Mudiant Pan fydd safle gwrthrych yn symud dros amser.

Mwyhadur Is-system i gynyddu maint foltedd analog.

Mwyhadur gweithredol (op-amp) Cydran mewn cylched gyfannol sy'n cael ei defnyddio fel cymharydd foltedd neu fwyhadur.

Mwyhau Gwneud rhywbeth yn fwy.

Nwy tŷ gwydr Llygredd atmosfferig sy'n dal gwres ar arwyneb y Ddaear.

Obsesiwn dylunio Pan fydd dylunydd yn cyfyngu ar ei greadigrwydd drwy ddilyn un trywydd dylunio yn unig neu ddibynnu'n rhy drwm ar nodweddion dyluniadau sy'n bodoli eisoes.

Ocsidio Adwaith cemegol â'r aer sy'n newid arwyneb y defnydd.

Ochr wyneb Wyneb arwyneb darn o bren sy'n syth ac yn gyson.

Ôl troed carbon Ffordd o fesur effaith gweithgareddau dynol ar yr amgylchedd.

Ôl troed ecolegol Maint yr ardal o'r Ddaear sydd ei hangen i gynnal ffordd o fyw unigolyn.

Paent preimio Y gorffeniad cyntaf sy'n cael ei ddefnyddio i fondio â'r arwyneb i helpu adlyniad cotiau pellach.

Papur ffibrau gwyryfol Papur wedi'i wneud yn gyfan gwbl o fwydion coed 'newydd'.

Papur wedi'i ailgylchu Papur sy'n cael ei wneud o fwydion coed gan ddefnyddio rhywfaint o bapur wedi'i ail-bwlpio.

PAR Wedi'i blaenio i gyd.

Patrymlun Siâp 2D sy'n helpu i dorri siâp allan.

PBS Wedi'i blaenio ar y ddwy ochr.

Pilen hydroffilig Y gallu i wrthyrru a rhyddhau lleithder.

Piniwn Gêr fewnbynnu fach.

Plaleiddiaid Cemegion sy'n cael eu defnyddio i ladd neu atal plâu sy'n dinistrio llystyfiant a chnydau.

Plicion cotwm Sgil gynnyrch o'r planhigyn cotwm ar ôl prosesu'r ffibr cotwm.

Polymer Term gwyddonol am sylwedd neu ffibr ag adeiledd moleciwlaidd sydd wedi'i wneud o unedau llawer llai wedi'u bondio at ei gilydd; mae'n gallu bod yn naturiol neu wedi'i weithgynhyrchu.

Polymer dargludol Defnydd polymer sy'n ddargludydd trydanol.

Polymer thermoffurfiol Polymer sy'n gallu cael ei wresogi a'i ailfowldio/ ailsiapio lawer gwaith.

Polymer thermosodol Polymer sydd wedi cael ei ffurfio drwy ei wresogi, ond sydd ddim yn gallu cael ei ailffurfio ar ôl iddo galedu.

Polymerau naturiol Polymerau sy'n dod o gynhyrchion planhigol.

Polymerau synthetig Polymerau sy'n dod o olew crai.

Polymeru Blendio gwahanol fonomerau i gynhyrchu polymer penodol.

PPE Amrywiaeth o gyfarpar neu ddillad diogelu i'w gwisgo wrth weithio â defnydd.

Pren naturiol Pren sydd wedi dod yn uniongyrchol o goeden.

Prennau caled Dosbarthiad o brennau naturiol sy'n tyfu'n araf ac fel rheol yn galed ac yn wydn.

Prennau cyfansawdd Llenni o bren sydd wedi cael eu cynhyrchu a'u gweithgynhyrchu'n fasnachol i wneud byrddau mawr.

Prennau meddal Dosbarthiad o brennau naturiol sy'n tyfu'n gyflym ac sy'n gost-effeithiol.

Profi A/B Prawf defnyddwyr i ddewis rhwng dau syniad dylunio gwahanol.

Profion defnyddwyr Profi cynnyrch drwy arsylwi defnyddiwr yn rhyngweithio â'ch cynnyrch a'i ddefnyddio at ei ddiben priodol.

Proses ddylunio iterus Datblygu syniad hyd at ei wireddu drwy brofi, modelu a mireinio'r syniad dro ar ôl tro.

Prototeip Naill ai model cynnar o gynnyrch neu ddarn o gynnyrch i weld sut bydd rhywbeth yn edrych neu'n gweithio, neu'r model 3D cywir cyntaf o ddyluniad a all fod yn debyg iawn i'r dyluniad terfynol.

Prototeip manwl gywir Prototeip manwl a chywir iawn, sy'n debyg i'r cynnyrch terfynol.

Prototeip syml Prototeip cyflym sy'n rhoi syniad sylfaenol o sut mae cynnyrch yn edrych neu'n gweithio.

Pryfleiddiaid Cemegion sy'n cael eu defnyddio i ladd neu atal pryfed sy'n dinistrio llystyfiant a chnydau.

PSE Wedi'i blaenio'n ymyl sgwâr.

Rendro Ychwanegu lliw neu wead at ddyluniad.

Rîm Pecyn o 500 dalen o bapur.

Rhanddeiliad Rhywun heblaw'r prif ddefnyddiwr sy'n dod i gysylltiad â chynnyrch neu sydd â budd ynddo.

Rhannwr potensial Dau wrthydd sy'n cael eu defnyddio i gynhyrchu signal foltedd allbwn hysbys.

Rhyngrwyd Pethau (IoT) Pan mae gwrthrychau pob dydd yn cynnwys dyfais sy'n caniatáu iddyn nhw gael eu cysylltu â'r rhyngrwyd ac anfon a derbyn data.

Rhyngwynebu Cysylltu synwyryddion a dyfeisiau allbynnu â chylchedau rheoli electronig.

Safle tirlenwi Safle lle mae gwastraff yn cael ei gladdu.

Sefydlogi Gwneud rhywbeth yn fwy anhyblyg ac yn gryfach; atal symudiad.

Selfais Ymyl seliedig y ffabrig.

Sglein Gorffeniad arwyneb sgleiniog, gloyw.

Sgrin-brintio Proses brintio i ychwanegu manylion neu destun at gynhyrchion polymer.

Siafft Rhoden sy'n cludo cylchdro i ran wahanol o fecanwaith.

Siart llif rhaglen Cyfres o gyfarwyddiadau sy'n dweud wrth ficroreolydd beth i'w wneud.

Signal Foltedd sy'n cynrychioli mesur ffisegol.

Standard Wire Gauge (SWG) Uned i fesur trwch wal tiwb metel.

Steil stryd Steiliau dillad sy'n cael eu mabwysiadu gan grwpiau o bobl sydd ddim o reidrwydd yn dilyn ffasiwn prif ffrwd.

Stensil Cerdyn neu ddalen acrylig denau â dyluniad wedi'i dorri allan y gellir gwthio paent neu lifyn drwyddo i greu patrwm ar yr arwyneb oddi tano.

Strôc Y pellter symud llinol mewn system gilyddol.

Swp-gynhyrchu Gwneud nifer cyfyngedig o gynhyrchion unfath mewn cyfnod penodol, gan ddefnyddio offer pŵer a chymhorthion gweithgynhyrchu fel jigiau a ffurfwyr fel arfer.

Swyddogaethedd Pa mor addas yw cynnyrch i'w ddiben.

Synhwyrydd 'Llygaid a chlustiau' system electronig.

Synhwyrydd analog Synhwyrydd i fesur 'pa mor fawr' yw mesur ffisegol.

Synhwyrydd digidol Synhwyrydd i ganfod sefyllfa ie/na neu ymlaen/i ffwrdd.

Synthetig Yn deillio o betrocemegion neu wedi'i wneud gan ddyn.

System bwndel cynyddol Symud bwndeli o ddillad neu o ddarnau o gynnyrch mewn dilyniant o un gweithiwr i'r nesaf.

System fecanyddol Mae hon yn cymryd grym (neu fudiant) mewnbwn ac yn ei brosesu i gynhyrchu grym (neu fudiant) allbwn.

Taflu syniadau Meddwl am gynifer o syniadau gwahanol â phosibl a'u hysgrifennu nhw neu eu braslunio nhw mor gyflym â phosibl.

Tanwyddau ffosil Glo, nwy ac olew, wedi'u hechdynnu o'r ddaear. Mae'r rhain yn adnoddau cyfyngedig a does dim modd cael mwy ohonynt.

Tecstil clyfar Tecstil â phriodweddau sy'n newid wrth ymateb i newid allanol yn yr amgylchedd.

Tecstilau rhyngweithiol Ffabrigau sy'n cynnwys dyfais neu gylched sy'n ymateb i'r defnyddiwr.

Technoleg mowntio arwyneb (SMT) Y dull diwydiannol o ddefnyddio cydosod robotig i weithgynhyrchu byrddau cylched electronig bach iawn.

Toile Fersiwn cynnar neu brototeip o ddilledyn sydd wedi'i wneud mewn defnydd gwahanol rhad i brofi'r dyluniad, y ffit a'r ffurf er mwyn datblygu'r syniad.

Trawsddygiadur Dyfais sy'n trawsnewid signal trydanol yn allbwn ffisegol.

Trawsnewid Defnyddio rhywbeth i greu rhywbeth arall ohono, e.e. troi boncyffion coed yn argaenau neu'n blanciau.

Trocharaenu Y broses o araenu metel â pholymer thermoffurfiol.

Trorym Grym troi.

Turnio Dull o gynhyrchu eitemau metel silindrog.

Twll arwain Twll i sgriw dorri ei edau ei hun ynddo.

Twll cliriad Twll digon mawr i follt lithro drwyddo.

Twll tapio Twll i sgriwio offer tapio i mewn iddo i dorri edau.

Tymheru Proses trin â gwres sy'n gwneud dur wedi'i galedu yn llai brau.

Tyniad y farchnad Cynhyrchu cynnyrch newydd mewn ymateb i alw gan y farchnad.

Thermocromig Yn newid lliw mewn ymateb i newid mewn tymheredd.

Thermoffurfiol *gweler* Polymer thermoffurfiol.

Thermosodol *gweler* Polymer thermosodol.

Wedi'i blaenio Darn o bren wedi'i lifio'n arw sydd wedi'i blaenio ar un neu fwy o'i ochrau.

Wynebyn cudd Ffabrig bondiog, sy'n ychwanegu cryfder wrth gael ei asio at ffabrig arall.

Ymchwil cynradd Ymchwil rydych chi'n ei wneud eich hun, fel cyfweliad i gael gwybodaeth o lygad y ffynnon.

Ymchwil eilaidd Gwybodaeth sy'n dibynnu ar ganfyddiadau pobl eraill.

Ymdoddi Toddi gronynnau powdr a'u huno nhw mewn haen wastad.

Ymdrech Y grym mewnbwn ar lifer.

Ymwybyddiaeth ddiwylliannol Deall y gwahaniaethau rhwng agweddau a gwerthoedd pobl o wledydd neu gefndiroedd eraill.

Ymyl grai Ymyl darn o ddefnydd heb orffeniad.

Ymyl wyneb Ymyl arwyneb darn o bren sy'n syth ac yn gyson.

Ystof Edafedd sy'n mynd ar hyd y ffabrig.

MYNEGAI

Noder: mae'r rhifau tudalennau mewn teip **trwm** yn cyfeirio at ddiffiniadau geiriau allweddol.